郑州统计年鉴

ZHENGZHOU STATISTICAL YEARBOOK

2012

(总第十四期　NO.14)

郑　州　市　统　计　局
国家统计局郑州调查队
编

中国统计出版社
China Statistics Press

（京）新登字041号

图书在版编目(CIP)数据

郑州统计年鉴.2012/郑州市统计局，国家统计局郑州调查队编. — 北京:中国统计出版社，2012.8
ISBN 978-7-5037-6610-7/C.2687

Ⅰ. ①郑… Ⅱ.①郑… ②国… Ⅲ. ①统计资料－郑州市－2012－年鉴 Ⅳ. ①C832.611-54

中国版本图书馆CIP数据核字(2012)第167175号

郑州统计年鉴－2012

作　　者/郑州市统计局　国家统计局郑州调查队
责任编辑/陈越月 白雅茜
封面设计/王西海
出版发行/中国统计出版社
通信地址/北京市西城区月坛南街57号
邮　　编/100826
办公地址/北京市丰台区西三环南路甲6号
电　　话/(010)63376907
网　　址/http://csp.stats.gov.cn
印　　刷/河南新华印刷集团有限公司
开　　本/890×1240毫米　1/16
字　　数/140.6万字
印　　张/31印张
印　　数/1-800册
版　　别/2012年8月第1版
版　　次/2012年8月第1次印刷
书　　号/ISBN 978-7-5037-6610-7/C.2687
定　　价/300.00元

《郑州统计年鉴——2012》

编委会和编辑人员

一、编委会

主　　任：胡　荃

副 主 任：翟晓宾　李德耀　连林昌　韩彦北　王停军　赵广程
祝遵刚　江　滨　郜东辉　芦　珊　张庆华

主　　编：李德耀

副 主 编：连林昌　韩彦北　王停军　赵广程　祝遵刚　江　滨
郜东辉　李良宗　王晓治　芦　珊　张庆华　张向明
蔡江水　沈立承　郭　莉　孙玉平　孟玲武

编　　委：（以姓氏笔画为序）
王凯歌　王文郑　冯晋东　李海宾　李　辉　李秋峰
陈　斌　杜九利　杨宏革　孟繁丽　张春培　张申英
相　湘　黄　飞　程胜先

二、编辑部工作人员

总 编 辑：赵广程

副总编辑：黄　飞　吴晓龙

编　　辑：（以姓氏笔画为序）
王二鹏　王永强　王威风　王秀婵　毛媛媛　方　亮
牛晓薇　邓树毅　仝尚贺　田　莉　闫　明　李　疆
李秋玲　李东旺　李　楠　李国红　李万勇　李佳佳
李俊莲　许　坤　刘　杰　孙军培　孙　英　杨　虹
辛　奇　沙　莹　孟　缓　吴凤喜　宋玉清　宋芙蓉
张明洁　张海英　张运霞　张　菲　张春雅　张　敬
张　武　张　华　杨军辉　陈　旭　陈晓光　易云霞
郑望军　郑　惠　罗燕军　庞广野　尚晓燕　赵　浩
赵　朴　赵　红　郝振峰　姚德军　韩　冰　徐文杰
高少峰　耿　雯　曾铸仑　蒙晓泽　潘鹏举　魏　祥

责任编辑：陈越月　白雅茜

郑州统计年鉴

编辑说明

一、《郑州统计年鉴—2012》是一部全面反映郑州地区国民经济和社会发展的资料性统计年刊。本书收录了郑州市及所辖县（市）区2011年经济和社会发展各方面大量的统计数据，以及重要年份的主要统计数据，是认识和研究郑州市情、经济社会发展、制定宏观政策、指导工作和进行决策的重要经济类工具书。

二、本年鉴以丰富、翔实的统计资料为主，全面反映了郑州国民经济和社会发展状况。全书分为15部分。即1.综合；2.从业人员和劳动工资；3.固定资产投资；4.价格；5.人民生活；6.城市公用事业和环保；7.农业；8.工业；9.建筑业；10.交通运输和邮电通讯；11.国内贸易；12.对外经济贸易和旅游；13.财政金融；14.教育、科技、文化、卫生和体育；15.企业集团；16.统计工作大事记。各篇末均附有《主要统计指标解释》，对主要统计指标的含义、范围、计算方法作了简要说明。

三、本年鉴中使用的计量单位均采用国际统一标准计量单位；统计口径除特别注明外，均包括郑州市及所辖各县（市）区。资料取自郑州市统计局、农村社会经济调查队、国家统计局郑州调查队及有关部门的统计报表。

四、本年鉴部分数据合计数或相对数不等于分项之和，是由于单位取舍和不同产业的计算误差，部分指标未作机械调整。

五、本年鉴表中的符号使用说明：

“空格”表示该项统计指标数据不详或无该项数据；

“…”表示数据不足本表最小单位；

“#”表示其中的主要项。

目 录

一、综　合

二、从业人员和劳动工资

三、固定资产投资及房地产开发

四、价　格

五、人民生活

六、城市公用事业和环保

七、农　业

八、工　业

九、建 筑 业

十、交通运输、邮电通讯

十一、国内贸易

十二、对外经济贸易和旅游

十三、财政金融

十四、教育、文化、卫生、体育和科技

十五、企业景气

十六、统计大事记

一、综　合

1-1　行政区划

（2011 年底）

单位：个

县（市）区	街道办事处	镇	乡	社区	村委会
总　计	**90**	**76**	**16**	**721**	**2225**
市辖区	**71**	**7**	**4**	**572**	**329**
中原区	12			100	46
二七区	13	1	1	137	14
管城区	9	1	2	80	32
金水区	16	1		169	40
上街区	5	1		26	28
惠济区	6	2		9	54
高新开发区		1	1	7	39
经济开发区	3			16	15
郑东新区	5			28	19
航空港区	2				42
县（市）	**19**	**69**	**12**	**149**	**1896**
中牟县	2	15	1	8	419
巩义市	5	15		26	289
荥阳市	2	9	3	15	288
新密市	4	13	1	47	303
新郑市	3	9	3	33	294
登封市	3	8	4	20	303

1-2　主要气象情况

（2011 年）

指　　标	一月	二月	三月	四月	五月	六月	七月	八月	九月	十月	十一月	十二月
月平均气温	-1.0	3.3	10.2	17.4	21.9	28.1	29.1	25.5	19.1	16.1	9.7	2.2
月日照时数	107.0	84.0	209.1	241.3	190.8	150.7	161.0	106.9	69.3	131.2	55.5	96.2
月降水量		27.1	2.8	15.5	35.7	3.6	69.2	137.0	253.4	39.2	117.2	5.8
月内降水量≥0.1mm 的日数		6	4	5	4	3	11	8	15	6	13	4
月极端最高气温	9.9	18.7	25.4	35.3	37.6	42.5	39.0	35.3	31.5	27.7	18.7	12.8
出现日期	13	23	12	25	18	8	25	9	1	7	2	13
月极端最低气温	-8.5	-7.5	-2.8	1.3	10.4	18.3	19.8	18.4	10.1	2.8	0.5	-4.9
出现日期	24	14	4	4	11	1	8	24	19	25	24	17

1-3 县(市)、区所辖乡、镇办事处

(2011 年底)

县(市)区	乡 镇	街道办事处
中原区		林山寨 桐柏路 绿东村 棉纺路 三官庙 建设路 秦岭路 汝河路 中原西路 航海西路 西流湖 须水
二七区	马寨镇 侯寨乡	大学路 五里堡 德化街 解放路 铭功路 嵩山路 长江路 京广南路 一马路 蜜蜂张 福华街 建中街 淮河路
管城区	十八里河镇 南曹乡 圃田乡	北下街 西大街 南关街 城东路 东大街 二里岗 陇海马路 紫荆南路 航海东路
金水区	庙李镇	经八路 花园路 人民路 杜岭 大石桥 南阳路 南阳新村 文化路 丰产路 东风路 北林路 未来路 兴达路 凤凰台 国基路 杨金路
上街区	峡窝镇	济源路 新安路 矿山 中心路 工业路
惠济区	古荥镇 花园口镇	刘寨 老鸦陈 新城 迎宾路 长兴路 大河路
高新开发区	石佛镇 沟赵乡	
经济开发区		潮河 京航 明湖
郑东新区		祭城路 龙子湖 商都路 博学路 如意湖
航空港区		新港 郑港
中牟县	白沙镇 韩寺镇 官渡镇 郑庵镇 狼城岗镇 万滩镇 张庄镇 黄店镇 大孟镇 九龙镇 刘集镇 八岗镇 三官庙镇 姚家镇 雁鸣湖镇 刁家乡	青年路 东风路
巩义市	米河镇 新中镇 小关镇 竹林镇 大峪沟镇 河洛镇 站街镇 康店镇 北山口镇 鲁庄镇 芝田镇 西村镇 回郭镇 夹津口镇 涉村镇	孝义 紫荆路 新华路 杜甫路 永安路
荥阳市	豫龙镇 广武镇 王村镇 汜水镇 高山镇 刘河镇 崔庙镇 贾峪镇 乔楼镇 高村乡 城关乡 金寨回族乡	索河 京城路
新密市	米村镇 牛店镇 平陌镇 超化镇 苟堂镇 大隗镇 刘寨镇 白寨镇 岳村镇 城关镇 来集镇 袁庄乡 曲梁镇 尖山景区管委会(原尖山乡)	新华路 青屏街 西大街 矿区
新郑市	辛店镇 观音寺镇 梨河镇 和庄镇 薛店镇 孟庄镇 龙湖镇 郭店镇 新村镇 城关乡 八千乡 龙王乡	新建路 新华路 新烟
登封市	颍阳镇 大金店镇 卢店镇 告成镇 大冶镇 宣化镇 徐庄镇 东华镇 君召乡 石道乡 白坪乡 唐庄乡	少林 中岳 嵩阳

1-4 年末人口基本情况

（2011 年底）

县(市)区	总户数(户)	总人口(人)			
		合 计	#女 性	#非农业人口	城镇人口
全市	2650843	8857385	4293256	3476698	5741357
中原区	237508	712525	349850	570020	634860
二七区	249101	729865	357829	448721	638632
管城区	170070	513621	250339	261279	426305
金水区	485618	1398579	671318	825162	1265713
上街区	44562	133563	67209	83878	119138
惠济区	91039	274028	139268	65766	184969
中牟县	174262	709268	348605	113447	256046
巩义市	228881	810240	397666	153718	375141
荥阳市	174505	614124	272990	131845	280041
新密市	213590	799802	389835	225085	369429
新郑市	163644	687305	347883	157207	316985
登封市	176583	673191	319441	203587	299983
经济开发区	40313	112158	53387	22611	90848
高新开发区	75245	214986	96236	111793	171989
郑东新区	71183	284733	139239	73913	176534
航空港区	54739	189397	92161	28666	145021

1-5 人口自然变动情况

(2011 年)

县(市)区	年平均人口(人)	出生人口(人)	死亡人口(人)	出生率(‰)	死亡率(‰)	自然增长率(‰)
郑州市	8759087	81897	35562	9.35	4.06	5.29
中原区	707986	6082	2138	8.59	3.02	5.57
二七区	722424	6271	2687	8.68	3.72	4.96
管城区	510455	4186	1361	8.20	2.67	5.53
金水区	1397345	11357	3348	8.13	2.40	5.73
上街区	133077	944	650	7.09	4.88	2.21
惠济区	272982	2825	1094	10.35	4.01	6.34
中牟县	708937	7128	4156	10.05	5.86	4.19
巩义市	809240	7866	4443	9.72	5.49	4.23
荥阳市	613991	6096	2996	9.93	4.88	5.05
新密市	798590	7387	4959	9.25	6.21	3.04
新郑市	697900	6839	3210	9.80	4.60	5.20
登封市	671174	6631	3235	9.88	4.82	5.06
经济开发区	108818	1005	207	9.24	1.90	7.34
高新开发区	211477	1607	400	7.60	1.89	5.71
郑东新区	264498	4187	524	15.83	1.98	13.85
航空港区	130197	1569	457	12.05	3.51	8.54

1-6 国民经济和社会发展总量及速度指标

指　　标	单位	1990	1995	2000	2005	2009	2010	2011	2011 比 2010 年±%
人口与面积									
人口	万人	557.8	600.3	665.9	716.0	831.5	866.1	885.7	2.3
建城区面积	平方公里	112.0	108.3	133.2	262.0	310.0	316.1	328.1	3.8
就业									
年末从业人员	万人	317.8	309.9	356.4	407.9	445.2	469.3	490.8	4.6
#城镇从业人员	万人	87.3	118.5	112.7	153.4	184.2	198.1	254.5	28.5
宏观经济									
国民经济核算									
地区生产总值	亿元	116.4	386.4	728.4	1660.6	3308.5	4040.9	4979.8	13.8
第一产业	亿元	14.4	28.5	42.4	72.4	103.1	124.6	131.7	3.7
第二产业	亿元	62.5	203.5	343.3	872.8	1786.5	2269.9	2874.2	17.0
第三产业	亿元	39.5	154.3	342.7	715.4	1418.9	1646.4	1974.0	10.2
固定资产投资									
全社会固定资产投资额	亿元	26.9	165.6	258.4	820.0	2289.1	2757.0	3002.5	24.3
固定资产投资	亿元	20.0	132.4	159.4	610.2	2002.2	2432.5	2900.0	25.1
财政									
地方财政一般预算收入	亿元	10.5	17.1	43.6	136.1	301.9	386.8	502.3	29.9
地方财政一般预算支出	亿元	6.5	17.8	49.0	136.7	353.1	426.8	566.6	32.8
价格总指数									
商品零售价格指数	以上年为 100	100.8	110.4	99.1	101.2	100.3	102.7	104.9	4.9
居民消费价格指数	以上年为 100	101.8	114.5	99.0	102.4	99.8	103.0	104.9	4.9
外商投资									
利用外资									
合同利用外资额	万美元	1132	21086	12860	63766	188896	191632	238133	24.3
实际利用外资额	万美元	768	15020	9211	33549	162400	190015	310000	63.1
产业									
农业									
农林牧渔业总产值	亿元	24.6	51.5	73.2	126.2	184.1	221.4	235.5	3.8
粮食总产量	万吨	154.2	140.1	158.7	153.0	166.1	166.7	166.7	0.0

1-6 续表1

指　　标	单位	1990	1995	2000	2005	2009	2010	2011	2011 比 2010 年±%
工业									
工业总产值	亿元	174.4	647.9	1005.3	2411.5	4395.3	7958.3	8459.7	20.3
工业增加值	亿元	39.8	87.1	187.5	569.7	1298.5	1996.0	2316.0	22.0
规模以上工业									
资产总计	亿元	142.3	470.3	749.8	1473.6	3185.0	3898.8	5173.0	36.0
负债合计	亿元	89.6	328.6	477.5	946.3	1747.9	2134.9	2762.8	32.4
主营业务收入	亿元	104.6	307.8	530.9	1673.0	4726.6	5942.3	8144.4	40.0
利税总额	亿元	18.0	37.9	67.2	230.2	780.4	1058.1	1351.7	32.1
建筑业									
建筑业总产值	亿元	12.7	45.5	106.0	299.4	1126.0	1352.3	1547.6	14.4
施工房屋面积	万平方米	325	805	1217	2937	7106.6	8876.9	10505.5	18.3
竣工房屋面积	万平方米	148	306	440	765	2277.8	2601.7	3403.6	30.8
交通运输									
旅客周转量	亿人公里	69.3	92.0	125.1	189.6	263.4	301.4	325.6	8.0
#铁路	亿人公里	46.0	53.0	60.0	80.0	103.2	113.9	111.2	-2.4
公路	亿人公里	23.3	32.1	56.3	82.7	113.5	137.7	161.1	17.0
航空	亿人公里	1.0	6.8	8.8	26.9	46.7	49.8	53.3	7.0
货物周转量	亿吨公里	196.2	212.9	226.5	287.7	404.2	479.8	564.1	17.6
#铁路	亿吨公里	181.6	181.9	156.2	187.9	192.8	199.4	210.2	5.4
公路	亿吨公里	14.7	30.9	70.1	99.4	210.9	279.8	353.3	26.3
航空	万吨公里	150	574	1281	3385	5034	5641	5744	1.8
邮电通讯									
邮电业务总量	万元	1.2	8.5	42	108.2	256.2	296.3	116.8	18.1
国内商业									
社会消费品零售总额	亿元	47.4	164.1	381.8	706.7	1434.8	1702.1	2015.6	18.4
批零贸易企业销售额	亿元	44.9	401.0	437.4	1274.3	2311.7	2339.1	2943.9	25.9
对外贸易和旅游									

1-6 续表2

指　　标	单位	1990	1995	2000	2005	2009	2010	2011	2011 比 2010 年±%
直接进出口总值	万美元		16129	19216	110193	297863	452442	1535929	239.5
#直接出口总值	万美元	1119	13072	12313	75659	200166	331272	941400	182.9
旅游外汇收入	万美元			4653	7769	12279	13384	14760	10.3
金融									
金融机构各项存款	亿元	86.3	464.4	1215.4	3116.1	6540.3	7990.9	8964.9	13.6
金融机构各项贷款	亿元	87.0	373.7	881.9	2428.1	4922.2	5717.5	6112.8	8.9
教育									
在校学生数	万人	84.4	114.9	139.7	191.3	217.4	222.3	227.4	2.3
专任教师数	万人	6.2	5.9	7.1	9.4	12.0	12.5	12.9	3.2
人民生活									
市区城镇居民人均可支配收入	元	1496	4535	6458	10977	17417	19376	22477	16.0
农村居民人均纯收入	元	692	1555	2912	4774	8121	9225	11050	19.8
城市居民人均居住建筑面积	平方米			19.8	23.0	26.6	28.2	29.5	4.6
农村居民人均居住面积	平方米	21.5	23.8	35.4	43.7	49.7	52.0	54.9	5.6
城乡居民储蓄余额	亿元	56.1	254.2	565.8	1436.1	2511.2	2911.0	3252.1	12.5
工资									
在岗职工年平均工资	元	2126.0	5226.0	9017	16694	29837	32779	35541	8.4
卫生									
医疗机构数	个	935	879	688	1637	1437	1347	4044	200.0
卫生技术人员	个	28410	30590	31137	33568	47004	49519	56891	14.9
医疗床位数	张	20937	22122	24472	29295	42971	47094	52750	12.0
市政建设									
自来水供水量	万吨	23037	32506	28783	30448	35475	37724	35785	-5.1
城市集中供热面积	万平方米		851	1383	1777	2051	2261	2285	1.1
用气人口	万人	59.5	107.9	149.2	230	386	439	457	4.1
城市道路长度	公里	428	563	684	1131	1304	1338	1390	3.9
公共汽(电)车总数	辆	404	728	1342	3077	4427	4788	5271	10.1

注:1. 1990 年城市居民人均可支配收入以人均生活费收入代替;2. 直接进出口总值、直接出口总值统计范围不包括国家部委及省属进出口公司,1995 年、1990 年为业务统计数,2000 年和 2003 年以来为海关数;3. 2011 年邮电业务总量按 2010 年可比价格计算,2001-2010 年按 2000 年可比价格计算,2000 年以前按 1990 年可比价格计算;4. 固定资产投资 2010 年以前为城镇投资;5. 2010 年以后,工业总产值和增加值包含河南中烟工业公司和河南电力公司。

1-7　国民经济和社会发展比例和效益指标

指　　标	单位	1990	1995	2000	2005	2009	2010	2011
就业								
每一就业者负担人口	人	**1.66**	**1.85**	**1.90**	**2.15**	**2.11**	**2.01**	**2.04**
三次产业从业者比例								
第一产业	%	50.1	40.4	41.9	31.5	23.5	21.5	20.4
第二产业	%	31.3	32.3	27.0	30.0	34.7	33.8	36.1
第三产业	%	18.6	27.3	31.1	38.5	41.8	44.6	43.5
城镇登记失业率	%			2.0	3.0	2.1	2.8	2.0
宏观经济								
国民经济核算								
三次产业增加值比例								
第一产业	%	12.4	7.4	5.8	4.4	3.1	3.1	2.6
第二产业	%	53.7	52.6	47.1	52.5	54	56.2	57.7
第三产业	%	33.9	40.0	47.1	43.1	42.9	40.7	39.6
人均生产总值	元	2118	6499	11227	23320	44237	47608	56856
固定资产投资								
全社会固定资产占 GDP 比例	%	23.1	42.8	35.5	49.4	69.2	68.2	60.3
财政								
地方财政收入占 GDP 比例	%	9.0	4.4	6.5	9.1	13.6	14.6	14.4
产业								
工业								
产品销售率	%	96.6	96.4	97.4	98.1	97.7	98.2	97.9

1-7 续表

指　标	单位	1990	1995	2000	2005	2009	2010	2011
总资产贡献率	%	30.1	12.8	11.2	18.0	25.7	28.4	27.4
增加值率	%	32.4	27.5	33.0	27.8	29.5	27.1	27.3
成本费用利润率	%	5.8	3.3	5.2	7.8	12	13.8	12.6
资产负债率	%	63.0	69.9	63.7	64.6	54.9	54.8	53.4
建筑业								
产值利税率	%	7.39	4.84	3.27	4.57	6.56	8.0	7.8
全员劳动生产率	元/人	12902	28440	60305	117785	235651	221621	285024
教育								
适龄儿童入学率	%	99.40	99.71	99.95	100	100	100	100
学校教师负担人数	人	13.56	19.48	17.2	15.5	18.16	17.8	17.6
卫生								
每万人拥有医疗机构数	个	1.68	1.46	1.05	2.29	1.91	1.56	4.57
每万人拥有卫生技术人员	人			48.6	46.9	62.5	57.2	64.2
每万人拥有医院床位数	张	37.5	36.9	37.4	40.9	57.1	54.4	59.6
市政建设								
城市自来水普及率	%		97.6	100	100	100	100	100
人均公共绿地面积	平方米	2.6	3.2	4.6	8.0	9.7	10.5	10.8

1-8 主要指标年人均水平

指　　标	单　位	2000	2005 年	2007 年	2008 年	2009 年	2010 年	2011 年
生产总值	元	11227	23320	34063	40617	44237	47608	56856
地方财政一般预算收入	元	672	1912	3007	3521	4037	4781	5735
社会消费品零售总额	元	5885	9924	13406	16310	19184	21038	22686
在岗职工平均工资	元	8263	16694	23025	26476	29837	32779	35541
城镇居民可支配收入	元	5935	10640	13692	15732	17117	18897	22477
农民人均纯收入	元	2912	4774	6594	7548	8121	9225	11050
城乡居民储蓄存款余额	元	8721	20195	22721	27951	33577	35980	37129
市区居民居住面积	平方米	9.5	23.0	25.1	26	26.6	28.2	29.5
城市生活用电量	千瓦时	594	506	689	728	819	840	791
城市生活用水量	吨	73	81	50.7	54.2	56.1	49.8	43.8
市区公共绿地面积	平方米	4.6	8.0	9.2	9.3	9.7	10.5	10.8
市区每万人拥有公交车辆	辆	4.8	10.2	12.0	13.2	13.3	12.6	11.9
每万人拥有医疗床位数	张	37.7	41.2	46.3	52.1	57.5	55.5	60.2
每万人拥有卫生技术人员	人	48	47.2	54.8	57.1	62.8	58.3	65.0

1-9 郑州一日

指　　标	单　位	2000	2005 年	2007 年	2008 年	2009 年	2010 年	2011 年
生产总值	万元	19956	45496	68130	82301	90644	110709	136434
第一产业	万元	1161	1983	2175	2595	2824	3413	3607
第二产业	万元	9405	23913	36016	45466	48945	62189	78746
第三产业	万元	9389	19600	29939	34241	38874	45108	54081
粮食总产量	吨	4348	4192	4504	4527	4550	4567	4567
全社会固定资产投资	万元	7079	22466	37461	48567	62715	75534	82261
社会消费品零售总额	万元	10460	19361	26814	33049	39309	46633	55222
地方财政一般预算收入	万元	1192	3729	6014	7114	8272	10597	13762
货运量	万吨	43.2	65.1	87.0	102.3	46.5	56.5	66.9
客运量	万人	35.8	50.2	69.1	77.9	71.5	82.5	92.5
邮电业务总量	万元	1161	2963	5268	6233	7019	8118	3201
出口总值	万美元	33.7	207	483	692	548	908	2579
自来水供水量	万吨	79	83	76	88	97	103	98
售电量	万千瓦小时	2156	3852	5810	7833	8225	9753	10684
接待境外人数	人次	222	573	718	800	879	956	1052

1-10 社会总产出

（2011 年）

单位：万元

项　　目	全市	中原区	二七区	管城区	金水区	上街区	惠济区	经济开发区
总产出	**146129809**	**7311350**	**8244190**	**5360393**	**14484432**	**3527657**	**2116772**	**4203048**
第一产业	**2354657**	**21126**	**16032**	**13076**	**31079**	**11067**	**92077**	**12304**
农林牧渔业	2354657	21126	16032	13076	31079	11067	92077	12304
第二产业	**107953960**	**4666531**	**3457125**	**3132587**	**3185748**	**2950967**	**1394829**	**3722305**
工业	97066173	3515571	1679280	2494652	1067567	2627467	869632	3028292
采掘业	6908146		13626			186067		
制造业	77497382	1753422	1513571	2494652	1067567	2229265	859771	3023211
电力、燃气及水的生产和供应业	12660645	1762149	152083			212135	9861	5081
建筑业	10887787	1150960	1777845	637935	2118181	323500	525197	694013
第三产业	**35821192**	**2623693**	**4771033**	**2214730**	**11267605**	**565623**	**629866**	**468439**
交通运输、仓储和邮政业	7264504	109548	1126170	313781	471926	61105	92930	42534
信息传输、计算机服务和软件业	1334527	44026	309802	34150	866695	11425	5316	27737
批发和零售业	4796979	356277	1356723	675067	1131707	260529	72339	161816
住宿和餐饮业	3952070	400523	347384	267374	1233603	68090	141182	18449
金融业	4401221	331027	495250	247070	1652729	37803	36325	9199
房地产业	2990552	202499	254861	229528	648041	35791	87698	66115
租赁和商务服务业	1615246	79822	48658	106834	1981679	5402	13812	45404
科学研究、技术服务和地质勘查业	1575040	431461	81462	40175	450452	13334	7271	16523
水利、环境和公共设施管理业	208118	11757	6951	10751	57765	1201	19954	207
居民服务和其他服务业	1344373	52713	69500	57469	227437	15866	16273	5601
教育	1818949	118068	155473	52272	548346	14759	59131	4363
卫生、社会保障和社会福利业	1508953	135750	288282	70383	807315	5507	13059	7835
文化、体育和娱乐业	781725	36679	42305	20783	514896	1172	11146	5632
公共管理和社会组织	2228935	313543	188212	89093	675014	33639	53430	57024

(2011 年) 单位:万元

项 目	高新开发区	中牟县	巩义市	荥阳市	新密市	新郑市	登封市	郑东新区	航空港区
总产出	**4094691**	**9056437**	**17171947**	**13968775**	**13930614**	**13500259**	**12309015**	**1879071**	**3904654**
第一产业	**12884**	**820048**	**152261**	**360926**	**249983**	**320663**	**190250**	**14610**	**32780**
农林牧渔业	12884	820048	152261	360926	249983	320663	190250	14610	32780
第二产业	**3429650**	**7044340**	**15008728**	**11952096**	**11618518**	**11653446**	**10442073**	**285384**	**3287130**
工业	2954141	6443669	14477576	11597317	11175219	11131361	10119764	6593	3283702
采掘业		213029	608518	246934	2078776	795868	2506188		
制造业	2759605	6133984	13454806	11040274	8825039	10199126	6003908	6593	3283702
电力、燃气及水的生产和供应业	194536	96656	414252	310109	271404	136367	1609668		
建筑业	475509	600671	531152	354779	443299	522085	322309	278791	3428
第三产业	**652157**	**1192049**	**2010958**	**1655753**	**2062113**	**1526150**	**1676692**	**1579077**	**584744**
交通运输、仓储和邮政业	32699	316052	913939	621545	895953	568091	679558	78944	484666
信息传输、计算机服务和软件业	98351	72100	32967	29453	35597	44761	40993	8884	1472
批发和零售业	80494	181643	209626	175191	265852	157137	102725	168203	24166
住宿和餐饮业	72360	138756	268500	233364	222397	153976	163173	78953	26042
金融业	38715	57134	96542	78637	99086	69377	73627	721764	1874
房地产业	83999	91423	195474	148000	135512	70125	96744	279378	2841
租赁和商务服务业	20202	22845	13446	12667	15694	10519	34905	21262	1873
科学研究、技术服务和地质勘查业	43104	9684	10455	37150	8213	8455	2763	72421	
水利、环境和公共设施管理业	1257	17080	5375	6811	2286	11585	38214	11883	
居民服务和其他服务业	3925	22728	29036	18360	19850	23631	15387	9396	6126
教育	150539	102320	63254	57953	77465	223400	181640	25620	388
卫生、社会保障和社会福利业	5779	35955	103306	37831	103487	46507	40366	27103	415
文化、体育和娱乐业	1080	1916	5637	8810	3368	5513	63373	6447	35
公共管理和社会组织	19653	122413	63401	189981	177353	133073	143224	68819	34846

1-11　生产总值

（2011 年）　　　　单位:万元

项　　目	全市	中原区	二七区	管城区	金水区	上街区	惠济区	经济开发区
地区生产总值	**49798455**	**2470942**	**3251389**	**2328418**	**6548770**	**918822**	**764686**	**1168604**
第一产业	**1316609**	**12192**	**7545**	**7593**	**17494**	**6098**	**48598**	**6997**
农林牧渔业	1316609	12192	7545	7593	17494	6098	48598	6997
第二产业	**28742174**	**1044525**	**715041**	**1035886**	**937539**	**705203**	**380188**	**922538**
工业	25660771	721105	420400	855350	257189	624328	209499	730856
采掘业	3030670		7090			34957		
制造业	20530168	402867	391054	855350	257189	532458	205032	729606
电力、燃气及水的生产和供应业	2099933	318238	22256			56913	4467	1250
建筑业	3081403	323420	294641	180536	680350	80875	170689	191682
第三产业	**19739672**	**1414225**	**2528803**	**1284939**	**5593737**	**207521**	**335900**	**239069**
交通运输、仓储和邮政业	2849356	54370	574777	94788	228334	28150	39024	17927
信息传输、计算机服务和软件业	939122	26551	248823	21596	447615	8560	3803	8471
批发和零售业	3337024	254060	527820	415752	737021	39294	29656	88875
住宿和餐饮业	1563389	155826	193151	106778	442374	27917	48501	7494
金融业	3032050	232329	356313	176820	1090585	18922	27124	6899
房地产业	2407447	142720	150990	166704	483425	31000	60753	52544
租赁和商务服务业	687372	44967	26504	81491	465195	3468	7167	15141
科学研究、技术服务和地质勘查业	725844	175040	42321	26844	234752	4667	3312	6212
水利、环境和公共设施管理业	138178	7325	4705	6408	30638	978	12020	88
居民服务和其他服务业	654496	32844	27834	35934	183977	10369	9346	2950
教育	1153214	78279	128732	42623	313053	12530	46104	2773
卫生、社会保障和社会福利业	714632	42876	96943	28390	287785	2423	7669	676
文化、体育和娱乐业	416577	20190	22847	16525	303675	1078	7823	3255
公共管理和社会组织	1120971	146848	127043	64286	345308	18165	33598	25764

1-11 续表 (2011 年) 单位:万元

项 目	高新开发区	中牟县	巩义市	荥阳市	新密市	新郑市	登封市	郑东新区	航空港区
地区生产总值	**1167802**	**3149275**	**4680336**	**4326548**	**5004789**	**4489462**	**4327632**	**1039414**	**885268**
第一产业	**7366**	**463690**	**88159**	**203337**	**140284**	**175890**	**103060**	**7729**	**18358**
农林牧渔业	7366	463690	88159	203337	140284	175890	103060	7729	18358
第二产业	**754876**	**1860088**	**3396152**	**3111724**	**3652807**	**3300670**	**3267663**	**56586**	**721623**
工业	615061	1655860	3238400	2957068	3499179	3141434	3165491	1428	720684
采掘业		55036	207808	79517	1034659	267102	1350028		
制造业	575120	1577379	2953241	2815578	2414678	2848809	1699478	1428	720684
电力、燃气及水的生产和供应业	39941	23445	77351	61973	49842	25523	115985		
建筑业	139815	204228	157752	154656	153628	159236	102172	55158	939
第三产业	**405560**	**825497**	**1196025**	**1011487**	**1211698**	**1012902**	**956909**	**975099**	**145287**
交通运输、仓储和邮政业	18696	195209	461020	281343	407256	281089	325171	8743	84104
信息传输、计算机服务和软件业	56643	52322	24685	23611	31073	40471	36132	4589	1243
批发和零售业	43531	134764	165367	154047	161722	133906	84953	69769	13808
住宿和餐饮业	30437	78499	134415	121390	97294	72042	78709	29892	16264
金融业	29021	39830	66871	56245	67776	50021	51575	518413	1188
房地产业	63594	51481	150605	117591	112536	63522	92185	227406	2767
租赁和商务服务业	17924	13103	9342	8928	9460	6855	4878	13914	1229
科学研究、技术服务和地质勘查业	13187	5556	6049	10314	5139	6613	2244	45716	
水利、环境和公共设施管理业	693	13809	3852	5552	1807	8608	18823	2414	
居民服务和其他服务业	2106	12579	18634	12936	13901	15752	8101	5312	2233
教育	113900	96888	54209	50741	67319	186079	149638	20606	338
卫生、社会保障和社会福利业	2929	28354	52849	23301	79264	33751	16602	8688	382
文化、体育和娱乐业	853	1347	4127	3681	2322	4824	24114	4240	23
公共管理和社会组织	12046	101756	44000	141807	154829	109369	63784	15397	21708

1-12　生产总值指数

（2011 年）

单位：%

项　目	全市	中原区	二七区	管城区	金水区	上街区	惠济区	经济开发区
GDP	**113.8**	**109.8**	**108.0**	**108.8**	**106.6**	**115.0**	**107.5**	**160.7**
第一产业	**103.7**	**101.6**	**101.0**	**99.7**	**99.1**	**103.1**	**104.1**	**96.5**
农林牧渔业	103.7	101.6	101.0	99.7	99.1	103.1	104.1	96.5
第二产业	**117.0**	**111.6**	**111.0**	**113.4**	**101.3**	**116.4**	**109.3**	**181.9**
工业	119.0	116.0	116.4	115.6	101.1	117.9	116.7	231.9
采掘业	124.2		26.1			73.9		
制造业	118.0	118.2	117.6	115.6	101.1	126.1	117.0	231.9
电力、燃气及水的生产和供应业	122.1	111.8	439.6			112.0	103.6	244.3
建筑业	102.3	100.0	101.4	104.3	101.4	102.9	100.4	96.0
第三产业	**110.2**	**108.3**	**107.1**	**105.4**	**107.6**	**110.0**	**106.0**	**110.8**
交通运输、仓储和邮政业	104.0	96.5	104.4	94.7	96.5	109.7	106.3	106.6
信息传输、计算机服务和软件业	108.1	117.8	109.1	104.8	121.4	108.3	107.6	103.6
批发和零售业	118.1	115.6	112.0	115.7	108.1	122.7	115.1	107.6
住宿和餐饮业	119.5	95.0	111.3	102.3	106.7	105.1	110.5	109.7
金融业	106.5	110.0	96.3	95.9	100.7	93.9	122.1	81.5
房地产业	104.1	114.4	100.5	97.7	85.8	113.5	85.2	119.9
租赁和商务服务业	124.6	141.7	112.8	171.2	126.0	108.9	166.9	127.1
科学研究、技术服务和地质勘查业	109.7	95.9	110.9	94.7	139.0	99.4	105.3	116.3
水利、环境和公共设施管理业	129.6	153.6	110.9	143.5	83.4	106.1	104.1	114.3
居民服务和其他服务业	145.5	140.0	112.8	71.2	122.6	107.8	163.7	104.5
教育	99.9	106.0	116.0	105.3	102.3	108.4	105.0	116.6
卫生、社会保障和社会福利业	119.0	103.9	114.6	111.4	130.6	104.0	108.2	116.1
文化、体育和娱乐业	114.6	123.3	123.0	84.9	107.5	115.5	173.8	116.6
公共管理和社会组织	99.8	110.1	110.9	104.0	107.3	114.9	100.0	111.1

1-12 续表 (2011年) 单位:%

项 目	高新开发区	中牟县	巩义市	荥阳市	新密市	新郑市	登封市	郑东新区	航空港区
GDP	**117.6**	**112.4**	**113.8**	**113.8**	**116.4**	**114.0**	**115.1**	**114.7**	**189.8**
第一产业	**96.2**	**104.2**	**103.8**	**103.9**	**104.3**	**103.9**	**104.1**	**90.5**	**99.0**
农林牧渔业	96.2	104.2	103.8	103.9	104.3	103.9	104.1	90.5	99.0
第二产业	**118.8**	**114.4**	**115.2**	**115.5**	**117.0**	**115.4**	**116.1**	**102.9**	**244.9**
工业	120.5	116.1	115.8	116.3	117.6	116.0	116.6	31.7	245.1
采掘业		126.4	125.0	151.0	131.2	128.9	119.5		
制造业	120.5	115.9	115.6	113.1	112.7	114.6	114.9	31.7	245.1
电力、燃气及水的生产和供应业	120.5	105.5	102.0	15301.9	112.2	201.3	117.3		
建筑业	109.9	102.1	101.5	102.2	104.5	104.6	102.1	109.0	185.0
第三产业	**115.4**	**113.6**	**109.9**	**111.0**	**116.1**	**111.6**	**112.5**	**116.0**	**121.7**
交通运输、仓储和邮政业	97.3	119.5	108.9	113.0	112.0	115.6	114.1	118.2	106.7
信息传输、计算机服务和软件业	123.5	117.3	114.5	111.9	116.0	112.6	110.1	108.0	107.6
批发和零售业	123.9	109.1	105.8	106.7	126.4	109.1	107.8	116.8	122.5
住宿和餐饮业	112.3	131.5	105.1	104.4	111.9	106.9	106.1	104.0	121.1
金融业	122.3	121.1	121.1	116.8	120.1	112.1	121.3	127.7	108.7
房地产业	138.1	64.7	110.8	129.7	123.3	97.4	114.7	104.8	106.2
租赁和商务服务业	101.7	106.8	148.0	87.5	120.4	134.7	104.6	106.0	171.1
科学研究、技术服务和地质勘查业	105.3	159.5	111.6	98.5	123.0	108.7	122.9	103.4	
水利、环境和公共设施管理业	118.0	125.5	98.1	102.9	102.8	122.0	131.1	114.8	
居民服务和其他服务业	107.9	107.8	112.2	101.8	112.3	108.6	111.9	115.6	79.6
教育	107.2	128.8	127.4	119.7	109.8	111.0	107.6	104.5	108.2
卫生、社会保障和社会福利业	126.2	106.4	113.4	115.8	121.4	124.6	111.6	102.8	107.7
文化、体育和娱乐业	119.3	70.6	104.1	110.8	119.6	103.8	107.5	118.2	221.6
公共管理和社会组织	108.1	123.1	101.9	104.9	114.4	113.2	117.3	106.1	248.5

1-13　全市法人单位数(按地域划分)

（2011 年底）　　　　单位:个

行　　业	全市	中原区	二七区	管城区	金水区	上街区	惠济区	经济开发区
总　计	**62797**	**4314**	**4035**	**4570**	**20464**	**1076**	**1286**	**1649**
农、林、牧、渔业	962	20	31	16	35	5	53	16
采矿业	621	2	1	1	2	4	1	3
制造业	11551	921	491	210	491	293	328	284
电力、燃气及水的生产和供应业	125	8	3	2	7	2	3	2
建筑业	3186	289	233	193	1485	41	83	139
交通运输、仓储和邮政业	922	42	13	113	234	29	35	52
信息传输、计算机服务和软件业	1830	115	111	85	1045	26	38	89
批发和零售业	17420	1151	1463	2566	8199	254	178	397
住宿和餐饮业	1062	51	118	69	433	27	23	10
金融业	410	17	19	18	245	2	4	26
房地产业	3095	269	291	217	1281	54	78	139
租赁和商务服务业	6877	327	414	450	4332	46	67	283
科学研究、技术服务和地质勘查业	1775	225	126	60	783	14	26	94
水利、环境和公共设施管理业	337	21	21	15	98	13	18	5
居民服务和其他服务业	781	53	73	68	364	16	14	9
教育	2524	196	213	136	402	34	96	21
卫生、社会保障和社会福利业	3017	64	55	45	79	9	59	23
文化、体育和娱乐业	618	45	50	42	264	17	26	12
公共管理和社会组织	5684	498	309	264	685	190	156	45

1-13　续表　　　　　　　　　　（2011 年底）　　　　　　　　　　单位：个

行　业	高新开发区	郑东新区	航空港区	中牟县	巩义市	荥阳市	新密市	新郑市	登封市
总　计	**1571**	**2240**	**306**	**3392**	**4188**	**3395**	**3973**	**3294**	**3044**
农、林、牧、渔业	7	10	8	128	45	210	78	116	184
采矿业				3	76	44	291	40	153
制造业	753	73	108	778	2176	1280	1343	1454	568
电力、燃气及水的生产和供应业	5	5	3	11	23	11	10	16	14
建筑业	101	199	6	118	30	87	72	62	48
交通运输、仓储和邮政业	7	32	13	123	46	39	56	46	42
信息传输、计算机服务和软件业	88	58	6	11	20	30	2	35	71
批发和零售业	193	824	13	335	391	338	383	374	361
住宿和餐饮业	2	31	8	38	63	22	24	70	73
金融业	2	41		10	7	4	7	4	4
房地产业	75	259	14	101	58	79	51	68	61
租赁和商务服务业	53	430	8	79	67	72	103	38	108
科学研究、技术服务和地质勘查业	120	100		31	35	60	44	20	37
水利、环境和公共设施管理业	6	12	1	12	28	32	26	14	15
居民服务和其他服务业	10	30	1	28	16	14	18	35	32
教育	45	30	10	260	165	145	375	148	248
卫生、社会保障和社会福利业	36	9	38	690	363	327	509	253	458
文化、体育和娱乐业	3	16		13	42	25	19	21	23
公共管理和社会组织	65	81	69	623	537	576	562	480	544

1-14 基本单位按登记注册类型分组情况

（2011 年底）　　　　　　　　　　单位：个

注册类型	单位数	注册类型	单位数
总　　计	**62797**	私营合伙企业	1171
内资企业	**62241**	私营有限责任公司	23977
国有企业	5217	私营股份有限公司	1171
集体企业	2159	其他内资企业	7191
股份合作企业	344	**港、澳、台商投资企业**	**231**
联营企业	71	合资经营企业(港或澳、台资)	95
国有联营企业	15	合作经营企业(港或澳、台资)	10
集体联营企业	31	港、澳、台商独资经营企业	115
其他联营企业	25	港、澳、台商投资股份有限公司	10
有限责任公司	11974	其他港、澳、台商投资企业	1
国有独资公司	104	**外商投资企业**	**325**
其他有限责任公司	11870	中外合资经营企业	173
股份有限公司	1088	中外合作经营企业	15
私营企业	34197	外资企业	121
私营独资企业	7878	外商投资股份有限公司	16

主要统计指标解释

生产总值 是一个国家(地区)所有常住单位在一定时期内生产活动的最终成果。地区生产总值有三种表现形态,即价值形态、收入形态和产品形态。从价值形态看,它是所有常住单位在一定时期内所生产的全部货物和服务价值超过同期投入的全部非固定资产货物和服务价值的差额,即所有常住单位的增加值之和;从收入形态看,它是所有常住单位在一定时期内所创造并分配给常住单位和非常住单位的初次分配收入之和;从产品形态看,它是最终使用的货物和服务减去进口货物和服务。在实际核算中,地区生产总值的三种表现形态表现为三种计算方法,即生产法、收入法和支出法。三种方法分别从不同的方面反映地区生产总值及其构成。

平均每年增长速度 在我国计算平均增长速度有两种方法,一种是习惯上经常使用的“水平法”,又称几何平均法,是以间隔期最后一年的水平同基期水平对比来计算平均每年增长(或下降)速度。另一种是“累计法”,又称代数平均法或方程法,是以间隔期内各年水平的总和同基期水平对比来计算平均每年增长(或下降)速度。在一般正常情况下,两种方法计算的平均每年增长速度比较接近,但在经济发展不平衡,出现大起大落时,两种方法计算的结果差别较大。本《年鉴》内所列的平均每年增长速度,除固定资产投资是用“累计法”计算以外,其余均用“水平法”计算。

企业(单位)登记注册类型 是以在工商行政管理机关登记注册的具有法人资格的各类企业为划分对象。行政机关、事业单位和社会团体及其他经济组织参照执行。本项以工商行政管理部门对企业(单位)登记注册的类型为依据,将企业(单位)登记注册类型分为以下几种:

1. 国有企业是指企业全部资产归国家所有,并按《中华人民共和国企业法人登记管理条例》规定登记注册的非公司制的经济组织。不包括有限责任公司中的国有独资公司。

2. 集体企业是指企业资产归集体所有,并按《中华人民共和国企业法人登记管理条例》规定登记注册的经济组织。

3. 股份合作企业是指以合作制为基础,由企业职工共同出资入股,吸收一定比例的社会资产投资组建,实行自主经营,自负盈亏,共同劳动,民主管理,按劳分配与按股分红相结合的一种集体经济组织。

4. 联营企业是指两个及两个以上相同或不同所有制性质的企业法人或事业单位法人,按自愿、平等、互利的原则,共同投资组成的经济组织。联营企业包括国有联营企业、集体联营企业、国有与集体联营企业和其他联营企业。

5. 有限责任公司是指根据《中华人民共和国登记管理条例》规定登记注册,由两个以上,五十个以下的股东共同出资,每个股东以其所认缴的出资额对公司承担有限责任,公司以其全部资产对其债务承担责任的经济组织。

有限责任公司包括国有独资公司以及其他有限责任公司:

(1)国有独资公司是指国家授权的投资机构或者国家授权的部门单独投资设立的有限责任公司。

(2)其他有限责任公司是指国有独资公司以外的其他有限责任公司。

6. 股份有限公司是指根据《中华人民共和国登记管理条例》规定登记注册,其全部注册资本由等额股份构成并通过发行股票筹集资本,股东以其认购的股份对公司承担有限责任,公司以其全部资产对其债务承担责任的经济组织。

7. 私营企业是指由自然人投资设立或由自然人控股,以雇佣劳动为基础的营利性经济组织。包括按照《公司法》、《合伙企业法》、《私营企业暂行条例》规定登记注册的私营有限责任公司、私营股份有限公司、私营合伙企业和私营独资企业。

(1)私营独资企业是指按《私营企业暂行条例》的规定,由一名自然人投资经营,以雇佣劳动为基础,投资者对企业债务承担无限责任的企业。

(2)私营合伙企业是指按《合伙企业法》或《私营企业暂行条例》的规定,由两个以上自然人按照协议共同投资、共同经营、共负盈亏,以雇佣劳动为基础,对债务承担无限责任的企业。

(3)私营有限责任公司是指按《公司法》、《私营企业暂行条例》的规定,由两个以上自然人投资或由单个自然人控股的有限责任公司。

(4)私营股份有限公司是指按《公司法》的规定,由五个以上自然人投资,或由单个自然人控股的有限公司。

8. 其他内资企业是指上述第 1 条至第 7 条之外的其他内资经济组织。

9. 与港澳台商合资经营企业是指港澳台地区投资者与内地的企业依照《中华人民共和国中外合资经营企业法》及有关法律的规定，按合同规定的比例投资设立、分享利润和分担风险的企业。

10. 与港澳台商合作经营企业是指港澳台地区投资者与内地企业依照《中华人民共和国中外合作经营企业法》及有关法律的规定，依照合作合同的约定进行投资或提供条件设立、分配利润和分担风险的企业。

11. 港澳台商独资经营企业是指依照《中华人民共和国外资企业法》及有关法律的规定，在内地由港澳台地区投资者全额投资设立的企业。

12. 港澳台商投资股份有限公司是指根据国家有关规定，经外经贸部依法批准设立，其中港、澳、台商的股本占公司注册资本的比例达 25% 以上的股份有限公司。凡其中港、澳、台商的股本占公司注册资本的比例小于 25% 的，属于内资企业中的股份有限公司。

13. 中外合资经营企业是指外国企业或外国人与中国内地企业依照《中华人民共和国中外合资经营企业法》及有关法律的规定，按合同规定的比例投资设立、分享利润和分担风险的企业。

14. 中外合作经营企业是指外国企业或外国人与中国内地企业依照《中华人民共和国中外合作经营企业法》及有关法律的规定，依照合作合同的约定进行投资或提供条件设立、分配利润和分担风险的企业。

15. 外资企业是指依照《中华人民共和国外资企业法》及有关法律的规定，在中国内地由外国投资者全额投资设立的企业。

16. 外商投资股份有限公司是指根据国家有关规定，经外经贸部依法批准设立，其中外资的股本占公司注册资本的比例达 25% 以上的股份有限公司。凡其中外资股本占公司注册资本的比例小于 25% 的，属于内资企业中的股份有限公司。机关、事业单位和社会团体参照《企业登记注册类型与代码》，主要按其经费来源和管理方式划分。

具体规定如下：

1. 机关包括国家机关和党政机关，原则上均列为“国有”。但有特殊规定的，如供销社等，则列为“集体”。

2. 事业单位包括经国家机构编制部门和有关业务主管部门批准成立的各类事业单位，不包括实行企业化管理的事业单位。事业单位的划分办法如下：

(1) 由国家财政预算拨款或列入财政预算外资金管理以及经费主要来源于国有主管部门或国有上级单位的事业单位，列为“国有”。

(2) 经费主要来源于集体单位的事业单位，列为“集体”。

(3) 公民个人（或个人合伙）开办的事业单位，列为“私营”。

(4) 上述以外的其他事业单位，如果其经费来源不明确，按管理方式进行归类。

3. 社会团体包括经民政部门批准成立以及未纳入社会团体管理条例范围的工会、妇联等各类社会团体。社会团体的划分办法如下：

(1) 未纳入民政部社会团体管理条例范围的工会、妇联、共青团、青联、工商联、科协、侨联等社会团体，国家拨款设立的基金会或基金管理组织以及经费主要来源于国有业务主管部门或国有上级单位的社会团体，列为“国有”。

(2) 经费主要来源于集体单位的社会团体，列为“集体”。

(3) 公民个人（或个人合伙）开办的社会团体，划为“私营”。

(4) 上述以外的其他社会团体，如果其经费来源不明确，改按管理方式进行归类。

三次产业　根据社会生产活动历史发展的顺序对产业结构的划分，产品直接取自自然界的部门称为第一产业，对初级产品进行再加工的部门称为第二产业。为生产和消费提供各种服务的部门称为第三产业。它是世界上通用的产业结构分类，但各国的划分不尽一致。我国的三次产业划分是：

第一产业是指农、林、牧、渔业。

第二产业是指采矿业，制造业，电力、燃气及水的生产和供应业，建筑业。

第三产业是指除第一、二产业以外的其他行业。第三产业包括：交通运输、仓储和邮政业，信息传输、计算机服务和软件业，批发和零售业，住宿和餐饮业，金融业，房地产业，租赁和商务服务业，科学研究、技术服务和地质勘查业，水利、环境和公共设施管理业，居民服务和其他服务业，教育，卫生、社会保障和社会福利业，文化、体育和娱乐业，公共管理和社会组织，国际组织。

总产出　总产出是指一定时期内一个国家（或地区）常住单位生产的所有货物和服务的价值，即包括新增价值，也包括转移价值。它反映常住单位生产活动的总规模。总产出按生产者价格计算。

增加值　增加值是指常住单位生产过程创造的新增价值和固定资产的转移价值。它可以按生产法计算，也可以按收入法计算，按生产法计算，它等于总产出减去中间投入；按收入法计算，它等于劳动者报酬、生产税净额、固定资产折旧和营业盈余之和。

人口数　指一定时点、一定地区范围内的有生命的个人的总和。

年度统计的年末人口数是指每年 12 月 31 日 24 时的人口数。年度统计的全国人口总数内未包括台湾省和港澳同胞以及海外华侨人数。

出生率（又称粗出生率）指在一定时期内（通常为一年）平均每千人所出生的人数的比率，一般用千分率表示。计算公式：

$$出生率=\frac{年出生人数}{年平均人数}\times 1000‰$$

出生人数　是指活产婴儿，即胎儿脱离母体时（不管怀孕月数），有过呼吸或其他生命现象。

年平均人数　是指年初、年底人口数的平均数，也可用年中人口数代替。

死亡率（又称粗死亡率）　指在一定时期内（通常为一年）一定地区的死亡人数与同期平均人数（或期中人数）之比，一般用千分率表示。计算公式：

$$死亡率=\frac{年死亡人数}{年平均人数}\times 1000‰$$

人口自然增长率　指在一定时期内（通常为一年）人口自然增加数（出生人数减死亡人数）与该时期内平均人数（或期中人数）之比。一般用千分率表示。计算公式：

$$人口自然增长率=\frac{（本年出生人数-本年死亡人数）}{年平均人数}\times 1000‰$$

人口自然增长率=人口出生率-人口死亡率

二、从业人员和劳动工资

2-1 社会劳动者分布状况

（2011 年底）

指　　标	社会劳动者总数（万人）	人　数（万人）			构　成（%）		
		第一产业	第二产业	第三产业	第一产业	第二产业	第三产业
总计	**490.84**	**100.27**	**177.07**	**213.50**	**20.43**	**36.07**	**43.50**
城镇	254.53	1.62	93.28	159.63	0.64	36.65	62.71
乡村	236.31	98.65	83.79	53.87	41.75	35.46	22.79

2-2 法人单位从业人数（按地域划分）

（2011 年底）

单位：人

行业	全市	中原区	二七区	管城区	金水区	上街区	惠济区	经济开发区	高新开发区	郑东新区	航空港区	中牟县	巩义市	荥阳市	新密市	新郑市	登封市
总　计	**2813461**	**290698**	**200555**	**140543**	**692792**	**58281**	**93827**	**90651**	**97835**	**72205**	**30496**	**148284**	**187046**	**148216**	**230566**	**151814**	**179652**
农、林、牧、渔业	17749	535	351	155	478	93	1325	208	127	247	355	2864	564	3054	1125	1616	4652
采矿业	212245	74523	937	90	68	2754	3	53				551	19109	6485	43668	3610	60394
制造业	812346	50507	26177	21234	27390	32430	20139	38962	47335	1620	22067	86067	119136	75370	120539	86532	36841
电力、燃气及水的生产和供应业	42924	13120	4047	995	336	54	535	53	424	44	41	911	2402	2277	2640	1590	13455
建筑业	610921	66797	50575	31987	268268	11025	44550	20343	22723	20037	395	15026	4423	19133	17231	9841	8567
交通运输、仓储和邮政业	68602	2213	14780	11269	16685	1328	1209	2232	99	1240	3881	2951	2834	917	2062	3226	1676
信息传输、计算机服务和软件业	27533	996	4235	1120	13500	106	587	1848	3094	911	48	152	200	134	18	274	310
批发和零售业	230818	13999	23263	30303	91067	2141	3521	10577	2919	11330	1023	6264	7220	5206	7564	5420	9001
住宿和餐饮业	69978	3969	8317	2652	36629	939	2600	609	425	2567	668	959	2152	1129	1457	1299	3607
金融业	57515	2646	2066	1467	43170	9	51	238	385	4537		500	745	289	492	422	498
房地产业	78486	6765	7220	13020	26563	836	2955	3385	3353	6310	292	1529	1341	1258	1393	1112	1154
租赁和商务服务业	83770	3468	6882	5559	42389	496	1051	2757	1422	11724	276	911	1163	1163	1413	1137	1959
科学研究、技术服务和地质勘查业	65421	16318	6029	2386	23012	265	670	2903	2731	3073		949	605	4057	864	1071	488
水利、环境和公共设施管理业	17600	1393	519	535	3897	465	1659	295	586	950	22	653	798	2727	577	962	1562
居民服务和其他服务业	11009	812	1056	981	4399	342	385	78	118	704	4	251	221	252	286	518	602
教育	155521	10551	14181	5889	28780	1713	6245	881	10429	2448	199	11024	9513	8764	12258	17423	15223
卫生、社会保障和社会福利业	60280	4935	8405	2641	16862	341	1188	845	217	848	246	3839	4073	4116	4001	4321	3402
文化、体育和娱乐业	32333	2845	3326	847	17869	148	1056	2495	63	564		192	710	684	280	427	827
公共管理和社会组织	158410	14306	18189	7413	31430	2796	4098	1889	1385	3051	979	12691	9837	11201	12698	11013	15434

2-3 分企事业机关、分行业从业人员人数

（2011 年底）

单位：人、%

类　别	合　计	比上年增长	国有	比上年增长	城镇	比上年增长	其他所有制	比上年增长
单位从业人员年末人数	**1366639**	**26.0**	**535491**	**1.9**	**53447**	**23.1**	**777701**	**50.7**
一、按企事业机关分								
企业	983497	34.9	206735	3.2	43238	25.4	733524	48.3
事业	269114	4.3	240506	1.0	9995	12.8	18613	68.6
机关	86887	0.5	86855	0.7			32	-87.1
非营利组织	12633	64.6	1109	404.1	113	289.7	11411	53.7
其他	14508	319.4	286	-58.0	101	206.1	14121	414.4
二、按行业分								
农、林、牧、渔业	2034	-10.6	1441	-22.9	27	-18.2	566	51.7
采矿业	85481	19.3	56903	2.2	549	37.9	28029	79.8
制造业	384508	87.2	16110	-2.5	8495	25.1	359903	97.6
电力、煤气及水的生产和供应业	30263	-2.8	18241	-12.1	110		11912	16.1
建筑业	225921	15.5	42951	2.3	17773	8.3	165197	20.3
交通运输、仓储和邮政业	39209	30.7	29855	42.5	850	-1.5	8504	3.8
信息传输、计算机服务和软件业	11054	10.0	468	-88.7	4304	9256.5	6282	7.5
批发和零售业	66627	29.7	8192	-2.8	4934	27.5	53501	37.0
住宿和餐饮业	34134	18.1	9009	21.0	1155	12.2	23970	17.3
金融业	43140	4.0	6607	-17.5	1495	-11.9	35038	10.2
房地产业	28772	19.1	1459	22.1	214	-31.2	27099	19.6
租赁和商务服务业	21882	2.9	11052	-3.0	1837	-19.5	8993	18.5
科学研究、技术服务和地质勘查业	32473	9.9	20737	3.1	1377	172.1	10359	15.8
水利、环境和公共设施业	18732	6.9	14177	-8.2	86	-43.0	4469	131.7
居民服务和其他服务业	3904	27.7	1084	-9.4	111	-11.9	2709	56.2
教育	136274	6.4	108804	2.0	5838	16.5	21632	31.9
卫生、社会保障和社会福利业	61792	17.0	53656	17.1	3785	6.9	4351	26.9
文化、体育和娱乐业	22136	6.4	20362	4.5	102	466.7	1672	28.7
公共管理和社会组织	118303	-1.1	114383	-3.4	405	93.8	3515	246.6

注：2-3 表至 2-14 表范围为中央和地方各类企业，事业和机关的资料，不包括私营企业、个体共商户和乡镇企业。

2-4 分企事业机关、分行业在岗职工人数

（2011 年底）

单位：人、%

类 别	合 计	比上年增长	国有	比上年增长	城镇集体	比上年增长	其他经济类型	比上年增长
在岗职工年末人数	**1272772**	**20.8**	**506095**	**-1.4**	**49645**	**21.9**	**717032**	**43.7**
按企事业机关分								
企业	907335	28.4	189931	-2.9	39633	24.0	677771	41.6
事业	254720	1.4	230033	-0.7	9817	12.6	14870	36.6
机关	84823	-0.8	84791	-0.6			32	-86.9
非营利组织	11784	66.3	1054	388.0	110	292.9	10620	55.2
其他	14110	366.1	286	-57.7	85	157.6	13739	492.7
按行业分								
农、林、牧、渔业	2030	-10.8	1437	-23.2	27	-18.2	566	52.2
采矿业	84852	18.5	56903	2.2	549	37.9	27400	76.7
制造业	363697	78.4	15462	-5.9	8159	20.7	340076	88.2
电力、煤气及水的生产和供应业	29627	-3.8	18151	-11.8	110		11366	12.2
建筑业	200807	7.2	38666	-3.6	16169	9.5	145972	10.2
交通运输、仓储和邮政业	30268	4.1	22399	10.7	849	-1.5	7020	-11.8
信息传输、计算机服务和软件业	10531	4.9	468	-88.7	4019	8637.0	6044	3.5
批发和零售业	61969	22.7	7424	-10.2	4627	27.6	49918	29.2
住宿和餐饮业	32277	13.6	7905	6.5	1008	13.1	23364	16.3
金融业	34978	2.3	6208	-7.7	1472	-13.0	27298	6.0
房地产业	27460	16.0	1318	13.0	214	-31.2	25928	16.9
租赁和商务服务业	20629		10738	-5.4	1182	-36.5	8709	17.5
科学研究、技术服务和地质勘查业	30074	4.1	19179	-3.9	1123	132.0	9772	15.9
水利、环境和公共设施业	17272	5.1	13151	-9.5	86	-43.0	4035	130.4
居民服务和其他服务业	3772	43.4	1079	-6.9	111	-11.9	2582	91.8
教育	132672	5.9	107045	1.6	5793	17.0	19834	32.5
卫生、社会保障和社会福利业	56531	9.3	48684	8.4	3643	5.7	4204	25.1
文化、体育和娱乐业	19764	-1.9	18005	-4.8	99	450.0	1660	37.3
公共管理和社会组织	113562	-2.0	111873	-2.5	405	93.8	1284	36.2

2-5 分企事业机关、分行业在岗职工工资总额

（2011 年底）

单位：千元、%

类　　别	合　计	比上年增长	国有	比上年增长	城镇集体	比上年增长	其他经济类型	比上年增长
在岗职工年工资总额	**43603910**	**28.1**	**20930466**	**9.6**	**1430834**	**68.0**	**21242610**	**50.8**
按企事业机关分								
企业	29300172	36.9	8325315	12.8	1104910	84.5	19869947	48.1
事业	10008416	11.0	9062751	8.4	321583	27.6	624082	54.3
机关	3507597	5.2	3505800	5.4			1797	-75.4
非营利组织	349022	63.5	27508	318.8	2502	520.8	319012	54.5
其他	438703	457.3	9092	-58.9	1839	265.6	427772	662.5
按行业分								
农、林、牧、渔业	51404	2.0	36608	-13.2	504	2.6	14292	84.9
采矿业	3695465	45.3	2841659	32.5	21216	240.8	832590	111.8
制造业	9508915	77.2	635728	8.4	185053	8.6	8688134	88.5
电力、煤气及水的生产和供应业	1360856	3.9	772867	0.1	3662	39.1	584327	9.3
建筑业	6007381	24.3	1519106	5.3	420292	92.0	4067983	28.3
交通运输、仓储和邮政业	1046655	3.5	844598	22.7	15294	4.9	186763	-39.4
信息传输、计算机服务和软件业	591684	23.7	15138	-92.5	206332	17137.4	370214	34.3
批发和零售业	1823719	38.7	393194	10.2	87248	83.5	1343277	47.5
住宿和餐饮业	729249	30.6	195251	22.6	22836	31.6	511162	33.9
金融业	2620433	21.5	419495	1.6	67469	18.7	2133469	26.5
房地产业	931878	40.8	51104	12.0	4249	-25.4	876525	43.5
租赁和商务服务业	638898	6.6	349883	-7.4	30608	-18.7	258407	40.7
科学研究、技术服务和地质勘查业	1274319	7.1	876198	5.1	38035	136.0	360086	5.8
水利、环境和公共设施业	582101	21.4	452970	5.5	1736	-63.1	127395	181.0
居民服务和其他服务业	97844	25.8	45935	4.2	2434	-34.2	49475	64.9
教育	5201053	11.5	4360830	7.9	197338	25.0	642885	38.5
卫生、社会保障和社会福利业	2077092	24.7	1866839	24.1	107332	27.8	102921	33.6
文化、体育和娱乐业	762442	9.1	714101	7.0	2294	419.0	46047	49.7
公共管理和社会组织	4602522	5.0	4538962	4.4	16902	213.1	46658	68.6

2-6 分企事业机关、分行业在岗职工平均工资

（2011 年底）　　　　单位：元、%

类　别	合　计	比上年增长	国有	比上年增长	城镇集体	比上年增长	其他所有制	比上年增长
在岗职工年平均工资	**35541**	**8.4**	**40970**	**9.3**	**28539**	**37.1**	**31958**	**10.7**
按企事业机关分								
企业	34167	10.7	42876	12.5	27494	47.5	31874	11.1
事业	39186	8.4	39246	8.0	33049	14.5	42287	12.3
机关	41388	5.9	41383	5.8			56156	87.6
非营利组织	29776	-1.5	26074	-15.1	22541	56.6	30213	-0.2
其他	26937	5.9	30106	-5.7	21077	38.3	26910	13.7
按行业分								
农、林、牧、渔业	24987	13.1	25348	12.9	18667	25.5	24389	16.8
采矿业	43393	18.7	49095	23.7	32490	99.9	31268	21.0
制造业	30211	13.9	39864	11.5	23261	-4.7	29888	16.1
电力、煤气及水的生产和供应业	45817	8.3	42909	14.4	33291	39.1	50376	-3.2
建筑业	29988	12.7	38245	6.0	25191	68.9	28253	13.1
交通运输、仓储和邮政业	33858	-0.4	36619	11.5	18099	10.5	25912	-33.7
信息传输、计算机服务和软件业	54613	18.0	32346	-27.8	50239	93.1	59102	24.2
批发和零售业	29798	13.5	51010	17.8	18820	43.5	27524	15.6
住宿和餐饮业	22542	13.8	24579	14.3	20050	17.7	21907	13.4
金融业	76415	13.4	68072	7.4	45650	33.2	80058	13.0
房地产业	33912	18.9	38269	-1.9	22246	19.1	33767	20.1
租赁和商务服务业	31827	7.3	33062	-3.6	29952	43.5	30544	22.7
科学研究、技术服务和地质勘查业	42323	1.0	45629	7.7	33869	1.7	36635	-11.5
水利、环境和公共设施业	33450	6.3	34258	6.5	20186	-43.4	31120	20.7
居民服务和其他服务业	25610	-15.1	42930	12.0	21928	-25.3	18900	-18.0
教育	39149	5.1	40663	6.1	33959	7.1	32510	3.6
卫生、社会保障和社会福利业	36483	11.7	37868	11.3	30385	24.1	24816	7.5
文化、体育和娱乐业	38262	9.0	39313	10.1	22940	-6.6	27606	6.7
公共管理和社会组织	40590	7.1	40636	7.0	41631	60.4	36286	23.0

2-7 全市及各县(市)区分企事业、机关从业人员人数及工资总额

（2011 年底）

单位:人

类别	单位从业人员				单位从业人员平均人数				单位从业人员工资总额（千元）				在岗职工平均工资（元）
		#女性	在岗职工合计	其他从业人员		在岗职工	劳务派遣人员	其他从业人员		在岗职工工资总额	劳务派遣人员工资总额	其他从业人员工资总额	
总计	**1366639**	**464448**	**1272772**	**42102**	**1307690**	**1219484**	**43226**	**44980**	**45769173**	**43603910**	**1274393**	**890870**	**35541**
市直	48717	9398	48717		49873	49873			2538320	2538320			50896
中原区	114197	37834	99634	4701	111374	99657	7529	4188	4487909	4177684	211174	99051	40946
二七区	91253	38752	81226	6633	90243	80122	3356	6765	3413534	3202970	84774	125790	39385
管城区	55395	21852	48854	2469	53834	47880	3973	1981	1931578	1766182	118686	46710	36350
金水区	318252	122037	288241	17577	315556	286001	12056	17499	12068043	11377034	311751	379258	39217
上街区	33802	11002	33107	139	34095	33385	576	134	1168540	1152929	13651	1960	34351
惠济区	39364	13893	32279	1220	39434	33194	1171	5069	1159492	1028199	102864	28429	32913
中牟县	67105	24457	61782	2505	66552	61254	2665	2633	2056257	1922391	76981	56885	31280
巩义市	60710	20142	58448	1191	61033	58852	995	1186	1790609	1748278	26770	15561	29660
荥阳市	62893	20950	62645	238	62728	62482	10	236	1736314	1730165	108	6041	27688
新密市	69566	20989	65461	1157	67241	63373	2692	1176	1949766	1845477	80556	23733	29154
新郑市	69549	25693	67890	1469	68294	66904	21	1369	2114060	2079083	1862	33115	31094
登封市	62367	18883	61610	734	62517	61784	36	697	1625130	1614141	964	10025	26126
经济开发区	59006	19293	52611	1503	58664	52482	4572	1610	1899220	1716600	130499	52121	32375
高新开发区	43106	9319	42620	134	42169	41695	301	173	1422105	1407354	8234	6517	33708
郑东新区	30136	8801	29192	429	29103	28331	511	261	1423090	1399886	17616	5588	49147
航空港区	141221	41153	138455	3	94980	92215	2762	3	2985206	2897217	87903	86	31430
企业	**983497**	**285968**	**907335**	**30107**	**925815**	**854075**	**37986**	**33754**	**31145462**	**29300172**	**1178569**	**666721**	**34167**
市直	48717	9398	48717		49873	49873			2538320	2538320			50896
中原区	73297	20054	61683	2937	71245	61931	6417	2897	2639124	2379044	185096	74984	37516
二七区	54671	19005	49054	2739	53996	48203	2909	2884	1857082	1724149	76979	55954	35239
管城区	40227	13822	34312	2293	38790	33430	3535	1825	1325359	1169225	113678	42456	34706
金水区	208941	73987	184555	15027	205459	181330	9133	14996	7384005	6806274	265344	312387	37129
上街区	29079	8711	28452	104	29383	28741	543	99	979433	964868	13175	1390	33399
惠济区	27178	7556	20411	930	27395	21468	1143	4784	691965	565199	102457	24309	29528
中牟县	42781	13089	38191	1833	42406	37838	2604	1964	1286369	1171826	70486	44057	30718
巩义市	39559	9848	38127	365	39958	38614	991	353	1145813	1112553	26732	6528	28766
荥阳市	37777	8176	37595	182	37629	37449		180	952744	947367		5377	25298
新密市	46608	8807	42851	923	44388	40862	2578	948	1238236	1140010	79039	19187	28063
新郑市	42521	14034	42030	485	41273	40755	7	511	1211869	1199349	1230	11290	29453
登封市	39351	8641	39000	333	39480	39089	18	373	1005408	998169	801	6438	25545

2-7 续表 1 （2011 年底） 单位：人

类　别	单位从业人员	#女性	在岗职工合计	其他从业人员	单位从业人员平均人数	在岗职工	劳务派遣人员	其他从业人员	单位从业人员工资总额（千元）	在岗职工工资总额	劳务派遣人员工资总额	其他从业人员工资总额	在岗职工平均工资（元）
经济开发区	57423	18517	51046	1485	57171	51007	4572	1592	1828811	1646268	130499	52044	31968
高新开发区	35113	6022	34628	133	34236	33768	301	167	1119367	1104721	8234	6412	32668
郑东新区	19682	5364	18877	335	18801	18150	473	178	983107	962369	16916	3822	52585
航空港区	140572	40937	137806	3	94332	91567	2762	3	2958450	2870461	87903	86	31362
事业	**269114**	**139903**	**254720**	**9310**	**266303**	**252803**	**4617**	**8883**	**10256304**	**10008416**	**78935**	**168953**	**39186**
中原区	31433	14603	29255	1098	30935	28977	995	963	1386010	1345337	23760	16913	45679
二七区	30907	16984	26618	3773	30591	26374	447	3770	1307104	1231078	7795	68231	46190
管城区	11194	6321	10731	85	11106	10658	375	73	449044	443859	3442	1743	40542
金水区	71162	37524	66473	1923	70012	65508	2623	1881	3052152	2963466	40081	48605	44085
上街区	2656	1530	2639		2649	2632	17		109755	109465	290		41433
惠济区	9114	5033	8950	162	8978	8817	2	159	344360	341951	74	2335	38783
中牟县	16528	8502	16047	426	16394	15924	55	415	521511	511949	1515	8047	32134
巩义市	14230	7593	13476	750	14149	13388	4	757	426394	418274	38	8082	31236
荥阳市	18352	10345	18338	14	18354	18340		14	559810	559479		331	30506
新密市	16241	9602	16024	162	16192	15979	55	158	504998	500415	1089	3494	31278
新郑市	17666	8292	16947	540	17521	17112	12	397	585875	578634	257	6984	33806
登封市	13137	7102	12860	272	13199	12993	5	201	377632	375208	49	2375	28870
经济开发区	1464	730	1451	13	1374	1361		13	64934	64872		62	47665
高新开发区	7436	3254	7435	1	7383	7382		1	280803	280782		21	38036
郑东新区	6945	2272	6827	91	6818	6710	27	81	259166	256891	545	1730	38212
航空港区	649	216	649		648	648			26756	26756			41290
机关	**86887**	**28423**	**84823**	**1532**	**86265**	**84453**	**542**	**1270**	**3541636**	**3507597**	**10185**	**23854**	**41388**
中原区	8853	2850	8182	576	8600	8183	105	312	447187	438136	2122	6929	53120
二七区	4364	1916	4258	106	4354	4257		97	216623	215274		1349	50569
管城区	2886	1197	2838	31	2884	2836	17	31	129027	128262	260	505	45048
金水区	21760	6503	21352	128	21554	21143	277	134	1108431	1098954	5954	3523	51583
上街区	1910	702	1859	35	1906	1855	16	35	75912	75156	186	570	40268
惠济区	2969	1225	2815	128	2958	2806	26	126	121759	119641	333	1785	42364
中牟县	7010	2424	6811	193	6935	6733	6	196	224758	219851	150	4757	32646
巩义市	5464	1655	5399	65	5469	5404		65	169514	168759		755	31229

2-7　续表 2　　（2011 年底）　　单位：人

类　别	单位从业人员				单位从业人员平均人数				单位从业人员工资总额（千元）				在岗职工平均工资（元）
		#女性	在岗职工合计	其他从业人员		在岗职工	劳务派遣人员	其他从业人员		在岗职工工资总额	劳务派遣人员工资总额	其他从业人员工资总额	
荥阳市	6722	2401	6670	42	6703	6651	10	42	222640	222199	108	333	33374
新密市	5778	1919	5648	71	5748	5620	59	69	184170	182708	428	1034	32248
新郑市	7011	2336	6964	42	7023	6975	2	46	230137	228647	375	1115	32825
登封市	8552	2439	8442	110	8528	8408	13	107	227407	226193	114	1100	26874
经济开发区	119	46	114	5	119	114		5	5475	5460		15	47895
高新开发区	541	41	541		534	529		5	21652	21568		84	40771
郑东新区	2948	769	2930		2950	2939	11		156944	156789	155		53201
民间非营利组织	**12633**	**7304**	**11784**	**767**	**12598**	**11872**	**67**	**659**	**375125**	**349022**	**6472**	**19631**	**29776**
中原区	316	191	241	75	294	294			5846	5846			19884
二七区	806	520	801	5	800	796		4	20740	20684		56	25985
管城区	1035	476	920	60	1001	903	46	52	27162	23850	1306	2006	26508
金水区	3541	2202	3365	149	3493	3361	21	111	114290	110301	336	3653	32713
惠济区	9	2	9		9	9			61	61			6778
中牟县	602	291	549	53	622	564		58	16559	11705	4830	24	29317
巩义市	1124	830	1124		1124	1124			43371	43371			38586
荥阳市	42	28	42		42	42			1120	1120			26667
新密市	939	661	938	1	913	912		1	22362	22344		18	24500
新郑市	2315	1004	1913	402	2440	2025		415	84775	71049		13726	35086
登封市	1327	701	1308	19	1310	1294		16	14683	14571		112	11260
高新开发区	16	2	16		16	16			283	283			17688
郑东新区	561	396	558	3	534	532		2	23873	23837		36	44806
其他	**14508**	**2850**	**14110**	**386**	**16709**	**16281**	**14**	**414**	**450646**	**438703**	**232**	**11711**	**26937**
中原区	298	136	273	15	300	272	12	16	9742	9321	196	225	33511
二七区	505	327	495	10	502	492		10	11985	11785		200	23953
管城区	53	36	53		53	53			986	986			18604
金水区	12848	1821	12496	350	15038	14659	2	377	409165	398039	36	11090	27152
上街区	157	59	157		157	157			3440	3440			21911
惠济区	94	77	94		94	94			1347	1347			14330
中牟县	184	151	184		195	195			7060	7060			36205
巩义市	333	216	322	11	333	322		11	5517	5321		196	16525
新郑市	36	27	36		37	37			1404	1404			37946

2-8 全市及各县(市)区国有单位分企事业、机关从业人员人数及工资总额

(2011 年底)　　　　单位:人

类　别	单位从业人员	#女性	在岗职工合计	其他从业人员	单位从业人员平均人数	在岗职工	劳务派遣人员	其他从业人员	单位从业人员工资总额(千元)	在岗职工工资总额	劳务派遣人员工资总额	其他从业人员工资总额	在岗职工平均工资(元)
国有单位合计	**535491**	**212081**	**506095**	**11712**	**532770**	**504920**	**16425**	**11425**	**21611108**	**20930466**	**428803**	**251839**	**40970**
市直	48717	9398	48717		49873	49873			2538320	2538320			50896
中原区	60113	22839	53092	1975	59505	53472	4309	1724	2712933	2563840	114238	34855	46349
二七区	46814	21678	41560	2614	46631	41439	2488	2704	2004876	1891077	63698	50101	44501
管城区	20496	9663	19588	176	20299	19446	708	145	806488	780567	23129	2792	39878
金水区	130389	57412	122695	2603	128478	120988	4934	2556	5583462	5407476	110639	65347	43822
上街区	9962	3891	9726	45	10193	9907	241	45	357007	352377	3948	682	35113
惠济区	13784	6902	13468	259	13666	13350	57	259	530142	523766	2529	3847	39255
中牟县	28367	12338	27600	611	28224	27470	151	603	956693	941117	3285	12291	34191
巩义市	18265	6736	17390	820	18227	17345	55	827	565455	554905	1459	9091	31975
荥阳市	29125	13396	28904	211	29071	28852	10	209	921866	916154	108	5604	31746
新密市	23450	11508	23056	244	23288	22894	151	243	798207	791305	2319	4583	34438
新郑市	28313	11713	27726	400	28202	27773	19	410	1052780	1038741	704	13335	37401
登封市	34530	11726	34135	382	34469	34110	26	333	1042564	1038211	788	3565	30437
经济开发区	18122	3772	16435	1268	17900	16285	347	1268	688820	635802	10104	42914	38835
高新开发区	8948	3480	8934	4	8859	8841	9	9	351623	350771	240	612	39662
郑东新区	11661	3683	11384	100	11475	11214	171	90	506238	499986	4032	2220	44270
航空港区	4435	1946	1685		4410	1661	2749		193634	106051	87583		43908
企业	**206735**	**59030**	**189931**	**4667**	**207081**	**190786**	**11335**	**4960**	**8796230**	**8325315**	**340775**	**130140**	**42876**
市直	48717	9398	48717		49873	49873			2538320	2538320			50896
中原区	19874	5405	15699	304	20016	16356	3209	451	881132	781751	88356	11025	44473
二七区	21622	7810	17390	2108	21638	17382	2041	2215	910459	811197	55903	43359	44643
管城区	7329	2628	6919	73	7218	6848	316	54	263836	243400	19427	1009	36687
金水区	39079	14296	36489	516	38473	35871	2063	539	1476178	1398074	65117	12987	38572
上街区	5574	1795	5405	10	5816	5597	209	10	179536	175910	3514	112	30903
惠济区	2044	821	1982	31	2073	2008	31	34	73752	70839	2196	717	35819
中牟县	5586	1791	5451	10	5626	5496	120	10	223608	221391	2009	208	39779
巩义市	5342	1705	5254	33	5307	5219	55	33	189609	187388	1459	762	35807

2-8 续表 1 （2011 年底） 单位：人

类别	单位从业人员				单位从业人员平均人数				单位从业人员工资总额（千元）				在岗职工平均工资（元）
		#女性	在岗职工合计	其他从业人员		在岗职工	劳务派遣人员	其他从业人员		在岗职工工资总额	劳务派遣人员工资总额	其他从业人员工资总额	
荥阳市	5298	1405	5143	155	5260	5107		153	184350	179410		4940	35130
新密市	3522	1335	3440	46	3390	3307	37	46	166908	164352	802	1754	49388
新郑市	5388	1927	5291	94	5385	5279	5	101	294583	285755	72	8756	54093
登封市	13997	3017	13968	18	13900	13844	11	45	477302	476067	661	574	34408
经济开发区	16587	3038	14918	1250	16450	14853	347	1250	620300	567359	10104	42837	37991
高新开发区	978	196	965	3	948	936	9	3	49352	48605	240	507	51688
郑东新区	2012	733	1864	16	1946	1797	133	16	100127	96202	3332	593	51572
航空港区	3786	1730	1036		3762	1013	2749		166878	79295	87583		44359
事业	**240506**	**123897**	**230033**	**5458**	**238078**	**228356**	**4548**	**5174**	**9238028**	**9062751**	**77843**	**97434**	**39246**
中原区	31386	14584	29211	1095	30889	28933	995	961	1384614	1343953	23760	16901	45700
二七区	20785	11905	19869	400	20596	19757	447	392	877497	864309	7795	5393	43165
管城区	10262	5833	9812	72	10178	9743	375	60	413152	408432	3442	1278	40707
金水区	68984	36383	64341	1906	67919	63461	2594	1864	2978075	2890056	39568	48451	44351
上街区	2478	1394	2462		2471	2455	16		101559	101311	248		41100
惠济区	8771	4856	8671	100	8635	8536		99	334631	333286		1345	39045
中牟县	15626	8009	15193	408	15502	15080	25	397	502362	493910	1126	7326	32773
巩义市	7459	3376	6737	722	7451	6722		729	206332	198758		7574	29568
荥阳市	17105	9590	17091	14	17108	17094		14	514876	514545		331	30101
新密市	14150	8254	13968	127	14150	13967	55	128	447129	444245	1089	1795	31760
新郑市	15881	7437	15440	262	15762	15489	12	261	527155	523459	257	3439	33786
登封市	11471	5950	11215	254	11531	11348	2	181	332055	330151	13	1891	29089
经济开发区	1416	688	1403	13	1331	1318		13	63045	62983		62	47787
高新开发区	7413	3241	7412	1	7361	7360		1	280336	280315		21	38086
郑东新区	6670	2181	6559	84	6546	6445	27	74	248454	246282	545	1627	38138
航空港区	649	216	649		648	648			26756	26756			41290
机关	**86855**	**28414**	**84791**	**1532**	**86233**	**84421**	**542**	**1270**	**3539839**	**3505800**	**10185**	**23854**	**41383**
中原区	8853	2850	8182	576	8600	8183	105	312	447187	438136	2122	6929	53120

2-8　续表2　　　　（2011年底）　　　　单位：人

类　别	单位从业人员	#女性	在岗职工合计	其他从业人员	单位从业人员平均人数	在岗职工	劳务派遣人员	其他从业人员	单位从业人员工资总额（千元）	在岗职工工资总额	劳务派遣人员工资总额	其他从业人员工资总额	在岗职工平均工资（元）
二七区	4332	1907	4226	106	4322	4225		97	214826	213477		1349	50527
管城区	2886	1197	2838	31	2884	2836	17	31	129027	128262	260	505	45048
金水区	21760	6503	21352	128	21554	21143	277	134	1108431	1098954	5954	3523	51583
上街区	1910	702	1859	35	1906	1855	16	35	75912	75156	186	570	40268
惠济区	2969	1225	2815	128	2958	2806	26	126	121759	119641	333	1785	42364
中牟县	7010	2424	6811	193	6935	6733	6	196	224758	219851	150	4757	32646
巩义市	5464	1655	5399	65	5469	5404		65	169514	168759		755	31229
荥阳市	6722	2401	6670	42	6703	6651	10	42	222640	222199	108	333	33374
新密市	5778	1919	5648	71	5748	5620	59	69	184170	182708	428	1034	32248
新郑市	7011	2336	6964	42	7023	6975	2	46	230137	228647	375	1115	32825
登封市	8552	2439	8442	110	8528	8408	13	107	227407	226193	114	1100	26874
经济开发区	119	46	114	5	119	114		5	5475	5460		15	47895
高新开发区	541	41	541		534	529		5	21652	21568		84	40771
郑东新区	2948	769	2930		2950	2939	11		156944	156789	155		53201
民间非营利组织	**1109**	**534**	**1054**	**55**	**1076**	**1055**		**21**	**27919**	**27508**		**411**	**26074**
管城区	15	3	15		15	15			400	400			26667
金水区	504	196	451	53	470	451		19	19818	19432		386	43086
新郑市	33	13	31	2	32	30		2	905	880		25	29333
登封市	510	320	510		510	510			5800	5800			11373
高新开发区	16	2	16		16	16			283	283			17688
郑东新区	31		31		33	33			713	713			21606
其他	**286**	**206**	**286**		**302**	**302**			**9092**	**9092**			**30106**
二七区	75	56	75		75	75			2094	2094			27920
管城区	4	2	4		4	4			73	73			18250
金水区	62	34	62		62	62			960	960			15484
中牟县	145	114	145		161	161			5965	5965			37050

2-9 全市及各县(市)区城镇集体单位分企事业从业人员人数及工资总额

(2011 年底)

单位:人

类别	单位从业人员	#女性	在岗职工合计	其他从业人员	单位从业人员平均人数	在岗职工	劳务派遣人员	其他从业人员	单位从业人员工资总额(千元)	在岗职工工资总额	劳务派遣人员工资总额	其他从业人员工资总额	在岗职工平均工资(元)
城镇集体	**53447**	**19591**	**49645**	**2368**	**52891**	**50210**	**469**	**2212**	**1489656**	**1430834**	**15505**	**43317**	**28539**
中原区	4276	559	3064	216	3970	3722	35	213	80481	77564	694	2223	20830
二七区	3203	797	2916	287	3213	2921		292	93619	88540		5079	30312
管城区	2488	947	2300	13	2531	2339	179	13	113253	104939	7849	465	44793
金水区	10027	4603	9309	655	9746	9229	55	462	364612	350563	1193	12856	37888
上街区	1733	943	1652		1776	1695	81		35799	31793	4006		20157
惠济区	8537	1483	8195	340	8560	8233	2	325	236246	226236	74	9936	27481
中牟县	2089	318	1644	445	2071	1615		456	28659	23048		5611	14271
巩义市	7461	4259	7228	229	7377	7143	4	230	210224	206085	38	4101	28840
荥阳市	2377	1511	2377		2378	2378			45664	45664			19203
新密市	3092	1114	2922	60	3077	2911	110	56	74014	71748	1615	651	24284
新郑市	3133	1178	3111	22	3134	3086		48	98905	98532		373	31929
登封市	4384	1713	4308	73	4416	4324	3	89	85082	83440	36	1606	19292
经济开发区	121	52	100	21	123	102		21	4071	3758		313	36843
高新开发区	31	15	31		30	30			588	588			19600
郑东新区	418	88	411	7	412	405		7	16212	16109		103	39775
航空港区	77	11	77		77	77			2227	2227			28922
企业	**43238**	**13402**	**39633**	**2190**	**42774**	**40290**	**450**	**2034**	**1159642**	**1104910**	**15215**	**39517**	**27494**
中原区	4218	532	3015	213	3913	3673	29	211	78904	76078	615	2211	20717
二七区	2691	414	2429	262	2704	2442		262	76616	72522		4094	29698
管城区	1532	436	1357		1579	1400	179		76929	69080	7849		48720
金水区	9421	4268	8710	652	9140	8630	51	459	341605	327723	1130	12752	37882
上街区	1728	939	1647		1771	1690	81		35649	31643	4006		20129
惠济区	8186	1303	7908	278	8209	7944		265	226384	217438		8946	27371
中牟县	2008	287	1563	445	1990	1534		456	26089	20478		5611	13349
巩义市	1861	745	1660	201	1852	1650		202	32746	29153		3593	17668
荥阳市	2299	1477	2299		2300	2300			43683	43683			18993
新密市	2340	730	2189	41	2332	2181	110	41	49703	47586	1615	502	21476

2-9 续表 （2011年底） 单位：人

类别	单位从业人员	#女性	在岗职工合计	其他从业人员	单位从业人员平均人数	在岗职工	劳务派遣人员	其他从业人员	单位从业人员工资总额（千元）	在岗职工工资总额	劳务派遣人员工资总额	其他从业人员工资总额	在岗职工平均工资（元）
新郑市	3133	1178	3111	22	3134	3086		48	98905	98532		373	31929
登封市	3450	1026	3395	55	3480	3411		69	59773	58651		1122	17195
经济开发区	121	52	100	21	123	102		21	4071	3758		313	36843
高新开发区	8	2	8		8	8			121	121			15125
郑东新区	165	2	165		162	162			6237	6237			38500
航空港区	77	11	77		77	77			2227	2227			28922
事业	**9995**	**6065**	**9817**	**165**	**9902**	**9724**	**13**	**165**	**325290**	**321583**	**211**	**3496**	**33049**
中原区	47	19	44	3	46	44		2	1396	1384		12	31455
二七区	486	362	471	15	483	463		20	16415	15630		785	33758
管城区	932	488	919	13	928	915		13	35892	35427		465	38718
金水区	486	274	482		485	481	4		20097	20034	63		41437
上街区	5	4	5		5	5			150	150			30000
惠济区	343	177	279	62	343	281	2	60	9729	8665	74	990	30880
中牟县	81	31	81		81	81			2570	2570			31728
巩义市	5575	3506	5543	28	5500	5468	4	28	176998	176452	38	508	32253
荥阳市	78	34	78		78	78			1981	1981			25397
新密市	752	384	733	19	745	730		15	24311	24162		149	33099
登封市	934	687	913	18	936	913	3	20	25309	24789	36	484	27102
高新开发区	23	13	23		22	22			467	467			21227
郑东新区	253	86	246	7	250	243		7	9975	9872		103	40626
民间非营利组织	**113**	**57**	**110**	**3**	**114**	**111**		**3**	**2606**	**2502**		**104**	**22541**
管城区	24	23	24		24	24			432	432			18000
金水区	86	32	83	3	87	84		3	2149	2045		104	24345
惠济区	3	2	3		3	3			25	25			8333
其他	**101**	**67**	**85**	**10**	**101**	**85**	**6**	**10**	**2118**	**1839**	**79**	**200**	**21077**
中原区	11	8	5		11	5	6		181	102	79		16455
二七区	26	21	16	10	26	16		10	588	388		200	24250
金水区	34	29	34		34	34			761	761			22382
惠济区	5	1	5		5	5			108	108			21600
巩义市	25	8	25		25	25			480	480			19200

2-10 全市及各县(市)区其他单位分企事业从业人员人数及工资总额

(2011 年底)

单位:人

类别	单位从业人员				单位从业人员平均人数				单位从业人员工资总额(千元)				在岗职工平均工资(元)
		#女性	在岗职工合计	其他从业人员		在岗职工	劳务派遣人员	其他从业人员		在岗职工工资总额	劳务派遣人员工资总额	其他从业人员工资总额	
总计	**777701**	**232776**	**717032**	**28022**	**722029**	**664354**	**26332**	**31343**	**22668409**	**21242610**	**830085**	**595714**	**31958**
中原区	49808	14436	43478	2510	47899	42463	3185	2251	1694495	1536280	96242	61973	35763
二七区	41236	16277	36750	3732	40399	35762	868	3769	1315039	1223353	21076	70610	33973
管城区	32411	11242	26966	2280	31004	26095	3086	1823	1011837	880676	87708	43453	33185
金水区	177836	60022	156237	14319	177332	155784	7067	14481	6119969	5618995	199919	301055	35732
上街区	22107	6168	21729	94	22126	21783	254	89	775734	768759	5697	1278	35143
惠济区	17043	5508	10616	621	17208	11611	1112	4485	393104	278197	100261	14646	29746
中牟县	36649	11801	32538	1449	36257	32169	2514	1574	1070905	958226	73696	38983	29753
巩义市	34984	9147	33830	142	35429	34364	936	129	1014930	987288	25273	2369	28684
荥阳市	31391	6043	31364	27	31279	31252		27	768784	768347		437	24586
新密市	43024	8367	39483	853	40876	37568	2431	877	1077545	982424	76622	18499	26477
新郑市	38103	12802	37053	1047	36958	36045	2	911	962375	941810	1158	19407	26159
登封市	23453	5444	23167	279	23632	23350	7	275	497484	492490	140	4854	21091
经济开发区	40763	15469	36076	214	40641	36095	4225	321	1206329	1077040	120395	8894	29698
高新开发区	34127	5824	33655	130	33280	32824	292	164	1069894	1055995	7994	5905	32129
郑东新区	18057	5030	17397	322	17216	16712	340	164	900640	883791	13584	3265	52626
航空港区	136709	39196	136693	3	90493	90477	13	3	2789345	2788939	320	86	30824
企业	**733524**	**213536**	**677771**	**23250**	**675960**	**622999**	**26201**	**26760**	**21189590**	**19869947**	**822579**	**497064**	**31874**
中原区	49205	14117	42969	2420	47316	41902	3179	2235	1679088	1521215	96125	61748	35876
二七区	30358	10781	29235	369	29654	28379	868	407	870007	840430	21076	8501	29456
管城区	31366	10758	26036	2220	29993	25182	3040	1771	984594	856745	86402	41447	33419

2-10 续表 1　　（2011 年底）　　单位：人

类别	单位从业人员	#女性	在岗职工合计	其他从业人员	单位从业人员平均人数	在岗职工	劳务派遣人员	其他从业人员	单位从业人员工资总额（千元）	在岗职工工资总额	劳务派遣人员工资总额	其他从业人员工资总额	在岗职工平均工资（元）
金水区	160441	55423	139356	13859	157846	136829	7019	13998	5566222	5080477	199097	286648	36702
上街区	21777	5977	21400	94	21796	21454	253	89	764248	757315	5655	1278	35149
惠济区	16948	5432	10521	621	17113	11516	1112	4485	391829	276922	100261	14646	29869
中牟县	35187	11011	31177	1378	34790	30808	2484	1498	1036672	929957	68477	38238	29990
巩义市	32356	7398	31213	131	32799	31745	936	118	923458	896012	25273	2173	28190
荥阳市	30180	5294	30153	27	30069	30042		27	724711	724274		437	24109
新密市	40746	6742	37222	836	38666	35374	2431	861	1021625	928072	76622	16931	26576
新郑市	34000	10929	33628	369	32754	32390	2	362	818381	815062	1158	2161	25198
登封市	21904	4598	21637	260	22100	21834	7	259	468333	463451	140	4742	21226
经济开发区	40715	15427	36028	214	40598	36052	4225	321	1204440	1075151	120395	8894	29683
高新开发区	34127	5824	33655	130	33280	32824	292	164	1069894	1055995	7994	5905	32129
郑东新区	17505	4629	16848	319	16693	16191	340	162	876743	859930	13584	3229	52841
航空港区	136709	39196	136693	3	90493	90477	13	3	2789345	2788939	320	86	30824
事业	**18613**	**9941**	**14870**	**3687**	**18323**	**14723**	**56**	**3544**	**692986**	**624082**	**881**	**68023**	**42287**
二七区	9636	4717	6278	3358	9512	6154		3358	413192	351139		62053	57059
金水区	1692	867	1650	17	1608	1566	25	17	53980	53376	450	154	33832
上街区	173	132	172		173	172	1		8046	8004	42		46509
中牟县	821	462	773	18	811	763	30	18	16579	15469	389	721	19997
巩义市	1196	711	1196		1198	1198			43064	43064			35947
荥阳市	1169	721	1169		1168	1168			42953	42953			36775
新密市	1339	964	1323	16	1297	1282		15	33558	32008		1550	24967
新郑市	1785	855	1507	278	1759	1623		136	58720	55175		3545	33996
登封市	732	465	732		732	732			20268	20268			27689
经济开发区	48	42	48		43	43			1889	1889			43930
郑东新区	22	5	22		22	22			737	737			33500

2-10 续表2 （2011年底） 单位：人

类别	单位从业人员	#女性	在岗职工合计	其他从业人员	单位从业人员平均人数	在岗职工	劳务派遣人员	其他从业人员	单位从业人员工资总额（千元）	在岗职工工资总额	劳务派遣人员工资总额	其他从业人员工资总额	在岗职工平均工资（元）
机关	**32**	**9**	**32**		**32**	**32**			**1797**	**1797**			**56156**
二七区	32	9	32		32	32			1797	1797			56156
民间非营利组织	**11411**	**6713**	**10620**	**709**	**11408**	**10706**	**67**	**635**	**344600**	**319012**	**6472**	**19116**	**30213**
中原区	316	191	241	75	294	294			5846	5846			19884
二七区	806	520	801	5	800	796		4	20740	20684		56	25985
管城区	996	450	881	60	962	864	46	52	26330	23018	1306	2006	26730
金水区	2951	1974	2831	93	2936	2826	21	89	92323	88824	336	3163	31317
惠济区	6		6		6	6			36	36			6000
中牟县	602	291	549	53	622	564		58	16559	11705	4830	24	29317
巩义市	1124	830	1124		1124	1124			43371	43371			38586
荥阳市	42	28	42		42	42			1120	1120			26667
新密市	939	661	938	1	913	912		1	22362	22344		18	24500
新郑市	2282	991	1882	400	2408	1995		413	83870	70169		13701	35172
登封市	817	381	798	19	800	784		16	8883	8771		112	11188
郑东新区	530	396	527	3	501	499		2	23160	23124		36	46341
其他	**14121**	**2577**	**13739**	**376**	**16306**	**15894**	**8**	**404**	**439436**	**427772**	**153**	**11511**	**26910**
中原区	287	128	268	15	289	267	6	16	9561	9219	117	225	34198
二七区	404	250	404		401	401			9303	9303			23200
管城区	49	34	49		49	49			913	913			18633
金水区	12752	1758	12400	350	14942	14563	2	377	407444	396318	36	11090	27213
上街区	157	59	157		157	157			3440	3440			21911
惠济区	89	76	89		89	89			1239	1239			13921
中牟县	39	37	39		34	34			1095	1095			32206
巩义市	308	208	297	11	308	297		11	5037	4841		196	16300
新郑市	36	27	36		37	37			1404	1404			37946

2-11　全市及各县(市)区分行业从业人员人数及工资总额

（2011 年底）

单位：人

行　业	单位从业人员	#女性	在岗职工合计	其他从业人员	单位从业人员平均人数	在岗职工	劳务派遣人员	其他从业人员	单位从业人员工资总额（千元）	在岗职工工资总额	劳务派遣人员工资总额	其他从业人员工资总额	在岗职工平均工资（元）
农、林、牧、渔业	**2034**	**633**	**2030**	**3**	**2061**	**2057**	**1**	**3**	**51424**	**51404**	**20**		**24987**
金水区	547	155	547		570	570			16840	16840			29544
上街区	13	4	13		13	13			234	234			18000
惠济区	126	46	126		126	126			3830	3830			30397
中牟县	939	306	939		942	942			20242	20242			21488
巩义市	44	13	44		46	46			1179	1179			25630
新密市	3		3		3	3			83	83			27667
新郑市	330	93	326	3	331	327	1	3	8165	8145	20		24893
经济开发区	3	2	3		2	2			25	25			12500
航空港区	29	14	29		28	28			826	826			29500
采矿业	**85481**	**12906**	**84852**	**621**	**85768**	**85159**	**8**	**601**	**3705828**	**3695465**	**173**	**10190**	**43393**
市直	48717	9398	48717		49873	49873			2538320	2538320			50896
金水区	8	3	8		8	8			195	195			24375
上街区	221	46	221		221	221			5016	5016			22697
巩义市	11737	1365	11611	126	11570	11457		113	343007	340991		2016	29763
荥阳市	2684	355	2684		2659	2659			89325	89325			33593
新密市	14581	1295	14078	495	13759	13263	8	488	425583	417236	173	8174	31453
新郑市	2301	141	2301		2230	2230			99642	99642			44683
登封市	5232	303	5232		5448	5448			204740	204740			37581
制造业	**384508**	**119879**	**363697**	**2357**	**334189**	**316587**	**11752**	**5850**	**9972185**	**9508915**	**410667**	**52603**	**30211**
中原区	24200	7691	21142	158	23380	20781	2409	190	722293	640386	79377	2530	31038
二七区	13486	3791	13281	195	13010	12773	10	227	403301	397953	300	5048	31155
管城区	11791	2462	11049	297	11509	10764	450	295	554222	536021	14534	3667	49095
金水区	14084	5497	11742	257	13420	11497	1716	207	347459	316003	26749	4707	25941
上街区	19635	5997	19145	47	20001	19466	493	42	694678	682444	11759	475	34781
惠济区	9151	4117	3256	288	7246	3293	207	3746	159757	67823	81005	10929	42522
中牟县	25223	8859	22549	323	25345	22732	2275	338	813635	741386	63533	8716	32188
巩义市	18867	4767	18072	2	19442	18724	716	2	558639	536417	22120	102	28731
荥阳市	9837	4236	9837		9906	9906			204355	204355			20629
新密市	15063	4002	14734	90	15154	14825	235	94	339933	330181	7527	2225	22424
新郑市	29418	10874	29038	380	28796	28423		373	794748	791440	1112	2196	27884
登封市	13273	2187	13254	19	13074	13055		19	275991	274890		1101	21056

2-11 续表1 （2011年底） 单位:人

行 业	单位从业人员	#女性	在岗职工合计	其他从业人员	单位从业人员平均人数	在岗职工	劳务派遣人员	其他从业人员	单位从业人员工资总额（千元）	在岗职工工资总额	劳务派遣人员工资总额	其他从业人员工资总额	在岗职工平均工资（元）
经济开发区	28637	11755	25237	173	28749	25656	2938	155	829163	729941	94333	4889	28827
高新开发区	18710	5540	18233	125	18230	17770	301	159	597158	582992	8234	5932	32717
郑东新区	460	51	460		462	462			9125	9125			19751
航空港区	132673	38053	132668	3	86465	86460	2	3	2667728	2667558	84	86	30853
电力、燃气及水的生产和供应业	**30263**	**8617**	**29627**	**160**	**30075**	**29509**	**406**	**160**	**1377120**	**1360856**	**9769**	**6495**	**45817**
中原区	10022	3415	9544	8	9998	9585	405	8	569893	559322	9711	860	56960
二七区	1538	632	1538		1532	1532			185420	185420			121031
金水区	2849	141	2849		2849	2849			94156	94156			33049
上街区	35	15	35		35	35			1519	1519			43400
惠济区	562	195	562		567	567			23578	23578			41584
中牟县	895	322	884	5	853	846	1	6	37445	37248	58	139	44045
巩义市	1218	443	1218		1211	1211			52439	52439			43302
荥阳市	793	297	682	111	789	679		110	39910	35398		4512	52133
新密市	1427	586	1427		1419	1419			52098	52098			36715
新郑市	645	294	645		634	634			15887	15887			25058
登封市	10025	2202	9997	28	9937	9909		28	293602	293098		504	29579
经济开发区	26	10	26		22	22			458	458			20818
高新开发区	132	38	124	8	133	125		8	7863	7383		480	59064
航空港区	96	27	96		96	96			2852	2852			29708
建筑业	**225921**	**25035**	**200807**	**14046**	**224282**	**200101**	**9680**	**14501**	**6610071**	**6007381**	**283523**	**319167**	**29988**
中原区	28611	3596	21763	2626	27559	22408	2601	2550	875270	732657	73276	69337	32226
二七区	10948	1643	9947	320	10673	9614	801	258	371417	347483	19470	4464	35233
管城区	8673	1133	6770	1843	8024	6554	74	1396	237921	199700	2181	36040	30459
金水区	73584	8742	63390	7396	74442	64141	2439	7862	2120129	1879017	84012	157100	29484
上街区	5209	847	5158	1	5163	5112	50	1	181995	180566	1416	13	35254
惠济区	13255	1465	12516	556	15306	13477	890	939	379855	350380	18933	10542	25706
中牟县	9644	1115	9055	517	9243	8615	44	584	282392	263067	2500	16825	30669
巩义市	1722	118	1722		1718	1718			38975	38975			22686
荥阳市	20796	1534	20796		20616	20616			520841	520841			25264
新密市	10654	723	7853	260	9207	6631	2288	288	240952	164146	70352	6454	26292
新郑市	5485	894	5481	4	4954	4925		29	147577	147474		103	29944
登封市	3199	395	3182	17	3441	3410		31	56829	56283		546	16505
经济开发区	16149	2768	15212	476	16253	15199	493	561	587456	558430	11383	17643	36312

（2011 年底） 单位：人

行　业	单位从业人员	#女性	在岗职工合计	其他从业人员	单位从业人员平均人数	在岗职工	劳务派遣人员	其他从业人员	单位从业人员工资总额（千元）	在岗职工工资总额	劳务派遣人员工资总额	其他从业人员工资总额	在岗职工平均工资（元）
高新开发区	14489	32	14489		14125	14125			466902	466902			33055
郑东新区	3272	9	3242	30	3327	3325		2	94396	94296		100	28360
航空港区	231	21	231		231	231			7164	7164			31013
交通运输、仓储和邮政业	**39209**	**13976**	**30268**	**2066**	**38683**	**29756**	**6726**	**2201**	**1278084**	**1046655**	**188536**	**42893**	**33858**
中原区	58	17	58		58	54		4	1614	1527		87	28278
二七区	8355	3124	5698	1589	8415	5726	968	1721	276630	217281	24238	35111	36080
管城区	2246	886	2139	7	2254	2144	106	4	65944	63655	2244	45	29288
金水区	12932	4401	10612	8	12661	10345	2308	8	488278	423000	65161	117	38581
上街区	529	104	529		528	528			13560	13560			25682
惠济区	587	256	571	16	583	564		19	20915	20650		265	36613
中牟县	1003	321	897	3	1002	896	103	3	15725	14205	1502	18	15723
巩义市	1812	811	1765	30	1816	1769	17	30	36452	35302	393	757	19986
荥阳市	470	213	399	71	464	394		70	9359	8494		865	21558
新密市	448	186	447	1	450	449		1	8888	8876		12	19768
新郑市	1071	319	1071		1077	1077			20591	20591			19119
登封市	1638	551	1316	322	1637	1315		322	29895	24850		5045	18897
经济开发区	1156	305	623	19	863	380	464	19	23943	16193	7179	571	27692
郑东新区	92	23	92		93	93			3292	3292			35398
航空港区	6812	2459	4051		6782	4022	2760		262998	175179	87819		38779
信息传输、计算机服务和软件业	**11054**	**4906**	**10531**	**288**	**11202**	**10662**	**236**	**304**	**602459**	**591684**	**3491**	**7284**	**54613**
中原区	68	16	68		68	68			2477	2477			36426
二七区	2523	1022	2523		2537	2537			211309	211309			83291
管城区	23	11	23		23	23			421	421			18304
金水区	6248	3127	5948	284	6374	6065	16	293	294147	286787	338	7022	47217
上街区	148	74	148		148	148			4023	4023			27182
巩义市	412	147	191	2	414	192	220	2	8860	5707	3153		21505
荥阳市	106	76	106		106	106			5520	5520			52075
新密市	116	41	116		116	116			4947	4947			42647
登封市	104	46	104		104	104			2400	2400			23077
经济开发区	724	158	722	2	760	751		9	24398	24136		262	32138
高新开发区	12	3	12		11	11			319	319			29000
郑东新区	548	180	548		518	518			42886	42886			82792

2-11 续表3 （2011年底） 单位：人

行业	单位从业人员	#女性	在岗职工合计	其他从业人员	单位从业人员平均人数	在岗职工	劳务派遣人员	其他从业人员	单位从业人员工资总额（千元）	在岗职工工资总额	劳务派遣人员工资总额	其他从业人员工资总额	在岗职工平均工资（元）
航空港区	22	5	22		23	23			752	752			32696
批发和零售业	**66627**	**29349**	**61969**	**907**	**65731**	**61176**	**3587**	**968**	**1954010**	**1823719**	**106061**	**24230**	**29798**
中原区	4009	1823	3479	32	3896	3445	436	15	194067	181820	12034	213	49949
二七区	6729	3169	6657	51	6646	6579	15	52	182777	181727	478	572	27632
管城区	7383	3305	4835	5	7227	4771	2451	5	212319	138152	74089	78	29388
金水区	25903	11969	25220	415	25684	24959	324	401	702919	686215	8737	7967	27487
上街区	888	471	884	4	877	873		4	19293	19251		42	22052
惠济区	628	222	622		618	612	6		16464	16368	96		26641
中牟县	1723	700	1486	26	1720	1473	166	81	41026	37534	2623	869	24501
巩义市	1985	887	1754	201	1984	1752	30	202	39397	34981	823	3593	20092
荥阳市	1399	864	1399		1398	1398			30943	30943			22134
新密市	2204	1050	2146	40	2189	2131	18	40	71607	69527	484	1596	32578
新郑市	1665	776	1581	84	1678	1586		92	56912	48418		8494	30528
登封市	2300	1136	2261	39	2272	2206		66	56180	55697		483	25248
经济开发区	5991	1975	5866	1	5833	5726	106	1	197287	191061	6184	42	33821
高新开发区	402	77	402		388	388			8408	8408			21670
郑东新区	3313	900	3272	9	3210	3166	35	9	121731	120937	513	281	37941
航空港区	105	25	105		111	111			2680	2680			24144
住宿和餐饮业	**34134**	**18936**	**32277**	**813**	**34091**	**32291**	**1033**	**767**	**764640**	**729249**	**21931**	**13460**	**22542**
中原区	2942	1630	2631	13	2936	2639	280	17	83936	76650	7043	243	28672
二七区	5357	2990	4705	217	5401	4685	462	254	130103	116413	9551	4139	24473
管城区	691	359	537	72	688	534	84	70	15289	12341	1442	1506	22303
金水区	17541	9773	16889	424	17440	16894	206	340	380304	370313	3883	6108	21883
上街区	409	261	357	52	409	357		52	8932	8072		860	22611
惠济区	1853	938	1853		1916	1916			43842	43842			22882
中牟县	638	422	618	20	626	604		22	9539	9145		394	15141
巩义市	591	356	591		594	594			10672	10672			17966
荥阳市	149	101	149		149	149			2848	2848			19114
新密市	334	222	330	4	334	330		4	7694	7598		96	23024
新郑市	532	285	532		530	530			10589	10589			19979
登封市	1794	957	1788	5	1767	1763	1	3	27709	27655	12	42	15684
经济开发区	380	203	380		386	386			10790	10790			27953
高新开发区	231	107	231		228	228			3876	3876			17000

行业	单位从业人员	#女性	在岗职工合计	其他从业人员	单位从业人员平均人数	在岗职工	劳务派遣人员	其他从业人员	单位从业人员工资总额（千元）	在岗职工工资总额	劳务派遣人员工资总额	其他从业人员工资总额	在岗职工平均工资（元）
郑东新区	158	49	152	6	155	150		5	3350	3278		72	21853
航空港区	534	283	534		532	532			15167	15167			28509
金融业	**43140**	**24338**	**34978**	**6247**	**41261**	**33359**	**1909**	**5993**	**2822530**	**2620433**	**74586**	**127511**	**76415**
中原区	2060	1111	2030		2071	2040	31		153252	152806	446		73999
二七区	1312	742	1217	92	1318	1220	3	95	46609	44629	183	1797	36641
管城区	931	646	661		888	640	248		62568	44954	17614		70459
金水区	27703	16178	20702	5653	26472	19721	1338	5413	1835425	1671912	49306	114207	81733
上街区	79	36	79		79	79			4543	4543			57506
惠济区	85	56	85		85	85			1943	1943			22859
中牟县	1253	700	757	484	1222	743	12	467	39859	28393	258	11208	37948
巩义市	1075	610	1067		1069	1061	8		64534	64291	243		60369
荥阳市	811	290	811		811	811			29648	29648			36557
新密市	985	502	944	13	981	939	29	13	61207	60544	503	160	63065
新郑市	889	415	884	2	888	881	5	2	56734	56614	72	48	63980
登封市	849	402	829	3	851	831	17	3	32943	32063	789	91	38741
经济开发区	33	16	33		30	30			1267	1267			42233
郑东新区	5075	2634	4879		4496	4278	218		431998	426826	5172		96085
房地产业	**28772**	**10874**	**27460**	**342**	**28904**	**27103**	**1351**	**450**	**981320**	**931878**	**33055**	**16387**	**33912**
中原区	2398	931	2081	62	2388	2048	252	88	80226	76060	3105	1061	34420
二七区	2421	932	2408	13	2377	2362		15	79193	78137		1056	33081
管城区	5174	2564	5171	3	4880	4876		4	111292	111226		66	22811
金水区	10310	3852	10103	149	10824	10134	468	222	374966	347876	16972	10118	34413
上街区	503	253	473		498	498			10849	10849			21785
惠济区	540	194	494	46	548	496		52	20075	18161		1914	36615
中牟县	960	402	937	23	974	952		22	22861	22529		332	23665
巩义市	259	102	256	3	261	258		3	4463	4408		55	17085
荥阳市	483	104	483		483	483			12214	12214			25288
新密市	173	60	170	3	173	170		3	5734	5542		192	32600
新郑市	202	71	199		191	189	2		6941	6895	46		36340
登封市	199	59	196	3	203	199		4	3881	3833		48	19261
经济开发区	1315	454	794	2	1310	783	525	2	66356	56402	9869	85	50666
高新开发区	633	137	633		637	637			21939	21939			34441
郑东新区	3007	699	2867	35	2966	2827	104	35	154076	149553	3063	1460	52070

（2011年底）

单位：人

行业	单位从业人员	#女性	在岗职工合计	其他从业人员	单位从业人员平均人数	在岗职工	劳务派遣人员	其他从业人员	单位从业人员工资总额（千元）	在岗职工工资总额	劳务派遣人员工资总额	其他从业人员工资总额	在岗职工平均工资（元）
航空港区	195	60	195		191	191			6254	6254			32743
租赁和商务服务业	**21882**	**7800**	**20629**	**929**	**21205**	**20154**	**290**	**761**	**662040**	**638898**	**11772**	**11370**	**31827**
中原区	712	350	672	30	706	670	9	27	25289	24549	183	557	36424
二七区	297	131	295	2	286	284		2	10231	10164		67	35789
管城区	1267	634	1202	65	1238	1189		49	31119	30101		1018	25316
金水区	11149	4340	10652	345	10738	10410	140	188	393486	387612	2881	2993	37014
上街区	676	265	676		676	676			18652	18652			27592
惠济区	107	32	107		105	105			3580	3580			34095
中牟县	869	191	373	471	856	353	25	478	15279	8748	540	5991	24571
巩义市	427	184	427		427	427			8393	8393			19656
荥阳市	512	37	512		512	512			7640	7640			14922
新密市	217	46	217		210	210			3908	3908			18610
新郑市	1122	171	1107	15	1108	1093		15	20639	20190		449	18472
登封市	180	147	180		180	180			1647	1647			9150
经济开发区	1147	278	1147		1138	1137		1	29117	29103		14	25596
高新开发区	41	21	41		41	41			1683	1683			41049
郑东新区	3019	915	2881	1	2845	2728	116	1	87112	78663	8168	281	30531
航空港区	140	58	140		139	139			4265	4265			30683
科学研究、技术服务和地质勘查业	**32473**	**10903**	**30074**	**1424**	**32257**	**29926**	**1044**	**1287**	**1343699**	**1274319**	**36410**	**32970**	**42323**
中原区	5453	1857	5387	28	5397	5343	38	16	291540	289957	1200	383	54108
二七区	5052	2336	4127	265	5098	4183	650	265	200822	173531	22759	4532	40615
管城区	589	154	576	13	573	560		13	21103	21023		80	37541
金水区	14585	4899	13495	844	14548	13375	325	848	590609	554292	10255	26062	41208
上街区	225	88	225		225	225			9296	9296			41316
惠济区	290	75	259		283	252	31		18336	16140	2196		64792
中牟县	313	97	307	6	302	296		6	7767	7587		180	25632
巩义市	290	125	290		290	290			8012	8012			27628
荥阳市	228	80	228		228	228			6699	6699			29382
新密市	757	258	757		745	745			25540	25540			34282
新郑市	641	207	641		629	629			27752	27752			44121
登封市	9	4	9		9	9			316	316			35111
经济开发区	354	102	345	9	354	345		9	14219	14202		17	41165
高新开发区	400	74	400		384	384			11251	11251			29299

行业	单位从业人员	#女性	在岗职工合计	其他从业人员	单位从业人员平均人数	在岗职工	劳务派遣人员	其他从业人员	单位从业人员工资总额（千元）	在岗职工工资总额	劳务派遣人员工资总额	其他从业人员工资总额	在岗职工平均工资（元）
郑东新区	3287	547	3028	259	3192	3062		130	110437	108721		1716	35507
水利、环境和公共设施管理业	**18732**	**7156**	**17272**	**1449**	**18817**	**17400**	**10**	**1407**	**599240**	**582101**	**256**	**16883**	**33450**
中原区	1622	531	1263	359	1619	1285		334	73072	68379		4693	53213
二七区	1207	494	806	401	1193	809		384	29996	25864		4132	31970
管城区	699	312	699		700	700			23117	23117			33024
金水区	5055	1831	4919	135	5185	5050	1	134	226755	224102	29	2624	44374
上街区	854	475	854		854	854			19744	19744			23119
惠济区	1070	296	1048	12	1058	1036	9	13	37527	36969	227	331	35594
中牟县	1136	291	1136		1137	1137			25591	25591			22507
巩义市	1086	168	544	542	1086	544		542	20485	15382		5103	28276
荥阳市	1885	1115	1885		1884	1884			43333	43333			23001
新密市	409	159	409		405	405			10011	10011			24719
新郑市	441	183	441		440	440			10626	10626			24150
登封市	2508	1005	2508		2533	2533			54512	54512			21521
经济开发区	237	105	237		199	199			6354	6354			31930
高新开发区	193	62	193		189	189			3526	3526			18656
郑东新区	330	129	330		335	335			14591	14591			43555
居民服务和其他服务业	**3904**	**2573**	**3772**	**10**	**3892**	**3760**	**122**	**10**	**99593**	**97844**	**1574**	**175**	**25610**
中原区	6	6	6		6	6			146	146			24333
二七区	301	125	300	1	297	296		1	9619	9589		30	32395
管城区	1722	1630	1600		1729	1607	122		26572	24998	1574		15368
金水区	1217	646	1213	4	1215	1211		4	48890	48817		73	40311
上街区	159	46	159		159	159			2166	2166			13623
中牟县	48	10	48		48	48			1550	1550			32292
巩义市	29	3	29		29	29			661	661			22793
荥阳市	113	41	113		113	113			3504	3504			31009
新密市	60	11	60		60	60			1680	1680			28000
新郑市	71	18	66	5	60	55		5	1315	1243		72	22600
登封市	31	7	31		31	31			483	483			15581
经济开发区	65	23	65		63	63			1352	1352			21460
高新开发区	82	7	82		82	82			1655	1655			20183
教育	**136274**	**76481**	**132672**	**2548**	**135869**	**132415**	**1038**	**2416**	**5297467**	**5201053**	**23537**	**72877**	**39149**

行业	单位从业人员	#女性	在岗职工合计	其他从业人员	单位从业人员平均人数	在岗职工	劳务派遣人员	其他从业人员	单位从业人员工资总额（千元）	在岗职工工资总额	劳务派遣人员工资总额	其他从业人员工资总额	在岗职工平均工资（元）
中原区	11077	6313	10847	185	10949	10721	47	181	486516	482682	586	3248	44880
二七区	12293	6854	11508	785	12242	11440		802	530807	494597		36210	43234
管城区	4776	2908	4534	70	4755	4531	160	64	191480	184861	4174	2445	40297
金水区	30036	16757	28997	260	29853	28827	773	253	1359238	1340903	12577	5758	45726
上街区	1481	848	1465		1480	1464	16		65868	65620	248		44505
惠济区	5716	3427	5711	5	5653	5648		5	217029	216948		81	38411
中牟县	10266	5481	10028	208	10189	9953	30	206	343929	335380	5421	3128	34138
巩义市	8435	5478	8384	47	8434	8381	4	49	274594	274059	38	497	32689
荥阳市	10827	6487	10827		10852	10852			360254	360254			33197
新密市	9245	6020	9113	129	9264	9135	3	126	310455	308685	52	1718	33786
新郑市	13105	6130	12308	792	13285	12613	5	667	483558	463992	441	19125	36807
登封市	8535	4842	8483	52	8562	8513		49	257334	256868		466	30174
经济开发区	727	447	722	5	691	686		5	31144	31082		62	45309
高新开发区	7127	3124	7127		7078	7078			271516	271516			38361
郑东新区	2628	1365	2618	10	2582	2573		9	113745	113606		139	44153
卫生、社会保障和社会福利业	**61792**	**39368**	**56531**	**1983**	**60121**	**55211**	**3092**	**1818**	**2167672**	**2077092**	**49988**	**40592**	**36483**
中原区	6527	3516	5380	146	6230	5247	916	67	246665	223647	22091	927	39873
二七区	8892	5544	8104	272	8717	8004	447	266	348120	336013	7795	4312	40683
管城区	3684	2363	3360	63	3605	3294	261	50	132268	130434	574	1260	36852
金水区	21852	15124	19488	931	21169	18895	1400	874	829300	788067	17840	23393	39710
上街区	423	304	423		417	417			16431	16431			39403
惠济区	1441	947	1354	85	1375	1291	2	82	48553	47143	74	1336	36517
中牟县	2752	1707	2543	207	2746	2538	3	205	94931	90758	396	3777	35873
巩义市	3282	2130	3235	47	3194	3147		47	97753	96472		1281	30655
荥阳市	2573	1659	2559	14	2551	2537		14	76019	75688		331	29834
新密市	3491	2371	3404	35	3442	3356	52	34	93690	90846	1037	1807	26961
新郑市	2916	1769	2787	123	2751	2627	6	118	74569	72794	132	1643	27697
登封市	2913	1766	2849	59	2907	2842	5	60	76717	76164	49	504	26770
经济开发区	280		280		252	252			4230	4230			16786
高新开发区	80	37	79	1	78	77		1	3019	2998		21	38935
郑东新区	617	99	617		618	618			22578	22578			36534
航空港区	69	32	69		69	69			2829	2829			41000
文化、体育和娱乐业	**22136**	**8692**	**19764**	**1912**	**21905**	**19678**	**454**	**1773**	**817341**	**762442**	**7841**	**47058**	**38262**

行 业	单位从业人员	#女性	在岗职工合计	其他从业人员	单位从业人员平均人数	在岗职工	劳务派遣人员	其他从业人员	单位从业人员工资总额（千元）	在岗职工工资总额	劳务派遣人员工资总额	其他从业人员工资总额	在岗职工平均工资（元）
中原区	2658	1126	2196	462	2599	2235		364	102963	95089		7874	42545
二七区	531	227	497	34	528	494		34	18100	17612		488	35652
管城区	311	146	311		311	311			7635	7635			24550
金水区	14665	5478	13990	262	14473	13805	408	260	567142	554767	6290	6085	39475
上街区	47	18	47		48	48			1770	1770			36875
惠济区	427	179	376	51	450	396		54	16277	15387		890	38856
中牟县	291	124	285	6	291	285		6	7583	7429		154	26067
巩义市	463	156	337	126	468	337		131	10299	8897		1402	26401
荥阳市	576	276	576		578	578			19531	19531			33791
新密市	349	150	344	5	339	334		5	8799	8714		85	26090
新郑市	256	112	248	8	255	247		8	5450	5402		48	21870
登封市	288	176	216	72	288	288			6188	6188			21486
经济开发区	956	368	98	811	987	98	46	843	34596	4524	1551	28521	42188
高新开发区	27	17	27		25	25			1050	1050			42000
郑东新区	291	139	216	75	265	197		68	9958	8447		1511	42878
公共管理和社会组织	**118303**	**42026**	**113562**	**3997**	**117377**	**113180**	**487**	**3710**	**4662450**	**4602522**	**11203**	**48725**	**40590**
中原区	11774	3905	11087	592	11514	11082	105	327	578690	569530	2122	7038	51100
二七区	10011	4996	7615	2396	9973	7584		2389	379080	355248		23832	46842
管城区	5435	2339	5387	31	5430	5382	17	31	238308	237543	260	505	44046
金水区	27984	9124	27477	210	27631	27245	194	192	1397805	1386160	6721	4924	50763
上街区	2268	850	2216	35	2264	2212	17	35	89971	89173	228	570	40108
惠济区	3526	1448	3339	161	3515	3330	26	159	147931	145457	333	2141	43442
中牟县	9152	3409	8940	206	9056	8841	6	209	276903	271599	150	5154	30717
巩义市	6976	2279	6911	65	6980	6915		65	211795	211040		755	30519
荥阳市	8651	3185	8599	42	8629	8577	10	42	274371	273930	108	333	31913
新密市	9050	3307	8909	82	8991	8852	59	80	276957	275315	428	1214	30944
新郑市	8459	2941	8234	53	8457	8398	2	57	272365	271389	39	937	32313
登封市	9290	2698	9175	115	9273	9148	13	112	243763	242454	114	1195	26478
经济开发区	826	324	821	5	772	767		5	37065	37050		15	48305
高新开发区	547	43	547		540	535		5	21940	21856		84	40852
郑东新区	4039	1062	3990	4	4039	3999	38	2	203815	203087	700	28	50480
航空港区	315	116	315		313	313			11691	11691			37351

2-12 全市及各县(市)区国有单位分行业从业人员人数及工资总额

(2011 年底)

单位:人

行业	单位从业人员	#女性	在岗职工合计	其他从业人员	单位从业人员平均人数	在岗职工	劳务派遣人员	其他从业人员	单位从业人员工资总额(千元)	在岗职工工资总额	劳务派遣人员工资总额	其他从业人员工资总额	在岗职工平均工资(元)
农、林、牧、渔业	**1441**	**481**	**1437**	**3**	**1448**	**1444**	**1**	**3**	**36628**	**36608**	**20**		**25348**
金水区	130	46	130		130	130			6487	6487			49900
惠济区	99	39	99		99	99			3326	3326			33596
中牟县	871	301	871		877	877			18442	18442			21029
巩义市	8	2	8		8	8			125	125			15625
新密市	3		3		3	3			83	83			27667
新郑市	330	93	326	3	331	327	1	3	8165	8145	20		24893
采矿业	**56903**	**10204**	**56903**		**57881**	**57881**			**2841659**	**2841659**			**49095**
市直	48717	9398	48717		49873	49873			2538320	2538320			50896
巩义市	2449	298	2449		2420	2420			80876	80876			33420
荥阳市	2684	355	2684		2659	2659			89325	89325			33593
新密市	323	27	323		199	199			7269	7269			36528
登封市	2730	126	2730		2730	2730			125869	125869			46106
制造业	**16110**	**5616**	**15462**	**97**	**16365**	**15731**	**530**	**104**	**650804**	**635728**	**12505**	**2571**	**39864**
中原区	1531	477	1525	6	1543	1537		6	31655	31515		140	20504
二七区	3020	969	3017	3	3012	3010		2	108466	108446		20	36029
管城区	1182	366	1116	6	1192	1125	61	6	33175	31561	1614		27972
金水区	1720	591	1720		1737	1727		10	65321	65130		191	37713
上街区	2915	1030	2796	10	3162	2993	159	10	97971	95761	2098	112	31047
惠济区	228	52	208	20	265	245		20	6640	6096		544	24882
中牟县	892	700	892		959	959			16426	16426			17128
荥阳市	506	158	506		506	506			8964	8964			17715
新郑市	2404	967	2394	10	2384	2374		10	201637	201397		240	84834
经济开发区	875	73	464	39	795	457	301	37	36607	27237	8553	817	47216
高新开发区	740	185	727	3	714	702	9	3	41408	40661	240	507	57526
郑东新区	97	48	97		96	96			2534	2534			26396
电力、燃气及水的生产和供应业	**18241**	**5451**	**18151**	**84**	**18096**	**18012**	**1**	**83**	**777000**	**772867**	**58**	**4075**	**42909**
中原区	3412	1358	3412		3422	3422			140100	140100			40941
二七区	1538	632	1538		1532	1532			185420	185420			121031
上街区	35	15	35		35	35			1519	1519			43400
中牟县	562	210	556		525	524	1		25851	25793	58		49240

2-12 续表 1　　（2011 年底）　　单位：人

行　业	单位从业人员	#女性	在岗职工合计	其他从业人员	单位从业人员平均人数	在岗职工	劳务派遣人员	其他从业人员	单位从业人员工资总额（千元）	在岗职工工资总额	劳务派遣人员工资总额	其他从业人员工资总额	在岗职工平均工资（元）
巩义市	822	244	822		817	817			45600	45600			55814
荥阳市	477	151	393	84	473	390		83	33040	28965		4075	74269
新密市	1328	561	1328		1328	1328			49295	49295			37120
新郑市	645	294	645		634	634			15887	15887			25058
登封市	9387	1976	9387		9299	9299			279422	279422			30049
经济开发区	26	10	26		22	22			458	458			20818
高新开发区	9		9		9	9			408	408			45333
建筑业	**42951**	**7729**	**38666**	**1117**	**42733**	**39039**	**2522**	**1172**	**1619466**	**1519106**	**70405**	**29955**	**38245**
中原区	12812	2109	9401	293	12891	9979	2472	440	501475	421706	68989	10780	39410
二七区	3818	649	3506	312	3761	3510		251	154010	149743		4267	42662
管城区	3637	784	3637		3579	3579			121269	121269			33883
金水区	3747	775	3636	111	3568	3458		110	102561	101162		1399	29254
上街区	1961	523	1911		1961	1911	50		63435	62019	1416		32348
中牟县	2588	334	2587	1	2593	2592		1	134955	134945		10	52062
新密市	37	6	37		31	31			531	531			17129
经济开发区	13993	2549	13593	400	13917	13547		370	525658	512159		13499	37806
高新开发区	31		31		29	29			581	581			20034
郑东新区	327		327		403	403			14991	14991			37199
交通运输、仓储和邮政业	**29855**	**11328**	**22399**	**1822**	**29643**	**22155**	**5535**	**1953**	**1052486**	**844598**	**169380**	**38508**	**36619**
中原区	33	8	33		33	33			958	958			29030
二七区	8324	3109	5667	1589	8384	5695	968	1721	276129	216780	24238	35111	36173
管城区	1256	661	1242	7	1256	1245	7	4	38120	37876	199	45	30411
金水区	11626	3863	9929	8	11369	9670	1691	8	460058	404476	55465	117	40484
上街区	69	11	69		68	68			1522	1522			22382
惠济区	352	148	341	11	348	334		14	13867	13694		173	41000
中牟县	392	202	286	3	391	285	103	3	8014	6494	1502	18	20608
巩义市	1686	772	1639	30	1690	1643	17	30	34446	33296	393	757	20295
荥阳市	470	213	399	71	464	394		70	9359	8494		865	21558
新密市	185	76	185		186	186			3675	3675			19758
新郑市	1010	298	1010		1021	1021			19646	19646			19242
登封市	556	228	453	103	556	453		103	12166	10744		1422	23717
郑东新区	39	21	39		41	41			1770	1770			43171
航空港区	3857	1718	1107		3836	1087	2749		172756	85173	87583		45035

行 业	单位从业人员	#女性	在岗职工合计	其他从业人员	单位从业人员平均人数	在岗职工	劳务派遣人员	其他从业人员	单位从业人员工资总额（千元）	在岗职工工资总额	劳务派遣人员工资总额	其他从业人员工资总额	在岗职工平均工资（元）
信息传输、计算机服务和软件业	**468**	**228**	**468**		**468**	**468**			**15138**	**15138**			**32346**
中原区	11	5	11		11	11			477	477			43364
金水区	167	50	167		167	167			5010	5010			30000
上街区	80	51	80		80	80			1731	1731			21638
荥阳市	106	76	106		106	106			5520	5520			52075
登封市	104	46	104		104	104			2400	2400			23077
批发和零售业	**8192**	**3322**	**7424**	**225**	**8257**	**7453**	**547**	**257**	**420802**	**393194**	**14882**	**12726**	**51010**
中原区	1058	524	626	7	1066	633	426	7	105608	93606	11878	124	99607
二七区	445	204	444	1	446	445		1	25682	25647		35	57634
管城区	150	110	150		146	146			3590	3590			24589
金水区	2273	856	2161	82	2283	2173	30	80	66020	63264	897	1859	29124
上街区	49	19	49		49	49			2371	2371			48388
惠济区	9	2	9		9	9			126	126			14000
中牟县	555	175	547		554	546	8		21507	21220	287		38821
巩义市	197	67	167		198	168	30		15384	14561	823		77697
荥阳市	298	169	298		296	296			13139	13139			44389
新密市	724	177	677	29	725	678	18	29	50382	48422	484	1476	70267
新郑市	787	308	705	82	822	733		89	41182	32714		8468	44630
登封市	860	382	845	15	861	819		42	36804	36321		483	44348
经济开发区	196	48	196		196	196			14637	14637			74679
高新开发区	33	9	33		33	33			812	812			24606
郑东新区	558	272	517	9	573	529	35	9	23558	22764	513	281	41271
住宿和餐饮业	**9009**	**4957**	**7905**	**228**	**9001**	**7850**	**876**	**275**	**218873**	**195251**	**19229**	**4393**	**24579**
中原区	1055	601	755	2	1066	783	280	3	28522	21451	7043	28	26805
二七区	1690	929	1091	203	1758	1095	423	240	45678	32846	8906	3926	27505
金水区	4464	2448	4259	23	4386	4181	173	32	100529	96810	3280	439	22988
上街区	32	22	32		32	32			807	807			25219
惠济区	1046	529	1046		1049	1049			28647	28647			27309
巩义市	214	149	214		214	214			4320	4320			20187
荥阳市	104	71	104		104	104			2198	2198			21135
登封市	350	186	350		339	339			6079	6079			17932
航空港区	54	22	54		53	53			2093	2093			39491
金融业	**6607**	**3324**	**6208**	**5**	**6469**	**6091**	**373**	**5**	**440158**	**419495**	**20524**	**139**	**68072**
中原区	1846	1019	1816		1854	1823	31		141072	140626	446		76091

行　业	单位从业人员	#女性	在岗职工合计	其他从业人员	单位从业人员平均人数	在岗职工	劳务派遣人员	其他从业人员	单位从业人员工资总额（千元）	在岗职工工资总额	劳务派遣人员工资总额	其他从业人员工资总额	在岗职工平均工资（元）
管城区	931	646	661		888	640	248		62568	44954	17614		70459
金水区	638	240	595		628	587	41		50101	49133	968		79779
中牟县	268	110	260		278	270	8		11865	11703	162		42680
巩义市	469	247	461		463	455	8		25568	25325	243		55222
荥阳市	517	147	517		517	517			18528	18528			35838
新密市	859	443	841		855	836	19		54690	54372	318		63965
新郑市	370	157	365	2	370	363	5	2	17024	16904	72	48	46130
登封市	356	171	342	3	357	343	11	3	23742	22990	661	91	66811
郑东新区	353	144	350		259	257	2		35000	34960	40		135135
房地产业	**1459**	**477**	**1318**	**44**	**1454**	**1312**	**96**	**46**	**54812**	**51104**	**2779**	**929**	**38269**
中原区	310	101	310		313	313			13882	13882			44351
二七区	35	11	35		35	35			1305	1305			37286
管城区	64	25	64		64	64			2437	2437			38078
金水区	619	211	582	37	628	589		39	20826	20209		617	34311
上街区	15	3	15		10	10			181	181			18100
巩义市	58	26	58		58	58			1671	1671			28810
经济开发区	7	3	7		7	7			132	132			18857
高新开发区	24		24		24	24			1107	1107			46125
郑东新区	327	97	223	7	315	212	96	7	13271	10180	2779	312	42075
租赁和商务服务业	**11052**	**3047**	**10738**	**186**	**10822**	**10531**	**126**	**165**	**355391**	**349883**	**2464**	**3044**	**33062**
中原区	454	217	451	3	452	449		3	15947	15919		28	35454
二七区	148	62	148		137	137			6455	6455			47117
管城区	100	32	40	60	84	40		44	2625	1661		964	41525
金水区	5361	1652	5184	74	5335	5161	101	73	237614	234262	1924	1428	44885
上街区	199	32	199		199	199			2934	2934			14744
惠济区	73	25	73		73	73			3127	3127			42836
中牟县	270	92	196	49	266	196	25	45	7517	6353	540	624	31190
巩义市	302	130	302		302	302			5197	5197			17209
荥阳市	473	25	473		473	473			6284	6284			13285
新密市	70	33	70		68	68			1660	1660			24412
新郑市	1070	145	1070		1056	1056			19118	19118			18104
经济开发区	546	5	546		540	540			9143	9143			16931
高新开发区	25	14	25		25	25			958	958			38320
郑东新区	1821	525	1821		1673	1673			32547	32547			19454
航空港区	140	58	140		139	139			4265	4265			30683

行　业	单位从业人员	#女性	在岗职工合计	其他从业人员	单位从业人员平均人数	在岗职工	劳务派遣人员	其他从业人员	单位从业人员工资总额（千元）	在岗职工工资总额	劳务派遣人员工资总额	其他从业人员工资总额	在岗职工平均工资（元）
科学研究、技术服务和地质勘查业	**20737**	**7562**	**19187**	**642**	**20549**	**19004**	**893**	**652**	**928692**	**876198**	**31688**	**20806**	**45629**
中原区	4665	1467	4617	10	4652	4606	38	8	264211	262811	1200	200	56850
二七区	3526	1784	2866		3495	2845	650		141681	118922	22759		40538
管城区	539	125	526	13	524	511		13	19655	19575		80	38307
金水区	8608	3101	7821	608	8513	7718	174	621	361277	335486	5533	20258	43211
上街区	154	62	154		154	154			6508	6508			42260
惠济区	290	75	259		283	252	31		18336	16140	2196		64792
中牟县	276	84	270	6	265	259		6	6630	6450		180	24903
巩义市	278	117	278		278	278			7682	7682			27633
荥阳市	228	80	228		228	228			6699	6699			29382
新密市	339	177	339		339	339			8579	8579			25307
新郑市	552	171	552		540	540			26232	26232			48578
登封市	9	4	9		9	9			316	316			35111
经济开发区	30	5	30		30	30			2200	2200			73333
高新开发区	177	6	177		175	175			6614	6614			37794
郑东新区	1066	304	1061	5	1064	1060		4	52072	51984		88	49042
水利、环境和公共设施管理业	**14177**	**5503**	**13151**	**1025**	**14224**	**13222**	**1**	**1001**	**465340**	**452970**	**29**	**12341**	**34258**
中原区	1610	528	1251	359	1607	1273		334	72554	67861		4693	53308
二七区	253	101	252	1	254	253		1	10942	10933		9	43213
管城区	660	293	660		660	660			21820	21820			33061
金水区	3711	1416	3587	123	3749	3624	1	124	169954	167389	29	2536	46184
上街区	408	226	408		408	408			11893	11893			29150
惠济区	955	280	955		945	945			35113	35113			37157
中牟县	786	246	786		787	787			18391	18391			23368
巩义市	1052	153	510	542	1052	510		542	19502	14399		5103	28233
荥阳市	1885	1115	1885		1884	1884			43333	43333			23001
新密市	384	150	384		380	380			9730	9730			25605
新郑市	441	183	441		440	440			10626	10626			24150
登封市	1604	651	1604		1621	1621			25741	25741			15880
高新开发区	151	58	151		151	151			2677	2677			17728
郑东新区	277	103	277		286	286			13064	13064			45678
居民服务和其他服务业	**1084**	**536**	**1079**	**5**	**1075**	**1070**		**5**	**46007**	**45935**		**72**	**42930**
二七区	89	25	89		89	89			4176	4176			46921

2-12　续表 5　　（2011 年底）　　单位：人

行　业	单位从业人员	#女性	在岗职工合计	其他从业人员	单位从业人员平均人数	在岗职工	劳务派遣人员	其他从业人员	单位从业人员工资总额（千元）	在岗职工工资总额	劳务派遣人员工资总额	其他从业人员工资总额	在岗职工平均工资（元）
管城区	60	18	60		60	60			2342	2342			39033
金水区	739	441	739		743	743			35142	35142			47297
新密市	60	11	60		60	60			1680	1680			28000
新郑市	71	18	66	5	60	55		5	1315	1243		72	22600
经济开发区	65	23	65		63	63			1352	1352			21460
教育	**108804**	**60643**	**107045**	**829**	**108467**	**106724**	**921**	**822**	**4391636**	**4360830**	**16308**	**14498**	**40663**
中原区	10615	6046	10404	170	10503	10297	41	165	473162	469670	469	3023	45477
二七区	7824	4669	7809	15	7834	7818		16	363596	363274		322	46466
管城区	3338	2253	3211	10	3348	3222	114	12	141547	138240	2868	439	42299
金水区	24870	13422	23926	196	24725	23792	742	191	1190058	1173922	12028	4108	48339
上街区	1342	740	1326		1341	1325	16		59323	59075	248		44238
惠济区	5651	3367	5646	5	5588	5583		5	216146	216065		81	38701
中牟县	8881	4705	8744	137	8799	8669		130	311344	308759	202	2383	35640
巩义市	2705	1744	2670	35	2690	2653		37	86398	86102		296	32455
荥阳市	9616	5738	9616		9642	9642			316181	316181			32792
新密市	8003	5209	7891	109	8036	7923	3	110	278584	276981	52	1551	34952
新郑市	9127	4322	9008	114	9185	9062	5	118	341554	339234	441	1879	37463
登封市	7116	3991	7083	33	7154	7121		33	229523	229169		354	32182
经济开发区	679	405	674	5	648	643		5	29255	29193		62	45401
高新开发区	7104	3111	7104		7056	7056			271049	271049			38414
郑东新区	1933	921	1933		1918	1918			83916	83916			43752
卫生、社会保障和社会福利业	**53656**	**34075**	**48684**	**1727**	**52245**	**47543**	**3064**	**1638**	**1950936**	**1866839**	**49566**	**34531**	**37868**
中原区	6296	3364	5224	71	6006	5023	916	67	242304	219286	22091	927	40643
二七区	8472	5250	7701	255	8311	7620	447	244	337819	326533	7795	3491	41444
管城区	3020	1959	2710	49	2944	2648	261	35	114916	113583	574	759	39243
金水区	21035	14518	18722	906	20377	18144	1380	853	806965	767235	17540	22190	40195
上街区	423	304	423		417	417			16431	16431			39403
惠济区	1181	787	1158	23	1115	1093		22	42105	41759		346	38206
中牟县	2681	1667	2478	203	2681	2478		203	93205	89053	384	3768	36092
巩义市	635	371	613	22	638	616		22	17946	17168		778	27870
荥阳市	2534	1637	2520	14	2512	2498		14	75394	75063		331	30049
新密市	1942	1255	1871	19	1954	1883	52	19	52295	51001	1037	257	26893
新郑市	2791	1704	2662	123	2647	2523	6	118	72579	70804	132	1643	28049
登封市	1880	1091	1837	41	1878	1836	2	40	50551	50518	13	20	27492
高新开发区	80	37	79	1	78	77		1	3019	2998		21	38935

行业	单位从业人员	#女性	在岗职工合计	其他从业人员	单位从业人员平均人数	在岗职工	劳务派遣人员	其他从业人员	单位从业人员工资总额（千元）	在岗职工工资总额	劳务派遣人员工资总额	其他从业人员工资总额	在岗职工平均工资（元）
郑东新区	617	99	617		618	618			22578	22578			36534
航空港区	69	32	69		69	69			2829	2829			41000
文化、体育和娱乐业	**20362**	**7878**	**18005**	**1897**	**20119**	**17910**	**454**	**1755**	**768568**	**714101**	**7841**	**46626**	**39313**
中原区	2633	1110	2171	462	2574	2210		364	102357	94483		7874	42752
二七区	511	215	477	34	508	474		34	17764	17276		488	36447
管城区	127	53	127		127	127			4155	4155			32717
金水区	13357	4916	12685	259	13164	12499	408	257	530076	517805	6290	5981	40605
上街区	37	16	37		38	38			1450	1450			38158
惠济区	374	150	335	39	377	338		39	14778	14216		562	42059
中牟县	291	124	285	6	291	285		6	7583	7429		154	26067
巩义市	450	149	324	126	455	324		131	9952	8550		1402	26389
荥阳市	576	276	576		578	578			19531	19531			33791
新密市	349	150	344	5	339	334		5	8799	8714		85	26090
新郑市	256	112	248	8	255	247		8	5450	5402		48	21870
登封市	288	176	216	72	288	288			6188	6188			21486
经济开发区	879	327	21	811	910	21	46	843	32313	2241	1551	28521	56597
高新开发区	27	17	27		25	25			1050	1050			42000
郑东新区	207	87	132	75	190	122		68	7122	5611		1511	45992
公共管理和社会组织	**114383**	**39720**	**111873**	**1768**	**113454**	**111488**	**485**	**1481**	**4576712**	**4538962**	**11125**	**26625**	**40636**
中原区	11772	3905	11085	592	11512	11080	105	327	578649	569489	2122	7038	51105
二七区	7121	3069	6920	201	7075	6881		194	325753	323321		2432	46988
管城区	5432	2338	5384	31	5427	5379	17	31	238269	237504	260	505	44063
金水区	27324	8866	26852	176	26976	26625	193	158	1375463	1364554	6685	4224	51131
上街区	2243	837	2192	35	2239	2188	16	35	88931	88175	186	570	40091
惠济区	3526	1448	3339	161	3515	3330	26	159	147931	145457	333	2141	43442
中牟县	9054	3388	8842	206	8958	8743	6	209	274963	269659	150	5154	30839
巩义市	6940	2267	6875	65	6944	6879		65	210788	210033		755	30532
荥阳市	8651	3185	8599	42	8629	8577	10	42	274371	273930	108	333	31913
新密市	8844	3233	8703	82	8785	8646	59	80	270955	269313	428	1214	30987
新郑市	8459	2941	8234	53	8457	8398	2	57	272365	271389	39	937	32313
登封市	9290	2698	9175	115	9273	9148	13	112	243763	242454	114	1195	26478
经济开发区	826	324	821	5	772	767		5	37065	37050		15	48305
高新开发区	547	43	547		540	535		5	21940	21856		84	40852
郑东新区	4039	1062	3990	4	4039	3999	38	2	203815	203087	700	28	50480
航空港区	315	116	315		313	313			11691	11691			37351

2-13 全市及各县(市)区城镇集体单位分行业从业人员人数及工资总额

（2011 年底）

单位：人

行业	单位从业人员	#女性	在岗职工合计	其他从业人员	单位从业人员平均人数	在岗职工	劳务派遣人员	其他从业人员	单位从业人员工资总额（千元）	在岗职工工资总额	劳务派遣人员工资总额	其他从业人员工资总额	在岗职工平均工资（元）
农、林、牧、渔业	**27**	**7**	**27**		**27**	**27**			**504**	**504**			**18667**
惠济区	27	7	27		27	27			504	504			18667
采矿业	**549**	**62**	**549**		**653**	**653**			**21216**	**21216**			**32490**
巩义市	253	25	253		240	240			9530	9530			39708
新密市	236	25	236		233	233			8986	8986			38567
登封市	60	12	60		180	180			2700	2700			15000
制造业	**8495**	**3598**	**8159**	**80**	**8543**	**8205**	**260**	**78**	**198415**	**185053**	**11855**	**1507**	**23261**
中原区	437	130	427	10	435	427		8	7304	7131		173	16700
二七区	9	2	9		9	9			152	152			16889
管城区	702	296	527		715	536	179		47677	39828	7849		66681
金水区	1160	539	1147	13	1158	1144		14	24053	23936		117	20923
上街区	1479	851	1398		1528	1447	81		30113	26107	4006		19707
惠济区	79	30	77	2	83	82		1	1458	1434		24	17488
巩义市	120	53	120		120	120			3162	3162			26350
荥阳市	1006	667	1006		1006	1006			17090	17090			16988
新密市	994	277	994		994	994			16405	16405			16504
新郑市	1444	567	1424	20	1439	1419		20	26744	26440		304	18633
登封市	867	123	853	14	856	842		14	17959	17383		576	20645
经济开发区	121	52	100	21	123	102		21	4071	3758		313	36843
航空港区	77	11	77		77	77			2227	2227			28922
电力、燃气及水的生产和供应业	**110**	**35**	**110**		**110**	**110**			**3662**	**3662**			**33291**
惠济区	110	35	110		110	110			3662	3662			33291
建筑业	**17773**	**2126**	**16169**	**524**	**17307**	**16638**	**120**	**549**	**434131**	**420292**	**1862**	**11977**	**25191**
中原区	3500	250	2320	200	3200	2980	20	200	61900	59468	432	2000	19967
二七区	2017	18	2017		2017	2017			61526	61526			30504
金水区	1202	93	1195	7	1070	1065		5	25994	25910		84	24329
上街区	67	7	67		61	61			1796	1796			29443
惠济区	7955	1190	7679	276	7974	7710		264	221770	212848		8922	27607
中牟县	1071	108	1068	3	1065	1062		3	15264	15177		87	14291
新密市	160	20	40	20	160	40	100	20	2304	596	1430	278	14471
新郑市	840	245	839	1	852	826		26	26906	26846		60	32501
登封市	961	195	944	17	908	877		31	16671	16125		546	18387

（2011 年底）

单位：人

行　业	单位从业人员	#女性	在岗职工合计	其他从业人员	单位从业人员平均人数	在岗职工	劳务派遣人员	其他从业人员	单位从业人员工资总额（千元）	在岗职工工资总额	劳务派遣人员工资总额	其他从业人员工资总额	在岗职工平均工资（元）
交通运输、仓储和邮政业	**850**	**323**	**849**	**1**	**846**	**845**		**1**	**15306**	**15294**		**12**	**18099**
管城区	65	3	65		65	65			2284	2284			35138
金水区	13	10	13		13	13			331	331			25462
上街区	84	30	84		84	84			1620	1620			19286
中牟县	30	3	30		30	30			217	217			7233
巩义市	21	8	21		21	21			180	180			8571
新密市	252	108	251	1	253	252		1	4988	4976		12	19746
新郑市	61	21	61		56	56			945	945			16875
登封市	324	140	324		324	324			4741	4741			14633
信息传输、计算机服务和软件业	**4304**	**2468**	**4019**	**285**	**4401**	**4107**		**294**	**213336**	**206332**		**7004**	**50239**
金水区	4143	2412	3860	283	4240	3948		292	207093	200089		7004	50681
巩义市	45	15	43	2	45	43		2	1296	1296			30140
新密市	116	41	116		116	116			4947	4947			42647
批发和零售业	**4934**	**2011**	**4627**	**275**	**4940**	**4644**	**24**	**272**	**91753**	**87248**	**606**	**3899**	**18820**
中原区	40	29	34		38	32	6		866	787	79		22789
二七区	43	16	32	11	44	33		11	533	493		40	14939
管城区	623	31	623		659	659			22542	22542			34206
金水区	685	268	648	11	684	660	18	6	20877	20302	527	48	30721
上街区	23	15	23		23	23			603	603			26217
惠济区	32	11	32		32	32			454	454			14188
中牟县	329	86	309	20	326	306		20	3361	3204		157	10471
巩义市	1250	506	1049	201	1252	1050		202	16397	12804		3593	12194
荥阳市	954	637	954		955	955			14823	14823			15521
新密市	333	191	326	7	332	325		7	3998	3946		52	12142
新郑市	124	34	123	1	124	122		2	1675	1666		9	13656
登封市	491	185	467	24	465	441		24	5434	5434			12322
郑东新区	7	2	7		6	6			190	190			31667
住宿和餐饮业	**1155**	**699**	**1008**	**114**	**1169**	**1136**	**33**		**23439**	**22836**	**603**		**20050**
中原区	41	26	41		40	40			493	493			12325
二七区	182	133	182		195	195			3559	3559			18251
金水区	556	314	409	114	559	526	33		14184	13581	603		25374
巩义市	105	82	105		105	105			1405	1405			13381
荥阳市	45	30	45		45	45			650	650			14444

行　业	单位从业人员	#女性	在岗职工合计	其他从业人员	单位从业人员平均人数	在岗职工	劳务派遣人员	其他从业人员	单位从业人员工资总额（千元）	在岗职工工资总额	劳务派遣人员工资总额	其他从业人员工资总额	在岗职工平均工资（元）
登封市	226	114	226		225	225			3148	3148			13991
金融业	**1495**	**743**	**1472**	**13**	**1495**	**1472**	**10**	**13**	**67814**	**67469**	**185**	**160**	**45650**
惠济区	85	56	85		85	85			1943	1943			22859
荥阳市	294	143	294		294	294			11120	11120			37823
新密市	126	59	103	13	126	103	10	13	6517	6172	185	160	56257
新郑市	519	258	519		518	518			39710	39710			76660
登封市	471	227	471		472	472			8524	8524			18059
房地产业	**214**	**103**	**214**		**266**	**191**		**75**	**8678**	**4249**		**4429**	**22246**
金水区	106	62	106		156	81		75	6565	2136		4429	26370
巩义市	49	24	49		51	51			674	674			13216
新郑市	56	17	56		56	56			1405	1405			25089
高新开发区	3		3		3	3			34	34			11333
租赁和商务服务业	**1837**	**747**	**1182**	**645**	**1527**	**1019**	**9**	**499**	**37153**	**30608**	**183**	**6362**	**29952**
中原区	131	68	118	3	130	118	9	3	5967	5746	183	38	46685
二七区	23	15	23		23	23			310	310			13478
管城区	106	85	106		104	104			3673	3673			35317
金水区	729	409	509	220	436	373		63	14890	13933		957	37354
上街区	12	10	12		12	12			311	311			25917
中牟县	578	90	156	422	569	136		433	7247	1880		5367	13824
巩义市	22	15	22		22	22			555	555			25227
荥阳市	39	12	39		39	39			1356	1356			34769
新密市	147	13	147		142	142			2248	2248			15831
登封市	50	30	50		50	50			596	596			11920
科学研究、技术服务和地质勘查业	**1377**	**350**	**1123**	**254**	**1376**	**1123**		**253**	**42101**	**38035**		**4066**	**33869**
中原区	27	14	24	3	30	28		2	938	926		12	33071
二七区	392	218	141	251	391	140		251	10303	6249		4054	44636
金水区	697	76	697		696	696			22933	22933			32950
新密市	9	4	9		9	9			273	273			30333
新郑市	89	36	89		89	89			1520	1520			17079
高新开发区	5	2	5		5	5			87	87			17400
郑东新区	158		158		156	156			6047	6047			38763
水利、环境和公共设施管理业	**86**	**39**	**86**		**86**	**86**			**1736**	**1736**			**20186**
二七区	6	4	6		6	6			50	50			8333
上街区	68	30	68		68	68			1356	1356			19941

行　业	单位从业人员	#女性	在岗职工合计	其他从业人员	单位从业人员平均人数	在岗职工	劳务派遣人员	其他从业人员	单位从业人员工资总额（千元）	在岗职工工资总额	劳务派遣人员工资总额	其他从业人员工资总额	在岗职工平均工资（元）
巩义市	12	5	12		12	12			330	330			27500
居民服务和其他服务业	**111**	**38**	**111**		**111**	**111**			**2434**	**2434**			**21928**
二七区	19	8	19		19	19			183	183			9632
金水区	13	13	13		13	13			218	218			16769
中牟县	48	10	48		48	48			1550	1550			32292
登封市	31	7	31		31	31			483	483			15581
教育	**5838**	**3524**	**5793**	**37**	**5847**	**5806**	**8**	**33**	**197896**	**197338**	**101**	**457**	**33959**
中原区	96	39	96		93	93			2939	2939			31602
二七区	317	242	307	10	317	307		10	11948	11748		200	38267
管城区	507	217	507		510	510			24326	24326			47698
金水区	311	215	307		309	305	4		10351	10288	63		33498
巩义市	3216	1940	3211	1	3232	3227	4	1	101616	101573	38	5	31449
新密市	513	302	494	19	506	491		15	17346	17197		149	35024
登封市	602	470	602		608	608			18928	18928			31132
高新开发区	23	13	23		22	22			467	467			21227
郑东新区	253	86	246	7	250	243		7	9975	9872		103	40626
卫生、社会保障和社会福利业	**3785**	**2522**	**3643**	**137**	**3678**	**3531**	**5**	**142**	**110782**	**107332**	**110**	**3340**	**30385**
二七区	192	140	177	15	189	169		20	5019	4234		785	25053
管城区	485	315	472	13	478	465		13	12751	12286		465	26422
金水区	131	84	127	4	129	125		4	4298	4185		113	33480
惠济区	236	144	172	62	236	174	2	60	6092	5028	74	990	28989
中牟县	33	21	33		33	33			1020	1020			30909
巩义市	2368	1586	2343	25	2277	2252		25	75079	74576		503	33115
荥阳市	39	22	39		39	39			625	625			16026
登封市	301	210	280	18	297	274	3	20	5898	5378	36	484	19545
文化、体育和娱乐业	**102**	**51**	**99**	**3**	**103**	**100**		**3**	**2398**	**2294**		**104**	**22940**
中原区	4	3	4		4	4			74	74			18500
金水区	85	38	82	3	86	83		3	1961	1857		104	22373
惠济区	13	10	13		13	13			363	363			27923
公共管理和社会组织	**405**	**145**	**405**		**406**	**406**			**16902**	**16902**			**41631**
二七区	3	1	3		3	3			36	36			12000
金水区	196	70	196		197	197			10864	10864			55147
新密市	206	74	206		206	206			6002	6002			29136

2-14 全市及各县(市)区其他单位分行业从业人员人数及工资总额

(2011 年底)

单位:人

行　业	单位从业人员	#女性	在岗职工合计	其他从业人员	单位从业人员平均人数	在岗职工	劳务派遣人员	其他从业人员	单位从业人员工资总额(千元)	在岗职工工资总额	劳务派遣人员工资总额	其他从业人员工资总额	在岗职工平均工资(元)
农、林、牧、渔业	**566**	**145**	**566**		**586**	**586**			**14292**	**14292**			**24389**
金水区	417	109	417		440	440			10353	10353			23530
上街区	13	4	13		13	13			234	234			18000
中牟县	68	5	68		65	65			1800	1800			27692
巩义市	36	11	36		38	38			1054	1054			27737
经济开发区	3	2	3		2	2			25	25			12500
航空港区	29	14	29		28	28			826	826			29500
采矿业	**28029**	**2640**	**27400**	**621**	**27234**	**26625**	**8**	**601**	**842953**	**832590**	**173**	**10190**	**31268**
金水区	8	3	8		8	8			195	195			24375
上街区	221	46	221		221	221			5016	5016			22697
巩义市	9035	1042	8909	126	8910	8797		113	252601	250585		2016	28485
新密市	14022	1243	13519	495	13327	12831	8	488	409328	400981	173	8174	31245
新郑市	2301	141	2301		2230	2230			99642	99642			44683
登封市	2442	165	2442		2538	2538			76171	76171			30012
制造业	**359903**	**110665**	**340076**	**2180**	**309281**	**292651**	**10962**	**5668**	**9122966**	**8688134**	**386307**	**48525**	**29888**
中原区	22232	7084	19190	142	21402	18817	2409	176	683334	601740	79377	2217	32089
二七区	10457	2820	10255	192	9989	9754	10	225	294683	289355	300	5028	29666
管城区	9907	1800	9406	291	9602	9103	210	289	473370	464632	5071	3667	50435
金水区	11204	4367	8875	244	10525	8626	1716	183	258085	226937	26749	4399	24530
上街区	15241	4116	14951	37	15311	15026	253	32	566594	560576	5655	363	37059
惠济区	8844	4035	2971	266	6898	2966	207	3725	151659	60293	81005	10361	44531
中牟县	24331	8159	21657	323	24386	21773	2275	338	797209	724960	63533	8716	32788
巩义市	18747	4714	17952	2	19322	18604	716	2	555477	533255	22120	102	28746
荥阳市	8325	3411	8325		8394	8394			178301	178301			21241
新密市	14069	3725	13740	90	14160	13831	235	94	323528	313776	7527	2225	22843
新郑市	25570	9340	25220	350	24973	24630		343	566367	563603	1112	1652	22928
登封市	12406	2064	12401	5	12218	12213		5	258032	257507		525	21085
经济开发区	27641	11630	24673	113	27831	25097	2637	97	788485	698946	85780	3759	28295
高新开发区	17970	5355	17506	122	17516	17068	292	156	555750	542331	7994	5425	31701
郑东新区	363	3	363		366	366			6591	6591			18008
航空港区	132596	38042	132591	3	86388	86383	2	3	2665501	2665331	84	86	30855
电力、燃气及水的生产和供应业	**11912**	**3131**	**11366**	**76**	**11869**	**11387**	**405**	**77**	**596458**	**584327**	**9711**	**2420**	**50376**

行业	单位从业人员				单位从业人员平均人数	在岗职工	劳务派遣人员	其他从业人员	单位从业人员工资总额（千元）	在岗职工工资总额	劳务派遣人员工资总额	其他从业人员工资总额	在岗职工平均工资（元）
		#女性	在岗职工合计	其他从业人员									
中原区	6610	2057	6132	8	6576	6163	405	8	429793	419222	9711	860	65306
金水区	2849	141	2849		2849	2849			94156	94156			33049
惠济区	452	160	452		457	457			19916	19916			43580
中牟县	333	112	328	5	328	322		6	11594	11455		139	35575
巩义市	396	199	396		394	394			6839	6839			17358
荥阳市	316	146	289	27	316	289		27	6870	6433		437	22260
新密市	99	25	99		91	91			2803	2803			30802
登封市	638	226	610	28	638	610		28	14180	13676		504	22420
高新开发区	123	38	115	8	124	116		8	7455	6975		480	60129
航空港区	96	27	96		96	96			2852	2852			29708
建筑业	**165197**	**15180**	**145972**	**12405**	**164242**	**144424**	**7038**	**12780**	**4556474**	**4067983**	**211256**	**277235**	**28253**
中原区	12299	1237	10042	2133	11468	9449	109	1910	311895	251483	3855	56557	26715
二七区	5113	976	4424	8	4895	4087	801	7	155881	136214	19470	197	31850
管城区	5036	349	3133	1843	4445	2975	74	1396	116652	78431	2181	36040	26439
金水区	68635	7874	58559	7278	69804	59618	2439	7747	1991574	1751945	84012	155617	29585
上街区	3181	317	3180	1	3141	3140		1	116764	116751		13	37182
惠济区	5300	275	4837	280	7332	5767	890	675	158085	137532	18933	1620	23504
中牟县	5985	673	5400	513	5585	4961	44	580	132173	112945	2500	16728	23066
巩义市	1722	118	1722		1718	1718			38975	38975			22686
荥阳市	20796	1534	20796		20616	20616			520841	520841			25264
新密市	10457	697	7776	240	9016	6560	2188	268	238117	163019	68922	6176	26514
新郑市	4645	649	4642	3	4102	4099		3	120671	120628		43	29429
登封市	2238	200	2238		2533	2533			40158	40158			15854
经济开发区	2156	219	1619	76	2336	1652	493	191	61798	46271	11383	4144	26878
高新开发区	14458	32	14458		14096	14096			466321	466321			33082
郑东新区	2945	9	2915	30	2924	2922		2	79405	79305		100	27141
航空港区	231	21	231		231	231			7164	7164			31013
交通运输、仓储和邮政业	**8504**	**2325**	**7020**	**243**	**8194**	**6756**	**1191**	**247**	**210292**	**186763**	**19156**	**4373**	**25912**
中原区	25	9	25		25	21		4	656	569		87	27095
二七区	31	15	31		31	31			501	501			16161
管城区	925	222	832		933	834	99		25540	23495	2045		27374
金水区	1293	528	670		1279	662	617		27889	18193	9696		21805
上街区	376	63	376		376	376			10418	10418			27707
惠济区	235	108	230	5	235	230		5	7048	6956		92	30243
中牟县	581	116	581		581	581			7494	7494			12898

2-14 续表2 （2011年底） 单位:人

行业	单位从业人员	#女性	在岗职工合计	其他从业人员	单位从业人员平均人数	在岗职工	劳务派遣人员	其他从业人员	单位从业人员工资总额（千元）	在岗职工工资总额	劳务派遣人员工资总额	其他从业人员工资总额	在岗职工平均工资（元）
巩义市	105	31	105		105	105			1826	1826			17390
新密市	11	2	11		11	11			225	225			20455
登封市	758	183	539	219	757	538		219	12988	9365		3623	17407
经济开发区	1156	305	623	19	863	380	464	19	23943	16193	7179	571	27692
郑东新区	53	2	53		52	52			1522	1522			29269
航空港区	2955	741	2944		2946	2935	11		90242	90006	236		30632
信息传输、计算机服务和软件业	**6282**	**2210**	**6044**	**3**	**6333**	**6087**	**236**	**10**	**373985**	**370214**	**3491**	**280**	**59102**
中原区	57	11	57		57	57			2000	2000			35088
二七区	2523	1022	2523		2537	2537			211309	211309			83291
管城区	23	11	23		23	23			421	421			18304
金水区	1938	665	1921	1	1967	1950	16	1	82044	81688	338	18	41722
上街区	68	23	68		68	68			2292	2292			33706
巩义市	367	132	148		369	149	220		7564	4411	3153		20499
经济开发区	724	158	722	2	760	751		9	24398	24136		262	32138
高新开发区	12	3	12		11	11			319	319			29000
郑东新区	548	180	548		518	518			42886	42886			82792
航空港区	22	5	22		23	23			752	752			32696
批发和零售业	**53501**	**24016**	**49918**	**407**	**52534**	**49079**	**3016**	**439**	**1441455**	**1343277**	**90573**	**7605**	**27524**
中原区	2911	1270	2819	25	2792	2780	4	8	87593	87427	77	89	31431
二七区	6241	2949	6181	39	6156	6101	15	40	156562	155587	478	497	25517
管城区	6610	3164	4062	5	6422	3966	2451	5	186187	112020	74089	78	29002
金水区	22945	10845	22411	322	22717	22126	276	315	616022	602649	7313	6060	27228
上街区	816	437	812	4	805	801		4	16319	16277		42	20321
惠济区	587	209	581		577	571	6		15884	15788	96		27529
中牟县	839	439	630	6	840	621	158	61	16158	13110	2336	712	19828
巩义市	538	314	538		534	534			7616	7616			14262
荥阳市	147	58	147		147	147			2981	2981			20279
新密市	1147	682	1143	4	1132	1128		4	17227	17159		68	15212
新郑市	754	434	753	1	732	731		1	14055	14038		17	19204
登封市	949	569	949		946	946			13942	13942			14738
经济开发区	5795	1927	5670	1	5637	5530	106	1	182650	176424	6184	42	32400
高新开发区	369	68	369		355	355			7596	7596			21397
郑东新区	2748	626	2748		2631	2631			97983	97983			37242
航空港区	105	25	105		111	111			2680	2680			24144
住宿和餐饮业	**23970**	**13280**	**23364**	**471**	**23921**	**23305**	**124**	**492**	**522328**	**511162**	**2099**	**9067**	**21907**

2-14 续表 3　　(2011 年底)　　单位:人

行　业	单位从业人员	#女性	在岗职工合计	其他从业人员	单位从业人员平均人数	在岗职工	劳务派遣人员	其他从业人员	单位从业人员工资总额(千元)	在岗职工工资总额	劳务派遣人员工资总额	其他从业人员工资总额	在岗职工平均工资(元)
中原区	1846	1003	1835	11	1830	1816		14	54921	54706		215	30124
二七区	3485	1928	3432	14	3448	3395	39	14	80866	80008	645	213	23487
管城区	691	359	537	72	688	534	84	70	15289	12341	1442	1506	22303
金水区	12521	7011	12221	287	12495	12187		308	265591	259922		5669	21328
上街区	377	239	325	52	377	325		52	8125	7265		860	22354
惠济区	807	409	807		867	867			15195	15195			17526
中牟县	638	422	618	20	626	604		22	9539	9145		394	15141
巩义市	272	125	272		275	275			4947	4947			17989
新密市	334	222	330	4	334	330		4	7694	7598		96	23024
新郑市	532	285	532		530	530			10589	10589			19979
登封市	1218	657	1212	5	1203	1199	1	3	18482	18428	12	42	15367
经济开发区	380	203	380		386	386			10790	10790			27953
高新开发区	231	107	231		228	228			3876	3876			17000
郑东新区	158	49	152	6	155	150		5	3350	3278		72	21853
航空港区	480	261	480		479	479			13074	13074			27294
金融业	**35038**	**20271**	**27298**	**6229**	**33297**	**25796**	**1526**	**5975**	**2314558**	**2133469**	**53877**	**127212**	**80058**
中原区	214	92	214		217	217			12180	12180			56129
二七区	1312	742	1217	92	1318	1220	3	95	46609	44629	183	1797	36641
金水区	27065	15938	20107	5653	25844	19134	1297	5413	1785324	1622779	48338	114207	81793
上街区	79	36	79		79	79			4543	4543			57506
中牟县	985	590	497	484	944	473	4	467	27994	16690	96	11208	35191
巩义市	606	363	606		606	606			38966	38966			64300
登封市	22	4	16		22	16	6		677	549	128		30773
经济开发区	33	16	33		30	30			1267	1267			42233
郑东新区	4722	2490	4529		4237	4021	216		396998	391866	5132		93698
房地产业	**27099**	**10294**	**25928**	**298**	**27184**	**25600**	**1255**	**329**	**917830**	**876525**	**30276**	**11029**	**33767**
中原区	2088	830	1771	62	2075	1735	252	88	66344	62178	3105	1061	32855
二七区	2386	921	2373	13	2342	2327		15	77888	76832		1056	33018
管城区	5110	2539	5107	3	4816	4812		4	108855	108789		66	22608
金水区	9585	3579	9415	112	10040	9464	468	108	347575	325531	16972	5072	34485
上街区	488	250	458		488	488			10668	10668			21861
惠济区	540	194	494	46	548	496		52	20075	18161		1914	36615
中牟县	960	402	937	23	974	952		22	22861	22529		332	23665
巩义市	152	52	149	3	152	149		3	2118	2063		55	13846
荥阳市	483	104	483		483	483			12214	12214			25288
新密市	173	60	170	3	173	170		3	5734	5542		192	32600

2-14 续表 4　　　　　　　　　　　　（2011 年底）　　　　　　　　　　　　单位：人

行　业	单位从业人员	#女性	在岗职工合计	其他从业人员	单位从业人员平均人数	在岗职工	劳务派遣人员	其他从业人员	单位从业人员工资总额（千元）	在岗职工工资总额	劳务派遣人员工资总额	其他从业人员工资总额	在岗职工平均工资（元）
新郑市	146	54	143		135	133	2		5536	5490	46		41007
登封市	199	59	196	3	203	199		4	3881	3833		48	19261
经济开发区	1308	451	787	2	1303	776	525	2	66224	56270	9869	85	50837
高新开发区	606	137	606		610	610			20798	20798			34095
郑东新区	2680	602	2644	28	2651	2615	8	28	140805	139373	284	1148	53243
航空港区	195	60	195		191	191			6254	6254			32743
租赁和商务服务业	**8993**	**4006**	**8709**	**98**	**8856**	**8604**	**155**	**97**	**269496**	**258407**	**9125**	**1964**	**30544**
中原区	127	65	103	24	124	103		21	3375	2884		491	28000
二七区	126	54	124	2	126	124		2	3466	3399		67	27411
管城区	1061	517	1056	5	1050	1045		5	24821	24767		54	23700
金水区	5059	2279	4959	51	4967	4876	39	52	140982	139417	957	608	28560
上街区	465	223	465		465	465			15407	15407			33133
惠济区	34	7	34		32	32			453	453			14156
中牟县	21	9	21		21	21			515	515			24524
巩义市	103	39	103		103	103			2641	2641			25641
新郑市	52	26	37	15	52	37		15	1521	1072		449	28973
登封市	130	117	130		130	130			1051	1051			8085
经济开发区	601	273	601		598	597		1	19974	19960		14	33434
高新开发区	16	7	16		16	16			725	725			45313
郑东新区	1198	390	1060	1	1172	1055	116	1	54565	46116	8168	281	46357
科学研究、技术服务和地质勘查业	**10359**	**2991**	**9772**	**520**	**10332**	**9807**	**151**	**374**	**372906**	**360086**	**4722**	**8098**	**36635**
中原区	761	376	746	15	715	709		6	26391	26220		171	36982
二七区	1134	334	1120	14	1212	1198		14	48838	48360		478	40367
管城区	50	29	50		49	49			1448	1448			29551
金水区	5280	1722	4977	236	5339	4961	151	227	206399	195873	4722	5804	39240
上街区	71	26	71		71	71			2788	2788			39268
中牟县	37	13	37		37	37			1137	1137			30730
巩义市	12	8	12		12	12			330	330			27500
新密市	409	77	409		397	397			16688	16688			42035
经济开发区	324	97	323	1	324	323		1	12019	12002		17	37158
高新开发区	218	66	218		204	204			4550	4550			22304
郑东新区	2063	243	1809	254	1972	1846		126	52318	50690		1628	27459
水利、环境和公共设施管理业	**4469**	**1614**	**4035**	**424**	**4507**	**4092**	**9**	**406**	**132164**	**127395**	**227**	**4542**	**31120**

行　业	单位从业人员	#女性	在岗职工合计	其他从业人员	单位从业人员平均人数	在岗职工	劳务派遣人员	其他从业人员	单位从业人员工资总额（千元）	在岗职工工资总额	劳务派遣人员工资总额	其他从业人员工资总额	在岗职工平均工资（元）
中原区	12	3	12		12	12			518	518			43167
二七区	948	389	548	400	933	550		383	19004	14881		4123	27056
管城区	39	19	39		40	40			1297	1297			32425
金水区	1344	415	1332	12	1436	1426		10	56801	56713		88	39771
上街区	378	219	378		378	378			6495	6495			17183
惠济区	115	16	93	12	113	91	9	13	2414	1856	227	331	20830
中牟县	350	45	350		350	350			7200	7200			20571
巩义市	22	10	22		22	22			653	653			29682
新密市	25	9	25		25	25			281	281			11240
登封市	904	354	904		912	912			28771	28771			31547
经济开发区	237	105	237		199	199			6354	6354			31930
高新开发区	42	4	42		38	38			849	849			22342
郑东新区	53	26	53		49	49			1527	1527			31163
居民服务和其他服务业	**2709**	**1999**	**2582**	**5**	**2706**	**2579**	**122**	**5**	**51152**	**49475**	**1574**	**103**	**18900**
中原区	6	6	6		6	6			146	146			24333
二七区	193	92	192	1	189	188		1	5260	5230		30	27819
管城区	1662	1612	1540		1669	1547	122		24230	22656	1574		14518
金水区	465	192	461	4	459	455		4	13530	13457		73	29576
上街区	159	46	159		159	159			2166	2166			13623
巩义市	29	3	29		29	29			661	661			22793
荥阳市	113	41	113		113	113			3504	3504			31009
高新开发区	82	7	82		82	82			1655	1655			20183
教育	**21632**	**12314**	**19834**	**1682**	**21555**	**19885**	**109**	**1561**	**707935**	**642885**	**7128**	**57922**	**32510**
中原区	366	228	347	15	353	331	6	16	10415	10073	117	225	30237
二七区	4152	1943	3392	760	4091	3315		776	155263	119575		35688	36071
管城区	931	438	816	60	897	799	46	52	25607	22295	1306	2006	27930
金水区	4855	3120	4764	64	4819	4730	27	62	158829	156693	486	1650	33042
上街区	139	108	139		139	139			6545	6545			47086
惠济区	65	60	65		65	65			883	883			13585
中牟县	1385	776	1284	71	1390	1284	30	76	32585	26621	5219	745	24231
巩义市	2514	1794	2503	11	2512	2501		11	86580	86384		196	34540
荥阳市	1211	749	1211		1210	1210			44073	44073			36424
新密市	729	509	728	1	722	721		1	14525	14507		18	20121
新郑市	3978	1808	3300	678	4100	3551		549	142004	124758		17246	35133

2-14 续表 6 （2011 年底） 单位：人

行业	单位从业人员	#女性	在岗职工合计	其他从业人员	单位从业人员平均人数	在岗职工	劳务派遣人员	其他从业人员	单位从业人员工资总额（千元）	在岗职工工资总额	劳务派遣人员工资总额	其他从业人员工资总额	在岗职工平均工资（元）
登封市	817	381	798	19	800	784		16	8883	8771		112	11188
经济开发区	48	42	48		43	43			1889	1889			43930
郑东新区	442	358	439	3	414	412		2	19854	19818		36	48102
卫生、社会保障和社会福利业	**4351**	**2771**	**4204**	**119**	**4198**	**4137**	**23**	**38**	**105954**	**102921**	**312**	**2721**	**24816**
中原区	231	152	156	75	224	224			4361	4361			19469
二七区	228	154	226	2	217	215		2	5282	5246		36	24400
管城区	179	89	178	1	183	181		2	4601	4565		36	25221
金水区	686	522	639	21	663	626	20	17	18037	16647	300	1090	26234
惠济区	24	16	24		24	24			356	356			14833
中牟县	38	19	32	4	32	27	3	2	706	685	12	9	23233
巩义市	279	173	279		279	279			4728	4728			16946
新密市	1549	1116	1533	16	1488	1473		15	41395	39845		1550	27050
新郑市	125	65	125		104	104			1990	1990			19135
登封市	732	465	732		732	732			20268	20268			27689
经济开发区	280		280		252	252			4230	4230			16786
文化、体育和娱乐业	**1672**	**763**	**1660**	**12**	**1683**	**1668**		**15**	**46375**	**46047**		**328**	**27606**
中原区	21	13	21		21	21			532	532			25333
二七区	20	12	20		20	20			336	336			16800
管城区	184	93	184		184	184			3480	3480			18913
金水区	1223	524	1223		1223	1223			35105	35105			28704
上街区	10	2	10		10	10			320	320			32000
惠济区	40	19	28	12	60	45		15	1136	808		328	17956
巩义市	13	7	13		13	13			347	347			26692
经济开发区	77	41	77		77	77			2283	2283			29649
郑东新区	84	52	84		75	75			2836	2836			37813
公共管理和社会组织	**3515**	**2161**	**1284**	**2229**	**3517**	**1286**	**2**	**2229**	**68836**	**46658**	**78**	**22100**	**36286**
中原区	2		2		2	2			41	41			20500
二七区	2887	1926	692	2195	2895	700		2195	53291	31891		21400	45559
管城区	3	1	3		3	3			39	39			13000
金水区	464	188	429	34	458	423	1	34	11478	10742	36	700	25420
上街区	25	13	24		25	24	1		1040	998	42		41600
中牟县	98	21	98		98	98			1940	1940			19796
巩义市	36	12	36		36	36			1007	1007			27972

主要统计指标解释

从业人员年末人数 指期末最后一日24时在本单位中工作,并取得工资或其他形式劳动报酬的人员数。该指标为时点指标,不包括最后一日当天及以前已经与单位解除劳动合同关系的人员。是在岗职工、劳务派遣人员及其他从业人员之和。从业人员不包括:

(1)离开本单位仍保留劳动关系,并定期领取生活费的人员;

(2)利用课余时间打工的学生及在本单位实习的各类在校学生;

(3)本单位因劳务外包而使用的人员。

在岗职工 指在本单位工作且与本单位签订劳动合同,并由单位支付各项工资和社会保险、住房公积金的人员,以及上述人员中由于学习、病伤、产假等原因暂未工作仍由单位支付工资的人员。在岗职工还包括:

(1)应订立劳动合同而未订立劳动合同人员(如使用的农村户籍人员);

(2)处于试用期人员;

(3)编制外招用的人员;

(4)派往外单位工作,但工资仍由本单位发放的人员(如挂职锻炼、外派工作等情况)。

在岗职工不包括:

(1)本单位使用的且由本单位直接支付工资的劳务派遣人员,应统计在本单位"劳务派遣人员"指标中;

(2)本单位因劳务外包而使用的人员,由承包劳务的单位统计为在岗职工。

劳务派遣人员 根据《中华人民共和国劳动合同法》规定,指与劳务派遣单位签订劳动合同,并被劳务派遣单位派遣到实际用工单位工作,且劳务派遣单位与实际用工单位签订《劳务派遣协议》的人员。

注意:无论用工单位是否直接支付劳动报酬,劳务派遣人员均由实际用工单位填报,而劳务派遣单位(派出单位)不填报这些人员。

其他从业人员 指本单位中不能归到在岗职工、劳务派遣人员中的人员。此类人员是实际参加本单位生产或工作并从本单位取得劳动报酬的人员。具体包括:非全日制人员、聘用的正式离退休人员、兼职人员和第二职业者等,以及在本单位中工作的外籍和港澳台方人员。

从业人员工资总额 指根据《关于工资总额组成的规定》(1990年1月1日国家统计局发布的一号令)进行修订,本单位在报告期内(季度或年度)直接支付给本单位全部从业人员的劳动报酬总额。包括计时工资、计件工资、奖金、津贴和补贴、加班加点工资、特殊情况下支付的工资,是在岗职工工资总额、劳务派遣人员工资总额和其他从业人员工资总额之和。

工资总额是税前工资,包括单位从个人工资中直接为其代扣或代缴的房费、水费、电费、住房公积金和社会保险基金个人缴纳部分等。

工资总额不论是计入成本的还是不计入成本的,不论是以货币形式支付的还是以实物形式支付的,均应列入工资总额的计算范围。

在岗职工工资 总额指本单位在报告期内直接支付给本单位全部在岗职工的劳动报酬总额。在岗职工工资总额从构成角度分解为四部分:基本工资、绩效工资、工资性津贴和补贴、其他工资。工资总额不包括人员的病假、事假等情况扣款,单位在填报在岗职工工资总额四项构成时,应根据实际情况调整对应项目;如不能确定调整项,可扣减基本工资项。

劳务派遣人员工资总额 指实际用工单位(派遣人员的使用方)在一定时期内为使用劳务派遣人员而付出的劳动报酬总额,包括用工单位负担的基本工资、加班工资、绩效工资以及各种津贴、补贴等,但不包含因使用派遣人员而支付的管理费用和其他用工成本。

其他从业人员工资总额 指本单位在报告期内直接支付给本单位其他从业人员的全部劳动报酬。

三、固定资产投资及房地产开发

3-1 全社会固定资产投资

（2011 年）　　　　单位：万元、万平方米

指　　标	全社会投资	固定资产投资	房地产开发	农户投资
总　　计	**30025257**	**29000424**	**9236423**	**1024833**
#住宅投资	7286005	6556350	6273682	729655
按经济类型分				
内资	**27779713**	**26754880**	**8454964**	**1024833**
国有经济	4422682	4422682	267508	
集体经济	1464616	1464616		
股份合作	315766	315766	381	
国有联营	11963	11963		
集体联营	1504	1504		
其他联营	40590	40590		
国有独资	293894	293894	76021	
其他有限责任公司	9976987	9976987	5069615	
股份有限公司	2544963	2544963	671769	
私营	5834822	5834822	2294997	
其他内资	1847093	1847093	74673	
港澳台商投资	**1034085**	**1034085**	**254768**	
合资经营	191933	191933	107823	
合作经营	72361	72361	72361	
独　资	354103	354103	74584	
股份有限	415688	415688		
外商投资	**880402**	**880402**	**526691**	
合资经营	358767	358767	127361	
合作经营	10550	10550		
独　资	487342	487342	397587	
股份有限	23743	23743	1743	
个体经营	**1355890**	**331057**		**1024833**
本年新增固定资产	**16230153**	**15185036**	**4060958**	**1045117**
本年施工房屋面积	**20558**	**19066**	**7472**	**1492**
#住宅	12559	11115	5368	1444
本年竣工房屋面积	**3592**	**2247**	**1579**	**1345**
#住宅	3955	2610	1305	1345
本年竣工房屋价值	**5231290**	**4562342**	**3477439**	**668948**
#住宅	3486088	2835631	2766788	650457

3-2 分县(市)区全社会固定资产投资

(2011 年)

单位:万元

县(市)区	全社会投资	固定资产投资	房地产开发	农户投资
总　计	**30025257**	**29000424**	**9236423**	**1024833**
各区小计	**14664442**	**14503971**	**7782204**	**160471**
中原区	1276945	1260706	1014742	16239
二七区	1896721	1893944	1529445	2777
管城区	1587392	1558688	702282	28704
金水区	3238299	3205052	2480403	33247
上街区	667951	658467	193898	9484
惠济区	888917	824332	259566	64585
高新开发区	1200034	1199470	347206	564
经济开发区	1126914	1126194	160690	720
郑东新区	1976348	1976348	1069572	
航空港区	804921	800770	24400	4151
各县(市)小计	**15040173**	**14175811**	**1454219**	**864362**
中牟县	2697922	2478288	224012	219634
巩义市	2574334	2466793	397491	107541
荥阳市	2560073	2462396	232516	97677
新密市	2634603	2496440	114886	138163
新郑市	2337564	2186764	416552	150800
登封市	2235677	2085130	68762	150547

3-3 分产业及行业全社会固定资产投资

（2011 年）

单位：万元

指　　标	全社会投资	固定资产投资	房地产开发	农户投资
合　计	**30025257**	**29000424**	**9236423**	**1024833**
按产业及国民经济行业分				
第一产业	**666392**	**537539**		**128853**
农林牧渔业服务业	666392	537539		128853
第二产业	**11729178**	**11645046**		**84132**
工　业	11587721	11578783		8938
采矿业	1319626	1319626		
制造业	9516464	9507526		8938
电力煤气及水的生产和供业业	751631	751631		
建筑业	141457	66263		75194
第三产业	**17629687**	**16817839**	**9236423**	**811848**
交通运输、仓储和邮政业	2035194	1923353		111841
信息传输、计算机服务和软件业	134083	134083		
批发和零售业	671055	663843		7212
住宿和餐饮业	142844	137000		5844
金融业	69310	69310		
房地产业	11014988	10339861	9236423	675127
租赁和商务服务业	88707	88707		
科学研究、技术服务和地质勘查业	103854	103854		
水利、环境和公共设施管理业	1624354	1624354		
居民服务和其他服务业	106363	94773		11590
教育	807191	807191		
卫生、社会保障和社会福利业	453794	453794		
文化、体育和娱乐业	282458	282224		234
公共管理和社会组织	95492	95492		

3-4 分类型固定资产投资

（2011 年）

单位：万元

类 别	固定资产投资	类 别	固定资产投资
投资总额	**29000424**	其他资金	759440
按控股情况分		**按隶属关系分**	
国有控股	5818158	中央	682035
集体控股	2595843	地方	28318389
港澳台控股	947874	**按构成分**	
外商控股	898790	建筑安装工程	17692699
私人及其他控股	17910049	设备工器具购置	5526954
按资金来源分		其他费用	5780771
国家预算内资金	1056228	**按建设性质分**	
国内贷款	3157877	新建	12641172
债券		扩建	3809738
利用外资	565884	改建	2914930
自筹资金	20372491	**本年新增固定资产**	**15587773**

注：年鉴采用年快报数据，与房地产试行一套表年报数据略有差异。

3-5 分产业固定资产投资

（2011 年）

单位：万元

类 别	固定资产投资	类 别	固定资产投资
总计	**29000424**	批发和零售业	663843
第一产业	**537539**	住宿和餐饮业	137000
农林牧渔业	537539	金融业	69310
第二产业	**11645046**	房地产业	10339861
工业	11578783	租赁和商务服务业	88707
轻工业	2149583	科学研究、技术服务和地质勘查业	103854
重工业	9429200	水利、环境和公共设施管理业	1624354
能源工业	1855817	居民服务和其他服务业	94773
建筑业	66263	教育	807191
第三产业	**16817839**	卫生、社会保障和社会福利业	453794
交通运输、仓储和邮政业	1923353	文化、体育和娱乐业	282224
信息传输、计算机服务和软件业	134083	公共管理和社会组织	95492

注：年鉴采用年快报数据，与房地产试行一套表年报数据略有差异。

3-6 分行业固定资产投资资金来源

（2011 年）

单位：万元

行　　业	本年资金来源小计	国家预算内资金	国内贷款	利用外资	自筹资金	其他资金来源
总　　计	**29851696**	**1056228**	**3157877**	**565884**	**20372491**	**4699216**
农、林、牧、渔业	**545998**	**15630**	**60835**		**408733**	**60800**
农业	171213	3820	20390		125651	21352
林业	21111	960	1230		15288	3633
畜牧业	247661		25860		195121	26680
渔业	17102		2500		14602	
农、林、牧、渔服务业	88911	10850	10855		58071	9135
工业	**11712528**	**81867**	**1069806**	**491197**	**9889037**	**180621**
采矿业	**1342220**		**37900**		**1304320**	
煤炭开采和洗选业	1188769		24880		1163889	
石油和天然气开采业	5750		600		5150	
黑色金属矿采选业	12261		3000		9261	
有色金属矿采选业	38880				38880	
非金属矿采选业	96560		9420		87140	
其他采矿业						
制造业	**9618046**	**46154**	**723240**	**491197**	**8188303**	**169152**
农副食品加工业	314343		15127	23001	271505	4710
食品制造业	255367		30237	2275	202180	20675
饮料制造业	195977		3348	3000	182758	6871
烟草制品业	30019				30019	
纺织业	57140		8215		47009	1916
纺织服装、鞋、帽制造业	263751		7079		255702	970
皮革、毛皮、羽毛(绒)及其制品业	38000		4300		31200	2500
木材加工及木、竹、藤、棕、草制	37670		1500		34620	1550
家具制造业	135478		16620		110728	8130
造纸及纸制品业	157622		2306		149577	5739
印刷业和记录媒介的复制	67759		4000		57244	6515

行　　业	本年资金来源小计	国家预算内资金	国内贷款	利用外资	自筹资金	其他资金来源
文教体育用品制造业	29432				29432	
石油加工、炼焦及核燃料加工业	23010		2000		20410	600
化学原料及化学制品制造业	276061	3200	12600		259421	840
医药制造业	144224		18700		125124	400
化学纤维制造业	1800				1800	
橡胶制品业	38972				38972	
塑料制品业	139638	5390	14550	4950	97178	17570
非金属矿物制品业	2427633	17124	90280	3000	2278205	39024
黑色金属冶炼及压延加工业	151929		33400		116729	1800
有色金属冶炼及压延加工业	982226		122500		853376	6350
金属制品业	242123	6800	10720		224603	
通用设备制造业	469271		6799	1140	458305	3027
专用设备制造业	843454		32000		807654	3800
交通运输设备制造业	708759	4400	47209	14831	614419	27900
电气机械及器材制造业	613354	9240	27800		573949	2365
通信设备、计算机及其他电子设备	888021		211300	439000	235721	2000
仪器仪表及文化、办公用机械制造	20060				16660	3400
工艺品及其他制造业	43303		200		42603	500
废弃资源和废旧材料回收加工业	21650		450		21200	
电力、燃气及水的生产和供应业	**752262**	**35713**	**308666**		**396414**	**11469**
电力、热力的生产和供应业	601215	5260	301231		289411	5313
燃气生产和供应业	56961	19000			37961	
水的生产和供应业	94086	11453	7435		69042	6156
建筑业	**64192**		**14036**		**45443**	**4713**
房屋和土木工程建筑业	51816		12216		34887	4713
建筑安装业	8580				8580	
交通运输、仓储和邮政业	**1796006**	**329312**	**383530**		**1002208**	**80956**
铁路运输业	312182	193241			116241	2700
道路运输业	683263	59071	206762		349110	68320
城市公共交通业	296659	72000	114000		110559	100
仓储业	463888	5000	59650		390072	9166

行　　业	本年资金来源小计	国家预算内资金	国内贷款	利用外资	自筹资金	其他资金来源
邮政业	13475				13475	
信息传输、计算机服务和软件业	**133211**	**15000**	**5000**		**110211**	**3000**
电信和其他信息传输服务业	62445				62445	
批发和零售业	**612664**		**39160**	**2100**	**535770**	**35634**
批发业	342987		26310	500	281943	34234
住宿和餐饮业	**135269**		**5500**	**2500**	**121389**	**5880**
住宿业	62935		3100		59835	
金融业	**63600**		**618**		**58999**	**3983**
房地产业	**11244036**	**99821**	**987760**	**50000**	**6029560**	**4076895**
租赁和商务服务业	**75510**	**4000**	**2355**		**69155**	
商务服务业	61863	4000	2255		55608	
科学研究、技术服务和地质勘查业	**101095**	**9900**	**5900**		**84845**	**450**
研究与试验发展	45024	9900			34674	450
地质勘查业	24328		5000		19328	
水利、环境和公共设施管理业	**1634764**	**312321**	**306897**	**14104**	**845286**	**156156**
水利管理业	91155	43709	1300	9114	33182	3850
环境管理业	40201	9300	3060	4990	21751	1100
公共设施管理业	1503408	259312	302537		790353	151206
居民服务和其他服务业	**94725**	**1000**	**9197**		**84528**	
居民服务业	79033	1000	7795		70238	
教育	**834438**	**56378**	**165249**	**983**	**566736**	**45092**
卫生、社会保障和社会福利业	**419886**	**70030**	**54355**	**5000**	**265643**	**24858**
卫生	381896	67567	44355	5000	241407	23567
文化、体育和娱乐业	**291207**	**49239**	**44540**		**189366**	**8062**
文化艺术业	76245	43539	4000		21374	7332
公共管理和社会组织	**92567**	**11730**	**3139**		**65582**	**12116**
国家机构	82767	11730	3139		55782	12116

3-7 按行业和注册类型

(2011 年)

行业	本年完成投资	中央	地方	内资	港澳台
总计	**29000424**	**682035**	**28318389**	**27085937**	**1034085**
农、林、牧、渔业	**537539**		**537539**	**537539**	
农业	170595		170595	170595	
林业	21111		21111	21111	
畜牧业	239651		239651	239651	
渔业	16702		16702	16702	
农、林、牧、渔服务业	89480		89480	89480	
工业	**11578783**	**115001**	**11463782**	**10547236**	**705591**
采矿业	1319626	3076	1316550	1304726	14900
煤炭开采和洗选业	1171986	3076	1168910	1157086	14900
石油和天然气开采业	5750		5750	5750	
黑色金属矿采选业	12261		12261	12261	
有色金属矿采选业	38880		38880	38880	
非金属矿采选业	90749		90749	90749	
制造业	9507526	69846	9437680	8513867	667703
农副食品加工业	304119		304119	272159	3000
食品制造业	252217		252217	189332	
饮料制造业	207697		207697	204697	3000
烟草制品业	29670	13710	15960	29670	
纺织业	55258		55258	54188	1070
纺织服装、鞋、帽制造业	264260		264260	264260	
皮革、毛皮、羽毛(绒)及其制品业	38120		38120	38120	
木材加工及木、竹、藤、棕、草制	33677		33677	33677	
家具制造业	132439		132439	132439	
造纸及纸制品业	152171		152171	152171	
印刷业和记录媒介的复制	65906		65906	65906	

分固定资产投资

单位:万元

外商投资	国有控股	集体控股	私人控股	港澳台控股	外商控股	其他控股
880402	**5818158**	**2595843**	**16972991**	**947874**	**898790**	**937058**
	53327	**63685**	**360869**		**3999**	
	12546	15724	107215			
	5575	6000	4236			
		25856	205296		3999	
		2900	13802			
	35206	13205	30320			
325956	**1239333**	**913205**	**7948671**	**625507**	**308254**	
	201465	455307	620114			
	201465	451407	476374			
			5750			
			12261			
		3000	35880			
		900	89849			
325956	438915	425973	7232722	612493	308254	
28960	19041	51789	218009	3000	3960	
62885			204588		40885	
		16266	69753		3000	
	29670					
		19500	32128	1070		
		81122	178438			
			36020			
		380	30957			
	11600		114229			
		5375	133958			
	20		57886			

行　　业	本年完成投资	中央	地方	内资	港澳台
文教体育用品制造业	23600		23600	23600	
石油加工、炼焦及核燃料加工业	22150		22150	22150	
化学原料及化学制品制造业	271226		271226	234605	
医药制造业	149589		149589	149589	
化学纤维制造业	1800		1800	1800	
橡胶制品业	35830		35830	30320	1010
塑料制品业	134615		134615	129665	4950
非金属矿物制品业	2394795	7990	2386805	2367521	14100
黑色金属冶炼及压延加工业	148156		148156	141156	
有色金属冶炼及压延加工业	980706	2705	978001	851096	
金属制品业	244208		244208	244208	
通用设备制造业	432344	9150	423194	407056	24148
专用设备制造业	841915	35398	806517	841915	
交通运输设备制造业	707025	893	706132	663959	4500
电气机械及器材制造业	613798		613798	610798	3000
通信设备、计算机及其他电子设备	884722		884722	272297	608925
仪器仪表及文化、办公用机械制造	20360		20360	20360	
工艺品及其他制造业	43503		43503	43503	
废弃资源和废旧材料回收加工业	21650		21650	21650	
电力、燃气及水的生产和供应业	751631	42079	709552	728643	22988
电力、热力的生产和供应业	601150	42079	559071	594275	6875
燃气生产和供应业	54781		54781	38668	16113
水的生产和供应业	95700		95700	95700	
建筑业	**66263**	**10900**	**55363**	**66263**	
房屋和土木工程建筑业	53887	6330	47557	53887	
建筑安装业	8580	4570	4010	8580	
交通运输、仓储和邮政业	**1923353**	**286365**	**1636988**	**1917053**	**6300**
铁路运输业	285591	278501	7090	285591	
道路运输业	691517	3804	687713	691517	
城市公共交通业	402354		402354	402354	

单位:万元

外商投资	国有控股	集体控股	私人控股	港澳台控股	外商控股	其他控股
			23600			
			19200			
36621		12565	184718		36621	
		1890	101669		37500	
			1800			
4500		1010	34820			
		5500	117890	4950	5168	
13174	44956	108535	2157582	12400	4860	
7000			138986		7000	
129610	52664	12032	782470		127280	
	19833	17600	178984			
1140	19330	1035	367910	24148	1140	
	149965	19620	593724			
38566	10523	66730	582132		37340	
	8560		601238	3000		
3500	72753		199544	563925	3500	
			19260			
		5024	37479			
			13750			
	598953	31925	95835	13014		
	522234	11508	60533	6875		
	18567		20101	6139		
	58152	20417	15201			
	14810		**51453**			
	6330		47557			
	8480		100			
	1223001	**175883**	**478362**	**6300**		
	285591					
	421699	135843	94168			
	402354					

3-7 续表 2

行　　业	本年完成投资	中央	地方	内资	港澳台
仓储业	497566	4060	493506	491266	6300
邮政业	21186		21186	21186	
信息传输、计算机服务和软件业	**134083**		**134083**	**134083**	
电信和其他信息传输服务业	62345		62345	62345	
批发和零售业	**663843**	**7300**	**656543**	**609931**	**53912**
批发业	361750	7300	354450	358444	3306
住宿和餐饮业	**137000**		**137000**	**137000**	
住宿业	64761		64761	64761	
金融业	**69310**	**13701**	**55609**	**69310**	
房地产业	**10339861**	**180131**	**10159730**	**9558402**	**254768**
租赁和商务服务业	**88707**	**7027**	**81680**	**88707**	
商务服务业	75060	7027	68033	75060	
科学研究、技术服务和地质勘查业	**103854**	**12725**	**91129**	**103854**	
研究与试验发展	45392	11925	33467	45392	
地质勘查业	24028		24028	24028	
水利、环境和公共设施管理业	**1624354**	**28482**	**1595872**	**1610840**	**13514**
水利管理业	96794	1923	94871	87280	9514
环境管理业	40181		40181	40181	
公共设施管理业	1487379	26559	1460820	1483379	4000
居民服务和其他服务业	**94773**		**94773**	**94773**	
居民服务业	79031		79031	79031	
教育	**807191**	**1565**	**805626**	**782782**	
卫生、社会保障和社会福利业	**453794**	**15100**	**438694**	**453794**	
卫生	413492	15100	398392	413492	
文化、体育和娱乐业	**282224**	**3538**	**278686**	**278878**	
文化艺术业	64941	3538	61403	61595	
公共管理和社会组织	**95492**	**200**	**95292**	**95492**	
国家机构	85592	200	85392	85592	

注:年鉴采用年快报数据,与房地产试行一套表年报数据略有差异。

单位:万元

外商投资	国有控股	集体控股	私人控股	港澳台控股	外商控股	其他控股
	82366	38000	370900	6300		
	21186					
	59286	**90**	**74138**			
	59286	90	2400			
	31320	**16040**	**482686**	**53912**	**34983**	
	20500	2535	294980	3306		
	12188		**122512**			
	3788		58673			
	47834	**15321**	**6155**			
526691	**891808**	**859749**	**6766849**	**248641**	**526611**	**937058**
	49476	**5876**	**33355**			
	48679	5876	20505			
	66116	**535**	**37203**			
	42085		3307			
	3828		20200			
	1090121	**328816**	**179135**	**13514**		
	66769	19470	1041	9514		
	22405	2176	15600			
	1000947	307170	162494	4000		
	13797	**54664**	**26312**			
	13797	54664	10570			
24409	**565591**	**81955**	**136604**		**21597**	
	365146	**30015**	**58633**			
	353619	25715	34158			
3346	**23106**	**32444**	**204025**		**3346**	
3346	11838	30394	60		3346	
	71898	**17565**	**6029**			
	71898	7765	5929			

3-8 县(市)区按三次产业分固定资产投资

(2011 年)

单位:万元

县(市)区	投资总额	第一产业	第二产业	工业	第三产业
全市	**29000424**	**537539**	**11645046**	**11578783**	**16817839**
中原区	1260706	12480	118335	118335	1129891
二七区	1893944		136796	132226	1757148
管城区	1558688		264249	248075	1294439
金水区	3205052		34216	34116	3170836
上街区	658467	4300	296667	296667	357500
惠济区	824332	12386	99750	93840	712196
中牟县	2478288	198182	878348	845169	1401758
巩义市	2466793	16450	1714617	1714617	735726
荥阳市	2462396	67610	1825709	1825709	569077
新密市	2496440	30062	1933344	1933344	533034
新郑市	2186764	31560	1001713	1001713	1153491
登封市	2085130	156420	1342798	1342798	585912
经济开发区	1126194		798933	798933	327261
高新开发区	1199470		593030	586700	606440
郑东新区	1976348				1976348
航空港区	800770	8089	606541	606541	186140

3-9 县(市)区按建设性质分固定资产投资

(2011年)

单位:万元

县(市)区	投资总额	新建	扩建	改建
郑州市	**29000424**	**12641172**	**3809738**	**2914930**
中原区	1260706	239688	3690	
二七区	1893944	252921	65166	5168
管城区	1558688	290583	95212	448050
金水区	3205052	689034	8170	26325
上街区	658467	294418	105942	47045
惠济区	824332	541317	2907	20542
中牟县	2478288	1964143	198724	65864
巩义市	2466793	1148279	803735	117288
荥阳市	2462396	1328039	616800	282041
新密市	2496440	953960	470332	942878
新郑市	2186764	1135501	482553	95221
登封市	2085130	389691	821989	625330
经济开发区	1126194	628294	110548	209710
高新开发区	1199470	827497	22173	2594
郑东新区	1976348	899914		
航空港区	800770	739048		26874

3-10 县(市)区按构成性质分固定资产投资

(2011 年)

单位:万元

县(市)区	投资总额	建筑工程	安装工程	设备工器具购置	其他费用
郑州市	**29000424**	**17295346**	**397353**	**5526954**	**5780771**
中原区	1260706	789078	1038	51601	418989
二七区	1893944	1390418	784	84592	418150
管城区	1558688	1002161	1304	53567	501656
金水区	3205052	2561426	2547	29319	611760
上街区	658467	541960	1738	54998	59771
惠济区	824332	687828	113	5124	131267
中牟县	2478288	934910	20326	166577	1356475
巩义市	2466793	1157509	95972	1067020	146292
荥阳市	2462396	1187279	31746	894421	348950
新密市	2496440	947072	106523	1052071	390774
新郑市	2186764	1239063	34265	380079	533357
登封市	2085130	719887	5935	964215	395093
经济开发区	1126194	732889	12650	252126	128529
高新开发区	1199470	793349	29898	346572	29651
郑东新区	1976348	1675364	1898	67323	231763
航空港区	800770	688063	50616	43574	18517

3-11 分行业固定资产投资

(2011 年)

单位:万元

行业	本年完成投资	建筑工程	安装工程	设备工器具购置	其他费用	新建	扩建	改建
总计	**29000424**	**17295346**	**397353**	**5526954**	**5780771**	**12641172**	**3809738**	**2914930**
农、林、牧、渔业	**537539**	**193528**	**4916**	**107687**	**231408**	**319901**	**172748**	**37724**
农业	170595	74010	735	27837	68013	133390	33285	1320
林业	21111	6188	63	4790	10070	2985	18126	
畜牧业	239651	80837	1799	59052	97963	128085	95172	16394
渔业	16702	4522		2450	9730	7522	2900	6280
农、林、牧、渔服务业	89480	27971	2319	13558	45632	47919	23265	13730
工业	**11578783**	**4771862**	**326118**	**4710291**	**1770512**	**6446367**	**2860939**	**2164427**
采矿业	1319626	434509	32999	641232	210886	191713	235100	877913
煤炭开采和洗选业	1171986	370936	30112	586362	184576	116733	173840	866513
石油和天然气开采业	5750	1300	1250	3200		5750		
黑色金属矿采选业	12261	8180	800	2311	970	12261		
有色金属矿采选业	38880	27203	207	8470	3000	4000	31880	3000
非金属矿采选业	90749	26890	630	40889	22340	52969	29380	8400
制造业	9507526	4129390	231151	3720177	1426808	5720933	2450136	1254758
农副食品加工业	304119	158219	3434	67093	75373	271816	20773	9430
食品制造业	252217	126308	2091	68488	55330	199093	32485	4755
饮料制造业	207697	75151	754	100378	31414	61799	126570	11550
烟草制品业	29670	16441	100	13129			9091	13710
纺织业	55258	26808	1917	18563	7970	12093	20193	6272
纺织服装、鞋、帽制造业	264260	94971	1019	76523	91747	231377	14859	18024
皮革、毛皮、羽毛(绒)及其制品业	38120	23500	50	890	13680	36020		2100
木材加工及木、竹、藤、棕、草制	33677	8655	342	17623	7057	26357	2720	4600
家具制造业	132439	55135	884	12410	64010	121254	9300	1885
造纸及纸制品业	152171	36770	5167	96874	13360	20354	48863	81254
印刷业和记录媒介的复制	65906	35347	1215	19100	10244	55056	10850	

行　业	本年完成投资	建筑工程	安装工程	设备工器具购置	其他费用	新建	扩建	改建
文教体育用品制造业	23600	14824	110	4556	4110	20522	3078	
石油加工、炼焦及核燃料加工业	22150	6807	120	14198	1025	9445	12705	
化学原料及化学制品制造业	271226	129763	6244	100123	35096	143642	81745	42839
医药制造业	149589	82252	1200	42003	24134	114939	24865	9785
化学纤维制造业	1800	490	420	390	500		1800	
橡胶制品业	35830	11117	818	21430	2465	6260	16870	12700
塑料制品业	134615	37439	3458	60747	32971	109719	16996	7900
非金属矿物制品业	2394795	853034	66764	1111237	363760	960802	805366	611480
黑色金属冶炼及压延加工业	148156	55423	7199	71353	14181	38707	91479	17970
有色金属冶炼及压延加工业	980706	284106	41456	593402	61742	609281	328730	42695
金属制品业	244208	104401	8609	71851	59347	184410	49367	9610
通用设备制造业	432344	208302	10910	170964	42168	276064	128963	27317
专用设备制造业	841915	393363	8583	323720	116249	534181	281400	22734
交通运输设备制造业	707025	353271	13256	152472	188026	298885	211597	196543
电气机械及器材制造业	613798	224594	22008	324394	42802	511941	83752	16505
通信设备、计算机及其他电子设备	884722	683824	19939	131042	49917	787703	14919	78600
仪器仪表及文化、办公用机械制造	20360	5970	1136	11134	2120	20360		
工艺品及其他制造业	43503	9784	1822	19455	12442	41703	800	
废弃资源和废旧材料回收加工业	21650	13321	126	4635	3568	17150		4500
电力、燃气及水的生产和供应业	751631	207963	61968	348882	132818	533721	175703	31756
电力、热力的生产和供应业	601150	132675	54090	322236	92149	403288	166131	31731
燃气生产和供应业	54781	25730	4888	8767	15396	50891	3890	
水的生产和供应业	95700	49558	2990	17879	25273	79542	5682	25
建筑业	**66263**	**32646**	**476**	**9050**	**24091**	**59089**		
房屋和土木工程建筑业	53887	23576	476	9050	20785	46713		
建筑安装业	8580	8580				8580		
交通运输、仓储和邮政业	**1923353**	**1344026**	**7913**	**110819**	**460595**	**1614759**	**139745**	**160269**
铁路运输业	285591	282991	1150	850	600	282891		2700
道路运输业	691517	432127	2915	38872	217603	444343	92875	145719

行　　业	本年完成投资	建筑工程	安装工程	设备工器具购置	其他费用	新建	扩建	改建
城市公共交通业	402354	328423	2300	15603	56028	402354		
仓储业	497566	270210	1326	52808	173222	438846	46870	11850
邮政业	21186	15995			5191	21186		
信息传输、计算机服务和软件业	**134083**	**83175**	**2214**	**29988**	**18706**	**131683**		**2400**
电信和其他信息传输服务业	62345	53537	914	7888	6	59945		2400
批发和零售业	**663843**	**387540**	**6568**	**73042**	**196693**	**327945**	**86112**	**243901**
批发业	361750	190431	4437	50480	116402	187315	69285	100824
住宿和餐饮业	**137000**	**95114**	**23**	**11275**	**30588**	**92328**	**28207**	**16465**
住宿业	64761	39130	23	10075	15533	22944	27847	13970
金融业	**69310**	**57061**	**50**		**12199**	**69310**		
房地产业	**10339861**	**7824557**	**33435**	**185921**	**2295948**	**884972**	**50676**	**18057**
租赁和商务服务业	**88707**	**56801**	**320**	**7653**	**23933**	**62499**	**24211**	
商务服务业	75060	53207	320	2280	19253	50849	24211	
科学研究、技术服务和地质勘查业	**103854**	**74456**	**740**	**13268**	**15390**	**102738**		**1116**
研究与试验发展	45392	34822	240	6930	3400	44276		1116
地质勘查业	24028	13438			10590	24028		
水利、环境和公共设施管理业	**1624354**	**1163705**	**7243**	**94150**	**359256**	**1087263**	**298033**	**209984**
水利管理业	96794	66373		5660	24761	29651	21561	43182
环境管理业	40181	16944	472	6200	16565	19709	17395	70
公共设施管理业	1487379	1080388	6771	82290	317930	1037903	259077	166732
居民服务和其他服务业	**94773**	**54222**	**1320**	**27312**	**11919**	**71798**	**2678**	**13304**
居民服务业	79031	46360	1320	21192	10159	56756	1978	13304
教育	**807191**	**547373**	**3977**	**53681**	**202160**	**638213**	**107053**	**26423**
卫生、社会保障和社会福利业	**453794**	**352332**	**1070**	**54961**	**45431**	**396586**	**19806**	**7995**
卫生	413492	319722	1070	54961	37739	358259	19626	6200
文化、体育和娱乐业	**282224**	**192648**	**446**	**30543**	**58587**	**264844**	**8945**	**8435**
文化艺术业	64941	47124	20	9503	8294	60041	2900	2000
公共管理和社会组织	**95492**	**64300**	**524**	**7313**	**23355**	**70877**	**10585**	**4430**
国家机构	85592	57300	524	7313	20455	65277	9185	3330

3-12 各县(市)区分行业

(2011 年)

县(市)区	农、林、牧、渔业	采矿业	制造业	电力、燃气及水的生产和供应业	建筑业	交通运输、仓储和邮政业	信息传输、计算机服务和软件业	批发和零售业	住宿和餐饮业
郑州市	**537539**	**1319626**	**9507526**	**751631**	**66263**	**1923353**	**134083**	**663843**	**137000**
中原区	12480		88281	30054		3690		38329	
二七区			128530	3696	4570	1000		32000	24641
管城区			232861	15214	16174	148914		297311	6899
金水区			22780	11336	100	161693	49280	35650	14480
上街区	4300	5700	275507	15460		10305		3000	1200
惠济区	12386		87940	5900	5910	197491	10622	15600	827
中牟县	198182	8500	804710	31959	33179	455470	46900	55759	12500
巩义市	16450	79446	1626513	8658		133175		21967	9500
荥阳市	67610	30299	1732547	62863		75344		57232	9656
新密市	30062	677332	974817	281195		12198	90	20607	
新郑市	31560	53161	911806	36746		99865		30500	14106
登封市	156420	465188	672146	205464		61113		20596	38446
经济开发区			790319	8614		71300		18936	
高新开发区			577895	8805	6330	3206	23791	6080	
郑东新区						239684	1000	8776	4745
航空港区	8089		580874	25667		20112	2400	1500	

固定资产投资

单位:万元

金融业	房地产业	租赁和商务服务业	科学研究、技术服务和地质勘查业	水利、环境和公共设施管理业	居民服务和其他服务业	教育	卫生、社会保障和社会福利业	文化、体育和娱乐业	公共管理和社会组织
69310	**10339861**	**88707**	**103854**	**1624354**	**94773**	**807191**	**453794**	**282224**	**95492**
	1018742		5256	37090		2237	16059	3538	4950
	1546195	1200		70206	6993	13475	51108	10330	
	721824		1116	32395		25732	41819	8568	9861
34233	2637298	10310	1880	42678	3000	30754	119030	20350	10200
	265543			58050		7486	1876	5040	5000
	333276	400	15129	77934		25202	6710	29005	
2648	317565	21805	22650	111036	4042	216463	43280	87710	3930
	532414			14818		4542	12510		6800
	362125			18205		12770	11845	18900	3000
	137955	5350	5500	261204	60468	3652	17295		8715
10428	512307	8401		300033	14748	135676	12479	2900	12048
	245696	3420		104128	5522	61233	14456	13602	17700
	161010	797	2129	56969		850	12655	730	1885
	347206	10490	19605	77563		95569	180	22750	
22001	1069572	26534	30589	243801		166950	92492	58801	11403
	131133			26395		4600			

3-13 农户固定

（2011 年）

指　　标	全市	中原区	二七区	管城区	金水区	上街区	惠济区
本年固定资产投资完成额	**1024833**	**16239**	**2777**	**28704**	**33247**	**9484**	**64586**
按投资来源成分							
国内贷款	4225					4225	
自筹资金	1020608	16239	2777	28704	33247	5259	64586
按投资构成分							
建筑工程	782879	16239	2777	28704	33247		42192
#水利							
房屋	767172	16239	2777	28704	33247		39548
#住宅	729655	16239	2777	27421	33247		39496
设备工器具购置	220608					798	21546
#生产设备	175427						10214
其它	21047					8686	848
按投资方向分							
农林牧渔业	128853					8686	
制造业	8938						
建筑业	75194						
交通运输仓储和邮政业	111841						19644
批发和零售业	7212						4948
住宿和餐饮业	5844						212
房地产业	675127	16239	2777	28704	33247		39548
居民服务和其他服务业	11590					798	
文化、体育和娱乐业	234						234
按具体投资项目分							
房屋	767172	16239	2777	28704	33247		39548
#住宅	729655	16239	2777	27421	33247		39496
设备	220608					798	21546
其它	37053					8686	3492
本年施工房屋面积	**1492**	**36**	**9**	**72**	**67**		**70**
#住宅	1444	36	9	69	67		70
#当年新开工	1361	36	9	69	67		70
本年竣工房屋面积	**1345**	**36**	**8**	**66**	**64**		**70**
#住宅	1325	36	8	66	64		70
本年竣工房屋投资完成额	**668948**	**16239**	**1441**	**28201**	**31791**		**39548**
#住宅	650457	16239	1441	26578	31791		39496

资产投资

单位:万元、万平方米

中牟县	巩义市	荥阳市	新密市	新郑市	登封市	经济开发区	高新开发区	航空港区
219634	**107541**	**97677**	**138162**	**150800**	**150547**	**720**	**564**	**4151**
219634	107541	97677	138162	150800	150547	720	564	4151
184362	69087	92045	126578	96327	85886	720	564	4151
175234	69087	92045	122643	96327	85886	720	564	4151
175234	46815	92045	111861	93350	85805	650	564	4151
34289	38454		6387	54473	64661			
34289	38454		3182	54473	34815			
983		5632	4898					
44400		65286	10372	83	26			
			1237	7701				
	27662	26759		20773				
			1646	25916	64635			
			2264					
		5632						
175234	69087		122643	96327	85886	720	564	4151
	10792							
175234	69087	92045	122643	96327	85886	720	564	4151
175234	46815	92045	111861	93350	85805	650	564	4151
34289	38454		6387	54473	64661			
10111		5632	9132					
381	**118**	**186**	**187**	**194**	**158**	**2**	**1**	**11**
381	86	186	179	190	158	1	1	11
381	103	186	89	180	157	2	1	11
381	**56**	**186**	**137**	**187**	**140**	**2**	**1**	**11**
381	45	186	130	186	140	1	1	11
175234	**30421**	**92045**	**81638**	**93894**	**73067**	**714**	**564**	**4151**
175234	25864	92045	70856	92569	72985	644	564	4151

3-14 分行业投资项目个数及新增固定资产

（2011 年）

单位：万元

行　业	在建规模	新开工规模	施工项目个数	#本年新开工	本年投产项目个数	本年新增固定资产
总　计	**56545118**	**31447661**	**3803**	**3133**	**1897**	**11124078**
农、林、牧、渔业	**1153448**	**1089548**	**203**	**193**	**90**	**315446**
农业	317627	306827	53	50	21	78018
林业	29850	29850	10	10	7	23636
畜牧业	600119	559019	96	93	39	136355
渔业	41240	31740	7	5	4	14222
农、林、牧、渔服务业	164612	162112	37	35	19	63215
工业	**29922948**	**19113196**	**2147**	**1808**	**1036**	**6818118**
采矿业	3006129	2054924	244	198	106	718977
煤炭开采和洗选业	2799888	1891283	193	151	67	584136
石油和天然气开采业	15750	15750	2	2	1	2750
黑色金属矿采选业	12261	12261	3	3	3	12261
有色金属矿采选业	52980	45580	14	13	11	31050
非金属矿采选业	125250	90050	32	29	24	88780
制造业	24293658	16452937	1822	1545	893	5473283
农副食品加工业	674893	427708	62	54	27	133972
食品制造业	540083	319769	54	46	19	82820
饮料制造业	484101	412523	27	24	10	46813
烟草制品业	290588	13719	2	1		6869
纺织业	352159	168124	17	13	3	15120
纺织服装、鞋、帽制造业	735945	591184	38	30	11	77935
皮革、毛皮、羽毛(绒)及其制品业	55920	55920	9	9	5	29870
木材加工及木、竹、藤、棕、草制	61950	42950	10	8	6	37537
家具制造业	263281	252781	42	39	19	86238
造纸及纸制品业	269944	239884	59	49	31	110966
印刷业和记录媒介的复制	96370	60650	16	12	10	48877

3-14 续表1 （2011年） 单位:万元

行业	在建规模	新开工规模	施工项目个数	#本年新开工	本年投产项目个数	本年新增固定资产
文教体育用品制造业	52200	43700	9	8	2	18500
石油加工、炼焦及核燃料加工业	45150	33850	8	6	5	23200
化学原料及化学制品制造业	624400	324541	77	64	39	197001
医药制造业	343110	260710	27	20	12	56163
化学纤维制造业	4800	4800	1	1		
橡胶制品业	64610	52610	20	19	15	25520
塑料制品业	295403	267753	45	39	27	95398
非金属矿物制品业	4754824	3774520	638	580	336	1614871
黑色金属冶炼及压延加工业	329260	267060	23	20	11	58430
有色金属冶炼及压延加工业	2576417	1363697	85	68	47	537740
金属制品业	528503	451303	70	60	32	129632
通用设备制造业	1384418	1061738	135	116	61	326291
专用设备制造业	2463832	1833381	159	132	67	409422
交通运输设备制造业	3008213	1501183	76	47	37	250528
电气机械及器材制造业	955636	434161	66	48	39	471636
通信设备、计算机及其他电子设备	2886866	2089914	25	14	10	517975
仪器仪表及文化、办公用机械制造	64858	29380	6	4	2	13910
工艺品及其他制造业	55024	42524	11	9	8	40703
废弃资源和废旧材料回收加工业	30900	30900	5	5	2	9346
电力、燃气及水的生产和供应业	2623161	605335	81	65	37	625858
电力、热力的生产和供应业	2211379	231794	42	31	22	538251
燃气生产和供应业	108455	88455	9	8	1	19367
水的生产和供应业	303327	285086	30	26	14	68240
建筑业	**110683**	**73009**	**15**	**11**	**9**	**55324**
房屋和土木工程建筑业	77481	50307	9	7	6	45344
建筑安装业	14500	4000	3	1	3	9980
交通运输、仓储和邮政业	**8555637**	**2251463**	**202**	**152**	**113**	**676632**
铁路运输业	949858	77435	5	3	1	126215
道路运输业	2736298	545183	124	101	84	389203

3-14 续表2 （2011年） 单位:万元

行业	在建规模	新开工规模	施工项目个数	#本年新开工	本年投产项目个数	本年新增固定资产
城市公共交通业	3325895	1047595	6	3		
仓储业	1442483	487787	56	36	22	135428
邮政业	38275	38275	4	4	2	5410
信息传输、计算机服务和软件业	**562313**	**18769**	**19**	**11**	**11**	**34919**
电信和其他信息传输服务业	128863	6319	6	3	3	17969
批发和零售业	**1556611**	**1123849**	**131**	**111**	**75**	**301612**
批发业	833757	743766	60	52	27	130703
住宿和餐饮业	**288918**	**202830**	**51**	**41**	**33**	**151436**
住宿业	171227	138960	24	21	13	61933
金融业	**201478**	**180580**	**10**	**7**	**3**	**22898**
房地产业	**2745675**	**1564312**	**240**	**181**	**125**	**694933**
租赁和商务服务业	**301782**	**145163**	**21**	**13**	**9**	**41903**
商务服务业	280185	127463	17	9	7	31556
科学研究、技术服务和地质勘查业	**391784**	**107924**	**23**	**11**	**9**	**76614**
研究与试验发展	216265	96265	10	9	1	5800
地质勘查业	59000		2		2	29172
水利、环境和公共设施管理业	**5316484**	**3749044**	**406**	**353**	**205**	**1062711**
水利管理业	170304	127782	32	26	18	87397
环境管理业	81832	73332	18	16	8	36025
公共设施管理业	5064348	3547930	356	311	179	939289
居民服务和其他服务业	**136946**	**101855**	**24**	**22**	**19**	**67539**
居民服务业	107704	92613	21	20	17	54339
教育	**2613154**	**803907**	**165**	**121**	**92**	**514712**
卫生、社会保障和社会福利业	**1161901**	**598559**	**66**	**38**	**30**	**154424**
卫生	1082992	544784	58	34	26	146149
文化、体育和娱乐业	**1350927**	**228072**	**41**	**31**	**16**	**71565**
文化艺术业	171494	12960	9	4	4	17030
公共管理和社会组织	**174429**	**95581**	**39**	**29**	**22**	**63292**
国家机构	148168	82320	32	23	19	56792

注:年鉴采用年快报数据,与房地产试行一套表年报数据略有差异。

3-15 各县(市)区投资项目个数和在建规模

(2011 年)

县(市)区	施工项目个数	#本年新开工	本年投产项目个数	全部建成投产率(%)	计划总投资(万元)	#新开工
郑州市	**3803**	**3133**	**1897**	**49.9**	**56545118**	**31447661**
中原区	38	25	4	10.5	750380	607144
二七区	78	51	56	71.8	815490	257067
管城区	108	80	68	63	1942148	985473
金水区	109	65	63	57.8	1370097	433577
上街区	109	86	71	65.1	921666	589531
惠济区	58	28	30	51.7	1520889	443028
中牟县	501	415	270	53.9	7694965	3639156
巩义市	423	379	298	70.4	4549932	2881919
荥阳市	451	399	137	30.4	6044083	4323987
新密市	596	505	265	44.5	5392194	3488397
新郑市	414	383	205	49.5	4217272	3111919
登封市	630	576	312	49.5	5766787	3768843
经济开发区	64	28	15	23.4	3989061	1958125
高新开发区	88	37	50	56.8	1981926	579681
郑东新区	97	47	30	30.9	3431212	841647
航空港区	32	27	22	68.8	1847765	1535367

3-16 房地产开发企业(单位)财务情况

(2011 年)

单位:千元

类　别	数　值	类　别	数　值
年初存货	**98027875**	其他业务利润	128283
年末资产负债		销售费用	1869102
流动资产合计	267594944	管理费用	3446011
#存货	127260634	#税金	337149
固定资产原价	13355085	#差旅费	111616
累计折旧	2739577	#工会经费	15220
#本年折旧	613218	财务费用	1262293
资产总计	321441052	#利息支出	777111
负债合计	245075139	营业利润	8753074
所有者权益合计	76365913	营业外收入	614542
实收资本	49198473	营业外支出	692300
损益及分配		利润总额	9017999
主营业务收入	52639201	应交所得税	2059025
土地转让收入	17003	**工资、福利费**	
商品房屋销售收入	50851148	本年应付工资总额（贷方累计发生额）	1530618
房屋出租收入	839358	资产减值损失	130846
其他收入	931692	公允价值变动收益	-12942
主营业务成本	33675671	投资收益	528550
主营业务税金及附加	4152641		

3-17　分县(市)区房地产开发企业财务状况

(2011 年)　　单位:千元

县(市)区	实收资本合计	资产总计	累计折旧	本年折旧	负债合计	流动资产合计	非流动负债合计	所有者权益合计	资产负债率(%)
中原区	555756	3557961	14072	4407	2968082	2678572	284210	589879	83.4
二七区	301818	3355391	17137	3862	2851549	2336859	514109	503842	85.0
管城区	384144	2891474	58324	6832	2289926	2004235	285691	601548	79.2
金水区	1457770	10322108	86391	14201	7810079	6342046	599836	2512029	75.7
上街区	48146	350736	699	74	253796	240923	12873	96940	72.4
惠济区	211755	1215544	7435	930	945168	797338	113443	270376	77.8
中牟县	138897	743476	20332	3881	469484	412308	57176	273992	63.1
巩义市	80098	259812	26117	12828	162765	152934	9831	97047	62.6
荥阳市	57583	428713	2787	623	319514	227411	21861	109200	74.5
新密市	40533	280946	1753	642	217139	198858	18281	63807	77.3
新郑市	83541	670386	2364	410	523946	464697	59249	146440	78.2
登封市	46847	191524	1106	331	121040	102640	18400	70484	63.2
经济开发区	379801	1343819	8704	3130	790801	669346	121455	553019	58.8
高新开发区	164508	775719	4526	1379	581684	542287	39397	194036	75.0
郑东新区	965273	5661402	22129	7741	4131281	3614230	517051	1530121	73.0
航空港区	3380	95096	81	51	71261	67261	4000	23834	74.9

县（市）区	营业收入	主营业务收入	土地转让收入	商品房屋销售收入	房屋出租收入	其他收入	营业税金及附加	主营业务税金及附加	利润总额
中原区	480342	480306	1680	448281	1338	29008	36638	36636	96628
二七区	276707	223622	20	207477	12788	3337	20697	17628	8666
管城区	760016	759847		731148	18987	9712	44287	44257	130263
金水区	1306552	1300266		1266476	23796	9994	101713	98689	220296
上街区	91674	91500		89313	2013	174	6843	6835	2547
惠济区	183302	183061		174710	641	7710	17511	17479	16609
中牟县	295785	295785		295172		614	14483	14483	88557
巩义市	207836	207836		207721		114	26548	26548	35854
荥阳市	261752	261752		258888		2864	14438	14437	86413
新密市	82140	72334		72172	113	49	7478	7478	10880
新郑市	95988	95988		95902	86		7121	7120	-12525
登封市	78945	78944		78908	7	29	7735	7735	11166
经济开发区	149895	149686		146578	2291	818	13520	12759	5148
高新开发区	178638	178633		169609	4348	4676	15795	15715	23535
郑东新区	890061	876998		842753	10173	24072	88005	86803	176668
航空港区	7367	7362		5	7357		663	663	1095

3-18 房地产开发企业(单位)投资、资金和土地情况

(2011 年)

单位:万元

类　别	数　值	类　别	数　值
计划总投资	**46850871**	#90 平方米以下	2076340
自开始建设累计完成投资	**25216099**	#140 平方米以上	674476
本年完成投资	**9236423**	#经济适用房	296370
#配套工程投资	28015	#别墅、高档公寓	139442
按登记注册类型分		办公楼	923964
内资	8454964	商业营业用房	864546
国有	267508	其他	1174231
股份合作	381	本年新增固定资产	4060958
有限责任公司	5145636	待开发土地面积	1616080
国有独自公司	76021	本年土地购置面积	2163991
其他有限责任公司	5069615	本年土地成交价款	507918
股份有限公司	671769	#拆迁补偿费	30029
私营	2294997	土地使用权出让金	145003
其他内资	74673	**契税**	**3765**
港澳台商投资	**254768**	**本年资金来源合计**	**12453894**
与港澳台商合资经营	107823	年末结余资金	2279463
与港澳台商合作经营	72361	本年资金来源小计	10174431
港澳台商独资	74584	#省外资金	3000
外商投资	**526691**	国内贷款	956670
中外合资经营	127361	#银行贷款	829142
外资企业	397587	#非银行金融机构贷款	127528
外商投资股份有限公司	1743	利用外资	50000
按构成分		#外商直接投资	50000
建筑工程	6949440	自筹资金	5141249
安装工程	5476	#自有资金	2001153
设备工器具购置	122102	其他资金来源	4026512
其他费用	2159405	#定金及预收款	1785972
旧建筑物购置费	200785	#个人按揭贷款	907484
土地购置费	972469	**本年各项应付款合计**	**964487**
按工程用途分		#工程款	461083
住宅	6273682		

3-19 房地产开发企业(单位)施工、销售和空置情况

(2011 年)

单位:万元、万平方米

类别	合计	住宅				办公楼	商业营业用房	其他房屋
			90 平米以下住房	140 平米以上住房	别墅、高档公寓			
房屋施工面积	74721883	53682762	21250914	8401229	883941	5304247	7281504	8453370
#新开工面积	18583663	13548187	4322024	1583567	106763	1324367	1447988	2263121
房屋竣工面积	15794775	13047600	4929059	2490934	7143	611836	1310898	824441
#不可销售面积	404192	154160	96673			17744	61752	170536
商品住宅竣工套数(套)		140240	66833	15354	12			
竣工房屋价值	3477439	2766788	1128058	515853	2784	170602	345077	194972
出租房屋面积	11162						11162	
商品房销售面积	15632188	13063772	2654977	1876422	171762	1318006	969252	281158
#现房销售面积	2190913	1680555	329004	391364	2751	160284	296063	54011
#期房销售面积	13441275	11383217	2325973	1485058	169011	1157722	673189	227147
商品房销售额	8904352	6129900	1512621	1059560	146567	1324079	1341572	108801
#现房销售额	952937	528526	117772	128702	763	177166	230571	16674
#期房销售额	7951415	5601374	1394849	930858	145804	1146913	1111001	92127
商品住宅销售套数(套)		117205	35106	11321	1265			
#现房销售套数		14821	4317	2365	18			
#期房销售套数		102384	30789	8956	1247			
待售面积	2206184	1701517	548777	618479	21888	87204	355111	62352
#待售 1-3 年面积	369712	204337	71835	39987		32800	128217	4358
#待售 3 年以上面积	537	537		537				

3-20 分县(市)区按工程用途分房地产开发投资情况

(2011)

单位:万元

县(市)区	本年完成投资	住宅	90平米以下住房	140平米以上住房	经济适用房	别墅、高档公寓	办公楼	商业营业用房	其他
郑州市	**9236423**	**6273682**	**2076340**	**674476**	**296370**	**139442**	**923964**	**864546**	**1174231**
中原区	1014742	717633	218256	15924	121417		25105	142812	129192
二七区	1529445	836729	415943	125071	17600		111672	157713	423331
管城区	702282	587269	118330	24843	48081	521	49579	38586	26848
金水区	2480403	2114325	778687	186889	57930	56261	58821	142716	164541
上街区	193898	144466	41087	23752	14010	14100	500	13704	35228
惠济区	259566	202914	12666	2431	2619	27872	513	32979	23160
中牟县	224012	176353	42680	15328		8179	14401	13016	20242
巩义市	397491	239750	105629	80241			3000	100350	54391
荥阳市	232516	205979	55181	51667	5050		43	3916	22578
新密市	114886	96249	3391	8044	12296			7571	11066
新郑市	416552	258810	21500	2303			1190	14164	142388
登封市	68762	63956	10421	15504		110		4199	607
经济开发区	160690	84980	34020	28054		3473	10703	6108	58899
高新开发区	347206	121359	22359	12572	17367		205613	10282	9952
郑东新区	1069572	411610	192789	79200		23680	442824	166932	48206
航空港区	24400	11300	3401	2653		5246		9498	3602

3-21　分县(市)区商品房施工房屋面积

(2011 年)

单位:平方米

县(市)区	施工房屋面积	住宅	90 平方米以下	办公楼	商业营业用房	其他
郑州市	**74721883**	**53682762**	**21250914**	**5304247**	**7281504**	**8453370**
中原区	9691507	7489729	3778083	175023	1056165	970590
二七区	5853310	3842092	1982615	223139	674306	1113773
管城区	6643106	5176145	2527726	284602	538397	643962
金水区	20730810	15534487	7352624	837466	2272197	2086660
上街区	1043064	938694	315823		59438	44932
惠济区	2440393	2043488	594069	1136	145098	250671
中牟县	3452013	3100851	457892	93296	57637	200229
巩义市	1798845	1388229	384919	10000	314357	86259
荥阳市	3558840	3291728	778311	802	104887	161423
新密市	1535893	1309306	23864		92634	133953
新郑市	1945829	1820947	182693	5500	79784	39598
登封市	638809	574851	138082		47637	16321
经济开发区	1904084	1448154	708421	135708	91498	228724
高新开发区	2416524	1030385	194520	955828	139843	290468
郑东新区	10936557	4681967	1823264	2530274	1538509	2185807
航空港区	132299	11709	8008	51473	69117	

3-22 分县(市)区商品房竣工房屋面积

(2011 年)　　　　单位:平方米

县(市)区	竣工房屋面积	住宅	90 平方米以下	办公楼	商业营业用房	其他房屋
郑州市	**15794775**	**13047600**	**4929059**	**611836**	**1310898**	**824441**
中原区	798622	701612	421959		24367	72643
二七区	697492	462451	298019	63267	107904	63870
管城区	2156653	1788052	832816	72336	198822	97443
金水区	5458582	4622293	2174237	97199	386243	352847
上街区	358637	317046	75681		27455	14136
惠济区	262335	205677	90232		17702	38956
中牟县	1441309	1428695	97573		9875	2739
巩义市	1269783	1006739	307419		201217	61827
荥阳市	351903	294438	24363	802	46606	10057
新密市	109626	98984	1319		9555	1087
新郑市	947416	891583	75005	500	43389	11944
登封市	126010	107145	71969		8787	10078
经济开发区	173413	40000	40000	103409	18551	11453
高新开发区	61802	46163	32328		12339	3300
郑东新区	1490238	1025013	378131	222850	170314	72061
航空港区	90954	11709	8008	51473	27772	

3-23 分县(市)区商品房竣工房屋价值

(2011 年)

单位:平元

县(市)区	竣工房屋价值	住宅	90 平方米以下	办公楼	商业营业用房	其他房屋
郑州市	**3477439**	**2766788**	**1128058**	**170602**	**345077**	**194972**
中原区	272294	232092	139302		10040	30162
二七区	152591	100289	61859	15672	23917	12713
管城区	445373	367525	165056	14114	42358	21376
金水区	1189070	978401	463581	23697	101750	85222
上街区	60724	52866	11593		5298	2560
惠济区	38249	30149	14527		2882	5218
中牟县	161170	158713	9273		2212	245
巩义市	218808	163639	54439		42659	12510
荥阳市	93351	67992	7476	88	23987	1284
新密市	15582	13885	333		1588	109
新郑市	185402	172048	17286	105	10502	2747
登封市	28666	23178	13680		4400	1088
经济开发区	33681	7001	7001	20680	3720	2280
高新开发区	17303	12925	9051		3454	924
郑东新区	539733	383371	151746	85518	54310	16534
航空港区	25442	2714	1855	10728	12000	

3-24 分县(市)区商品房屋销售面积

(2011 年)

单位:平方米

县(市)区	销售面积	住宅	90平方米以下	办公楼	商业营业用房	其他房屋
郑州市	**15632188**	**13063772**	**2654977**	**1318006**	**969252**	**281158**
中原区	1402107	1242193	431952	74009	85905	
二七区	911551	787524	385951	24693	95702	3632
管城区	823195	701840	299757	35981	85374	
金水区	2282947	1895442	596662	125141	231350	31014
上街区	412562	380820	87555		30520	1222
惠济区	326401	315617	61189		10784	
中牟县	1268568	1265400	85075		3168	
巩义市	668982	459046	160725		180000	29936
荥阳市	2313718	2297757	19697		12901	3060
新密市	609320	557834	48674		43415	8071
新郑市	1308924	1223616	86454		57841	27467
登封市	286963	270776	30935		8787	7400
经济开发区	532984	454549	28887	68321	10114	
高新开发区	903508	317906	53753	412559	5547	167496
郑东新区	1567059	888988	277711	568367	107844	1860
航空港区	13399	4464		8935		

3-25 分县(市)区房地产开发商品房屋销售额

(2011年)

单位:万元

县(市)区	商品房屋销售额	住宅	90平方米以下	办公楼	商业营业用房	其他房屋
郑州市	**8904352**	**6129900**	**1512621**	**1324079**	**1341572**	**108801**
中原区	804394	579384	249544	53827	171183	
二七区	746911	502952	250766	26898	212166	4895
管城区	573043	474356	194108	34130	64557	
金水区	1664582	1050047	332603	141177	465776	7582
上街区	117031	103909	26025		12996	126
惠济区	214830	199958	40152		14872	
中牟县	496688	495104	36292		1584	
巩义市	305815	140707	48583		154050	11058
荥阳市	777902	769505	6120		7785	612
新密市	219260	195626	16994		18841	4793
新郑市	411527	376098	27493		29021	6408
登封市	86002	76075	11583		7707	2220
经济开发区	423426	353270	18428	54651	15505	
高新开发区	437969	151941	26028	212201	4491	69336
郑东新区	1616697	659028	227902	794860	161038	1771
航空港区	8275	1940		6335		

主要统计指标解释

固定资产投资额 是以货币表现的建造和购置固定资产活动的工作量，它是反映固定资产投资规模、速度、比例关系和使用方向的综合性指标。全社会固定资产投资包括国有经济单位投资、城乡集体经济单位投资、各种经济类型的单位的投资和城乡居民个人投资。按照我国现行计划管理体制，国有经济单位固定资产投资总额分为基本建设、更新改造、商品房屋建设投资和其他固定资产投资四个部分；城乡集体经济单位投资包括城镇集体所有制单位投资和农村集体所有制单位投资；各种经济类型的单位投资包括联营经济、股份制经济、中外合资经营、中外合作经营、外资、与大陆合资经营、与大陆合作经营、港澳台独资及其他经济类型的单位投资。城镇居民个人投资包括城市、县城、镇、工矿区所辖范围内的个人建房和农村个人建房及购买生产性固定资产的投资。

固定资产投资的资金来源 根据固定资产投资的资金来源不同，分为国家预算内资金、国内贷款、利用外资、自筹资金和其他资金来源。

1. 国家预算内资金 指中央财政和地方财政中由国家统筹安排的基本建设拨款和更新改造拨款，以及中央财政安排的专项拨款中用于基本建设的资金和基本建设拨款改贷款的资金等。

2. 国内贷款 指报告期内企、事业单位向银行及非银行金融机构借入的用于固定资产投资的各种国内贷款。包括银行利用自有资金及吸收的存款发放的贷款、上级主管部门拨入的国内贷款、国家专项贷款（包括煤代油贷款、劳改煤矿专项贷款等）、地方财政专项资金安排的贷款、国内储备贷款、周转贷款等。

3. 利用外资 指报告期内收到的用于固定资产投资的国外资金，包括统借统还、自借自还的国外贷款，中外合资项目中的外资，以及对外发行债券和股票等。国家统借统还的外资指由我国政府出面同外国政府、团体或金融组织签订贷款协议、并负责偿还本息的国外贷款。

4. 自筹资金 指建设单位报告期内收到的，用于进行固定资产投资的上级主管部门、地方和企、事业单位自筹资金。

5. 其他资金来源 指报告期内收到的除以上各种拨款、借款、自筹资金以外，其他用于固定资产投资的资金。

固定资产投资按国民经济行业分 建设项目归哪个行业，按其建成投产后的主要产品或主要用途及社会经济活动性质来确定。基本建设按建设项目划分国民经济行业，更新改造、国有经济单位其他固定资产投资及城镇集体投资根据整个企业、事业单位所属的行业来划分。一般情况下，一个建设项目或一个企业、事业单位只能属于一种国民经济行业。为了更准确地反映国民经济各行业之间的比例关系，联合企业（总厂）所属分厂属于不同行业的，原则上按分厂划分行业。

固定资产投资按建设性质分 建设项目的性质一般分为新建、扩建、改建、迁建、恢复。基本建设按建设项目划分建设性质，更新改造、国有经济单位其他固定资产投资及城镇集体投资按整个企业、事业单位的建设情况确定建设性质。目前基本建设和更新改造是根据我国现行的计划管理体制区分的，所以基本建设和更新改造都可以分别按新建、扩建等划分。

固定资产投资按用途分 固定资产投资按工程的经济用途分为用于为农林牧渔业用、工业建筑业用商业、运输邮电业用、其他五部分的建设，是研究不同用途的固定资产投资之间比例关系的重要指标。基本建设投资、国有经济单位其他固定资产投资及城镇集体投资的用途按单项工程确定，现有企业、事业单位更新改造投资的用途按更新改造项目确定。

固定资产投资按构成分 固定资产投资活动按其工作内容和实现方式分为建筑安装工程，设备、工具、器具购置，其他费用三个部分。

1. 建筑安装工程（建筑工作量）指各种房屋、建筑物的建造工程和各种设备、装置的安装工程。包括各种房屋建造工程，各种用途设备基础和各种工业窑炉的砌筑工程；为施工而进行的各种准备工作和临时工程以及完工后的清理工作等；铁路、道路的铺设，矿井的开凿及石油管道的架设等；水利工程；防空地下建筑等特殊工程；以及各种机械设备的安装工程；为测定安装工程质量，对设备进行的试行工作。在安装工程中，不包括被安装设备本身价值。

2. 设备、工具、器具购置指购置或自制达到固定资产标准的设备、工具、器具的价值，固定资产的标准按财务部门规定。新建单位、扩建单位的新建车间按照设计和计划要求购置或自制的全部设备、工具、器具，不论是否达到固定资产标准均计入“设备、工具、器具购置”中。

3. 其他费用指除建筑安装工程和设备、工具、器具购置以外的投资完成额。它包括两种性质的费用，一种是属于增加固定资产的费用，主要有：建设单位管理费，土地、青苗等补偿费和安置补助费、勘察设计费、研究实验费、农林单位牲畜购置费、各种经济林木的营造费、办公和生活家具、器具购置费、引进技术和进口设备项目的其他费用、联合试运转费等；一种是属于不增加固定资产的费用，主要有：施工机械转移费、生产职工培训费、农业开荒费用及报废工程损失费等。

基本建设项目按大中小型划分 基本建设划分大中小型项目原则上应按照上级批准的设计任务书或初步设计所确定的总规模或总投资划分，没有正式批准设计任务书或初步设计的，按国家或省、自治区、直辖市年度基本建设投资计划中所列的总规模或总投资划分。上述两条均不具备的，按本年计划施工工程的建设总规模或总投资划分。生产单一产品的工业项目，按产品的设计能力划分；生产多种产品的工业项目，按其主要产品的设计能力划分。品种繁多，难以按生产能力划分的，按全部计划投资额划分。划分标准以国家颁发的《大中小型建设项目划分标准》依据。国家曾在 1958 年、1962 年、1977 年和 1979 年先后四次修订《大中小型建设项目划分标准》，因此各历史时期的大中型项目数不完全可比。

建筑业统计单位 指从事房屋、构筑物建造和设备安装活动的法人企业。建筑业法人企业应具有建筑业资质并能够独立核算，同时其应具备以下条件：1. 依法成立，有自己的名称、组织机构和场所，能够承担民事责任；2. 独立拥有和使用资产，承担负债，有权与其他单位签订合同；3. 独立核算盈亏，能够编制资产负债表。

施工项目 指报告期内曾进行建筑或安装工程施工活动的建设项目。包括报告期内新开工项目，报告期以前开工跨入报告期继续施工的项目以及报告期施过工并在报告期内全部建设投产或停缓建的项目。

全部建成投产项目工业项目 是指设计文件规定形成生产能力的主体工程及其相应配套的辅助设施全部建成，经负荷试运转，证明具备生产设计规定合格产品的条件，并经过验收鉴定合格或达到竣工验收标准，与生产性工程配套的生产福利设施可以满足近期正常生产的需要，正式移交生产的建设项目。

施工和竣工房屋建筑面积 房屋建筑面积是从房屋外墙线算起的各层平面面积的总和，包括房屋结构（如柱、墙）占用的面积和地下室面积。多层建筑按各自然层面积总和计算，包括房屋内的楼隔层，突出墙面的眺望间、门斗、有柱雨罩的面积。不包括突出墙面结构的构件、艺术装饰等所占的面积，如台阶等。凹阳台、挑阳台按其水平投影面积一半计算建筑面积。

住宅建筑面积 指施工和竣工房屋建筑面积中供居住用的施工和竣工房屋建筑面积。

竣工面积 指在报告期内房屋建筑按照设计要求已全部完工，达到住人和使用条件，经验收鉴定合格，正式移交使用单位的建筑面积。

房屋建筑面积竣工率 指一定时期内房屋竣工面积占同期房屋施工面积的比率。它是从房屋建筑施工速度的角度反映投资效果和建筑业经济效益的指标。

新增固定资产 指通过投资活动所形成的新的固定资产价值。包括已经建成投入生产或交付使用的工程价值和达到固定资产标准的设备、工具、器具的价值及有关应摊入的费用。它是以价值形式表示的固定资产投资成果的综合性指标，可以综合反映不同时期、不同部门、不同地区的固定资产投资成果。

建设项目投产率 指一定时期内全部建成投入生产项目个数占同期正式施工项目个数的比率。它是从项目建设速度的角度反映投资效果的指标。

固定资产交付使用率 指一定时期新增固定资产与同期完成投资额的比率。它是反映各个时期固定资产动用速度，衡量建设过程中投资效果的一个综合性指标。未完工程占用率指年末未完工程累计完成投资额占全年实际完成投资额的比率。它反映未完工程的相对规模，并可从资金占用的角度反映固定资产投资效果。由于未完工程是指已经开工，但尚未建成交付使用的工程，有个跨年度问题，因此未完工程占用率会出现大于 1 的情况。

实收资本 指企业实际吸收到的所有投资人投入的资金。该指标来源于会计“资产负债表”中“实收资本”项目的期末数。

资产总计 指企业拥有或控制的全部资产，包括活动资产、长期投资、固定资产、无形及递延资产、其他长期资产。该指标来源于会计“资产负债表”中“资产总计”项的期末数。

负债总计 指企业的流动负债和长期负债的合计。

四、价　格

4-1　市区居民消费价格指数(2011 年)

（以上年价格为 100）

类　别	年　度	月份											
		一	二	三	四	五	六	七	八	九	十	十一	十二
居民消费价格总指数	**104.9**	**104.0**	**103.7**	**104.6**	**104.5**	**104.6**	**106.1**	**106.5**	**105.6**	**105.5**	**105.4**	**104.2**	**104.2**
非食品价格指数	**102.3**	**102.7**	**101.9**	**102.7**	**102.9**	**102.6**	**102.8**	**102.6**	**102.3**	**102.1**	**102.0**	**102.0**	**101.6**
服务项目价格指数	**104.1**	**105.4**	**103.6**	**105.8**	**105.8**	**105.1**	**105.0**	**104.5**	**103.9**	**102.9**	**102.9**	**103.0**	**101.8**
工业品价格指数	**101.2**	**101.0**	**100.9**	**100.8**	**101.0**	**101.0**	**101.3**	**101.3**	**101.3**	**101.5**	**101.5**	**101.3**	**101.4**
扣除食品和能源价格指数	**102.2**	**102.6**	**101.8**	**102.6**	**102.7**	**102.5**	**102.6**	**102.4**	**102.1**	**101.8**	**101.9**	**101.8**	**101.2**
扣除鲜菜鲜果总指数	**105.0**	**104.1**	**103.8**	**104.5**	**104.9**	**105.1**	**105.9**	**106.1**	**105.8**	**105.6**	**105.4**	**104.5**	**103.8**
消费品价格指数	**105.2**	**103.4**	**103.7**	**104.2**	**104.0**	**104.4**	**106.6**	**107.3**	**106.3**	**106.6**	**106.4**	**104.7**	**105.2**
食品	**111.2**	**107.1**	**107.7**	**109.1**	**108.5**	**109.6**	**114.6**	**116.5**	**113.6**	**114.0**	**113.5**	**109.6**	**110.6**
粮食	109.2	108.7	108.4	108.9	108.9	109.5	109.7	109.7	110.1	110.3	111.4	107.5	107.3
大　米	118.6	120.7	120.0	119.3	117.6	119.3	120.8	121.3	120.7	116.8	118.3	116.4	113.1
面　粉	107.0	106.6	107.2	108.1	108.4	108.8	108.9	108.1	107.3	107.1	106.5	104.0	103.0
粮食制品	107.6	106.8	106.6	107.4	108.0	108.5	108.0	107.5	108.5	110.0	110.9	104.3	105.4
其　他	104.0	102.5	101.7	101.6	101.6	101.6	102.2	103.4	104.0	105.3	107.8	108.3	108.3
淀粉	123.1	114.1	112.1	119.6	122.0	123.3	124.1	124.6	127.0	129.1	130.7	128.9	121.5
干豆类及豆制品	102.0	111.1	111.0	109.3	103.5	99.7	99.8	100.0	97.7	98.1	101.2	98.3	96.2
干　豆	96.6	117.3	117.1	114.3	100.0	91.7	93.3	93.3	88.3	88.9	93.2	86.3	85.5
豆制品	105.6	107.3	107.3	106.2	106.0	106.0	104.7	104.8	104.7	104.3	106.2	106.3	103.1
油脂	112.9	110.9	111.8	112.3	113.2	113.3	114.0	114.5	116.2	118.9	116.1	108.9	105.9
食用植物油	112.3	108.9	110.4	111.1	112.6	112.7	113.7	114.5	116.4	118.5	114.3	109.8	106.2
植物油制品	113.8	115.0	114.6	114.7	114.4	114.4	114.4	114.4	115.7	119.5	119.3	106.9	105.0
其　他	129.2	103.3	104.9	105.0	108.2	118.3	138.8	146.0	140.6	144.0	150.1	148.3	144.3
肉禽及其制品	126.8	110.4	116.8	118.8	122.8	125.2	134.6	137.5	133.2	134.2	134.3	129.1	125.1
食用畜肉及副产品	132.6	110.0	120.2	123.6	128.8	131.2	143.9	146.6	139.8	142.1	142.5	135.4	128.4
猪　肉	140.5	108.0	123.9	130.4	138.9	142.7	161.9	163.8	150.9	151.3	150.2	139.4	129.5
牛　肉	113.4	103.9	106.6	108.2	109.8	109.8	109.8	111.9	111.7	117.5	121.5	122.7	127.1
羊　肉	124.1	127.6	122.9	118.8	117.7	118.4	117.9	117.0	121.2	130.7	134.9	134.0	127.0
畜肉副产品	122.8	109.9	110.0	106.2	108.0	108.8	122.8	131.4	137.1	137.6	137.0	134.7	129.9
其　他	108.9	107.7	109.2	107.6	106.5	106.5	110.0	110.0	110.0	110.0	110.0	110.0	110.0
禽	116.5	115.6	111.2	108.6	115.2	120.3	124.6	124.1	122.0	119.6	116.1	109.9	112.6
鸡	114.8	114.3	108.7	106.4	113.5	119.2	123.2	122.5	120.6	117.7	113.9	107.8	111.6
鸭	128.4	124.6	129.7	124.6	126.9	127.9	134.5	135.8	131.8	133.0	131.2	124.1	118.8

类别	年度	月份											
		一	二	三	四	五	六	七	八	九	十	十一	十二
其　他	123.6	123.7	122.0	120.0	125.2	125.2	126.3	126.3	128.9	129.3	119.0	119.0	119.0
加工肉禽	117.5	108.9	111.0	111.9	112.5	113.6	117.6	121.7	121.8	121.9	122.9	122.8	122.6
畜肉制品	119.3	105.5	108.6	109.9	110.7	112.3	117.9	123.6	125.5	128.4	129.6	129.9	129.7
禽制品	114.4	115.0	115.3	115.3	115.7	115.9	117.2	118.3	115.6	111.4	112.3	111.4	111.2
蛋	116.7	131.8	124.5	119.1	120.6	123.4	124.8	123.1	120.6	114.0	110.0	99.6	98.4
鲜　蛋	116.4	132.8	124.8	119.1	120.7	123.7	125.2	123.4	120.7	113.4	108.7	98.1	97.3
蛋制品	119.8	119.7	119.7	119.7	119.7	119.7	119.7	119.7	119.7	122.3	128.4	118.7	112.2
水产品	119.1	117.3	111.6	114.6	116.5	121.9	126.0	126.6	125.8	122.0	118.3	115.9	114.0
鱼	119.2	115.8	110.5	112.4	113.4	120.7	126.3	127.6	125.7	123.5	120.4	118.5	116.6
淡水鱼	112.0	110.3	102.2	104.4	105.5	115.8	122.8	123.0	119.4	113.0	110.8	110.2	107.2
海水鱼	130.9	124.5	124.1	125.1	125.9	128.4	131.9	135.4	136.3	141.6	136.0	131.4	130.7
其他水产品	118.5	124.1	116.5	124.5	131.2	127.3	124.6	122.0	126.4	114.9	108.9	104.9	103.5
虾蟹类	110.3	109.8	103.9	113.6	119.8	114.9	111.5	107.7	112.1	112.6	109.9	105.6	103.8
其　他	137.7	165.0	153.9	154.3	162.3	162.3	162.3	162.3	162.3	119.0	107.3	103.6	102.9
菜	101.9	97.0	100.9	107.2	93.9	90.0	113.9	118.9	99.9	102.5	99.0	91.7	115.0
鲜　菜	101.6	94.9	99.4	106.7	92.6	88.4	115.5	121.0	99.9	103.1	99.2	91.1	117.1
干菜及菜制品	102.6	103.9	101.9	101.1	100.9	100.0	101.8	100.6	100.6	101.8	105.0	106.4	107.9
薯　类	107.7	145.9	147.8	129.9	115.9	102.9	106.4	113.5	100.3	91.8	83.8	81.6	85.3
调味品	103.8	99.9	99.4	98.7	100.6	100.4	102.5	104.9	106.6	108.5	108.6	107.9	107.3
食用盐	99.1	92.8	94.2	93.5	98.8	98.1	98.8	98.8	100.4	104.7	104.7	102.9	102.9
酱　油	102.6	101.4	101.4	100.7	100.9	101.7	103.2	103.7	103.8	104.2	104.2	103.8	101.7
食　醋	103.8	100.9	100.3	100.6	102.1	101.6	103.8	102.2	105.7	107.2	107.2	107.2	106.8
味　精	101.5	108.3	101.1	99.8	101.1	99.8	101.1	101.1	101.3	101.3	102.5	100.8	100.2
其　他	109.5	100.0	100.0	98.7	100.0	100.0	104.3	115.4	117.5	119.7	119.7	119.7	119.7
糖	106.0	101.4	100.4	102.1	100.4	101.4	102.2	104.3	110.7	111.2	112.5	112.6	112.8
食　糖	119.7	108.6	107.6	113.8	115.1	114.8	121.6	121.6	126.6	129.5	126.8	125.5	125.5
糖　果	102.3	99.4	97.9	99.4	96.4	97.6	97.5	99.3	106.6	106.8	108.8	108.8	109.3
巧克力制品	105.4	100.0	99.3	100.0	98.7	100.0	100.0	103.7	111.6	111.2	113.2	113.2	113.2
糖类小食品	105.4	105.4	105.4	105.4	104.1	104.1	103.9	104.1	103.9	105.2	106.1	108.7	108.7
茶及饮料	106.2	104.4	104.4	104.6	106.5	107.1	106.9	107.0	107.3	107.2	106.5	106.5	105.9
茶叶	101.5	108.3	108.3	103.9	100.0	100.0	100.0	100.0	101.3	100.7	98.9	98.9	98.9
饮料	109.6	101.8	101.8	105.1	111.3	112.3	112.0	112.1	111.7	111.9	112.1	112.1	111.0
固体饮料	110.9	103.1	103.1	103.1	112.5	115.2	114.4	114.4	112.1	113.5	113.4	113.5	112.6
液体饮料	102.2	102.4	102.4	101.3	101.6	102.2	102.0	102.2	102.9	102.4	102.8	102.9	101.1
冷冻饮品	117.8	100.0	100.0	111.8	122.5	122.5	122.5	122.5	122.5	122.5	122.5	122.5	122.5

类别	年度	月份											
		一	二	三	四	五	六	七	八	九	十	十一	十二
干鲜瓜果	112.4	114.3	107.9	108.0	110.9	112.1	111.2	115.5	115.2	116.0	116.4	115.8	107.6
鲜瓜果	108.3	112.5	104.3	104.5	107.8	107.4	104.1	106.9	106.7	109.9	114.8	116.1	106.3
干(坚)果	121.7	118.5	116.7	116.7	118.6	123.7	128.0	133.3	132.9	128.8	119.5	115.3	110.3
糕点饼干面包	102.9	102.0	101.9	102.0	102.0	101.5	103.3	102.4	103.6	104.6	104.3	103.3	103.9
糕点	101.7	104.8	103.5	103.3	100.1	100.0	100.0	99.3	100.2	102.3	102.3	102.3	102.3
饼干	106.4	101.0	101.8	104.2	104.9	105.7	108.4	106.8	109.0	109.9	109.4	107.4	108.7
面包	99.2	100.0	100.0	97.1	100.0	97.1	100.0	100.0	100.0	100.0	99.4	98.7	98.7
液体乳及乳制品	104.0	104.9	104.9	104.8	105.5	105.5	105.6	105.7	105.8	102.7	100.8	100.8	101.0
巴氏杀菌乳或灭菌乳	104.0	105.9	105.9	105.9	105.9	105.9	105.9	105.9	105.9	102.1	100.0	100.0	100.0
酸牛乳	109.6	108.3	108.3	107.4	113.3	113.3	113.3	113.3	113.3	108.4	105.5	105.5	106.6
乳粉	99.0	100.0	100.0	100.0	97.6	97.6	98.5	98.7	100.0	100.0	98.7	98.7	98.7
其他	100.0	100.0	100.0	100.0	100.0	100.0	100.0	100.0	100.0	100.0	100.0	100.0	100.0
在外用膳食品	106.3	104.1	103.6	104.2	104.8	107.2	107.5	108.0	108.0	108.4	109.2	105.5	105.5
主食	112.8	113.3	113.3	113.3	113.3	113.3	113.3	116.4	116.4	117.2	118.6	103.9	104.5
炒菜	100.0	100.0	100.0	100.0	100.0	100.0	100.0	100.0	100.0	100.0	100.0	100.0	100.0
地方小吃	126.2	109.5	105.7	109.0	113.3	131.5	133.4	133.4	133.4	135.4	139.1	134.7	134.7
其他	105.4	105.3	105.3	106.7	106.7	106.7	106.7	106.7	106.7	106.7	106.7	101.2	100.0
其他食品	102.1	103.0	103.0	102.9	102.3	100.4	102.1	102.5	101.8	102.8	103.3	101.5	99.4
其他食品	102.1	103.0	103.0	102.9	102.3	100.4	102.1	102.5	101.8	102.8	103.3	101.5	99.4
烟酒	**102.8**	**102.0**	**101.6**	**101.9**	**102.5**	**102.4**	**102.8**	**102.6**	**102.7**	**103.4**	**103.8**	**104.3**	**104.0**
烟草	100.0	100.0	100.0	100.0	100.0	100.0	100.0	100.0	100.0	100.0	100.0	100.0	100.0
高档卷烟	100.0	100.0	100.0	100.0	100.0	100.0	100.0	100.0	100.0	100.0	100.0	100.0	100.0
中档卷烟	100.0	100.0	100.0	100.0	100.0	100.0	100.0	100.0	100.0	100.0	100.0	100.0	100.0
其他	100.0	100.0	100.0	100.0	100.0	100.0	100.0	100.0	100.0	100.0	100.0	100.0	100.0
酒	105.7	104.2	103.2	103.8	105.1	104.9	105.7	105.1	105.5	106.8	107.6	108.7	107.9
白酒	106.5	104.9	103.7	104.6	105.7	105.7	106.7	106.0	106.6	107.6	108.4	109.8	108.6
葡萄酒	103.4	101.7	101.7	100.5	104.3	101.0	102.2	102.2	102.8	105.6	105.6	105.6	107.3
啤酒	102.2	101.4	101.4	100.6	102.4	102.2	101.8	101.5	100.7	102.7	104.0	103.6	103.6
其他	100.9	100.0	100.0	100.0	100.0	100.0	100.0	100.0	100.0	101.7	101.7	103.4	103.4
衣着	**100.4**	**100.4**	**100.1**	**99.8**	**100.3**	**100.3**	**100.5**	**100.2**	**100.1**	**100.2**	**100.6**	**101.0**	**100.9**
服装	100.1	100.3	99.9	99.5	100.2	100.2	100.4	100.1	99.9	99.8	100.1	100.8	100.6
男式服装	99.3	100.3	99.8	99.1	99.3	99.3	99.5	98.8	98.8	98.5	99.1	99.7	99.6
大衣	94.8	100.0	98.1	95.0	93.7	93.7	93.7	93.7	93.7	93.7	94.7	93.9	93.9
毛线衣	99.4	100.0	100.0	99.5	99.5	99.5	99.5	99.5	99.5	99.5	99.5	98.7	98.7
夹克衫	97.1	94.3	94.3	94.3	96.4	96.4	96.4	96.4	96.4	98.5	100.9	100.9	100.9
衬衫	100.5	100.7	100.7	100.7	100.7	100.7	100.7	100.7	100.7	100.0	100.0	100.0	100.0

4-1 续表3

类　别	年　度	月份 一	二	三	四	五	六	七	八	九	十	十一	十二
T 恤 衫	101.5	100.0	100.0	100.0	100.0	100.0	102.0	100.8	100.8	102.4	104.3	104.4	103.4
裤　子	103.0	104.3	104.3	104.3	104.3	104.3	104.3	104.3	104.3	100.0	100.0	101.0	101.0
西　服	99.0	100.0	100.0	100.0	100.0	100.0	100.0	97.9	97.9	97.9	97.9	98.2	98.2
运动衫裤	100.1	101.4	101.4	101.4	101.4	101.4	101.4	99.4	99.4	98.0	99.3	98.3	98.3
内　衣	101.7	100.0	101.1	101.1	102.1	102.1	102.1	102.1	102.1	102.1	102.1	102.1	102.1
羽 绒 衣	96.7	101.4	98.0	94.6	94.6	94.6	94.6	94.6	94.6	94.6	94.6	101.9	101.9
其　他	97.0	100.0	98.3	96.5	96.5	96.5	96.5	96.5	96.5	96.5	96.5	96.5	96.5
女式服装	100.5	100.4	100.1	99.8	100.7	100.7	100.8	100.6	100.3	100.3	100.5	101.2	101.0
大　衣	100.0	100.1	100.1	100.1	100.1	100.1	100.1	100.1	100.1	100.1	100.1	99.7	99.0
毛 线 衣	102.0	101.8	101.8	101.8	101.8	101.8	101.8	101.8	101.8	101.8	101.9	103.0	103.0
羽 绒 衣	94.8	100.5	97.2	93.8	93.8	93.8	93.8	93.8	93.8	93.8	93.8	94.7	94.7
套　装	103.0	99.0	99.0	99.0	103.3	103.3	103.6	103.6	103.6	104.6	105.2	105.7	105.7
衬　衫	100.7	101.2	101.2	101.2	101.2	101.2	101.2	101.2	101.2	101.2	97.6	100.0	100.0
T 恤 衫	100.5	100.0	100.0	100.0	100.0	100.0	100.0	100.0	100.0	100.0	101.1	102.7	102.7
裙　子	102.9	100.0	100.0	100.0	104.0	104.0	104.0	104.0	102.4	102.4	104.5	104.5	104.5
裤　子	101.1	100.7	100.7	101.6	101.6	101.6	101.6	101.6	100.9	100.9	100.9	100.9	100.9
运动衫裤	99.7	101.3	101.3	101.3	101.4	101.4	101.4	98.3	98.3	97.0	97.0	100.1	98.4
内　衣	101.7	100.0	101.1	101.1	102.1	102.1	102.1	102.1	102.1	102.1	102.1	102.1	102.1
其　他	100.0	100.0	100.0	100.0	100.0	100.0	100.0	100.0	100.0	100.0	100.0	100.0	100.0
儿童服装	101.0	100.0	99.4	99.7	100.6	100.6	101.9	101.9	101.2	101.5	101.9	102.0	102.0
上　衣	101.5	100.0	100.0	101.5	101.5	101.5	101.5	101.5	101.5	101.5	102.5	102.5	102.5
裤　子	103.8	100.0	100.0	101.6	104.7	104.7	104.7	104.7	104.7	104.7	105.1	105.6	105.6
裙　子	99.2	100.0	100.0	100.0	100.3	100.3	100.3	100.3	96.9	98.4	98.1	98.1	98.1
其　他	98.0	100.0	96.6	93.2	93.2	93.2	100.0	100.0	100.0	100.0	100.0	100.0	100.0
衣着材料	119.9	122.6	122.9	122.9	122.9	122.9	122.9	122.9	123.7	125.2	125.5	102.3	108.0
棉　布	132.8	142.2	142.2	142.2	142.2	142.2	142.2	142.2	142.2	142.2	142.2	100.0	100.0
化 纤 布	106.9	108.4	108.4	108.4	108.4	108.4	108.4	108.4	108.4	108.4	108.4	100.0	100.0
毛　线	115.6	107.0	109.3	109.3	109.3	109.3	109.3	109.3	115.5	127.2	129.5	121.0	129.1
其　他	118.0	120.0	120.0	120.0	120.0	120.0	120.0	120.0	120.0	120.0	120.0	100.0	120.0
鞋袜帽	100.6	100.1	100.1	100.1	100.1	100.1	100.3	100.3	100.3	100.8	101.3	101.6	101.3
鞋	100.4	100.0	100.0	100.0	100.0	100.0	100.0	100.0	100.0	100.7	101.2	101.5	101.3
男　鞋	100.2	100.0	100.0	100.0	100.0	100.0	100.0	100.0	100.0	100.1	100.6	101.0	100.5
女　鞋	100.5	100.0	100.0	100.0	100.0	100.0	100.0	100.0	100.0	101.2	101.8	101.8	101.8
童　鞋	100.4	100.0	100.0	100.0	100.0	100.0	100.0	100.0	100.0	100.0	100.3	102.2	102.2
袜子	100.0	100.0	100.0	100.0	100.0	100.0	100.0	100.0	100.0	100.0	100.0	100.0	100.0
男　袜	100.0	100.0	100.0	100.0	100.0	100.0	100.0	100.0	100.0	100.0	100.0	100.0	100.0

4-1 续表4

类别	年度	月份											
		一	二	三	四	五	六	七	八	九	十	十一	十二
女　袜	100.0	100.0	100.0	100.0	100.0	100.0	100.0	100.0	100.0	100.0	100.0	100.0	100.0
帽子	103.9	102.8	102.8	102.8	102.8	102.8	104.6	104.6	104.6	104.8	105.2	105.8	103.2
男　帽	102.2	100.0	100.0	100.0	100.0	100.0	103.3	103.3	103.3	103.7	104.8	104.1	104.1
女　帽	104.9	104.5	104.5	104.5	104.5	104.5	105.5	105.5	105.5	105.5	105.5	106.8	102.7
衣着加工服务费	105.4	104.8	104.8	104.8	104.8	103.6	103.6	103.6	103.6	103.6	103.6	111.8	111.8
缝　纫	100.5	100.0	100.0	100.0	100.0	100.0	100.0	100.0	100.0	100.0	100.0	102.9	102.9
清　洗	108.1	107.4	107.4	107.4	107.4	105.5	105.5	105.5	105.5	105.5	105.5	117.0	117.0
其　他	100.0	100.0	100.0	100.0	100.0	100.0	100.0	100.0	100.0	100.0	100.0	100.0	100.0
家庭设备用品及维修服务	**101.6**	**100.8**	**100.8**	**100.8**	**101.0**	**101.3**	**101.4**	**101.6**	**102.0**	**102.1**	**102.8**	**102.6**	**102.3**
耐用消费品	99.7	99.0	98.9	98.9	98.7	99.2	99.5	99.9	99.8	100.1	100.8	100.8	100.3
家　具	100.2	100.0	100.0	100.0	100.0	100.0	100.0	100.0	100.0	100.0	101.2	101.2	100.0
柜	100.1	100.0	100.0	100.0	100.0	100.0	100.0	100.0	100.0	100.0	100.9	100.9	100.0
床	100.4	100.0	100.0	100.0	100.0	100.0	100.0	100.0	100.0	100.0	102.2	102.2	100.0
桌	100.0	100.0	100.0	100.0	100.0	100.0	100.0	100.0	100.0	100.0	100.0	100.0	100.0
椅	100.4	100.0	100.0	100.0	100.0	100.0	100.0	100.0	100.0	100.0	102.1	102.1	100.0
沙　发	100.2	100.0	100.0	100.0	100.0	100.0	100.0	100.0	100.0	100.0	101.1	101.1	100.0
其　他	100.0	100.0	100.0	100.0	100.0	100.0	100.0	100.0	100.0	100.0	100.0	100.0	100.0
家庭设备	99.3	98.4	98.1	98.1	97.8	98.7	99.2	99.7	99.6	100.1	100.5	100.5	100.5
洗衣机	98.4	97.9	96.9	96.9	96.9	97.6	97.6	99.9	98.3	99.4	99.9	99.9	99.9
电风扇	98.9	100.0	100.0	100.0	100.0	98.4	99.2	101.7	101.7	98.7	95.6	95.6	95.6
电冰箱(柜)	99.9	96.4	96.4	96.8	96.8	98.2	102.6	101.2	102.1	102.2	102.1	102.1	102.1
吸排油烟机	97.8	99.4	96.6	97.8	97.8	97.8	97.8	97.8	97.8	97.8	97.8	97.8	97.8
空调器	102.5	96.1	98.0	98.3	98.5	102.5	102.3	102.9	102.9	105.5	108.0	108.0	108.0
热水器	104.8	100.0	102.5	107.6	106.4	105.1	105.1	105.1	105.1	105.1	105.1	105.1	105.1
微波炉	100.3	102.0	100.3	101.6	101.6	101.6	99.6	99.6	99.6	99.6	99.6	99.6	99.6
其　他	95.1	100.0	98.2	95.5	94.4	93.8	94.3	94.3	94.3	94.3	94.3	94.3	94.3
室内装饰品	100.0	100.7	100.7	100.7	100.7	100.7	100.7	100.7	101.0	101.0	97.9	97.9	97.6
纺织装饰品	100.0	101.3	101.3	101.3	101.3	101.3	101.3	101.3	101.3	101.3	96.2	96.2	95.5
装饰灯具	100.0	100.0	100.0	100.0	100.0	100.0	100.0	100.0	100.0	100.0	100.0	100.0	100.0
其　他	100.1	100.0	100.0	100.0	100.0	100.0	100.0	100.0	101.8	101.8	99.1	99.1	99.1
床上用品	104.4	105.4	105.4	105.4	105.4	105.4	105.4	105.4	105.4	105.4	105.4	100.0	100.0
被　子	100.0	100.0	100.0	100.0	100.0	100.0	100.0	100.0	100.0	100.0	100.0	100.0	100.0
床上套件	107.5	109.1	109.1	109.1	109.1	109.1	109.1	109.1	109.1	109.1	109.1	100.0	100.0
其　他	100.0	100.0	100.0	100.0	100.0	100.0	100.0	100.0	100.0	100.0	100.0	100.0	100.0
家庭日用杂品	101.4	100.0	100.0	100.0	100.9	100.9	100.9	100.9	101.6	101.6	102.6	103.7	104.0
茶　具	100.0	100.0	100.0	100.0	100.0	100.0	100.0	100.0	100.0	100.0	100.2	100.0	100.0

类别	年度	月份											
		一	二	三	四	五	六	七	八	九	十	十一	十二
餐　具	102.9	100.0	100.0	100.0	100.0	100.0	100.0	100.0	101.4	101.4	109.2	111.2	111.2
厨　具	100.4	100.0	100.0	100.0	100.0	100.0	100.0	100.0	100.0	100.0	101.4	101.4	101.4
家用手工工具	101.1	100.0	100.0	100.0	100.0	100.0	100.0	100.0	100.3	100.3	102.6	104.8	104.8
洗涤用品	102.4	100.0	100.0	100.0	102.1	102.1	102.1	102.1	103.4	103.4	103.4	104.9	105.7
其　他	100.0	100.0	100.0	100.0	100.0	100.0	100.0	100.0	100.0	100.0	100.0	100.0	100.0
家庭服务及加工维修服务	129.0	123.7	126.5	127.2	127.2	127.2	125.7	127.0	132.5	133.4	133.4	135.2	128.9
家庭服务	137.9	130.7	136.2	137.6	137.6	137.6	140.2	142.9	144.7	146.6	146.6	136.9	122.1
加工维修服务	120.1	116.8	116.8	116.8	116.8	116.8	111.8	111.8	120.8	120.8	120.8	133.3	137.4
医疗保健和个人用品	**101.6**	**102.3**	**101.9**	**102.0**	**101.3**	**100.9**	**101.3**	**102.0**	**101.9**	**102.3**	**101.3**	**101.1**	**100.7**
医疗保健	100.7	101.4	101.2	101.4	100.6	100.3	100.6	100.8	100.9	100.9	100.3	100.4	100.0
医疗器具及用品	101.5	101.5	101.5	101.5	98.5	97.0	102.4	102.4	102.4	102.4	102.4	102.4	103.9
医疗器具及用品	101.5	101.5	101.5	101.5	98.5	97.0	102.4	102.4	102.4	102.4	102.4	102.4	103.9
中药材及中成药	109.4	112.9	112.3	112.2	110.8	110.3	111.4	110.2	110.9	111.4	104.8	103.7	102.7
中药材	110.4	109.0	109.3	109.2	108.3	109.2	110.3	112.8	113.0	113.2	113.2	110.6	107.2
中成药	108.8	115.1	113.9	113.9	112.2	110.9	112.0	108.9	109.8	110.5	100.7	100.3	100.3
西药	99.3	100.1	99.7	100.2	98.7	98.3	98.6	99.3	99.3	99.3	99.4	99.6	99.3
抗菌素(抗感染药)	91.3	99.1	96.4	96.4	86.7	86.7	88.0	90.5	90.5	90.5	90.5	91.3	88.9
消化系统用药	102.0	101.2	102.0	101.0	101.2	99.8	100.8	102.9	102.9	103.0	103.1	103.1	103.1
呼吸系统用药	100.0	100.0	100.0	100.0	100.0	100.0	100.0	100.0	100.0	100.0	100.0	100.0	100.0
解热镇痛药	99.3	101.0	101.2	101.2	98.8	98.8	98.8	98.8	98.8	98.8	98.8	97.7	98.9
抗肿瘤药	99.9	100.0	99.2	99.2	100.0	100.0	100.0	100.0	100.0	100.0	100.0	100.7	100.0
激素类药	101.5	109.1	109.1	100.0	100.0	100.0	100.0	100.0	100.0	100.0	100.0	100.8	100.0
心血管系统用药	101.5	100.0	100.0	101.4	101.4	101.4	101.4	101.4	101.4	101.4	102.7	102.7	102.7
中枢神经系统用药	100.9	102.4	102.4	101.7	101.7	100.0	100.0	100.0	100.0	100.0	100.8	100.8	100.8
消毒防腐及创伤外科用药	100.6	98.6	99.4	99.4	99.4	99.4	99.4	101.7	101.7	101.7	101.7	102.2	102.2
泌尿系统用药	99.9	99.9	99.9	99.9	99.9	99.9	99.9	99.9	99.9	99.9	99.9	99.9	100.0
维生素类	104.2	100.2	98.4	105.2	105.2	105.2	105.2	105.2	105.2	105.2	105.2	105.2	105.0
其　他	95.9	82.4	82.4	100.0	100.0	100.0	100.0	100.0	100.0	100.0	97.2	97.2	97.2
保健器具及用品	100.1	100.0	100.0	100.0	100.0	100.0	100.0	100.0	100.0	100.0	100.0	101.3	99.5
保健器具	100.0	100.0	100.0	100.0	100.0	100.0	100.0	100.0	100.0	100.0	100.0	100.0	100.0
滋补保健用品	100.1	100.0	100.0	100.0	100.0	100.0	100.0	100.0	100.0	100.0	100.0	101.7	99.3
医疗保健服务	99.9	100.0	100.0	100.0	99.9	99.9	99.9	99.9	99.9	99.9	99.9	99.9	99.9
挂号诊疗费	100.0	100.0	100.0	100.0	100.0	100.0	100.0	100.0	100.0	100.0	100.0	100.0	100.0
注射费	100.0	100.0	100.0	100.0	100.0	100.0	100.0	100.0	100.0	100.0	100.0	100.0	100.0
检查费	100.0	100.0	100.0	100.0	100.0	100.0	100.0	100.0	100.0	100.0	100.0	100.0	100.0
手术费	100.0	100.0	100.0	100.0	100.0	100.0	100.0	100.0	100.0	100.0	100.0	100.0	100.0

类别	年度	月份											
		一	二	三	四	五	六	七	八	九	十	十一	十二
床位费	100.0	100.0	100.0	100.0	100.0	100.0	100.0	100.0	100.0	100.0	100.0	100.0	100.0
理疗费	100.0	100.0	100.0	100.0	100.0	100.0	100.0	100.0	100.0	100.0	100.0	100.0	100.0
化验费	99.6	100.0	100.0	100.0	99.5	99.5	99.5	99.5	99.5	99.5	99.5	99.5	99.5
其他	100.0	100.0	100.0	100.0	100.0	100.0	100.0	100.0	100.0	100.0	100.0	100.0	100.0
个人用品及服务	103.2	104.0	103.1	103.1	102.8	102.1	102.7	104.2	103.9	104.8	103.2	102.3	101.9
化妆美容用品	100.2	100.8	100.6	100.4	99.6	99.6	99.9	99.8	100.2	100.2	100.5	100.5	101.0
化妆美容器具	100.3	100.5	100.5	99.9	100.5	100.5	100.5	100.5	100.5	100.7	100.6	99.7	99.7
美容化妆品	98.4	100.0	98.8	97.5	97.5	97.5	97.5	97.5	97.5	97.5	98.8	100.0	100.0
护肤品	100.3	100.0	100.0	100.0	100.0	100.0	100.0	100.0	100.0	100.0	100.5	100.9	101.9
护发美容品	102.7	105.7	105.7	106.4	100.0	100.0	102.0	101.5	104.3	104.3	102.7	100.0	100.5
清洁类化妆品	100.0	100.6	100.2	101.3	100.2	98.1	99.2	99.6	96.9	101.5	101.0	100.4	100.7
洗发用品	101.5	101.8	101.8	101.8	102.1	101.8	100.2	100.2	100.8	102.7	102.1	101.5	101.6
洗浴用品	101.6	100.0	100.0	99.0	99.5	99.0	102.2	102.0	101.3	101.7	105.3	104.0	105.1
其他	98.1	100.0	99.2	101.9	99.0	94.8	97.3	98.1	92.1	100.5	98.4	98.1	98.1
个人饰品	103.6	103.6	104.4	104.1	104.1	103.0	104.0	105.3	105.6	105.8	100.7	101.7	100.7
首饰	110.2	110.4	113.1	111.9	111.8	108.5	111.6	115.4	116.0	116.6	102.1	104.8	101.4
皮件	100.0	100.0	100.0	100.0	100.0	100.0	100.0	100.0	100.0	100.0	100.0	100.0	100.0
手表	100.0	100.0	100.0	100.0	100.0	100.0	100.0	100.0	100.0	100.0	100.0	100.0	100.0
领带	100.1	100.0	100.0	100.0	100.0	100.0	100.0	100.0	100.0	100.0	100.0	100.0	101.8
其他	100.0	100.0	100.0	100.0	100.0	100.0	100.0	100.0	100.0	100.0	100.0	100.0	100.0
个人服务	105.4	107.1	104.1	104.1	104.1	104.1	104.1	107.1	107.1	107.1	107.7	104.6	104.2
美容	99.3	99.0	99.0	99.0	99.0	99.0	99.0	99.0	99.0	99.0	99.0	100.0	101.0
理(烫)发	103.9	104.8	104.8	104.8	104.8	104.8	104.8	104.8	104.8	104.8	104.8	100.2	98.6
洗浴	109.6	114.6	100.0	100.0	100.0	100.0	100.0	114.6	114.6	114.6	117.5	117.5	121.7
其他	108.2	109.7	109.7	109.7	109.7	109.7	109.7	109.7	109.7	109.7	109.7	103.0	100.0
交通和通信	**100.9**	**100.3**	**100.0**	**100.2**	**100.7**	**100.9**	**101.3**	**101.4**	**101.4**	**101.4**	**101.3**	**101.1**	**101.1**
交通	102.1	101.1	100.7	101.5	102.2	102.2	102.8	102.8	102.8	102.8	102.5	102.3	102.2
交通工具	100.8	100.0	100.0	100.0	100.8	100.8	101.2	101.2	101.2	101.2	101.2	101.2	101.2
助动自行车	106.8	100.0	100.0	100.0	105.5	105.5	110.1	110.1	110.1	110.1	110.1	110.1	110.1
轿车	100.0	100.0	100.0	100.0	100.0	100.0	100.0	100.0	100.0	100.0	100.0	100.0	100.0
自行车	103.8	100.8	100.8	100.8	105.8	104.9	104.9	104.9	104.9	104.5	104.5	104.5	104.5
其他	104.7	100.0	100.0	100.0	100.0	106.4	106.4	106.4	106.4	106.4	106.4	106.4	111.7
车用燃料及零配件	112.8	108.6	109.8	112.0	113.8	113.3	115.9	116.0	115.5	115.7	113.2	111.1	109.4
汽油	113.7	108.0	109.5	112.4	114.7	114.1	117.5	117.7	117.7	117.7	114.5	111.7	109.5
柴油	113.4	106.5	108.8	113.7	113.7	113.8	117.4	118.7	118.0	118.0	114.2	111.0	107.1
零配件	102.8	104.0	104.0	104.0	104.0	104.0	104.0	104.0	100.0	101.5	101.5	101.5	101.5

4-1 续表7

类别	年度	月份											
		一	二	三	四	五	六	七	八	九	十	十一	十二
其　他	116.4	116.4	116.4	116.4	116.4	116.4	116.4	116.4	116.4	116.4	116.4	116.4	116.4
车辆使用及维修费	102.6	103.9	101.2	102.1	103.0	102.1	102.1	102.1	102.4	102.7	102.7	102.7	104.6
保险费	100.0	100.0	100.0	100.0	100.0	100.0	100.0	100.0	100.0	100.0	100.0	100.0	100.0
停车费	100.0	100.0	100.0	100.0	100.0	100.0	100.0	100.0	100.0	100.0	100.0	100.0	100.0
车辆修理服务费	102.7	102.2	102.2	102.2	102.2	102.2	102.2	102.2	102.7	103.3	103.3	103.3	104.3
其　他	107.9	120.0	100.0	105.6	112.5	106.3	106.3	106.3	106.3	106.3	106.3	106.3	115.6
市区公共交通费	100.0	100.0	100.0	100.0	100.0	100.0	100.0	100.0	100.0	100.0	100.0	100.0	100.0
公共汽车票	100.0	100.0	100.0	100.0	100.0	100.0	100.0	100.0	100.0	100.0	100.0	100.0	100.0
出租汽车	100.0	100.0	100.0	100.0	100.0	100.0	100.0	100.0	100.0	100.0	100.0	100.0	100.0
其　他	100.0	100.0	100.0	100.0	100.0	100.0	100.0	100.0	100.0	100.0	100.0	100.0	100.0
城市间交通费	101.7	100.6	96.3	101.7	102.0	102.2	102.7	102.7	102.8	102.8	102.8	102.1	101.9
飞机票	105.8	102.3	102.6	103.6	105.1	105.9	107.8	107.8	108.2	108.2	108.2	105.3	104.6
火车票	100.0	100.0	100.0	100.0	100.0	100.0	100.0	100.0	100.0	100.0	100.0	100.0	100.0
长途汽车	97.2	100.0	74.4	100.0	100.0	100.0	100.0	100.0	100.0	100.0	100.0	100.0	100.0
短途汽车	106.8	100.0	107.4	107.4	107.4	107.4	107.4	107.4	107.4	107.4	107.4	107.4	107.4
其　他	100.0	100.0	100.0	100.0	100.0	100.0	100.0	100.0	100.0	100.0	100.0	100.0	100.0
通信	99.7	99.5	99.2	99.0	99.2	99.6	99.7	100.0	100.0	100.0	100.0	100.0	100.0
通信工具	94.8	93.9	92.1	90.9	91.9	94.4	95.0	96.8	96.8	96.8	96.8	96.8	96.9
固定电话机	96.9	100.0	96.6	96.6	96.6	96.6	96.6	96.6	96.6	96.6	96.6	96.6	96.6
移动电话机	94.8	93.7	91.9	90.7	91.7	94.3	94.9	96.8	96.8	96.8	96.8	96.8	96.9
其　他	95.6	100.0	95.1	95.1	95.1	95.1	95.1	95.1	95.1	95.1	95.1	95.1	95.1
通信服务	100.6	100.6	100.6	100.6	100.6	100.6	100.6	100.6	100.6	100.6	100.6	100.6	100.6
移动通信费	100.0	100.0	100.0	100.0	100.0	100.0	100.0	100.0	100.0	100.0	100.0	100.0	100.0
市内电话费	100.0	100.0	100.0	100.0	100.0	100.0	100.0	100.0	100.0	100.0	100.0	100.0	100.0
长途电话费	100.0	100.0	100.0	100.0	100.0	100.0	100.0	100.0	100.0	100.0	100.0	100.0	100.0
月租费	100.0	100.0	100.0	100.0	100.0	100.0	100.0	100.0	100.0	100.0	100.0	100.0	100.0
上网费	106.1	106.1	106.1	106.1	106.1	106.1	106.1	106.1	106.1	106.1	106.1	106.1	106.1
邮政邮寄	100.0	100.0	100.0	100.0	100.0	100.0	100.0	100.0	100.0	100.0	100.0	100.0	100.0
其他邮寄	100.0	100.0	100.0	100.0	100.0	100.0	100.0	100.0	100.0	100.0	100.0	100.0	100.0
其　他	100.0	100.0	100.0	100.0	100.0	100.0	100.0	100.0	100.0	100.0	100.0	100.0	100.0
娱乐教育文化用品及服务	**100.6**	**101.7**	**98.6**	**101.6**	**101.6**	**101.8**	**101.7**	**100.5**	**100.2**	**99.3**	**99.5**	**100.5**	**100.5**
文娱用耐用消费品及服务	98.7	98.5	99.6	97.7	97.8	98.4	98.5	98.6	98.9	98.9	99.2	99.2	99.4
电视机	101.5	97.7	102.4	100.2	100.2	101.6	101.6	101.6	102.6	102.6	102.6	102.6	102.6
激光视盘机	96.7	100.0	100.0	96.0	96.0	96.0	96.0	96.0	96.0	96.0	96.0	96.0	96.0
摄像机	100.0	100.0	100.0	100.0	100.0	100.0	100.0	100.0	100.0	100.0	100.0	100.0	100.0
照相机	98.1	95.9	94.4	95.4	96.5	97.2	98.3	98.6	99.0	99.0	101.2	101.2	101.2

4-1 续表8

类别	年度	月份											
		一	二	三	四	五	六	七	八	九	十	十一	十二
家用音响	98.9	100.0	100.0	98.7	98.7	98.7	98.7	98.7	98.7	98.7	98.7	98.7	98.7
便携式音响	95.0	100.0	94.5	94.5	94.5	94.5	94.5	94.5	94.5	94.5	94.5	94.5	94.5
电脑	97.1	99.5	99.4	96.5	96.5	96.5	96.5	96.5	96.5	96.5	96.5	96.5	97.0
修理服务	100.0	100.0	100.0	100.0	100.0	100.0	100.0	100.0	100.0	100.0	100.0	100.0	100.0
其他	95.1	97.3	94.4	94.4	94.4	94.4	92.0	95.6	95.6	95.6	95.6	95.6	97.0
教育	100.1	100.1	100.1	100.1	100.1	100.1	100.1	100.1	100.1	100.0	100.0	100.0	100.0
教材及参考书	100.9	101.3	101.3	101.3	101.3	101.3	101.3	101.3	101.3	100.0	100.0	100.0	100.0
工具书	100.0	100.0	100.0	100.0	100.0	100.0	100.0	100.0	100.0	100.0	100.0	100.0	100.0
教材	101.1	101.6	101.6	101.6	101.6	101.6	101.6	101.6	101.6	100.0	100.0	100.0	100.0
参考书	100.0	100.0	100.0	100.0	100.0	100.0	100.0	100.0	100.0	100.0	100.0	100.0	100.0
教育软件	100.0	100.0	100.0	100.0	100.0	100.0	100.0	100.0	100.0	100.0	100.0	100.0	100.0
教育服务	100.0	100.0	100.0	100.0	100.0	100.0	100.0	100.0	100.0	100.0	100.0	100.0	100.0
学前教育	100.0	100.0	100.0	100.0	100.0	100.0	100.0	100.0	100.0	100.0	100.0	100.0	100.0
中等教育	100.0	100.0	100.0	100.0	100.0	100.0	100.0	100.0	100.0	100.0	100.0	100.0	100.0
高等教育	100.0	100.0	100.0	100.0	100.0	100.0	100.0	100.0	100.0	100.0	100.0	100.0	100.0
专业技能培训	100.0	100.0	100.0	100.0	100.0	100.0	100.0	100.0	100.0	100.0	100.0	100.0	100.0
其他	100.0	100.0	100.0	100.0	100.0	100.0	100.0	100.0	100.0	100.0	100.0	100.0	100.0
文化娱乐类	102.9	105.0	104.7	105.2	105.8	105.9	105.7	99.6	99.5	99.9	101.5	101.3	101.5
文化娱乐用品	96.9	97.8	96.2	97.6	97.5	97.9	97.1	96.5	95.9	96.0	97.3	96.4	96.5
乐器	100.0	100.0	100.0	100.0	100.0	100.0	100.0	100.0	100.0	100.0	100.0	100.0	100.0
音像光盘和视盘	100.0	100.0	100.0	100.0	100.0	100.0	100.0	100.0	100.0	100.0	100.0	100.0	100.0
电子存储器	90.6	100.0	94.8	89.3	89.3	89.3	89.3	89.3	89.3	89.3	89.3	89.3	89.3
儿童玩具	98.5	94.3	94.3	100.8	100.8	100.8	99.5	98.4	97.4	97.4	101.1	98.7	98.7
纸张本册	105.6	105.1	105.1	107.7	107.7	107.7	107.7	107.7	106.5	106.5	101.4	101.4	103.0
文具	95.9	98.7	95.8	96.3	95.5	97.4	94.9	94.9	94.5	94.9	95.6	96.3	96.3
体育用品	98.7	100.0	99.4	98.9	98.7	99.8	99.8	98.6	97.9	97.9	97.9	97.9	97.9
其他	100.0	100.0	100.0	100.0	100.0	100.0	100.0	100.0	100.0	100.0	100.0	100.0	100.0
书报杂志	102.2	100.0	100.0	100.0	100.0	100.0	100.0	100.0	100.0	100.0	108.9	108.9	108.9
书籍	100.0	100.0	100.0	100.0	100.0	100.0	100.0	100.0	100.0	100.0	100.0	100.0	100.0
报纸	106.5	100.0	100.0	100.0	100.0	100.0	100.0	100.0	100.0	100.0	126.0	126.0	126.0
杂志	100.0	100.0	100.0	100.0	100.0	100.0	100.0	100.0	100.0	100.0	100.0	100.0	100.0
文娱费	105.2	109.0	109.1	109.4	110.5	110.5	110.4	100.6	100.6	101.1	101.1	101.1	101.3
电影票	101.5	101.1	102.8	102.8	102.8	102.8	100.4	96.9	95.0	102.8	102.8	102.8	105.6
景点门票	110.1	122.5	122.5	122.5	122.5	122.5	122.5	100.0	100.0	100.0	100.0	100.0	100.0

4-1 续表9

类别	年度	月份											
		一	二	三	四	五	六	七	八	九	十	十一	十二
有线电视	100.0	100.0	100.0	100.0	100.0	100.0	100.0	100.0	100.0	100.0	100.0	100.0	100.0
健身活动	99.7	93.6	93.6	96.6	100.0	100.0	100.0	100.0	101.5	102.9	102.9	102.9	102.9
其他	105.4	100.0	100.0	100.0	107.1	107.1	107.1	107.1	107.1	107.1	107.1	107.1	107.1
旅游	102.4	108.8	86.0	109.1	107.5	108.1	108.2	105.8	103.2	96.6	95.6	103.5	102.5
旅行社收费	102.5	109.3	85.3	109.6	107.9	108.4	108.5	106.0	103.2	96.3	95.2	103.5	102.6
宾馆住宿	102.5	100.0	100.0	100.0	102.2	103.5	103.5	103.5	103.5	103.5	103.5	103.5	103.5
其他住宿	100.0	100.0	100.0	100.0	100.0	100.0	100.0	100.0	100.0	100.0	100.0	100.0	100.0
居住	**106.3**	**107.5**	**107.5**	**108.3**	**108.5**	**107.4**	**107.3**	**107.0**	**106.0**	**105.1**	**105.1**	**103.9**	**102.8**
建房及装修材料	105.6	105.5	105.8	105.8	106.3	106.8	106.7	106.0	105.8	106.5	106.7	102.8	102.7
木材	106.5	104.4	104.4	104.4	104.4	104.4	104.4	108.1	108.1	108.1	108.1	107.6	111.6
木地板	100.4	100.0	100.0	100.0	100.0	100.0	100.0	100.0	100.5	100.9	100.9	100.9	102.0
砖	107.4	99.9	104.1	104.1	108.0	108.0	108.0	108.0	107.1	111.4	111.4	105.6	113.7
水泥	110.7	126.1	127.3	125.3	116.4	118.9	118.9	116.2	112.3	109.0	109.0	80.6	85.2
涂料	107.4	108.0	108.0	108.0	108.0	108.0	108.0	108.0	108.0	108.0	108.0	108.0	100.6
板材	104.9	103.8	103.8	103.8	103.8	103.8	103.8	103.8	104.6	106.8	108.0	108.0	104.4
玻璃	112.7	106.7	104.4	106.4	124.4	127.4	118.6	111.1	111.1	111.1	111.1	111.1	111.1
粘胶	102.6	105.0	105.0	105.0	105.0	105.0	101.7	101.7	101.7	100.3	100.3	100.3	100.3
厨卫设备	102.4	104.3	104.3	104.3	104.3	102.3	102.3	100.0	100.0	102.0	102.0	102.0	102.0
其他	105.8	97.3	97.3	97.3	100.0	104.3	110.6	110.6	110.6	110.6	110.6	110.6	110.6
住房租金	101.6	101.6	101.6	102.0	102.2	102.2	102.2	101.7	101.7	101.7	101.7	100.6	100.7
公房房租	100.0	100.0	100.0	100.0	100.0	100.0	100.0	100.0	100.0	100.0	100.0	100.0	100.0
私房房租	110.2	110.1	110.1	112.8	113.8	113.8	113.8	110.4	110.4	110.4	110.3	103.8	103.9
其他费用	100.0	100.0	100.0	100.0	100.0	100.0	100.0	100.0	100.0	100.0	100.0	100.0	100.0
自有住房	110.6	113.3	113.3	114.9	115.1	112.4	112.2	111.8	109.8	107.9	107.8	106.9	103.3
住房估算租金	113.3	117.2	117.2	119.4	119.6	116.0	115.6	115.2	112.0	109.5	109.4	108.2	103.6
物业管理费用	100.0	100.0	100.0	100.0	100.0	100.0	100.0	100.0	100.0	100.0	100.0	100.0	100.0
维护修理费用	103.5	100.0	100.0	100.0	100.0	100.0	100.0	100.0	108.3	108.3	108.3	108.3	108.3
其他	100.0	100.0	100.0	100.0	100.0	100.0	100.0	100.0	100.0	100.0	100.0	100.0	100.0
水、电、燃料	101.0	100.9	100.9	101.0	101.0	101.0	101.0	101.1	101.0	100.8	100.5	100.3	102.5
水	100.0	100.0	100.0	100.0	100.0	100.0	100.0	100.0	100.0	100.0	100.0	100.0	100.0
电	100.0	100.0	100.0	100.0	100.0	100.0	100.0	100.0	100.0	100.0	100.0	100.0	100.0
液化石油气	115.4	113.5	113.5	119.7	117.5	119.7	118.5	123.6	121.8	118.3	113.5	104.5	104.5
管道燃气	100.8	100.0	100.0	100.0	100.0	100.0	100.0	100.0	100.0	100.0	100.0	100.0	109.2
其他燃料	121.1	128.1	128.1	128.1	128.1	128.1	128.1	128.1	128.1	117.1	107.9	106.5	107.3

4-2 市区商品零售价格指数(2011 年)

(以上年价格为 100)

类别	年度	月份 一	二	三	四	五	六	七	八	九	十	十一	十二
商品零售价格总指数	**104.9**	**103.6**	**103.9**	**104.2**	**104.1**	**104.5**	**106.0**	**106.5**	**105.9**	**105.9**	**105.5**	**104.1**	**104.3**
食品	**112.3**	**108.5**	**109.0**	**110.3**	**110.1**	**111.1**	**116.0**	**117.7**	**115.1**	**115.0**	**114.3**	**110.2**	**110.6**
粮食	110.5	110.4	110.3	110.6	110.4	111.2	111.6	111.5	111.5	111.0	111.8	108.4	107.6
大　米	118.6	120.7	120.0	119.3	117.6	119.3	120.8	121.3	120.7	116.8	118.3	116.4	113.1
面　粉	107.0	106.6	107.2	108.1	108.4	108.8	108.9	108.1	107.3	107.1	106.5	104.0	103.0
粮食制品	107.6	106.8	106.6	107.4	108.0	108.5	108.0	107.5	108.5	110.0	110.9	104.3	105.4
其　他	104.0	102.5	101.7	101.6	101.6	101.6	102.2	103.4	104.0	105.3	107.8	108.3	108.3
淀粉	123.1	114.1	112.1	119.6	122.0	123.3	124.1	124.6	127.0	129.1	130.7	128.9	121.5
干豆类及豆制品	103.5	109.4	109.3	108.0	104.6	102.3	101.9	102.0	100.7	100.8	103.4	101.8	99.2
干　豆	96.6	117.3	117.1	114.3	100.0	91.7	93.3	93.3	88.3	88.9	93.2	86.3	85.5
豆 制 品	105.6	107.3	107.3	106.2	106.0	106.0	104.7	104.8	104.7	104.3	106.2	106.3	103.1
油脂	113.6	111.6	112.2	112.6	113.3	113.7	114.8	115.4	116.8	119.8	117.8	109.5	106.7
食用植物油	112.3	108.9	110.4	111.1	112.6	112.7	113.7	114.5	116.4	118.5	114.3	109.8	106.2
植物油制品	113.8	115.0	114.6	114.7	114.4	114.4	114.4	114.4	115.7	119.5	119.3	106.9	105.0
其　他	129.2	103.3	104.9	105.0	108.2	118.3	138.8	146.0	140.6	144.0	150.1	148.3	144.3
肉禽及其制品	127.8	110.4	117.4	119.6	124.0	126.6	136.7	139.5	134.6	135.5	135.3	129.6	125.2
食用畜肉及副产品	133.8	110.0	120.9	124.7	130.2	132.8	146.4	149.0	141.5	143.6	143.7	136.2	128.6
猪　肉	140.5	108.0	123.9	130.4	138.9	142.7	161.9	163.8	150.9	151.3	150.2	139.4	129.5
牛　肉	113.4	103.9	106.6	108.2	109.8	109.8	109.8	111.9	111.7	117.5	121.5	122.7	127.1
羊　肉	124.1	127.6	122.9	118.8	117.7	118.4	117.9	117.0	121.2	130.7	134.9	134.0	127.0
畜肉副产品	122.8	109.9	110.0	106.2	108.0	108.8	122.8	131.4	137.1	137.6	137.0	134.7	129.9
其　他	108.9	107.7	109.2	107.6	106.5	106.5	110.0	110.0	110.0	110.0	110.0	110.0	110.0
禽	115.9	115.2	110.3	107.8	114.6	119.9	124.0	123.4	121.5	119.0	115.1	109.1	112.3
鸡	114.8	114.3	108.7	106.4	113.5	119.2	123.2	122.5	120.6	117.7	113.9	107.8	111.6
鸭	128.4	124.6	129.7	124.6	126.9	127.9	134.5	135.8	131.8	133.0	131.2	124.1	118.8
其　他	123.6	123.7	122.0	120.0	125.2	125.2	126.3	126.3	128.9	129.3	119.0	119.0	119.0
加工肉禽	117.5	109.0	111.1	111.9	112.5	113.6	117.6	121.6	121.7	121.7	122.7	122.6	122.4
畜肉制品	119.3	105.5	108.6	109.9	110.7	112.3	117.9	123.6	125.5	128.4	129.6	129.9	129.7
禽 制 品	114.4	115.0	115.3	115.3	115.7	115.9	117.2	118.3	115.6	111.4	112.3	111.4	111.2
蛋	116.7	131.6	124.4	119.1	120.6	123.3	124.7	123.1	120.6	114.1	110.3	99.8	98.6
鲜　蛋	116.4	132.8	124.8	119.1	120.7	123.7	125.2	123.4	120.7	113.4	108.7	98.1	97.3

4-2 续表1

类别	年度	月份											
		一	二	三	四	五	六	七	八	九	十	十一	十二
蛋制品	119.8	119.7	119.7	119.7	119.7	119.7	119.7	119.7	119.7	122.3	128.4	118.7	112.2
水产品	122.3	124.4	118.0	121.4	124.4	127.8	130.5	130.9	131.0	121.9	116.5	113.5	112.0
鱼	120.5	116.8	112.0	113.8	114.7	121.5	126.9	128.5	126.8	125.4	122.1	119.9	118.2
淡水鱼	112.0	110.3	102.2	104.4	105.5	115.8	122.8	123.0	119.4	113.0	110.8	110.2	107.2
海水鱼	130.9	124.5	124.1	125.1	125.9	128.4	131.9	135.4	136.3	141.6	136.0	131.4	130.7
其他水产品	125.4	137.3	128.4	134.4	141.5	138.7	136.8	135.2	138.8	116.5	108.3	104.4	103.3
虾蟹类	110.3	109.8	103.9	113.6	119.8	114.9	111.5	107.7	112.1	112.6	109.9	105.6	103.8
其他	137.7	165.0	153.9	154.3	162.3	162.3	162.3	162.3	162.3	119.0	107.3	103.6	102.9
菜	101.9	97.5	101.1	106.9	94.4	90.7	112.7	117.2	100.0	102.5	99.4	92.8	114.4
鲜菜	101.6	94.9	99.4	106.7	92.6	88.4	115.5	121.0	99.9	103.1	99.2	91.1	117.1
干菜及菜制品	102.6	103.9	101.9	101.1	100.9	100.0	101.8	100.6	100.6	101.8	105.0	106.4	107.9
薯类	107.7	145.9	147.8	129.9	115.9	102.9	106.4	113.5	100.3	91.8	83.8	81.6	85.3
调味品	102.7	98.9	98.5	97.9	100.4	100.1	101.9	103.3	105.0	107.2	107.3	106.4	105.8
食用盐	99.1	92.8	94.2	93.5	98.8	98.1	98.8	98.8	100.4	104.7	104.7	102.9	102.9
酱油	102.6	101.4	101.4	100.7	100.9	101.7	103.2	103.7	103.8	104.2	104.2	103.8	101.7
食醋	103.8	100.9	100.3	100.6	102.1	101.6	103.8	102.2	105.7	107.2	107.2	107.2	106.8
味精	101.5	108.3	101.1	99.8	101.1	99.8	101.1	101.1	101.3	101.3	102.5	100.8	100.2
其他	109.5	100.0	100.0	98.7	100.0	100.0	104.3	115.4	117.5	119.7	119.7	119.7	119.7
糖	108.4	103.0	102.1	104.6	103.4	104.0	106.0	107.3	112.8	114.0	114.4	114.5	114.7
食糖	119.7	108.6	107.6	113.8	115.1	114.8	121.6	121.6	126.6	129.5	126.8	125.5	125.5
糖果	102.3	99.4	97.9	99.4	96.4	97.6	97.5	99.3	106.6	106.8	108.8	108.8	109.3
巧克力制品	105.4	100.0	99.3	100.0	98.7	100.0	100.0	103.7	111.6	111.2	113.2	113.2	113.2
糖类小食品	105.4	105.4	105.4	105.4	104.1	104.1	103.9	104.1	103.9	105.2	106.1	108.7	108.7
干鲜瓜果	111.6	114.0	107.2	107.3	110.3	111.1	109.8	113.8	113.6	114.8	116.1	115.9	107.4
鲜瓜果	108.3	112.5	104.3	104.5	107.8	107.4	104.1	106.9	106.7	109.9	114.8	116.1	106.3
干(坚)果	121.7	118.5	116.7	116.7	118.6	123.7	128.0	133.3	132.9	128.8	119.5	115.3	110.3
糕点饼干面包	102.4	101.7	101.6	101.2	101.7	100.8	102.9	102.1	103.1	104.0	103.6	102.6	103.1
糕点	101.7	104.8	103.5	103.3	100.1	100.0	100.0	99.3	100.2	102.3	102.3	102.3	102.3
饼干	106.4	101.0	101.8	104.2	104.9	105.7	108.4	106.8	109.0	109.9	109.4	107.4	108.7
面包	99.2	100.0	100.0	97.1	100.0	97.1	100.0	100.0	100.0	100.0	99.4	98.7	98.7

4-2 续表2

类别	年度	月份											
		一	二	三	四	五	六	七	八	九	十	十一	十二
液体乳及乳制品	103.7	104.7	104.7	104.5	105.0	105.0	105.2	105.2	105.5	102.6	100.7	100.7	100.9
巴氏杀菌奶或消毒奶	104.0	105.9	105.9	105.9	105.9	105.9	105.9	105.9	105.9	102.1	100.0	100.0	100.0
酸牛乳	109.6	108.3	108.3	107.4	113.3	113.3	113.3	113.3	113.3	108.4	105.5	105.5	106.6
乳粉	99.0	100.0	100.0	100.0	97.6	97.6	98.5	98.7	100.0	100.0	98.7	98.7	98.7
其他	100.0	100.0	100.0	100.0	100.0	100.0	100.0	100.0	100.0	100.0	100.0	100.0	100.0
在外用膳食品	106.1	104.2	103.7	104.2	104.7	106.9	107.2	107.8	107.8	108.2	108.9	105.1	105.1
主食	112.8	113.3	113.3	113.3	113.3	113.3	113.3	116.4	116.4	117.2	118.6	103.9	104.5
炒菜	100.0	100.0	100.0	100.0	100.0	100.0	100.0	100.0	100.0	100.0	100.0	100.0	100.0
地方小吃	126.2	109.5	105.7	109.0	113.3	131.5	133.4	133.4	133.4	135.4	139.1	134.7	134.7
其他	105.4	105.3	105.3	106.7	106.7	106.7	106.7	106.7	106.7	106.7	106.7	101.2	100.0
其他食品	102.1	103.0	103.0	102.9	102.3	100.4	102.1	102.5	101.8	102.8	103.3	101.5	99.4
其他食品	102.1	103.0	103.0	102.9	102.3	100.4	102.1	102.5	101.8	102.8	103.3	101.5	99.4
饮料、烟酒	**103.0**	**102.1**	**101.9**	**102.0**	**103.0**	**102.9**	**103.1**	**103.0**	**103.2**	**103.6**	**103.8**	**104.1**	**103.7**
茶及饮料	105.5	103.8	103.8	104.0	105.7	106.2	106.0	106.1	106.6	106.3	105.9	106.0	105.1
茶叶	101.5	108.3	108.3	103.9	100.0	100.0	100.0	100.0	101.3	100.7	98.9	98.9	98.9
饮料	107.2	101.9	101.9	104.1	108.3	109.0	108.8	108.9	109.0	108.9	109.1	109.2	107.9
固体饮料	110.9	103.1	103.1	103.1	112.5	115.2	114.4	114.4	112.1	113.5	113.4	113.5	112.6
液体饮料	102.2	102.4	102.4	101.3	101.6	102.2	102.0	102.2	102.9	102.4	102.8	102.9	101.1
冷冻饮品	117.8	100.0	100.0	111.8	122.5	122.5	122.5	122.5	122.5	122.5	122.5	122.5	122.5
烟草	100.0	100.0	100.0	100.0	100.0	100.0	100.0	100.0	100.0	100.0	100.0	100.0	100.0
高档卷烟	100.0	100.0	100.0	100.0	100.0	100.0	100.0	100.0	100.0	100.0	100.0	100.0	100.0
中档卷烟	100.0	100.0	100.0	100.0	100.0	100.0	100.0	100.0	100.0	100.0	100.0	100.0	100.0
其他	100.0	100.0	100.0	100.0	100.0	100.0	100.0	100.0	100.0	100.0	100.0	100.0	100.0
酒	105.2	103.7	103.0	103.2	104.9	104.4	105.1	104.6	104.9	106.3	107.1	108.0	107.5
白酒	106.5	104.9	103.7	104.6	105.7	105.7	106.7	106.0	106.6	107.6	108.4	109.8	108.6
葡萄酒	103.4	101.7	101.7	100.5	104.3	101.0	102.2	102.2	102.8	105.6	105.6	105.6	107.3
啤酒	102.2	101.4	101.4	100.6	102.4	102.2	101.8	101.5	100.7	102.7	104.0	103.6	103.6
其他	100.9	100.0	100.0	100.0	100.0	100.0	100.0	100.0	100.0	101.7	101.7	103.4	103.4
服装、鞋帽	**100.5**	**100.3**	**100.2**	**100.0**	**100.5**	**100.5**	**100.7**	**100.5**	**100.3**	**100.4**	**100.8**	**101.2**	**101.1**

4-2　续表 3

类　别	年　度	月份											
		一	二	三	四	五	六	七	八	九	十	十一	十二
服装	100.5	100.4	100.1	100.0	100.7	100.7	100.9	100.6	100.4	100.2	100.6	101.0	100.9
男式服装	99.9	100.4	100.1	99.7	100.0	100.0	100.2	99.7	99.7	99.1	99.7	100.0	99.9
大　衣	94.8	100.0	98.1	95.0	93.7	93.7	93.7	93.7	93.7	93.7	94.7	93.9	93.9
毛 线 衣	99.4	100.0	100.0	99.5	99.5	99.5	99.5	99.5	99.5	99.5	99.5	98.7	98.7
夹 克 衫	97.1	94.3	94.3	94.3	96.4	96.4	96.4	96.4	96.4	98.5	100.9	100.9	100.9
衬　衫	100.5	100.7	100.7	100.7	100.7	100.7	100.7	100.7	100.7	100.0	100.0	100.0	100.0
T 恤 衫	101.5	100.0	100.0	100.0	100.0	100.0	102.0	100.8	100.8	102.4	104.3	104.4	103.4
裤　子	103.0	104.3	104.3	104.3	104.3	104.3	104.3	104.3	104.3	100.0	100.0	101.0	101.0
西　服	99.0	100.0	100.0	100.0	100.0	100.0	100.0	97.9	97.9	97.9	97.9	98.2	98.2
运动衫裤	100.1	101.4	101.4	101.4	101.4	101.4	101.4	99.4	99.4	98.0	99.3	98.3	98.3
内　衣	101.7	100.0	101.1	101.1	102.1	102.1	102.1	102.1	102.1	102.1	102.1	102.1	102.1
羽 绒 衣	96.7	101.4	98.0	94.6	94.6	94.6	94.6	94.6	94.6	94.6	94.6	101.9	101.9
其　他	97.0	100.0	98.3	96.5	96.5	96.5	96.5	96.5	96.5	96.5	96.5	96.5	96.5
女式服装	100.9	100.4	100.2	100.0	101.1	101.1	101.1	101.0	100.7	100.8	101.0	101.6	101.5
大　衣	100.0	100.1	100.1	100.1	100.1	100.1	100.1	100.1	100.1	100.1	100.1	99.7	99.0
毛 线 衣	102.0	101.8	101.8	101.8	101.8	101.8	101.8	101.8	101.8	101.8	101.9	103.0	103.0
羽 绒 衣	94.8	100.5	97.2	93.8	93.8	93.8	93.8	93.8	93.8	93.8	93.8	94.7	94.7
套　装	103.0	99.0	99.0	99.0	103.3	103.3	103.6	103.6	103.6	104.6	105.2	105.7	105.7
衬　衫	100.7	101.2	101.2	101.2	101.2	101.2	101.2	101.2	101.2	101.2	97.6	100.0	100.0
T 恤 衫	100.5	100.0	100.0	100.0	100.0	100.0	100.0	100.0	100.0	100.0	101.1	102.7	102.7
裙　子	102.9	100.0	100.0	100.0	104.0	104.0	104.0	104.0	102.4	102.4	104.5	104.5	104.5
裤　子	101.1	100.7	100.7	101.6	101.6	101.6	101.6	101.6	100.9	100.9	100.9	100.9	100.9
运动衫裤	99.7	101.3	101.3	101.3	101.4	101.4	101.4	98.3	98.3	97.0	97.0	100.1	98.4
内　衣	101.7	100.0	101.1	101.1	102.1	102.1	102.1	102.1	102.1	102.1	102.1	102.1	102.1
其　他	100.0	100.0	100.0	100.0	100.0	100.0	100.0	100.0	100.0	100.0	100.0	100.0	100.0
儿童服装	101.4	100.0	99.7	100.5	101.5	101.5	102.1	102.1	101.4	101.7	102.2	102.3	102.3
上　衣	101.5	100.0	100.0	101.5	101.5	101.5	101.5	101.5	101.5	101.5	102.5	102.5	102.5
裤　子	103.8	100.0	100.0	101.6	104.7	104.7	104.7	104.7	104.7	104.7	105.1	105.6	105.6
裙　子	99.2	100.0	100.0	100.0	100.3	100.3	100.3	100.3	96.9	98.4	98.1	98.1	98.1
其　他	98.0	100.0	96.6	93.2	93.2	93.2	100.0	100.0	100.0	100.0	100.0	100.0	100.0

4-2 续表4

类　别	年　度	月份											
		一	二	三	四	五	六	七	八	九	十	十一	十二
鞋袜帽	100.6	100.2	100.2	100.2	100.2	100.2	100.3	100.3	100.3	100.9	101.3	101.7	101.4
鞋	100.4	100.0	100.0	100.0	100.0	100.0	100.0	100.0	100.0	100.7	101.2	101.6	101.4
男　鞋	100.2	100.0	100.0	100.0	100.0	100.0	100.0	100.0	100.0	100.1	100.6	101.0	100.5
女　鞋	100.5	100.0	100.0	100.0	100.0	100.0	100.0	100.0	100.0	101.2	101.8	101.8	101.8
童　鞋	100.4	100.0	100.0	100.0	100.0	100.0	100.0	100.0	100.0	100.0	100.3	102.2	102.2
袜子	100.0	100.0	100.0	100.0	100.0	100.0	100.0	100.0	100.0	100.0	100.0	100.0	100.0
男　袜	100.0	100.0	100.0	100.0	100.0	100.0	100.0	100.0	100.0	100.0	100.0	100.0	100.0
女　袜	100.0	100.0	100.0	100.0	100.0	100.0	100.0	100.0	100.0	100.0	100.0	100.0	100.0
帽子	104.4	103.6	103.6	103.6	103.6	103.6	105.0	105.0	105.0	105.1	105.3	106.3	102.9
男　帽	102.2	100.0	100.0	100.0	100.0	100.0	103.3	103.3	103.3	103.7	104.8	104.1	104.1
女　帽	104.9	104.5	104.5	104.5	104.5	104.5	105.5	105.5	105.5	105.5	105.5	106.8	102.7
其他	100.1	100.0	100.0	100.0	100.0	100.0	100.0	100.0	100.0	100.0	100.0	100.0	101.8
领　带	100.1	100.0	100.0	100.0	100.0	100.0	100.0	100.0	100.0	100.0	100.0	100.0	101.8
纺织品	**106.8**	**107.5**	**107.6**	**107.6**	**107.6**	**107.6**	**107.6**	**107.6**	**108.0**	**108.6**	**108.8**	**101.2**	**102.5**
衣着材料	116.2	116.2	116.8	116.8	116.8	116.8	116.8	116.8	118.5	121.7	122.3	105.3	111.2
棉　布	132.8	142.2	142.2	142.2	142.2	142.2	142.2	142.2	142.2	142.2	142.2	100.0	100.0
化纤布	106.9	108.4	108.4	108.4	108.4	108.4	108.4	108.4	108.4	108.4	108.4	100.0	100.0
毛　线	115.6	107.0	109.3	109.3	109.3	109.3	109.3	109.3	115.5	127.2	129.5	121.0	129.1
其　他	118.0	120.0	120.0	120.0	120.0	120.0	120.0	120.0	120.0	120.0	120.0	100.0	120.0
床上用品	104.2	105.1	105.1	105.1	105.1	105.1	105.1	105.1	105.1	105.1	105.1	100.0	100.0
被　子	100.0	100.0	100.0	100.0	100.0	100.0	100.0	100.0	100.0	100.0	100.0	100.0	100.0
床上套件	107.5	109.1	109.1	109.1	109.1	109.1	109.1	109.1	109.1	109.1	109.1	100.0	100.0
家用电器及音像器材	**100.4**	**98.4**	**99.2**	**99.1**	**99.1**	**100.2**	**100.5**	**100.8**	**100.9**	**101.4**	**101.8**	**102.0**	**102.0**
家庭设备	100.8	97.7	98.1	98.9	98.9	100.4	101.1	101.5	101.4	102.4	103.2	103.2	103.2
洗衣机	98.4	97.9	96.9	96.9	96.9	97.6	97.6	99.9	98.3	99.4	99.9	99.9	99.9
电风扇	98.9	100.0	100.0	100.0	100.0	98.4	99.2	101.7	101.7	98.7	95.6	95.6	95.6
电冰箱(柜)	99.9	96.4	96.4	96.8	96.8	98.2	102.6	101.2	102.1	102.2	102.1	102.1	102.1
吸排油烟机	97.8	99.4	96.6	97.8	97.8	97.8	97.8	97.8	97.8	97.8	97.8	97.8	97.8
空调器	102.5	96.1	98.0	98.3	98.5	102.5	102.3	102.9	102.9	105.5	108.0	108.0	108.0
热水器	104.8	100.0	102.5	107.6	106.4	105.1	105.1	105.1	105.1	105.1	105.1	105.1	105.1

4-2 续表5

类　别	年　度	月份 一	二	三	四	五	六	七	八	九	十	十一	十二
微波炉	100.3	102.0	100.3	101.6	101.6	101.6	99.6	99.6	99.6	99.6	99.6	99.6	99.6
其　他	94.9	99.2	97.4	94.7	94.4	93.8	94.3	94.3	94.3	94.3	94.3	94.3	94.3
文娱用耐用消费品	99.9	98.9	100.5	99.1	99.3	99.9	99.8	99.9	100.3	100.3	100.3	100.3	100.4
电视机	101.5	97.7	102.4	100.2	100.2	101.6	101.6	101.6	102.6	102.6	102.6	102.6	102.6
激光视盘机	96.7	100.0	100.0	96.0	96.0	96.0	96.0	96.0	96.0	96.0	96.0	96.0	96.0
摄像机	100.0	100.0	100.0	100.0	100.0	100.0	100.0	100.0	100.0	100.0	100.0	100.0	100.0
照相机	100.9	100.0	100.0	100.0	101.2	101.2	101.2	101.2	101.2	101.2	101.2	101.2	101.2
家用音响	98.9	100.0	100.0	98.7	98.7	98.7	98.7	98.7	98.7	98.7	98.7	98.7	98.7
便携式音响	95.0	100.0	94.5	94.5	94.5	94.5	94.5	94.5	94.5	94.5	94.5	94.5	94.5
其　他	95.1	97.3	94.4	94.4	94.4	94.4	92.0	95.6	95.6	95.6	95.6	95.6	97.0
专业音像器材	100.3	100.0	100.0	100.0	100.0	100.0	100.0	100.0	100.0	100.0	100.0	101.8	101.8
专业音响器材	100.3	100.0	100.0	100.0	100.0	100.0	100.0	100.0	100.0	100.0	100.0	101.7	101.7
专业声像器材	100.3	100.0	100.0	100.0	100.0	100.0	100.0	100.0	100.0	100.0	100.0	101.9	101.9
文化办公用品	**98.1**	**100.0**	**99.5**	**98.4**	**97.9**	**98.0**	**97.9**	**97.9**	**97.5**	**97.6**	**96.9**	**97.7**	**98.3**
纸张本册	105.6	105.1	105.1	107.7	107.7	107.7	107.7	107.7	106.5	106.5	101.4	101.4	103.0
文　具	95.9	98.7	95.8	96.3	95.5	97.4	94.9	94.9	94.5	94.9	95.6	96.3	96.3
电　脑	97.1	99.5	99.4	96.5	96.5	96.5	96.5	96.5	96.5	96.5	96.5	96.5	97.0
电脑附件	97.9	100.0	100.0	97.4	97.4	97.4	97.4	97.4	97.4	97.4	97.4	97.4	97.4
电子存储器	90.2	99.5	94.4	88.8	88.8	88.8	88.8	88.8	88.8	88.8	88.8	88.8	89.3
打印机及配件	94.9	97.1	97.1	97.1	92.6	92.6	92.6	92.6	92.6	92.6	92.6	100.0	100.0
扫描仪	96.3	95.3	95.3	95.3	95.3	95.3	95.3	95.3	96.1	96.8	96.8	96.8	101.6
复印机	100.0	100.0	100.0	100.0	100.0	100.0	100.0	100.0	100.0	100.0	100.0	100.0	100.0
计算器	98.4	100.0	100.0	100.0	100.0	100.0	100.0	100.0	96.1	96.1	96.1	96.1	96.1
教学设备	100.0	100.0	100.0	100.0	100.0	100.0	100.0	100.0	100.0	100.0	100.0	100.0	100.0
其　他	100.0	100.0	100.0	100.0	100.0	100.0	100.0	100.0	100.0	100.0	100.0	100.0	100.0
日用品	**101.6**	**99.3**	**99.7**	**100.3**	**101.8**	**101.0**	**101.8**	**101.6**	**101.6**	**102.0**	**102.9**	**103.3**	**103.3**
日用百货	102.9	99.6	101.0	101.4	103.9	101.7	104.0	104.0	103.1	104.4	104.5	104.0	103.8
自行车	103.8	100.8	100.8	100.8	105.8	104.9	104.9	104.9	104.9	104.5	104.5	104.5	104.5
助动自行车	106.8	100.0	100.0	100.0	105.5	105.5	110.1	110.1	110.1	110.1	110.1	110.1	110.1
雨　具	100.8	100.4	100.0	100.4	98.7	98.7	100.9	100.9	101.1	98.7	102.8	103.2	103.2

4-2　续表6

类　别	年　度	月份 一	二	三	四	五	六	七	八	九	十	十一	十二
剃须刀具	99.9	100.0	100.0	99.1	100.0	100.0	100.0	100.0	100.0	100.1	100.6	98.2	100.3
电　池	101.2	100.0	100.0	100.0	100.0	100.0	100.0	100.0	100.7	102.5	103.8	103.7	103.7
卫生用纸制品	99.8	99.3	104.9	105.8	102.0	98.4	100.1	98.2	95.6	99.8	97.9	98.1	98.2
其　他	95.9	91.3	86.9	91.2	111.3	87.9	87.9	102.2	96.7	100.0	109.4	98.2	92.3
日用杂品	101.3	100.0	100.0	100.0	100.3	100.3	100.0	100.0	100.5	100.5	104.4	105.1	104.8
茶　具	100.0	100.0	100.0	100.0	100.0	100.0	100.0	100.0	100.0	100.0	100.2	100.0	100.0
餐　具	102.9	100.0	100.0	100.0	100.0	100.0	100.0	100.0	101.4	101.4	109.2	111.2	111.2
厨　具	100.4	100.0	100.0	100.0	100.0	100.0	100.0	100.0	100.0	100.0	101.4	101.4	101.4
其　他	102.0	100.0	100.0	100.0	106.3	106.3	100.0	100.0	100.0	100.0	106.3	106.3	100.0
洗涤用品	101.7	99.0	99.0	99.6	101.6	101.4	101.9	101.5	102.2	102.1	102.7	104.4	104.6
洗衣粉(液)	100.9	98.8	98.8	99.9	99.9	99.3	100.5	99.4	101.7	101.7	101.8	104.5	104.5
肥　皂　类	104.3	98.9	98.9	98.9	105.0	105.0	105.0	105.0	105.0	105.0	107.5	108.7	108.7
清洁洗涤剂	99.5	99.6	99.6	100.0	100.0	100.0	100.0	100.0	99.5	99.0	98.2	98.7	99.3
其他日用品	99.6	98.7	98.7	100.0	100.0	100.0	99.8	99.6	99.3	99.3	100.1	99.8	99.8
儿童玩具	98.5	94.3	94.3	100.8	100.8	100.8	99.5	98.4	97.4	97.4	101.1	98.7	98.7
照明器具	100.0	100.0	100.0	100.0	100.0	100.0	100.0	100.0	100.0	100.0	100.0	100.0	100.0
钟表眼镜及配件	99.7	99.6	99.6	99.6	99.6	99.6	99.6	99.6	99.6	99.6	99.6	100.0	100.0
日用普通饰品	100.0	100.0	100.0	100.0	100.0	100.0	100.0	100.0	100.0	100.0	100.0	100.0	100.0
日用皮革制品	100.0	100.0	100.0	100.0	100.0	100.0	100.0	100.0	100.0	100.0	100.0	100.0	100.0
其　他	100.7	100.0	100.0	100.0	100.0	100.0	100.0	100.0	100.0	100.0	101.8	103.5	103.5
体育娱乐用品	**99.7**	**100.0**	**100.0**	**100.0**	**99.6**	**99.8**	**99.8**	**100.0**	**99.7**	**99.3**	**99.4**	**99.2**	**99.2**
体育用品	99.7	100.0	100.0	100.0	99.6	100.0	100.0	100.0	99.7	99.1	99.3	99.0	99.0
球　类	99.5	100.0	100.0	100.0	100.0	100.0	100.0	100.0	98.9	98.9	98.9	98.9	98.9
棋　牌	100.0	100.0	100.0	100.0	100.0	100.0	100.0	100.0	100.0	100.0	100.0	100.0	100.0
健身器材	99.6	100.0	100.0	100.0	99.2	100.0	100.0	100.0	100.0	98.9	99.3	98.6	98.6
娱乐用品	99.7	100.0	100.0	100.0	99.5	99.6	99.6	100.0	99.8	99.5	99.5	99.5	99.5
游艺器材	99.2	100.0	100.0	100.0	98.7	99.0	99.0	100.0	99.4	98.7	98.7	98.7	98.7
乐　器	100.0	100.0	100.0	100.0	100.0	100.0	100.0	100.0	100.0	100.0	100.0	100.0	100.0
通信用品	**98.5**	**98.4**	**97.9**	**97.5**	**97.7**	**98.4**	**98.6**	**99.0**	**99.0**	**99.0**	**99.0**	**99.0**	**99.0**
交通运输机械	100.0	100.0	100.0	100.0	100.0	100.0	100.0	100.0	100.0	100.0	100.0	100.0	100.0

4-2 续表7

类别	年度	月份 一	二	三	四	五	六	七	八	九	十	十一	十二
轿车	100.0	100.0	100.0	100.0	100.0	100.0	100.0	100.0	100.0	100.0	100.0	100.0	100.0
客车	100.0	100.0	100.0	100.0	100.0	100.0	100.0	100.0	100.0	100.0	100.0	100.0	100.0
货车	100.0	100.0	100.0	100.0	100.0	100.0	100.0	100.0	100.0	100.0	100.0	100.0	100.0
其他	100.0	100.0	100.0	100.0	100.0	100.0	100.0	100.0	100.0	100.0	100.0	100.0	100.0
通信器材	95.2	94.9	93.1	91.8	92.6	94.7	95.2	96.6	96.6	96.6	96.6	96.6	96.7
固定电话机	96.9	100.0	96.6	96.6	96.6	96.6	96.6	96.6	96.6	96.6	96.6	96.6	96.6
移动电话机	94.8	93.7	91.9	90.7	91.7	94.3	94.9	96.8	96.8	96.8	96.8	96.8	96.9
传真机	95.7	99.7	99.7	94.8	94.8	94.8	94.8	94.8	94.8	94.8	94.8	94.8	95.1
其他	99.9	100.0	100.0	100.0	100.0	100.0	100.0	100.0	100.0	100.0	100.0	100.0	98.7
家具	**100.2**	**100.0**	**100.0**	**100.0**	**100.0**	**100.0**	**100.0**	**100.0**	**100.0**	**100.0**	**101.3**	**101.3**	**100.0**
柜	100.1	100.0	100.0	100.0	100.0	100.0	100.0	100.0	100.0	100.0	100.9	100.9	100.0
床	100.4	100.0	100.0	100.0	100.0	100.0	100.0	100.0	100.0	100.0	102.2	102.2	100.0
桌	100.0	100.0	100.0	100.0	100.0	100.0	100.0	100.0	100.0	100.0	100.0	100.0	100.0
椅	100.4	100.0	100.0	100.0	100.0	100.0	100.0	100.0	100.0	100.0	102.1	102.1	100.0
沙发	100.2	100.0	100.0	100.0	100.0	100.0	100.0	100.0	100.0	100.0	101.1	101.1	100.0
其他	100.0	100.0	100.0	100.0	100.0	100.0	100.0	100.0	100.0	100.0	100.0	100.0	100.0
化妆品	**101.1**	**102.2**	**102.1**	**101.9**	**99.5**	**99.5**	**100.4**	**100.0**	**101.1**	**101.4**	**102.2**	**101.3**	**101.8**
护肤品	100.3	100.0	100.0	100.0	100.0	100.0	100.0	100.0	100.0	100.0	100.5	100.9	101.9
美容、装饰类化妆品	98.4	100.0	98.8	97.5	97.5	97.5	97.5	97.5	97.5	97.5	98.8	100.0	100.0
护发美容品	102.7	105.7	105.7	106.4	100.0	100.0	102.0	101.5	104.3	104.3	102.7	100.0	100.5
洗发用品	102.3	105.7	105.7	105.7	99.7	100.0	99.8	98.5	101.8	103.7	104.0	101.5	101.6
洗浴用品	103.8	105.7	105.7	104.7	99.5	99.0	103.5	102.0	104.1	104.5	108.2	104.0	105.1
药物美容用品	101.8	97.8	98.9	100.0	100.0	100.0	103.0	104.0	103.5	103.0	104.0	104.0	104.0
金银珠宝	**106.7**	**106.9**	**108.3**	**107.3**	**106.2**	**104.2**	**107.3**	**109.5**	**111.4**	**111.3**	**101.2**	**104.9**	**102.1**
金饰品	113.6	105.5	106.4	107.6	110.3	110.0	110.0	113.7	121.0	125.8	115.7	120.2	116.2
银饰品	108.3	108.3	108.3	108.3	108.3	108.3	108.3	108.3	108.3	108.3	108.3	108.3	108.3
铂金饰品	101.3	110.4	113.1	109.1	103.6	99.1	106.4	108.3	105.3	100.3	85.7	90.4	87.3
其他	100.0	100.0	100.0	100.0	100.0	100.0	100.0	100.0	100.0	100.0	100.0	100.0	100.0
中西药品及医疗保健用品	**102.2**	**104.2**	**103.8**	**103.6**	**101.9**	**101.5**	**102.2**	**102.3**	**102.5**	**102.7**	**100.7**	**100.6**	**100.0**
医疗器具及用品	101.5	101.5	101.5	101.5	98.5	97.0	102.4	102.4	102.4	102.4	102.4	102.4	103.9

4-2 续表 8

类　别	年　度	月　份											
		一	二	三	四	五	六	七	八	九	十	十一	十二
医疗器具及用品	101.5	101.5	101.5	101.5	98.5	97.0	102.4	102.4	102.4	102.4	102.4	102.4	103.9
中药材及中成药	109.3	113.2	112.5	112.4	111.0	110.4	111.5	110.1	110.7	111.3	104.3	103.3	102.4
中　药　材	110.4	109.0	109.3	109.2	108.3	109.2	110.3	112.8	113.0	113.2	113.2	110.6	107.2
中　成　药	108.8	115.1	113.9	113.9	112.2	110.9	112.0	108.9	109.8	110.5	100.7	100.3	100.3
西药	98.8	100.6	100.1	99.9	97.6	97.4	97.8	98.6	98.6	98.6	98.8	98.9	98.5
抗菌素(抗感染药)	91.3	99.1	96.4	96.4	86.7	86.7	88.0	90.5	90.5	90.5	90.5	91.3	88.9
消化系统用药	102.0	101.2	102.0	101.0	101.2	99.8	100.8	102.9	102.9	103.0	103.1	103.1	103.1
呼吸系统用药	100.0	100.0	100.0	100.0	100.0	100.0	100.0	100.0	100.0	100.0	100.0	100.0	100.0
解热镇痛药	99.3	101.0	101.2	101.2	98.8	98.8	98.8	98.8	98.8	98.8	98.8	97.7	98.9
抗肿瘤药	99.9	100.0	99.2	99.2	100.0	100.0	100.0	100.0	100.0	100.0	100.0	100.7	100.0
激素类药	101.5	109.1	109.1	100.0	100.0	100.0	100.0	100.0	100.0	100.0	100.0	100.8	100.0
心血管系统用药	101.5	100.0	100.0	101.4	101.4	101.4	101.4	101.4	101.4	101.4	102.7	102.7	102.7
中枢神经系统用药	100.9	102.4	102.4	101.7	101.7	100.0	100.0	100.0	100.0	100.0	100.8	100.8	100.8
消毒防腐及创伤外科用药	100.6	98.6	99.4	99.4	99.4	99.4	99.4	101.7	101.7	101.7	101.7	102.2	102.2
泌尿系统用药	99.9	99.9	99.9	99.9	99.9	99.9	99.9	99.9	99.9	99.9	99.9	99.9	100.0
维生素类	104.2	100.2	98.4	105.2	105.2	105.2	105.2	105.2	105.2	105.2	105.2	105.2	105.0
其　　他	95.9	82.4	82.4	100.0	100.0	100.0	100.0	100.0	100.0	100.0	97.2	97.2	97.2
保健器具及用品	100.1	100.0	100.0	100.0	100.0	100.0	100.0	100.0	100.0	100.0	100.0	101.4	99.5
保健器具	100.0	100.0	100.0	100.0	100.0	100.0	100.0	100.0	100.0	100.0	100.0	100.0	100.0
滋补保健用品	100.1	100.0	100.0	100.0	100.0	100.0	100.0	100.0	100.0	100.0	100.0	101.7	99.3
书报杂志及电子出版物	**101.4**	**100.2**	**100.2**	**100.2**	**100.2**	**100.2**	**100.2**	**100.2**	**100.2**	**99.9**	**105.1**	**105.1**	**105.1**
教材及参考书	100.5	100.7	100.7	100.7	100.7	100.7	100.7	100.7	100.7	100.0	100.0	100.0	100.0
工　具　书	100.0	100.0	100.0	100.0	100.0	100.0	100.0	100.0	100.0	100.0	100.0	100.0	100.0
教　　材	101.1	101.6	101.6	101.6	101.6	101.6	101.6	101.6	101.6	100.0	100.0	100.0	100.0
参　考　书	100.0	100.0	100.0	100.0	100.0	100.0	100.0	100.0	100.0	100.0	100.0	100.0	100.0
教育软件	100.0	100.0	100.0	100.0	100.0	100.0	100.0	100.0	100.0	100.0	100.0	100.0	100.0
书报杂志	102.6	100.0	100.0	100.0	100.0	100.0	100.0	100.0	100.0	100.0	110.4	110.4	110.4
书　　籍	100.0	100.0	100.0	100.0	100.0	100.0	100.0	100.0	100.0	100.0	100.0	100.0	100.0
报　　纸	106.5	100.0	100.0	100.0	100.0	100.0	100.0	100.0	100.0	100.0	126.0	126.0	126.0
杂　　志	100.0	100.0	100.0	100.0	100.0	100.0	100.0	100.0	100.0	100.0	100.0	100.0	100.0

4-2 续表 9

类　别	年　度	月份 一	二	三	四	五	六	七	八	九	十	十一	十二
电子音像制品	98.5	98.5	98.5	98.5	98.5	98.5	98.5	98.5	98.5	98.5	98.5	98.5	98.5
音像光盘和视盘	100.0	100.0	100.0	100.0	100.0	100.0	100.0	100.0	100.0	100.0	100.0	100.0	100.0
计算机软件	96.6	96.6	96.6	96.6	96.6	96.6	96.6	96.6	96.6	96.6	96.6	96.6	96.6
燃料	**111.4**	**109.0**	**109.9**	**112.1**	**112.7**	**112.7**	**114.2**	**114.9**	**114.6**	**112.8**	**109.4**	**107.1**	**108.3**
煤炭及制品	121.1	128.1	128.1	128.1	128.1	128.1	128.1	128.1	128.1	117.1	107.9	106.5	107.3
原　煤	121.1	128.1	128.1	128.1	128.1	128.1	128.1	128.1	128.1	117.1	107.9	106.5	107.3
煤制品	121.1	128.1	128.1	128.1	128.1	128.1	128.1	128.1	128.1	117.1	107.9	106.5	107.3
石油及制品	109.7	105.8	106.8	109.4	110.2	110.2	111.9	112.6	112.4	112.1	109.7	107.2	108.5
液化石油气	115.4	113.5	113.5	119.7	117.5	119.7	118.5	123.6	121.8	118.3	113.5	104.5	104.5
管道燃气	100.8	100.0	100.0	100.0	100.0	100.0	100.0	100.0	100.0	100.0	100.0	100.0	109.2
汽　油	113.7	108.0	109.5	112.4	114.7	114.1	117.5	117.7	117.7	117.7	114.5	111.7	109.5
柴　油	113.4	106.5	108.8	113.7	113.7	113.8	117.4	118.7	118.0	118.0	114.2	111.0	107.1
其　他	116.4	116.4	116.4	116.4	116.4	116.4	116.4	116.4	116.4	116.4	116.4	116.4	116.4
建筑材料及五金电料	**105.1**	**105.9**	**106.9**	**105.5**	**104.5**	**105.0**	**106.5**	**106.1**	**105.1**	**105.7**	**105.8**	**102.1**	**102.8**
建筑装璜材料	106.7	108.5	109.9	107.8	106.4	106.7	108.5	107.9	106.6	107.3	107.5	101.7	102.2
木　材	106.5	104.4	104.4	104.4	104.4	104.4	104.4	108.1	108.1	108.1	108.1	107.6	111.6
木地板	100.4	100.0	100.0	100.0	100.0	100.0	100.0	100.0	100.5	100.9	100.9	100.9	102.0
钢　材	111.0	120.3	126.7	114.2	104.8	104.8	115.8	115.8	109.7	110.7	109.9	103.4	100.9
砖	107.4	99.9	104.1	104.1	108.0	108.0	108.0	108.0	107.1	111.4	111.4	105.6	113.7
水　泥	110.7	126.1	127.3	125.3	116.4	118.9	118.9	116.2	112.3	109.0	109.0	80.6	85.2
涂　料	107.4	108.0	108.0	108.0	108.0	108.0	108.0	108.0	108.0	108.0	108.0	108.0	100.6
板　材	104.9	103.8	103.8	103.8	103.8	103.8	103.8	103.8	104.6	106.8	108.0	108.0	104.4
玻　璃	112.7	106.7	104.4	106.4	124.4	127.4	118.6	111.1	111.1	111.1	111.1	111.1	111.1
粘　胶	102.6	105.0	105.0	105.0	105.0	105.0	101.7	101.7	101.7	100.3	100.3	100.3	100.3
管　材	102.3	100.0	100.0	100.0	100.0	100.0	100.0	100.0	101.7	103.4	107.5	107.5	107.5
厨卫设备	102.4	104.3	104.3	104.3	104.3	102.3	102.3	100.0	100.0	102.0	102.0	102.0	102.0
其　他	105.8	97.3	97.3	97.3	100.0	104.3	110.6	110.6	110.6	110.6	110.6	110.6	110.6
五金电料	101.5	100.0	100.0	100.0	100.0	101.0	101.7	101.9	101.7	102.0	102.0	103.2	104.0
五金工具	100.6	100.0	100.0	100.0	100.0	100.0	100.0	100.0	100.0	100.0	101.5	103.0	103.0
电工电料	102.1	100.0	100.0	100.0	100.0	103.1	102.4	103.1	102.5	103.5	101.4	103.5	105.7
水暖器材	101.9	100.0	100.0	100.0	100.0	100.0	103.0	103.0	103.0	103.0	103.2	103.4	103.8
其　他	100.0	100.0	100.0	100.0	100.0	100.0	100.0	100.0	100.0	100.0	100.0	100.0	100.0

4-3 市区居民消费及零售商品平均价格

（2011 年）

品　名	规　格	单位	本年平均价格（元）	品　名	规　格	单位	本年平均价格（元）
大米	郑州市一等信阳米散装	千克	4.09	植物油制品	山东菏泽福临门天然谷物调和油 5 升	升	13.17
大米	原阳一等粳米散装	千克	5.15	植物油制品	天津金龙鱼 5 升调和油	升	13.23
面粉	郑州神象特一粉 25 千克袋装	千克	3.03	其他	郑州猪板油一级	千克	15.29
面粉	郑州金苑精制粉 25 千克袋装	千克	2.67	猪肉	郑州去骨五花猪肉	千克	28.68
粮食制品	郑州展翔牌精粉挂面 450 克	千克	4.07	猪肉	郑州去骨后腿猪肉	千克	28.68
粮食制品	郑州三全黑芝麻大汤圆 500 克袋装(15 个)	千克	17.01	牛肉	郑州牛肉去骨腿肉	千克	34.77
粮食制品	康师傅红烧牛肉面五连包袋装 110 克＊5(面饼 90 克＊5)	千克	20.43	牛肉	郑州牛肉肋排肉	千克	32.79
粮食制品	郑州馒头(袋装)	千克	3.33	羊肉	郑州羊肉去骨统肉	千克	48.80
其他	郑州一等小米散装	千克	7.00	羊肉	郑州带骨羊排肉	千克	39.53
其他	郑州一等玉米面散装	千克	3.39	畜肉副产品	郑州猪肝	千克	15.85
淀粉及制品	郑州薯类淀粉	千克	7.70	畜肉副产品	郑州猪肚	千克	31.46
淀粉及制品	禹州红薯粉条	千克	9.52	其他	郑州兔肉	千克	16.41
干豆	郑州一等黄豆散装	千克	5.89	鸡	郑州活公鸡上等	千克	29.29
干豆	郑州一等绿豆散装	千克	13.63	鸡	郑州白条鸡上等	千克	14.20
豆制品	郑州水豆腐	千克	3.33	鸭	郑州活鸭上等	千克	27.12
豆制品	许昌腐竹	千克	21.89	鸭	郑州半片鸭	千克	11.58
豆制品	郑州豆腐干	千克	6.00	其他	郑州活鸽子上等	千克	24.33
食用植物油	郑州小磨香油	升	40.43	畜肉制品	郑州香肠	千克	34.20
食用植物油	天津金龙鱼花生油 5 升	升	22.66	畜肉制品	郑州五香熟牛肉	千克	70.70
食用植物油	天津金龙鱼 5 升大豆油	升	11.94	畜肉制品	郑州熟猪头肉	千克	36.63

4-3 续表1

品名	规格	单位	本年平均价格（元）	品名	规格	单位	本年平均价格（元）
禽制品	郑州烧鸡	千克	30.09	鲜菜	郑州韭菜一等	千克	4.28
禽制品	郑州鸡爪	千克	35.91	鲜菜	郑州菜花一等	千克	4.67
禽制品	郑州鸡翅	千克	51.50	鲜菜	郑州黄瓜一等	千克	4.66
鲜蛋	郑州新鲜完整鸡蛋	千克	8.73	鲜菜	郑州冬瓜一等	千克	2.64
蛋制品	郑州咸鸭蛋	千克	14.72	鲜菜	郑州西红柿一等	千克	5.22
蛋制品	郑州松花蛋	千克	16.23	鲜菜	郑州茄子一等	千克	5.06
淡水鱼	郑州鲤鱼0.5千克以上	千克	12.18	鲜菜	郑州白萝卜一等	千克	1.59
淡水鱼	郑州鲢鱼0.5千克以上	千克	11.00	鲜菜	郑州胡萝卜一等	千克	3.47
淡水鱼	郑州草鱼0.5千克以上	千克	11.35	鲜菜	郑州青椒一等	千克	6.69
海水鱼	浙江带鱼0.5千克以上	千克	20.66	鲜菜	郑州四季豆一等	千克	7.46
海水鱼	浙江扒皮鱼中等	千克	44.31	鲜菜	郑州黄豆芽一等	千克	3.10
海水鱼	浙江黄花鱼	千克	26.93	鲜菜	郑州洋葱头一等	千克	2.86
虾蟹类	河蟹	千克	60.11	鲜菜	郑州大葱一等	千克	3.54
虾蟹类	浙江竹节虾	千克	64.04	鲜菜	郑州生姜一等	千克	9.33
虾蟹类	浙江冷冻虾散装	千克	34.36	鲜菜	郑州大蒜一等	千克	9.88
其他	浙江海带(干)	千克	13.72	鲜菜	郑州莲藕一等	千克	6.43
鲜菜	郑州大白菜一等	千克	2.21	鲜菜	郑州蒜苔一等	千克	8.42
鲜菜	郑州洋白菜一等	千克	2.39	鲜菜	郑州西葫芦一等	千克	4.33
鲜菜	郑州菠菜一等	千克	5.59	鲜菜	郑州丝瓜一等	千克	7.55
鲜菜	郑州油菜一等	千克	5.04	鲜菜	郑州莴笋一等	千克	3.33
鲜菜	郑州芹菜一等	千克	3.12	干菜及菜制品	东北木耳(干)	千克	74.11

4-3　续表2

品　名	规　格	单位	本年平均价格（元）	品　名	规　格	单位	本年平均价格（元）
干菜及菜制品	郑州五香大头菜	千克	4.86	固体饮料	上海生字清凉菊花晶400克袋装	千克	37.96
干菜及菜制品	柘城甲级干辣椒	千克	22.93	液体饮料	河北承德露露杏仁露240ml罐装	升	12.27
干菜及菜制品	淮阳甲级黄花菜	千克	34.20	液体饮料	浙江绍兴王老吉凉茶罐装310ml	升	11.63
薯类	郑州土豆一等	千克	4.35	液体饮料	郑州太古雪碧2升瓶装	升	3.23
食用盐	郑州卫群500克加碘精盐	千克	2.36	冷冻饮品	天津小神童冰激淋	支	1.40
酱油	广东江门李锦记锦珍老抽500ml	升	11.78	冷冻饮品	内蒙伊犁火炬冰激淋	支	2.00
酱油	广东佛山海天金标生抽500ml	升	14.83	鲜瓜果	郑州苹果一级	千克	7.74
食醋	江苏恒顺牌瓶装香醋500ml	升	8.67	鲜瓜果	郑州梨一级	千克	3.96
食醋	山西清徐紫林老陈醋420ml	升	9.20	鲜瓜果	两广香蕉一级	千克	5.56
味精	周口莲花牌含麸酸纳99%味精500克袋装	千克	19.58	鲜瓜果	郑州西瓜一级	千克	1.98
其他	北京房山王致和料酒500ml	瓶	4.27	鲜瓜果	四川橘子一级	千克	3.67
食糖	厨大妈白砂糖450克	千克	14.39	鲜瓜果	郑州葡萄一级	千克	7.03
食糖	厨大妈红糖450克袋装	千克	14.38	鲜瓜果	郑州桃子一级	千克	6.03
糖果	上海金丝猴话梅硬糖	千克	28.98	鲜瓜果	郑州猕猴桃一级	千克	8.00
糖果	上海金丝猴奶糖	千克	45.35	干（坚）果	新郑干红枣一级	千克	33.04
巧克力制品	北京德芙牌巧克力板糖80克	千克	149.47	干（坚）果	郑州生花生米一级	千克	13.60
糖类小食品	郑州冬瓜条	千克	15.10	干（坚）果	郑州核桃一级	千克	45.52
糖类小食品	郑州糖姜片	千克	21.10	糕点	郑州鸡蛋糕圆型	千克	12.00
茶叶	湖南长沙猴王牌花茶特级100克	千克	89.81	糕点	湖北孝感达利园沙琪玛	千克	25.70
茶叶	信阳柴旺特级绿茶100克	千克	75.00	糕点	郑州桃酥	千克	13.99
固体饮料	东莞雀巢咖啡100克	千克	374.17	饼干	苏州卡夫太平梳打饼干（香葱）400克袋装	千克	27.56

4-3 续表3

品 名	规 格	单位	本年平均价格（元）	品 名	规 格	单位	本年平均价格（元）
饼干	天津康师傅饼干苏打3+2夹心饼干袋装375克(香巧)	千克	30.86	炒菜	银杏蒸南瓜	盘	23.33
饼干	广东嘉士力鲜葱薄饼干680克袋装	千克	20.17	炒菜	辣子鸡	盘	29.00
面包	郑州那多切片面包650克	千克	11.85	炒菜	毛血旺	盘	33.00
面包	郑州圆型普通精粉面包90克	千克	16.62	地方小吃	炒凉粉	份	3.83
巴氏杀菌乳或灭菌乳	蒙牛纯牛奶250ml盒装	升	10.00	地方小吃	胡辣汤	碗	1.39
巴氏杀菌乳或灭菌乳	郑州花花牛纯牛奶200ml袋装(30天保质期)	升	7.50	地方小吃	豆腐脑	碗	1.30
酸牛乳	郑州花花牛酸奶200克袋装	袋	1.63	其他	西式快餐超级鸡腿堡	个	13.31
酸牛乳	蒙牛活性乳酸菌酸牛奶100克*8盒	盒	1.20	其他食品	上海冠生园蜂蜜500克瓶装	瓶	20.25
乳粉	伊利全脂无糖400克奶粉袋装(16*25克)	千克	57.06	其他食品	呼和浩特新家园烤馍锅巴75g	袋	1.49
乳粉	黑龙江双城力多精婴儿奶粉400克袋装(1号)	千克	144.08	其他食品	上好佳薯片55克袋装	袋	3.10
其他	呼和浩特伊利早餐奶酪180克(10片装)	袋	18.00	高档卷烟	长沙蓝硬盒芙蓉王	盒	35.00
主食	大米饭二两一碗	碗	1.00	高档卷烟	河南天尊帝豪	盒	30.00
主食	烩面四两一碗	碗	10.08	中档卷烟	云南红塔山经典100硬盒	盒	10.00
主食	油条	千克	10.00	中档卷烟	河南黄金叶帝豪	盒	10.00
炒菜	西芹百合	盘	26.00	其他	河南红旗渠硬盒20支	盒	5.00
炒菜	土芹菜炒腊肉	盘	28.67	白酒	四川宜宾五粮液52度500ml瓶装	瓶	886.68
炒菜	蒜蓉上海青	盘	9.33	白酒	汝阳杜康鸿运蓝瓷500ml瓶装	瓶	39.33
炒菜	酸辣广肚	盘	67.00	白酒	北京京宫二锅头56度大普450ml	瓶	7.05
炒菜	清蒸鲈鱼	盘	48.00	葡萄酒	吉林通化红葡萄酒720毫升瓶装	瓶	37.93
炒菜	上汤娃娃菜	盘	18.00	葡萄酒	山东烟台张裕干红葡萄酒99年份750毫升瓶装	瓶	16.13
炒菜	香菇菜心	盘	18.33	啤酒	山东青岛啤酒瓶装10度600毫升	瓶	4.24

4-3 续表 4

品　名	规　格	单位	本年平均价格（元）	品　名	规　格	单位	本年平均价格（元）
啤酒	郑州金星新一代啤酒 550ml 瓶装	瓶	2.58	羽绒衣	雪中飞男羽绒服	件	609.74
其他	浙江绍兴双宫灯黄酒	瓶	2.93	其他	皮尔卡丹男棉睡衣	套	603.10
大衣	皮尔卡丹男式羊毛大衣	件	7522.29	大衣	哥弟女羊毛大衣	件	1837.28
大衣	宁波雅戈尔男式大衣	件	2524.96	大衣	素然女大衣	件	3557.00
毛线衣	鹿王男式羊绒衫	件	2425.00	毛线衣	鹿王女圆领彩条羊绒衫	件	2176.00
毛线衣	鄂尔多斯男式羊绒衫	件	2959.58	毛线衣	鄂尔多斯女羊绒衫	件	3009.69
夹克衫	宁波雅戈尔男式夹克衫	件	1891.11	羽绒衣	波司登女羽绒衣	件	628.08
夹克衫	金利来男式夹克衫	件	1680.00	羽绒衣	雪中飞女羽绒服	件	583.74
衬衫	宁波雅戈尔男式衬衫	件	680.00	套装	哥弟女套装	套	1391.92
衬衫	皮尔卡丹男式衬衫	件	490.00	套装	卡洛琳女套装	套	3231.33
T 恤衫	广东李宁牌男式 T 恤衫	件	204.67	衬衫	哥弟女衬衫	件	700.00
T 恤衫	耐克男 T 恤衫	件	398.83	衬衫	上海阿玛施女衬衫	件	557.75
裤子	福建泉州九牧王男裤	条	395.00	T 恤衫	广东李宁牌女 T 恤衫	件	240.25
裤子	宁波雅戈尔男裤	条	481.67	T 恤衫	耐克女帽衫	件	361.95
西服	金利来男西服	套	3520.00	裙子	哥弟短裙	条	471.75
西服	宁波雅戈尔男西服	套	3584.17	裙子	阿玛施短裙	条	650.63
运动衫裤	广东李宁男运动裤	条	240.50	裤子	阿玛施女裤	条	697.17
运动衫裤	青岛耐克男运动裤	条	486.81	裤子	哥弟女裤	条	500.00
内衣	上海宜而爽男棉毛圆领衫裤(厚棉)(套)	套	54.90	运动衫裤	广东李宁女运动裤	条	233.60
内衣	上海三枪薄棉舒软圆领男内衣	套	61.08	运动衫裤	青岛耐克女运动裤	条	398.18
羽绒衣	波司登男羽绒服	件	743.67	内衣	上海宜而爽女棉毛圆领衫裤(厚棉)	套	54.90

品　名	规　格	单位	本年平均价格（元）	品　名	规　格	单位	本年平均价格（元）
内衣	上海三枪薄棉舒软圆领女内衣	套	61.08	女鞋	李宁女跑鞋	双	439.00
其他	皮尔卡丹女棉睡衣	套	578.00	童鞋	上海斯乃那牛皮鞋	双	258.00
上衣	上海巴布豆男童上衣	件	341.33	童鞋	巴布豆童旅游鞋	双	268.75
上衣	上海巴布豆女童上衣	件	392.88	童鞋	巴布豆童休闲鞋	双	361.23
裤子	上海巴布豆男牛仔裤	条	319.18	男袜	皮尔卡丹男袜子(厚)	双	68.00
裤子	上海巴布豆女牛仔裤	条	296.18	男袜	皮尔卡丹男袜(单)	双	42.00
裙子	上海巴布豆棉短裙	条	234.90	女袜	皮尔卡丹女袜(厚)	双	18.00
裙子	侨保马甲裙	条	392.50	女袜	皮尔卡丹女袜(单)	双	48.00
其他	君品金竹童棉内衣	套	48.03	男帽	阿迪达斯男运动帽	顶	140.00
棉布	新疆白棉布 3.4m	米	12.00	男帽	耐克男运动帽	顶	154.69
棉布	上海床单布	米	15.50	女帽	阿迪达斯女运动帽	顶	120.00
化纤布	绍兴化纤布(厚)144cm	米	42.00	女帽	耐克女运动帽	顶	150.38
化纤布	绍兴化纤布 144cm(薄)	米	28.00	缝纫	男西服缝纫费	套	127.22
毛线	上海恒源祥 100% 纯毛中粗团线	千克	168.25	缝纫	毛料女裤缝纫费	条	51.94
毛线	河北三利全毛中粗	千克	194.77	清洗	男毛料西服干洗费(深色)	套/次	15.92
其他	浙江丝绸	米	18.00	清洗	干洗呢子大衣	件/次	21.46
男鞋	百丽男牛皮鞋	双	799.00	其他	缝裤边	条	4.00
男鞋	李宁男跑鞋	双	357.67	柜	广东东丰实木四门书柜 1.8m * 0.6m * 2.1m	个	2511.11
男鞋	李宁男网球鞋	双	370.40	柜	成都景上家私板式五门衣柜 2m * 0.6m * 2.2m	个	2600.00
女鞋	百丽女小牛皮鞋	双	729.00	柜	上海红日实木床头柜 0.3m * 0.3m * 0.4m	个	413.33
女鞋	李宁女网球鞋	双	375.17	床	成都景上家私板式双人床 1.8m ⋆2m	张	1863.89

4-3 续表 6

品 名	规 格	单位	本年平均价格（元）	品 名	规 格	单位	本年平均价格（元）
床	成都景上家私实木单人床 1.2m*2m	张	2033.33	纺织装饰品	广州大元台布	个	29.48
桌	浙江森海实木餐桌 0.8m*1.6m	张	2066.67	装饰灯具	广东中山同天地灯	个	197.70
桌	郑州板式电脑桌 1.2m*0.8m	张	250.00	装饰灯具	广东 8141 吊灯	个	250.00
桌	广东达之杰实木老板台 1.8m*0.8m*1m	张	2790.00	其他	苏州莹辉果盘	个	27.20
椅	浙江森海餐桌椅	把	207.22	被子	富安娜香韵冬厚蚕丝被 203*229	条	3667.00
椅	浙江森海实木椅（高档）	把	375.00	被子	馨亭高级型双人被 2m*2.3m	条	656.00
沙发	成都聚皇真牛皮沙发（1+2+4）	套	14033.33	床上套件	馨亭 2m*2.3m 印花床上 4 件套 PX007	套	399.00
沙发	友春光明木制沙发（1+2+3+2个茶几）	套	7327.78	床上套件	馨亭 2m*2.3m 印花床上四件套 PC030	套	699.00
其他	成都金茂 1.1m*0.55m 玻璃茶几	件	610.00	其他	馨亭舒棉枕	个	238.00
洗衣机	青岛海尔洗衣机 XQB50-728E	台	1035.11	茶具	弓箭直身玻璃杯	个	7.33
洗衣机	青岛海尔洗衣机 XQG50-807	台	1799.00	茶具	江西景德镇润玉日式茶具七头	套	60.46
洗衣机	无锡小天鹅洗衣机 XQG55-1016ESL	台	2317.54	餐具	绿宝石 5.5 直口碗	只	8.31
电风扇	先锋电风扇 DD921	台	211.35	餐具	广西俏林铁木筷子（把）	把	9.39
电风扇	美的机械落地扇 FS40-6E	台	134.33	厨具	广东阳江十八子锋之皇斩切刀	把	56.25
吸排油烟机	海尔吸排油烟机 J67V $ Q23G（12T）	台	2387.92	厨具	广东鸿顺天鹅夹柄平铲	个	17.78
吸排油烟机	美的抽油烟机 CXW-180-DS23	台	914.85	家用手工工具	昌达钢丝钳 8 寸	把	15.08
热水器	美的电热水器 F50-21B1（遥控）	台	1462.78	家用手工工具	捷科螺丝刀	把	7.49
热水器	海尔燃气热水器 JSQ20-PR（12T）（JSQ20-P（5R））	台	1435.32	其他	联通 28CM 料缸（不锈钢盆）	个	21.58
微波炉	海尔微波炉 MA-1870M1	台	283.42	家庭服务	家政服务（钟点工）	小时	24.32
微波炉	格兰仕微波炉 G80W23YCSL-Q3-RO-JDXX	台	970.42	家庭服务	保姆费（看小孩）	月	1335.42
纺织装饰品	郑州化纤窗帘 3.6m*2.5m	幅	191.79	加工维修服务	清洗抽油烟机	次	50.56

4-3 续表 7

品 名	规 格	单位	本年平均价格（元）	品 名	规 格	单位	本年平均价格（元）
加工维修服务	配门琐铜钥匙	把	1.10	维生素类	湖北华中维生素 c100mg＊100s	瓶	1.63
抗菌素（抗感染药）	广东丽珠罗红霉素 150mg＊6s	盒	3.48	维生素类	湖北华中维生素 b25mg＊100s	瓶	1.04
抗菌素（抗感染药）	广州康宁阿莫西林 250mg＊20s	盒	4.32	其他	天津中美史克肠虫清胶囊 200mg＊10s	盒	10.46
消化系统用药	杭州雷尼替丁胶囊 150mg＊30粒	盒	2.30	保健器具	北京周林频普仪 W301	台	480.00
消化系统用药	广东丽珠得乐胶囊 0.3g＊40粒	盒	25.72	保健器具	天鹅扭腰盘 1005	个	48.97
呼吸系统用药	石药集团咳必清 25mg＊100s	盒	1.90	保健器具	舒华健身瑜伽球 SH34276	个	89.00
呼吸系统用药	海南氨茶碱 0.1g＊100 片	瓶	1.93	滋补保健用品	北京人参蜂王浆 10mg＊10 支	盒	8.29
解热镇痛药	天津芬必得 0.3 克＊10 粒	盒	8.47	滋补保健用品	果维康欣 ve+vc 含片	盒	57.42
解热镇痛药	北京扶他林 25mg＊30 片	盒	20.60	滋补保健用品	哈尔滨葡萄糖酸钙口服液 10mg＊12 支	盒	14.80
抗肿瘤药	上海甲氨蝶令 2.5mg＊100 片	瓶	18.90	挂号诊疗费	主治医师挂号费	次	2.75
抗肿瘤药	江苏环磷酰胺针 0.2g	支	5.08	挂号诊疗费	付主任医师挂号费	次	4.75
激素类药	浙江强的松 5mg＊100 片	瓶	3.11	注射费	肌肉注射费	次	2.50
激素类药	西安平消片 0.23g＊80s/6	盒	27.15	注射费	静脉注射费	次	4.00
心血管系统用药	北京益民硝酸甘油片 0.5mg＊50s	瓶	2.41	检查费	检查费（螺旋 CT）	次	220.00
心血管系统用药	山东新华尼莫地平 20mg＊50s	瓶	2.27	检查费	检查费（彩色 B 超）	次	80.00
中枢神经系统用药	常州康普盐酸氯丙嗪片 25mg＊100 片	瓶	2.50	手术费	阑尾手术费	次	540.00
中枢神经系统用药	上海信宜阿司匹林 25mg＊100s	瓶	1.61	手术费	剖腹产手术费	次	585.33
消毒防腐及创伤外科用药	上海强生创可贴 100	盒	17.53	床位费	普通病房住院费（四人间）	床/天	7.33
消毒防腐及创伤外科用药	云南白药 4g	瓶	11.25	床位费	干部病房住院费（两人间）	床/天	25.00
泌尿系统用药	江苏四环呋喃妥因肠溶片 20mg＊100s	瓶	1.10	理疗费	理疗费（超短波治疗）	次	9.33
泌尿系统用药	上海健坤盐酸左氧氟沙星 0.1g＊6s	盒	2.87	理疗费	激光理疗费（每个部位）	次部位	11.50

4-3 续表 8

品 名	规 格	单位	本年平均价格（元）	品 名	规 格	单位	本年平均价格（元）
化验费	尿常规	次	8.00	其他	维达花之韵 10 卷装 850 克	提	14.30
化验费	血脂全项	次	94.75	其他	娇爽 360 度超吸收纤巧棉柔日用 10＊1	包	4.83
其他	针灸	次	18.00	首饰	六福千足金	克	410.53
化妆美容器具	珠海飞利浦电吹风 HP8200	个	158.48	首饰	六福铂金 PT950	克	580.29
化妆美容器具	珠海飞利浦电动剃须刀 HQ6070	个	429.42	皮件	金利来男士皮带	件	178.00
化妆美容器具	珠海飞利浦卷发器 HP8300	个	189.00	皮件	金利来男士公文包	件	846.00
美容化妆品	天津美宝莲无境恒美眉笔	支	39.00	皮件	金利来男士皮手套	件	232.00
美容化妆品	美宝莲水晶胶原唇膏 1.9 克	支	65.67	手表	RADO(雷达)男士石英表	块	9900.00
美容化妆品	广州宝洁玉兰油透白无痕美肌粉底液 28 克	瓶	140.00	手表	瑞士梅花机械女表	块	7200.00
护肤品	欧莱雅复颜抗皱紧致滋润日霜 50ml	瓶	180.00	领带	宁波雅戈尔涤纶领带	条	280.83
护肤品	欧珀莱活性育肤乳液 130ml	瓶	211.17	领带	宁波雅戈尔桑蚕丝领带	条	480.00
护发美容品	美涛均衡柔亮焗油膏 285g	瓶	24.33	其他	六福 18K 彩金项链	条	910.00
护发美容品	新丝源橄榄弹力素 365ml	瓶	33.90	美容	皮肤护理	次	49.88
护发美容品	美涛清爽保湿啫喱 240ml	瓶	26.50	美容	绣眉	次	516.00
护发美容品	潘婷乳液修复润发精华素 400ml	瓶	32.86	理(烫)发	男理全活	次	16.60
洗发用品	上海海鸥去屑洗发膏 340 克	瓶	6.37	理(烫)发	女短烫发	次	66.00
洗发用品	上海夏士莲黑亮焗油洗焗洗发露 400ML	瓶	22.68	洗浴	洗澡	次	10.83
洗发用品	广州飘柔焗油护理洗发露 400ML	瓶	26.59	洗浴	搓背	次	8.31
洗浴用品	上海力士白皙焕彩 125 克香皂	块	4.11	其他	保健按摩	次	37.00
洗浴用品	上海力士滋养柔肤娇肤沐浴乳 200ml	瓶	10.87	助动自行车	洪都小金牛圣罗兰 TDR06Z	辆	2125.00
洗浴用品	天津舒肤佳纯白清香型香皂 125 克	块	4.32	轿车	湖北东风雪铁龙爱丽舍 1.6IRP+型	辆	73800.00

4-3 续表9

品名	规格	单位	本年平均价格(元)	品名	规格	单位	本年平均价格(元)
轿车	桑塔娜志俊1.8	辆	94800.00	出租汽车	市内出租车起步价(排气量2.0以下)	公里	3.00
轿车	红旗奔腾2.0MT	辆	136800.00	出租汽车	市内出租车(排气量2.0以下)	公里	1.50
自行车	哈佛6.0自行车	辆	1070.33	其他	BRT公交	次	1.00
自行车	天津飞鸽26型女自行车	辆	400.00	飞机票	郑州-北京(687公里)飞机票	人/百公里	117.52
其他	安阳三枪三轮车(24型650*1000半轴)	辆	492.08	飞机票	郑州-广州(1316公里)飞机票	人/百公里	115.74
汽油	97#乙醇	升	7.67	火车票	郑州-北京西180次快速空调(座位)火车票	人/百公里	13.64
汽油	93#乙醇	升	7.26	火车票	郑州-北京西D122(动车组)火车票	人/百公里	30.91
柴油	0#柴油	升	7.11	长途汽车	郑州-北京豪华车(43座)700公里长途汽车票	人/百公里	21.43
柴油	-10#柴油	升	7.59	长途汽车	郑州-北京豪华车(卧)37铺长途汽车票	人/百公里	25.71
零配件	电动车蓄电池	件	720.00	短途汽车	城市间短途(郑州-偃师120公里)	人/百公里	29.17
零配件	雨刮器	件	66.67	短途汽车	城市间短途(郑州-洛阳158公里)	人/百公里	28.16
其他	北京3.5升机油(润滑油)	升	14.20	其他	郑州-西安高铁	元/次	240.00
保险费	交强险费25万以内轿车	年	950.00	固定电话机	中诺电话机6138-c199	部	71.36
保险费	车损险费25万以内轿车	年	2773.00	固定电话机	西门子A280(子母机)	部	593.19
停车费	小汽车路边停车费	辆/次	3.75	移动电话机	诺基亚N97mini白	部	3163.63
停车费	电动车停车费	辆/次	0.50	移动电话机	诺基亚N5233黑	部	1208.71
车辆修理服务费	小轿车补胎	孔	10.00	移动电话机	三星S3610C黑手机	部	802.99
车辆修理服务费	桑塔纳3000型换三芯机油(中等)	次	158.19	其他	松下(森宝)热敏纸传真机KX-FL982CN	部	853.61
其他	小汽车清洗费	次	17.63	移动通信费	联通大众卡(月租25元)主叫	分钟	0.20
公共汽车票	公共汽车市区单程投币票(普通车)	张	1.00	移动通信费	全球通(带50元基本费)主叫	分钟	0.40
公共汽车票	公共汽车成人月票(每月80次)	月	40.00	市内电话费	住宅固定电话三分钟后	分钟	0.11

4-3 续表 10

品名	规格	单位	本年平均价格(元)	品名	规格	单位	本年平均价格(元)
长途电话费	郑州-北京长途电话费	分钟	0.70	电脑	联想 G460A370W42G500PW3(BK)-CN 笔记本电脑	台	4188.72
月租费	民用住宅固定电话月租费	月	20.00	修理服务	照相机检验费(理光 30SD)	次	100.00
月租费	全球通月租费	月	50.00	修理服务	25 寸彩电带摇控检修费	次	60.00
上网费	网吧上网费	小时	2.25	其他	步步高点读机 T800	台	1165.00
上网费	网通宽带	月	100.00	工具书	现代汉语词典 32 开(商务印书馆)	本	78.00
邮政邮寄	信件邮寄外省 20g 以内	封	1.20	工具书	牛津高阶双解英汉词典(外语与教学研究出版)	本	118.00
邮政邮寄	包裹邮寄郑州-洛阳	件	3.60	工具书	辞海 16 开(缩印本)	本	260.00
其他	短信发送	条	0.10	教材	高一语文 32 开(人民教育)普通班	本	7.66
电视机	海信彩电 TLM32V86K	台	2915.00	教材	初一语文(人民教育)普通班	本	4.50
电视机	四川长虹等离子彩电 PT42638nhdx-jdxx	台	4153.69	教材	小学一年级语文(人民教育)普通班	本	5.40
激光视盘机	万利达碟机 DVD-350GM	台	359.67	参考书	小学生优秀作文(中国对外翻译出版社)	本	19.80
激光视盘机	金正影碟机 DVD-X8GM	台	293.00	参考书	初中生优秀作文(中国对外翻译出版社)	本	19.80
摄像机	日本松下 HDC-TM60GK-K 数码摄像机	台	4498.00	参考书	高中生优秀作文(中国对外翻译出版社)	本	45.00
摄像机	上海索尼 HDR-XR150E 摄像机	台	4929.00	教育软件	轻轻松松背单词(电脑软件)北京大学出版社	册	38.00
照相机	索尼 W350 数码照相机	架	1425.00	教育软件	新概念 2 同步讲解辅导(北京外语音像社)	册	298.00
照相机	佳能单反相机 550D	架	5564.00	学前教育	日托托幼费	月	330.00
家用音响	山水音响 MC-1309L	台	3435.56	学前教育	全托托幼费	月	400.00
家用音响	飞利浦家庭影院 HTS3378	台	8313.33	中等教育	高中一年级	学期	212.00
便携式音响	德生收音机 R-9012	台	79.44	中等教育	中专一年级	学期	1900.00
便携式音响	OPPO 牌 S33MP44G	台	698.00	高等教育	大专一年级(中州大学)	学年	3600.00
电脑	联想家悦 I4060CI3-5502G1TGV 液晶电脑	台	4093.72	高等教育	成人教育	学期	600.00

4-3　续表 11

品　名	规　格	单位	本年平均价格（元）	品　名	规　格	单位	本年平均价格（元）
专业技能培训	中式烹饪培训	学期	850.00	体育用品	狮普高 PU 篮球	个	113.08
专业技能培训	计算机应用培训	学期	750.00	体育用品	天津祖迪斯 PVC 足球	个	72.00
其他	择校费	三年	18000.00	体育用品	祖迪斯羽毛球拍套装	套	29.45
乐器	广州星臣 DG220 吉它	件	680.00	其他	浙江义乌三 A 扑克 2020	付	2.65
乐器	海伦钢琴	件	16800.00	书籍	草房子(32 开)少年儿童出版社	本	15.00
乐器	小提琴风铃练习琴	件	380.00	书籍	红楼梦	套	59.70
乐器	雅马哈电子琴 61 键 280 型	件	2100.00	书籍	操作系统(第三版)	本	55.00
音像光盘和视盘	上海音响光盘 CD(双)	盒	9.90	书籍	十万个为什么 32 开	套	79.20
音像光盘和视盘	福建歌碟 DVD	盒	29.90	报纸	大河报	份	0.63
电子存储器	雷克沙 U 盘 4G 萤火虫	个	80.15	报纸	郑州晚报	份	0.50
电子存储器	朗科移动硬盘 K200250G	卷	559.33	报纸	大河文摘报	份	1.00
儿童玩具	浙江丽水兴勇背包积木 9921	包	33.76	杂志	读者	本	4.00
儿童玩具	广东汕头南国婴宝风云轨道车	辆	61.75	杂志	家庭医生	本	5.00
儿童玩具	广东群头铲车载入者 6825S	盒	50.58	杂志	女友	本	6.00
纸张本册	英语本	本	1.00	电影票	电影票(进口片)	张	46.35
纸张本册	六年级完全试卷	本	7.92	电影票	电影票(国产片)	张	45.63
纸张本册	稿纸	本	2.38	景点门票	动物园门票	张	16.00
文具	上海英雄墨水 20360ml	瓶	2.93	景点门票	世纪欢乐园门票	张	120.00
文具	上海真彩 12 色彩笔 2646A-12	盒	10.19	有线电视	有线电视初装费	次	240.00
文具	上海英雄正姿笔 6003	支	13.99	有线电视	郑州有线电视费月租费	月	13.00
文具	上海真彩大鲨鱼中性笔 3031A-1	支	4.17	健身活动	游泳门票	次	41.50

4-3 续表 12

品 名	规 格	单位	本年平均价格（元）	品 名	规 格	单位	本年平均价格（元）
健身活动	保龄球	场	11.38	玻璃	洛阳玻璃 5mm	平方米	32.50
健身活动	健身	月	322.20	玻璃	洛阳磨砂玻璃 5mm	平方米	32.50
其他	舞票	次	4.92	粘胶	抚顺哥俩好白乳胶	瓶	12.25
旅行社收费	郑州-海南（双飞五日游）	次/人	2305.56	粘胶	广东鱼珠万能胶	瓶	20.17
旅行社收费	郑州-登封少林寺	次/人	193.75	厨卫设备	广东佛山座便器	件	256.67
宾馆住宿	三星级宾馆标准间	天/间	259.36	厨卫设备	不锈钢水池	件	76.67
宾馆住宿	二星级标准间	天/套	145.00	其他	步阳防盗门 2050cm * 960cm * 8cm	樘	1669.44
其他住宿	普通招待所两人间	天/间	85.00	公房房租	公房房租一级砖混楼房	平方米	1.70
其他住宿	快捷酒店标准间	天/床	152.33	私房房租	高档住房	元/平方米	25.89
木材	进口白松木材	立方米	2380.00	私房房租	中档住房	元/平方米	14.88
木材	东北白松原木 3cm * 5cm	立方米	1787.50	私房房租	低档住房	元/平方米	8.66
木地板	北美枫林木地板 400mm * 900mm（实木）	平方米	270.88	其他费用	卫生费	月	5.00
木地板	广州木地板 400mm * 900mm（强化）	平方米	109.69	住房估算租金	高档住房	元/平方米	25.89
砖	民用砖	块	0.49	住房估算租金	中档住房	元/平方米	14.87
砖	广州佛山地板砖 300mm * 300mm	块	3.47	物业管理费用	物业管理费小区一级	平方米	0.41
水泥	新乡水泥 500 号（42.5 等级）	千克	0.36	维护修理费用	维护修理费用疏通下水道	次	41.39
水泥	新乡白水泥	千克	0.35	其他	暖气费	$10m^2$/天	1.90
涂料	郑州 888 涂料（千克）	千克	1.00	水	居民用水	吨	2.40
涂料	顺德聚酯漆	千克	59.33	电	居民生活用电	百度	56.00
板材	河北三合板 1.22m * 2.44m	张	26.44	液化石油气	液化气	千克	7.79
板材	河北五合板 1.22m * 2.44m	张	31.78	管道燃气	天燃气	立方米	1.91
板材	河北板材 1.2m * 2.44m	张	90.73	其他燃料	蜂窝煤（12 孔）	百千克	68.97

主要统计指标解释

居民消费价格指数 居民消费价格是居民购买并用于日常生活消费的商品和服务项目的价格。居民消费价格指数是度量消费商品及服务项目的价格水平随时间而变动的相对数,反映居民家庭购买的消费品及服务价格水平的变动情况。它是宏观经济分析和调控、价格总水平监测以及国民经济核算的重要指标。其变动率在一定程度上反映了通货膨胀(或紧缩)的程度。编制居民消费价格指数是根据各调查商品和服务项目的基期和报告期的平均价格采用加权算术平均公式计算。目前,编制居民消费价格指数的商品和服务项目计 8 个大类,263 个基本分类。权数根据住户调查中居民的实际消费构成计算。

商品零售价格指数 商品零售价格是工业、商业、餐饮业和其他零售企业向城乡居民、机关团体出售生活消费品和办公用品的价格。商品零售价格指数是反映市场商品零售价格的变动趋势和变动程度。编制商品零售价格指数是根据各调查商品的基期和报告期的平均价格采用加权算术平均公式计算。目前,编制商品零售价格指数的商品计 16 个大类,229 个基本分类。权数根据典型调查、商品流转统计中商品销售构成及商品零售额计算。

五、人民生活

5-1 全市及县(市)城镇居民家庭基本情况

(2011 年)

指　　标	单位	全市	市区	中牟县	巩义市	荥阳市	新密市	新郑市	登封市
调查户数	户	1200	400	100	100	100	100	100	100
现住房总建筑面积	平方米/人	30.79	28.63	42.61	37.28	38.34	36.61	50.22	51.29
家庭人口数	**人**	**2.89**	**2.85**	**2.8**	**3**	**3.13**	**3.49**	**3**	**3.53**
有收入者人数	人	2.1	2.08	2.06	2.18	2.14	2.14	2.14	2.08
就业人口数	人	1.42	1.35	1.62	1.91	1.81	1.78	1.75	1.81
国有经济单位职工人数	人	0.67	0.65	0.87	0.69	0.89	0.51	0.35	0.5
城镇集体经济单位职工人数	人	0.07	0.07	0.03	0.12	0.05	0.06	0.1	0.18
其它经济类型单位职工人数	人	0.15	0.14	0.08	0.2	0.21	0.11	0.2	0.13
城镇个体或私营企业主人数	人	0.2	0.18	0.29	0.23	0.23	0.34	0.38	0.39
城镇个体或私营企业被雇人数	人	0.2	0.18	0.1	0.39	0.35	0.37	0.54	0.59
离退休再就业人数	人	0.05	0.06	0.01		0.06	0.04	0.01	
其它就业人数	人	0.08	0.07	0.24	0.28	0.03	0.35	0.17	0.01
离退休人数	人	0.66	0.71	0.29	0.26	0.29	0.32	0.36	0.19
其它有收入者人数	人	0.02	0.02	0.15	0.02	0.04	0.04	0.04	0.08
无收入者人数	人	0.79	0.77	0.74	0.81	0.99	1.35	0.85	1.45
在外就学人数	人	0.03	0.02	0.16	0.11	0.06	0.16	0.07	0.16
非家庭人口在家用餐	人次	1.3	0.81	0.84	1.81	7.04	5.61	1.85	2.16
家庭人口在外用餐	人次	3.68	3.16	1.33	11.74	16.98	6.95	5.8	10.53
家庭总收入	**元**	**23345**	**24058**	**18110**	**19434**	**19667**	**19729**	**19264**	**17770**
#可支配收入	元	21612	22477	16588	18186	18188	18194	18204	17565
家庭总支出	**元**	**17490**	**17493**	**14764**	**13178**	**19512**	**19632**	**17690**	**13646**
消费支出	**元**	**14500**	**14605**	**10920**	**10427**	**13405**	**16541**	**15181**	**11857**
#服务性消费支出	元	3125	3199	2228	2695	3131	4068	2780	2427
通过互联网购买商品或服务支出	元	4.86	2.29	1.22	43.12	14.85	22.31	3.34	
旅游人次	人次	1	1.04	0.02	1.59	2.28	1.61	1.17	0.74
旅游花费总额	元	265.22	268.07	2.2	438.38	407.76	323.24	450.65	265.33
恩格尔系数	**%**	**35.6**	**37.4**	**29.9**	**33.1**	**31.7**	**25.9**	**28.2**	**30.5**

5-2 全市及县(市)城镇居民家庭每人全年现金收入情况

(2011 年)

单位:元

指　　标	全市	市区	中牟县	巩义市	荥阳市	新密市	新郑市	登封市
期初手存现金	722.02	721.11	680.03	543.66	561.28	1467.38	628.85	28.33
家庭总收入	23344.83	24057.99	18109.85	19433.51	19666.77	19728.9	19264.21	17769.92
#可支配收入	21612.26	22476.59	16587.97	18186.17	18188.28	18193.62	18204.01	17565
工资性收入	12754.76	13098.87	12789.68	12102.47	13212.12	11247.36	11331.15	9545.69
工资及补贴收入	12532.35	12945.83	10866.96	12032.85	13103.8	10025.51	10380.18	8766.12
其它劳动收入	222.41	153.04	1922.72	69.62	108.32	1221.85	950.97	779.57
经营性收入	2939.22	2746.16	2532.63	4328.2	2878.99	3716.07	3509.88	3976.39
财产性收入	450.52	251.94	97.1	555.29	366.48	1051.05	976.27	2660.78
利息收入	78.26	71.28	12.41	97.83	20.4	130.46	31.48	12.24
股息与红利收入	50.98	54.25	5.27	70.12	74.42	4.19	94.61	
其它投资收入	29.6	18.49		203.67	71.79	4.3	225.58	14.16
出租房屋收入	288.18	107.92	19.64	183.67	166.55	912.1	615.18	2633.65
其它财产性收入	2.65		59.78		15.32		9.41	0.72
转移性收入	7200.34	7961.01	2690.44	2447.55	3209.17	3714.42	3446.91	1587.06
养老金或离退休金	6355.86	7150.18	2622.54	1955.29	2139.54	2595.69	2721.29	1254.51
社会救济收入	25.33	33.82	7.86		13.4	17.94		
#最低生活保障收入	12.91	16.33			13.4	4.41		
赡养收入	257.88	265.35	15.36	54.09	187.9	384.1	209.57	150.88
捐赠收入	464.4	421.98	43.82	294.66	791.25	559.08	323.53	75.44
其它转移性收入	10.56	11.17	0.21	12.17	6.05	8.48	0.4	18.63
出售财物收入	56.32	34.35	4.29	2.7	566.63	56.42	708.49	13.21
出售住房收入	35.54	18.77			555.17	7.13	333.7	
出售其它物品收入	20.77	15.58	4.29	2.7	11.46	49.29	374.78	13.21
借贷收入	2226.3	1837.69	2835.75	1763.91	6921.11	2313.61	2448.39	461.26
提取储蓄存款	2126.18	1728.58	2503.57	1707.15	6420.34	2105.3	2448.39	445.96
借入款	90.6	99.17	332.14	50.08	472.21	182.52		
收回借出款	5.84	5.9		6.68	16.11	18.62		12.18

5-3 全市及县(市)城镇居民家庭每人全年现金支出情况

(2011 年)

单位:元

指 标	全市	市区	中牟县	巩义市	荥阳市	新密市	新郑市	登封市
家庭总支出	17489.94	17493.38	14763.85	13177.7	19511.7	19632.24	17689.55	13646.11
消费性支出	14499.88	14605.48	10919.8	10427.39	13405.16	16541.22	15180.99	11856.83
#服务性消费支出	3125.1	3198.5	2227.58	2695.49	3130.69	4068.43	2779.8	2426.77
通过互联网购买商品或服务支出	4.86	2.29	1.22	43.12	14.85	22.31	3.34	
旅游人次	1	1.04	0.02	1.59	2.28	1.61	1.17	0.74
旅游花费总额	265.22	268.07	2.2	438.38	407.76	323.24	450.65	265.33
财产性支出	15.78	6.39	0.82	2.49	170.49		47.8	3.62
非生产性贷款利息支出	10.2	5.32	0.82		131.18		34.32	
其它	5.58	1.08		2.49	39.31		13.48	3.62
转移性支出	1336.37	1251.7	1749.04	1567.78	2753.57	1702.56	1644.56	1663.35
交纳所得税	49.16	64.77	7.25	2.75	11.74	15.1	51.87	1.51
捐赠支出	1009.56	921.59	1363.69	1022.35	2169.47	1389.77	1154.99	1361.74
购买彩票	8.11	7.32	3.7	3.03	20.58	8.16	4.99	20.19
赡养支出	169.89	154.5	225.62	491.54	456.31	240.65	369.08	189.43
#在外就学子女费用	64.35	44.04	218.28	422.89	328.86	107.95	339.71	163.77
各种非储蓄性保险支出	61.7	60.62	139.95	21.04	66.3	31.23	56.64	80.38
#车辆保险支出	18.2	14.03	9.46	3.67	43.28	14.18	15.43	18.78
其它转移性支出	37.94	42.89	8.83	27.09	29.16	17.65	7.01	10.1
社会保障支出	1379.71	1441.51	1513.98	1180.04	1395.72	1382.73	816.19	122.32
个人交纳的养老基金	581.82	638.49	393.78	405.19	475.5	560.27	255.86	36.93
个人交纳的住房公积金	568.02	580.23	780.68	607.01	687.53	490.93	442.9	50.37
个人交纳的医疗基金	200.26	196.53	225.49	134.05	178.46	269.89	103.25	13.41
个人交纳的失业基金	26.95	26.26	23.05	30.54	53.41	38.45	13.44	1.91
其它社会保障支出	2.66		90.98	3.25	0.83	23.19	0.74	19.7
购房与建房支出	258.2	188.3	580.22		1786.76	5.73		
购房	251.48	188.3			1786.76			
借贷支出	7069.36	7261.01	4879.76	8184.51	7236.24	720.47	584.14	2498.04
存入储蓄款	6941.62	7127.7	4862.27	8049.3	6353.03	688.65	456.53	2481.78
借出款	8.27	12.78						1.42
归还借款	21.89	18.84		6.68	270.66	17.19	60.07	0.68
储蓄性保险支出	34.8	39.01		44.88	194.35	14.61	4.37	14.16
其它投资支出	4.26		7.28	67.45	105.28	0.01		
归还住房贷款	57.94	62.12	4.86	15.19	308.77		63.17	
其它借贷支出	0.2	0.03	5.36	1	4.15			

5-4　全市及县(市)城镇居民家庭年人均消费支出

(2011 年)

指　　标	单位	全市	市区	中牟县	巩义市	荥阳市	新密市	新郑市	登封市
消费支出	**元**	**14499.88**	**14605.48**	**10919.8**	**10427.39**	**13405.16**	**16541.22**	**15180.99**	**11856.83**
#服务性消费支出	**元**	**3125.1**	**3198.5**	**2227.58**	**2695.49**	**3130.69**	**4068.43**	**2779.8**	**2426.77**
通过互联网购买商品或服务支出	元	4.86	2.29	1.22	43.12	14.85	22.31	3.34	
旅游人次	人次	1	1.04	0.02	1.59	2.28	1.61	1.17	0.74
旅游花费总额	元	265.22	268.07	2.2	438.38	407.76	323.24	450.65	265.33
食品	**元**	**5157.73**	**5467.15**	**3261.22**	**3446.88**	**4252.33**	**4289.21**	**4284.85**	**3621.37**
粮油类	元	764.76	799.09	435.66	517.24	520.43	520.49	944.23	702.11
粮食	元	473.12	495.76	254.54	321.53	290.89	282.46	555.73	447.64
大米	元/千克	5.01	4.99	4.83	5.4	5.36	5.41	5.07	4.93
数量	千克	24.74	26.9	18.84	12.18	10.95	11.21	14.58	15.05
金额	元	123.91	134.09	90.92	65.8	58.65	60.63	73.97	74.24
面粉	元/千克	3.26	3.28	2.75	2.89	3.06	3.29	2.82	3.01
数量	千克	18.85	18.98	22.24	23.68	10.17	8.94	32.39	27.65
金额	元	61.43	62.19	61.26	68.52	31.11	29.45	91.3	83.32
其它粮食及制品	元	287.78	299.48	102.36	187.2	201.13	192.38	390.47	290.09
淀粉及薯类	元	57.1	58.88	24.49	38.5	53.79	40.99	95.61	45.89
干豆类及豆制品	元	75.94	78.1	62.41	68.39	71.16	70.44	97.87	70.8
油脂类	元	158.6	166.34	94.22	88.83	104.59	126.6	195.02	137.78
食用植物油	元/千克	17.32	17.19	25.69	14.03	14.78	15.59	15.61	17.57
数量	千克	9.15	9.67	3.67	6.33	7.08	8.12	12.47	7.84
金额	元	158.55	166.32	94.22	88.77	104.59	126.6	194.76	137.78
食用动物油	元	0.05	0.02		0.06			0.26	
肉禽蛋水产品类	元	1190.5	1292.32	687.8	705.05	793.22	438.33	918.07	634.43
肉类	元	718.65	767.49	428.15	460.72	523.71	275.55	592.34	451.89
猪肉	元/千克	26.52	26.71	22.9	25.45	26.82	24.09	25.86	25.23
数量	千克	13.67	14.14	11.51	8.64	11.6	7.64	14.49	11.01
金额	元	362.66	377.61	263.47	219.87	311.28	184.12	374.58	277.76
牛肉	元/千克	33.45	33.3	26.66	36.78	33.15	35.36	42.82	47.78
数量	千克	2.35	2.64	0.11	1.03	0.69	0.55	0.71	0.03
金额	元	78.47	87.84	3.02	38.02	22.71	19.43	30.21	1.56
羊肉	元/千克	39.36	39.64	23.01	39.65	30.68	32.31	42.06	28.11
数量	千克	1.96	2.22	0.07	1.03	0.82	0.38	1.4	0.2
金额	元	77.27	87.96	1.61	40.88	25.01	12.25	58.7	5.61
其它肉及制品	元	200.24	7.34	160.05	161.94	164.72	59.75	128.85	166.97
禽类	元	181.69	206.46	84.44	84.79	93.77	50.73	92.95	57.11
鸡	元/千克	17.59	17.54	14.47	16.68	15.94	17.51	16.75	14.72
数量	千克	4.88	5.62	2.44	1.84	1.68	1.22	3.97	0.74
金额	元	85.77	98.62	35.25	30.63	26.83	21.44	66.44	10.93

5-4 续表1 （2011年）

指　　标	单位	全市	市区	中牟县	巩义市	荥阳市	新密市	新郑市	登封市
鸭	元/千克	14.47	14.46	14.97	14.26	13.15	15.16	15.54	10
数量	千克	0.6	0.72	0.07	0.07	0.04	0.15	0.02	0.01
金额	元	8.72	10.42	1.07	0.99	0.52	2.27	0.31	0.06
其它禽类及制品	元	87.2	97.42	48.12	53.17	66.43	27.02	26.2	46.13
蛋类	元	141.46	151.41	118.14	116.49	127.55	86.39	133.14	101.91
鲜蛋	元/千克	8.9	8.93	8.76	8.89	8.85	8.48	8.65	8.3
数量	千克	14.76	15.66	13.46	12.74	13.94	9.88	14.56	11.76
金额	元	131.32	139.87	117.93	113.27	123.35	83.78	125.91	97.55
蛋制品	元	10.14	11.55	0.21	3.22	4.2	2.61	7.23	4.36
水产品类	元	148.69	166.96	57.06	43.04	48.19	25.67	99.64	23.52
鱼	元/千克	15.89	15.78	13.19	14.37	13.96	14.51	12.72	13.43
数量	千克	5.47	6.15	3.68	1.69	1.6	1.27	4.91	1.17
金额	元	86.98	97.08	48.53	24.22	22.28	18.43	62.41	15.71
虾	元/千克	36.43	36.29	27.09	38.39	35.94	26.6	33.87	28.72
数量	千克	0.99	1.13	0.31	0.11	0.22	0.13	0.59	0.11
金额	元	36.02	40.93	8.29	4.32	8.08	3.45	19.85	3.29
其它水产品及制品	元	25.7	28.96	0.25	14.5	17.82	3.79	17.38	4.52
蔬菜类	元	537.98	562.21	403.13	338.65	340.46	279.61	559.1	387.71
鲜菜	元/千克	3.6	3.69	3.12	3.01	3.06	3.28	3.34	2.89
数量	千克	136.39	138.46	126.48	101.48	105.23	80.07	153.4	121.66
金额	元	491.59	510.23	394.9	305.51	321.61	262.53	512.57	352.12
干菜	元	33.48	37.73	7.49	21.22	11.97	14.25	41.53	21.56
菜制品	元	12.9	14.25	0.74	11.92	6.88	2.83	5.01	14.04
调味品	元	83.95	86.85	43.56	53.78	59.22	57.27	102.67	86.25
糖烟酒饮料类	元	581.21	622.03	296.1	256.13	417.54	1055.9	388.47	490.59
糖类	元	39.24	42.95	24.83	34.38	28.83	35.64	36.72	43.02
烟草类	元	185.05	180.41	89.3	70.7	181.47	265.41	179.9	207.84
酒类	元	213.28	239.72	128.7	46.44	112.18	373.69	81.77	121.04
白酒	元/千克	79.04	85.13	63.03	61.32	56.17	409.78	44.66	110
数量	千克	2.21	2.28	1.9	0.44	1.62	0.89	1.37	0.67
金额	元	174.3	194.05	119.53	26.97	90.76	363.17	61.09	73.32
果酒	元/千克	59.18	60.99		32.68	62.1	50.43	6.68	86.73
数量	千克	0.2	0.24		0.2	0.14	0.04	0.16	0.13
金额	元	11.83	14.76		6.69	8.98	2.02	1.09	11.06
啤酒	元/千克	6.38	6.36	5.5	6.71	4.93	8.19	3.16	9.65
数量	千克	2.94	3.13	1.65	1.81	2.46	0.95	6.04	3.67

5-4 续表2 (2011年)

指 标	单位	全市	市区	中牟县	巩义市	荥阳市	新密市	新郑市	登封市
金额	元	18.78	19.89	9.09	12.13	12.14	7.77	19.09	35.43
其它酒	元	8.36	11.03	0.08	0.66	0.3	0.73	0.51	1.23
饮料	元	143.64	158.95	53.27	104.61	95.06	381.17	90.06	118.69
碳酸饮料	元/千克	5.77	5.63	7.92	4.59	5.25	7.69	4.81	8.08
数量	千克	3.53	4.43	0.02	0.98	1.83	0.43	2.03	0.97
金额	元	20.36	24.93	0.17	4.51	9.64	3.28	9.76	7.86
瓶装饮用水	元/千克	1.85	2.11	4.16	0.54	1.05	1.22	0.65	2.14
数量	千克	3.54	3.62	0.19	12.11	8.13	3.43	13.73	2.54
金额	元	6.54	7.64	0.77	6.57	8.5	4.17	8.97	5.44
茶叶	元/千克	228.88	234.22	71.19	183.43	159.26	594.44	101.89	169.17
数量	千克	0.26	0.3	0.07	0.09	0.03	0.49	0.22	0.16
金额	元	59.37	70.38	4.93	16.54	5.49	291.6	22.41	27.46
其它饮料	元	57.38	56	47.39	77	71.44	82.12	48.93	77.93
干鲜瓜果类	元	478.48	509.7	286.48	378.31	397.26	336.69	405.79	327.78
鲜果	元/千克	5.99	5.92	4.48	5.28	5.75	6.48	5.34	5.31
数量	千克	44.45	47.72	39.99	34.03	38.52	29.07	44.42	34.57
金额	元	266.05	282.41	178.95	179.72	221.51	188.48	237.29	183.76
鲜瓜	元/千克	2.13	2.08	1.97	2.02	1.98	2.18	1.76	1.94
数量	千克	22.29	22.2	13.08	18.57	25.12	26.15	27.74	21.55
金额	元	47.45	46.14	25.81	37.47	49.76	57.07	48.77	41.91
其它干鲜瓜果类及制品	元	164.97	181.14	81.73	161.11	126	91.14	119.73	102.11
糕点、奶及奶制品	元	369.41	389.1	239.74	279.88	297.58	165.28	327.38	325.57
糕点	元/千克	18.08	18.45	16.79	20.94	15.87	14.98	17.96	15.7
数量	千克	6.37	6.84	2.64	5.41	6.83	4.44	5.93	8.07
金额	元	115.11	126.19	44.27	113.21	108.4	66.5	106.57	126.6
奶及奶制品	元	254.3	262.91	195.48	166.67	189.17	98.78	220.8	198.97
鲜乳品	元/千克	7.28	7.27	49.49	9.57	6.31	11.3	8.47	9.75
数量	千克	16.7	18.39		8.42	11.05	1.15	6.8	5.17
金额	元	121.58	133.67	0.4	80.59	69.8	13.04	57.64	50.44
奶粉	元/千克	82.26	108.57	140.93	213.38	94.31	36.12	144.55	94.18
数量	千克	0.76	0.55	0.36	0.19	0.46	0.62	0.11	0.67
金额	元	62.68	59.71	50.89	41.18	43.84	22.31	16.3	63.18
酸奶	元/千克	6.34	6.23	19.8	7.56	6.38	16.99	5.86	9.05
数量	千克	7.92	8.5		4.17	10.89	0.84	17.56	3.02
金额	元	50.2	52.99	0.07	31.49	69.5	14.3	102.82	27.29
其它奶制品	元	19.84	16.54	144.12	13.4	6.03	49.12	44.04	58.06

5-4 续表3 (2011年)

指　　标	单位	全市	市区	中牟县	巩义市	荥阳市	新密市	新郑市	登封市
其它食品	元	97.42	99.96	253.87	64.89	60.78	58.68	9.66	40.93
饮食服务	元	1054.03	1105.89	614.86	852.94	1365.83	1376.95	629.49	625.99
食品加工服务费	元	0.86	0.75	3.97	1.33	0.45	0.38	2.65	1.57
在外饮食	元	1053.17	1105.14	610.89	851.61	1365.38	1376.57	626.84	624.42
衣着	**元**	**2289.57**	**2298.54**	**1494.23**	**1938.91**	**2245.38**	**2116.6**	**1921.58**	**1990.44**
服装	元/件	171.21	167.56	138.21	146.5	128.58	224.93	158.45	143.79
数量	件	9.77	9.98	8.71	9.91	13.26	6.38	8.72	9.6
金额	元	1672.23	1672.84	1204.26	1451.28	1705.25	1435.27	1381.15	1380.49
衣着材料	元	11.4	13.83		7.94	14.07	2.79	1.1	1.92
鞋类	元/双	144.79	146.94	92.9	129.22	106.9	205.33	120.21	124.04
数量	双	3.67	3.64	2.87	3.38	4.27	3.05	4.14	4.27
金额	元	531.87	535.08	266.76	437.05	456.01	627.17	497.42	529.88
其它衣着用品	元	67.68	70.22	13.18	30.43	56.32	38.26	36.38	73.46
衣着加工服务费	元	6.39	6.57	10.03	12.21	13.73	13.1	5.54	4.69
居住	**元**	**1045.53**	**976.13**	**1004.99**	**710.08**	**1475.41**	**1454.04**	**2126.61**	**822.66**
住房	元	250.01	192.38	437.57	124.5	731.15	847.9	1336.23	175.04
租赁房房租	元	21.44	21.7	10.45	0.5	5.54	26.65	78.09	
住房装潢支出	元	178.67	139.43	267.13	75.44	593.3	691.3	772.46	129.07
维修用建筑材料	元	46.47	27.99	160	39.87	111.08	129.38	485.19	34.61
其它住房支出	元	3.43	3.26		8.69	21.23	0.57	0.5	11.36
水电燃料及其它	元	732.49	719.02	536.7	555.58	659.64	561.98	771.69	635.19
水	元/吨	2.41	2.4	2.34	2.3	2.35	3.16	2.35	2.46
数量	吨	37.04	38.45	40.48	22.09	24.9	31.96	34.31	18.47
金额	元	89.11	92.17	94.73	50.91	58.51	100.91	80.64	45.48
电	元/度	0.56	0.56	0.57	0.56	0.58	0.58	0.57	0.57
数量	度	592.31	567.81	529.31	531.12	628.36	623.29	686.54	649.75
金额	元	332.73	318.07	300.88	297.94	366.56	359.15	390.72	369.72
燃料	元	165.78	165.89	124.05	125.61	150.96	99.34	205.35	218.01
煤炭	元/千克	0.71	0.81	0.66	0.63	1	0.73	0.42	0.78
数量	千克	17.64	7.23	8.65	75.29	26.51	10.09	38.94	91.66
金额	元	12.49	5.83	5.73	47.76	26.64	7.33	16.18	71.95
液化石油气	元/千克	5.97	5.98	6.9	7.61	7.06	7.6	7.06	6.65
数量	千克	3.88	2.46	1.06	0.73	7.37	12	21.68	16.89
金额	元	23.16	14.71	7.33	5.56	51.97	91.12	153.08	112.32
管道天然气	元/立方米	1.91	1.92	1.81	1		2.48	1.57	2.74
数量	立方米	64.88	75.22	46.51	0.2		0.13	20.37	3.48

5-4 续表4 （2011年）

指　　标	单位	全市	市区	中牟县	巩义市	荥阳市	新密市	新郑市	登封市
金额	元	124.07	144.09	84.2	0.2		0.32	32.07	9.53
其它燃料	元	0.28		3.13	0.07		0.57		9.35
取暖费	元	136.44	137.47	17.05	18.79	62.17	2.58	69.28	1.98
其它相关支出	元	8.44	5.41		62.34	21.44		25.71	
居住服务费	元	63.03	64.73	30.72	29.99	84.61	44.17	18.69	12.44
物业管理费	元	50.31	50.21	23.41	25.71	55.37	5.31	9.6	10.04
维修服务费	元	10.73	11.81	7.14	2.77	26.39	31.96	8.79	1.91
其它居住服务费	元	2	2.71	0.16	1.51	2.86	6.89	0.3	0.48
家庭设备用品及服务	**元**	**1216.85**	**1240.69**	**747.21**	**710.7**	**1293.85**	**1645.57**	**1377.81**	**1295.75**
耐用消费品	元	520.58	525.83	360.83	294.25	753.46	925.21	788.78	651.94
家具	元	148.24	153.67	86.99	38.91	236.97	555.81	374.35	120.52
家庭设备	元	372.34	372.16	273.84	255.34	516.49	369.4	414.43	531.43
洗衣机	元/台	1826.92	2015.37	1800	1733.33	1552.31	1751.5	1771.71	1826.67
数量	台	7.46	6.74	2	3	16	4	17	6
金额	元	47.15	47.68	12.86	17.36	79.25	20.07	100.51	31.05
电冰箱	元/台	2636.74	3063.25	2413.33	2199.38	3013.63	5273	2600	2318.33
数量	台	3.95	3.53	3	8	8	1	7	9
金额	元	36.03	37.96	25.86	58.75	76.92	15.11	60.73	59.11
微波炉	元/台	658	706.78			950	766	382	599
数量	台	3.36	3.04			1	3	5	1
金额	元	7.64	7.55			3.03	6.58	6.37	1.7
空调器	元/台	2957.91	2945.56	2999	3416.43	3491.36	2955.88	2808.38	2538.52
数量	台	11.71	11.3	2	7	22	26	13	21
金额	元	119.82	116.85	21.42	79.85	245.07	220.21	121.83	151.02
淋浴热水器	元/台	1482.34	1489.83	1483.33	1280	1432.5	2226.67	2325	2012.67
数量	台	5.66	6.08	3	2	4	3	6	15
金额	元	29.03	31.8	15.89	8.55	18.28	19.14	46.55	85.52
消毒碗柜	元/台	949.32	1141.13			438.13	650		
数量	台	0.79	0.84			8	1		
金额	元	2.59	3.36			11.18	1.86		
其它家庭设备	元	129.37	125.89	197.81	90.83	82.76	86.42	78.43	203.03
室内装饰品	元	23.6	22.2		15.2	54.6	183.23	16.12	21.93
床上用品	元	140.65	146.9	85.84	106.83	136.72	181.06	194.52	285.35
家庭日用杂品	元	486.06	506.87	225.48	277.85	314.41	291.16	344.73	273.56
家具材料	元	7.37	7.24	58.76	1.15		3.89	20.75	0.11
家庭服务	元	38.59	31.66	16.3	15.42	34.65	61.03	12.91	62.85

5-4　续表 5　　　　　　　　　　　　　　（2011 年）

指　　标	单位	全市	市区	中牟县	巩义市	荥阳市	新密市	新郑市	登封市
家政服务	元	18.62	12.5	0.87	0.44	16.76	7.65	0.17	2.36
加工维修服务费	元	19.97	19.16	15.43	14.98	17.89	53.38	12.74	60.49
医疗保健	**元**	**1048.67**	**1037.84**	**812.64**	**588.89**	**656.82**	**1449.46**	**876.36**	**843.52**
医疗器具	元	6.67	7.16		3.5	12.66	2.42	0.43	
保健器具	元	32.49	29.65	16.87	14.37	20.22	86.34	51.03	
药品费	元	499.42	486.93	382.72	234.9	418.98	543.88	298.16	591.9
滋补保健品	元	93.21	90.65	46.74	20.01	17.27	211.22	64.91	19.2
医疗费	元	410.41	416.8	327.74	311.1	185.41	603.27	448.77	222.32
其它医疗保健支出	元	6.48	6.65	38.56	5	2.27	2.33	13.05	10.11
交通和通讯	**元**	**1687.86**	**1541.85**	**2122.24**	**1220.38**	**1470.13**	**2410.63**	**2499.82**	**1594.64**
交通	元	992.94	876.07	1632.17	694.02	786.14	1674.5	1588.2	808.45
家庭交通工具	元	628.04	502.67	1252.64	315.01	190.58	1127.38	1265.52	325.78
摩托车	元/辆	6561.22		8000	7200		6160		
数量	辆	0.11		1	1		5		
金额	元	2.41		28.57	24.04		88.25		
助力车	元/辆	2679.03	2653.59	2957.14	3250	2131.43	3600	2534.29	2637.27
数量	辆	7.86	8.46	7	2	7	3	14	11
金额	元	72.81	78.77	73.93	21.7	47.6	30.95	118.4	82.18
家用汽车	元/辆	113422.62	120137.72	99000	72900	17000	34960	113333.33	80000
数量	辆	1.34	0.94	3	1	1	10	3	1
金额	元	525.59	394.8	1060.71	243.41	54.24	1001.72	1134.59	226.63
其它交通工具	元	27.24	29.1	89.42	25.86	88.73	6.47	12.53	16.97
车辆用燃料及零配件	元	152.1	139.8	225.49	145.78	366.48	232.71	237.97	282.38
燃料	元	138.59	125.22	225.49	140.39	346.35	211.96	216.28	276.25
零配件	元	9.8	11.42		3.74	19.29	8.38	21.37	5.42
其它	元	3.72	3.16		1.65	0.83	12.38	0.32	0.71
交通工具服务支出	元	62.05	61.28	74.4	90.24	82.76	228.8	45.34	152.09
维修费	元	38.02	31.9	74.4	27.35	50.3	188.79	37.95	144.68
车辆使用税费	元	18.5	22.68		62.75	24.78	36.46	0.69	
其它车辆使用费用	元	5.53	6.7		0.14	7.68	3.55	6.69	7.41
交通费	元	150.75	172.32	79.64	142.99	146.33	85.61	39.38	48.2
飞机	元	30.38	36.4			27.71	10.34	8.34	
火车	元	39.17	46.61		47.3	43.16	4.47	8.14	2.08
长途汽车	元	14.35	14.58		13.48	29.37	17.89	12.59	20.26
市内公共交通	元	30.68	33.75	0.3	49.52	11.4	28.59	2.42	12.79
出租汽车费	元	35.06	40.9	23.59	27.49	33.8	20.73	5.55	7.89

5-4　续表 6　　（2011 年）

指　　标	单位	全市	市区	中牟县	巩义市	荥阳市	新密市	新郑市	登封市
其它交通费	元	1.1	0.08	55.74	5.2	0.88	3.58	2.34	5.18
通信	元	694.92	665.78	490.08	526.36	683.99	736.13	911.62	786.19
通信工具	元	142.47	122.16	154.74	85.99	158.89	223.8	305.73	246.27
电话机	元/部	318.73	291.56	299	71	625	1558	442.5	1277.5
数量	部	4.09	4.98	1	3	2	1	4	2
金额	元	4.51	5.1	1.07	0.71	3.99	4.46	5.91	7.24
移动电话	元/部	1333.17	1188.04	1075.68	1026.29	1173.2	2281.82	2138.48	1448.79
数量	部	29.37	27.74	40	24	41	33	42	58
金额	元	135.39	115.65	153.67	82.24	153.47	215.76	299.72	238.05
其它通信工具	元	2.57	1.41		3.04	1.43	3.58	0.1	0.99
通信服务	元	552.45	543.61	335.34	440.37	525.09	512.33	605.89	539.92
电信费	元	548.34	539.32	334.95	437.02	519.59	509.11	604.34	539.41
#上网费	元	109.8	106.99	47.24	97.98	85.25	88.55	99.69	70.64
邮费	元	0.6	0.66	0.07	0.46	1.19	0.04	0.35	
其它通信服务费	元	3.51	3.63	0.32	2.89	4.31	3.18	1.2	0.5
教育文化娱乐服务	**元**	**1452.75**	**1471.22**	**1159.71**	**1423.73**	**1455.52**	**2039.5**	**1340.5**	**1230.14**
文化娱乐用品	元	404.02	377.7	339.22	384.32	441.74	836.82	643.61	333.82
彩色电视机	元/台	3882.84	3683.95	4128.43	4180	3065.75	2335.6	4840	3427.31
数量	台	5.44	4.82	7	7	12	5	7	8
金额	元	73.02	62.31	103.21	97.7	117.38	33.46	113.06	77.67
家用电脑	元	83.18	73.7	95.53	123.53	119.45	148.17	226.17	116.6
购买整机	元/台	4062.66	3898.16	3811.86	4835.71	3688.89	4581.82	4821.43	4415.56
数量	台	4.98	4.33	7	7	9	11	14	9
金额	元	70	59.3	95.3	113.02	105.93	144.41	225.25	112.58
计算机外部设备	元	5.73	6.54	0.23	7.45	9	3.24	0.4	
各种零配件及耗材	元	7.45	7.86		3.05	4.52	0.52	0.52	4.02
照相机	元/架	2098.78	1976.13		1795	1539.6	3611.52	3340	1586.67
数量	架	6.87	6.45		2	5	21	5	3
金额	元	49.84	44.73		11.99	24.56	217.31	55.73	13.48
其它中高档乐器	元/件	1067.49	1463.82	670	50		1000		
数量	件	0.66	0.19	1	1		1		
金额	元	2.43	0.96	2.39	0.17		2.87		
健身器材	元/件	2842.6	1693.33	4000			3755.26	8760	300
数量	件	1.34	0.91	1			19	3	1
金额	元	13.15	5.42	14.29			204.44	87.7	0.85
电子辞典	元/部	733.25	270.46	198			2856.25		
数量	部	1.57	1.38	3			8		
金额	元	3.98	1.31	2.12			65.47		

5-4 续表7 （2011年）

指　　标	单位	全市	市区	中牟县	巩义市	荥阳市	新密市	新郑市	登封市
音像制品及软件	元	3.63	5.06	0.57	2.57	0.18	2.01	0.07	2.07
体育用品	元	7.32	8.62	2.03	17.23	5.94	2.95	5.12	0.56
书报杂志	元	54.04	65.14	3.46	21.79	16.43	14.49	10.13	31.14
纸张文具	元	19.88	21.49	66.42	11.51	22.82	14.26	7.06	14.87
其它文娱用品	元	87.98	86.65	49.19	88.15	134.99	48.3	40.53	75.48
文化娱乐服务	元	533.55	526.32	342.17	547.21	485.41	810.64	548.07	320.67
参观游览	元	164.96	179.71	41.66	18.19	38.73	679.88	38.74	2.97
健身活动	元	26.06	28.04	0.61	16.13	7.32	7.26	0.78	0.03
团体旅游	元	238.06	205.37	237.3	420.19	358.39	20.97	462.9	271.02
其它文娱活动	元	100.47	110.05	59.75	78.48	77.54	102.1	42.67	45.28
文娱用品修理服务费	元	3.99	3.15	2.86	14.21	3.43	0.43	2.97	1.37
教育	元	515.18	567.2	478.32	492.2	528.37	392.04	148.82	575.65
教材	元	32.1	31.83	4.19	24.77	82.9	59.68	7.46	11.94
课本及参考书	元	26.32	27.9	1.35	24.62	78.7	30.68	5.78	10.97
教育软件	元	3.45	1.78			4.13	5.17		
其它教材	元	2.33	2.15	2.84	0.15	0.07	23.82	1.69	0.96
教育费用	元	483.08	535.37	474.13	467.43	445.47	332.37	141.36	563.71
非义务教育学杂费	元	129.08	153.2	71.32	9.82	168.78	64.65	4.44	224.73
义务教育学杂费	元	7.42		102.52	25.74		102.82		11.33
托幼费	元	66.11	88.98	19.91	41.82	46.85	4.44	62.4	59.21
成人教育费	元	21.19	21.55	4.29	146.44	84.76	24.97	17.35	12.75
家教费	元	38.28	45.67			1.02	2.87	5.67	25.67
培训班	元	179.41	183.86	256.39	163.74	133.61	112.12	36.64	162.02
学校住宿费	元	15.25	19.22		5.39	8.93	3.78	1.33	46.9
其它教育费用	元	26.35	22.89	19.7	74.48	1.52	16.73	13.52	21.12
其它商品和服务	**元**	**600.92**	**572.06**	**317.55**	**387.83**	**555.73**	**1136.21**	**753.46**	**458.31**
其它商品	元	396.47	363.01	207.14	207.11	354.49	750.93	542.75	323.83
金银珠宝饰品	元	133.44	120.25	71.34	43.44	92.46	370.74	262.64	55.65
手表	元/只	667.84	680.39	168	2163.33	558	1532.9	703	342.43
数量	只	0.03	0.03	0.02	0.02	0.01	0.09	0.02	0.02
金额	元	21.35	21.76	3.6	43.34	7.12	136.16	11.73	6.79
理发美容用具	元	4.42	3.8	0.57	4.74	2.87	3.52	1.93	2.79
化妆品	元	178.77	162.32	94.77	111.1	176.63	213.35	251.02	179.69
其它杂品	元	58.49	54.87	36.86	4.5	75.41	27.16	15.42	78.91
服务	元	204.45	209.05	110.41	180.72	201.24	385.29	210.72	134.48
旅馆住宿费	元	18.68	22.18	0.24	13.69	9.36	2.29		4.25
理发洗澡费	元	83.82	77.93	91.02	96.09	113.54	120.62	126.03	113.92
美容费	元	66.44	68.13	14.29	53.68	39.62	245.48	71.4	14.83
其它服务	元	35.51	40.81	4.86	17.26	38.71	16.89	13.29	1.48

5-5　全市及县(市)城镇居民家庭年人均实物收入

(2011 年)

单位:元

指　　标	全市	市区	中牟县	巩义市	荥阳市	新密市	新郑市	登封市
非现金(实物与服务)收入总计	**221.6**	**258.33**	**116.31**	**265.84**	**600.88**	**245.99**	**38.7**	**53.89**
食品	**65.74**	**52.26**	**90.01**	**189.34**	**227.18**	**127.27**	**35.89**	**49.31**
粮油类	13.26	9.83	14	39.74	60.59	29.39	8.92	14.57
肉禽蛋水产品类	6.16	3.65	3.99	9.7	28.77	7.92	2.64	3.1
蔬菜类	2.11	1.55	7.2	2.36	7.15	3.71	0.11	0.03
糖烟酒饮料类	13.31	9.46	17.96	28.21	44.92	51.96	8.67	10.25
干鲜瓜果类	7.55	6.29	4.08	14.79	22.88	11.09	3.74	8.29
糕点、奶及奶制品	10.48	7.29	4.44	32.3	43.68	11.52	11.5	11.56
其它食品	3.49	2.74	34.27	11.68	2.64	8.81		0.61
饮食服务	9.36	11.44	4.07	50.56	16.55	2.87	0.3	0.9
衣着	**5.18**	**5.56**	**1.69**	**18.39**	**23.14**	**6.48**	**0.87**	**1.93**
居住	**0.08**					**0.29**		
住房	0.01					0.29		
水电燃料及其它	0.08							
家庭设备用品及服务	**1.38**	**1.01**		**10.5**	**9.22**	**1.86**		
医疗保健	**111.32**	**157.67**	**17.66**	**20.37**	**37.23**	**59.52**	**1.95**	**0.39**
#医疗基金	0.01					0.05	0.5	
医疗器具	0.12	0.03						
保健用品				0.05				
药品费	43.3	53.9	12.5	20.12	35.17	31.46	0.28	0.39
滋补保健品	5.09	7.83		0.2	0.11	0.6		
医疗费	62.71	95.77	5.16		1.95	27.46	1.66	
其它医疗保健	0.09	0.14						
交通和通讯	**7.41**	**1.76**		**4.37**	**223.82**	**1.99**		
交通	5.97			3.37	223.66			
通信	1.45	1.76		1	0.16	1.99		
教育文化娱乐服务	**21.69**	**29.48**	**2.71**	**14.57**	**75.28**			
文化娱乐用品	2.08	1.09	0.21	4.96	49.38			
文化娱乐服务	19.61	28.38	2.5	9.62	25.91			
其它商品和服务	**8.8**	**10.6**	**4.24**	**8.29**	**5**	**48.58**		**2.27**

5-6 全市及县(市)城镇居民家庭每百户年末主要耐用消费品拥有量

(2011 年底)

指　　标	单位	全市	市区	中牟县	巩义市	荥阳市	新密市	新郑市	登封市
摩托车	辆	6.07	2.09	20	38	22.77	15	25	81
助力车	辆	59.9	63.13	59	11	65.35	12	81	18
家用汽车	辆	14.82	13.79	8	18	16.83	32	18	31
洗衣机	台	98.67	99.17	97	101	102.97	102	105	102
电冰箱	台	98.81	100.28	96	96	99.01	91	99	95
彩色电视机	台	120.11	117.79	115	128	134.65	138	147	126
家用电脑	台	72.75	71.41	66	93	86.14	80	77	86
组合音响	套	16.4	14.23	27	13	30.69	15	16	32
摄像机	架	8.17	8.65	1	6	7.92	4	4	17
照相机	架	47.31	49.71	22	38	48.51	45	29	49
钢琴	架	1.89	1.78	2	1	1.98	4		
其它中高档乐器	件	1.67	0.86	3	3	6.93	1	2	2
微波炉	台	58.38	62.04	47	40	51.49	39	44	29
空调器	台	144	138.58	99	167	192.08	139	138	109
淋浴热水器	台	88.34	90.64	92	59	75.25	88	86	42
消毒碗柜	台	9.72	9.96	5	4	14.85	10	7	12
洗碗机	台	0.16	0.12			0.99	2		1
健身器材	套	2.58	2.4	4	2	4.95	12	1	2
固定电话	部	65.74	66.94	30	53	39.6	49	49	32
移动电话	部	181.71	172	174	244	254.46	226	211	221

5-7　全市及县(市)城镇居民家庭住房情况

(2011 年)

指　　标	单位	全市	市区	中牟县	巩义市	荥阳市	新密市	新郑市	登封市
家庭居住人口	人	2.88	2.85	2.8	2.99	3.13	3.49	2.8	3.53
现住房总建筑面积	平方米/人	30.79	28.63	42.61	37.28	38.34	36.61	50.22	51.29
房屋产权									
租赁公房	%	2.12	1.73	2		0.99		1	
租赁私房	%	3.02	2.75	4	3		3		
原有私房	%	5.62	2.53	8	12	0.99	8	38	60
房改私房	%	57.66	67.97	23	8	6.93		9	1
商品房	%	29.2	22.04	55	61	91.09	88	51	38
其它	%	2.38	2.99	8	16		1	1	1
住宅建筑式样									
单栋住宅	%	0.13					7		
四居室	%	5.96	5.69	5	11	10.89	10	9	1
三居室	%	39.57	36.21	63	68	76.24	71	46	31
二居室	%	43.68	48.13	21	7	10.89	9	7	2
一居室	%	2.68	3.55		1	0.99	1	1	1
普通楼房	%	6.06	5.43	5	12	0.99		1	64
平房及其它	%	1.92	0.98	6	1		2	36	1
建筑年份	%	17.04	17.67	11.61	14.93	13.69	13.25	13.18	12.62
装修状况									
有装修	%	60.55	61.84	29	40	70.3	63	57	37
未装修	%	39.45	38.16	71	60	29.7	37	43	63
如果装修过最近一次装修年份	年	6.57	6.93	1.54	2.8	5.42	5.43	4.06	3.01
如果装修过最近一次装修花费	元	15157	14727	7020	13039	23079	22252	14238	11740
现有住房按市场价估计值	元	343533	355335	233700	189063	182673	155120	254800	308400
租赁房房租	元	246	220	197	101	45	396	12	
自有房房租折算	元	10252	10475	3550	5777	7335	6612	3852	10140
购房时间	年	11.46	12.27	7.35	10.23	10.71	10.28	5.64	4.24
购房总金额	元	94002.46	94095.36	63280	75085	106940.59	77230	84333.39	52020
购房实际支出金额	元	92805.58	92793.3	63280	75085	106940.59	77180	82683.39	52020
饮水情况									
自来水	%	96.29	98.49	99	98	81.19	76	88	47
矿泉水	%	0.95	1.01	1		1.98	7		3
纯净水	%	1.7	0.5		2	16.83	17	8	3

5-7 续表 (2011 年)

指 标	单位	全市	市区	中牟县	巩义市	荥阳市	新密市	新郑市	登封市
井、河水	%	1.06						4	47
用水情况									
独用自来水	%	98.95	100	100	100	100	100	98	51
公用自来水	%	0.02							1
井、河水	%	1.03						2	48
卫生设备									
有厕所浴室	%	88.96	89.97	92	55	97.03	85	87	79
有厕所无浴室	%	9.48	8.33	8	45	2.97	15	13	21
公用	%	1.56	1.7						
取暖设备									
无取暖设备	%	0.74	0.12	9			5	13	9
空调设备	%	33.02	29.05	38	34	39.6	70	42	46
暖气	%	47.93	54.65	27	15	15.84	5	12	1
其它	%	18.3	16.18	26	51	44.55	20	33	44
炊用燃料使用情况									
煤炭	%	1.89	0.66	7	19		2	3	16
罐装液化石油气	%	15.61	10.94	29	23	56.44	91	65	77
管道液化石油气	%	0.04		2					1
管道煤气	%	3.34	1.11	1	53	43.56	4		
管道天然气	%	78.52	87.29	53			2	15	5
其他燃料	%	0.6		8	5		1	17	1
除了现住房,还有几处其它住房	套	0.11	0.05	0.05	0.13	0.17	0.37	0.17	0.42
出租房	套	0.09	0.04	0.02	0.09	0.12	0.31	0.17	0.41
#建筑面积	平方米	7.71	3.43	2.16	6.7	10.56	34.65	17.55	47.5
偶尔居住房	套	0.01	0.01	0.03	0.02	0.05	0.01		
#建筑面积	平方米	1.31	0.66	3.58	2	5.94	1.2		
其它用途房	套				0.02		0.05		0.01
#建筑面积	平方米	0.41	0.26		1.67		4.1		6

5-8　全市按相对收入分的城镇居民家庭生活基本情况

（2011 年）

指　　标	单位	合计	最低10%	更低5%	低10%	较低20%	中间20%	较高20%	高10%	最高10%	更高5%
调查户数	户	1200	120	61	121	240.58	239.58	240.83	120.58	117.42	59
现住房总建筑面积	平方米/人	30.79	22.66	20.58	25.99	27.58	30.17	29.8	37.24	42.35	42.67
家庭人口数	人	2.89	3.24	3.42	3.26	3.24	3.08	2.81	2.62	2.28	2.26
有收入者人数	人	2.1	1.81	1.71	1.97	2.11	2.23	2.18	2.11	2.05	2.03
就业人口数	人	1.42	1.33	1.27	1.58	1.73	1.54	1.4	1.33	1.07	1.12
国有经济单位职工人数	人	0.67	0.51	0.45	0.74	0.72	0.69	0.72	0.66	0.6	0.64
城镇集体经济单位职工人数	人	0.07	0.05	0.06	0.06	0.1	0.07	0.06	0.13	0.03	0.06
其它经济类型单位职工人数	人	0.15	0.15	0.09	0.23	0.22	0.21	0.12	0.13	0.06	0.06
城镇个体或私营企业主人数	人	0.2	0.13	0.15	0.2	0.22	0.24	0.21	0.19	0.2	0.14
城镇个体或私营企业被雇人数	人	0.2	0.25	0.21	0.27	0.36	0.21	0.18	0.15	0.04	0.03
离退休再就业人数	人	0.05				0.03	0.06	0.05	0.04	0.12	0.17
其它就业人数	人	0.08	0.24	0.31	0.09	0.09	0.07	0.07	0.03	0.02	0.03
离退休人数	人	0.66	0.4	0.3	0.37	0.36	0.66	0.77	0.77	0.97	0.91
其它有收入者人数	人	0.02	0.08	0.13	0.02	0.01	0.03	0.01	0.01	0.01	
无收入者人数	人	0.79	1.43	1.72	1.29	1.13	0.86	0.63	0.51	0.23	0.23
在外就学人数	人	0.03	0.02	0.01	0.04	0.03	0.03	0.02	0.03	0.02	0.02
非家庭人口在家用餐	人次	1.3	0.7	0.58	0.85	0.88	1.25	1.59	1.83	1.44	1.89
家庭人口在外用餐	人次	3.68	2.27	2.02	3.75	3.14	4.18	3.22	3.97	5.06	6.43
家庭总收入	元	23344.83	9498.62	7677.63	13604.53	16292.75	20159.62	24971.92	31470.7	46860.42	55141.21
#可支配收入	元	21612.26	8586.47	7074.45	12483.97	14961.46	18860.69	23382.67	29407.97	44700.1	52489.19
家庭总支出	元	17489.94	8211.76	6852.62	11215.21	15395.9	15683.5	19366.09	21370.06	28681.11	31895.07
消费支出	元	14499.88	6971.71	6035.75	9271.48	12324.17	13181.3	16184.21	17737.2	23731.02	25785.4
#服务性消费支出	元	3125.1	1499.44	1367.63	2088.59	2816.79	2732.26	3212.67	4131.85	5193.92	6155.89
通过互联网购买商品或服务支出	元	4.86	0.05		2.51	5.15	3.14	8.42	8.17	2.34	2.62
旅游人次	人次	1	0.77	0.6	0.78	1.19	0.98	1	1.15	0.94	1.19
旅游花费总额	元	265.22	69.07	72.95	155.99	191.53	332.22	280.72	341.06	416.23	575.08

5-9 全市按相对收入分的城镇居民家庭年人均收入情况

（2011 年）

单位：元

指 标	合计	最低10%	更低5%	低10%	较低20%	中间20%	较高20%	高10%	最高10%	更高5%
期初手存现金	722.02	303.71	218.86	381.66	494.59	666.12	740.93	1241.66	1170.16	1550.25
家庭总收入	23344.83	9498.62	7677.63	13604.53	16292.75	20159.62	24971.92	31470.7	46860.42	55141.21
#可支配收入	21612.26	8586.47	7074.45	12483.97	14961.46	18860.69	23382.67	29407.97	44700.1	52489.19
工资性收入	12754.76	6164.58	4751.04	9796.83	11445.67	11762.59	14069.45	17348.07	16807.08	21532.91
工资及补贴收入	12532.35	6118.37	4737.34	9566.5	11261.45	11583.15	13871.14	17174.02	16182.99	20666
其它劳动收入	222.41	46.21	13.71	230.33	184.22	179.44	198.31	174.05	624.09	866.91
经营性收入	2939.22	592.33	642.52	1389.54	1872.49	2402.53	2927.97	3356.93	8363.27	9936.53
财产性收入	450.52	47.74	50.87	91.78	208.75	497.29	311.9	817.42	1247.8	579.39
利息收入	78.26	3.38	4.51	20.69	46.07	40.38	99.85	153.03	171.06	180.94
股息与红利收入	50.98	0.02		14.04	4.12	8.62	66.53	105.66	171.91	83.63
保险收益	0.85				0.82	3.94				
其它投资收入	29.6	1.43	2.58		2.6	5.59	1.84	11.67	236.79	157.82
出租房屋收入	288.18	37.43	33.89	52.8	154.9	430.9	142.52	546.98	668.02	156.99
转移性收入	7200.34	2693.97	2233.2	2326.38	2765.85	5497.21	7662.59	9948.28	20442.27	23092.38
养老金或离退休金	6355.86	2283.11	1753.97	2139.47	2411.31	5116.11	6916.22	8558.36	17638.78	19356.62
社会救济收入	25.33	204.11	247.32	2.21	0.31	15.66	0.4		2.34	4.38
#最低生活保障收入	12.91	97.47	167.43	0.67		13.06	0.06		0.13	0.24
辞退金	0.01			0.18						
赔偿收入	6.55	6.92			0.97		18.67		12.61	23.59
保险收入	0.36			0.37	0.51	0.68			1.07	
#失业保险金	0.15			0.37					1.07	
赡养收入	257.88	38.18	56.7	15.83	131.86	145.26	187.29	481.84	903.45	1104.63
捐赠收入	464.4	96.32	106.28	97.59	155.58	143.21	439.28	776.2	1767.51	2484.68
其它转移性收入	10.56	4.97	8.39	4.46	2.56	0.82	16.7	36.29	5.78	0.17
出售财物收入	56.32	11.15	17.14	62.56	32.91	50.97	23.07	60.31	204.92	138.97
出售住房收入	35.54					43.73	7.39	40.62	188.6	130.28
出售其它物品收入	20.77	11.15	17.14	62.56	32.91	7.25	15.68	19.69	16.32	8.69
借贷收入	2226.3	1110.8	999.54	1722.8	3085.56	1428.63	2074.23	2232.91	3950.02	3925.31
提取储蓄存款	2126.18	1051.52	892.46	1713.09	2736.68	1359.74	2031.92	2213.99	3865.48	3785.41
借入款	90.6	57.95	104.68		346.61	63.65	14.97	18.93	74.77	139.91
收回借出款	5.84	1.33	2.4	9.71	1.96	0.94	19.54			
收回投资本金	0.33								2.98	
住房贷款	0.08						0.35			
其它贷款	1.2					0.43	1.64		6.79	
其它借贷收入	0.75				0.3	3.88				

5-10 全市按相对收入分的城镇居民家庭年人均支出情况

(2011 年)

单位:元

指 标	合计	最低10%	更低5%	低10%	较低20%	中间20%	较高20%	高10%	最高10%	更高5%
家庭总支出	17489.94	8211.76	6852.62	11215.21	15395.9	15683.5	19366.09	21370.06	28681.11	31895.07
消费性支出	14499.88	6971.71	6035.75	9271.48	12324.17	13181.3	16184.21	17737.2	23731.02	25785.4
#服务性消费支出	3125.1	1499.44	1367.63	2088.59	2816.79	2732.26	3212.67	4131.85	5193.92	6155.89
通过互联网购买商品或服务支出	4.86	0.05		2.51	5.15	3.14	8.42	8.17	2.34	2.62
旅游人次	1	0.77	0.6	0.78	1.19	0.98	1	1.15	0.94	1.19
旅游花费总额	265.22	69.07	72.95	155.99	191.53	332.22	280.72	341.06	416.23	575.08
财产性支出	15.78	0.69		2.53	41.62	5.07	20.17	17.9	5.87	0.99
非生产性贷款利息支出	10.2			2.53	20.09	3.34	19.86	6.84	5.4	0.99
其它	5.58	0.69			21.53	1.74	0.31	11.06	0.47	
转移性支出	1336.37	397.37	276.13	892.63	1023.78	1029.93	1431.29	1716.25	2904.25	3550.72
交纳所得税	49.16	13.93	1.9	5.7	10.71	10.89	29.54	120.84	192.5	317.98
捐赠支出	1009.56	304.18	238.46	713.25	738.06	786.44	1116.73	1259.64	2173.65	2596.67
购买彩票	8.11	1.31	1.43	8.06	9.43	7.28	11.51	7.08	8.23	3.26
赡养支出	169.89	60.93	22	142.88	228.75	111.44	141.45	182.62	343.73	423.53
#在外就学子女费用	64.35	30.78	9.88	26.7	106.03	71.7	52.99	52.48	84.34	55.61
各种非储蓄性保险支出	61.7	9.13	4.86	15.6	16.01	69.55	104.92	86.16	84.82	89.75
#车辆保险支出	18.2	2.54	1.63	2.1	1.98	23.94	19	64.85	4.19	6.42
其它转移性支出	37.94	7.89	7.47	7.14	20.82	44.32	27.16	59.91	101.31	119.52
社会保障支出	1379.71	837.85	540.73	1048.58	1257.84	1212.57	1475.69	1846.29	1857.08	2215.73
个人交纳的养老基金	581.82	489.74	313.84	437.78	585.15	470.89	623.07	698.6	726.43	853.66
个人交纳的住房公积金	568.02	194.58	162.42	376.17	433.27	541.44	635.17	871.67	824.05	961.07
个人交纳的医疗基金	200.26	139.26	60.72	223.13	205.34	176.38	191.73	235.02	252.21	322.3
个人交纳的失业基金	26.95	13.25	2.27	9.67	25.83	19.72	24.67	40.9	54.29	78.7
其它社会保障支出	2.66	1.02	1.49	1.83	8.25	4.13	1.05	0.1	0.11	
购房与建房支出	258.2	4.13			748.48	254.62	254.73	52.41	182.9	342.23
购房	251.48				748.48	219.75	254.73	52.41	182.9	342.23
借贷支出	7069.36	1277.68	924.95	2667.64	2923.44	4772.88	6920.34	11699.21	20831.31	26432.97
存入储蓄款	6941.62	1275.48	922.32	2580.91	2854.8	4647.03	6791.66	11461.1	20589.01	26273.48
借出款	8.27				3.28		27.77		12.61	
归还借款	21.89	0.65	0.18	44.45	7.97	21.63	11.16	74.22	10.01	
储蓄性保险支出	34.8	1.1	1.98	3.89	8.75	11.18	41.23	86.51	94.3	86.5
购买有价证券	0.37							2.91		
其它投资支出	4.26	0.26	0.47	19.09	0.68	0.99			22.5	42.11
归还住房贷款	57.94			19.31	47.9	91.71	48.52	73.62	102.86	30.85
其它借贷支出	0.2	0.19			0.05	0.34		0.85	0.02	0.03

5-11 全市按相对收入分的城镇居民家庭年人均消费情况

(2011 年)

指　　标	单位	合计	最低10%	#更低5%	低10%	较低20%	中间20%	较高20%	高10%	最高10%	#更高5%
消费支出	**元**	**14499.88**	**6971.71**	**6035.75**	**9271.48**	**12324.17**	**13181.3**	**16184.21**	**17737.2**	**23731.02**	**25785.4**
#服务性消费支出	元	3125.1	1499.44	1367.63	2088.59	2816.79	2732.26	3212.67	4131.85	5193.92	6155.89
食品	**元**	**5157.73**	**3135.72**	**2572.17**	**3470.35**	**4564.13**	**4941.42**	**5637.22**	**6259.55**	**7296.12**	**7972.51**
粮油类	元	764.76	586.16	518.71	598.18	700.78	736.3	824	849.4	978.79	983.65
粮食	元	473.12	378.47	338.56	383.42	436.96	439.18	506.55	513.51	622.85	604.19
淀粉及薯类	元	57.1	48.09	37.21	42.42	48.83	55.12	58.01	72.27	72.52	86.94
干豆类及豆制品	元	75.94	56.88	55.27	68.82	72.72	76.3	82.08	80.54	85.76	91.8
油脂类	元	158.6	102.72	87.66	103.53	142.28	165.69	177.36	183.08	197.66	200.72
肉禽蛋水产品类	元	1190.5	831.17	692.65	806.34	1075.84	1185.85	1298.74	1408.41	1514.65	1530.78
肉类	元	718.65	510.19	404.98	490.31	644.07	714.69	791.04	855.26	893.28	924.45
禽类	元	181.69	129	116.02	121.13	166.43	196.11	191.02	200.22	234.29	230.57
蛋类	元	141.46	107.7	95.26	109.42	129.77	139.83	145.86	169.48	175.62	174.27
水产品类	元	148.69	84.28	76.4	85.48	135.56	135.22	170.82	183.45	211.48	201.5
蔬菜类	元	537.98	395.83	316.54	414.52	482.67	518.57	582.56	617.58	694.49	709.52
鲜菜	元/千克	3.6	3.31	3.04	3.29	3.69	3.64	3.67	3.56	3.75	3.83
数量	千克	136.39	111.76	96.93	117.52	118.48	130.91	146.9	156.48	164.94	161.63
金额	元	491.59	370.44	294.58	386.48	436.82	476.55	538.47	556.83	618.86	619.44
干菜	元	33.48	16.53	15.18	18.27	34.78	29.7	34.87	39.89	54.45	63.08
菜制品	元	12.9	8.86	6.77	9.77	11.07	12.32	9.21	20.85	21.18	27
调味品	元	83.95	57.74	51.82	60.65	77.42	87.76	93.96	92.38	99	103.02
糖烟酒饮料类	元	581.21	284.09	190.21	327.23	529.1	535.8	704.8	668.07	845.45	881.32
糖类	元	39.24	22.49	17.92	20.29	33.9	39.42	37.27	50.9	67.14	62.74
烟草类	元	185.05	100.91	68.43	130.19	201.95	146.84	220.18	213.71	235.65	244.07
酒类	元	213.28	95.82	51.34	96.49	165.75	217.72	261.66	233.5	351.51	372.05
饮料	元	143.64	64.87	52.52	80.26	127.5	131.83	185.68	169.95	191.15	202.46
干鲜瓜果类	元	478.48	280.11	231.69	300.83	400.26	491.28	476.05	638.28	713.85	731.88
鲜果	元/千克	5.99	5.23	5.06	5.23	5.87	6.01	6.07	6.18	6.44	6.48
数量	千克	44.45	31.63	27.44	35.02	38.34	46.48	45.48	52.74	57.8	57.93
金额	元	266.05	165.56	138.81	183.31	225	279.44	276.2	325.84	372.33	375.54
鲜瓜	元/千克	2.13	1.87	1.92	2.06	2.13	2.23	2.22	2.04	2.17	2.13
数量	千克	22.29	19.08	14.87	17.25	20.39	21.4	21.28	29.76	26.74	26.49
金额	元	47.45	35.65	28.49	35.49	43.4	47.68	47.26	60.72	58.09	56.5
其它干鲜瓜果类及制品	元	164.97	78.9	64.39	82.03	131.86	164.15	152.59	251.71	283.43	299.85
糕点、奶及奶制品	元	369.41	183.65	171.07	250.11	375.99	371.63	383.48	444.14	503.62	562.42
糕点	元/千克	18.08	16.5	15.39	19.9	18.18	16.91	18.6	18.01	18.66	19.49
数量	千克	6.37	4.28	4.37	4.48	6.01	5.6	6.47	9.33	7.85	8.47

指　标	单位	合计	最低10%	#更低5%	低10%	较低20%	中间20%	较高20%	高10%	最高10%	#更高5%
金额	元	115.11	70.67	67.21	89.18	109.17	94.65	120.38	167.98	146.56	165.09
奶及奶制品	元	254.3	112.98	103.86	160.93	266.82	276.97	263.1	276.16	357.07	397.33
其它食品	元	97.42	46.54	25.87	47.71	62.37	86.9	102.99	157.14	171.72	206.34
饮食服务	元	1054.03	470.43	373.61	664.78	859.7	927.33	1170.66	1384.16	1774.56	2263.59
食品加工服务费	元	0.86	0.33	0.05	1.1	0.24	1.7	0.91	0.47	1.14	0.28
在外饮食	元	1053.17	470.1	373.57	663.68	859.46	925.62	1169.75	1383.69	1773.42	2263.31
衣着	**元**	**2289.57**	**896.55**	**753.74**	**1425.35**	**1896.08**	**2179.85**	**2813.13**	**2754.75**	**3410.67**	**3705.91**
服装	元/件	171.21	107.29	100.59	147.26	153.43	157.28	186.25	185.13	208.58	234.97
数量	件	9.77	6.09	5.45	7.04	9.01	10.03	10.86	11.12	12.14	11.95
金额	元	1672.23	653.02	548.47	1037.26	1383.06	1577.96	2022.73	2059.53	2531.78	2808.17
衣着材料	元	11.4	4.96	6.55	8.43	7.35	10.19	9.4	15.56	27.23	23.36
鞋类	元/双	144.79	76.44	62.17	112.08	137.9	143.01	160.98	152.97	171.31	181.28
数量	双	3.67	2.76	2.87	2.89	3.21	3.71	4.25	3.83	4.38	4.39
金额	元	531.87	211.33	178.68	323.82	443.19	530.02	684.47	585.74	750.74	796.01
其它衣着用品	元	67.68	24.14	16.95	50.64	55.64	56.45	90.92	86.81	88.56	63.31
衣着加工服务费	元	6.39	3.11	3.08	5.21	6.85	5.22	5.61	7.1	12.37	15.06
居住	**元**	**1045.53**	**535.81**	**442.05**	**691.15**	**789.08**	**1149.35**	**1011.42**	**1542.8**	**1505.63**	**1441.45**
住房	元	250.01	24.2	9.37	94.17	109.6	366.68	156.78	556.57	439.71	214.12
租赁房房租	元	21.44	17.58	1.6	22.24	44.9	2.92	16.16	39.24	8.93	2.18
住房装潢支出	元	178.67	2.4	4.34	67.23	44.71	331.33	105.21	459.65	209.42	100.16
维修用建筑材料	元	46.47	2.93	3.43	3.74	19.38	30.12	34.36	39.73	219.97	111.79
其它住房支出	元	3.43	1.3	0.01	0.97	0.62	2.31	1.05	17.95	1.39	
水电燃料及其它	元	732.49	486.94	413.5	555.3	617.56	720.91	795.21	897.37	969.42	1122.7
水	元/吨	2.41	2.4	2.4	2.42	2.41	2.43	2.4	2.38	2.4	2.4
数量	吨	37.04	26.77	20.28	29.68	31.92	37.04	39.4	42.17	49.24	57.26
金额	元	89.11	64.27	48.57	71.69	77.03	89.9	94.64	100.52	118.06	137.15
电	元/度	0.56	0.56	0.56	0.56	0.56	0.56	0.56	0.56	0.56	0.56
数量	度	592.31	420.75	361.02	444.21	544.39	569.89	604.28	680.96	845.04	950.04
金额	元	332.73	236.71	203.54	250.41	305.94	320.58	339.38	381.78	473.86	532.39
燃料	元	165.78	125.5	112.73	121.31	147.66	172.33	173.75	218.43	175.33	177.8
煤炭	元/千克	0.71	0.91	0.74	0.57	0.78	0.7	0.83	0.63	0.91	0.67
数量	千克	17.64	11.64	10.96	13.4	10.71	11.51	9.82	66.26	6.61	0.11
金额	元	12.49	10.54	8.11	7.63	8.31	8.08	8.12	42.02	6.05	0.08
液化石油气	元/千克	5.97	6.41	6.51	5.92	5.84	5.82	6.64	5.41	5.82	6.95
数量	千克	3.88	4.51	6.2	4.56	4.25	4.09	2.7	5.09	2.9	1.58
金额	元	23.16	28.91	40.32	27	24.86	23.83	17.94	27.54	16.87	10.97
管道天然气	元/立方米	1.91	1.9	1.9	1.9	1.9	1.91	1.91	1.94	1.91	1.91

5-11　续表 2　　（2011 年）

指　　标	单位	合计	最低10%	#更低5%	低10%	较低20%	中间20%	较高20%	高10%	最高10%	#更高5%
数量	立方米	64.88	43.08	32.04	41.27	56.19	69.92	74.58	74.86	76.07	82.12
金额	元	124.07	81.98	60.94	78.28	106.82	133.48	142.64	144.88	145.56	156.88
其它燃料	元	0.28	0.13	0.24	0.01	0.63	0.14	0.6			0.01
取暖费	元	136.44	58.36	44.88	111.34	82.43	113.15	183.62	185.5	196.6	268.02
其它相关支出	元	8.44	2.09	3.78	0.55	4.51	24.95	3.82	11.15	5.58	7.33
居住服务费	元	63.03	24.67	19.17	41.68	61.91	61.76	59.42	88.86	96.5	104.63
物业管理费	元	50.31	20.55	14.63	31.23	60.55	47.56	42.62	59.7	86.21	89.61
维修服务费	元	10.73	1.79	0.98	4.9	0.7	13.52	16.36	23.38	8	10.8
其它居住服务费	元	2	2.33	3.57	5.55	0.66	0.68	0.45	5.77	2.28	4.21
家庭设备用品及服务	**元**	**1216.85**	**383.89**	**386.07**	**631.26**	**828.61**	**1108.59**	**1308.96**	**1814.11**	**2325.15**	**2098.71**
耐用消费品	元	520.58	63.22	63.3	219.14	321.72	421.95	500.11	890.9	1254.52	1062.11
家具	元	148.24	3.32	0.46	98.41	71.59	74.1	102.66	185.14	614.72	550.72
家庭设备	元	372.34	59.9	62.84	120.74	250.13	347.85	397.45	705.76	639.8	511.39
洗衣机	元/台	1826.92	1528.63	775	1967.04	1705.67	1520.96	1838.18	1967.15	1930.27	3555.81
数量	台	7.46	1.47	0.97	2.28	10.76	2.81	9.29	7.79	12.73	4.63
金额	元	47.15	6.93	2.19	13.76	56.74	13.86	60.73	58.62	107.78	72.83
电冰箱	元/台	2636.74	2003.54	1577.14	2329.06	2958.52	2562.48	2202.5	3586.31	1948.9	1788.04
数量	台	3.95	0.68	1.3	1.06	2.8	1.75	6.25	7.34	4.22	3.23
金额	元	36.03	4.2	5.98	7.58	25.62	14.55	48.92	100.61	36.09	25.55
微波炉	元/台	658	741.84	798		544.2	756.84	309.09	378.02	995.32	1029.01
数量	台	3.36	2.69	4.3		4.66	3.82	3.13	1.04	6.2	3.23
金额	元	7.64	6.15	10.03		7.83	9.39	3.44	1.5	27.05	14.73
空调器	元/台	2957.91	2986.35	2614.94	2904.03	2975.33	2787.57	2839.96	3456.22	2472.76	2374.87
数量	台	11.71	1.35	1.34	2.35	5.68	15.03	13.32	22.71	12.05	9.41
金额	元	119.82	12.41	10.21	20.9	52.23	135.95	134.5	300.09	130.7	98.87
淋浴热水器	元/台	1482.34	2473.48	2890.95	2460.7	958.43	1152.17	1122.59	1832.56	1900.99	1740.26
数量	台	5.66	0.74	0.71	0.83	4.5	5.21	5.79	8.78	9.81	10.56
金额	元	29.03	5.67	5.99	6.24	13.33	19.49	23.12	61.55	81.78	81.32
消毒碗柜	元/台	949.32			520.79		840	455.3	9016.8	998	
数量	台	0.79			3.87		0.43	1.13		1.36	
金额	元	2.59			6.18		1.18	1.84	6.53	5.94	
室内装饰品	元	23.6	8.58	11.31	11.53	16.24	16.17	23.86	32.86	58.81	41.27
床上用品	元	140.65	47.63	31.09	106.38	60.2	145.98	200.58	158.32	226.09	268.82
家庭日用杂品	元	486.06	254.34	276	263.59	400.02	483.34	541.51	643.52	705.7	677
家具材料	元	7.37	0.03		0.34	2.9	3.38	12.07	0.95	30.56	6.09
家庭服务	元	38.59	10.09	4.37	30.28	27.53	37.77	30.84	87.55	49.47	43.42
家政服务	元	18.62	3.58		10.39	13.37	26.38	7.4	53.82	16.6	28.02

（2011 年）

指　　标	单位	合计	最低10%	#更低5%	低10%	较低20%	中间20%	较高20%	高10%	最高10%	#更高5%
加工维修服务费	元	19.97	6.51	4.36	19.89	14.16	11.39	23.44	33.73	32.87	15.39
医疗保健	**元**	**1048.67**	**635.74**	**736.69**	**560.76**	**963.87**	**852.02**	**1027.79**	**1613.47**	**1627.29**	**1928.29**
医疗器具	元	6.67	5.18	0.38	0.49	5.2	2.26	1.21	15.22	23.17	30.32
保健器具	元	32.49	1.92	1.16	8.23	11.17	16.47	19.96	74.49	115.15	153.76
药品费	元	499.42	374.79	356.63	260.75	399.74	463.07	602.62	634.78	628.77	642.71
滋补保健品	元	93.21	11.47	10.24	19.3	53.84	104.01	87.52	109.6	260.01	339.87
医疗费	元	410.41	231.14	351.05	269.72	487.74	255.53	313.64	772.22	595.11	761.09
其它医疗保健支出	元	6.48	11.23	17.24	2.27	6.18	10.68	2.84	7.16	5.09	0.54
交通和通讯	**元**	**1687.86**	**528.4**	**383.03**	**1177.57**	**1623.45**	**1151.73**	**2101.41**	**1450.85**	**3570.49**	**3955.75**
交通	元	992.94	163.8	89.31	562.21	1056.93	542.24	1346.34	610.12	2454.82	2647.24
家庭交通工具	元	628.04	81.17	46.1	366.92	814.75	192.24	973.8	97.03	1671.69	1607.3
车辆用燃料及零配件	元	152.1	12.35	8.49	96.34	87.13	165.56	145.62	267.12	284.67	361.7
交通工具服务支出	元	62.05	13.34	4.05	36.58	30.68	63.84	96.85	76.52	83.91	78.43
交通费	元	150.75	56.93	30.67	62.37	124.36	120.59	130.07	169.45	414.55	599.82
通信	元	694.92	364.6	293.72	615.36	566.52	609.49	755.07	840.72	1115.67	1308.51
通信工具	元	142.47	34.1	34.49	132.6	80.15	91.45	147.94	187.89	370.18	497.92
通信服务	元	552.45	330.5	259.23	482.75	486.37	518.04	607.13	652.84	745.49	810.59
教育文化娱乐服务	**元**	**1452.75**	**677.46**	**594.91**	**931.69**	**1258.53**	**1330.97**	**1602.93**	**1634.03**	**2547.92**	**2889.06**
文化娱乐用品	元	404.02	138.28	147.8	243.63	320.6	396.08	441.64	450.27	784.64	841.95
彩色电视机	元/台	3882.84	1767.18	1163.9	4076.21	3402.53	4114	3354.84	3766.71	4566.88	8438.58
数量	台	5.44	0.84	0.78	3.47	5.17	6.16	4.74	5.71	9.86	5.91
金额	元	73.02	4.59	2.65	43.27	54.36	82.26	56.56	82.23	197.42	220.55
家用电脑	元	83.18	6.12	4.46	55.42	72.36	67.47	131.28	42.73	167.71	132.78
购买整机	元/台	4062.66	4000	4000	3450.95	3430.22	4790.17	4263.37	3010.39	4319.58	3940.33
数量	台	4.98	0.28	0.3	5.11	6.07	4.05	7.54	2.01	6.83	5.7
金额	元	70	3.42	3.45	54.01	64.38	62.94	114.27	23.15	129.37	99.33
计算机外部设备	元	5.73	0.48	0.87	0.88	3.96	2.4	12.26	3.71	11.25	3.7
各种零配件及耗材	元	7.45	2.22	0.14	0.54	4.02	2.12	4.75	15.88	27.08	29.75
照相机	元/架	2098.78	3036.88	3036.88	2104.99	1900.56	2066.47	1901.03	2244.89	2470.37	2897.34
数量	架	6.87	0.37	0.71	0.58	3.45	10.68	10.38	4.62	9.88	11.24
金额	元	49.84	3.48	6.29	3.72	20.27	71.62	70.15	39.65	107.06	144.08
其它中高档乐器	元/件	1067.49	780		1800	1345.2	521.65	1200	1475		
数量	件	0.66	0.43		0.4	1.65	1.27	0.18	0.59		
金额	元	2.43	1.04		2.2	6.85	2.14	0.76	3.31		
健身器材	元/件	2842.6			4800	2354.9	2275.56	3793.92	4345.25	2234.48	2855.2
数量	件	1.34			0.22	1.73	1.46	0.43	1.92	3.16	3.17
金额	元	13.15			3.22	12.55	10.78	5.81	31.98	30.94	40.09

5-11 续表4 （2011年）

指 标	单位	合计	最低10%	#更低5%	低10%	较低20%	中间20%	较高20%	高10%	最高10%	#更高5%
电子辞典	元/部	733.25	1476.98		147.36	597.19	489.13	907.79	1380		
数量	部	1.57	0.59		2.97	3.11	1.44	1.69	1.42		
金额	元	3.98	2.68		1.34	5.74	2.29	5.46	7.51		
音像制品及软件	元	3.63	3.55	2.2	0.35	1	2.54	1.76	13.17	4.52	4.51
体育用品	元	7.32	0.98	0.31	10.6	2.18	1.86	10.25	22.69	4.1	4.66
书报杂志	元	54.04	70.41	88.04	38.86	45.31	54.07	43.66	51.14	86.81	98.63
纸张文具	元	19.88	12.12	11.65	20.51	18.85	19.16	16.21	26.53	29.58	37.33
其它文娱用品	元	87.98	33.29	32.2	61.49	78.03	73.4	94.91	117.39	150.27	147.73
文化娱乐服务	元	533.55	252.67	228.13	301.59	373.64	527.21	641.13	601.63	923.92	1050.11
参观游览	元	164.96	173.12	156.13	91.27	173.58	170.37	166.18	144.08	207.91	227.6
健身活动	元	26.06	0.61	0.03	0.69	6.51	33.4	39.77	36.91	45.64	76.77
团体旅游	元	238.06	32.82	40.49	146.99	130.49	240.28	331.8	244.99	461.98	573.2
其它文娱活动	元	100.47	44.93	30.96	60.77	60.76	76.09	97.45	172.98	205.04	169.86
文娱用品修理服务费	元	3.99	1.19	0.52	1.87	2.31	7.07	5.92	2.67	3.35	2.69
教育	元	515.18	286.5	218.98	386.47	564.29	407.67	520.17	582.13	839.37	997
教材	元	32.1	44.94	29.94	19.24	35.44	35.94	31.73	23.25	28.18	27.21
教育费用	元	483.08	241.56	189.04	367.23	528.85	371.73	488.44	558.87	811.19	969.8
非义务教育学杂费	元	129.08	47.87	59.21	161.87	146.15	99.28	146.59	132.02	168.23	268.32
义务教育学杂费	元	7.42	2.76	1.87	3.81	7.29	8.97	3.34	1.12	27.91	1.7
托幼费	元	66.11	46.47	59.81	39.28	78.86	42.81	69.21	116.04	57.74	87.7
成人教育费	元	21.19	10.96	10.12	14.29	30.75	21	16.91	8.1	45.65	70.27
家教费	元	38.28	20.83	10.2	13.85	19.61	35	29.19	25.55	140.02	54.89
培训班	元	179.41	99.76	40.95	98.33	191.97	132.62	201.12	227.31	269.86	323.11
学校住宿费	元	15.25	4.85	3.91	26.09	10.62	21.99	12.64	10.52	24.92	25.9
其它教育费用	元	26.35	8.06	2.97	9.7	43.6	10.06	9.45	38.21	76.85	137.92
其它商品和服务	**元**	**600.92**	**178.15**	**167.09**	**383.33**	**400.43**	**467.39**	**681.34**	**667.66**	**1447.73**	**1793.72**
其它商品	元	396.47	96.64	78.41	274.22	204.34	296.79	485.83	466.26	966.85	1244.95
金银珠宝饰品	元	133.44	16.35	2.5	70.77	49.39	58.55	147.28	140.48	506.31	692.28
手表	元/只	667.84	308.96		415.72	164.53	556.02	600.53	753.5	1850.83	2055.23
数量	只	0.03	0.02		0.05	0.03	0.02	0.03	0.06	0.03	0.06
金额	元	21.35	6.62		20.91	4.84	10.6	16.97	41.9	64.15	113.2
理发美容用具	元	4.42	1.42	1.53	1.4	1.54	2.65	6.19	10.28	6.24	5.41
化妆品	元	178.77	56.26	60.92	100.5	118.37	179.96	254.42	221.69	237.44	289.98
其它杂品	元	58.49	15.99	13.46	80.65	30.2	45.04	60.97	51.92	152.71	144.09
服务	元	204.45	81.51	88.68	109.1	196.09	170.6	195.5	201.4	480.88	548.77
旅馆住宿费	元	18.68	2.13		1.67	12.98	11.8	5.21	18.83	94.31	114.28
理发洗澡费	元	83.82	50.01	44.01	62.14	78.98	84.65	102.8	87.82	94.07	90.69
美容费	元	66.44	6.94	9.88	36.64	69.67	58.81	64.91	63.29	159.53	191.37
其它服务	元	35.51	22.43	34.8	8.66	34.46	15.34	22.58	31.46	132.98	152.43

5-12 全市按人均可支配收入分组的

（2011 年）

指　　标	单位	合计	400 元以下	400—800 元	800—1000 元
调查户数	户	1200.00	19.42	109.17	98.83
现住房总建筑面积	平方米/人	30.79	31.87	28.85	27.01
家庭人口数	人	2.89	3.17	3.19	3.34
有收入者人数	人	2.10	1.84	1.74	2.09
就业人口数	人	1.42	1.32	1.39	1.61
国有经济单位职工人数	人	0.67	0.46	0.58	0.61
城镇集体经济单位职工人数	人	0.07	0.06	0.07	0.09
其它经济类型单位职工人数	人	0.15	0.23	0.16	0.18
城镇个体或私营企业主人数	人	0.20	0.36	0.17	0.22
城镇个体或私营企业被雇人数	人	0.20	0.14	0.21	0.38
离退休再就业人数	人	0.05			
其它就业人数	人	0.08	0.08	0.20	0.15
离退休人数	人	0.66	0.15	0.33	0.45
其它有收入者人数	人	0.02	0.36	0.02	0.02
无收入者人数	人	0.79	1.33	1.45	1.25
在外就学人数	人	0.03	0.02	0.03	0.03
非家庭人口在家用餐	人次	1.30	0.55	0.94	0.89
家庭人口在外用餐	人次	3.68	2.78	2.63	3.45
家庭总收入	元	23344.83	4963.63	8436.01	12197.80
#可支配收入	元	21612.26	3519.30	7373.38	10854.01
家庭总支出	元	17489.94	12391.83	9719.12	11312.20
消费支出	元	14499.88	10385.56	8163.99	9120.40
#服务性消费支出	元	3125.10	1300.61	1591.37	2048.26
通过互联网购买商品或服务支出	人次	4.86		0.11	3.59
旅游人次	元	1.00	0.02	0.69	0.81
旅游花费总额	人次	265.22	1.82	65.56	127.41

1000—1500元	1500—2000元	2000—2500元	2500—3000元	3000—4000元	4000—5000元	5000元以上
344.17	241.92	142.83	68.50	63.58	22.83	17.08
28.16	29.15	30.87	35.17	41.91	52.35	45.39
3.12	2.95	2.75	2.65	2.39	2.16	2.32
2.13	2.21	2.23	2.20	2.14	1.92	1.91
1.61	1.52	1.33	1.33	1.19	0.96	1.25
0.75	0.75	0.73	0.70	0.64	0.53	0.52
0.07	0.08	0.09	0.08	0.06	0.05	
0.22	0.16	0.12	0.11	0.08	0.08	0.08
0.19	0.20	0.13	0.20	0.18	0.16	0.35
0.27	0.21	0.16	0.13	0.08	0.07	0.06
0.03	0.07	0.03	0.08	0.12	0.06	0.23
0.09	0.06	0.07	0.03	0.04	0.01	0.01
0.50	0.68	0.89	0.86	0.93	0.94	0.62
0.02	0.01	0.01	0.01	0.01	0.02	0.03
0.99	0.74	0.52	0.45	0.25	0.24	0.42
0.03	0.03	0.02	0.03	0.02	0.01	0.02
1.06	1.42	1.73	1.47	1.40	2.58	2.30
3.45	3.43	4.02	4.38	3.86	6.10	7.09
16369.92	22157.65	28797.59	34554.49	42795.97	55415.50	107108.30
14982.47	20730.80	26914.83	32584.06	40608.46	53055.29	104986.55
14449.82	16120.76	21507.79	23485.98	26883.47	40386.40	46073.25
11504.92	13515.28	18001.23	19734.02	22399.67	34384.32	36228.89
2691.07	2735.94	3953.39	4313.82	4515.42	8015.13	9473.34
4.64	3.76	8.66	17.48	1.45	1.03	
1.09	1.08	0.74	1.24	1.08	1.54	2.46
202.45	303.40	259.04	325.17	532.78	378.99	1466.20

5-13 全市按人均可支配收入

（2011 年）

指　　标	合计	400 元以下	400—800 元	800—1000 元	1000—1500 元
期初手存现金	722.02	722.73	416.58	613.84	450.72
家庭总收入	23344.83	4963.63	8436.01	12197.80	16369.92
#可支配收入	21612.26	3519.30	7373.38	10854.01	14982.47
工资性收入	12754.76	2773.36	5775.13	8399.02	11270.87
工资性收入	12532.35	2767.82	5727.54	8278.93	11138.56
工资及补贴收入	222.41	5.53	47.59	120.09	132.30
经营性收入	2939.22	1064.59	746.90	1173.50	1512.46
财产性收入	450.52	86.16	76.50	67.22	153.48
利息收入	78.26	33.27	24.88	17.38	26.96
股息与红利收入	50.98		0.31	0.05	6.49
保险收益	0.85				
其它投资收入	29.60		3.38	2.14	0.85
出租房屋收入	288.18	52.89	45.77	42.15	118.92
其它财产性收入	2.65		2.16	5.49	0.25
转移性收入	7200.34	1039.52	1837.47	2558.06	3433.11
养老金或离退休金	6355.86	398.46	1698.06	2327.71	3255.24
社会救济收入	25.33	572.62	31.95	94.44	11.64
#最低生活保障收入	12.91	471.84	13.86	19.08	8.28
辞退金	0.01				
赔偿收入	6.55				2.94
保险收入	0.36		0.16		0.83
#失业保险金	0.15		0.16		
赡养收入	257.88	8.98	14.56	6.82	34.51
捐赠收入	464.40	2.49	26.07	61.84	55.81
其它转移性收入	10.56	1.05	0.95	2.15	2.13
出售财物收入	56.32	7.19	3.15	18.45	27.52
出售住房收入	35.54				1.17
出售其它物品收入	20.77	7.19	3.15	18.45	26.35
借贷收入	2226.30	2689.22	1722.23	1777.56	1964.42
提取储蓄存款	2126.18	2689.22	1655.95	1756.10	1721.43
借入款	90.60		66.24	7.47	239.60
收回借出款	5.84		0.05	12.91	3.19
收回投资本金	0.33				
住房贷款	0.08				
其它贷款	1.20			1.08	
其它借贷收入	0.75			0.01	0.20

分组的年人均现金收入情况

单位:元

1500—2000 元	2000—2500 元	2500—3000 元	3000—4000 元	4000—5000 元	5000 元以上
768.67	1017.28	1101.81	1335.96	1415.10	1078.57
22157.65	28797.59	34554.49	42795.97	55415.50	107108.30
20730.80	26914.83	32584.06	40608.46	53055.29	104986.55
13473.78	16614.48	17641.11	18551.72	22298.84	28705.72
13330.70	16416.55	17357.38	18097.51	21778.70	24822.00
143.09	197.93	283.74	454.21	520.14	3883.72
2351.11	2157.59	3900.20	4424.25	6303.96	39364.22
274.53	384.35	913.52	1546.17	1307.37	4146.86
38.86	130.52	139.99	305.63	241.58	511.40
10.05	9.86	121.52	342.70	144.87	964.70
0.65	3.66		3.30		
0.76	0.92	8.67	68.88	71.66	1643.83
220.31	237.62	635.34	820.29	848.71	1026.92
3.90	1.78	8.01	5.37	0.56	
6058.23	9641.18	12099.65	18273.83	25505.33	34891.50
5801.93	9016.54	10619.62	15843.18	21341.77	16307.04
5.46	0.37	4.73	1.06	7.97	
0.83	0.37	3.11	0.24		
0.07					
0.78		58.94			103.24
0.07			1.94		
0.07			1.94		
73.78	230.37	611.08	864.08	1786.65	4014.76
96.28	293.99	721.07	1456.70	2201.06	13772.80
2.94	3.44	0.85	8.42	6.39	590.27
92.34	14.57	115.87	40.79	36.36	975.35
68.36		104.97			974.22
23.98	14.57	10.90	40.79	36.36	1.13
1249.37	2384.76	3955.90	3829.32	7887.25	6180.82
1205.15	2365.58	3809.02	3829.32	7854.06	5621.57
17.85	7.49	145.79		33.19	534.86
19.25					
					24.39
		1.10			
	8.07				
3.28					

5-14 全市按人均可支配

(2011 年)

指　标	合计	400 元以下	400—800 元	800—1000 元	1000—1500 元
家庭总支出	17489.94	12391.83	9719.12	11312.20	14449.82
消费性支出	14499.88	10385.56	8163.99	9120.40	11504.92
财产性支出	15.78	4.69	3.69	3.55	15.07
非生产性贷款利息支出	10.20		0.28	3.51	13.87
其它	5.58	4.69	3.41	0.03	1.19
转移性支出	1336.37	629.38	541.66	680.24	1038.15
交纳所得税	49.16	16.20	6.51	12.11	16.74
捐赠支出	1009.56	568.16	418.53	560.96	776.36
购买彩票	8.11		4.75	5.65	10.60
赡养支出	169.89	30.62	67.97	70.79	184.39
#在外就学子女费用	64.35	4.64	18.13	35.74	60.03
各种非储蓄性保险支出	61.70	8.60	38.30	21.15	29.22
#车辆保险支出	18.20		4.39	2.47	1.83
其它转移性支出	37.94	5.81	5.60	9.58	20.85
社会保障支出	1379.71	1372.21	990.37	1266.58	1300.69
个人交纳的养老基金	581.82	665.15	497.26	624.74	551.09
个人交纳的住房公积金	568.02	423.92	323.25	374.36	512.84
个人交纳的医疗基金	200.26	263.37	152.04	249.81	206.83
个人交纳的失业基金	26.95	5.85	11.55	15.22	26.61
其它社会保障支出	2.66	13.91	6.28	2.45	3.33
购房与建房支出	258.20		19.41	241.43	590.99
购房	251.48			241.43	578.46
借贷支出	7069.36	1148.56	1222.99	2540.32	2936.89
存入储蓄款	6941.62	1148.56	1218.61	2507.57	2856.61
借出款	8.27				2.34
归还借款	21.89		0.12	16.63	14.39
储蓄性保险支出	34.80		2.79	0.14	7.88
购买有价证券	0.37				
其它投资支出	4.26		0.31	1.04	7.85
归还住房贷款	57.94		0.93	14.94	47.79
归还汽车贷款					
其它借贷支出	0.20		0.23		0.03
期末手存现金	2005.87	2157.21	1343.54	1607.54	1934.68

收入分组的年人均现金支出情况

单位:元

1500—2000 元	2000—2500 元	2500—3000 元	3000—4000 元	4000—5000 元	5000 元以上
16120.76	21507.79	23485.98	26883.47	40386.40	46073.25
13515.28	18001.23	19734.02	22399.67	34384.32	36228.89
40.51	13.55	4.23	3.00		20.73
21.29	8.15	3.49	3.00		20.73
19.22	5.39	0.73			
1132.85	1695.73	1576.74	2576.04	3806.67	6445.31
25.99	79.82	89.27	184.30	302.07	137.65
805.49	1318.66	1246.13	1902.51	2543.95	5468.01
7.45	15.40	2.41	5.00	2.36	8.79
158.10	155.28	169.32	311.78	459.23	663.89
97.77	48.85	62.59	89.72	24.38	203.28
101.13	81.23	31.54	76.91	364.02	21.82
20.46	27.67	16.20	8.48	290.84	
34.68	45.34	38.07	95.54	135.04	145.14
1323.93	1706.48	1797.78	1904.77	1896.65	1880.71
550.06	691.18	724.65	716.79	649.28	658.99
590.08	723.81	795.22	873.75	948.56	978.38
163.25	240.52	245.55	259.92	245.93	209.49
18.50	49.05	31.54	53.50	52.88	33.85
2.04	1.93	0.81	0.81		
108.20	90.81	373.21		298.76	1497.61
99.84	90.81	373.21		298.76	1497.61
5996.61	8781.75	13673.62	17896.97	20918.04	52751.29
5776.87	8678.14	13399.87	17647.49	20891.68	52265.51
16.39	20.21		22.67		
15.74	18.20	102.28	15.89	26.14	68.41
68.68	7.16	71.60	145.06		216.37
	2.69				
1.82	2.78	19.07		0.22	1.19
116.32	52.56	80.80	65.83		199.81
0.80			0.03		
2048.60	1985.71	2253.65	2524.81	3010.44	3971.97

5-15 市区按相对收入分的城镇居民家庭生活基本情况

（2011 年）

指　　标	单位	合计	最低10%	#更低5%	低10%	较低20%	中间20%	较高20%	高10%	最高10%	#更高5%
可支配收入	元	22476.59	8578.21	7071.98	13076.93	16924.92	21828.11	27035.76	33864.42	47670.91	53752.41
家庭总支出	元	24057.99	9660.29	7816.27	14223.15	18384.36	23068.64	29149.95	35399.91	50352.57	56246.68
#消费支出	元	14605.48	7566.96	6360.54	8932.79	12428.9	13960.29	17559.06	19924.67	26496.24	31876.84
#服务性消费支出	元	3198.5	1567.78	1380	2097.93	2910.43	2738.45	3682.66	4183.5	6558.78	8198.98
旅游人次	次/百人	1.04	0.8	0.59	0.79	1.15	1.24	1.02	0.86	1.17	1.29
旅游花费	元/百人	268.07	58.11	69.06	119.85	202.48	339.22	348.08	307.2	524.1	775.77
家庭人口数	人	2.85	3.15	3.33	3.29	3.08	2.84	2.85	2.37	2.19	2.12
有收入者人数	人	2.08	1.79	1.72	2.04	2.1	2.21	2.18	2.07	1.95	1.84
就业人口数	人	1.35	1.27	1.26	1.58	1.58	1.4	1.28	1.04	1.11	1.02
国有经济单位职工人数	人	0.65	0.56	0.53	0.59	0.73	0.68	0.64	0.61	0.65	0.55
城镇集体经济单位职工人数	人	0.07	0.03	0.06	0.07	0.07	0.05	0.16		0.06	0.06
其它经济类型单位职工人数	人	0.14	0.14	0.06	0.36	0.24	0.11	0.11	0.03	0.01	
城镇个体或私营企业主人数	人	0.18	0.1	0.1	0.19	0.18	0.21	0.16	0.24	0.17	0.06
城镇个体或私营企业被雇人数	人	0.18	0.18	0.13	0.29	0.25	0.18	0.16	0.08	0.03	0.04
离退休再就业人数	人	0.06				0.03	0.09	0.03	0.08	0.17	0.32
其它就业人数	人	0.07	0.26	0.38	0.07	0.08	0.07	0.01	0.01	0.03	
离退休人数	人	0.71	0.43	0.32	0.46	0.5	0.8	0.89	1.01	0.84	0.82
其它有收入者人数	人	0.02	0.09	0.14		0.02		0.01	0.01		
无收入者人数	人	0.77	1.36	1.61	1.25	0.98	0.63	0.67	0.3	0.24	0.27
非家庭人口在家用餐	人次	0.81	0.34	0.16	0.38	0.66	0.77	0.96	0.61	1.91	2.08
家庭人口在外用餐	人次	3.16	1.15	0.72	2.33	2.36	2.93	4.02	3.06	6.19	6.53

5-16 市区按相对收入分的城镇居民家庭年人均收入情况

（2011 年）

单位：元

指　　标	合计	最低10%	#更低5%	低10%	较低20%	中间20%	较高20%	高10%	最高10%	#更高5%
期初手存现金	721.11	298.07	234.59	377.57	606.79	589.25	945.19	971	1583.06	1994.3
家庭总收入	24057.99	9660.29	7816.27	14223.15	18384.36	23068.64	29149.95	35399.91	50352.57	56246.68
#可支配收入	22476.59	8578.21	7071.98	13076.93	16924.92	21828.11	27035.76	33864.42	47670.91	53752.41
工资性收入	13098.87	6334.41	5048.25	9664.93	12609.26	12772.87	16457.19	12663.97	21060.67	22504.15
工资及补贴收入	12945.83	6328.28	5048.25	9593.35	12529.72	12742.09	16325.92	12437.16	20137.58	20915.79
其它劳动收入	153.04	6.13		71.58	79.54	30.77	131.27	226.8	923.09	1588.36
经营净收入	2746.16	381.06	336.87	1722.69	1660.52	2976.47	3095.17	5313.02	6276.27	4808.27
财产性收入	251.94	5.73	5.81	72.13	38.69	66.25	502.63	861.36	598.54	300.81
利息收入	71.28	5.73	5.81	8.92	13.55	39.76	163.5	111.77	200.71	64.45
股息与红利收入	54.25			14.37	4.92	21.12	92.67	269.36	81.21	52.06
保险收益	18.49								224.78	
出租房屋收入	107.92			48.85	20.23	5.36	246.45	480.24	91.85	184.3
转移性收入	7961.01	2939.09	2425.33	2763.39	4075.89	7253.05	9094.95	16561.56	22417.09	28633.45
养老金或离退休金	7150.18	2516.23	1937.74	2581.01	3652.18	6697.85	8527.97	15061.4	18683.54	23021.79
社会救济收入	33.82	264.83	301.04		18.09				3.12	
#最低生活保障收入	16.33	116.58	193.27		15.13					
赔偿收入	3.4	12.69				10.34				
赡养收入	265.35			9.58	208.24	291.97	150.68	522.13	1094.06	1507.75
#来自城镇居民的赡养收入	94.82				33.75	99.39	63.63	201.39	475.35	550.3
捐赠收入	421.98	73.75	110.52	115.35	128.21	176.83	298.47	896.72	2495.89	3961.73
#来自城镇居民的捐赠收入	294.8	38.99	53.36	107.48	100.07	129.43	63.73	512.63	2156.14	3872.92
记帐补贴	75.11	64.36	63.06	57.46	68.93	76.06	73.99	81.31	124.43	142.18
其它转移性收入	11.17	7.23	12.97		0.25		43.84		16.04	
出售财物收入	34.35	12.19	21.84	11.24	8.06	21.78	22.63	17.09	240.66	7.81
出售其它物品收入	15.58	12.19	21.84	11.24	8.06	21.78	22.63	17.09	12.46	7.81
借贷收入	1837.69	1236.3	1126.49	1056.58	1705.57	562.32	2729.59	1893.02	4750.23	5397.64
提取储蓄存款	1728.58	1236.3	1126.49	1056.58	1363.99	538.23	2698.35	1893.02	4458.79	4812.83
借入款	99.17				341.57		5.22		291.45	584.8
收回借出款	5.9					2.94	26.02			
兑售有价证券	4.04					21.15				

5-17 市区按相对收入分的城镇居民家庭年人均支出情况

(2011 年)

单位:元

指　　标	合计	最低10%	#更低5%	低10%	较低20%	中间20%	较高20%	高10%	最高10%	#更高5%
家庭总支出	17493.38	8806.56	7222.27	10507.1	15526.57	16113.51	21115.07	22900.86	32808.19	39703.4
消费性支出	14605.48	7566.96	6360.54	8932.79	12428.9	13960.29	17559.06	19924.67	26496.24	31876.84
财产性支出	6.39			0.09	22.2	0.22	6.02	1.91	1.61	3.24
非生产性贷款利息支出	5.32			0.09	22.17	0.22	0.8	1.91	1.61	3.24
其它	1.08				0.03		5.22			
转移性支出	1251.7	222.94	180.51	512.66	1107.86	1018.51	1620.38	1559.54	3351.27	4405.7
交纳所得税	64.77	1.06	0.01	27.2	6.97	29.97	110.59	39.44	346.55	436.14
#来自工资性收入的个税	61	1.06	0.01	26.99	6.97	29.97	95.6	31.15	346.55	436.14
#来自经营净收入的个税	3.75						15	8.29		
捐赠支出	921.59	193.74	161.99	356.23	760.41	749.35	1213.49	1229.64	2471.78	3433.46
购买彩票	7.32	1.57	1.74	1.68	4.22	13.33	8.01	20.67	2.05	0.99
赡养支出	154.5	14.72	8.58	112.27	237.94	108.57	136.19	174.28	314.67	307.01
#在外就学子女费用	44.04	9.57		3.85	97.17	88.89	5.17	5.96	35.32	52.06
各种非储蓄性保险支出	60.62	2.62		9.77	67.31	69.07	104.32	37.86	84.62	
#车辆保险支出	14.03				24.67	2.57	36.07		9.62	
其它转移性支出	42.89	9.23	8.19	5.5	31	48.22	47.77	57.66	131.6	228.09
社会保障支出	1441.51	1016.66	681.22	1061.57	1383.54	1134.5	1929.6	1414.74	2210.69	1915.95
个人交纳的养老基金	638.49	606.16	393.74	544.15	579.25	583.38	747.12	620.12	842.11	725.61
个人交纳的住房公积金	580.23	219.03	210.7	264.05	587.61	416.17	911.31	608.49	1008.69	844.73
个人交纳的医疗基金	196.53	176.32	73.45	248.51	190.93	116.93	231.17	180.68	282.8	266.22
个人交纳的失业基金	26.26	15.15	3.33	4.86	25.75	18.02	40.01	5.45	77.08	79.4
购房与建房支出	188.3				584.07				748.38	1501.67
购房	188.3				584.07				748.38	1501.67
借贷支出	7261.01	1144.98	940.05	3185.08	3448.77	6093.94	10186.41	13260.63	20662.66	19758.29
存入储蓄款	7127.7	1144.74	940.05	3182.58	3293.32	5968.34	10014.91	12904.38	20526.82	19574.24
借出款	12.78					50.2		39.18		
归还借款	18.84				8.65	14.1	62.42		17.9	
储蓄性保险支出	39.01					51.14	64.95	110.69	84.2	116.37
归还住房贷款	62.12			2.5	146.8	10.16	44.14	199.78	33.73	67.68
期末手存现金	1761.61	1205.21	1021.83	1678.71	1597.12	1902.29	1402.15	2277.47	3140.17	4016.5

5-18　市区按相对收入分的城镇居民家庭年人均消费情况

（2011 年）

指　　标	单位	合计	最低10%	#更低5%	低10%	较低20%	中间20%	较高20%	高10%	最高10%	#更高5%
消费支出	**元**	**14605.48**	**7566.96**	**6360.54**	**8932.79**	**12428.9**	**13960.29**	**17559.06**	**19924.67**	**26496.24**	**31876.84**
#服务性消费支出	元	3198.5	1567.78	1380	2097.93	2910.43	2738.45	3682.66	4183.5	6558.78	8198.98
食品	**元**	**5467.15**	**3425.03**	**2758.76**	**3886.26**	**4979.28**	**5606.25**	**6117.44**	**6947.01**	**8269.04**	**9835.51**
粮油类	元	799.09	633.95	564.06	648.3	727.14	844.37	846.29	1006.2	990.49	1038.71
粮食	元	495.76	412.46	368.43	436.42	453.65	500.63	514.26	649.05	591.87	626.8
淀粉及薯类	元	58.88	51.31	37.86	41.8	47.77	60.69	64.15	75.55	87.88	92.35
干豆类及豆制品	元	78.1	61.89	59.95	62.6	76.29	84.6	82.4	85.9	92.43	79.4
油脂类	元	166.34	108.29	97.81	107.48	149.43	198.46	185.48	195.69	218.32	240.15
肉禽蛋水产品类	元	1292.32	952.47	775.45	971.28	1263.77	1407.7	1348.54	1571.03	1581.36	1780.36
肉类	元	767.49	583.87	452.68	555.79	757.43	835.71	801.26	908.16	948.94	1102.21
禽类	元	206.46	151.68	134.59	171.5	205.78	228.5	206.71	247.69	237.49	235.07
蛋类	元	151.41	115.29	95.78	123.31	155.07	157.65	150.44	184.76	184	200.84
水产品类	元	166.96	101.63	92.4	120.68	145.48	185.84	190.13	230.42	210.93	242.25
蔬菜类	元	562.21	435.7	337.56	434.18	527.3	587.52	596.66	682.06	736.84	740.59
鲜菜	元/千克	3.69	3.43	3.02	3.55	3.66	3.72	3.76	3.72	3.85	4.01
数量	千克	138.46	119.07	103.45	114.4	129.79	144.57	143.61	166.1	165.92	156.99
金额	元	510.23	408.16	312.3	406.03	475.17	537.22	539.67	618.68	639.55	629.27
干菜	元	37.73	18.87	17.82	18.2	38.6	39.03	40.58	47.16	68.19	75.36
菜制品	元	14.25	8.66	7.44	9.95	13.53	11.27	16.42	16.22	29.1	35.96
调味品	元	86.85	59.49	54.04	65.06	84.21	99.87	92.77	95.19	107.31	118.44
糖烟酒饮料类	元	622.03	311.34	209.4	348.74	591.5	661.4	734.88	850.11	897.46	1258.72
糖类	元	42.95	21.85	17.46	22.95	39.19	39.67	47.76	80.86	66.92	85.9
烟草类	元	180.41	102.7	75.53	131.31	213.65	150.22	203.39	220.12	238.65	330.23
酒类	元	239.72	116.92	61.7	84.76	224.21	239.67	309.15	332.3	393.29	575.93
饮料	元	158.95	69.87	54.71	109.72	114.45	231.85	174.59	216.83	198.59	266.67
干鲜瓜果类	元	509.7	313.7	258.61	351.4	445.2	510.22	572.7	762.01	753.66	805.57
鲜果	元/千克	5.92	5.32	5.04	5.34	5.66	5.96	6.13	6.25	6.56	7.12
数量	千克	47.72	35.49	31.54	37.67	45.7	49.83	49.33	62.14	60.08	57.77
金额	元	282.41	188.83	158.81	201.06	258.5	297.2	302.38	388.34	394.28	411.09
鲜瓜	元/千克	2.08	1.9	1.97	2.09	2.09	2.04	2.14	2.18	2.06	1.8
数量	千克	22.2	19.96	15.7	19.16	17.68	23.08	24.78	27.85	27.25	26.91
金额	元	46.14	37.97	30.88	40.01	37.01	47.07	52.99	60.77	56	48.48
其它干鲜瓜果类及制品	元	181.14	86.9	68.92	110.33	149.69	165.95	217.32	312.91	303.38	345.99

5-18 续表 1 (2011 年)

指 标	单位	合计	最低10%	#更低5%	低10%	较低20%	中间20%	较高20%	高10%	最高10%	#更高5%
糕点、奶及奶制品	元	389.1	188.15	174.53	304.72	396.74	393.57	418.46	490.55	572.97	707.76
糕点	元/千克	18.45	16.78	15.38	19.78	17.76	18.64	19.4	16.87	19.4	22.29
数量	千克	6.84	4.7	4.89	4.53	6.06	6.51	8.2	10.63	8.56	9.11
金额	元	126.19	78.83	75.25	89.67	107.72	121.3	159	179.36	165.99	203.11
奶及奶制品	元	262.91	109.31	99.28	215.05	289.02	272.27	259.46	311.19	406.98	504.66
其它食品	元	99.96	45.44	26.84	37.38	72.85	96.26	130.84	127.4	234.99	269.51
饮食服务	元	1105.89	484.79	358.28	725.21	870.58	1005.34	1376.31	1362.46	2393.96	3115.85
食品加工服务费	元	0.75	0.13	0.03	0.59	0.37	1.71	1.18		0.25	0.3
在外饮食	元	1105.14	484.66	358.25	724.63	870.21	1003.62	1375.12	1362.46	2393.7	3115.55
衣着	**元**	**2298.54**	**901.9**	**753.33**	**1443.87**	**1954.89**	**2566.35**	**2784.48**	**3306.27**	**3434.4**	**4025.47**
服装	元/件	167.56	108.01	106.57	138.5	141.63	188.81	172.41	190.36	214.97	238.51
数量	件	9.98	6.01	5.15	7.78	9.91	9.49	11.85	13.22	11.85	13.14
金额	元	1672.84	649.64	549.12	1077.76	1404.17	1792.05	2042.99	2516.1	2547.77	3134.57
衣着材料	元	13.83	4.87	6.29	9.7	12.49	12.56	14.83	27.03	22.62	10.21
鞋类	元/双	146.94	74.99	58.46	116.72	143.75	164.98	152.52	159.26	179.89	182.9
数量	双	3.64	2.85	3.14	2.68	3.33	4.01	4.13	4.12	4.29	4.29
金额	元	535.08	213.68	183.37	313.18	478.78	661.06	630.46	656.33	771.03	784.62
其它衣着用品	元	70.22	31.18	11.42	36.42	54.8	95.61	86.98	102.23	77.36	71.58
衣着加工服务费	元	6.57	2.53	3.14	6.81	4.66	5.07	9.23	4.57	15.61	24.48
居住	**元**	**976.13**	**561.53**	**418.14**	**647.18**	**927.72**	**845.75**	**1229.02**	**1223.83**	**1541.74**	**1487.41**
住房	元	192.38	30.45		40.14	236.33	90.53	299.65	356.95	309.95	35.43
租赁房房租	元	21.7	30.45		38.45	29.89	29.22	3.81	9.37	4.76	9.55
住房装潢支出	元	139.43				205.65	53.57	277.69	192.96	145.4	19
维修用建筑材料	元	27.99			1.68	0.79	7.74	2.24	154.62	159.79	6.87
其它住房支出	元	3.26						15.91			
水电燃料及其它	元	719.02	504.24	400.16	570.5	633.21	699.53	843.41	784.41	1109.47	1334.05
水	元/吨	2.4	2.42	2.42	2.42	2.41	2.39	2.38	2.39	2.39	2.39
数量	吨	38.45	29.55	20.77	35.34	33.07	36.39	41.24	47.13	58.3	68.12
金额	元	92.17	71.4	50.33	85.4	79.59	87.05	98.33	112.72	139.1	162.93
电	元/度	0.56	0.56	0.56	0.56	0.56	0.56	0.56	0.56	0.56	0.56
数量	度	567.81	433.23	359.21	444.87	489.48	556.32	606.83	629.28	992.86	1250.59
金额	元	318.07	242.77	201.36	249.25	274.07	311.89	339.8	352.59	555.98	700.1
燃料	元	165.89	130.24	107.27	125.98	157.88	175.5	194.56	183.25	178.56	199.76
煤炭	元/千克	0.81	1.28	0.83		0.64	0.74	0.76	0.93		

5-18 续表2 （2011年）

指　　标	单位	合计	最低10%	#更低5%	低10%	较低20%	中间20%	较高20%	高10%	最高10%	#更高5%
数量	千克	7.23	5.01	0.41		3.36	5.3	19.52	11.38		
金额	元	5.83	6.41	0.34		2.14	3.9	14.87	10.55		
罐装液化石油气	元/千克	5.98	6.73	6.8	5.23	6.11	6.25	5.78	5.03	6.89	6.88
数量	千克	2.46	2.84	4.51	1.88	2.49	1.78	3.06	3.34	1.88	1.93
金额	元	14.71	19.08	30.66	9.8	15.22	11.13	17.69	16.8	12.93	13.29
管道天然气	元/立方米	1.92	1.9	1.9	1.9	1.91	1.91	1.94	1.92	1.91	1.91
数量	立方米	75.22	55.08	40.08	61.05	73.35	83.42	81.78	80.88	85.78	97.44
金额	元	144.09	104.75	76.26	116.17	139.92	159.49	158.32	155.25	164.14	186.47
其它燃料	元										
取暖费	元	137.47	59.82	41.2	109.87	101.65	120.05	210.21	135.85	235.83	271.25
其它相关支出	元	5.41				20.01	5.04	0.52			
居住服务费	元	64.73	26.85	17.98	36.54	58.18	55.69	85.96	82.47	122.33	117.93
物业管理费	元	50.21	24.34	14.55	31.11	53.57	33.28	56.37	75.62	101.31	97.19
维修服务费	元	11.81	0.43		0.1	4.04	22.42	24.11	4.59	15.49	9.66
其它居住服务费	元	2.71	2.08	3.43	5.34	0.58		5.47	2.26	5.52	11.08
家庭设备用品及服务	**元**	**1240.69**	**530.61**	**435.04**	**470.44**	**860.42**	**1103.73**	**1646.99**	**2454.95**	**2360.68**	**2720.64**
耐用消费品	元	525.83	136.22	55.48	104.45	293.99	304.76	797.83	1264.37	1345.53	1441.69
家具	元	153.67	79.22	0.69	2.88	25.55	55.28	102.44	473.32	838.4	890.04
家庭设备	元	372.16	57	54.79	101.57	268.44	249.48	695.39	791.05	507.13	551.65
室内装饰品	元	22.2	6.83	11.9	4.08	8.46	23.22	27.93	74.65	35.44	48.15
床上用品	元	146.9	100.32	37.15	36.55	84.69	189.21	205.01	215.62	212.79	269.06
家庭日用杂品	元	506.87	279.99	326.72	299.73	438.29	564.7	570.1	772.52	722.81	884.55
家具材料	元	7.24				0.07		15.61	43.18	6.27	12.59
家庭服务	元	31.66	7.25	3.79	25.63	34.92	21.85	30.51	84.62	37.83	64.59
家政服务	元	12.5	0.02		9.9	19.91	17.09	7.84	4.55	22.18	44.51
加工维修服务费	元	19.16	7.23	3.79	15.73	15.01	4.75	22.67	80.07	15.65	20.08
医疗保健	**元**	**1037.84**	**724.5**	**805.34**	**464.43**	**1042.13**	**926.7**	**1128.06**	**1211.41**	**2091.69**	**2772.16**
医疗器具	元	7.16	6.86	0.04	1.73	4.11	0.98	6.98	16.37	28.7	57.58
保健器具	元	29.65	0.77	1.37	2.19	8.58	20.14	18.17	80.01	162.76	280.94
药品费	元	486.93	459.02	408.97	257.78	475.38	559.75	457.56	527.14	729.99	701.1
滋补保健品	元	90.65	16.81	13.17	24.06	75.13	101.67	108.33	150.97	193.01	182.64
医疗费	元	416.8	227.06	358.22	178.17	464.95	243.73	532.55	425.02	976.85	1549.43
其它医疗保健支出	元	6.65	13.99	23.56	0.49	13.98	0.43	4.48	11.9	0.39	0.47
交通和通讯	**元**	**1541.85**	**509.2**	**384.49**	**812.94**	**914.28**	**1059.78**	**2525.75**	**1422.42**	**4376.19**	**6064.51**

5-18 续表3 （2011年）

指标	单位	合计	最低10%	#更低5%	低10%	较低20%	中间20%	较高20%	高10%	最高10%	#更高5%
交通	元	876.07	148.08	88.2	229.57	394.38	401.9	1829.33	594.41	3017.48	4595.81
家庭交通工具	元	502.67	80.82	56.66	35.6	101.1	121.1	1375.66	97.57	1879.69	3101.33
车辆用燃料及零配件	元	139.8	0.28	0.5	80.46	89.71	117.16	172.04	255.42	400.35	481.3
交通工具服务支出	元	61.28	5.47	3.49	23.06	55.89	32.49	124.49	66.3	107.58	54.73
交通费	元	172.32	61.52	27.55	90.45	147.69	131.15	157.14	175.11	629.86	958.46
通信	元	665.78	361.11	296.29	583.37	519.9	657.88	696.43	828.02	1358.71	1468.7
通信工具	元	122.16	21.76	35.23	62.76	36.2	163.06	71.39	211.73	509.15	714.35
通信服务	元	543.61	339.35	261.06	520.61	483.71	494.81	625.03	616.28	849.56	754.35
教育文化娱乐服务	**元**	**1471.22**	**733.62**	**610.04**	**871.91**	**1354.59**	**1294.25**	**1614.32**	**2394.21**	**2738.16**	**2975.09**
文化娱乐用品	元	377.7	145.51	163.73	207.99	371.1	255.94	454.28	753.2	662.52	646.96
文化娱乐服务	元	526.32	291.75	254.81	289.68	402.24	444.89	685.31	852.25	964.7	1174.76
参观游览	元	179.71	226.74	202.88	142.75	225.36	87.06	215.41	135.85	215.02	277.03
健身活动	元	28.04	0.36		0.25	17.18	45.73	39.73	50.1	39.97	79.7
团体旅游	元	205.37	11.52	18.35	100.86	81.33	231.33	268.33	410.26	518.48	631.56
其它文娱活动	元	110.05	52.35	33.58	44.19	73.51	77.43	157.88	254.05	188.61	183.28
文娱用品修理服务费	元	3.15	0.78		1.63	4.86	3.33	3.95	1.99	2.63	3.19
教育	元	567.2	296.35	191.51	374.23	581.26	593.42	474.73	788.76	1110.94	1153.36
教材	元	31.83	49.31	25.27	16.78	33.4	23.38	34.97	41.6	26.51	19.96
教育费用	元	535.37	247.04	166.23	357.45	547.86	570.04	439.76	747.15	1084.43	1133.4
其它商品和服务	**元**	**572.06**	**180.57**	**195.41**	**335.75**	**395.58**	**557.47**	**512.99**	**964.57**	**1684.35**	**1996.07**
其它商品	元	363.01	94.53	90.84	167.59	232.87	372.91	323.92	602.64	1174.33	1204.44
金银珠宝饰品	元	120.25	14.83	3.09	20.34	54.3	79.42	82.24	196.26	687.8	798.75
手表	元/只	680.39	85		284.92	68.36	297.96	239.42	822.64	3234.08	820
数量	只	0.03	0.02		0.04	0.02	0.03	0.03	0.06	0.05	0.03
金额	元	21.76	1.63		12.68	1.41	8.44	7.34	47.74	156.43	21.34
理发美容用具	元	3.8	1.9	2.07	0.76	1.72	4.4	7.63	8.53	0.39	0.52
化妆品	元	162.32	63.38	73.17	65.43	145.14	230.76	185.88	243.84	175.15	208.36
其它杂品	元	54.87	12.79	12.51	68.38	30.29	49.9	40.82	106.26	154.56	175.47
服务	元	209.05	86.04	104.57	168.16	162.71	184.55	189.06	361.93	510.02	791.63
旅馆住宿费	元	22.18	2.58			14.88	7.09	8.91	54.55	134.38	185.86
理发洗澡费	元	77.93	50.7	49.43	59.69	65.1	94.33	98.07	86.49	76.8	84.15
美容费	元	68.13	6.27	8.58	50.82	67.84	66.83	55.74	115.26	163.87	264.79
其它服务	元	40.81	26.49	46.57	57.65	14.9	16.3	26.34	105.63	134.97	256.82

5-19 市区城镇居民平均每人全年现金收支情况

（2011 年）

指　　标	单位	中原区	二七区	管城区	金水区	上街区	惠济区
调查户数	户	100	100	100	160	80	60
可支配收入	元	19958.31	20737.08	19844.41	25830.14	25193.34	16779.72
旅游人次	次/百人	1.58	0.77	1.7	0.32	1.49	1.48
旅游花费	元/百人	228.75	332.18	399.52	151.89	514.49	315.49
家庭总收入	元	21427.62	21731.6	20761.16	27956.56	27114.54	18307.8
工资性收入	元	11682.96	10387.84	11055.49	15608.65	15461.39	11951.04
经营净收入	元	2323.12	3024.57	3171.54	3048.48	3268.48	1474.89
财产性收入	元	734.45	170.2	123.13	258.85	910	141.53
转移性收入	元	6687.1	8148.99	6411.01	9040.58	7474.67	4740.33
出售财物收入	元	2.07	71.95	0.08	28.75	0.64	17.71
借贷收入	元	1436.47	1985.52	2627.91	2360.73	3079.2	3651.08
家庭总支出	元	14628.36	15079.42	16941.98	21063.72	21949.72	15523.4
消费性支出	元	12334.41	12434.38	14441.37	17725.81	15716.25	12492.63
#服务性消费支出	元	2461.3	3201.93	3209.57	3514.67	3924.15	3070.08
食品	元	5261.56	4040.89	6076.15	6047.21	4978.89	3819.2
衣着	元	1777.65	1804.13	2176.97	3091.17	2572.61	1438.51
居住	元	886.85	1121.72	891.52	1085.53	824.3	990.57
家庭设备用品及服务	元	1138.53	929.93	1012.67	1510.95	1060.43	1350.97
医疗保健	元	981.59	1118.71	1192.49	1056.63	1351.41	1030.06
交通和通讯	元	944.57	1222.79	1312.01	2533.19	1422.92	1985.3
教育文化娱乐服务	元	1000.37	1702.54	1285.83	1602.89	2135.71	1387.09
其它商品和服务	元	343.31	493.68	493.74	798.24	1369.97	490.94
财产性支出	元	3.43	28.8	34.57	0.93	1.26	8.45
转移性支出	元	956.31	1194.15	1021.55	1409.61	2636.38	1665.68
社会保障支出	元	1334.21	954.67	845.07	1927.37	1809.83	1356.64
购房与建房支出	元		467.43	599.42		1786.01	
借贷支出	元	7040.35	6854.02	5438.52	9233.26	7007.9	823.8

5-20 市区按月人均可支配收入

（2011 年）

指　　标	单位	合计	400 元以下	400—800 元	800—1000 元
可支配收入	元	22476.59	3543.95	7258.15	10841.46
家庭总支出	元	24057.99	4290.06	8410.51	12262.96
#消费支出	元	14605.48	4312.15	7693.05	8256.86
#服务性消费支出	元	3198.5	309.48	1395.09	1840.1
旅游人次	次/百人	1.04		0.82	0.62
旅游花费	元/百人	268.07	8.68	67.31	37.47
家庭人口数	人	2.85	3.16	3.13	3.37
有收入者人数	人	2.08	1.92	1.65	2.04
就业人口数	人	1.35	0.7	1.34	1.49
国有经济单位职工人数	人	0.65	0.23	0.68	0.5
城镇集体经济单位职工人数	人	0.07		0.07	0.04
其它经济类型单位职工人数	人	0.14	0.11	0.13	0.21
城镇个体或私营企业主人数	人	0.18	0.15	0.09	0.21
城镇个体或私营企业被雇人数	人	0.18	0.02	0.12	0.38
离退休再就业人数	人	0.06			
其它就业人数	人	0.07	0.2	0.25	0.15
离退休人数	人	0.71	0.08	0.31	0.54
其它有收入者人数	人	0.02	1.14		0.01
无收入者人数	人	0.77	1.23	1.48	1.33
在外就学人数	人	0.02	0.04	0.02	0.01
非家庭人口在家用餐	人次	0.81		0.24	0.49
家庭人口在外用餐	人次	3.16	1.2	1.16	2.22

分组的城市居民家庭基本情况

1000—1500 元	1500—2000 元	2000—2500 元	2500—3000 元	3000—4000 元	4000—5000 元	5000 元以上
15081.34	20776.55	26984.31	32537.46	40514.93	53144.55	94112.56
16515.74	22219.33	28965.78	34754.84	42723.91	55803.51	96256.94
11184.46	13464.05	18446.96	19885.98	20968.98	31503.81	44568.38
2695.73	2771.2	3989.09	3897.74	4714.18	8691.46	11206.67
0.99	1.24	0.84	1.24	1.03	1.53	2.68
147.19	361.89	271.38	270.4	484.4	489.73	1568.13
3.1	2.93	2.76	2.61	2.34	2.11	2.14
2.1	2.2	2.25	2.16	2.14	1.88	1.66
1.56	1.47	1.3	1.27	1.12	0.91	1.08
0.69	0.72	0.73	0.7	0.6	0.57	0.44
0.08	0.06	0.11	0.1	0.09	0.07	
0.26	0.16	0.1	0.08	0.02	0.03	0.02
0.18	0.19	0.13	0.18	0.18	0.13	0.3
0.25	0.21	0.14	0.11	0.05	0.02	0.04
0.02	0.09	0.03	0.07	0.15	0.08	0.27
0.08	0.04	0.06	0.02	0.03	0.02	
0.53	0.72	0.93	0.87	1.02	0.95	0.56
0.01	0.01	0.01	0.01	0.01	0.02	0.02
1	0.73	0.51	0.45	0.2	0.23	0.48
0.02	0.03	0.02	0.03	0.01	0.01	0.01
0.49	0.79	1.06	0.97	1.19	2.42	2.61
2.16	3.05	3.84	4.21	4.51	6.77	7.41

5-21　市区按月人均可支配收入

（2011 年）

指　　标	合计	400 元以下	400—800 元	800—1000 元	1000—1500 元
家庭总收入	24057.99	4290.06	8410.51	12262.96	16515.74
#可支配收入	22476.59	3543.95	7258.15	10841.46	15081.34
工资性收入	13098.87	1389.97	6107.71	8017.98	11382
工资及补贴收入	12945.83	1389.97	6107.71	7965.52	11315.64
其它劳动收入	153.04			52.46	66.36
经营净收入	2746.16	648.49	386.73	1202.86	1525.83
财产性收入	251.94	102.69	6.04	8.44	53.31
利息收入	71.28	1.44	6.04	8.44	15.51
股息与红利收入	54.25				9.59
出租房屋收入	107.92	101.25			28.21
转移性收入	7961.01	2148.91	1910.03	3033.69	3554.6
养老金或离退休金	7150.18	303.01	1792.59	2762.61	3395.35
社会救济收入	33.82	1800.59	28.77	147.69	17.43
#最低生活保障收入	16.33	1500.18		29.52	12.05
赔偿收入	3.4				5.77
赡养收入	265.35				28.39
捐赠收入	421.98		22.34	68.58	39.96
记帐补贴	75.11	45.31	65.64	54.8	64.41
其它转移性收入	11.17		0.69		3.29
出售财物收入	34.35		0.08	20.57	9.37
借贷收入	1837.69	633.93	1652.56	1014.36	1639.48
提取储蓄存款	1728.58	633.93	1652.56	1014.36	1338
借入款	99.17				301.49
收回借出款	5.9				
兑售有价证券	4.04				

分组的年人均现金收入情况

单位:元

1500—2000 元	2000—2500 元	2500—3000 元	3000—4000 元	4000—5000 元	5000 元以上
22219.33	28965.78	34754.84	42723.91	55803.51	96256.94
20776.55	26984.31	32537.46	40514.93	53144.55	94112.56
13475.97	16910.31	18129.35	17611.81	22673.93	29201.07
13435.96	16795.57	17994.99	17424.45	22325.23	23674.44
40.01	114.73	134.37	187.37	348.7	5526.63
2337.18	2149.6	3832.87	4254.81	5478.81	21923.67
59.92	173.38	543.88	996.6	933.64	3367.54
41.18	109.52	129.51	327.78	194.4	397.87
9.16	9.95	145.11	298.41	229.76	951.09
9.58	53.91	269.27	370.41	509.48	645.24
6346.26	9732.5	12248.73	19860.68	26717.13	41764.66
6123.02	9225.01	11146.13	18436.43	22710.63	19422.28
6.33		4.32		10.07	
		4.32			
		26.6			
73.2	257.38	584.07	725.13	1526.53	4563.93
73.14	153.5	406.69	596.85	2286.78	17042.23
70.57	93.48	80.93	88.38	165.9	103.41
	3.12		13.89	17.22	632.81
6.81	18.86	14.6	57.31	48.5	1394.25
643.46	2584.9	4041.59	2418.61	3908.55	10442.14
605.87	2561.55	4041.59	2418.61	3866.59	8809.12
	13.17			41.96	1633.02
26.38					
11.21	10.19				

5-22 市区按月人均可支配收入

（2011 年）

指　　标	合计	400 元以下	400—800 元	800—1000 元	1000—1500 元
家庭总支出	17493.38	5112.79	9184.7	9991.34	13935.74
消费支出	14605.48	4312.15	7693.05	8256.86	11184.46
#服务性消费支出	3198.5	309.48	1395.09	1840.1	2695.73
食品	5467.15	2186.66	3436.83	3617.7	4676.47
衣着	2298.54	665.16	1183.43	1027.49	1712.31
居住	976.13	445	500.64	574.15	834.43
家庭设备用品及服务	1240.69	337.9	496.29	721.42	717.67
医疗保健	1037.84	269.58	522.99	642.42	914.36
交通和通讯	1541.85	209.33	635.65	652.89	843.56
教育文化娱乐服务	1471.22	118.7	706.22	727.08	1145.21
其它商品和服务	572.06	79.81	210.99	293.73	340.44
财产性支出	6.39			5.01	12.57
转移性支出	1251.7	111.34	409.08	371.97	874.41
交纳所得税	64.77	11.51	4.14	9.2	21.21
捐赠支出	921.59	99.84	266.06	315.91	623.12
购买彩票	7.32		1.68	2.88	3.15
赡养支出	154.5		86.58	29.44	182.99
#在外就学子女费用	44.04		18.17	11.87	25.43
各种非储蓄性保险支出	60.62		44.42	5.44	26.5
#车辆保险支出	14.03				
其它转移性支出	42.89		6.2	9.11	17.44
社会保障支出	1441.51	689.3	1082.57	1357.49	1348.78
个人交纳的养老基金	638.49	564.08	584.67	738.29	612.78
个人交纳的住房公积金	580.23	38.74	314.18	303.45	517.26
个人交纳的医疗基金	196.53	81.36	171.52	305.73	198.58
个人交纳的失业基金	26.26	5.12	12.21	10.02	20.15
购房与建房支出	188.3				515.53
借贷支出	7261.01	720.55	767.98	2480.36	2957.07
存入储蓄款	7127.7	720.55	767.98	2461.84	2910.64
借出款	12.78				
归还借款	18.84				
储蓄性保险支出	39.01				
购买有价证券	0.54				
归还住房贷款	62.12			18.52	46.31
其它投资支出	0.03				0.11

分组的年人均现金收支情况

单位:元

1500—2000 元	2000—2500 元	2500—3000 元	3000—4000 元	4000—5000 元	5000 元以上
15856.17	21886.76	23581.73	25381.64	37132.9	56755.57
13464.05	18446.96	19885.98	20968.98	31503.81	44568.38
2771.2	3989.09	3897.74	4714.18	8691.46	11206.67
5283.41	6340.19	6568.56	7435.44	11021.92	10069.36
2384.51	3133.94	2984.11	3229.19	4311.35	4132.33
862.22	1400.81	1304.42	1281.4	1342.92	2010.19
1147.09	1713.48	1974.2	2000.67	3498.94	2521.51
961.58	1409.93	1029.56	1600.23	2565.59	2436.78
1062.31	2001.66	3527.45	1865.96	2766.83	14538.36
1292.08	1731.88	1941.13	2226.32	4224.41	5957.07
470.85	715.07	556.55	1329.76	1771.86	2902.77
6.78	7.34	3.48	0.59		4.12
1039.77	1647.2	1683.54	2528.41	3533.67	5749.35
26.64	102.73	127.73	236.95	397.63	179.69
672.93	1261.89	1346.03	1899.85	2418.05	4910.27
8.95	25.01	1.35	3.9	0.33	6.07
161.16	119.76	138.23	204.8	464.77	464.95
115.94	40.85	4.73	13.22		13.06
130.22	87.09	24.24	59.7	92.33	
26.16	37.42	23.48	12.5		
39.86	50.71	45.96	123.22	160.55	188.37
1345.57	1785.26	2008.72	1883.66	2095.42	1861.27
583.46	765.94	848.75	732.07	726.24	688.86
599.63	731.58	869.42	855.87	1049.23	971.47
146.95	230.97	261.94	237.95	262.51	174.44
15.53	56.77	28.61	57.77	57.45	26.5
					4572.45
5943.39	8883.39	14242.3	18793.88	22569.82	35171.34
5728.1	8803.66	13888.23	18412.27	22569.82	34564.86
23.86	28.56		49.56		
19.07		151.03	23.26		
61.96	0.99	89.95	221.14		321.16
	3.55				
110.4	46.64	113.09	87.65		285.33

5-23 农村居民

（2011 年）

指　　标	单位	全市	中原区	二七区	管城区	金水区
调查户数	户	950	50	50	50	50
常住人口	人	3716	191	188	202	192
#整半劳动力	人	2624	130	120	127	135
男劳动力人数	人	1397	75	68	68	71
劳动力文化程度						
文盲半文盲	人	55	1			1
小学程度	人	274	3	6	3	12
初中程度	人	1428	54	64	74	58
高中程度	人	506	34	33	32	40
中专程度	人	126	11	3	8	6
大专以上程度	人	120	9		10	9
劳动力就业情况						
一产业就业劳动力	人	689	3		14	16
二产业就业劳动力	人	907	20	23	35	30
三产业就业劳动力	人	913	89	83	78	80
劳动力就业地点						
乡内就业劳动力	人	2128	111	103	112	120
县内乡外就业劳动力	人	179		2	14	6
省内县外就业劳动力	人	156		1	1	
国内省外就业劳动力	人	44				
年内人均新建(购)住房面积	平方米	5.90	13.61	8.50	7.22	35.46
#钢筋混凝土结构面积	平方米	5.90	13.61	8.50	7.22	35.46
年内人均新建(购)住房价值	元	3266.08	6073.30	3559.10	2793.57	14852.67
人均新建楼房面积	平方米	5.62	13.61	8.50	7.22	35.46
年末人均居住住房面积	平方米	54.85	87.74	61.97	57.65	105.76
#钢筋混凝土结构面积	平方米	45.69	86.96	41.41	57.65	105.76
砖木结构面积	平方米	9.13	0.79	20.56		

家庭基本情况

单位:元

上街区	惠济区	中牟县	巩义市	荥阳市	新密市	新郑市	登封市
50	50	150	100	100	100	100	100
193	191	634	410	345	403	352	416
127	135	429	304	264	284	280	289
69	70	224	155	141	155	149	152
	6	30	5	2	1	2	7
8	21	84	28	28	21	35	25
67	63	261	156	168	166	171	126
20	22	34	69	49	59	44	70
9	5	8	18	12	20	14	12
6	14	7	20	5	10	14	16
	58	306	71	78	39	35	69
97	33	72	141	91	115	157	93
13	40	46	84	95	123	88	94
110	110	380	249	191	242	213	187
	9	24	14	18	16	31	45
	12	16	26	48	16	19	17
		4	7	7	3	17	6
	3.15	17.65	2.12	3.12	1.06	5.91	0.60
	3.15	17.65	2.12	3.12	1.06	5.91	0.60
	2992.13	8382.00	1365.85	2793.04	1996.28	2914.00	240.67
	3.15	17.65	1.73	2.12	0.54	5.91	0.60
41.02	81.94	66.68	44.64	47.81	44.16	57.51	51.20
21.16	78.22	59.54	42.47	47.64	10.67	56.62	39.83
19.86	3.73	7.13	1.98	0.17	33.49	0.88	11.37

5-24 农民人均

（2011 年）

指 标	全市	中原区	二七区	管城区	金水区
总收入	**14546.63**	**15557.98**	**16231.96**	**15974.75**	**16740.59**
工资性收入	**5653.60**	**4264.99**	**11936.35**	**5882.28**	**3802.70**
在非企业组织中劳动得到	280.00	26.75		260.57	310.14
在本乡地域内劳动得到的	4136.82	4238.24	11795.81	5510.46	2716.73
常住人口外出从业得到的	1236.79		140.54	111.25	775.83
家庭经营收入	**7724.67**	**6327.43**	**4279.42**	**4959.71**	**5213.70**
农业收入	2204.32	221.23	7.86	1213.95	867.03
林业收入	49.93	4.35		227.44	
牧业收入	1276.95	22.85		605.19	1.25
渔业收入	305.00				2773.13
工业收入	1278.59	2740.11			196.70
建筑业收入	208.65	1220.84			1083.43
交通、运输、邮电业收入	939.62	329.32		1323.24	92.96
批发、零售贸易、餐饮业收入	1218.30	1529.14	4271.55	1296.43	196.69
社会服务业收入	182.56	259.59		293.46	
文教卫生业收入	60.35				
其他家庭经营收入	0.20				
财产性收入	**588.29**	**4270.63**		**4888.11**	**7459.77**
租金收入（包括农业机械）	348.08	3022.88		4379.47	5914.31
转移性收入	**580.07**	**694.92**	**16.19**	**244.65**	**264.42**
家庭住户成员寄回和带回	20.78				
城市亲友赠送	16.18				
农村亲友赠送	79.06	95.20		8.36	164.35
离退休金、养老金	193.33	220.29		120.79	
各项补贴收入	155.97	140.90	16.19	96.11	35.92
纯收入	**11050.20**	**12598.17**	**13522.83**	**14411.00**	**14512.32**

总收入纯收入

单位:元

上街区	惠济区	中牟县	巩义市	荥阳市	新密市	新郑市	登封市
13671.20	**17981.20**	**14206.17**	**13970.10**	**16108.55**	**14213.92**	**14908.96**	**12841.36**
8350.47	**4798.73**	**3072.85**	**7133.86**	**5858.40**	**6751.44**	**5351.84**	**5884.75**
185.95	870.55	143.11	444.08	207.36	536.80	76.21	113.94
8131.40	3269.71	1521.21	5140.89	3007.36	5554.42	4196.92	4904.57
33.12	658.48	1408.52	1548.89	2643.68	660.22	1078.71	866.23
2669.83	**10102.09**	**10472.41**	**5866.21**	**9032.67**	**6652.14**	**9024.57**	**6438.83**
1252.16	3909.63	6053.17	467.37	1897.47	691.77	2783.27	1494.14
38.94	46.56	69.19	3.56	48.93	72.00	71.66	36.05
	389.62	1635.04	283.43	3060.20	1681.56	139.38	1748.67
	3375.73	778.57					
	872.07	8.99	2690.72	669.71	1836.06	1478.27	1240.43
239.28	437.27	99.45		110.14		949.81	
564.44	767.15	538.72	889.72	1373.19	925.51	1699.68	732.61
464.63	226.38	1192.59	632.39	1695.01	1270.39	1804.98	1186.64
110.38	4.20	11.35	786.83	178.02	91.74		
	68.24	84.69	112.20		83.10	97.53	
	5.25						
1206.30	**2114.66**	**273.64**	**283.31**	**315.39**	**102.68**	**256.13**	**81.91**
47.09	1160.21	169.74	32.44	11.10	10.56	198.44	15.40
1444.60	**965.72**	**387.28**	**686.71**	**902.10**	**707.66**	**276.41**	**435.86**
		3.47		70.14	28.55	56.01	
154.20	7.90		6.56	86.08	9.56		3.15
236.79	138.61	63.62	10.12	188.83	40.35	65.12	104.55
439.47	165.48	13.72	363.12	237.05	431.58	2.84	95.41
301.35	168.16	250.06	68.43	189.27	144.10	147.05	154.86
12464.00	**13945.39**	**10216.01**	**11392.39**	**10846.43**	**10835.00**	**11344.01**	**9788.14**

5-25 农民人均

（2011 年）

指　　标	全市	中原区	二七区	管城区	金水区
总支出	**12358.10**	**12906.91**	**12377.75**	**10727.72**	**17132.79**
家庭经营费用支出	**3065.29**	**2182.92**	**2643.61**	**1385.35**	**1982.20**
农业生产支出	566.66	69.35	0.27	252.21	269.81
林业生产支出	11.30	2.45		92.48	24.25
牧业生产支出	809.64	14.51		315.32	3.70
渔业生产支出	149.50				1285.15
工业生产支出	639.04	1046.81			8.53
建筑业支出	69.30	434.55	0.58		373.24
交通、运输和邮电业支出	298.25	47.12		482.90	11.59
批发、零售贸易、餐饮	437.20	488.73	2642.76	188.34	5.11
社会服务业支出	71.25	79.39		54.10	
文教卫生业支出	12.39				
其他家庭经营支出	0.78				0.83
购置生产用固定资产支出	**810.11**			**54.17**	**390.31**
税费支出	**28.95**	**18.16**		**12.57**	
第二产业税	13.07	15.71			
第三产业税	13.99	2.45		8.41	
其他各种收费	1.89			4.16	
生活消费支出	**7622.49**	**10429.78**	**8787.94**	**9032.04**	**13930.35**
财产性支出	**8.85**			**4.45**	**116.11**
转移性支出	**820.26**	**276.04**	**946.20**	**239.14**	**713.82**
大中专学生生活费和学杂费	216.82	5.76	860.56	113.87	112.70
赠送农村亲友	385.84	93.26	82.72	93.20	358.56
赠送城市亲友	62.96				2.61

总支出

单位:元

上街区	惠济区	中牟县	巩义市	荥阳市	新密市	新郑市	登封市
8639.67	**15795.23**	**11937.45**	**9097.32**	**14502.56**	**13692.33**	**12368.18**	**12232.06**
853.76	**3695.25**	**3580.15**	**2309.06**	**4657.56**	**2940.27**	**2988.55**	**2639.74**
322.05	1060.91	1302.99	180.97	624.35	325.46	704.31	323.33
25.05	50.43	4.94	2.30	6.68	7.97	25.26	4.72
	216.64	882.66	146.64	2234.31	1201.41	108.82	921.99
	1216.95	486.15					
	729.07	7.84	1155.49	277.35	1077.54	779.60	659.29
243.73	119.89	37.88		22.03		308.91	
31.50	224.44	211.07	340.43	542.25	205.94	341.61	303.53
221.85	51.99	617.63	101.04	901.91	103.85	696.02	426.87
9.58	0.26	1.83	365.37	48.68	5.66		
	4.20	27.15	16.83		12.44	24.01	
	20.47						
	463.44	**851.71**	**3.51**	**1980.17**	**242.79**	**1143.33**	**1438.45**
16.61	**0.55**	**26.31**	**68.41**	**51.32**	**16.39**	**12.85**	**10.83**
			46.34	16.94	8.94	5.97	4.81
16.61		26.31	22.07	20.29	7.45	6.88	6.02
	0.55			14.09			
7159.41	**10782.24**	**6854.64**	**5734.62**	**6421.17**	**9184.30**	**7889.92**	**7680.18**
3.21	**157.48**	**2.84**			**2.37**		
606.68	**696.27**	**621.80**	**981.71**	**1392.35**	**1292.57**	**333.53**	**462.86**
265.30	95.43	89.69	347.53	334.33	186.00	209.86	197.65
202.09	259.58	383.65	558.00	445.15	833.34	41.79	88.36
23.61	2.35	2.37	1.22	396.61	42.44	3.86	28.11

5-26 农民人均

（2011 年）

指　　标	全市	中原区	二七区	管城区	金水区
生活消费支出	7622.49	10429.78	8787.94	9032.04	13930.35
#货币性消费	7473.25	10356.32	8787.94	9030.41	13876.57
食品性消费	2058.72	2485.00	1943.36	2327.46	2879.11
#货币性消费	1909.50	2411.53	1943.36	2325.83	2825.33
食品消费服务性支出	452.00	637.42	728.02	467.27	622.89
衣着消费支出	574.01	725.47	619.59	781.36	1098.08
#货币性消费	574.01	725.47	619.59	781.36	1098.08
衣着消费服务性支出	1.29	2.13	0.76	0.84	0.14
居住消费支出	2239.67	4744.49	3631.37	3401.02	5946.49
#货币性消费	2239.67	4744.49	3631.37	3401.02	5946.49
居住消费服务性支出	512.65	1416.81	1179.97	1379.90	353.28
家庭设备用品及服务	543.98	411.16	276.01	423.22	807.25
#货币性消费	543.95	411.16	276.01	423.22	807.25
家庭用品消费服务性支出	36.29	12.07	12.08	11.95	42.67
交通和通讯消费支出	999.98	416.65	1383.09	725.06	941.45
#货币性消费	999.98	416.65	1383.09	725.06	941.45
交通和通讯服务消费支出	252.20	203.46	348.33	306.76	358.19
文教娱乐用品及服务支出	471.27	898.63	592.20	720.69	1221.43
#货币性消费	471.27	898.63	592.20	720.69	1221.43
教育服务消费支出	185.00	507.66	71.88	259.79	424.43
文化娱乐服务消费支出	104.39	203.97	155.64	121.83	487.16
医疗保健消费支出	508.47	500.50	113.14	350.33	702.26
#货币性消费	508.47	500.50	113.14	350.33	702.26
医疗保健服务消费支出	382.76	389.71	19.12	278.30	612.96
其他商品和服务消费总支出	226.40	247.88	229.18	302.90	334.28
#货币性消费	226.40	247.88	229.18	302.90	334.28
其他消费服务支出	66.95	90.67	100.59	77.60	92.93

生活费支出

单位:元

上街区	惠济区	中牟县	巩义市	荥阳市	新密市	新郑市	登封市
7159.41	10782.24	6854.64	5734.62	6421.17	9184.30	7889.92	7680.18
6923.49	10613.22	6701.23	5631.85	6254.37	9041.03	7694.68	7494.63
1900.76	2781.56	1905.03	1836.43	1881.25	2293.76	2002.97	2084.16
1664.84	2613.32	1751.63	1733.65	1714.45	2150.50	1807.73	1898.61
461.36	828.47	360.54	463.92	498.79	539.77	282.17	390.29
557.58	610.25	390.94	562.99	585.53	717.92	479.92	591.82
557.58	610.25	390.94	562.99	585.53	717.92	479.92	591.82
2.14	0.57	0.01	1.92	2.24	0.86	0.24	2.72
677.51	3563.77	2301.25	1106.33	1506.31	3024.57	2947.99	1472.91
677.51	3563.77	2301.25	1106.33	1506.31	3024.57	2947.99	1472.91
175.38	532.99	649.25	323.23	242.53	583.28	935.36	163.98
427.68	1139.83	478.53	477.08	525.67	666.72	454.82	527.20
427.68	1139.04	478.53	477.08	525.67	666.72	454.82	527.20
53.81	363.15	8.53	12.88	10.91	11.72	21.15	77.88
1728.44	1223.78	906.60	658.20	886.76	1064.87	1036.78	1479.39
1728.44	1223.78	906.60	658.20	886.76	1064.87	1036.78	1479.39
130.96	277.93	195.04	186.21	229.48	311.63	162.52	408.46
1123.28	618.28	259.37	493.72	498.85	514.71	322.11	466.32
1123.28	618.28	259.37	493.72	498.85	514.71	322.11	466.32
263.54	285.38	145.22	199.15	167.48	196.06	63.65	209.16
124.32	153.67	61.35	171.68	116.22	90.86	41.75	54.54
580.31	657.70	538.02	489.71	366.50	640.10	466.68	486.98
580.31	657.70	538.02	489.71	366.50	640.10	466.68	486.98
487.23	460.72	495.58	401.10	283.50	452.65	340.64	254.08
163.85	187.07	74.90	110.17	170.30	261.65	178.64	571.40
163.85	187.07	74.90	110.17	170.30	261.65	178.64	571.40
125.18	45.35	14.05	66.29	31.14	92.13	10.05	170.31

5-27 农民人均消费品消费量

（2011 年）　　单位:公斤

指　　标	全市	中原区	二七区	管城区	金水区	上街区
粮食	145.42	132.96	72.30	96.83	90.80	154.52
#小麦	104.55	49.67	41.70	62.10	70.36	116.41
稻谷	10.56	27.02	19.23	28.50	14.07	4.14
玉米	16.57	8.46		1.14	0.31	21.18
蔬菜及菜制品	78.85	80.10	103.31	62.98	65.16	84.99
油脂类	8.06	6.41	6.11	6.62	6.53	8.42
#植物油	8.05	6.41	6.11	6.62	6.50	8.39
动物油	0.01				0.03	0.03
肉禽及其制品	11.87	13.65	6.11	15.31	20.35	9.26
#猪肉	7.94	8.92	5.45	11.02	12.13	6.13
牛肉	0.47	0.77	0.05	0.24	0.75	0.23
羊肉	0.27	0.22	0.06	0.04	0.21	0.38
家禽	1.48	0.36	0.09	2.53	4.48	0.85
其他肉禽及制品	1.72	3.38	0.46	1.48	2.78	1.68
蛋类及蛋制品	7.65	9.24	6.52	10.71	13.90	7.80
奶和奶制品	6.87	3.09	2.84	14.02	5.13	5.22
水产品	1.20	1.31	0.08	2.28	3.01	1.20
食糖	0.79	0.37	0.40	0.67	1.01	0.37
酒	4.77	2.93	7.20	3.47	7.68	6.64
水果	18.67	25.66	27.08	18.97	25.10	16.79

5-27　续表　　（2011 年）　　单位:公斤

指　　标	惠济区	中牟县	巩义市	荥阳市	新密市	新郑市	登封市
粮食	140.89	159.14	107.65	120.27	123.91	162.12	221.62
#小麦	116.49	138.70	83.34	87.95	83.19	105.67	141.77
稻谷	9.19	5.41	6.54	12.77	14.18	13.44	8.47
玉米	10.72	13.68	8.16	9.06	18.29	18.44	39.40
蔬菜及菜制品	74.19	95.34	64.10	75.57	75.32	87.13	79.34
油脂类	5.21	7.25	7.42	7.74	8.71	9.91	9.13
#植物油	5.21	7.24	7.42	7.74	8.70	9.88	9.13
动物油		0.02				0.03	
肉禽及其制品	18.67	12.42	11.01	9.45	11.20	14.28	10.20
#猪肉	11.55	8.87	6.60	6.21	7.73	9.20	7.45
牛肉	0.41	0.07	0.69	0.23	0.95	0.38	0.42
羊肉	0.26	0.03	0.41	0.36	0.42	0.03	0.36
家禽	3.09	2.11	1.83	0.19	0.75	3.02	0.37
其他肉禽及制品	3.35	1.34	1.48	2.45	1.33	1.66	1.61
蛋类及蛋制品	11.61	5.40	6.80	9.36	7.40	7.62	7.71
奶和奶制品	5.74	1.00	7.01	10.47	5.00	9.85	10.35
水产品	2.92	1.36	0.97	1.48	0.88	0.65	1.13
食糖	0.98	0.32	0.54	0.77	1.05	1.11	1.11
酒	7.53	6.31	2.35	3.32	4.97	3.53	6.91
水果	19.53	12.74	15.86	20.62	21.09	21.15	20.08

5-28　农民百户耐用消费品拥有量

（2011 年）

指　　标	单位	全市总计	中原区	二七区	管城区	金水区	上街区
洗衣机	台	112	104	104	104	108	106
电冰箱	台	90	92	86	94	104	90
空调机	台	88	120	86	84	144	66
抽油烟机	台	24	42	6	20	50	54
吸尘器	台	3	8		4		2
微波炉	台	19	42	16	12	40	6
热水器	台	54	72	18	60	72	66
自行车	辆	106	114	146	128	166	140
摩托车	辆	57				8	74
汽车(生活用)	辆	18	30	4	32	48	6
电话机	部	38	42	48	42	22	38
移动电话	部	246	274	164	238	280	282
彩色电视机	台	127	122	130	122	148	132
黑白电视机	台	1			2	6	
摄像机	台	3	2	6	8		2
影碟机	台	29	8		38	60	20
照相机	架	15	16	10	18	34	10
家用计算机	台	38	48	14	32	62	78
中高档乐器	件	2	12			2	4

5-28　续表　　　　　　　　　　　（2011 年）

指　　标	单位	惠济区	中牟县	巩义市	荥阳市	新密市	新郑市	登封市
洗衣机	台	110	101	105	99	108	101	180
电冰箱	台	102	81	88	78	96	83	108
空调机	台	104	42	90	65	119	67	131
抽油烟机	台	24	5	21	11	26	10	51
吸尘器	台	6	7	1				4
微波炉	台	48	13	12		24	14	33
热水器	台	78	43	40	44	71	58	52
自行车	辆	224	107	72	90	24	141	57
摩托车	辆	28	37	93	64	109	31	138
汽车(生活用)	辆	18	17	15	16	20	11	13
电话机	部	24	15	61	20	56	40	56
移动电话	部	246	226	239	262	312	230	209
彩色电视机	台	138	130	141	110	138	121	109
黑白电视机	台		1					
摄像机	台	2		4		1		11
影碟机	台	12	29	20	13	59	20	50
照相机	架	28	4	7		19	6	44
家用计算机	台	42	13	58	31	66	20	25
中高档乐器	件			5		1		1

主要统计指标解释

城镇居民家庭就业人口　指城镇居民从事社会劳动并取得劳动报酬或经营收入的人口。就业人口包括通过国家统筹规划和指导由劳动部门介绍就业，自愿组织起来就业和自谋职业等方式，在国有制、集体所有制、中外合资、中外合、外资在华独资的企事业单位和私营企业单位工作或从事个体劳动的有固定性职业或临时性职业的人口。被聘用和留用的离退休人员也计入就业人口。

城镇居民家庭可支配收入　指被调查城镇居民家庭在支付个人所得税和社会保障支出之后，所余下的收入。

城镇居民家庭生活费收入　指调查户可用于最终消费支出和其他非义务性支出以及储蓄的总和，即居民家庭可用来自由支配的收入。它是家庭总收入扣除缴纳的所得税、个人交纳的社会保障费以及调查户的记帐补贴后收入。

城镇居民家庭消费性支出　指被调查的城镇居民家庭用于日常生活的全部支出，包括购买商品支出和文化生活、服务等非商品性支出。共分八类：食品、衣着、设备用品及服务、医疗保健、交通和通讯、娱乐文教服务、居住、杂项商品和服务。不论自用的或赠送亲友的都包括在内。不包括罚没、丢失款和缴纳的各种税款（如个人所得税、牌照税、房产税等），也不包括个体劳动者生产经营过程中发生的各项费用。

农村居民家庭常住人口　指全年经常在家或在家居住6个月以上，而且经济和生活与本户连成一体的人口。外出从业人员在外居住时间虽然在6个月以上，但收入主要带回家中，经济与本户连成一体，仍视为家庭常住人口；在家居住，生活和本户连成一体的国家职工、退休人员也为家庭常住人口。但是现役军人、中专及以上（走读生除外）的在校学生，以及常年在外（不包括探亲、看病等）且已有稳定的职业与居住场所的外出从业人员，不应当作家庭常住人口。

农民总收入　指农村住户年内从各种来源得到的全部实际收入（包括现金收入和实物收入）。由工资性收入、家庭经营收入、财产性收入和转移性收入四部分组成。

（一）工资性收入：指受雇于单位或个人，出卖劳动而得到的收入。包括在乡村组织中等非企业组织中劳动得到的收入、在企业劳动得到的收入、常住人口外出务工收入和其他单位劳动得到的收入。

（二）家庭经营收入：指农村住户从事各项生产的收入，包括种植业收入、林业收入、牧业收入、渔业收入、工业收入、建筑业收入、交通运输业收入、批发和零售贸易餐饮业收入、社会服务业收入和文教卫生业和其他家庭经营收入。

（三）财产性收入：指金融资产或有形非生产性资产的所有者向其他机构单位提供资金或将有形非生产性资产供其支配，作为回报而从中获得的收入。

（四）转移性收入：指农村住户和住户成员无须付出任何对应物而获得的货物、服务、资金或资产所有权等，不包括无偿提供的用于固定资本形成的资金。一般情况下，指农村住户在二次分配中的所有收入。

农民纯收入　指农村住户当年从各个来源得到的总收入相应地扣除所发生的费用后的收入总和。计算方法：

纯收入＝总收入－家庭经营费用支出－税费支出－生产性固定资产折旧－赠送农村内部亲友。

农民总支出　指农村住户全年用于生产、生活和再分配的全部支出。包括家庭经营费用支出、购置生产用固定资产支出、生产性固定资产折旧、税费支出、生活消费支出、财产性支出和转移性支出。

农民生活消费支出　指农民家庭年内用于物质生活和精神生活方面的消费支出。它直接反映农民的生活水平，是研究农民消费结构变化的基本指标。

它包括食品、衣着、居住、家庭设备用品及服务、医疗保健、交通和通讯、文化教育娱乐用品及服务、其他商品和服务等八大类支出。

六、城市公用事业和环保

6-1　城市设施水平

指　　标	计量单位	2010 年	2011 年
人口密度	人/平方公里	11386	11745
人均住宅使用面积	平方米	22.5	23.0
人均住宅居住面积	平方米	14.1	14.5
人均日生活用水量	升	106.0	104.5
用水普及率	%	100	100
每万人拥有公共交通车辆	标台	16	16
燃气普及率	%	88.5	90.1
人均拥有道路面积	平方米	6.3	6.5
排水管道密度	公里/平方公里	8.6	8.6
污水处理率	%	97.2	98.1
人均公园绿地面积	平方米	6.2	6.5
建成区绿地率	%	29.9	30.8
建成区绿化覆盖率	%	34.9	35.1
垃圾粪便无害化处理率	%	89.6	89.7

6-2　城市建设用地情况

指　　标	计量单位	2010 年	2011 年
城市市区面积	平方公里	1010.3	1010.3
建成区面积	平方公里	342.7	354.7
#城市建设用地面积	平方公里	315.7	318.9
#工业	平方公里	35.7	31.2
仓库	平方公里	13.6	13.7
对外交通	平方公里	12.8	16.8
居住	平方公里	79.7	82.4
公共设施	平方公里	55.7	13.3
道路广场	平方公里	39.1	42.1
市政公共设施	平方公里	13.3	13.3
绿地	平方公里	64.1	67.1
特殊用地	平方公里	1.7	1.7
本年征用土地面积	平方公里	19.4	10.2

6-3 城市供水、供电情况

指　　标	计量单位	2010 年	2011 年
供　水			
水厂数	个	6	6
自来水综合生产能力	万立方米/日	124	124
#地下水	万立方米/日	51	51
供水管道长度	公里	2568	2719
全年供水总量	万立方米	37724	35785
#生产用水	万立方米	10455	8714
生活用水	万立方米	18965	19371
#家庭用量	万立方米	12971	13382
用水人口	万人	500	516
节约用水			
取水量	万立方米	28356	10312
生产用水重复利用量	万立方米	83600	109995
节约用水量	万立方米	3300	4200
供　电			
公用配电线路长度	公里	13266	13451
全年销售总量	亿千瓦时	356	390
#生活用电	亿千瓦时	32	35
售给居民每千度电售价	元	499.5	501.4

6-4　城市燃气及供热

指　　标	计量单位	2010 年	2011 年
液化石油气			
储气能力	吨	970	970
外购气量	吨	65900	65800
供气总量	吨	65700	65800
#家庭用量	吨	47310	47320
用气家庭户数	户	242980	237500
用气人口数	万人	71	85
天然气			
储气能力	万立方米	240	240
供气总量	万立方米	52171	63270
#家庭用量	万立方米	16592	18704
用气家庭户数	户	1000180	1101118
用气人口数	万人	368	372
输送管道长度	公里	3339	3580
供热能力			
蒸汽	吨/小时	868	868
热水	兆瓦	1296	1296
供热总量			
蒸汽	万吉焦	216	216
热水	万吉焦	724	732
管道长度			
蒸汽	公里	199	199
热水	公里	964	1000
集中供热面积	万平方米	2261	2285
#住宅	万平方米	1679	1690

6-5 市政设施及公共交通

指　　标	计量单位	2010 年	2011 年
实有铺装道路长度	公里	1338	1390
实有铺装道路面积	万平方米	3158	3363
人行道面积	万平方米	687	726
实有桥梁数	座	179	191
#立交桥	座	44	45
路灯盏数	盏	64459	69046
排水管道长度	公里	2939	3047
污水年排放量	万立方米	32065	32082
污水处理厂	座	4	4
处理能力	万立方米/日	94	96
污水年处理量	万立方米	31167	31467
防洪堤长度	公里	58	58
公共汽、电车运营车数	辆	4788	5271
标准运营车数	标台	5748	6625.7
运营线路网长度	公里	1305.7	1390.7
全年客运总量	万人次	82610	91192
实有出租汽车数	辆	10607	10607

6-6 园林绿化及环境卫生

名　　称	单位	2010 年	2011 年
绿化覆盖面积	公顷	13332	13838
#建成区	公顷	11952	12458
园林绿地面积	公顷	11033	11680
#建成区	公顷	10266	10913
公园绿地面积	公顷	3095	3344
公园个数	个	59	59
公园面积	公顷	1730	1785
实际清扫面积	万平方米	3338	3521
生活垃圾清运量	万吨	147	166
垃圾无害化处理厂(场)	座	2	1
无害化处理能力	吨/日	4700	2400
公厕数量	座	936	945
市容环卫专用车辆总数	台	424	547

6-7 城市房屋面积及住宅

名　　称	计量单位	2010 年	2011 年
实有房屋建筑面积	万平方米	16753	21390
直管房	万平方米	48.3	48.3
#物业管理房	万平方米	9123	11648
实有住宅建筑面积	万平方米	9551	11836
直管房	万平方米	44.4	44.4
私房	万平方米	8655	10769
实有住宅使用面积	万平方米	7638	9465
实有住宅居住面积	万平方米	4776	5918
居住人口	万人	339.1	407.7
本年房屋减少建筑面积	万平方米	47.9	51.5
#住宅	万平方米	29.2	30.2

6-8 房产市场交易

名　　称	单　位	2010 年	2011 年
房产买卖			
成交面积	万平方米	1151.1	659.9
#住宅	万平方米	969.9	495.9
办公用房	万平方米	92.9	84.8
商服用房	万平方米	83.8	72.8
成交金额	万元	7065400	5239963
#住宅	万元	5369200	3156088
办公用房	万元	793778	983942
商服用房	万元	883395	1075011
房产租赁			
出租面积	万平方米	450	510
#住宅	万平方米	147.4	240
办公用房	万平方米	99.6	46
商服用房	万平方米	203	224.2
租金收入	万元	391084	404439
#住宅	万元	53154	86400
办公用房	万元	97230	52440
商服用房	万元	240700	265599
向个人出售住宅			
新建住宅出售			
面积	万平方米	964.3	489.3
销售额	万元	5342710	3117711
旧住宅出售			
面积	万平方米	269.4	184.9
销售额	万元	1101647	881765

6-9 全市工业污染排放及处理利用情况

（2011 年）

指　　标	单位	数量
工业废水		
废水治理设施数	套	379
废水治理处理能力	万吨/日	120.9
废水治理设施运行费用	万元	13560.4
工业废水处理量	万吨	14837.1
工业废水排放量	万吨	14453.8
化学需氧量产生量	吨	65780.7
化学需氧量排放量	吨	12041.8
氨氮产生量	吨	1437.1
氨氮排放量	吨	551.2
工业废气		
工业废气排放量	亿立方米	3566.6
废气治理设施数	套	1184
废气治理设施处理能力	万立方米/时	6230.5
废气治理设施运行费用	万元	59327.6
二氧化硫产生量	吨	187717.7
二氧化硫排放量	吨	110968.9
烟(粉)尘产生量	吨	6141450.0
烟(粉)尘排放量	吨	41952.7
工业固体废物		
一般工业固体废物产生量	万吨	1249.3
一般工业固体废物综合利用量	万吨	918.7
一般工业固体废物处置量	万吨	302.9
危险废物产生量	万吨	0.9
危险废物综合利用量	万吨	0.2
危险废物处置量	万吨	0.7
内部年综合利用/处置能力	万吨	0.5
企业基本情况		
工业企业数	个	639
工业企业工业总产值	万元	15136617.0
工业锅炉	台/蒸吨	510/9871
工业炉窑数	座	606

注:数据来源于市环保局。

6-10 全市工业污染防治投资情况

（2011 年）

指　　标	单位	数量	指　　标	单位	数量
工业企业数	**个**	**54**	**施工项目本年投资来源**		
施工项目总数	**个**	**69**	政府其他补助	万元	411
废水治理项目	个	18	企业自筹	万元	13185.3
废气治理项目	个	31	#银行贷款	万元	1140
固体废物治理项目	个	1	**竣工项目数**	**个**	**39**
噪声治理项目	个	3	废水治理项目	个	12
其他治理项目	个	16	废气治理项目	个	16
施工项目本年完成投资	**万元**	**14331.3**	固体废物治理项目	个	1
废水治理项目	万元	7336.5	噪声治理项目	个	2
废气治理项目	万元	6253.8	其他治理项目	个	8
固体废物治理项目	万元	370	**竣工项目新增设计处理能力**		
噪声治理项目	万元	110	治理废水	吨/日	5200
其他治理项目	万元	261	治理废气	万标立方米/时	58.6

注:数据来源于市环保局。

6-11 城镇生活污染排放情况及污水处理厂运行情况

（2011 年）

指　　标	单位	数值	指　　标	单位	数值
污染排放			二氧化硫排放量	吨	5900.2
城镇生活污水排放系数	升/人·日	170	烟尘排放量	吨	5000.0
城镇生活污水排放量	万吨	32836.9	**污水处理厂运行情况**		
生活化学需氧量产生量	吨	115894.8	污水处理厂数	个	13
生活化学需氧量去除量	吨	79369.0	本年运行费用	万元	20845.3
生活化学需氧量排放量	吨	36525.8	污水设计处理能力	万吨/日	127.3
生活氨氮产生量	吨	14873.0	污水实际处理量	万吨	39486.5
生活氨氮去除量	吨	5233.0	生活污水处理量	万吨	33733.8
生活氨氮排放量	吨	9640.0	工业废水处理量	万吨	5752.8

注:数据来源于市环保局。

主要统计指标解释

年底自来水生产能力　指年底城建部门管理的自来水厂和自备水源的社会单位取水、净化、送水、出厂输水干管等环节的实际生产能力。

年底供水管道长度　指从送水泵到用户水表之间所有管道的长度。

全年供水总量　指公用自来水厂和自备水源的社会单位全年的供水总量,包括有效供水量及损失水量。

生活用水量　指居民日常生活与公共福利设施的用水量。包括居民、饮食店、旅馆、医院、理发店、浴池、洗衣店、游泳池、商店、学校、机关、部队等单位的用水量。

城市人口用水普及率　指城市用水的非农业人口数(不包括临时人口和流动人口)与城市非农业人口总数之比。计算公式:

$$用水普及率=\frac{城市用水的非农业人口数}{城市非农业人口数}\times 100\%$$

全年供气总量　指全年售给各类用户的全部煤气量。包括工业用量、家庭用量和其他用量。

城市供热管道长度　指热电厂、热力公司和达到标准的集中采暖锅炉房管理的集中供热热源到用户之间的全部供气、供热水的管道长度。

年底实有铺装道路长度　指除土路外,路面经过铺装宽度在3.5米以上的道路,包括高级、次高级道路和普通道路。

城市桥梁　指城市范围内,修建在河道上的桥梁和道路与道路立交、道路跨越铁路的立交桥,以及人行天桥。包括永久性桥和半永久性桥,不包括临时性桥、铁路桥、涵洞。

城市下水道总长度　指所有排水总管、干管、支管及暗渠、检查井、连接井进出水口等长度之和。

营运线路长度　指设置的固定营运线路长度,包括郊区营运线路长度。不包括临时行驶的线路长度。

城市园林绿地面积　指城市公共绿地、专用绿地、生产绿地、防护绿地、郊区风景名胜区的全部面积。

公共绿地　指供游览休息的各种公园、动物园、植物园、陵园以及花园、游园和供游览休息用的林荫道绿地、广场绿地。不包括一般栽植的人行道及林荫道的面积。

工业废气排放总量　指企业燃料燃烧和生产工艺过程中产生的各种排入空气的含有污染物的气体的总量,以标准状态下每年万标立方米表示。

工业固体废物产生量　指工业企业在生产过程中产生的固体状、半固体状和高浓度液体状废弃物的总量,包括冶炼废渣、粉煤灰、炉渣、煤矸石、化工废渣、尾矿、放射性废渣和其它废渣等;不包括矿山开采的剥离废石和掘进废石(煤矸石和呈酸性或碱性的废石除外)。酸性或碱性废石是指采掘的废石其流经水、雨淋水PH值小于4或PH值大于10.5者。

工业固体废物处置量　指以符合环境保护要求的方式将固体废物放置在不再回取的场所的固体废物量,如填埋、焚烧、经封场处理的专业贮存场(库)、深层灌注、回填矿井等(包括当年处置往年的堆存量)。

工业废水排放量　指报告期内经过企业厂区所有排放口排到企业外部的工业废水量。包括生产废水、外排的直接冷却水、超标排放的矿井地下水和与工业废水混排的厂区生活污水,不包括外排的间接冷却水(清污不分流的间接冷却水应计算在废水排放量内)。

七、农　业

7-1 农村基本情况及从业人员

(2011 年)

指　标	单位	总计	中原区	二七区	管城区	金水区	上街区	惠济区	中牟县
农村基层组织情况									
乡镇个数	个	92		2	3	2	1	2	16
#镇个数	个	76		1	1	2	1	2	15
村民委员会个数	个	2212	35	14	29	35	30	54	427
乡村人口从业人员									
乡村户数	万户	106.31	2.27	0.57	1.70	1.71	1.39	3.98	15.61
乡村人口数	万人	410.76	7.90	2.90	6.62	6.72	4.54	14.29	64.60
乡村从业人员数	万人	236.31	3.51	1.77	3.32	3.86	2.37	8.12	40.03
按性别分									
#男劳动力	万人	128.14	1.90	0.95	1.75	1.98	1.20	4.39	20.78
女劳动力	万人	108.18	1.61	0.82	1.57	1.87	1.17	3.73	19.25
按行业分									
农业从业人员	万人	98.65	0.59	0.58	1.47	1.05	0.59	4.56	26.33

注:乡镇数不包括县(市)所在地的城关镇。

7-1　续表

指　标	单位	巩义市	荥阳市	新密市	新郑市	登封市	经济开发区	高新开发区	郑东新区	航空港区
农村基层组织情况										
乡镇个数	个	15	12	12	12	13		2		
#镇个数	个	15	9	11	9	9		1		
村民委员会个数	个	289	288	303	294	303	15	39	15	42
乡村人口从业人员										
乡村户数	万户	16.49	13.30	15.80	12.32	14.11	1.22	2.54	1.67	1.62
乡村人口数	万人	64.29	49.10	60.16	46.39	56.65	5.02	9.01	5.68	6.88
乡村从业人员数	万人	32.62	31.40	32.52	29.49	33.59	2.68	4.23	2.89	3.93
按性别分										
#男劳动力	万人	18.59	16.60	17.88	15.59	18.51	1.70	2.30	1.53	2.51
女劳动力	万人	14.02	14.80	14.64	13.91	15.09	0.98	1.94	1.36	1.43
按行业分										
农业从业人员	万人	8.43	11.74	8.54	14.77	14.39	1.22	2.08	1.18	1.13

注:乡镇数不包括县(市)所在地的城关镇。

7-2 农业机械、电气、化学、水利情况

(2011 年)

指　　标	单　位	总　计	中原区	二七区	管城区	金水区	上街区	惠济区	中牟县
农业机械化情况									
实际机耕面积	千公顷	241.29	2.20	1.50	2.02	3.70	1.59	4.67	63.74
当年机播面积	千公顷	322.48	2.02	1.40	2.55	4.00	1.46	4.55	66.70
当年机收面积	千公顷	291.56	2.52	1.53	2.68	2.90	2.41	4.30	65.56
农村用电量	**万千瓦时**	**382747**	**12600**	**1357**	**6413**	**23118**	**3722**	**7468**	**26709**
农用化肥施用量									
按折纯量计算	吨	236009	1610	1497	2097	3045	2644	4735	57542
氮肥	吨	77405	200	509	676	932	722	1727	17468
磷肥	吨	43133	100	345	258	488	170	649	11738
钾肥	吨	21109	15	236	30	342	116	379	7694
复合肥	吨	94362	1295	407	1133	1283	1636	1980	20642
农田水利化情况									
有效灌溉面积	千公顷	196.31	1.66	2.02	4.16	2.39	1.68	6.33	56.59
机电井数量	眼	47549	339	712	1666	1412	288	3078	15266

7-2　续表

指　　标	单位	巩义市	荥阳市	新密市	新郑市	登封市	经济开发区	高新开发区	郑东新区	航空港区
农业机械化情况										
实际机耕面积	千公顷	28.00	39.68	22.99	43.34	27.87				
当年机播面积	千公顷	39.35	53.60	53.63	58.53	34.69				
当年机收面积	千公顷	33.50	45.95	42.41	54.42	33.38				
农村用电量	**万千瓦时**	**129714**	**32028**	**37318**	**43609**	**43636**	**3213**	**7016**	**2664**	**2162**
农用化肥施用量										
按折纯量计算	吨	34281	29954	26875	37464	18310	2692	6378	1374	5511
氮肥	吨	14777	11898	7571	14035	4319	92	1959	520	
磷肥	吨	6795	7311	5665	4176	4076	293	837	232	
钾肥	吨	2020	1898	1154	3867	2769	89	452	48	
复合肥	吨	10689	8847	12485	15386	7146	2218	3130	574	5511
农田水利化情况										
有效灌溉面积	千公顷	15.44	28.19	20.58	29.56	15.52	1.36	3.85	0.97	6.01
机电井数量	眼	1585	5836	2505	8492	1729	1800	1311	530	1000

7-3 农业机械主要生产情况

（2011 年）

指　　标	单位	总计	中原区	二七区	管城区	金水区	上街区	惠济区	中牟县	巩义市	荥阳市	新密市	新郑市	登封市
农业机械总动力	**万千瓦**	**521.22**	**2.78**	**8.83**	**7.89**	**10.31**	**3.81**	**12.22**	**101.75**	**56.76**	**76.00**	**91.31**	**91.24**	**58.31**
拖拉机及配套机械														
拖拉机	万台	12.72	0.01	0.05	0.06	0.03	0.08	0.05	5.44	1.54	0.48	0.87	1.78	2.33
	万千瓦	161.90	0.50	0.84	1.21	0.54	1.65	1.62	59.14	17.51	9.27	18.33	22.86	28.44
大中型拖拉机	万台	1.11	0.01	0.01	0.02	0.01	0.03	0.03	0.31	0.15	0.14	0.14	0.18	0.07
	万千瓦	49.82	0.47	0.38	0.79	0.40	1.08	1.48	12.87	6.04	5.07	9.03	8.80	3.40
小型拖拉机	万台	11.61		0.04	0.04	0.02	0.05	0.02	5.13	1.39	0.34	0.73	1.60	2.26
	万千瓦	112.08	0.03	0.46	0.42	0.14	0.57	0.14	46.27	11.47	4.20	9.30	14.06	25.04
拖拉机配套农具	万部	20.04	0.03	0.16	0.12	0.03	0.12	0.13	7.67	1.96	1.11	0.88	3.34	4.49
种植业机械														
耕整地及种植业机械														
机引犁	万台	8.14	0.01	0.10	0.04		0.01	0.03	4.00	0.85	0.44	0.23	0.92	1.50
机引耙	万台	7.28	0.01	0.02	0.03	0.01	0.01		3.96	0.43	0.43	0.20	0.80	1.37
播种机	万台	2.55		0.01	0.01	0.02	0.03	0.01	0.15	0.33	0.20	0.20	0.39	1.20
化肥深施机	万台	0.24		0.01					0.14	0.02	0.01	0.01	0.03	0.03
秸秆粉碎还田机	万台	0.78	0.01		0.01	0.02	0.01	0.02	0.12	0.06	0.14	0.14	0.21	0.04
农用排灌动力机械														
排灌动力机械	万台	9.51	0.05	0.07	0.32	0.36	0.05	0.29	1.31	0.44	0.75	1.15	2.05	2.67
	万千瓦	74.04	0.80	1.22	1.92	2.11	0.70	1.29	7.22	4.88	10.51	17.30	11.04	15.05
#柴油机	万台	1.98		0.01	0.04	0.10	0.01		0.65	0.01	0.09	0.06	0.71	0.31
	万千瓦	14.48		0.09	0.37	0.90	0.01		5.25	0.06	0.89	0.61	2.12	4.18
电动机	万台	7.52	0.05	0.06	0.28	0.26	0.04	0.29	0.66	0.43	0.67	1.09	1.34	2.36
	万千瓦	59.51	0.80	1.14	1.55	1.21	0.69	1.29	1.97	4.81	9.62	16.64	8.92	10.87
农用水泵	万台	10.07	0.05	0.08	0.28	0.41	0.04	0.29	4.88	0.44	0.59	0.45	1.34	1.22
节水喷灌机械	万套	0.43		0.01			0.01			0.01	0.10	0.03	0.04	0.22
植保机械														
机动喷雾(粉)机	万台	1.07		0.02	0.01	0.01	0.01	0.01	0.04	0.05	0.08	0.09	0.71	0.04
	万千瓦	2.96		0.21	0.04	0.01	0.01	0.03	0.09	0.06	0.23	0.14	1.87	0.27

7-3　续表　　　　　　　　　　　　　　　　（2011 年底）

指　　标	单位	总计	中原区	二七区	管城区	金水区	上街区	惠济区	中牟县	巩义市	荥阳市	新密市	新郑市	登封市
收获机械														
联合收获机	万台	0.58	0.01		0.01	0.01		0.01	0.08	0.06	0.10	0.13	0.12	0.05
	万千瓦	29.19	0.30	0.19	0.42	0.61	0.25	0.88	3.29	2.14	4.42	8.82	5.36	2.52
脱粒烘干机械														
机动脱粒机	万台	3.33	0.01	0.04	0.01	0.04	0.01		0.13	1.10	0.31	0.43	0.11	1.14
农副产品加工机械														
动力机械	万台	4.64	0.01	0.04	0.07		0.04	0.02	0.94	1.05	0.79	0.98	0.36	0.33
	万千瓦	36.22	0.04	0.40	0.61		0.25	0.20	3.58	5.92	5.36	14.73	2.79	2.34
#柴油机	万台	0.07									0.05	0.02		
	万千瓦	0.79								0.01	0.42	0.36		
电动机	万台	4.57	0.01	0.04	0.07		0.04	0.02	0.94	1.05	0.75	0.96	0.36	0.33
	万千瓦	35.43	0.04	0.40	0.61		0.25	0.20	3.58	5.91	4.95	14.37	2.79	2.34
加工作业机械														
粮食加工机械	万台	2.15	0.01	0.03	0.07		0.03	0.01	0.32	0.33	0.32	0.50	0.28	0.25
棉花加工机械	万台	0.18					0.02		0.03	0.01	0.04	0.04	0.02	0.02
油料加工机械	万台	0.32		0.01			0.01		0.05	0.01	0.04	0.07	0.05	0.06
运输机械														
农用运输车	万辆	11.73	0.06	0.28	0.29	0.30	0.05	0.38	2.32	0.55	2.89	1.25	2.88	0.48
	万千瓦	165.09	0.83	3.95	3.19	3.30	0.77	5.23	24.83	10.88	43.95	22.85	39.59	5.73
#三轮运输车	万辆	9.75	0.06	0.14	0.27	0.20	0.03	0.31	2.32	0.35	2.61	0.85	2.42	0.20
	万千瓦	113.24	0.74	1.47	2.97	2.20	0.37	3.51	24.83	3.83	31.08	12.73	27.64	1.87
低速载货汽车	万辆	1.62	0.01	0.14	0.02	0.10	0.02	0.07		0.20	0.28	0.04	0.46	0.28
	万千瓦	42.74	0.09	2.48	0.22	1.10	0.40	1.71		7.06	12.87	1.01	11.95	3.86

7-4 水果产量

（2011 年） 单位：吨

指 标	总计	中原区	二七区	管城区	金水区	上街区	惠济区	中牟县
水果产量	**307044**	**715**	**11111**	**1754**	**1332**	**2239**	**2463**	**73324**
苹果	64413	70	158	107	127	540	267	17400
#红富士	35703	40	129	69	17		251	9717
国光	3063	30	20	38			16	1222
梨	23351		651	316	337	1259	743	9526
#雪花梨	6965		398	74	110		5	4556
鸭梨	2705		244	242			738	48
其它	219280	645	10302	1331	868	440	1453	46398
#桃子	41556	560	480	886	407	215	176	13616
猕猴桃	569		18					
葡萄	39723	15	9592	49	67	225	956	5097
红枣	75073	70	96	396	37		45	19427
柿子	20385		116		257		276	3878

7-4 续表 （2011 年） 单位：吨

指 标	巩义市	荥阳市	新密市	新郑市	登封市	经济开发区	高新开发区	郑东新区	航空港区
水果产量	**25392**	**40673**	**18716**	**92906**	**24371**	**4038**	**12**	**1962**	**6036**
苹果	14332	6802	5687	8228	9956	293		360	86
#红富士	11647	3303	448	3320	6316			360	86
国光	407	765	43	247	275				
梨	1570	2999	1823	1611	2012	384			120
#雪花梨	634	40	45	226	757				120
鸭梨	172	76		23	1162				
其它	9490	30872	11206	83067	12403	3361	12	1602	5830
#桃子	2944	5676	2625	8873	2069	3020	9		
猕猴桃	2	532			17				
葡萄	2244	1531	6164	12282	1498		3		
红枣	290	155	105	48102	222	296		2	5830
柿子	1880	11258	413	141	521	45		1600	

7-5 果园面积

（2011 年）　　单位：千公顷

指　标	总　计	中原区	二七区	管城区	金水区	上街区	惠济区	中牟县
果园面积	**25.40**	**0.06**	**0.58**	**0.55**	**0.26**	**0.09**	**0.21**	**6.57**
苹果园	4.25	0.01	0.02	0.02	0.01	0.02	0.03	1.12
梨园	1.58		0.04	0.03	0.05	0.05	0.03	0.74
桃园	2.87	0.04	0.03	0.25	0.13	0.01	0.01	0.86
猕猴桃园	0.02							
葡萄园	2.16		0.41	0.01	0.03	0.01	0.08	0.22
枣园	10.21		0.06	0.24	0.03		0.02	2.93
柿园	1.14		0.01		0.02		0.04	0.22

7-5　续表　　（2011 年）　　单位：千公顷

指　标	巩义市	荥阳市	新密市	新郑市	登封市	经济开发区	郑东新区	航空港区
果园面积	**1.99**	**2.26**	**1.32**	**7.96**	**2.42**	**0.25**	**0.20**	**0.69**
苹果园	1.20	0.38	0.53	0.32	0.54	0.01	0.03	0.01
梨园	0.17	0.10	0.13	0.09	0.15	0.01		0.01
桃园	0.24	0.33	0.18	0.38	0.24	0.18		
猕猴桃园		0.01			0.01			
葡萄园	0.09	0.07	0.33	0.57	0.34			
枣园	0.03	0.01	0.03	5.96	0.19	0.04	0.01	0.67
柿园	0.17	0.20	0.03	0.01	0.27		0.16	

7-6　林业生产情况

（2011 年）

单位:公顷

县(市)区	当年造林面积	用材林	经济林	四旁植树(万株)	育苗面积	幼林抚育实际面积	成林抚育面积
总计	**12937**	**1011**	**3203**	**661.5**	**2516**	**10921**	**30516**
中原区	13			45			7
二七区				1.5	76		
管城区					13		
金水区					423		283
上街区	20			8	13		
惠济区	79				180	79	
中牟县	1968	713	566	192	780	10842	21546
巩义市	717	298	213		123		1138
荥阳市	1914				252		1005
新密市	2001		173	35	232		4000
新郑市	1355				233		506
登封市	4870		2251	380	191		2031

7-7　渔业生产情况

（2011 年）

指　　标	单位	合计	二七区	管城区	金水区	惠济区	中牟县	巩义市	荥阳市	新密市	新郑市	登封市	郑东新区
水产品总产量	**吨**	**144399**	**189**	**150**	**17120**	**24100**	**70017**	**1350**	**15092**	**825**	**730**	**2351**	**12475**
#鱼类产量	吨	144077	189	150	17120	24093	69819	1340	14990	825	730	2346	12475
虾蟹类产量	吨	55				2	42	6				5	
#养殖产量	吨	144213	189	60	17120	24093	70017	1350	15076	825	730	2278	12475
天然捕捞产量	吨	28				7			16			5	
养殖面积	**公顷**	**9426**	**13**	**29**	**933**	**1060**	**3370**	**146**	**1442**	**406**	**248**	**1325**	**454**
池塘	公顷	7215	13		933	1060	3370	86	1170	78	48	3	454
水库	公顷	2208		29				60	271	327	200	1321	
河沟	公顷	1								1			

7-8 牧业主要产品产量

(2011 年)

指　　标	单　位	合　计	中原区	二七区	管城区	金水区	上街区	惠济区	中牟县
猪当年出栏头数	万头	209.97	2.40	1.18	2.30	2.58	0.60	4.13	48.75
牛当年出栏头数	万头	13.91	0.07	0.03	0.06	0.12	0.02	0.32	5.60
羊当年出栏只数	万只	53.58	0.14	0.07	0.31	0.19	0.02	0.30	32.14
禽当年出栏只数	万只	4265.04	42.23	55.62	27.39	4.46	10.25	271.82	753.51
肉类总产量	吨	241480	2282	1660	2044	2025	540	6654	62791
#猪肉产量	吨	158450	1755	904	1599	1785	407	2961	38464
牛肉产量	吨	21096	80	40	84	165	31	421	9395
羊肉产量	吨	6950	17	9	38	21	2	36	4107
禽肉产量	吨	49600	430	705	322	54	100	3230	9460
兔肉产量	吨	2543		2	1			6	563
奶类总产量	吨	503266	5500	2784	1483	24649	670	33337	220891
#牛奶产量	吨	467000	5500	2501	1483	24619	670	33253	220891
山羊毛产量	公斤	60527							
绵羊毛产量	公斤	181809							
蜂蜜产量	公斤	366883							353
禽蛋产量	吨	214717	790	6196	767	62	4310	5904	29462

7-8　续表　　(2011 年)

指　　标	单位	巩义市	荥阳市	新密市	新郑市	登封市	经济开发区	高新开发区	郑东新区	航空港区
猪当年出栏头数	万头	24.62	39.04	17.12	45.01	18.99	3.05	0.82	1.29	3.10
牛当年出栏头数	万头	0.71	2.60	0.94	0.70	2.48	0.11	0.01	0.02	0.12
羊当年出栏只数	万只	2.21	4.63	2.20	5.28	5.19	0.26	0.04	0.08	0.54
禽当年出栏只数	万只	188.18	778.64	400.52	1391.22	243.93	12.15	12.48	0.54	72.10
肉类总产量	吨	23227	43245	19058	47219	22865	2536	776	1005	3553
#猪肉产量	吨	19059	28833	11760	29603	15219	2200	606	964	2331
牛肉产量	吨	983	3740	1104	997	3695	145	11	24	181
羊肉产量	吨	302	701	265	660	680	32	5	10	65
禽肉产量	吨	2277	9054	4541	15380	2775	145	154	7	966
兔肉产量	吨	150	905	769	88	49				10
奶类总产量	吨	5061	123080	28928	48749	4979	890	1285	800	180
#牛奶产量	吨	5061	90870	25269	48749	4979	890	1285	800	180
山羊毛产量	公斤	6654		32308	5058	16507				
绵羊毛产量	公斤	8428		125532	3830	44019				
蜂蜜产量	公斤	51000	212000	100382	1532	1616				
禽蛋产量	吨	9615	69845	26176	40344	20301	63	59	28	795

7-9 全市粮经比

单位:%

县(市)区	1995 年	2000 年	2005 年	2009 年	2010 年	2011 年
全 市	**79.8:20.2**	**74.9:25.1**	**69.0:31.0**	**70.9:29.0**	**70.9:29.1**	**71.2:28.8**
中原区		59.0:41.0	51.3:48.7	55.4:44.6	53.8:46.2	55.0:45.0
二七区		73.4:26.6	59.9:40.1	65.6:34.4	63.0:37.0	69.9:30.1
管城区	79.0:21.0	76.4:23.6	55.2:44.8	64.8:25.2	60.9:39.1	62.2:37.8
金水区		87.9:12.1	83.5:16.5	93.2:6.8	94.1:5.9	89.1:10.9
上街区	46.1:53.9	66.7:33.3	86.8:13.2	91.5:8.5	91.2:8.8	91.1:8.9
惠济区		48.8:51.2	36.9:63.1	38.0:62.0	37.4:62.6	37.8:62.2
中牟县	65.9:34.1	56.6:43.4	47.3:52.7	46.1:53.9	46.4:53.6	46.0:54.0
巩义市	89.0:11.0	90.0:10.0	86.6:13.4	88.8:11.2	88.4:11.6	88.4:11.6
荥阳市	84.9:15.1	82.3:17.7	74.8:25.2	78.4:21.6	79.0:21.0	79.4:20.6
新密市	88.7:11.3	86.6:13.4	86.2:13.8	85.8:14.2	85.1:14.9	84.9:15.1
新郑市	78.6:21.4	71.8:28.2	71.0:29.0	71.9:28.1	72.2:27.8	73.8:26.2
登封市	86.1:13.9	84.8:15.2	81.4:18.6	87.3:12.8	86.5:13.5	86.7:13.3
经济开发区			64.2:35.8	73.6:26.4	72.8:27.2	74.0:26.0
高新开发区			76.2:23.8	84.1:15.9	86.2:13.8	86.9:13.1
郑东新区						93.4:6.6
航空港区						67.0:33.0

7-10 农作物主要

（2011 年）

指　　标	总　计	中原区	二七区	管城区	金水区	上街区	惠济区	中牟县
农作物总播种面积	**509.82**	**5.79**	**1.84**	**3.29**	**4.31**	**3.28**	**12.51**	**129.40**
粮食作物播种面积	**363.37**	**3.19**	**1.29**	**2.05**	**3.84**	**2.98**	**4.74**	**59.48**
总产量	1667003	14968	4336	9998	18819	15403	26678	350163
夏收粮食播种面积	175.99	1.70	0.62	1.23	1.88	1.39	2.46	25.13
总产量	799087	7923	1958	5778	9314	7155	14342	149477
秋收粮食播种面积	187.37	1.49	0.67	0.82	1.96	1.59	2.27	34.35
总产量	867916	7045	2378	4220	9505	8248	12336	200686
谷物合计播种面积	336.02	3.16	1.19	2.02	3.80	2.93	4.63	52.64
总产量	1553751	14896	4233	9872	18673	15129	26239	317267
稻谷播种面积	1.12				0.01		0.18	0.86
总产量	7810				65		1176	6169
小麦播种面积	175.99	1.70	0.62	1.23	1.88	1.39	2.46	25.13
总产量	799087	7923	1958	5778	9314	7155	14342	149477
玉米播种面积	157.03	1.46	0.58	0.80	1.91	1.49	1.98	26.65
总产量	742335	6973	2275	4094	9294	7874	10721	161621
谷子播种面积	1.79					0.05		
总产量	3423					100		
高粱播种面积	0.05							
总产量	85							
其它谷物播种面积	0.05							
总产量	1011							
豆类合计播种面积	13.59	0.02	0.09		0.04	0.02	0.07	3.13
总产量	26067	43	89	14	128	42	167	7309

产品生产情况

单位：千公顷、吨

巩义市	荥阳市	新密市	新郑市	登封市	经济开发区	高新开发区	郑东新区	航空港区
50.81	**77.73**	**64.89**	**75.83**	**56.66**	**3.24**	**7.49**	**4.54**	**8.23**
44.99	**61.71**	**55.26**	**56.06**	**49.15**	**2.39**	**6.51**	**4.24**	**5.51**
152852	327783	198908	283032	170699	10922	32793	20747	28902
22.75	30.73	26.88	28.67	22.97	1.22	3.37	2.32	2.69
79493	165884	100457	139997	68669	5652	17413	11531	14044
22.24	30.98	28.38	27.39	26.18	1.17	3.14	1.92	2.82
73359	161899	98451	143035	102030	5270	15380	9216	14858
42.51	57.84	50.74	53.41	43.27	2.34	6.51	4.06	4.97
147422	311604	190085	272444	137851	10397	32793	20142	24704
	0.07							
	400							
22.75	30.73	26.88	28.67	22.97	1.22	3.37	2.32	2.69
79493	165884	100457	139997	68669	5652	17413	11531	14044
19.00	26.35	23.79	24.54	20.20	1.12	3.14	1.74	2.28
66806	143876	89526	131840	68039	4745	15380	8611	10660
0.75	0.69	0.07	0.15	0.08				
1116	1444	102	522	139				
			0.05					
			85					
0.01				0.04				
7				1004				
1.33	1.74	2.51	1.25	3.16			0.18	0.05
1191	2420	3154	2826	7967			605	112

7-10 续表 (2011年)

指　　标	总　计	中原区	二七区	管城区	金水区	上街区	惠济区	中牟县
大豆播种面积	11.04	0.01	0.06		0.04	0.01	0.07	3.13
总产量	20721	27	65	14	128	16	167	7309
绿豆播种面积	2.48	0.01	0.03			0.01		
总产量	2515	16	24			26		
红小豆播种面积	0.02							
总产量	35							
红薯播种面积	13.76	0.01	0.01	0.02		0.03	0.04	3.70
总产量	87185	29	14	112	18	232	272	25587
油料合计播种面积	**51.78**	**0.89**	**0.43**	**0.48**	**0.05**	**0.20**	**0.44**	**19.38**
总产量	185820	1742	643	1236	95	258	1691	96979
花生播种面积	40.43	0.46	0.25	0.39	0.03	0.09	0.36	17.64
总产量	170262	1184	435	1121	68	174	1557	93014
油菜籽播种面积	9.81	0.43	0.17	0.09	0.03	0.06	0.05	1.72
总产量	13812	553	159	115	27	27	79	3927
芝麻播种面积	1.52		0.01			0.05	0.01	0.02
总产量	1701	5	49			57	10	38
向日葵播种面积	0.02						0.02	
总产量	45						45	
棉花播种面积	**4.12**						**0.15**	**2.44**
总产量	3678				5		88	2086
烟叶播种面积	**0.75**							
总产量	1864							
药材播种面积	**0.50**						**0.11**	
蔬菜(含菜用瓜)播种面积	**77.24**	**1.48**	**0.13**	**0.54**	**0.41**	**0.09**	**6.86**	**39.99**
总产量	2934381	56880	1926	24512	10952	4599	258938	1449619
瓜类(果用瓜)播种面积	**10.35**	**0.09**		**0.23**			**0.08**	**7.74**
总产量	420047	1492		3450			2373	345665
#西瓜播种面积	9.54	0.07		0.03			0.08	7.47
总产量	399062	1302		405			2373	336230
其他作物播种面积	**1.73**	**0.15**					**0.14**	**0.37**

单位:千公顷、吨

巩义市	荥阳市	新密市	新郑市	登封市	经济开发区	高新开发区	郑东新区	航空港区
0.71	1.10	1.99	1.12	2.55			0.18	0.05
745	1702	2755	2573	4503			605	112
0.61	0.64	0.52	0.13	0.53				
446	716	399	253	635				
				0.02				
				35				
1.15	2.13	2.01	1.40	2.71	0.05			0.49
4239	13759	5669	7762	24881	525			4086
3.63	**5.18**	**3.80**	**11.01**	**3.58**	**0.63**	**0.20**	**0.01**	**1.86**
4865	12933	10492	41655	4437	1695	556	33	6510
2.22	3.27	2.00	9.41	1.65	0.63	0.18	0.01	1.86
4020	9955	7718	39288	2969	1695	527	27	6510
0.94	1.43	1.58	1.48	1.81		0.02	0.01	
526	2351	2480	2187	1346		29	6	
0.48	0.48	0.22	0.12	0.12				
319	627	294	180	122				
0.50	**0.45**	**0.05**	**0.04**	**0.49**				
428	548	42	46	435				
				0.75				
				1864				
0.03	**0.11**	**0.25**						
1.18	**9.80**	**4.95**	**7.90**	**2.16**	**0.08**	**0.73**	**0.29**	**0.66**
48628	394694	223528	310787	95639	1397	19643	829	31810
0.41	**0.11**	**0.19**	**0.67**	**0.45**	**0.13**	**0.05**		**0.20**
7327	4131	4926	23803	12015	5883	1282		7700
0.41	0.11	0.11	0.57	0.41	0.06	0.05		0.19
7327	4002	3179	21657	10635	3230	1262		7460
0.09	**0.36**	**0.39**	**0.16**	**0.07**				

7-11 农林牧

（2011 年）

指　　标	全市	中原区	二七区	管城区	金水区	上街区	惠济区	中牟县
农林牧渔业总产值	**2354657**	**21126**	**16032**	**13076**	**31079**	**11067**	**92077**	**820048**
农业	**1171043**	**13390**	**6035**	**8121**	**6485**	**5959**	**39601**	**448975**
谷物及其他作物	549991	4069	1177	2960	4359	4655	7109	143585
谷物	307301	2940	807	1946	3971	4159	5304	64464
#小麦	155822	1545	382	1127	2096	1632	2797	29148
稻谷	1874				16		280	1481
玉米	148467	1395	425	819	1859	1667	2227	33835
薯类	31561	10	5	41	7	22	98	9262
油料	105376	884	255	722	56	182	971	55270
#花生	98582	686	142	658		105	914	53855
油菜籽	4820	193	57	40	24	9	28	1371
豆类	12187	28	51	84	55	32	72	3150
棉花	10593					3	274	6008
烟草	3061							
其他农作物	79912	207	59	167	270	257	390	5431
蔬菜园艺作物	453108	8943	154	4008	1845	603	31578	244637
蔬菜(含菜用瓜)	441618	8943	154	3971	1845	596	31520	244508
花卉	4439			37				
水果、坚果、饮料和香料作物	164894	378	4704	1153	281	701	914	60753
水果(含果用瓜)	134732	378	4704	1153	281	701	914	60753
#苹果	17907	19	44	43	8	150	74	4837
梨	3596		100	55	40	194	114	1467
坚果	28518							
香料作物	1644							
中草药材	3050							
林业	**28663**	**807**	**284**	**45**	**820**	**447**	**4065**	**6714**
林木的培育和种植	16834	777	280		820	411	3978	5803
竹木采运	11829	30	4	45		36	87	911
牧业	**1001988**	**6312**	**8970**	**4618**	**13356**	**4661**	**27832**	**295836**
牲畜饲养	292679	2144	1113	700	8728	339	11601	136211
牛的饲养	91546	338	191	139	775	135	937	42310
羊的饲养	44411	84	51	97	153	33	230	28768
其他牲畜饲养	3445							356
奶产品	148637	1722	871	464	7800	171	10434	64777
猪的饲养	365114	2968	2066	2642	4481	953	7052	95644
家禽饲养	237398	1200	5791	1088	147	3369	9157	34570
肉禽	69759	584	958	409	76	136	4425	9985
禽蛋	167639	616	4833	679	71	3233	4732	24585
狩猎和捕捉动物	10108							
其他畜牧业	96689			188			22	29411
渔业	**123518**	**104**	**139**	**116**	**10268**		**20159**	**61244**
鱼类	122303	104	139	116	10268		20159	60491
虾蟹类	151							129
其他	1060							624
农林牧渔服务业	**29445**	**513**	**604**	**176**	**150**		**420**	**7279**

渔业总产值

单位:万元

巩义市	荥阳市	新密市	新郑市	登封市	经济开发区	高新开发区	郑东新区	航空港区
152263	**360926**	**249991**	**320663**	**190250**	**12304**	**12884**	**13778**	**32780**
59448	**155285**	**108569**	**156908**	**84303**	**5145**	**10128**	**8095**	**24260**
39091	81497	51140	79273	49633	3409	7457	7708	13718
29160	63132	38483	49108	27781	2059	6690	3971	5477
15501	32347	19589	27299	13390	1102	3396	2249	2739
	96							
13361	30290	18865	21651	14147	957	3294	1722	2738
1535	4814	2064	2810	9007	190			1479
2879	7387	5673	21908	2329	999	319	18	3769
2328	5846	4469	20938	1719	999	309	16	3769
184	820	866	763	470		10	2	
766	1449	1598	1362	3316			261	48
1233	473	121	132	1253				
				3798				
3518	4242	3201	3953	2149	161	448	3458	2945
9382	58676	35769	39829	14740	130	2564	103	6561
6345	56352	23396	39711	14086	130	1998	103	6561
625	364	714		291				
10639	15112	15987	37806	19930	1606	107	284	3981
8064	8056	6142	37806	6262	1606	107	284	3981
3984	1891	1581	2287	2768	81		100	24
242	462	281	248	310	59			18
2457	7056	8345		13668				
118		1500						
336		5673						
5748	**3313**	**14658**	**7423**	**9147**				
2967	3184	13069	7387	4294				
781	129	949	36	132				
81573	**187636**	**113633**	**152636**	**87793**	**7138**	**2690**	**5683**	**8520**
8401	71372	31191	23464	23214	1409	500	431	535
4266	15264	6650	3867	16375	673	48	104	308
1930	3096	2712	4281	4315	268	46	64	171
288	44	5593	33	760	40			
1584	41972	9054	15258	1558	428	406	263	56
43917	47319	35509	68069	38317	5483	1719	2221	3749
10595	58466	33762	58805	23783	246	471	31	1626
3093	12190	9613	20543	4175	197	425	9	1005
7502	46276	24149	38262	19608	49	46	22	621
	3036	5880						
18660	7443	7291	2298	2479			3000	2610
1394	**10324**	**1203**	**623**	**2507**				
968	10160	776	623	2107				
22		15						
404	164	412		400				
4100	**4368**	**11928**	**3073**	**6500**	**21**	**66**		

7-12 农林牧

（2011 年）

指　　标	全　市	中原区	二七区	管城区	金水区	上街区	惠济区
合计							
农林牧渔业总产值	2354657	21126	16032	13076	31079	11067	92077
中间消耗	1038048	8934	8487	5483	13585	4969	43479
增加值	1316609	12192	7545	7593	17494	6098	48598
固定资产折旧	72704	650	2345	652	966	832	12042
劳动者报酬	1174607	10902	1053	6587	15602	4975	35851
生产补贴	31575	390	113	135	414	568	735
营业盈余	100873	1030	4260	489	1340	859	1440
农业							
总产值	1171043	13390	6035	8121	6485	5959	39601
中间消耗	489860	5740	3198	4062	2359	2723	18732
中间物质消耗	419295	5740	2846	3169	2018	2169	17977
生产服务支出	70565		352	893	341	554	755
增加值	681183	7650	2837	4059	4126	3236	20869
林业							
总产值	28663	807	284	45	820	447	4065
中间消耗	11143	280	151	10	776	196	1748
中间物质消耗	9789	280	129	9	682	100	1703
生产服务支出	1354		22	1	94	96	45
增加值	17520	527	133	35	44	251	2317
牧业							
总产值	1001988	6312	8970	4618	13356	4661	27832
中间消耗	469262	2662	4754	1298	5026	2050	13299
中间物质消耗	411924	2566	4049	1173	4410	1565	12316
生产服务支出	57338	96	705	125	616	485	983
增加值	532726	3650	4216	3320	8330	2611	14533
渔业							
总产值	123518	104	139	116	10268		20159
中间消耗	56621	54	74	52	5363		9495
中间物质消耗	51396	54	33	45	4868		9086
生产服务支出	5225		41	7	495		409
增加值	66897	50	65	64	4905		10664
农林牧渔服务业							
总产值	29445	513	604	176	150		420
中间消耗	11162	198	310	61	61		205
增加值	18283	315	294	115	89		215

渔业增加值

单位:万元

中牟县	巩义市	荥阳市	新密市	新郑市	登封市	经济开发区	高新开发区	郑东新区	航空港区
820048	152263	360926	249991	320663	190250	12304	12884	13778	32780
356358	64104	157589	109704	144773	87190	5507	5518	6049	14422
463690	88159	203337	140287	175890	103060	6797	7366	7729	18358
10665	6320	10522	8188	9727	6135	376	407	427	1013
447786	71210	192955	135123	157126	75150	6064	6569	6896	16378
1716	1501	1400	8502	4456	7020	163	176	185	440
6955	12130	1260	5478	13493	28795	520	566	591	1407
448975	59448	155285	108569	156908	84303	5145	10128	8095	24260
193059	25028	65220	36447	67052	38582	2152	4236	3387	10497
121659	24771	61369	32726	51313	36942	1843	3628	2897	8989
71400	257	3851	3721	15739	1640	309	608	490	1508
255916	34420	90065	72122	89856	45721	2993	5892	4708	13763
6714	5748	3313	14658	7423	9147				
3867	2420	1391	5435	2383	3478				
2860	2046	1277	4756	2166	3478				
1007	374	114	679	217					
2847	3328	1922	9223	5040	5669				
295836	81573	187636	113633	152636	87793	7138	2690	5683	8520
128970	34343	84807	61169	73791	41220	3346	1257	2662	3925
91116	31072	70767	57952	71844	41220	2937	1103	2335	3448
37854	3271	14040	3217	1947		409	154	327	477
166866	47230	102829	52464	78845	46573	3792	1433	3021	4595
61244	1394	10324	1203	623	2507				
27499	587	4335	526	315	1180				
22626	520	3760	457	233	1180				
4873	67	575	69	82					
33745	807	5989	677	308	1327				
7279	4100	4368	11928	3073	6500	21	66		
2963	1726	1836	6127	1232	2730	9	25		
4316	2374	2532	5801	1841	3770	12	41		

7-13 主要牲畜年

（2011 年）

指　　标	合　计	中原区	二七区	管城区	金水区	上街区	惠济区	中牟县
大牲畜年末总头数	**26.69**	**0.22**	**0.11**	**0.08**	**0.48**	**0.01**	**0.90**	**12.52**
牛年末总头数	26.12	0.22	0.11	0.08	0.48	0.01	0.90	12.26
肉牛年末总头数	14.05	0.01	0.02	0.01	0.05	0.01	0.02	8.24
奶牛年末总头数	9.30	0.21	0.08	0.08	0.44		0.88	4.02
役用牛年末总头数	2.77							
马年末存栏数	0.15							0.04
驴年末存栏数	0.36							0.20
骡年末存栏数	0.06							0.02
猪年末总头数	169.70	1.21	1.06	1.23	2.16	0.45	2.27	43.75
能繁殖母猪	20.25	0.22	0.06	0.06	0.20	0.11	0.20	5.05
羊年末总只数	49.20	0.07	0.14	0.19	0.15	0.01	0.19	27.41
山羊年末总只数	44.19	0.07	0.14	0.19	0.10	0.01	0.13	26.23
绵羊年末总只数	5.01				0.05		0.06	1.17
家禽期末存栏数	**3241.88**	**15.56**	**64.54**	**12.52**	**2.75**	**28.97**	**157.10**	**478.28**
兔期末总只数	**82.03**		**0.07**	**0.01**			**0.07**	**8.59**

年末存栏情况

单位:万头(只)

巩义市	荥阳市	新密市	新郑市	登封市	经济开发区	高新开发区	郑东新区	航空港区
0.81	**2.65**	**1.93**	**2.99**	**3.48**	**0.18**	**0.14**	**0.12**	**0.07**
0.77	2.62	1.85	2.96	3.38	0.16	0.14	0.12	0.07
0.33	0.72	0.97	1.53	2.07	0.03	0.01		0.05
0.14	1.67	0.45	0.70	0.25	0.13	0.12	0.12	0.01
0.30	0.23	0.43	0.73	1.06	0.01			0.01
0.01	0.01	0.02		0.06				
0.02	0.01	0.05	0.02	0.03	0.02			
0.01	0.01	0.01	0.01					
18.67	24.39	18.12	33.78	18.02	1.17	0.67	0.78	1.99
2.02	2.99	2.02	4.55	2.05	0.25	0.10	0.09	0.28
2.81	8.01	2.88	3.09	3.64	0.18	0.05	0.04	0.35
2.19	7.57	2.27	2.08	2.62	0.15	0.04	0.04	0.35
0.62	0.43	0.61	1.01	1.02	0.03	0.01		
117.70	**625.69**	**412.44**	**954.61**	**313.83**	**6.05**	**4.38**	**1.48**	**45.97**
6.11	**21.52**	**23.42**	**2.01**	**19.98**				**0.26**

主要统计指标解释

农林牧渔业总产值 是以货币表现的农林牧渔业全部产品的总量和对农林牧渔业生产活动进行的各种支持性服务活动的价值,它反映一定时期内农业生产的总规模和总成果。

农林牧渔五业统计范围是:1. 种植业:包括粮、棉、油、糖料、麻类、烟叶、蔬菜、药材、瓜类、采集野生植物和其他农作物的种植以及茶园、桑园、果园的生产经营。

2. 林业:包括林木的栽培、林产品的采集和竹木采伐。

3. 牧业:包括除渔业以外的一切动物饲养和放牧及捕猎野兽。

4. 渔业:包括水生动物和海藻类植物养殖和捕捞。

5. 农林牧渔服务业:包括农林牧渔服务业营业收入。

农业总产值的计算方法通常是以农林牧渔业产品的产量乘以该项单位价格而得该项产品产值。少数生产周期较长,当年没有产品或产品不易统计的则采用间接方法匡算产值。五业产品产值之和即为农业总产值。

农业增加值 指各单位生产经营或劳务活动提供最终产品的货币表现,即本单位或本行业对社会所做的贡献。农业增加值是社会各经济单位,即企业、事业单位和行政单位及个体经营户在报告期内生产经营和业务活动最终成果的货币表现。

农业增加值主要采用生产法和分配法(收入法)两种方法计算。

农作物种植业 包括谷物、豆类、薯类、棉、油料、糖料、麻类、烟叶、蔬菜、药材、瓜类和其他农作物的种植,以及茶园、桑园、果园的生产经营。

其他农业 包括采集野生植物的果实、纤维、树胶、树脂、油料以及柴草、野生药材、菌类等。

粮食产量 指全社会的产量。包括国有经济经营的、集体统一经营的和农民家庭经营的粮食产量,还包括工矿企业家属办的农场和其他生产单位的产量。粮食除包括稻谷、小麦、玉米、高粱、谷子及其他杂粮外,还包括薯类和大豆。其产量计算方法,豆类按去豆荚后的干豆计算;薯类(包括甘薯和马铃薯,不包括芋头和木薯)1963 年以前按每 4 公斤鲜薯折 1 公斤粮食计算,从 1964 年开始及以后改为按 5 公斤鲜薯折 1 公斤粮食计算。郑州辖区作为蔬菜的薯类(如:马铃薯等)按鲜品计算,并且不做为粮食统计。其他粮食一律按脱粒后的原粮计算。

油料产量 指全部油料作物的生产量。包括花生、油菜籽、芝麻、向日葵籽、胡麻籽(亚麻籽)和其他油料。不包括大豆,也不包括木本油料和野生油料。花生以带壳干花生计算。

水产品产量 指人工养殖的水产品和天然生长的水产品的捕捞量。包括海水的鱼类、虾蟹类、贝类和藻类以及内陆水域的鱼类、虾蟹类和贝类,不包括淡水生植物。

猪、牛、羊肉产量 指当年出栏并已屠宰后除去头蹄下水 后带骨肉(即胴体重)的重量。

耕地面积 指年初可以用来种植农作物、经常进行耕锄的田地,除包括熟地、当年新开荒地、连续撩荒未满三年的耕地和当年的休闲地(轮歇地)外,还包括以种植农作物为主并附带种植桑树、茶树、果树和其他林木的土地,以及沿海、沿湖地区已围垦利用的"海涂"、"湖田"等面积。但不包括属于专业性的桑园、茶园、果园、果木苗圃、林地、芦苇地、天然或人工草地面积。

农作物播种面积 指实际播种或移植有农作物的面积,凡是实际种植有农作物的面积,不论种植在耕地上还是种植在非耕地上,均包括在农作物播种面积中,同时还包括因遭灾而重新改种和补种的农作物面积,种一公顷算一公顷。

农用化肥施用量 指本年内实际用于农业生产的化肥数量。包括氮肥、磷肥、钾肥和复合肥。化肥施用量要求按折纯量计算数量。折纯法化肥施用量是把氮肥、磷肥和钾肥分别按含氮、含五氧化二磷、含氧化钾的百分之百有效成份计算。复合肥按其所含主要成分折算。

农业机械总动力 指主要用于农、林、牧、渔业的各种动力机械的动力总和。包括耕作机械、排灌机械、收获机械、农产品加工机械、运输机械、植物保护机械、牧业机械、林业机械、渔业机械和其他农业机械〔内燃机按引擎马力折成瓦(特)计算,电动机按功率折成瓦(特)计算〕。不包括专门用于乡、镇、村、组办工业、基本建设、非农业运输、科学试验和教学等非农业生产方面用的动力机械与作业机械。

八、工　业

8-1 历年工业总产值

单位:万元

年份	总产值	国有企业	集体企业	城乡个体	其他各种经济类型	轻工业	重工业
1949	2391					1442	949
1952	9245					5920	3325
1957	39610					31164	8446
1962	52525					36771	15754
1965	106270					78153	28117
1970	183222					100343	82879
1975	246211					129373	116838
1978	320288					172370	147918
1979	370045					202538	167507
1980	402306					237482	164823
1981	437552					267258	170294
1982	461194					269036	192158
1983	505017					284771	220246
1984	582897					307364	275533
1985	701472	451080	188981	61320	91	352272	349200
1986	776624	471644	201654	103104	222	376233	400391
1987	962439	572500	255739	133200	1000	455922	506517
1988	1296981	718879	378715	196431	2956	583835	713146
1989	1599014	879788	486687	228480	4059	654211	944803
1990	1744453	936757	532972	265956	8768	713715	1030738
1991	2063844	1025336	687014	340414	11080	823051	1240793
1992	2672758	1208014	932739	488193	43812	1016999	1655759
1993	3693136	1419814	1378271	747666	147385	1278879	2414257
1994	4803181	1459319	1755649	1061093	527120	1747437	3055774
1995	6479164	1799927	2188574	1711875	778788	2127630	4351534
1995	[6058858]	[1602463]	[2054439]	[1711875]	[690081]	[1940774]	[4118084]
1996	7919258	1832055	2738886	2019137	1329180	2362282	5556976
1997	8886488	1765398	3026673	2429311	1665106	2668548	6217940
1998	8777675	1260921	2462846	2478534	2575374	2753908	6023767
1999	8872394	1881049	2474148	2470286	2046911	2508519	6363875
2000	10052967	2066754	2686440	2885928	2413845	2900651	7152316
2001	11127574	2245286	2905406	3158835	2818047	3255391	7872183
2002	12122694	2265787	2660012	3346219	3850676	3355980	8766694
2003	14808572	3481702	2565446	3720254	5041170	3615378	11193194
2004	18788506	3324293	2779359	4199844	8485010	4355337	14433169
2005	24115175	4477743	3675587	4333800	11628045	5446798	18668377
2006	30724463	5594102	3176892	4936300	17017169	6717501	24006962
2007	39449890	6039166	2668328	5558403	25183993	8386083	31063808
2008	49300297	7226804	3714302	6024272	32334919	10485343	38814954
2009	53508157	8274604	1016578	7031736	37185239	12289258	41218899
2010	67943895	11977551	1204497	6351282	48410565	13954697	53989198
2011	83405843	14182794	1114569	6620508	61487972	15592453	67813391

注:1. 本表按当年价格计算。

2. 1995 年以前为原规定括号内及 1996 年始为新规定。

3. 1999 年及以后国有企业为国有及国有控股企业。

8-2 历年工业总产值指数

（以 1952 年为 100）

年份	总产值	国有企业	集体企业	城乡个体	其他各种经济类型	轻工业	重工业
1949	25.9					24.4	28.5
1952	100.0					100.0	100.0
1957	499.8					614.0	2963.3
1962	660.5					722.0	550.7
1965	1333.5					1531.4	980.9
1970	2291.5					1959.6	2881.7
1975	3054.8					2506.4	4030.2
1978	3955.3					3321.2	5082.9
1979	4562.8					3895.5	5749.6
1980	4954.7					4661.3	5865.4
1981	5369.9					5121.7	5810.4
1982	5655.5					5151.6	6551.1
1983	6193.0					5453.0	7508.9
1984	6937.8					5712.4	9117.4
1985	8097.0	100.0	100.0	100.0		6349.4	11206.1
1986	8891.7	104.6	106.7	163.5		6724.0	12748.6
1987	10068.7	116.7	135.3	172.8		7776.1	14147.7
1988	12274.4	130.7	200.4	243.0		8924.8	18234.7
1989	13415.9	135.8	257.5	268.3		9299.6	20933.4
1990	14636.7	140.1	281.9	308.0	100.0	10145.9	22838.4
1991	17081.1	149.4	363.4	395.7	127.6	11272.1	27862.8
1992	20804.8	166.3	493.5	550.1	501.7	13098.1	35246.5
1993	26713.3	174.1	729.4	767.9	1588.5	15901.1	47195.0
1994	30399.7	152.2	920.3	926.8	4848.0	17888.8	54179.9
1995	35506.9	164.7	1238.7	1254.0	6442.9	19767.1	65666.0
1996	42324.2	171.6	1651.2	1432.1	6713.6	21506.6	82148.2
1997	48588.2	165.8	1824.6	1722.8	8163.7	24367.0	92170.3
1998	50240.2	124.0	1554.6	1827.9	13225.2	26413.8	93737.2
1999	53321.5	194.2	1640.1	1913.8	11043.0	25263.2	103981.2
2000	58760.3	209.3	1736.9	2149.2	12710.5	27001.3	116084.6
2001	63913.5	222.6	1795.6	2329.1	14971.7	28575.5	127739.5
2002	70304.9	245.8	1788.4	2466.5	18385.2	29575.6	144090.2
2003	83142.6	299.6	2152.2	2606.6	23047.7	31104.7	177562.4
2004	98357.7	331.4	2490.1	2783.8	29915.9	35023.9	213252.4
2005	117153.9	351.9	3091.7	3323.9	36850.4	41027.0	255284.4
2006	140467.5	397.8	3765.4	3583.2	46486.8	50081.7	304120.3
2007	171595.1	442.2	3934.8	3945.1	60795.4	58996.2	375497.3
2008	199805.3	483.6	4333.0	4201.5	73635.4	70081.6	434976.1
2009	219586.0	464.3	4324.3	4655.3	83649.8	74847.1	481953.5
2010	255917.4	559.6	4537.0	4799.6	98584.9	82895.5	569451.1
2011	302929.5	691.2	4555.1	5025.2	117601.9	87421.6	693933.1

8-3 规模以上工业总产值、增加值及销售产值

（2011 年）

单位：万元

项　　目	工业总产值	工业增加值	工业销售产值
总　计	**84596764**	**23159871**	**82987934**
按轻重工业分			
轻工业	15060362	5624351	14737728
以农产品为原料	12541229	4919820	12454166
以非农产品为原料	2519133	704531	2283562
重工业	69536401	17535520	68250207
采掘工业	5681078	2803669	5665731
原料工业	24838791	4585130	25202742
加工工业	39016533	10146722	37381734
按登记注册类型分			
国有控股企业	24505155	7106777	24365045
国有企业	17994685	5596565	17883768
集体企业	1046427	299548	1032493
股份合作企业	295184	83212	285635
股份制企业	37171885	10338860	36425871
外商和港澳台商投资企业	11973567	2482650	11589802
其他	16115015	4359036	15770366
按所有制类型分			
公有制	26075482	7555965	25910600
非公有制	58521281	15603906	57077334
按企业规模分			
大型企业	24948292	6896499	24805863
中型企业	19536131	5618221	19212605
小型企业	40112341	10645151	38969467

注：本表工业增加值、总产值、销售产值包含河南中烟工业公司和河南电力公司的全口径统计数据。

8-4 规模以上工业企业分行业单位数、总产值、增加值及销售产值

（2011 年）

行　业	单位数（个）	工　业 总产值 （万元）	工　业 增加值 （万元）	工　业 销售产值 （万元）
总　计	**2515**	**84596764**	**23159871**	**82987934**
煤炭开采和洗选业	155	4484156	2457510	4518526
黑色金属矿采选业	3	31201	10302	30869
有色金属矿采选业	12	412571	118336	376988
非金属矿采选业	21	547662	167604	531978
农副食品加工业	92	2031327	464436	1963875
食品制造业	78	2386819	641776	2475682
饮料制造业	24	731318	213578	599302
烟草制品业	3	3227798	2468081	3189419
纺织业	27	467786	130412	446214
纺织服装、鞋、帽制造业	51	849577	207092	839507
皮革、毛皮、羽毛(绒)及其制品业	5	43745	13357	37863
木材加工及木、竹、藤、棕、草制品业	20	245538	74228	241755
家具制造业	30	332597	93870	325995
造纸及纸制品业	101	1933044	528291	1921337
印刷业和记录媒介的复制	44	522391	157630	526464
文教体育用品制造业	4	56998	13958	53302
石油加工、炼焦及核燃料加工业	5	195180	25204	182671
化学原料及化学制品制造业	142	2830220	730886	2624196
医药制造业	44	974050	273437	944667
化学纤维制造业	4	88313	20286	86795
橡胶制品业	13	239247	56420	236254
塑料制品业	60	825166	222116	810891
非金属矿物制品业	793	17892342	5391348	17209816
黑色金属冶炼及压延加工业	46	2231011	523265	2345897
有色金属冶炼及压延加工业	111	6880056	1112485	6544648
金属制品业	84	1434305	346663	1537400
通用设备制造业	107	3006711	841879	2877891
专用设备制造业	192	5138387	1249178	4945310
交通运输设备制造业	57	5673698	1309894	5609081
电气机械及器材制造业	93	1476529	334953	1327073
通信设备、计算机及其他电子设备制造业	25	4181657	675062	3814080
仪器仪表及文化、办公用机械制造业	20	205528	60031	175769
工艺品及其他制造业	15	480094	129392	420037
废弃资源和废旧材料回收加工业	1	5627	2143	5332
电力、热力的生产和供应业	19	12277864	2019414	12953572
燃气生产和供应业	11	205488	49917	207370
水的生产和供应业	3	50762	25443	50110

注：本表工业增加值、总产值、销售产值包含河南中烟工业公司和河南电力公司的全口径统计数据。

8-5 各县(市)、区工业增加值

(2011 年)

县(市)区	全部工业增加值(万元)	规模以上工业增加值(万元)	规模以下工业增加值(万元)
全　市	**22765371**	**20264471**	**2500900**
中原区	721105	673105	48000
二七区	420400	391514	28886
管城区	855350	839824	15526
金水区	257189	242338	14851
上街区	624328	596328	28000
惠济区	209499	190404	19095
中牟县	1655860	1345060	310800
巩义市	3149714	2712014	437700
荥阳市	2957068	2566268	390800
新密市	3499179	3066179	433000
新郑市	3141434	2718934	422500
登封市	3165491	2897476	268015
经济开发区	730856	712285	18571
高新开发区	615061	571012	44049
郑东新区	1428	1428	
航空港区	720684	701950	18734

注:1. 本表按当年价格计算。2. 规模以上工业是指全部年主营业务收入 2000 万元及以上的法人工业企业。3. 规模以下工业是指年主营业务收入 2000 万元以下的工业企业。

8-6 规模以上工业企业单位数、总产值、增加值及销售产值

(2011 年)

项　　目	单位数(个)	工　业总产值(万元)	工业总产值指数(上年=100)	工　业增加值(万元)	工业销售产值(万元)
总　　计	**2515**	**74226284**	**120.3**	**20264471**	**72636952**
#国有及国有控股企业	90	14134675	123.6	4211377	14014063
集体企业	48	1046427	100.1	299548	1032493
港澳台商投资企业	40	6031582	294	1145954	5669309
外商投资企业	55	5941985	137.2	1336696	5920493
按轻重工业分					
轻工业	609	12934896	105.6	4029189	12631760
以农产品为原料		10415763	106.2	3324658	10348198
以非农产品为原料		2519133	103.3	704531	2283562
重工业	1906	61291387	124	16235282	60005193
采掘工业		5681078	125.1	2803669	5665731
原料工业		16593777	112.9	3284892	16957728
加工工业		39016533	129	10146722	37381734
按企业规模分					
大型工业	74	14577812	113.7	4001099	14454881
中型工业	473	19536131	111.1	5618221	19212605
小型工业	1968	40112341	128.3	10645151	38969467

注:本表工业总产值、增加值、销售产值按当年价格计算,指数按可比价计算。

8-7　各县(市)、区规模以上工业企业单位数

(2011 年底)

单位:个

县(市)区	合计	#国有及国有控股	#集体	#港澳台投　资	#外商投资	轻工业	重工业	#大型	#中型
全　市	**2515**	**90**	**48**	**40**	**55**	**609**	**1906**	**74**	**473**
中原区	66	10	1	2	3	15	51	3	17
二七区	93	2	1	1	4	37	56	3	11
管城区	22	6	2	1		14	8	2	6
金水区	27	4	2	1	3	17	10	3	6
上街区	81	7	2	1	3	4	77	5	25
惠济区	28	2			3	11	17	2	3
中牟县	234	4	1	1	5	117	117	4	22
巩义市	351	7	11	2	4	16	335	13	43
荥阳市	323	5	7	2	3	50	273	7	115
新密市	497	6	12	2	2	104	393	6	63
新郑市	296	4	4	4	9	123	173	4	32
登封市	264	9	5	4	3	16	248	10	80
经济开发区	60	10		11	8	19	41	3	18
高新开发区	114	8		4	3	27	87	4	26
郑东新区	4					3	1		
航空港区	50	1		4	2	36	14	2	6

8-8　各县(市)、区规模以上工业总产值

(2011 年)

单位:万元

县(市)区	合计	#国有及国有控股	#集体	#港澳台投　资	#外商投资	轻工业	重工业	#大型	#中型
全　市	**74226284**	**14134675**	**1046427**	**6031582**	**5941985**	**12934896**	**61291388**	**14577812**	**19536131**
中原区	3351600	2039325	6300	335940	43195	198808	3152792	2523916	347579
二七区	1604251	335444	1670	2904	307594	601847	1002404	184230	786460
管城区	2438838	2204603	25135	52963		784985	1653853	1593054	750253
金水区	994612	161605	7348	2607	511636	827673	166939	641024	222989
上街区	2842198	1203825	60485	4226	112404	36994	2805204	1065838	274466
惠济区	785575	23196		201729	147193	508526	277049		422470
中牟县	5436687	1142321	4083	45134	1096823	1684016	3752671	1457265	919113
巩义市	12477826	432273	335290	373864	1181314	449344	12028482	1900458	2939623
荥阳市	9665869	392812	218655	131997	142782	1358890	8306979	258452	2378698
新密市	8861503	847687	113470	42467	12349	2102101	6759402	742107	2133703
新郑市	8947433	921993	85503	178694	138257	3293036	5654397	1315900	2340967
登封市	8201732	2118224	204134	242722	111836	235028	7966704	2331634	3048245
经济开发区	3198626	2014041		468788	1847135	288378	2910248	256900	2204269
高新开发区	2782783	570067		283124	535933	419361	2363422	226586	1208202
郑东新区	6338					4867	1471		
航空港区	2999561	3533		2647761	24430	357510	2642051		123186

注:本表按当年价格计算。

8-9　各县(市)、区规模以上工业销售产值

(2011 年)

单位:万元

县(市)区	合计	#国有及国有控股	#集体	#港澳台投资	#外商投资	轻工业	重工业	#大型	#中型
全　市	**72636952**	**14014063**	**1032493**	**5669309**	**5920493**	**12631760**	**60005192**	**14454881**	**19212605**
中原区	3260341	2044871	6070	335940	42621	189241	3071100	2491110	337222
二七区	1554409	328887	2933	2904	291799	572624	981785	177673	760572
管城区	2433156	2200972	28289	48920		778344	1654812	1597817	736510
金水区	996602	155372	6613	2378	517103	832972	163630	632826	227422
上街区	2843867	1206212	61709	4226	112137	36926	2806941	1069116	270995
惠济区	774857	23320		212280	146673	515649	259208		421885
中牟县	5343003	1143400	3797	43711	1099665	1649474	3693529	1451395	896945
巩义市	12179117	413860	323315	366506	1177160	412979	11766138	1877785	2868094
荥阳市	9430567	388577	216210	130951	147942	1313452	8117115	247716	2293260
新密市	8838062	844427	113476	42530	12840	2080981	6757081	739538	2163127
新郑市	8827203	907334	83666	179913	137527	3233725	5593478	1303562	2290232
登封市	8048488	2085658	201796	237325	110486	224419	7824069	2300377	3007867
经济开发区	3143799	2012835		489290	1852941	275523	2868276	256900	2207951
高新开发区	2665726	525073		290959	515943	368833	2296893	228897	1165724
郑东新区	6217					4891	1326		
航空港区	2726406	3497		2377859	24480	349804	2376602		117556

注:本表按当年价格计算。

8-10　各县(市)、区规模以上工业增加值

(2011 年)

单位:万元

县(市)区	合计	#国有及国有控股	#集体	#港澳台投资	#外商投资	轻工业	重工业	#大型	#中型
全　市	**20264471**	**4211377**	**299548**	**1145954**	**1336696**	**4029189**	**16235282**	**4001099**	**5618221**
中原区	673105	392016	1668	66970	11355	55658	617447	489464	76075
二七区	391514	80777	351	685	81050	150670	240844	58672	182871
管城区	839824	784276	7010	10694		478447	361377	346967	472453
金水区	242338	35106	1892	615	132383	205395	36943	161940	49680
上街区	596328	218309	12520	1134	22013	9432	586896	200146	69130
惠济区	190404	7790		52449	40568	127242	63162		110357
中牟县	1345060	247775	1077	10995	240720	428128	916932	347916	232092
巩义市	2712014	148413	85358	104145	205991	109940	2602074	336918	617396
荥阳市	2566268	97434	60443	26584	28525	345826	2220442	58875	612102
新密市	3066179	378532	38166	11555	3848	578700	2487480	353803	622723
新郑市	2718934	565853	26204	51417	34714	1170065	1548869	692017	593919
登封市	2897476	662206	64860	61117	31587	66718	2830758	807423	1222481
经济开发区	712285	440021		107960	400414	66500	645785	60115	481240
高新开发区	571012	113323		66840	93240	97843	473169	48490	224971
郑东新区	1428					1021	407		
航空港区	701950	1194		572794	10290	137137	564813		50733

注:本表按当年价格计算。

8-11 历年主要

（2011 年）

产品名称	单位	1978 年	1980 年	1985 年	1990 年	1995 年	1998 年	1999 年	2000 年
原煤	万吨	868	897	1352	1628	2220	2613	1724	1830
饲料	吨		5319	33381	53277	65580	115153	162648	215885
方便面	吨							54942	68514
啤酒	千升			6685	69301	141565	344077	367024	381084
软饮料	吨		1590	13624	16084	44677	20164	67591	63745
卷烟	万支	2430195	3504465	4431545	4560685	4763115	4122195	4230095	4286600
纱	吨	76695	85174	79366	88264	88391	76245	83826	69194
布	万米	41876	44804	38904	40510	40981	32762	30530	23391
印染布	万米	15086	19188	13210	8758	20321	10321	9884	14620
服装	万件		1529	1730	2260	1619	939	912	1132
人造板	立方米		1548	5622	3788	196849	46744	75312	51276
家具	件		232101	659500	721200	494176	85912	82450	99407
机制纸机制纸板	吨	26940	36380	92237	67370	353613	598722	909452	923175
硫酸	吨	5089	8939	13321	28207	133400	114976	97393	93872
化学农药原药	吨			435	768	1976	3264	4772	2684
中成药	吨	422	895	1851	1322	1763	2774	2634	3276
化学肥料	吨	89175	37836	34013	79752	117152	181701	158962	156862
塑料制品	吨			15210	18997	55574	42436	50374	58394
水泥	万吨	38	55	119	227	737	881	966	932
工业陶瓷	万件								
日用玻璃制品	吨		17049	32002	26344	72692	42836	35341	21017
磨具	吨	13426	15525	18006	19329	41958	93966	71005	52096
粗钢	吨	21755	37114	44666	59252	129927	163113	118326	16368
钢材	吨		19087	44666	74061	154566	251181	276168	140913
原铝(电解铝)	吨	17636	28975	33796	40282	59323	129791	154579	157612
氧化铝	吨	400200	406000	533000	600630	665680	731320	875000	965904
阀门	吨		584	1669	9717	38565	34594	30357	31939
小型拖拉机	台	8623	13954	34090	59661	41916	17898	13420	15048
汽车	辆	695	1577	1625	1043	16187	10118	7698	7689
变压器	千伏安	548660	368803	624600	501100	941719	983235	1286972	1698622
电力电缆	千米	2513	3533	6318	7853	5732	4633	11810	7801
发电量	万千瓦小时	133304	110609	106411	183327	656946	877658	769910	851185
供热量	万百万千焦		451	468	464	1901	2297	2040	2862
自来水生产量	万立方米		13127	17570	19435	30119	26427	27766	26079

注:2010 年、2011 年卷烟产量含河南中烟工业有限责任公司。2010 年郑州地区卷烟产量为 5723744 万支； 2011 年郑州地

工业产品产量

2001 年	2002 年	2003 年	2004 年	2005 年	2006 年	2007 年	2008 年	2009 年	2010 年	2011 年
2039	2581	3297	4096	6217	6699	6707	6629	6660	5963	6914
272902	388150	574422	627984	651306	1141275	1264825	1507563	1061907	1481061	1784205
147025	187057	222911	179082	204948	255170	328064	240349	304187	444810	282033
371855	359641	319754	391294	415622	250905	287009	452659	489865	560364	483730
82490	211171	191715	220607	254923	459977	701792	1080883	1633935	2166474	2362635
3930640	4036640	4046305	4189870	4083850	4366853	4771151	4875619	5595601	16504449	16761482
72798	74334	75441	77227	83531	78289	111159	114059	32883	40975	44719
21735	21239	20442	24063	24647	22513	26034	27388	86063	81715	75968
14833	16258	23138	22574	23949	36615	59217	67429	67446	62277	53171
1240	1306	1483	1784	2974	4804	5681	7377	10117	10950	11708
47750	34895	46920	99406	104698	111770	101649	76398	118077	155128	170786
59984	46886	53916	55333	71838	262296	970635	819168	2495839	1966255	2335313
1012583	1018756	1233327	1431509	1834159	2375044	2734377	2807885	2668569	2601669	2751127
73233	61879	88111	84545	89962	101958	103043	107255	100142	171219	294458
5390	5126	2770	3861	5016	4615	12361	3097	18255	14048	20244
4618	2822	3664	2208	3972	11334	13973	65055	106412	3941	3290
150639	138418	134344	137631	138056	134045	187445	403095	255735	83456	14577
63127	64435	58558	56683	75224	80372	117022	143003	166234	1126294	175769
1006	1030	1134	1278	1538	1592	2109	1898	2198	2096	2153
			7397	8844	10100	11211	42277	37670	47209	36348
11080	8199	10957	10409	6005			43400	31841	36100	42650
41484	37898	37208	48461	48011	43556	61160	80125	204170	93988	145808
11489	12336	12505	75873	98261	130440	122125	240871	194951	173311	47761
146538	176183	461055	1038121	1596871	2158055	3261221	3587109	3397267	3770185	4247286
264902	355455	372693	422267	492674	491042	670350	663611	600667	583932	568436
1070767	1270666	1383297	1480830	1713791	2343444	2378183	2197156	1672978	2217922	2460021
36820	38915	55500	73501	98544	183094	290257	524030	653148	799041	1024632
8450	5518	2525	2479	3732	9811	16280	4081	5861	3569	
9129	15650	27327	29806	35855	47688	62261	74044	112874	225196	354985
1683641	1770518	1747021	1123560	1262716	2021622	1688854	1388908	2189094	2473135	3579173
6970	5823	9062	3103	5758	6855	41031	60818	91775	83450	296201
951062	1080072	1189965	1597845	2045602	2060629	2543274	2852236	2668204	2927631	3863318
1166	3060	3440	3369	3355	3186	3050	2982	2229	2851	3464
25465	31013	31622	32772	24936	25754	26044	27595	27744	29368	26900

区卷烟产量为 5812882 万支。

8-12　各县(市)、区

(2011 年)

产　品　名　称	单位	全　市	市　直	中原区	二七区	管城区	金水区	上街区	惠济区
原煤	吨	69137056	22539666						
小麦粉	吨	1619802			8529	160306	331785		
饲料	吨	1784205			50520	112023	30599		247306
精制食用植物油	吨	366459							
速冻米面食品	吨	1252990			19567		501806		438008
方便面	吨	282033			89578	1579	21257		
饮料酒	千升	495310				296278			
白酒	千升	11580							
啤酒	千升	483730				296278			
软饮料	吨	2362635			760522				
卷烟	万支	5812882				2842747			
纱	吨	44719							
布	万米	75968							
印染布	万米	53171		3402					
服装	万件	11708		1028	111	40			
人造板	立方米	170786							
家具	件	2335313				56775			
机制纸及机制纸板	吨	2751127							
硫酸(折 100%)	吨	294458							
合成氨	吨	14162							
农用氮、磷、钾化学肥料总计	吨	14577	10284						
氮肥(折含 N100%)	吨	14577	10284						
化学农药原药	吨	20244				3195			
涂料	吨	52293			6416				3229
中成药	吨	3290							
化学纤维	吨	2724							
塑料制品	吨	175769		16138	3820			122	9469

主要工业产品产量

中牟县	巩义市	荥阳市	新密市	新郑市	登封市	经济 开发区	高新 开发区	郑东新区	航空港区
	4550875	746332	14001308	985961	26312913				
134932		428799	98074	357508	76981				22889
489391				197768		346433	253630	10776	45760
18825		59779		279015					8840
51608				200066					41935
15255			10404	116357					27603
9168	30939	40853	2412	115660					
9168			2412						
	30939	40853		115660					
269024	212971	176403		31814	307205		324784		279912
				2970135					
6498				29089		9132			
1263		74705							
4330		42581					2858		
885		2930	5455	1046			213		
90987		11104			55599			13096	
2278538									
171232			2579895						
	60039	222210	12209						
		14162							
		4293							
		4293							
17049									
5331		23781				13536			
6		573		558			2153		
	2724								
48689	5114	7314		62184		7485	12579		2855

产 品 名 称	单位	全 市	市 直	中原区	二七区	管城区	金水区	上街区	惠济区
水泥	万吨	2153	129					86	
工业陶瓷	万件	36348							
耐火材料制品	吨	20805961			101877				
磨具	吨	145808		33737	2044				
钢材	吨	4247286		252521	205573				123695
焊接钢管	吨	730373		121495	205573				123695
铁合金	吨	369133							
原铝(电解铝)	吨	568436							
铝材	吨	2491424		46818					
氧化铝	吨	2460021						2014729	
工业锅炉	蒸发量吨	6016							
泵	台	200061				217		35991	
阀门	吨	1024632						212822	
采矿专用设备	吨	755566	433210		510				
水泥专用设备	吨	3498		28			2897		
汽车	辆	354985				45895			
基本型乘用车(轿车)	辆	132463							
客车	辆	127264				45895			
载货汽车	辆	64048							
改装汽车	辆	18691							
电动自行车	辆	44509							
变压器	千伏安	3579173		850065					
电线	公里	1351797					203	29168	
通信及电子网络用电缆	对千米	671550					18050		
电力电缆	千米	296201			134839		177	109743	
太阳能电池	千瓦	13819							
移动通信手持机(手机)	台	24452825							
发电量	万千瓦小时	3863318	40648	541986				90219	
供电量	万千瓦小时	5822770	3999661						
供热量	万百万千焦	3464		831	710			1070	
自来水生产量	万立方米	26900		25773					

中牟县	巩义市	荥阳市	新密市	新郑市	登封市	经济开发区	高新开发区	郑东新区	航空港区
154	392	353	162	138	739				
	20425	15493					430		
	9438642	6832	9374709		1883901				
	83079	26948							
484290	358539	287292		2344487	19098	135299	36492		
				264360			15250		
	179736				189397				
	374034	29540			164862				
	1837968	105999			178351		318626		3662
					445292				
2727							3289		
		162943					910		
		811538					272		
3896	2709	187616	3671		1684		122269		
298	275								
143010		2407				163673			
						132463			
78962		2407							
64048									
4084		10916		3691					
							44509		
395668			105625	1380732		482545	364538		
	1213911						108515		
	329259	324241							
						1074	50368		
							13819		
									24452825
158614	669206	674901	348296		902921		436526		
102824	355419	210813	195113	245628	713312				
355		39			176		284		
			1127						

8-13 规模以上工业

（2011 年）

指标	合计	#国有及国有控股	#集体
企业单位数(个)	2515	90	48
#亏损企业	113	20	2
资产总计	51729886	14395979	579409
应收帐款	5306809	1033057	72825
存货	4808936	1550541	44455
#产成品	1340298	306254	16109
负债合计	27628257	9435992	293113
主营业务收入	81444366	15207944	1135469
主营业务成本	66668254	12519155	913223
营业费用	2146378	360196	57053
主营业务税金及附加	1027764	609169	6976
管理费用	2174634	771492	47709
财务费用	740528	194918	12218
#利息支出	730284	223671	11717
利润总额	9188633	936398	157111
亏损企业亏损额	312666	109054	1240
利税总额	13517316	2202132	222030
本年应交增值税	3289590	650357	57930
全部从业人员年平均人数(人)	894847	156102	14700

企业主要经济指标

单位:万元

#股份制工　业	#外商及港澳台投资	按轻重工业分 轻工业	重工业	按企业规模分 大型企业	中型企业	小型企业
1598	95	609	1906	74	473	1968
67	14	34	79	6	33	74
24165462	9052020	7326537	44403348	21644871	11999383	18085632
2338361	1720061	612212	4694597	2723345	1218490	1364974
2075037	1194149	1058275	3750661	2469298	978649	1360990
784541	169807	263241	1077057	461932	394967	483400
11522758	6272867	3179872	24448386	14315462	5507186	7805610
39526579	12123910	13962874	67481492	24771295	22041137	34631935
31727806	10630023	10811782	55856472	21405553	17976110	27286591
1014336	425593	482014	1664364	738734	590814	816830
219300	82062	588802	438961	175941	140967	710856
971286	302815	361603	1813031	902921	592203	679511
304523	140120	79010	661517	323446	161157	255925
282361	150546	74587	655697	358207	146302	225775
5445507	654781	1684479	7504154	1567171	2693845	4927616
172497	78629	44020	268646	123690	86984	101992
7216049	1208100	2932777	10584539	2684187	3693044	7140085
1547196	468981	659125	2630465	933887	855723	1499980
422700	197611	156451	738396	375206	249092	270549

8-14 规模以上工业企业

（2011 年）

项 目	企业单位数（个）	资产总计	应收帐款	存货	#产成品
总 计	**2515**	**51729886**	**5306809**	**4808936**	**1340298**
按轻重工业分					
轻工业	609	7326537	612212	1058275	263241
重工业	1906	44403348	4694597	3750661	1077057
按企业规模分					
大型企业	74	21644871	2723345	2469298	461932
中型企业	473	11999383	1218490	978649	394967
小型企业	1968	18085632	1364974	1360990	483400
按行业分					
煤炭开采和洗选业	155	6527171	258657	322832	81589
黑色金属矿采选业	3	15454	1409	1030	1019
有色金属矿采选业	12	132515	20097	4000	3162
非金属矿采选业	21	255463	7132	5445	3823
农副食品加工业	92	863969	37200	111598	48315
食品制造业	78	1894748	241825	240676	52339
饮料制造业	24	305236	23975	34409	7629
烟草制品业	3	744945	41191	330478	5829
纺织业	27	460064	22897	54298	16569
纺织服装、鞋、帽制造业	51	294170	28936	30207	11997
皮革、毛皮、羽毛(绒)及其制品业	5	24498	2178	12889	7590
木材加工及木、竹、藤、棕、草制品业	20	101527	9972	10772	3704
家具制造业	30	122270	17758	12807	5905

分行业主要经济指标

单位:万元

负债合计	主营业务收入	营业费用	主营业务税金及附加	利润总额	利税总额	全部从业人员平均人数(人)
27628257	**81444366**	**2146378**	**1027764**	**9188633**	**13517316**	**894847**
3179872	13962874	482014	588802	1684479	2932777	156451
24448386	67481492	1664364	438961	7504154	10584539	738396
14315462	24771295	738734	175941	1567171	2684187	375206
5507186	22041137	590814	140967	2693845	3693044	249092
7805610	34631935	816830	710856	4927616	7140086	270549
3580779	6349999	96508	64901	1021725	1454271	127525
2896	33941	608	135	10642	12044	351
63896	314477	3992	4067	70961	92123	2467
54120	589445	7193	4383	128746	166358	5165
365349	2157760	36962	7273	257753	326428	16011
862223	2697624	146602	12496	248645	368365	30508
132014	769604	71211	15719	67027	119018	7999
259654	1126710	28047	521666	121145	780804	6061
319499	495260	9236	4015	25014	44750	9444
120564	927307	19286	3322	98956	132976	20042
14051	41029	1248	211	6632	8241	950
35591	276855	7817	1655	45510	58521	2775
39756	385629	7476	2153	57869	76487	4222

项目	企业单位数（个）	资产总计	应收帐款	存货	#产成品
造纸及纸制品业	101	763534	59506	69032	31022
印刷业和记录媒介的复制	44	372626	29944	47766	15545
文教体育用品制造业	4	12892	722	922	333
石油加工、炼焦及核燃料加工业	5	65362	5993	20200	5925
化学原料及化学制品制造业	142	1232154	101557	99530	53378
医药制造业	44	598704	40478	63893	34963
化学纤维制造业	4	38796	2634	6816	2962
橡胶制品业	13	103020	4361	2957	2212
塑料制品业	60	431362	37131	23816	10773
非金属矿物制品业	793	7788319	803275	436133	243618
黑色金属冶炼及压延加工业	46	1223362	38969	130239	51941
有色金属冶炼及压延加工业	111	5793389	362747	527456	129691
金属制品业	84	1263969	165957	145551	53250
通用设备制造业	107	1307434	199512	146439	75677
专用设备制造业	192	3867283	532052	593849	155638
交通运输设备制造业	57	4165079	592016	379124	132598
电气机械及器材制造业	93	982399	148811	108571	42527
通信设备、计算机及其他电子设备制造业	25	3031972	1153274	626955	17984
仪器仪表及文化、办公用机械制造业	20	279249	81790	30127	7522
工艺品及其他制造业	15	118111	11187	9393	4426
废弃资源和废旧材料回收加工业	1	2121	216	25	25
电力、热力的生产和供应业	19	5956028	190353	161020	18814
燃气生产和供应业	11	319015	23923	7538	8
水的生产和供应业	3	271677	7176	145	

单位:万元

负债合计	主营业务收　　入	营业费用	主营业务税金及附加	利润总额	利税总额	全部从业人员平均人数(人)
245362	2131308	54433	6438	372180	473996	20657
141401	586223	8512	3034	67228	100103	8230
3933	62276	413	257	6659	9683	842
34433	219309	4108	825	17796	25558	927
510215	2961755	62948	19442	402652	533404	23859
299575	1040654	33028	5570	145322	206085	11621
20972	95302	589	215	13636	18045	839
25910	263811	1905	849	42302	51130	3127
180371	889595	15214	4398	143952	187793	9696
2534352	19067920	668592	163759	3028673	4122752	169837
678620	2474009	30058	6420	216435	287276	11877
3905283	7388279	73240	13236	302501	446966	48629
584171	1709397	25004	5172	196511	249447	20582
533536	3274407	77098	26055	341869	500353	38125
1731289	5587358	182882	34114	739886	973743	55031
2242346	6134486	322966	72161	683577	978629	29286
413323	1473659	28921	4341	141382	189987	15744
2342759	4210716	34280	2551	108639	306200	149277
104739	177766	15373	1528	30851	44646	3809
42939	459634	42475	1922	72061	95438	4238
25	6187	1176	78	1114	1265	79
4867960	4756619	13145	10998	-62628	47826	28307
166180	257171	8735	2108	30894	38185	2530
168171	50886	5098	298	-15485	-11578	4178

8-15 国有及国有控股

（2011 年）

项　　目	企　业 单位数 （个）	资产总计	应收帐款	存货	#产成品
总　　计	**90**	**14395979**	**1033057**	**1550541**	**306254**
按轻重工业分					
轻工业	17	1377702	60765	364948	22310
重工业	73	13018276	972292	1185594	283945
按企业规模分					
大型企业	16	9844182	798303	952144	202637
中型企业	42	2096102	138670	197193	69747
小型企业	32	2455694	96085	401205	33871
按行业分					
煤炭开采和洗选业	17	4188675	51906	291006	66269
黑色金属矿采选业	1	2700	355	501	501
食品制造业	1	16121	632	1633	400
烟草制品业	2	735485	39653	327993	4323
纺织业	2	162441	1292	13698	8043
印刷业和记录媒介的复制	6	86787	6262	15397	5572

工业企业主要经济指标

单位:万元

负债合计	主营业务收　　入	营业费用	主营业务税金及附加	利润总额	利税总额	全部从业人员平均人数(人)
9435992	**15207944**	**360196**	**609169**	**936398**	**2202132**	**156102**
637673	1334987	41847	522650	101500	771039	15815
8798319	13872957	318349	86519	834898	1431093	140287
6514376	10274639	290719	74338	775139	1255202	109991
1264821	1616063	34248	7770	24514	96011	31787
1656795	3317242	35229	527061	136746	850919	14324
2883847	3608479	30522	37388	221638	452056	71201
383	10017	185	13	1605	1751	148
9199	33514	3089	151	1555	2868	895
253271	1111582	28047	521552	120247	778827	5358
134152	45637	590	22			1916
18736	64109	1861	404	4483	7360	2026

8-15 续表 (2011 年)

项　　目	企 业 单位数 (个)	资产总计	应收帐款	存货	#产成品
石油加工、炼焦及核燃料加工业	2	39688	5071	19842	5776
化学原料及化学制品制造业	1	32175	513	7394	4768
医药制造业	3	144281	6990	13970	9802
塑料制品业	1	11394	1914	763	334
非金属矿物制品业	6	124638	14330	24227	11475
黑色金属冶炼及压延加工业	1	40951	155	18672	5831
有色金属冶炼及压延加工业	3	989000	33628	116339	23057
金属制品业	3	243870	21160	24553	7944
通用设备制造业	5	133567	40169	30911	15564
专用设备制造业	8	1571541	230287	293231	57985
交通运输设备制造业	8	1484298	441109	182098	54272
电气机械及器材制造业	2	25065	4872	5303	1711
通信设备、计算机及其他电子设备制造业	2	95960	6439	22500	3816
电力、热力的生产和供应业	12	3991460	118931	140367	18814
水的生产和供应业	3	271677	7176	145	

单位:万元

负债合计	主营业务收　　入	营业费用	主营业务税金及附加	利润总额	利税总额	全部从业人员平均人数(人)
25521	162166	3609	618	7274	12113	419
22749	17948	655	10	-877	-801	734
85343	57964	3640	227	-1179	6902	1643
2547	7284	135	27	691	912	149
81575	64247	3480	270	1150	4206	2278
26931	95230	713	2	3340	3342	78
846192	585217	11645	2276	-45869	-20531	11069
132809	121950	2530	572	5999	10945	4545
75710	126660	3682	638	6336	8336	1404
754341	1019588	28222	4980	150764	188178	10779
764084	3799403	215776	30148	459322	641995	10571
12679	13930	733	110	156	1246	644
40866	44216	2873	226	8064	10813	789
3094267	4165309	13113	9193	16729	111837	24813
168171	50886	5098	298	-15485	-11578	4178

8-16　规模以上集体工业

（2011 年）

项　　目	企　业 单位数 （个）	资产总计	应收帐款	存货	#产成品
总　　计	**48**	**579409**	**72825**	**44455**	**16109**
按轻重工业分					
轻工业	11	99666	10159	8861	2231
重工业	37	479742	62666	35594	13878
按企业规模分					
大型企业	2	161825	6449	2816	1323
中型企业	10	214189	51379	30289	8221
小型企业	36	203395	14997	11351	6566
按行业分					
煤炭开采和洗选业	4	24222	939	814	531
非金属矿采选业	1	8734	1867	1663	832
农副食品加工业	1	2060	26	45	32
烟草制品业	1	9460	1538	2485	1506
纺织服装、鞋、帽制造业	1	729	107	86	52

企业主要经济指标

单位:万元

负债合计	主营业务收　入	营业费用	主营业务税金及附加	利润总额	利税总额	全部从业人员平均人数(人)
293113	**1135469**	**57053**	**6976**	**157111**	**222030**	**14700**
40870	226328	5277	798	33959	44062	2801
252243	909142	51776	6178	123152	177969	11899
112533	209092	18771	127	13002	24147	3371
122026	426123	14817	3789	61525	86234	5897
58554	500255	23465	3059	82585	111649	5432
10327	22766	235	448	5331	7750	675
3884	24191	1693	73	5080	6362	285
350	4200	50	14	1105	1289	53
6383	15128		114	898	1977	703
124	12600	74	21	38	76	240

项　　目	企业单位数(个)	资产总计	应收帐款	存货	#产成品
造纸及纸制品业	4	26002	1359	1538	598
印刷业和记录媒介的复制	3	24643	6656	4645	0
化学原料及化学制品制造业	2	10567	919	1274	851
医药制造业	1	36773	473	63	44
塑料制品业	3	44554	7318	3637	361
非金属矿物制品业	16	182053	29771	7322	3397
有色金属冶炼及压延加工业	1	129778	3735	2052	810
金属制品业	1	29085	11858	6640	3282
通用设备制造业	4	35894	2265	10829	2508
专用设备制造业	2	4973	1275	1103	1077
交通运输设备制造业	2	8181	2231	38	28
电气机械及器材制造业	1	1700	488	223	202

单位:万元

负债合计	主营业务收入	营业费用	主营业务税金及附加	利润总额	利税总额	全部从业人员平均人数(人)
3296	83729	4796	172	18227	21882	757
11029	35867	172	215	1955	3923	776
393	32663	1375	21	4694	5462	163
19687	74802	184	263	11736	14915	272
20964	70792	1391	381	11451	14929	1667
66250	485142	39737	3672	74999	109833	3836
103820	87736	510	120	1462	2899	2318
23173	50611	1010	62	3012	5596	1030
15270	90448	2110	930	12620	17797	985
2179	34651	3279	173	3374	5279	540
5019	7710	274	281	1057	1851	315
966	2433	161	17	73	211	85

8-17 各县(市)、区规模以上工业企业主要经济指标

(2011 年)　　单位:万元

县(市)区	企业单位数(个)	资产总计	应收帐款	存货	#产成品	负债合计
全　市	**2515**	**51729886**	**5306809**	**4808936**	**1340298**	**27628257**
中原区	66	3630845	380547	330386	97816	2453996
二七区	93	1290107	157764	134256	44468	787296
管城区	22	1367361	205295	328097	58316	688611
金水区	27	722191	150914	139572	33728	413595
上街区	81	1929956	139336	187092	49879	1413690
惠济区	28	548597	115730	86616	15699	327459
中牟县	234	2684496	198587	254953	99959	1472170
巩义市	351	6943066	450860	599346	221082	4112070
荥阳市	323	4899433	227861	303966	179188	1803189
新密市	497	6720401	290900	340204	115869	3153712
新郑市	296	5788847	225314	476013	129682	2348302
登封市	264	6587447	640872	308944	82925	3233810
经济开发区	60	1986301	435343	198729	51024	966181
高新开发区	114	3778983	632688	477192	140992	2120733
郑东新区	4	11159	200	1870	275	9657
航空港区	50	2548931	1039038	612410	12943	2132589

8-17　续表　　(2011 年)　　单位:万元

县(市)区	主营业务收入	营业费用	主营业务税金及附加	利润总额	利税总额	全部从业人员年平均人数(人)
全　市	**81444366**	**2146378**	**1027764**	**9188633**	**13517316**	**894847**
中原区	3433611	76606	12060	189915	285087	26522
二七区	1534035	48213	2543	63453	88278	14598
管城区	2506499	106431	276199	204034	607110	15158
金水区	1002007	88301	3661	31966	55290	12026
上街区	2763488	50564	10853	34598	153089	49366
惠济区	708733	25114	1800	25303	38919	8842
中牟县	5537003	166728	53040	662967	926973	53116
巩义市	12622122	415552	83348	1129085	1613011	90730
荥阳市	10517319	158993	73595	1213664	1708320	100912
新密市	10731522	276456	50695	1799954	2369841	105175
新郑市	9819444	164598	322513	1388357	2273156	74357
登封市	9595631	210112	96302	1564667	2028488	91114
经济开发区	3265819	169232	25083	422002	568600	28208
高新开发区	2833923	138884	12594	287947	402730	32854
郑东新区	6389	244	10	-314	-261	
航空港区	4310092	46902	1259	156515	369114	134118

8-18 各县(市)、区国有及国有控股工业企业主要经济指标

(2011 年)

单位:万元

县(市)区	企业单位数(个)	资产总计	应收帐款	存货	#产成品	负债合计
全市	**90**	**14395979**	**1033057**	**1550541**	**306254**	**9435992**
中原区	10	2439086	194643	204176	56468	1555056
二七区	2	679180	45506	47359	4903	467576
管城区	6	1175932	171309	297866	52343	588409
金水区	4	254082	21894	54367	11730	117199
上街区	7	1470247	45307	135497	26302	1192936
惠济区	2	33601	9208	1575	1137	31112
中牟县	4	112097	297	6323	3922	69158
巩义市	7	808329	13540	44078	16794	546640
荥阳市	5	636609	50834	11683	7897	512901
新密市	6	1713283	22593	130687	26329	1268473
新郑市	4	952319	31037	217604	16715	575031
登封市	9	2679297	86011	202411	34428	1739105
经济开发区	10	638657	263271	82325	15413	285134
高新开发区	8	482925	61900	83474	24994	287224
航空港区	1	28571	147	1824	425	8838

8-18 续表

(2011 年)

单位:万元

县(市)区	主营业务收入	营业费用	主营业务税金及附加	利润总额	利税总额	全部从业人员年平均人数(人)
全市	**15207944**	**360196**	**609169**	**936398**	**2202132**	**156102**
中原区	2169250	29839	7578	118037	188923	8796
二七区	301226	2815	582	5012	9470	1036
管城区	2256856	97867	263215	193024	574723	11057
金水区	161512	7085	622	5257	9538	2533
上街区	1115280	13350	3578	-39558	2136	14567
惠济区	15215	87	72	499	1698	621
中牟县	114738	2281	207	-369	3243	1859
巩义市	476277	4622	5176	54300	92074	11809
荥阳市	417512	3471	1465	-14336	2013	4786
新密市	1664461	14180	15102	30648	111456	4572
新郑市	1138212	18655	270630	62564	422421	5124
登封市	2634510	18179	14747	163652	274215	23383
经济开发区	2129270	133207	22393	331624	456668	4399
高新开发区	351471	10998	1595	10817	23007	3674
航空港区	5425	114		705	976	135

8-19 各县(市)、区规模以上集体工业企业主要经济指标

(2011 年)　　单位:万元

县(市)区	企业单位数(个)	资产总计	应收帐款	存货	#产成品	负债合计
全　市	**48**	**579409**	**72825**	**44455**	**16109**	**293113**
中原区	1	2380	374	1272	669	1685
二七区	1	1700	488	223	202	966
管城区	2	21451	7046	3658	0	9340
金水区	2	4244	480	1002	12	2531
上街区	2	50225	18720	10126	3529	39750
中牟县	1	2060	26	45	32	350
巩义市	11	204787	11379	5981	3684	128390
荥阳市	7	97537	4223	11028	3097	42512
新密市	12	65784	2525	2548	802	10332
新郑市	4	39853	2026	2685	1635	11102
登封市	5	89387	25538	5888	2448	46155

8-19　续表　　(2011 年)　　单位:万元

县(市)区	主营业务收入	营业费用	主营业务税金及附加	利润总额	利税总额	全部从业人员平均人数(人)
全　市	**1135469**	**57053**	**6976**	**157111**	**222030**	**14700**
中原区	6070	5	6	54	109	205
二七区	2433	161	17	73	211	85
管城区	30726	159	197	1780	3573	631
金水区	7766	14	49	234	697	419
上街区	61902	1854	172	2861	5929	2286
中牟县	4200	50	14	1105	1289	53
巩义市	344666	28939	1613	27017	48919	4666
荥阳市	233780	5941	1538	32249	44131	1887
新密市	161413	9444	361	33174	41024	1806
新郑市	90797	668	528	15932	21424	1209
登封市	191717	9820	2483	42634	54726	1453

8-20　规模以上工业企业主要经济效益指标

（2011 年）

单位：%

项　　目	总资产贡献率	成本费用利润率	资　产负债率	产　品销售率
总　　计	**27.42**	**12.63**	**53.41**	**97.88**
按轻重工业分				
轻工业	40.26	13.98	43.85	98.79
重工业	25.27	12.37	55.01	97.69
按企业规模分				
大型企业	13.86	6.54	66.14	97.54
中型企业	31.92	13.75	45.90	98.18
小型企业	40.91	16.96	43.11	97.94
微型企业	10.61	5.05	49.01	93.72
按行业分				
煤炭开采和洗选业	23.42	18.85	54.86	98.70
黑色金属矿采选业	81.30	45.85	18.74	98.94
有色金属矿采选业	71.69	30.06	48.22	98.00
非金属矿采选业	66.14	28.20	21.19	97.15
农副食品加工业	39.15	13.57	42.29	98.87
食品制造业	19.92	10.02	45.51	98.50
饮料制造业	39.97	9.49	43.25	98.63
烟草制品业	105.30	24.43	34.86	99.00
纺织业	12.17	4.45	69.45	95.11
纺织服装、鞋、帽制造业	46.21	11.96	40.98	98.88
皮革、毛皮、羽毛(绒)及其制品业	34.82	18.32	57.36	86.55
木材加工及木、竹、藤、棕、草制品业	58.69	19.88	35.06	98.53
家具制造业	63.65	17.74	32.51	98.62
造纸及纸制品业	62.69	21.27	32.14	102.88
印刷业和记录媒介的复制	27.58	12.85	37.95	99.08
文教体育用品制造业	76.46	11.95	30.51	93.48
石油加工、炼焦及核燃料加工业	40.62	8.73	52.68	93.84
化学原料及化学制品制造业	44.26	15.97	41.41	97.47
医药制造业	36.00	16.22	50.04	95.85
化学纤维制造业	46.70	16.72	54.06	98.28
橡胶制品业	49.83	19.23	25.15	98.71
塑料制品业	44.30	19.40	41.81	98.76
非金属矿物制品业	54.21	18.99	32.54	98.20
黑色金属冶炼及压延加工业	24.12	9.37	55.47	98.04
有色金属冶炼及压延加工业	10.53	4.17	67.41	99.12
金属制品业	20.95	12.23	46.22	98.02
通用设备制造业	39.47	11.66	40.81	96.39
专用设备制造业	25.69	14.86	44.77	96.67
交通运输设备制造业	23.65	11.96	53.84	98.61
电气机械及器材制造业	20.26	10.50	42.07	98.02
通信设备、计算机及其他电子设备制造业	10.10	2.61	77.27	91.03
仪器仪表及文化、办公用机械制造业	16.69	20.42	37.51	94.55
工艺品及其他制造业	82.37	17.89	36.35	96.45
废弃资源和废旧材料回收加工业	60.74	22.29	1.16	94.75
电力、热力的生产和供应业	3.56	-1.27	81.73	99.40
燃气生产和供应业	12.25	13.74	52.09	100.80
水的生产和供应业	-2.31	-22.92	61.90	98.62

8-21 国有及国有控股工业企业主要经济效益指标

（2011 年）

单位：%

项目	总资产贡献率	成本费用利润率	资产负债率	产品销售率
总计	**16.60**	**6.60**	**65.55**	**98.94**
按轻重工业分				
轻工业	55.82	12.26	47.25	97.64
重工业	12.30	6.26	67.55	99.09
按企业规模分				
大型企业	14.01	7.90	66.17	99.48
中型企业	5.82	1.44	60.34	95.49
小型企业	36.19	5.12	67.47	99.28
按行业分				
煤炭开采和洗选业	12.06	6.34	68.85	97.90
黑色金属矿采选业	68.23	19.10	14.17	99.71
食品制造业	18.84	4.85	57.07	99.97
烟草制品业	106.38	24.97	34.44	99.08
纺织业	-2.85	-9.27	82.59	85.58
纺织服装、鞋、帽制造业	19.58	17.84	62.24	100.00
印刷业和记录媒介的复制	8.73	7.16	21.59	98.29
石油加工、炼焦及核燃料加工业	32.24	4.64	64.30	92.09
化学原料及化学制品制造业	-2.54	-4.67	70.70	109.53
医药制造业	7.11	-1.86	59.15	81.32
塑料制品业	8.49	9.96	22.35	98.83
非金属矿物制品业	3.96	1.71	65.45	92.43
黑色金属冶炼及压延加工业	8.97	3.63	65.76	100.00
有色金属冶炼及压延加工业	-0.63	-7.06	85.56	100.09
金属制品业	4.87	3.55	54.46	98.59
通用设备制造业	6.26	5.01	56.68	86.08
专用设备制造业	11.80	15.98	48.00	98.30
交通运输设备制造业	43.09	13.70	51.48	100.03
电气机械及器材制造业	5.09	1.08	50.59	115.19
通信设备、计算机及其他电子设备制造业	11.36	20.89	42.59	102.19
电力、热力的生产和供应业	5.43	0.40	77.52	99.55
水的生产和供应业	-2.31	-22.92	61.90	98.62

8-22 集体工业企业主要经济效益指标

(2011 年)

单位:%

项目	总资产贡献率	成本费用利润率	资产负债率	产品销售率
总计	**40.31**	**15.19**	**50.59**	**98.86**
按轻重工业分				
轻工业	45.26	17.70	41.01	101.14
重工业	39.29	14.62	52.58	98.32
按企业规模分				
大型企业	17.75	5.61	69.54	96.62
中型企业	41.16	16.72	56.97	99.88
小型企业	57.38	19.01	28.79	98.95
按行业分				
煤炭开采和洗选业	31.63	31.29	42.63	99.69
非金属矿采选业	73.09	26.68	44.47	98.40
农副食品加工业	66.49	35.29	16.99	93.00
烟草制品业	21.34	6.24	67.47	93.78
纺织服装、鞋、帽制造业	16.29	0.30	16.98	100.00
造纸及纸制品业	87.23	27.90	12.68	98.99
印刷业和记录媒介的复制	16.21	5.85	44.76	112.98
化学原料及化学制品制造业	52.05	16.80	3.72	99.84
医药制造业	40.60	18.69	53.54	101.22
塑料制品业	33.80	18.91	47.05	99.35
非金属矿物制品业	65.44	16.23	36.39	97.99
有色金属冶炼及压延加工业	2.23	1.70	80.00	97.72
金属制品业	20.15	5.96	79.67	101.60
通用设备制造业	49.67	15.96	42.54	97.65
专用设备制造业	119.54	10.85	43.82	95.57
交通运输设备制造业	24.19	16.58	61.4	91.66
电气机械及器材制造业	13.18	3.11	56.8	175.59

8-23　各县(市)区规模以上工业企业主要经济效益指标

(2011 年)　　　　单位:%

县(市)区	总资产贡献率	成本费用利润率	资　产负债率	产　品销售率
全　市	**27.42**	**12.63**	**53.41**	**97.88**
中原区	6.74	4.43	71.15	93.15
二七区	8.52	4.54	59.19	97.78
管城区	44.68	9.84	50.36	99.78
金水区	11.34	3.36	57.65	100.06
上街区	9.86	1.46	70.81	99.93
惠济区	7.31	3.58	59.69	98.61
中牟县	35.62	13.22	54.84	99.09
巩义市	26.25	9.68	59.11	97.79
荥阳市	36.33	13.06	36.64	97.16
新密市	45.61	23.98	37.92	99.81
新郑市	42.62	17.61	37.88	98.66
登封市	35.98	21.39	45.42	97.89
经济开发区	28.72	14.41	48.64	97.95
高新开发区	12.09	10.98	56.12	96.22
郑东新区	0.85	-4.60	86.54	98.09
航空港区	14.56	3.73	83.67	91.08

8-24　各县(市)、区国有及国有控股工业企业主要经济效益指标

(2011 年)　　　　单位:%

县(市)区	总资产贡献率	成本费用利润率	资　产负债率	产　品销售率
全　市	**16.60**	**6.60**	**65.55**	**98.94**
中原区	0.74	-6.47	60.87	98.65
二七区	3.20	2.45	66.21	97.71
管城区	48.87	10.47	50.04	99.85
金水区	7.80	4.27	24.69	95.38
上街区	0.70	-4.60	79.61	100.03
惠济区	7.29	3.38	92.59	101.25
中牟县	4.73	-0.32	61.70	97.39
巩义市	13.43	13.52	67.13	95.52
荥阳市	3.32	-3.44	80.77	98.59
新密市	9.45	1.72	57.11	99.35
新郑市	75.58	11.62	48.97	97.95
登封市	14.27	8.50	60.54	97.90
经济开发区	70.22	18.61	44.65	100.03
高新开发区	7.74	3.30	61.40	86.63
航空港区	3.41	10.89	30.93	98.96

8-25　各县(市)区集体工业企业主要经济效益指标

(2011 年)　　　　单位:%

县(市)区	总资产贡献率	成本费用利润率	资　产负债率	产　品销售率
全　市	**40.31**	**15.19**	**50.59**	**98.86**
中原区	4.57	0.89	70.81	96.35
二七区	13.18	3.11	56.81	175.59
管城区	16.99	6.18	43.54	112.55
金水区	16.43	3.24	59.64	99.02
上街区	12.35	4.51	79.14	102.02
中牟县	66.49	35.29	16.99	93.00
巩义市	27.68	7.27	62.69	96.62
荥阳市	46.00	15.94	43.59	98.92
新密市	62.65	25.94	15.71	99.86
新郑市	54.28	21.35	27.86	97.85
登封市	63.71	29.08	51.64	99.36

8-26 规模以上工业企业全员劳动生产率

（2011 年）

单位:元/人·年

项　　目	合计	#国有及国有控股	#集体	#港澳台投　资	#外商投资
全　　市	**229108**	**264803**	**200348**	**113903**	**345926**
按企业规模分					
大型企业	110827	261645	60709	12163	206233
中型企业	215406	324011	109356	768171	1003801
小型企业	407154	157662	385785	4625453	320952
按轻重工业分					
轻工业	248424	571326	191949	403206	211043
重工业	225016	230248	202325	105504	445085

8-27 各县(市)、区规模以上工业企业全员劳动生产率

（2011 年）

单位:元/人·年

县(市)区	合计	#国有及国有控股	#集体	#港澳台投　资	#外商投资	轻工业	重工业	大型	中型	小型
全　市	**229108**	**266828**	**200348**	**113903**	**345926**	**248424**	**225016**	**110827**	**215406**	**405760**
中原区	258845	431419	93561	205215	152412	69665	345165	604790	61575	212231
二七区	278037	822191	47059		319550	222740	327956	188824	351609	256849
管城区	552950	705494	120222	368710		748334	410942	416104	1719978	64783
金水区	205289	151100	50095	48346	580273	210158	183854	262686	138763	159091
上街区	135004	171893	65267	153625	45040	132156	135052	93944	39061	576538
惠济区	219163	119308			75582	197441	278340		820272	309442
中牟县	255987	1322130	227925	19549	434437	267351	251045	189549	242607	310432
巩义市	330486	126205	209213	721585	317402	391986	328166	123771	316327	523453
荥阳市	247727	203892	306529	354367	517337	224684	251945	66986	97351	610584
新密市	279925	831966	196146	457659	125909	189164	313099	296423	194867	318496
新郑市	354213	1082580	186543	319940	182378	349973	357502	715881	321447	291529
登封市	294333	298094	397412	294981	308245	418007	291882	235840	281737	445932
经济开发区	258372	999448		78187	865300	161566	277323	42257	625166	379294
高新开发区	190356	351847		1139351	313175	130201	211405	61745	176224	305658
航空港区	70832	56741		68143	264077	128217	67570		123555	1865266

8-28　规模以上工业企业分行业全员劳动生产率

（2011 年）

单位：元/人·年

行　　业	合计	#国有及国有控股	#集体	#港澳台投　资	#外商投资
全　　市	**229108**	**264803**	**200348**	**113903**	**345926**
煤炭开采和洗选业	185203	137185	164110		
黑色金属矿采选业	253963	176378			
有色金属矿采选业	405380				
非金属矿采选业	336350		246902		
农副食品加工业	280466		215755	988212	650246
食品制造业	204347	154704		392289	240437
饮料制造业	249474			3633667	151481
烟草制品业	1347706	1510694	105475		
纺织业	136410	56044		109556	120809
纺织服装、鞋、帽制造业	105212	10224	118517	34403	193242
皮革、毛皮、羽毛（绒）及其制品业	129992				
木材加工及木、竹、藤、棕、草制品业	247979				48038
家具制造业	204122				
造纸及纸制品业	232841		242003	279722	83096
印刷业和记录媒介的复制	185033	88372	70620	113631	
文教体育用品制造业	203433				
石油加工、炼焦及核燃料加工业	402292	595981			
化学原料及化学制品制造业	281325	140189	280552	92937	113027
医药制造业	262567	98150	682445		186333
化学纤维制造业	235443			92208	
橡胶制品业	147086				
塑料制品业	200816	184195	77172	322275	232421
非金属矿物制品业	314135	570359	374754	604118	327081
黑色金属冶炼及压延加工业	415099	2748115			198251
有色金属冶炼及压延加工业	254168	209535	72770	323849	273703
金属制品业	167846	39438	33038		135214
通用设备制造业	213715	226925	241483		144047
专用设备制造业	216691	189670	145804	770224	1059180
交通运输设备制造业	426730	926460	59956		674458
电气机械及器材制造业	223835	43112	896412		
通信设备、计算机及其他电子设备制造业	89250	106298		87330	
仪器仪表及文化、办公用机械制造业	131282			187068	
工艺品及其他制造业	290366				
废弃资源和废旧材料回收加工业	213468				
电力、热力的生产和供应业	258038	235496		195671	3953525
燃气生产和供应业	227823			206502	
水的生产和供应业	54371	54371			90078

8-29　工业企业能源购进、消费与库存情况

（2011 年）

行　　业	计量单位	年初库存量	购进量		消费量			年末库存量
			实物量	金额（千元）	合计	工业生产消费	非工业生产消费	
原煤	**吨**	**1814758**	**31157906**	**19538439**	**31305380**	**31225305**	**80075**	**1690034**
采矿业	吨	65427	2351903	1202601	2445407	2383920	61487	80491
煤炭开采和洗选业	吨	65397	2341126	1194062	2434630	2375043	59587	80461
黑色金属矿采选业	吨	10	1922	1638	1922	1922		10
有色金属矿采选业	吨	20	8361	6448	8361	6461	1900	20
非金属矿采选业	吨		494	453	494	494		
制造业	吨	717528	10775837	7605855	10919236	10901900	17336	563106
农副食品加工业	吨	595	66359	49564	65842	65722	120	1035
食品制造业	吨	14305	218611	157504	224906	224085	821	8010
饮料制造业	吨	1400	70766	50152	70572	70510	62	1594
烟草制品业	吨		1521	1699	1521	1521		
纺织业	吨	3310	15723	9412	12866	12765	101	61
纺织服装、鞋、帽制造业	吨	27	79114	54623	79114	78712	402	20
皮革、毛皮、羽毛(绒)等	吨		315	203	315	315		
木材加工及木、竹、藤等	吨	18	1457	932	1458	1418	40	17
家具制造业	吨	11	134	91	145	97	48	
造纸及纸制品业	吨	4660	611328	459723	610668	610603	65	5280
印刷业和记录媒介的复制	吨	50	16344	9764	16353	15186	1168	41
石油加工炼焦及核燃料加工业	吨	1	1893	1430	1893	1882	10	
化学原料及化学制品制造业	吨	8113	328972	349488	329811	329660	151	7422
医药制造业	吨	3166	42587	30136	42308	41969	340	3576
化学纤维制造业	吨	2	1499	900	1494	1475	19	7
橡胶制品业	吨	44	9117	4601	9114	9114		47
塑料制品业	吨	11	30375	18880	30366	30321	46	18
非金属矿物制品业	吨	129915	4292396	3330089	4335435	4329917	5517	74723
黑色金属冶炼及压延加工业	吨	21333	216954	173109	235088	234571	517	3205
有色金属冶炼及压延加工业	吨	504809	4515810	2712593	4609803	4602585	7218	417701
金属制品业	吨	16962	142088	97686	125446	125409	38	33827
通用设备制造业	吨	1077	40648	31747	40643	40621	22	1076
专用设备制造业	吨	1346	20448	21901	19616	19435	181	2174
交通运输设备制造业	吨	6281	44041	32629	47166	46739	427	3156
电气机械及器材制造业	吨	30	5227	5617	5166	5150	16	70
通信设备、计算机及其他	吨		90	53	90	82	8	
仪器仪表及文化、办公用	吨	3	855	488	856	856		2
工艺品及其他制造业	吨	59	1167	841	1180	1180		46
电力、燃气及水的生产和供应业	吨	1031804	18030166	10729983	17940738	17939486	1252	1046437
电力、热力的生产和供应业	吨	1031784	18030006	10729846	17940558	17939356	1202	1046437

8-29 续表1　　（2011年）

行业	计量单位	年初库存量	购进量		消费量			年末库存量
			实物量	金额（千元）	合计	工业生产消费	非工业生产消费	
燃气生产和供应业	吨		130	110	130	130		
水的生产和供应业	吨	20	30	27	50		50	
洗精煤	**吨**	**2268**	**36423**	**38920**	**34716**	**34691**	**25**	**4000**
制造业	吨	68	9520	10403	8340	8315	25	1273
非金属矿物制品业	吨	68	6357	8276	5177	5152	25	1273
电力、燃气及水的生产和供应业	吨	2200	26903	28517	26376	26376		2727
电力、热力的生产和供应业	吨	2200	26903	28517	26376	26376		2727
煤制品	**吨**	**24**	**1538**	**830**	**1553**	**1553**		
制造业	吨	24	1538	830	1553	1553		
饮料制造业	吨		1357	600	1357	1357		
交通运输设备制造业	吨	24	181	230	196	196		
焦炭	**吨**	**6068**	**442944**	**863119**	**442336**	**442256**	**80**	**6749**
制造业	吨	6053	442917	863076	442311	442256	55	6732
食品制造业	吨		260	368	260	260		
纺织服装、鞋、帽制造业	吨		130	264	130	130		
化学原料及化学制品制造业	吨	53	53224	70270	53174	53174		60
非金属矿物制品业	吨	212	17779	29550	17720	17665	55	386
黑色金属冶炼及压延加工业	吨	5669	339876	708159	339888	339888		5657
有色金属冶炼及压延加工业	吨		11953	14666	11451	11451		502
通用设备制造业	吨	79	18486	37399	18467	18467		98
专用设备制造业	吨		1209	2399	1181	1181		28
电力、燃气及水的生产和供应业	吨	15	27	44	25		25	17
水的生产和供应业	吨	15	27	44	25		25	17
其他焦化产品	**吨**	**2000**	**89964**	**97714**	**90302**	**90302**		**1662**
制造业	吨		534	1121	534	534		
非金属矿物制品业	吨		534	1121	534	534		
电力、燃气及水的生产和供应业	吨	2000	89430	96593	89768	89768		1662
电力、热力的生产和供应业	吨	2000	89430	96593	89768	89768		1662
转炉煤气	**万立方米**		**132**	**213**	**132**	**132**		
制造业	万立方米		132	213	132	132		
有色金属冶炼及压延加工业	万立方米		103	166	103	103		
电气机械及器材制造业	万立方米		29	47	29	29		
发生炉煤气	**万立方米**		**5017**	**30744**	**5017**	**5010**	**6**	
制造业	万立方米		5017	30744	5017	5010	6	
饮料制造业	万立方米		321	851	321	320	1	
非金属矿物制品业	万立方米		1640	2206	1640	1640		
有色金属冶炼及压延加工业	万立方米		2479	18692	2479	2473	6	

8-29　续表 2　（2011 年）

行　　业	计量单位	年初库存量	购进量		消费量			年末库存量
			实物量	金额（千元）	合计	工业生产消费	非工业生产消费	
金属制品业	万立方米		575	8974	575	575		
通用设备制造业	万立方米		2	21	2	2		
天然气	**万立方米**		**121295**	**2377020**	**121295**	**120325**	**971**	
制造业	万立方米		56459	1197120	56459	56400	60	
农副食品加工业	万立方米		203	4378	203	203		
食品制造业	万立方米		414	11784	414	414		
饮料制造业	万立方米		55	1585	55	53	2	
烟草制品业	万立方米		802	22552	802	800	2	
纺织业	万立方米		395	9326	395	395		
纺织服装、鞋、帽制造业	万立方米		72	1153	72	72		
造纸及纸制品业	万立方米		4	120	4	4		
印刷业和记录媒介的复制	万立方米		140	4182	140	139	1	
化学原料及化学制品制造业	万立方米		4	120	4	4		
医药制造业	万立方米		366	10954	366	366		
塑料制品业	万立方米		63	1866	63	63		
非金属矿物制品业	万立方米		11656	304639	11656	11656		
有色金属冶炼及压延加工业	万立方米		37345	692966	37345	37345		
金属制品业	万立方米		826	19390	826	826		
通用设备制造业	万立方米		11	340	11	10	2	
专用设备制造业	万立方米		138	3986	138	135	3	
交通运输设备制造业	万立方米		1833	50285	1833	1783	50	
电气机械及器材制造业	万立方米		38	1094	38	38		
通信设备、计算机及其他	万立方米		2062	55469	2062	2062		
工艺品及其他制造业	万立方米		31	930	31	31		
电力、燃气及水的生产和供应业	万立方米		64836	1179900	64836	63925	911	
电力、热力的生产和供应业	万立方米		63858	1155902	63858	63848	10	
燃气生产和供应业	万立方米		978	23998	978	77	901	
液化天然气	**吨**		**2451**	**10170**	**2451**	**2448**	**3**	
采矿业	吨		12	76	12	12		
煤炭开采和洗选业	吨		12	76	12	12		
制造业	吨		2439	10094	2439	2436	3	
饮料制造业	吨		1	6	1	1		
非金属矿物制品业	吨		1128	5644	1128	1128		
黑色金属冶炼及压延加工业	吨		3	24	3		3	
金属制品业	吨		1250	4032	1250	1250		
专用设备制造业	吨		21	173	21	21		
交通运输设备制造业	吨		30	192	30	30		

行　业	计量单位	年初库存量	购进量		消费量			年末库存量
			实物量	金额（千元）	合计	工业生产消费	非工业生产消费	
电气机械及器材制造业	吨		6	24	6	6		
煤层气	**吨**		**646**	**3494**	**1017**	**1017**		
制造业	吨		646	3494	646	646		
黑色金属冶炼及压延加工业	吨		235	2350	235	235		
有色金属冶炼及压延加工业	吨		411	1144	411	411		
原油	**吨**		**418**	**2500**	**418**	**418**		
制造业	吨		418	2500	418	418		
纺织服装、鞋、帽制造业	吨		17	91	17	17		
非金属矿物制品业	吨		2	15	2	2		
电气机械及器材制造业	吨		399	2394	399	399		
汽油	**吨**	**251**	**77587**	**585132**	**77538**	**70396**	**7141**	**261**
采矿业	吨	86	3858	31276	3840	3055	785	107
煤炭开采和洗选业	吨		2905	23957	2908	2138	770	
黑色金属矿采选业	吨		14	86	14	14		
有色金属矿采选业	吨	86	810	6225	789	789		107
非金属矿采选业	吨		129	1009	129	114	15	
制造业	吨	163	70126	521343	70097	64380	5717	151
农副食品加工业	吨	1	2489	18116	2489	2469	19	1
食品制造业	吨		4161	32640	4161	4089	72	
饮料制造业	吨		169	1332	169	137	32	
烟草制品业	吨		149	1487	149	64	85	
纺织业	吨		2573	19984	2498	2481	17	
纺织服装、鞋、帽制造业	吨	2	1062	7087	1062	911	151	2
皮革、毛皮、羽毛(绒)等	吨		67	656	67	67		
木材加工及木、竹、藤等	吨		208	1339	208	179	29	
家具制造业	吨		397	2991	397	306	91	
造纸及纸制品业	吨		1846	13597	1846	1418	428	
印刷业和记录媒介的复制	吨	1	2358	16948	2359	2228	131	1
文教体育用品制造业	吨		11	103	11	11		
石油加工炼焦及核燃料加工业	吨		2079	16654	2079	2076	3	
化学原料及化学制品制造业	吨	17	6175	42355	6158	5966	192	34
医药制造业	吨		7427	51625	7427	7312	116	
化学纤维制造业	吨		141	1033	141	127	13	
橡胶制品业	吨		877	6610	877	877		
塑料制品业	吨		4262	31266	4262	4205	57	
非金属矿物制品业	吨	4	13988	101958	14049	11563	2486	
黑色金属冶炼及压延加工业	吨		6773	53748	6773	6729	44	

8-29 续表4 （2011年）

行业	计量单位	年初库存量	购进量		消费量			年末库存量
			实物量	金额（千元）	合计	工业生产消费	非工业生产消费	
有色金属冶炼及压延加工业	吨	93	1422	10659	1434	1210	224	49
金属制品业	吨		1279	8849	1279	922	357	
通用设备制造业	吨	7	2153	16382	2151	2012	139	9
专用设备制造业	吨		3146	25735	3145	2630	515	2
交通运输设备制造业	吨	37	2296	17619	2292	2229	63	52
电气机械及器材制造业	吨	2	1232	9233	1231	1074	157	2
通信设备、计算机及其他	吨		512	4130	512	387	125	
仪器仪表及文化、办公用	吨		338	3261	338	315	24	
工艺品及其他制造业	吨		535	3944	535	387	147	
电力、燃气及水的生产和供应业	吨	1	3602	32513	3601	2961	640	3
电力、热力的生产和供应业	吨		2991	26901	2992	2393	599	
燃气生产和供应业	吨		300	2801	300	259	41	
水的生产和供应业	吨	1	311	2811	310	310		3
煤油	**吨**	**55**	**183**	**1478**	**161**	**142**	**19**	**5**
制造业	吨	55	183	1478	161	142	19	5
印刷业和记录媒介的复制	吨		3	34	3		3	
医药制造业	吨		1	7	1	1		
非金属矿物制品业	吨		15	107	15	2	13	
有色金属冶炼及压延加工业	吨	50	152	1220	130	130		
金属制品业	吨		2	14	2		2	
专用设备制造业	吨	4	5	38	5	5		4
交通运输设备制造业	吨		4	57	5	5		
柴油	**吨**	**2139**	**66448**	**482895**	**65264**	**62650**	**2614**	**1982**
采矿业	吨	301	7853	58928	7844	7620	224	426
煤炭开采和洗选业	吨	16	5592	43144	5612	5535	78	
黑色金属矿采选业	吨		11	91	11	11		
有色金属矿采选业	吨	285	1624	11239	1545	1533	12	426
非金属矿采选业	吨		625	4455	675	541	134	
制造业	吨	669	54616	394885	53419	51088	2331	429
农副食品加工业	吨		810	6019	810	771	39	
食品制造业	吨		2445	17254	2469	2362	107	23
饮料制造业	吨	1	881	7361	883	883		
烟草制品业	吨		366	2747	366	353	13	
纺织业	吨		1420	10822	1420	1420		
纺织服装、鞋、帽制造业	吨		55	416	55	43	12	
木材加工及木、竹、藤等	吨		29	164	29	1	28	
造纸及纸制品业	吨		558	4020	558	558		

行　业	计量单位	年初库存量	购进量		消费量			年末库存量
			实物量	金额（千元）	合计	工业生产消费	非工业生产消费	
印刷业和记录媒介的复制	吨		249	1916	249	243	6	
石油加工炼焦及核燃料加工业	吨	31	2802	20801	2780	2774	6	54
化学原料及化学制品制造业	吨	1	1591	12950	1589	1492	98	3
医药制造业	吨		1244	9162	1244	1216	28	
橡胶制品业	吨		716	5261	716	716		
塑料制品业	吨		197	1511	196	191	5	
非金属矿物制品业	吨	17	16920	123698	16896	15694	1202	38
黑色金属冶炼及压延加工业	吨	15	8908	60226	8903	8903		20
有色金属冶炼及压延加工业	吨	551	3379	23741	2273	2004	269	175
金属制品业	吨	2	205	1493	199	180	19	8
通用设备制造业	吨	2	417	2835	416	416		4
专用设备制造业	吨	6	3581	25158	3574	3135	439	15
交通运输设备制造业	吨	37	7091	51841	7046	7000	46	81
电气机械及器材制造业	吨		508	3692	508	508		
通信设备、计算机及其他	吨	5	85	691	82	79	3	8
仪器仪表及文化、办公用	吨		33	277	33	28	5	
工艺品及其他制造业	吨		25	220	25	20	5	
电力、燃气及水的生产和供应业	吨	1169	3979	29082	4002	3942	59	1127
电力、热力的生产和供应业	吨	1163	3298	23756	3315	3255	59	1126
燃气生产和供应业	吨		510	3975	510	510		
水的生产和供应业	吨	6	172	1351	177	177		1
燃料油	**吨**	**18128**	**36144**	**150881**	**33916**	**33916**		**20376**
制造业	吨	17523	29076	105126	29273	29273		17325
农副食品加工业	吨		2240	8973	2172	2172		68
医药制造业	吨	4	18	149	15	15		7
非金属矿物制品业	吨	607	3686	13787	3952	3952		340
有色金属冶炼及压延加工业	吨	16913	23132	82217	23134	23134		16909
电力、燃气及水的生产和供应业	吨	605	7069	45755	4643	4643		3051
电力、热力的生产和供应业	吨	605	7069	45755	4643	4643		3051
液化石油气	**吨**	**87**	**4944**	**31566**	**4949**	**4934**	**15**	**82**
制造业	吨	87	4919	31388	4924	4909	15	82
造纸及纸制品业	吨		8	47	8	8		
化学原料及化学制品制造业	吨		83	596	83	83		
非金属矿物制品业	吨	2	1664	8453	1666	1666		
金属制品业	吨		1209	7522	1209	1209		
家具制造业	吨		103	608	103	103		
通用设备制造业	吨		112	788	112	97	15	

8-29 续表6 （2011年）

行业	计量单位	年初库存量	购进量		消费量			年末库存量
			实物量	金额（千元）	合计	工业生产消费	非工业生产消费	
专用设备制造业	吨		1843	13982	1843	1843		
电力、燃气及水的生产和供应业	吨		25	178	25	25		
电力、热力的生产和供应业	吨		25	178	25	25		
润滑油	**吨**		**11**	**157**	**11**	**11**		**2**
制造业	吨		11	157	11	11		2
黑色金属冶炼及压延加工业	吨		7	106	7	7		
通用设备制造业	吨		4	51	4	4		2
石油焦	**吨**	**21959**	**303000**	**537565**	**296416**	**296416**		**28843**
制造业	吨	19459	167886	287604	161341	161341		26304
非金属矿物制品业	吨		38448	56408	38448	38448		300
有色金属冶炼及压延加工业	吨	19459	129438	231196	122893	122893		26004
电力、燃气及水的生产和供应业	吨	2500	135114	249961	135075	135075		2539
电力、热力的生产和供应业	吨	2500	135114	249961	135075	135075		2539
石油沥青	**吨**	**500**	**31515**	**89335**	**31177**	**31177**		**839**
制造业	吨		6215	18241	6215	6215		
非金属矿物制品业	吨		6215	18241	6215	6215		
电力、燃气及水的生产和供应业	吨	500	25300	71094	24962	24962		839
电力、热力的生产和供应业	吨	500	25300	71094	24962	24962		839
其他石油制品	**吨**	**479**	**141649**	**285838**	**141624**	**141624**		**206**
制造业	吨	412	141085	281682	141043	141043		155
非金属矿物制品业	吨	401	13309	32216	13309	13309		90
有色金属冶炼及压延加工业	吨	6	126986	240624	126951	126951		52
金属制品业	吨		29	498	29	29		
通用设备制造业	吨		42	440	42	42		
专用设备制造业	吨	5	719	7903	711	711		12
电力、燃气及水的生产和供应业	吨	67	565	4156	581	581		51
电力、热力的生产和供应业	吨	67	565	4156	581	581		51
热力	**百万千焦**		**2554804**	**168931**	**12706565**	**12001088**	**705477**	
制造业	百万千焦		1036804	108211	11188565	10483088	705477	
农副食品加工业	百万千焦		266367	15369	266367	266367		
食品制造业	百万千焦		42673	3343	42673	42673		
饮料制造业	百万千焦		44573	7847	44573	44573		
烟草制品业	百万千焦		39941	2217	39941	39941		
纺织业	百万千焦		69819	41899	69819	69819		
纺织服装、鞋、帽制造业	百万千焦		65381	4876	65381	65381		
造纸及纸制品业	百万千焦		1308	218	1308	1308		
印刷业和记录媒介的复制	百万千焦		4920	260	4920	4920		

行业	计量单位	年初库存量	购进量		消费量			年末库存量
			实物量	金额（千元）	合计	工业生产消费	非工业生产消费	
石油加工炼焦及核燃料加工业	百万千焦		1934	156	1934	1934		
化学原料及化学制品制造业	百万千焦		2905	204	2905	2905		
医药制造业	百万千焦		8279	622	8279	8279		
塑料制品业	百万千焦		2296	174	2296	2296		
非金属矿物制品业	百万千焦		2058	157	2058		2058	
黑色金属冶炼及压延加工业	百万千焦		2400	182	2400	2400		
有色金属冶炼及压延加工业	百万千焦				10154980	9460846	694134	
金属制品业	百万千焦		2429	121	2429	763	1666	
通用设备制造业	百万千焦		2476	165	2476	2476		
专用设备制造业	百万千焦		155720	10326	155720	151101	4619	
交通运输设备制造业	百万千焦		321325	20075	318106	315106	3000	
电力、燃气及水的生产和供应业	百万千焦		1518000	60720	1518000	1518000		
电力、热力的生产和供应业	百万千焦		1518000	60720	1518000	1518000		
电力	**万千瓦时**		**3272245**	**20324493**	**4133964**	**4111093**	**22871**	
采矿业	万千瓦时		252300	1766525	254287	244157	10130	
煤炭开采和洗选业	万千瓦时		233015	1636081	235003	225187	9816	
黑色金属矿采选业	万千瓦时		534	3819	534	534		
有色金属矿采选业	万千瓦时		4893	33550	4893	4579	314	
非金属矿采选业	万千瓦时		13858	93075	13858	13858		
制造业	万千瓦时		2467108	15881805	3199796	3192087	7709	
农副食品加工业	万千瓦时		34818	228367	34819	34373	446	
食品制造业	万千瓦时		41878	285630	41878	40557	1321	
饮料制造业	万千瓦时		20549	135571	20549	20536	13	
烟草制品业	万千瓦时		4416	35018	4416	4416		
纺织业	万千瓦时		22061	156391	22061	22061		
纺织服装、鞋、帽制造业	万千瓦时		10436	82149	10436	10418	18	
皮革、毛皮、羽毛(绒)等	万千瓦时		364	2740	364	364		
木材加工及木、竹、藤等	万千瓦时		3942	27904	3942	3918	24	
家具制造业	万千瓦时		4175	30382	4175	4175		
造纸及纸制品业	万千瓦时		85538	622674	85538	85421	117	
印刷业和记录媒介的复制	万千瓦时		10993	75681	10993	10242	751	
文教体育用品制造业	万千瓦时		1030	8089	1030	1030		
石油加工炼焦及核燃料加工业	万千瓦时		2967	21123	2967	2949	17	

行业	计量单位	年初库存量	购进量		消费量			年末库存量
			实物量	金额（千元）	合计	工业生产消费	非工业生产消费	
化学原料及化学制品制造业	万千瓦时		263987	1483824	263987	263575	412	
医药制造业	万千瓦时		24717	174422	24717	24546	171	
化学纤维制造业	万千瓦时		1094	7877	1094	1094		
橡胶制品业	万千瓦时		3829	27369	3829	3829		
塑料制品业	万千瓦时		22818	155844	22818	22763	55	
非金属矿物制品业	万千瓦时		972986	6404549	976888	975935	953	
黑色金属冶炼及压延加工业	万千瓦时		239553	1436037	239553	238814	739	
有色金属冶炼及压延加工业	万千瓦时		397027	2332659	1123315	1121623	1691	
金属制品业	万千瓦时		52111	335094	54610	54563	47	
通用设备制造业	万千瓦时		47281	355731	47281	47146	134	
专用设备制造业	万千瓦时		94509	723067	94509	94141	368	
交通运输设备制造业	万千瓦时		40310	288296	40308	40013	295	
电气机械及器材制造业	万千瓦时		17875	126205	17875	17858	17	
通信设备、计算机及其他	万千瓦时		33829	233588	33829	33749	80	
仪器仪表及文化、办公用	万千瓦时		939	7565	939	911	28	
工艺品及其他制造业	万千瓦时		11037	77673	11037	11026	11	
废弃资源和废旧材料回收	万千瓦时		41	287	41	41		
电力、燃气及水的生产和供应业	万千瓦时		552837	2676163	679880	674848	5032	
电力、热力的生产和供应业	万千瓦时		539607	2576866	666651	662504	4147	
燃气生产和供应业	万千瓦时		2542	19529	2542	2540	2	
水的生产和供应业	万千瓦时		10688	79769	10688	9804	884	
城市固体垃圾用于燃烧	**吨标准煤**		**336632**	**50**	**336632**	**336632**		
电力、燃气及水的生产和供应业	吨标准煤		336632	50	336632	336632		
电力、热力的生产和供应业	吨标准煤		336632	50	336632	336632		
生物质废料	**吨标准煤**		**8668**	**5343**	**8658**	**8658**		
制造业	吨标准煤		8668	5343	8658	8658		
造纸及纸制品业	吨标准煤		5847	3733	5847	5847		
医药制造业	吨标准煤		1346	634	1335	1335		
非金属矿物制品业	吨标准煤		1476	976	1476	1476		
余热余压	**百万千焦**				**1698712**	**1698712**		
制造业	百万千焦				1698712	1698712		
非金属矿物制品业	百万千焦				1396556	1396556		
金属制品业	百万千焦				302157	302157		

主要统计指标解释

按照国家统计方法制度规定,1998 年独立核算工业统计范围由原乡及乡以上调整为全部国有及年销售收入 500 万元及以上非国有工业企业(即新口径)。2007 年起为规模以上工业企业,即年主营业务收入为 500 万元及以上的法人工业企业。2011 年起为年主营业务收入为 2000 万元及以上的法人工业企业。同时,统计分类中的原经济组织类型分组相应地调整为按企业登记注册类型分组。

工业 指从事自然资源的开采,对采掘品和农产品进行加工和再加工的物质生产部门。具体包括:1. 对自然资源的开采,如采矿、晒盐、森林采伐等(但不包括禽兽捕猎和水产捕捞);2. 对农副产品的加工、再加工,如粮油加工、食品加工、轧花、缫丝、纺织、制革等;3. 对采掘品的加工、再加工,如炼铁、炼钢、化工生产、石油加工、机器制造、木材加工等,以及电力、自来水、煤气的生产和供应等;4. 对工业品的修理、翻新,如机器设备的修理,交通运输工具(包括小卧车)的修理等。1984 年以前农村的村及村以下办工业归属农业,1984 年以后划归工业。

工业统计调查单位工业统计调查单位分为两类:独立核算法人工业企业和工业活动单位。

1. 独立核算法人工业企业是指从事工业生产经营活动的单位。独立核算法人工业企业应同时具备以下条件:(1)依法成立,有自己的名称、组织机构和场所,能够承担民事责任;(2)独立拥有和使用资产,承担负债,有权与其他单位签订合同;(3)独立核算盈亏,并能够编制资产负债表。

2. 工业活动单位是指在一个场所从事一种或主要从事一种工业生产活动的经济单位。它包括独立核算工业企业按主营业务活动(即工业生产活动)划分的主营业务活动单位和非工业企业所属的工业生产活动单位(即原非独立核算工业生产单位)。工业活动单位,一般应同时具备以下三个条件:(1)具有一个场所,从事一种或主要从事一种工业活动;(2)单独组织工业生产、经营或业务活动;(3)单独核算收入和支出。

轻工业 主要是指生产消费资料的工业部门。如:食品、纺织、皮革、造纸、日用化工、文教艺术体育用品工业等。

轻工业主要指提供生活消费品的工业部门,包括:①以农产品为原料的。如棉、毛、麻、丝的纺织及缝纫,皮革及其制品,纸浆及造纸,食品制造等工业;②以非农产品为原料的。如日用金属、日用化工、日用玻璃、日用陶瓷、化学纤维及其织品、火柴、生活用木制品等工业。轻工业产品大部门是生产消费品,一部分作为原料和半成品用于生产,如化学纤维、工业用布、纸张、盐等。

重工业 指为国民经济各部门提供物质技术基础的主要生产资料的工业。按其生产性质和产品用途,可以分为下列三类:1. 采掘(伐)工业,是指对自然资源的开采,包括石油开采、煤炭开采、金属矿开采、非金属矿开采和木材采伐等工业;2. 原材料工业,指向国民经济各部门提供基本材料、动力和燃料的工业。包括金属冶炼及加工、炼焦及焦炭化学、化工原料、水泥、人造板以及电力、石油和煤炭加工业等工业;3. 加工工业,是指对工业原材料进行再加工制造的工业。包括装备国民经济各部门的机械设备制造工业、金属结构、水泥制品等工业,以及为农业提供的生产资料如化肥、农药等工业。

根据上述划分原则,修理业中以重工业产品为修理作业对象的划为重工业,反之划为轻工业。

工业增加值 指工业行业在报告期内以货币表现的工业生产活动的最终成果。

成本费用利润率 指在一定时期内实现的利润与成本费用之比,是反映工业生产成本及费用投入的经济效益指标,同时也是反映降低成本的经济效益的指标。计算公式:工业成本费用

$$利润率(\%)=\frac{利润总额}{成本费用总额}\times100\%$$

全员劳动生产率 指根据产品的价值量指标计算的平均每个职工在单位时间内的产品生产量。是考核企业经济活动的重要指标,是企业生产技术水平、经营管理水平、职工技术熟练程度和劳动积极性的综合表现。目前我国的全员劳动生产率是将工业企业的工业增加值除以同一时期全部职工的平均人数来计算的。计算公式:

$$全员劳动生产率=\frac{工业增加值}{全部职工平均人数}\times100\%$$

总资产贡献率 该指标反映企业全部资产的获利能力,是企业经营业绩和管理水平的集中体现,是

评价和考核企业盈利能力的核心指标。计算公式为：

$$总资产贡献率=(利润总额+税金总额+利息支出)/平均资产总额\times\frac{12}{累计月数}$$

#税金总额为产品销售税金及附加与应交增值税之和；平均资产总额为期初期末资产总计的算术平均值。

资产负债率 该指标既反映企业经营风险的大小，也反映企业利用债权人提供的资金从事经营活动的能力。计算公式为：

资产负债率=负债总额/资产总额

产品销售率 该指标反映工业产品已实现销售的程度，是分析工业产销衔接情况、研究工业产品满足社会需求的指标。计算公式为：

产品销售率=工业销售产值/工业总产值(现价)

主营业务收入 指企业销售产品的销售收入和提供劳务等主要经营业务取得的业务收入总额。

主营业务成本 指企业销售产品和提供劳务等主要经营业务的实际成本。

营业费用 指企业在报告期内在产品销售和提供工业性劳务等主要经营业务过程中所发生的各项费用，包括运输费、装卸费、包装费、保险费、展览费、广告费，以及为销售本企业产品而专设的销售机构的职工工资、福利费、业务费等经常费用。

主营业务税金及附加指企业在报告期销售产品和提供工业性劳务等应负担的销售税金及附加，包括产品税、增值税、营业税、城市维护建设税、资源税和教育费附加。

利润总额 指企业在报告期内实现的利润，反映企业最终的财务成果。亏损以"—"表示，计算公式为：

利润总额=营业利润+投资收益+补贴收入+营业外收入-营业外支出+以前年度损益调整

利税总额 指企业产品销售税金及附加和利润总额之和。

总资产 指企业拥有或控制的全部资产。包括流动资产、长期投资、固定资产、无形及递延资产、其他资产等，即为企业资产负债表的资产总计项。

1.流动资产指企业可以在一年内或者超过一年的一个生产周期内变现或耗用的资产合计。包括现金及各种存款、短期投资、应收及预付款项、存货等。

2.固定资产指企业固定资产净值、固定资产清理、在建工程、待处理固定资产损失所占用的资金合计。

3.无形资产指企业长期使用而没有实物形态的资产。包括专利权、非专利技术、商标权、著作权、土地使用权、商誉等。

总负债 指企业承担并需要偿还的全部债务。包括流动负债和长期负债等。即为企业资产负债表的负债合计项。

1.流动负债指企业在一年内或者超过一年的一个营业周期内需要偿还的债务合计，其中包括短期借款、应付及预收款项、应付工资、应交税金和应交利润等。

2.长期负债指企业在一年以上或者超过一年的一个生产周期以上需要偿还的债务合计，其中包括长期借款、应付债务、长期应付款项等。

所有者权益 指企业投资人对企业净资产的所有权。企业净资产等于企业全部资产减去全部负债后的余额，其中包括投资者对企业的最初投入，以及公积金、盈余公积金和未分配利润，对股份制企业即为股东权益。

能源生产总量 指一定时期内，全国一次能源生产量的总和。该指标是观察全国能源生产水平、规模、构成和发展速度的总量指标。一次能源生产量包括原煤、原油、天然气、水电、核能及其他动力能(如风能、地热能等)发电量，不包括低热值燃料生产量、生物质能、太阳能等的利用和由一次能源加工转换而成的二次能源产量。

能源消费总量 指一定时期内，全国各行业和居民生活消费的各种能源的总和。该指标是观察能源消费水平、构成和增长速度的总量指标。能源消费总量包括原煤和原油及其制品、天然气、电力，不包括低热值燃料、生物质能和太阳能等的利用。能源消费总量分为终端能源消费量、能源加工转换损失量和能源损失量三部分。

九、建　筑　业

9-1 建筑业生产情况

（2011 年）

指　　标	合　计	内资企业	国有	集体	港澳台投资企业	外商投资企业
建筑业企业个数（个）	1323	1313	35	24	5	5
签订的合同额（千元）	315811129	315302935	43738965	1448768	438532	69662
上年结转合同额	122658983	122657903	17349734	277619		1080
本年新签合同额	193152146	192645032	26389231	1171149	438532	68582
承包工程完成情况（千元）						
直接从建设单位承揽工程完成的产值	154113207	153624033	21866011	1232593	438532	50642
自行完成施工产值	153183808	152694634	21580691	1151089	438532	50642
分包出去工程的产值	929399	929399	285320	81504		
从建设单位以外承揽工程完成的产值	1580797	1580797	314140			
建筑业总产值（千元）	154764605	154275431	21894831	1151089	438532	50642
#装饰装修产值	7226521	7190037	2900	20035	578	35906
建筑工程产值	132940108	132466537	16079525	846585	436949	36622
安装工程产值	16390841	16380238	5395417	265657	1583	9020
其他产值	5433656	5428656	419889	38847		5000
建筑业竣工产值（千元）	78970705	78498970	4707678	698459	435829	35906
计算建筑业劳动生产率的平均人数（人）	542988	542094	39698	8246	441	453
年末从业人数	462174	461639	36411	10827	96	439
#工程技术人员	82436	82366	8114	1445	12	58
全员劳动生产率按总产值计算（元/人）	285024	284592	551535	139594	994404	111792
房屋建筑施工面积（平方米）	105055118	105055118	9216206	589329		
#本年新开工面积	53721860	53721860	5607139	515869		
#实行投标承包面积	92877733	92877733	9087828	468974		
#本年新开工	46931045	46931045	5607031	216080		
房屋建筑竣工面积（平方米）	34036459	34036459	1255120	110103		
房屋竣工率（%）	32.40	32.40	13.62	18.68		
招投标率按房屋施工面积计算（%）	88.41	88.41	98.61	79.58		
年末自有施工机械设备（净值）（千元）	5322805	5304999	766755	65941	55	17751
年末自有施工机械设备（总台数）（台）	142763	142692	19673	2134	29	42
年末自有施工机械设备（总功率）（千瓦）	3562893	3559845	461647	40582	1008	2040

注：本表统计范围为具有建筑业资质等级的所有独立核算的建筑业企业（下同）。

指　　标	合　计	房屋和土木工程建筑业	房屋工程建筑	土木工程建筑	建筑安装业	建筑装饰业	其他建筑业
建筑业企业个数(个)	1323	417	223	194	303	430	173
签订的合同额(千元)	315811129	229182761	122363138	106819623	72015898	7299915	7312555
上年结转合同额	122658983	98384203	41474544	56909659	21693794	1228947	1352039
本年新签合同额	193152146	130798558	80888594	49909964	50322104	6070968	5960516
承包工程完成情况(千元)							
直接从建设单位承揽工程完成的产值	154113207	118591711	68516054	50075657	24130235	5966380	5424881
自行完成施工产值	153183808	118241294	68273304	49967990	23642510	5948243	5351761
分包出去工程的产值	929399	350417	242750	107667	487725	18137	73120
从建设单位以外承揽工程完成的产值	1580797	834134	193037	641097	436643	180067	129953
建筑业总产值(千元)	154764605	119075428	68466341	50609087	24079153	6128310	5481714
#装饰装修产值	7226521	1692650	1574405	118245	851849	4576534	105488
建筑工程产值	132940108	108556073	63346844	45209229	16991774	3877426	3514835
安装工程产值	16390841	7441229	3717180	3724049	6789480	963146	1196986
其他产值	5433656	3078126	1402317	1675809	297899	1287738	769893
建筑业竣工产值(千元)	78970705	61129520	39345144	21784376	11216925	3521752	3102508
计算建筑业劳动生产率的平均人数(人)	542988	371042	251936	119106	120054	27654	24238
年末从业人数	462174	346483	248217	98266	69019	27381	19291
#工程技术人员	82436	58240	34667	23573	13523	5928	4745
全员劳动生产率按总产值计算(元/人)	285024	320922	271761	424908	200569	221607	226162
房屋建筑施工面积(平方米)	105055118	86496812	85650016	846796	17342238		1216068
#本年新开工面积	53721860	45530942	45003788	527154	7522279		668639
#实行投标承包面积	92877733	75793145	75065010	728135	16543559		541029
#本年新开工	46931045	39455516	39022212	433304	7037226		438303
房屋建筑竣工面积(平方米)	34036459	29692105	29286121	405984	3942858		401496
房屋竣工率(%)	32.40	34.33	34.19	47.94	22.74		33.02
招投标率按房屋施工面积计算(%)	88.41	87.63	87.64	85.99	95.39		44.49
年末自有施工机械设备(净值)(千元)	5322805	4174859	1472265	2702594	752412	121042	274492
年末自有施工机械设备(总台数)(台)	142763	94577	58792	35785	27426	12779	7981
年末自有施工机械设备(总功率)(千瓦)	3562893	2645524	1053971	1591553	449675	274664	193030

9-2 建筑业主要经济指标

（2011 年）　　单位：千元

指　　标	合　计	内资企业	国有	集体	港澳台投资企业	外商投资企业
年初存货	**18349006**	**18334354**	**2180846**	**83807**	**27**	**13581**
年末资产负债						
流动资产合计	93143289	93030659	15573282	663152	975	92894
应收工程款	19309140	19253798	3837357	181992		55242
#竣工工程	4889099	4875291	849001	76668		13808
存货	19722652	19706910	3304762	122823	27	10105
固定资产合计	15423619	15236579	2170804	171314	15	176517
固定资产原价	19530967	19254507	3609964	210146	153	267306
累计折旧	7563914	7467715	1765079	75676	138	94323
#本年折旧	1424278	1386611	204977	7842	40	37236
在建工程	2621765	2619264	184650	21409		
资产合计	122394285	122073474	18725959	876167	990	280113
流动负债合计	75367861	75231030	14463500	530157	1180	107872
应付账款	24654643	24606038	4630256	191181		47609
非流动负债合计	4059844	4059844	817552	5660		
负债合计	81207888	81070957	15281305	538450	1180	107872
所有者权益合计	41186397	41002517	3444654	337717	-190	172241
#实收资本	27391827	27334718	2205486	253486	973	40607
#国家资本	1548853	1548853	925565	400		
#集体资本	787030	787030		200186		
#法人资本	10400849	10394849	1245391	32000		6000
#个人资本	14596076	14571976	34530	20900		18600
#港澳台资本	43007	32005			973	
#外商资本	16012	5				16007
损益及分配						
营业收入	156560576	156441441	21546253	1120519	580	114269
主营业务收入	155183406	155064271	21284705	1109223	580	114269
营业成本	140032974	139940977	19274830	985976	450	89883
主营业务成本	138710739	138618742	19043768	984009	450	89883
营业税金及附加	4593396	4589032	616254	32371	45	4189
主营业务税金及附加	4524675	4520311	588382	32255	45	4189
其他业务利润	516765	516765	83294	5497		
管理费用	5005826	4990888	981341	53418	158	12722
#税金	249340	247430	17943	1074	69	1613
#差旅费	300355	299335	36052	1240	50	970
#工会经费	59978	59943	16361	654		35
财务费用	703917	701527	125021	3886		2336
#利息收入	287251	287254	14622	17		
#利息支出	822058	822006	130190	712		
营业利润	5920354	5919994	545237	39521	-73	142
补贴收入	16725	16725	3310	2228		
营业外收入	153977	153960	86700	391		17
营业外支出	73147	73144	21241	821		3
利润总额	6013117	6012743	615323	39091	-73	156
应交所得税	1330632	1329170	159062	15127	22	1401
应付职工薪酬（本年贷方累计发生额）	13970045	13956306	1811425	155850	360	12171
土地和固定资产支出	1636504	1636504	492892	5983		
土地购置	119100	119100	63050			
房屋和建筑物	116397	116397	70958	75		
机器设备	1074916	1074916	249401	2807		
运输工具	211880	211880	61245	1321		
其它费用	114211	114211	48238	1780		

 单位:千元

指　　标	合　计	房屋和土木工程建筑业	房屋工程建筑	土木工程建筑	建筑安装业	建筑装饰业	其他建筑业
年初存货	**18349006**	**14622117**	**5426859**	**9195258**	**2235602**	**811960**	**679327**
年末资产负债							
流动资产合计	93143289	65994169	24949517	41044652	18478455	5051173	3619492
应收工程	19309140	13763443	5972937	7790506	3628109	990252	927336
#竣工工程	4889099	2915035	1548374	1366661	1036947	527478	409639
存货	19722652	15166934	6416614	8750320	2821667	892777	841274
固定资产合计	15423619	11121578	5245253	5876325	2384669	904012	1013360
固定资产原价	19530967	14585948	5603962	8981986	2808851	935410	1200758
累计折旧	7563914	5800046	1710765	4089281	1026283	323493	414092
#本年折旧	1424278	1125606	419352	706254	162381	61468	74823
在建工程	2621765	1782221	1093289	688932	485410	249107	105027
资产合计	122394285	86965690	33748521	53217169	23937702	6467593	5023300
流动负债合计	75367861	57151918	18205440	38946478	14031611	2034350	2149982
应付账款	24654643	19881374	6902027	12979347	3544308	709231	519730
非流动负债合计	4059844	3106287	1157783	1948504	874312	41312	37933
负债合计	81207888	61724538	20219519	41505019	15027862	2173022	2282466
所有者权益合计	41186397	25241152	13529002	11712150	8909840	4294571	2740834
#实收资本	27391827	16688071	9202689	7485382	5661064	3132234	1910458
#国家资本	1548853	1253296	426297	826999	222811	6537	66209
#集体资本	787030	574282	295108	279174	95024	30000	87724
#法人资本	10400849	6465525	2571930	3893595	2675064	701818	558442
#个人资本	14596076	8381968	5899354	2482614	2658136	2372899	1183073
#港澳台资本	43007	10000	10000		10029	7973	15005
#外商资本	16012	3000		3000		13007	5
损益及分配							
营业收入	156560576	120563571	63884917	56678654	23993750	6511261	5491994
主营业务收入	155183406	119822169	63517052	56305117	23516124	6455128	5389985
营业成本	140032974	109900784	58037063	51863721	20346033	5193035	4593122
主营业务成本	138710739	109096079	57733348	51362731	20040014	5052230	4522416
营业税金及附加	4593396	3429843	2143129	1286714	755475	228706	179372
主营业务税金及附加	4524675	3370741	2132813	1237928	752010	224317	177607
其他业务利润	516765	238078	105516	132562	127136	129581	21970
管理费用	5005826	3161271	1394164	1767107	1105214	410704	328637
#税金	249340	160935	119374	41561	40968	39081	8356
#差旅费	300355	152656	79970	72686	69110	40293	38296
#工会经费	59978	39605	17587	22018	12487	3958	3928
财务费用	703917	499164	225197	273967	152996	36925	14832
#利息收入	287251	241537	20750	220787	43929	1030	755
#利息支出	822058	617511	158685	458826	176571	20800	7176
营业利润	5920354	3658632	1981297	1677335	1421585	556497	283640
补贴收入	16725	12473	520	11953	2806	30	1416
营业外收入	153977	132482	48660	83822	10594	3056	7845
营业外支出	73147	54115	37239	16876	11118	3662	4252
利润总额	6013117	3742838	1996562	1746276	1426876	555802	287601
应交所得税	1330632	895516	592822	302694	239147	120829	75140
应付职工薪酬(本年贷方累计发生额)	13970045	10975573	6048761	4926812	2089755	528800	375917
土地和固定资产支出	1636504	1121840	308098	813742	452165	42816	19683
土地购置	119100	63039	35511	27528	55461		600
房屋和建筑物	116397	73841	48489	25352	34881	7575	100
机器设备	1074916	806381	163774	642607	229779	26864	11892
运输工具	211880	123946	29418	94528	77750	5425	4759
其它费用	114211	54633	30906	23727	54294	2952	2332

9-3 劳务分包建筑企业生产经营情况

（2011 年）

单位：千元、人

指标名称	总计	内资企业	私营企业
企业个数	236	236	149
企业个数（有工作量）	158	158	103
建筑业总产值	1500112	1500112	692800
#装饰装修产值	65666	65666	60056
从业人员期末人数	27727	27727	19785
#工程技术人员	3629	3629	2102
#现场施工工人	21069	21069	15140
资产负债			
固定资产原价	94083	94083	65574
本年折旧	14902	14902	9342
资产总计	891843	891843	402508
负债合计	227488	227488	151152
实收资本	269533	269533	181109
损益及分配			
营业收入合计	1535596	1535596	730016
#主营业务收入（工程结算收入）	1472106	1472106	668746
营业成本	1313135	1313135	554651
主营业务成本（工程结算成本）	1302597	1302597	545130
营业税金及附加	40753	40753	26733
主营业务税金及附加（工程结算税金及附加）	32451	32451	25015
销售费用	2176	2176	1496
管理费用	73725	73725	48991
财务费用	5304	5304	4756
营业利润	114142	114142	99323
利润总额	52197	52197	40538
土地和固定资产支出	1740	1740	1032
土地购置	500	500	
房屋、建筑物	20	20	
机器设备	205	205	100
运输工具	978	978	913
其他费用	37	37	19
从业人员工资总额	585825	585825	466165
从业人员平均人数	25636	25636	19545

9-4 建筑业企业房屋建筑工程完成情况

(2011 年)

单位:万平方米

指　　标	房屋建筑竣工面积
合　计	**3403.65**
住宅房屋	2195.48
商业及服务用房屋	179.59
商厦房屋(批发和零售用房)	52.70
宾馆用房屋(住宿用房)	11.54
餐饮用房屋(餐饮用房)	73.54
商务会展用房屋	7.00
其他商业及服务用房屋(居民服务业用房)	34.80
办公用房屋	275.22
科研、教育、医疗用房屋	259.33
科学研究用房屋	20.48
教育用房屋	192.01
医疗用房屋(卫生医疗用房)	46.85
文化、体育、娱乐用房屋	42.20
厂房及建筑物	317.19
厂房	197.96
仓库	25.10
其他未列明的房屋建筑物	109.54

9-5 各县(市)区建筑业企业个数

(2011 年)

县(市)区	企业个数(个)			年末从业人数(人)	计算劳动生产率的平均人数(人)		
		国有控股	集体控股			国有控股	集体控股
郑州市	**1323**	**42**	**27**	**462174**	**542988**	**47763**	**9090**
中原区	130	9	4	84355	83966	16084	2595
二七区	123	7	3	41745	33544	7701	415
管城区	91	4		16740	30205	2944	
金水区	580	12	3	119156	186527	9068	735
上街区	22	1	2	6931	6777	657	382
惠济区	51	2	1	40153	43288	136	180
中牟县	26	1	1	12223	12676	1473	211
巩义市	15		1	4422	4710		614
荥阳市	22	1	1	20485	18926	330	162
新密市	31		1	17912	12844		160
新郑市	31		6	10049	8877		1536
登封市	21		3	7406	5321		2100
经济开发区	57	3		26439	30645	6517	
高新开发区	56	2		23943	40903	2853	
郑东新区	64		1	29846	23615		
航空港区	3			369	164		

9-6 各县(市)区建筑业合同及承包工程完成情况

(2011 年)

单位:千元

县(市)区	签定的合同额	上年结转合同额	本年新签合同额	直接从建设单位承揽工程完成产值	自行完成施工产值	分包出去工程产值	从建设单位以外承揽工程完成产值
郑州市	**315811129**	**122658983**	**193152146**	**154113207**	**153183808**	**929399**	**1580797**
中原区	29815832	8613059	21202773	20379182	20233354	145828	422487
二七区	34070451	19171763	14898688	15546032	15462572	83460	338548
管城区	19499295	10271639	9227656	8326538	8325588	950	8274
金水区	121931584	38224255	83707329	51758742	51531069	227673	288223
上街区	3612526	445814	3166712	2817067	2594719	222348	6059
惠济区	17512028	5559942	11952086	9534435	9534435		21387
中牟县	5124553	1045676	4078877	3367219	3367219		37688
巩义市	1876692	993504	883188	1134282	1134282		33810
荥阳市	6306937	2283976	4022961	3442292	3442292		3008
新密市	3866955	919788	2947167	2545629	2545629		19077
新郑市	3152321	467354	2684967	2325221	2324854	367	367
登封市	1298481	299732	998749	1005033	932273	72760	
经济开发区	30880987	10251577	20629410	13975566	13975566		18657
高新产业区	30107652	21882166	8225486	12364916	12195097	169819	218541
郑东新区	6687527	2228473	4459054	5538567	5532373	6194	164420
航空港区	67308	265	67043	52486	52486		251

9-7 各县(市)区建筑业企业总产值

(2011 年)

单位:千元

县(市)区	总产值	国有控股	集体控股	建筑工程产值	国有控股	集体控股
郑州市	**154764605**	**25570981**	**1319925**	**132940108**	**19609499**	**1015421**
中原区	20655841	7489427	266307	15426866	4141692	266307
二七区	15801120	5642800	44072	13842805	5088093	12560
管城区	8333862	1536162		7703013	1387836	
金水区	51819292	5398120	130125	45089891	5188174	111370
上街区	2600778	21920	41153	1629845	13152	36100
惠济区	9555822	25874	7499	8241319	7750	7499
中牟县	3404907	934220	87071	2283384		
巩义市	1168092		133960	998314		133960
荥阳市	3445300	16556	18610	3299415		18610
新密市	2564706		9950	2033577		4800
新郑市	2325221		407363	2082500		258710
登封市	932273		173815	870082		165505
经济开发区	13994223	3735016		13224233	3716581	
高新开发区	12413638	770886		10849953	66221	
郑东新区	5696793			5312690		
航空港区	52737			52221		

9-8　各县(市)区建筑业竣工产值

(2011 年)　　单位:千元

县(市)区	竣工产值	国有控股	集体控股
郑州市	**78970705**	**7016155**	**996236**
中原区	7298953	1834254	67766
二七区	6773287	1561733	73516
管城区	4979434	89101	
金水区	29946847	2706310	124572
上街区	1527162	72790	41153
惠济区	5573627	7750	7499
中牟县	1129080		87071
巩义市	872052		249850
荥阳市	2014574		31661
新密市	1903500		9950
新郑市	2106009		200633
登封市	665880		102565
经济开发区	1270452	381271	
高新开发区	9914762	362946	
郑东新区	2968927		
航空港区	26159		

9-9　各县(市)区建筑业全员劳动生产率

(2011 年)　　单位:元/人

县(市)区	按总产值计算全员劳动生产率	国有	集体
郑州市	**285024**	**535372**	**145206**
中原区	246002	465645	102623
二七区	471057	732736	106198
管城区	275910	521794	
金水区	277811	595293	177041
上街区	383765	33364	107730
惠济区	220750	190250	41661
中牟县	268611	634229	412659
巩义市	248003		218176
荥阳市	182041	50170	114877
新密市	199681		62188
新郑市	261938		265210
登封市	175206		82769
经济开发区	456656	573119	
高新开发区	303490	270202	
郑东新区	241236		
航空港区	321567		

9-10 各县(市)区建筑业施工、竣工面积

(2011 年)

单位:平方米

县(市)区	施工面积	国有控股	集体控股	竣工面积	国有控股	集体控股
郑州市	**105055118**	**10780175**	**891381**	**34036459**	**1608850**	**323841**
中原区	10606018	1820941	245782	3529877	158628	59525
二七区	4448539	98402		1360201		
管城区	9099709			3204595		
金水区	48810011	8216091	123160	14830577	1267592	
上街区	1414924			324404		
惠济区	13455845	3400		3928190	3400	
中牟县	1736429			637504		
巩义市	1585546		248925	754631		184955
荥阳市	5212168		53127	1635251		28783
新密市	2819097			1106651		
新郑市	1245899		51620	704925		11331
登封市	820977		168767	542023		39247
经济开发区	845482	610793		277698	176934	
高新开发区	114025	30548		70955	2296	
郑东新区	2754293			1108377		
航空港区	86156			20600		

9-11 各县(市)区建筑业自有机械设备情况

(2011 年底)

单位:千瓦、千元

县(市)区	总功率	国有	集体	自有设备净值	国有	集体
郑州市	**3562893**	**514532**	**45051**	**5322805**	**832487**	**68876**
中原区	380147	126528	3230	649787	222442	7397
二七区	281367	106189	620	395822	168611	369
管城区	261105	109080		276253	90715	
金水区	976728	70876	1520	1360910	53177	6971
上街区	56009	1056	8057	77875	6325	1345
惠济区	245709	1613		308597	5090	
中牟县	161091	52576	100	341439	136195	51
巩义市	51177		2416	71770		1885
荥阳市	24374	3081	1463	58598	2283	1033
新密市	106454			76651		
新郑市	88335		21955	147850		32202
登封市	23005		5690	32021		17623
经济开发区	605819	14225		624996	55327	
高新开发区	243533	29308		706533	92322	
郑东新区	58040			193703		
航空港区						

9-12 各县(市)区建筑业实收资本及资产合计

(2011 年)

单位:千元

县(市)区	实收资本	国有控股	集体控股	资产合计	国有控股	集体控股
郑州市	**27391827**	**2902308**	**286206**	**122394285**	**24269905**	**957276**
中原区	2999499	772297	50230	13786365	5950506	138135
二七区	3090760	641001	13480	19912136	7059744	67695
管城区	1587244	205100		6903963	2227951	
金水区	10294978	803116	45000	36528642	3045007	206383
上街区	432947	56260	10024	2078511	123123	43409
惠济区	1267427	10529	5000	3756046	34702	15406
中牟县	473549		8236	2995826	1864789	51431
巩义市	337780		23660	797129		71181
荥阳市	479286	2406	6060	1036773	17341	7944
新密市	496159		5500	1968249		17150
新郑市	557311		64992	2061506		231685
登封市	186167		54024	403047		106857
经济开发区	2560198	306419		16320802	2733390	
高新开发区	1100570	105180		9605043	1213352	
郑东新区	1515952			4175815		
航空港区	12000			64432		

9-13 各县(市)区建筑业流动资产及固定资产

(2011 年)

单位:千元

县(市)区	流动资产合计	国有控股	集体控股	固定资产合计	国有控股	集体控股
郑州市	**93143289**	**17194235**	**714082**	**15423619**	**2355537**	**201493**
中原区	10556670	4599868	88871	1714490	784178	39336
二七区	13880449	2895277	59458	1694969	499696	8226
管城区	5393311	1895156		955467	279896	
金水区	27890143	2579472	190154	4246229	187553	16229
上街区	1420812	92364	37603	526929	30759	5806
惠济区	2808308	28726	11635	793850	5393	3771
中牟县	2367976	1726392	49042	479986	136195	2389
巩义市	605246		45282	187358		25899
荥阳市	723659	13525	3681	286619	3657	4263
新密市	1346368		10850	416694		6300
新郑市	1632081		180612	400927		43153
登封市	216849		36894	141877		46121
经济开发区	13399757	2463604		1035621	185509	
高新开发区	7923632	899851		1428891	242701	
郑东新区	2960247			1082440		
航空港区	17781			31272		

9-14 各县(市)区建筑业工程结算收入及负债合计

(2011 年)

单位:千元

县(市)区	工程结算收入	国有控股	集体控股	负债合计	国有控股	集体控股
郑州市	**155183406**	**24952235**	**1399764**	**81207888**	**19935218**	**582741**
中原区	20235573	7381039	247298	9325717	4739556	80285
二七区	15104355	5548016	52767	15755955	6073102	32393
管城区	8700745	1594334		4611950	1970937	
金水区	49357492	5239642	131062	21667089	2013122	155929
上街区	2135521	12665	33613	1136155	51135	31853
惠济区	8601276	21509	7499	1647884	25163	105
中牟县	3535569	1313938	87071	1985927	1507199	41372
巩义市	1276167		269198	279738		41360
荥阳市	3414676	17077	18610	389927	13750	1884
新密市	2196517		9950	1177498		1880
新郑市	2150760		413927	1005903		142909
登封市	529472		128769	159204		52771
经济开发区	19152423	2720536		12585225	2378416	
高新开发区	13305964	1103479		7575461	1162838	
郑东新区	5424087			1889477		
航空港区	62809			14778		

9-15 各县(市)区建筑业利润、利税总额

(2011 年)

单位:千元

县(市)区	利润总额	国有控股	集体控股	利税总额	国有控股	集体控股
郑州市	**6013117**	**685975**	**42896**	**10787132**	**1389291**	**86109**
中原区	910709	338057	3446	1590819	556436	11742
二七区	452039	144648	6843	917819	278724	8744
管城区	285023	25421		567379	52177	
金水区	2106081	94645	3559	3824476	267056	7993
上街区	123176	-185	689	188592	254	1965
惠济区	369499	302	524	667694	669	774
中牟县	303889	153647	911	409608	184526	3834
巩义市	101502		4037	154254		13193
荥阳市	90268	335	984	206500	923	1624
新密市	127628		2170	205076		2600
新郑市	158591		12265	234662		21546
登封市	40140		7468	60593		12094
经济开发区	447001	17514		611568	109652	
高新开发区	139218	-88409		598648	-61126	
郑东新区	351844			537329		
航空港区	6509			12115		

主要统计指标解释

建筑业统计单位 指从事房屋、构筑物建造和设备安装活动的法人企业。建筑业法人企业应同时具备的条件是:①依法成立,有自己的名称、组织机构和场所,能够承担民事责任;②独立拥有和使用资产,承担负债,有权与其他单位签订合同;③独立核算盈亏,能够编制资产负债表。

建筑业总产值(即自行完成施工产值) 是以货币表现的建筑安装企业在一定时期内生产的建筑业产品的总和。建筑业总产值包括:

(1)建筑工程产值:指列入建筑工程预算内的各种工程价值。

(2)设备安装工程产值:指设备安装工程价值,不包括被安装设备本身价值。

(3)房屋、构筑物修理产值:指房屋、构筑物修理所完成的价值,但不包括被修理房屋、构筑物本身的价值和生产设备的修理价值。

(4)非标准设备制造产值:指加工制造没有定型的、非标准的生产设备的加工费和原材料价值,以及附属加工厂为本企业承建工程制作的非标准设备的价值。

建筑业增加值 指建筑业企业在报告期内以货币表现的建筑业生产经营活动的最终成果。目前建筑业增加值采用分配法(收入法)计算,即从收入的角度出发,根据生产要素在生产过程中应得的收入份额计算。具体计算公式为:

建筑业增加值=本年提取的固定资产折旧+应付工资+应付福利费+管理费用中的劳动待业保险金、税金+工程结算税金及附加+工程结算利润

房屋建筑施工面积 指在报告期内施工的全部房屋建筑面积,包括本期新开工的房屋面积、上期施工跨入本期继续施工的房屋面积、上期停缓建在本期恢复施工的房屋面积、本期竣工的房屋面积及本期施工后又停缓建的房屋面积。

房屋建筑竣工面积 指在报告期内房屋建筑按照设计要求全部完工,达到了住人和使用条件,经验收鉴定合格,正式移交使用单位的房屋建筑面积。

自有机械设备年末总台数 指归本企业所有,属于本企业固定资产的生产性机械设备年末总台数。包括施工机械、生产设备、运输设备以及其他设备。

自有机械设备年末总功率 指本企业自有施工机械、生产设备、运输设备以及其他设备等列为在册固定资产的生产性机械设备年末总功率,按设定能力或查定能力计算。包括机械本身的动力和为该机械服务的单独动力设备,如电动机等。计算单位用千瓦,动力换算可按1马力=0.735千瓦折合成千瓦数。电焊机、变压器、锅炉不计算动力。

工程结算收入 指企业承包工程实现的工程价款结算收入,以及向发包单位收取的除工程价款以外的按规定列作营业收入的各种款项,如临时设施费、劳动保险费、施工机械调迁费等以及向发包单位收取的各种索赔款。

工程结算利润 指已结算工程实现的利润,如亏损以“-”号表示。计算公式为:

工程结算利润=工程结算收入-工程结算成本-工程结算税金及附加

企业总收入 指与企业生产经营直接有关的各项收入,包括工程结算收入和其他业务收入。计算公式为:

企业总收入=工程结算收入+其他业务收入

十、交通运输、邮电通讯

10-1 公路里程、桥梁、涵洞

（2011 年）

指　　标	单位	合计	国道	省道	县道	乡道	专用道	村道
公路里程合计	**公里**	**12034**	**260**	**537**	**991**	**3924**	**207**	**6115**
高速公路								
一级公路	公里	73	68	6				
二级公路	公里	1787	192	451	690	360	6	88
三级公路	公里	1600		69	210	976	163	181
四级公路	公里	7256		12	86	2471	35	4652
等外公路	公里	1318			6	117	3	1193
按路面等级分	**公里**	**12034**	**260**	**537**	**991**	**3924**	**207**	**6115**
有铺装路面	公里	8077	226	431	845	2715	120	3740
简易铺装路面	公里	2617	34	103	141	1079	84	1176
无铺装路面	公里	1341		4	6	130	3	1198
养护里程	**公里**	**12006**	**242**	**527**	**991**	**3924**	**207**	**6115**
专用道班养护	公里	1760	242	527	991			
#油路养护	公里	1760	242	527	991			
群众养护	公里	10246				3924	207	6115
公路绿化里程	**公里**	**5182**	**204**	**414**	**910**	**2417**	**142**	**1095**
涵洞	**米**	**58056**	**7556**	**11449**	**12063**	**18821**	**1403**	**6764**
	道	5697	275	508	947	2602	167	1198
隧道	**米**	**3211**			**863**	**1493**	**465**	**390**
	座	14			2	6	2	4
桥梁总计	**米**	**42832**	**6789**	**7986**	**7168**	**12839**	**519**	**7532**
	座	1060	61	143	171	386	20	279
永久性桥梁	米	42646	6789	7986	7168	12789	519	7396
	座	1051	61	143	171	385	20	271
半永久性桥梁	米	186				50		136
	座	9				1		8
大中桥合计	米	29233	5173	6707	5505	7937	229	3682
	座	364	38	63	76	120	4	63
#大桥	米	13668	3694	4101	2386	2811		676
	座	65	13	15	11	19		7
危险桥	米	6485	73	2359	1349	1480		1224
	座	159	2	25	22	62		48

附　分县（市）公路通车里程（公里）

全市合计	市区	荥阳市	新郑市	巩义市	登封市	新密市	上街区	中牟县
12034	847	1668	1591	2071	1894	2177	172	1615

注：郑州市域高速公路 450 公里，其中郑少高速公路 53.6 公里。

10-2 民用车辆拥有量

（2011 年）

单位:辆

指　　标	总　计	营运	非营运	进口	#个人	新注册	报废
合计	**1957127**	**347514**	**1609613**	**44803**	**1519323**	**228515**	**84438**
汽车	**1240337**	**196042**	**1044295**	**42973**	**1032919**	**222944**	**46026**
载客汽车	976114	32257	943857	42094	838725	203433	13640
#大型	15709	13137	2572	223	1097	2485	3963
中型	10563	3451	7112	462	4166	524	2299
小型	885833	15372	870461	41301	778720	197998	5930
微型	64009	297	63712	108	54742	2426	1448
#轿车	601758	15141	586617	19327	536916	133275	3049
载货汽车	156489	106284	50205	868	88530	17964	29884
#重型	39090	34245	4845	316	18032	5584	12044
中型	23635	20487	3148	21	14701	1047	1701
轻型	77795	49467	28328	531	43074	11280	8596
微型	15969	2085	13884		12723	53	7543
#普通载货	56442	35658	20784	327	36407	7746	15210
其它汽车	107734	57501	50233	11	105664	1547	2502
#三轮汽车	75703	36852	38851	6	74714	1346	2493
低速货车	32031	20649	11382	5	30950	201	9
摩托车	**455795**	**459**	**455336**	**1792**	**452460**	**3783**	**36192**
普通	438040	450	437590	1779	434820	3782	28003
轻便	17755	9	17746	13	17640	1	8189
拖拉机	**127197**	**120525**	**6672**				
大中型	11084	11084					
小型方向盘式	61381	57882	3499				
挂车	**10647**	**9839**	**808**	**33**	**2994**	**1587**	**2211**
其他类型车	**123151**	**20649**	**102502**	**5**	**30950**	**201**	**9**

补充资料:1. 机动车驾驶员:1972498 人,其中:汽车驾驶员:1891110 人。

2. 数据来源:郑州市公安局。

10-3 社会客货运输量

（2011 年）

指　　标	单位	总　计	铁路	航空	公路	天然气管道
货运量	万吨	24413	3477	4	20888	44
货运周转量	万吨公里	5640500	2102035	5744	3532677	44
客运量	万人	33759	3092	434	30233	
客运周转量	万人公里	3255927	1111935	532996	1610996	
换算周转量	万吨公里	6951880	3213970	44089	3693777	44

注:1. 天然气管道外购量:63270 万立方;2. 换算货运量周转量 44.3 万吨;3. 换算比例 0.7 千克。

10-4 邮电通信行业基本情况

（2011 年）

指 标 名 称	计量单位	本年实际	指 标 名 称	计量单位	本年实际
局所及通信网络			本地网内区间电话通话量	万次	5870
营业网点	处	267	本地网内区内电话通话量	万次	389900
#邮政局所	处	267	本地网内拨号上网通话量	万次	3788
邮政信筒信箱	个	623	固定传统长途电话通话时长	万分钟	46175
邮路条数	条	109	移动电话通话时长合计(含本地)	万分钟	4555846
邮路总长度	公里	90636	IP 电话通话时长	万分钟	22101
#汽车邮路	公里	38964	移动短信业务量	亿条	80
铁路邮路	公里	9275	移动电话年末用户	万户	928
航空邮路	公里	42397	#3G 移动电话用户	万户	169
农村投递线路总长度	公里	16892	本年移动电话新增用户	万户	296
通信业务量			固定本地电话年末用户	万户	250
邮电业务总量(2010 年不变价)	万元	1168481	#公用电话用户	万户	25
邮政业务总量	万元	60342	城市电话用户	万户	209
电信业务总量	万元	1108139	#住宅电话用户	万户	124
函件	万件	7440	农村电话用户	万户	41
包裹	万件	68	#住宅电话用户	万户	34
汇票	万笔	181	互联网接入用户数	万户	182
快递	万件	118	#互联网宽带接入用户	万户	172
订销报刊期发数	万份	125	**电信主要通信能力**		
#期刊数	万份	56	光缆线路长度	公里	51416
订销报刊累计数	万份	17376	固定长途电话交换机容量	万门	15
#期刊数	万份	890	局用电话交换机容量	万门	149
纪特邮票	亿枚	1231	移动电话交换机容量	万门	1712

注:邮政业务总量不包括邮政储蓄银行数据。

10-5 电话用户情况

（2011 年底）

县(市)区	计量单位	移动电话用户期末数	本地电话用户期末数
市区	户	6632057	1736406
上街区	户	102683	51544
中牟县	户	406610	91188
巩义市	户	435250	146960
荥阳市	户	327373	110760
新密市	户	467857	131678
新郑市	户	543140	134736
登封市	户	368012	99662

主要统计指标解释

公路里程　指在一定时期内实际达到《公路工程技术标准 JTJ01—88》规定的等级公路，并经公路主管部门正式验收交付使用的公路里程数。其计算单位为：km。它包括大中城市的郊区公路以及通过小城镇街道部分的公路里程，也包括桥梁、渡口的长度，但不包括大中城市的街道、厂矿、林区生产用道和农业生产用道的里程。两条或多条公路共同经由同一路段，只计算一次，不得重复计算里程长度。公路里程是反映公路建设发展规模的重要指标，也是计算运输网密度等指标的基础资料。

货(客)运量　指在一定时期内，各运输部门实际运送的货物(旅客)数量。是反映运输业为国民经济和人民生活服务的数量指标，也是制定和检查运输生产计划，研究运输发展规模和速度的重要指标。货运按吨计算，客运按人计算。货物不论运输距离长短，货物类别，均按实际重量统计；旅客不论里程远近或票价多少，均按一人一次作为客运量统计。半价票、小孩票也按一人统计。

货物(旅客)周转量　指在一定时期内，由各种运输工具运送的货物(旅客)数量与其相应运输距离的乘积之总和，是反映运输业生产总成果的重要指标，也是编制和检查运输生产计划，计算运输效率、劳动生产率以及核算运输单位成本的主要基础资料。通常以吨公里和人公里为计算单位。计算货物周转量通常按发出站到达站之间的最短距离，也就是计费距离计算。

邮电业务总量　指以货币表现的邮电部门用于传递信息和提供其他邮电服务的总数量。它综合反映了一定时期邮电工作的总成果，是研究邮电业务量构成和发展趋势的重要指标。根据邮电管理体制不同，分为中央国营业务总量和地方国营业务总量。它用各种邮电分类业务量，如函件件数、电报份数、长话张数、市内电话和农村电话的年均户数、订销报刊累计份数等，分别乘以相应的平均单价(不变价)，加总后再加上出租电路和设备的收入、代用户维护电话交换机和线路等设备的收入、其他业务收入求得。

十一、国内贸易

11-1 社会消费品零售总额

（2011 年）

单位:万元

指　标	合　计	批发零售住宿餐饮企业	批发零售住宿餐饮个体	其　他
社会消费品零售总额	**20156144**	**11532011**	**8339133**	**285000**
按销售单位所在地分				
城镇	18495432	11256696	6953736	285000
乡村	1660712	275315	1385397	
按行业分				
批发业	2004772	1249825	754947	
零售业	14684371	9494451	5189920	
住宿业	218096	173226	44870	
餐饮业	2963905	614509	2349396	
其他	285000			285000

注:2011 年社会消费品零售总额定报数据为 19871144 万元。

11-2 分县(市)区社会消费品零售总额

（2011 年）

单位:万元

县(市)区	合　计	批发零售业	住宿餐饮业
中原区	1342771	1111840	230931
二七区	2317790	2037797	279993
管城区	2075684	1912427	163257
金水区	4938618	4229236	709382
上街区	292007	236853	55154
惠济区	636339	513082	123257
中牟县	875077	739305	135772
巩义市	1455199	1174416	280783
荥阳市	1185434	860088	325346
新密市	1332040	1050010	282030
新郑市	1246307	1057919	188388
登封市	1031351	721163	310188

11-3 限额以上批发和零售业商品

（2011 年）

指　标	法人企业（个）	同行业附营产业活动单位（个）	外行业附营产业活动单位（个）	大个体（个）	年末从业人员（人）
总计	**1154**	**2838**	**6**	**422**	**94806**
批发业	**545**	**895**	**3**	**23**	**34139**
#国有及国有控股	73	385			12719
#个体				23	316
按登记注册类型分					
内资企业	**539**	**883**	**2**		**33097**
国有企业	40	115			5095
集体企业	8	31			97
股份合作企业	2	26			145
联营企业	1	1			42
国有与集体联营企业	1	1			42
有限责任公司	269	270	1		16396
国有独资公司	4	4			131
其他有限责任公司	265	266	1		16265
股份有限公司	16	229	1		4783
私营企业	198	206			6420
私营独资企业	13	13			642
私营合伙企业	3	3			101
私营有限责任公司	173	181			5529
私营股份有限公司	9	9			148
其他企业	5	5			119
港、澳、台商投资企业	**3**	**9**			**578**
合资经营企业（港或澳、台资）	1	7			62
港、澳、台商独资经营企业	2	2			516
外商投资企业	**3**	**3**	**1**		**148**
中外合资经营企业	2	2	1		94
中外合作经营企业	1	1			54
按国民经济行业分					
批发业	**545**	**895**	**3**	**23**	**34139**
农畜产品批发	**32**	**33**	**1**		**1381**
谷物、豆及薯类批发	9	9			318
种子、饲料批发	12	12			724
棉、麻批发	7	8			160
牲畜批发			1		50
其他农畜产品批发	4	4			129
食品、饮料及烟草制品批发	**40**	**42**	**2**	**7**	**4300**
米、面制品及食用油批发	15	15			1110
糕点、糖果及糖批发	3	3	1		327
肉、禽、蛋及水产品批发	2	2		1	68
盐及调味品批发	5	7		6	439
饮料及茶叶批发	7	7	1		389
烟草制品批发	2	2			900
其他食品批发	6	6			1067
纺织、服装及日用品批发	**37**	**37**		**1**	**1627**
纺织品、针织品及原料批发	14	14			597
服装批发	17	17			846
鞋帽批发	1	1			37

购进、销售、库存总额

单位:万元

商品购进总额	#进口	销售总额	批发额	#出口	零售额	年末商品库存总额	年末零售营业面积(万平方米)
32963644	**506341**	**29438614**	**19973724**	**722574**	**9464890**	**2238901**	**30.9**
24533138	**182665**	**20216649**	**19004191**	**720481**	**1212459**	**1377655**	**1.4**
15051047	51924	9960122	8935215	181200	1024907	612443	
69182		67902	62018		5884	5789	1.4
24291384	**182665**	**19937507**	**18747817**	**720481**	**1189690**	**1360483**	
3860125	41284	4215387	3898339	99459	317048	132075	
20742		41560	39836		1724	1342	
6610		6943	6943			93	
25528		26763	26763	26763		1040	
25528		26763	26763	26763		1040	
9384792	35375	10103747	9953272	400716	150475	545430	
55874	2390	59062	59062	6967		19764	
9328918	32985	10044685	9894210	393749	150475	525666	
8034355	3281	2300044	1662263	7404	637780	438694	
2928502	102725	3206028	3124073	186139	81955	232367	
123438		172475	164714		7761	24023	
38327		39318	39318			1248	
2687969	78013	2871834	2797646	186139	74189	195680	
78768	24712	122400	122395		5	11416	
30731		37036	36328		708	9443	
44600		**54127**	**54127**			**6290**	
38002		37175	37175			5779	
6598		16952	16952			512	
127973		**157114**	**140229**		**16885**	**5093**	
125532		153864	136979		16885	4282	
2441		3250	3250			811	
24533138	**182665**	**20216649**	**19004191**	**720481**	**1212459**	**1377655**	**1.4**
705807	**1339**	**780593**	**777329**	**25985**	**3264**	**108487**	
67342		73246	72538		708	36553	
95126	1015	145428	142872		2556	57960	
74992	324	83076	83076	4556		13733	
109524		109524	109524				
358822		369319	369319	21430		241	
989438	**2976**	**1290416**	**1274003**	**12029**	**16414**	**98504**	**0.4**
151362	387	181875	180729	5062	1146	33425	
42673		54614	40489		14125	11818	
5023		9074	8612		462	2235	0.4
34668		37274	36926		348	3932	
26582	199	32147	31815		332	5162	
639224	2390	863327	863327	6967		38099	
89907		112105	112105			3834	
784088	**85722**	**946616**	**920932**	**237637**	**25685**	**59603**	
449427	44440	566293	566293	172347		18521	
181630		196907	190638	25354	6270	35217	
4621		4811	4811			1508	

指　　标	法人企业（个）	同行业附营产业活动单位（个）	外行业附营产业活动单位（个）	大个体（个）	年末从业人员（人）
化妆品及卫生用品批发	3	3		1	76
其他日用品批发	2	2			71
文化、体育用品及器材批发	**15**	**15**			**854**
文具用品批发	5	5			157
图书批发	2	2			417
音像制品及电子出版物批发	1	1			16
首饰、工艺品及收藏品批发	1	1			42
其他文化用品批发	6	6			222
医药及医疗器材批发	**42**	**67**			**4335**
西药批发	18	42			1972
中药材及中成药批发	18	19			1972
医疗用品及器材批发	6	6			391
矿产品、建材及化工产品批发	**221**	**529**		**13**	**12975**
煤炭及制品批发	44	45			2435
石油及制品批发	19	303			6164
非金属矿及制品批发	19	20			410
金属及金属矿批发	55	55		3	1169
建材批发	36	36		7	1464
化肥批发	8	30		3	306
农药批发	2	2			18
其他化工产品批发	38	38			1009
机械设备、五金交电及电子产品批发	**132**	**146**		**2**	**7629**
农业机械批发	3	3			87
汽车、摩托车及零配件批发	31	32		2	1730
五金、交电批发	11	11			250
家用电器批发	11	11			936
计算机、软件及辅助设备批发	22	35			788
通讯及广播电视设备批发	6	6			181
其他机械设备及电子产品批发	48	48			3657
贸易经纪与代理	**1**	**1**			**8**
贸易经纪与代理	1	1			8
其他批发	**25**	**25**			**1030**
再生物资回收与批发	8	8			198
其他未列明的批发	17	17			832
零售业	**609**	**1943**	**3**	**398**	**60654**
#国有及国有控股	24	141			2033
#个体				398	6377
按登记注册类型分					
内资企业	**588**	**1894**	**3**		**44758**
国有企业	15	125	1		1408
集体企业	69	636			2163
股份合作企业	5	16			334
联营企业	1	1			38
其他联营企业	1	1			38
有限责任公司	235	674	1		25780
国有独资公司	1	1			52
其他有限责任公司	234	673	1		25728

单位:万元

商品购进总额	#进口	销售总额	批发额	#出口	零售额	年末商品库存总额	年末零售营业面积(万平方米)
103128		131629	113714		17915	2861	
45282	41282	46977	45477	39935	1500	1497	
427600	**66**	**454713**	**448791**	**26763**	**5922**	**44380**	
127770	66	133039	132892		148	6136	
187505		203684	198773		4911	29128	
355		799	799			327	
25528		26763	26763	26763		1040	
86443		90429	89565		863	7750	
1967430	**15475**	**2054207**	**2053667**		**541**	**157340**	
854007		852653	852265		388	78259	
862826		941337	941184		152	53172	
250597	15475	260217	260217			25909	
15432034	**56581**	**10277034**	**9253610**	**276142**	**1023424**	**554075**	**1.0**
2216393		2292737	2229433		63304	45749	
8835503	1937	2998400	2165044		833356	400159	
245007	10026	291702	285126	99630	6576	5695	
1533721	8328	1616924	1530777	68669	86147	31965	0.1
1758441	3231	2115606	2108650	7143	6957	43358	0.9
217381		248808	243476		5332	9750	
12024		43756	43756			3579	
613564	33060	669101	647348	100701	21753	13822	
4019611	**17384**	**4143497**	**4024549**	**130374**	**118949**	**306706**	
8932		9645	8956		690	1885	
672688	3281	732843	714548	18933	18295	43182	
46811		55036	55036	1674		4171	
1213546		1070648	1056298		14350	158470	
214504		231757	216931		14826	17378	
123286		121459	121388		71	8510	
1739845	14103	1922110	1851392	109767	70717	73110	
2786		**2885**	**2885**	**2885**		**9**	
2786		2885	2885	2885		9	
204346	**3122**	**266687**	**248425**	**8666**	**18262**	**48553**	
26226		47695	47293		401	4246	
178120	3122	218992	201132	8666	17861	44307	
8430506	**323676**	**9221965**	**969534**	**2093**	**8252431**	**861245**	**29.4**
122041		138985	14000		124985	20385	
383163		385628	40545		345084	36537	29.3
6984683	**316670**	**7421674**	**918024**	**2093**	**6503650**	**723744**	**0.2**
53651		55579	3688		51892	11754	0.1
304364		309388	35716		273672	13289	
145010		139431	4732		134700	9859	
0		1416			1416	90	
0		1416			1416	90	
4129350	231756	4468548	695200	2093	3773348	445922	
2141		2163			2163	389	
4127209	231756	4466384	695200	2093	3771185	445533	

指 标	法人企业（个）	同行业附营产业活动单位（个）	外行业附营产业活动单位（个）	大个体（个）	年末从业人员（人）
股份有限公司	19	19			1983
私营企业	232	402	1		12397
私营独资企业	24	31			864
私营合伙企业	1	1			4
私营有限责任公司	197	358	1		11029
私营股份有限公司	10	12			500
其他企业	12	21			655
港、澳、台商投资企业	**5**	**27**			**6855**
合资经营企业（港或澳、台资）	3	18			605
港、澳、台商独资经营企业	2	9			6250
外商投资企业	**16**	**22**			**2664**
中外合资经营企业	5	6			893
外资企业	6	11			1083
外商投资股份有限公司	5	5			688
按国民经济行业分					
零售业	**609**	**1943**	**3**	**398**	**60654**
综合零售	**129**	**860**	**1**	**96**	**23629**
百货零售	63	274		36	14188
超级市场零售	21	166		11	7196
其他综合零售	45	420	1	49	2245
食品、饮料及烟草制品专门零售	**23**	**69**		**35**	**1529**
粮油零售	3	6			69
糕点、面包零售	1	8		2	130
肉、禽、蛋及水产品零售	9	45		3	788
饮料及茶叶零售	5	5		6	219
其他食品零售	5	5		24	323
纺织、服装及日用品专门零售	**55**	**131**	**1**	**107**	**4737**
纺织品及针织品零售	8	11		8	504
服装零售	29	65		67	2914
鞋帽零售	6	8	1	7	296
钟表、眼镜零售	2	13		3	432
化妆品及卫生用品零售	1	1		5	135
其他日用品零售	9	33		17	456
文化、体育用品及器材专门零售	**21**	**55**		**28**	**1283**
文具用品零售	1	1		1	20
体育用品零售	2	2		1	51
图书零售	9	40		1	798
珠宝首饰零售	4	7		19	275
工艺美术品及收藏品零售	3	3		4	95
照相器材零售	2	2		1	41
其他文化用品零售				1	3
医药及医疗器材专门零售	**25**	**336**		**6**	**2629**
药品零售	20	331		6	2510
医疗用品及器材零售	5	5			119
汽车、摩托车、燃料及零配件专门零售	**213**	**228**	**1**	**30**	**15348**
汽车零售	180	183		10	14234

单位:万元

商品购进总额	#进口	销售总额	批发额	#出口	零售额	年末商品库存总额	年末零售营业面积(万平方米)
185499		195401	6035		189366	14933	
2021039	84914	2116418	156511		1959906	209119	0.1
67870		72335	13329		59006	12835	
732		853			853	101	
1801127	84914	1899222	143183		1756039	187299	0.1
151311		144008			144008	8883	
145769		135493	16143		119350	18779	
626147		**867372**			**867372**	**42731**	
212764		215987			215987	23196	
413383		651385			651385	19535	
436512	**7006**	**547291**	**10965**		**536326**	**58234**	
81825		141873			141873	17679	
126797		180192			180192	14888	
227890	7006	225227	10965		214262	25668	
8430506	**323676**	**9221965**	**969534**	**2093**	**8252431**	**861245**	**29.4**
1532010		**2057889**	**75307**		**1982582**	**133304**	**11.6**
945317		1455450	50872		1404579	79234	8.8
362243		377882	279		377603	41815	0.6
224450		224557	24157		200400	12255	2.2
104708		**116721**	**45385**		**71335**	**12317**	**1.0**
23748		23386	19786		3600	490	
1845		2229			2229	163	0.1
30803		36383	10701		25683	1070	0.1
27793		34303	11081		23222	7753	0.2
20521		20420	3817		16602	2841	0.7
434757		**481501**	**26754**	**2093**	**454747**	**69480**	**4.1**
25011		28781	4663	2093	24118	3498	0.2
296677		333431	14281		319151	34017	2.7
16262		20733	3064		17669	1858	0.3
39926		40242	210		40032	21357	0.1
16724		14681			14681	5981	0.2
40156		43633	4537		39096	2769	0.7
85735		**86579**	**16882**		**69697**	**24528**	**0.9**
2252		3163	2643		520	109	
1540		1763			1763	244	
40074		41914	2203		39711	11883	
30665		25275	2644		22631	10169	0.6
7618		11158	7468		3690	1685	0.1
3093		2790	1924		866	410	
492		517			517	29	
160963	**1298**	**174058**	**1335**		**172723**	**20095**	**0.2**
153577	261	166025	197		165828	18586	0.2
7386	1037	8032	1138		6894	1509	
5043521	**321795**	**5193631**	**649731**		**4543900**	**498497**	**2.2**
4779832	321795	4932314	565343		4366971	472727	1.3

指　　标	法人企业（个）	同行业附营产业活动单位（个）	外行业附营产业活动单位（个）	大个体（个）	年末从业人员（人）
汽车零配件零售	4	4		2	243
摩托车及零配件零售	5	5		16	289
机动车燃料零售	24	36	1	2	582
家用电器及电子产品专门零售	**103**	**218**		**26**	**9550**
家用电器零售	38	88		25	6857
计算机、软件及辅助设备零售	40	53			747
通信设备零售	15	67		1	1774
其他电子产品零售	10	10			172
五金、家具及室内装修材料专门零售	**22**	**27**		**70**	**1494**
五金零售	13	16		6	359
家具零售	5	7		43	785
其他室内装修材料零售	4	4		21	350
无店铺及其他零售	**18**	**19**			**455**
生活用燃料零售	5	5			169
旧货零售	1	1			3
其他未列明的零售	12	13			283
按零售业态分					
有店铺零售	**609**	**1943**			**54089**
食杂店	3	3		3	43
便利店	23	227		40	1087
折扣店					
超市	18	128		40	10093
大型超市	24	46		5	6396
仓储会员店					
百货店	84	507		31	6779
#加油站					
专业店	370	854		190	26777
专卖店	70	150		59	7271
家居建材商店	1	3		28	435
购物中心	4	12			267
其他					
厂家直销中心	12	13		2	1318

单位:万元

商品购进总额	#进口	销售总额	批发额	#出口	零售额	年末商品库存总额	年末零售营业面积（万平方米）
77592		78455			78455	5131	
97310		98839	78447		20391	5603	0.5
88787		84024	5941		78083	15036	0.3
904467		**934151**	**125434**		**808717**	**85215**	**1.4**
627612		634657	6463		628195	63063	1.4
109013		126752	51394		75359	8001	
145209		148674	58886		89788	12861	
22633		24068	8692		15376	1290	
100544	**297**	**110619**	**21514**		**89105**	**9990**	**8.0**
39658		46263	20354		25909	2472	0.4
36837		38214	701		37514	4471	5.9
24049	297	26142	460		25682	3047	1.7
63801	**286**	**66817**	**7191**		**59627**	**7817**	
8491		10441			10441	459	
3573		3754	1512		2243	11	
51737	286	52622	5679		46943	7347	
8043381	**323676**	**8831908**	**928989**	**2093**	**7902919**	**824423**	
9413		10033	8333		1699	846	
121549		121712	13505		108207	8789	2.0
527211		771361	3847		767514	39500	1.9
368760		388460	3315		385145	37430	6.0
577879		849999	67022		782977	56436	2.2
4846051	256828	5072100	390486		4681614	520658	10.7
1478438	66849	1505095	26524		1478571	193520	3.5
20792		19894	689		19204	2265	2.8
7516		7811	655		7156	436	
468937		471073	455156	2093	15917	1079	0.1

11-4 分县(市)区限额以上批发和零售业商品购销存总额

(2011年)

单位:万元

县(市)区	购进总额	#进口	销售总额	批发	#出口	零售	年末库存额
中原区	3001788	50360	3482488	2834053	61227	648435	135882
二七区	1453040		1830804	818873	8937	1011931	151423
管城区	3938701	88181	4003292	2697687	2125	1305605	372189
金水区	6924400	319329	7719535	4412238	473488	3307297	598608
上街区	245624		298577	252663	42615	45914	4871
惠济区	642395	20281	656206	189354		466852	71261
中牟县	1281470	7569	1368362	1178390		189972	18107
巩义市	135126		170232	55625		114607	15265
荥阳市	190529		220083	128612		91471	25320
新密市	1148285		1183459	997946		185513	65758
新郑市	538986		549960	396455		153505	34496
登封市	416644		407256	195132		212124	36934
经济开发区	3133978		3307236	2662794		644442	210378
高新开发区	229839		283051	269434	15102	13617	41308
郑东新区	9638148	15674	3864975	2797595	113575	1067380	454696
航空港区	44692	4947	93101	86877	5506	6224	2404

11-5　分县(市)区限额以上批发和零售企业主要经济指标

(2011 年)

单位:千元

县(市)区	流动资产合　计	#存货	固定资产原　价	资产总计	所有者权益	#实收资本	主营业务收入
中原区	6113504	1181607	812968	7372376	2387145	513304	29585498
二七区	4679354	945405	495600	5762637	872229	857096	14868839
管城区	12560899	2657489	1404326	15255012	1638195	964380	33727399
金水区	25999077	8297547	3566616	37279283	7548642	10795040	64931843
上街区	205147	33759	22725	240530	61071	53456	2315442
惠济区	1836142	661453	244307	2124183	332292	257225	5402549
中牟县	811550	160628	110712	1035016	174124	182510	10272099
巩义市	213667	28153	39629	284879	50946	42417	674992
荥阳市	478623	168392	73280	567371	146251	112371	1431983
新密市	1761864	450146	345538	2807568	986087	460724	9164270
新郑市	713143	249662	257919	1395401	193230	255243	2961608
登封市	1123426	227196	173404	4497694	1818531	161917	2846870
经济开发区	10525844	1952638	606573	11995850	2024552	1109954	27669161
高新开发区	2183499	264098	122941	2401138	576649	410831	2550691
郑东新区	9393809	3814529	1170732	17204298	9050085	6999427	33492657
航空港区	702713	30599	193042	962482	243251	121680	798116

11-5　续表

(2011 年)

单位:千元

县(市)区	主营业务成本	主营业务税金及附加	管理费用	#税金	利润总额	应缴增值税
中原区	26857599	458323	754616	23024	1184953	424295
二七区	13587347	50455	567366	10649	115222	282847
管城区	31779618	49901	372306	10607	456589	282033
金水区	60172456	106229	1493441	35535	1167516	701293
上街区	2100787	26207	25347	1092	91145	49793
惠济区	4983955	4204	86068	3359	61407	33753
中牟县	9613269	9542	39926	3228	12813	89814
巩义市	533076	4994	17911	1423	34643	9808
荥阳市	1259719	8960	48685	1129	31636	27019
新密市	8634033	18952	95161	8160	189679	88458
新郑市	2817723	3266	53809	3432	-61080	28734
登封市	2120884	61959	87695	4893	178409	9592
经济开发区	26134028	22329	374414	11606	387747	167963
高新开发区	2278511	1339	82853	3710	59613	11514
郑东新区	31876133	70706	692388	30217	31756	183178
航空港区	656624	1062	33714	1086	8668	4869

11-6 限额以上批发和零售业法人企业财务状况

（2011 年）

单位：千元

指标	法人企业数（个）	执行《2006 年企业会计准则》	年初存货	期末资产负债						
				流动资产合计	应收帐款	存货	固定资产合计	固定资产原价	累计折旧
总计	**1083**	**566**	**14659916**	**79302261**	**11059015**	**21123301**	**6997082**	**9640312**	**3220158**
批发业	**536**	**290**	**9728511**	**55743258**	**9144767**	**14690455**	**3968806**	**5447193**	**1830231**
按批发行业小类分									
农畜产品批发	**32**	**21**	**877355**	**5948855**	**571189**	**3292267**	**335051**	**639992**	**316471**
谷物、豆及薯类批发	9	7	191472	597502	24520	366232	85296	99211	25048
种子、饲料批发	12	7	385337	1353084	197860	444158	158296	200961	42666
棉、麻批发	7	4	160798	1166534	72621	123835	34158	268290	234487
其他农畜产品批发	4	3	139748	2831735	276188	2358042	57301	71530	14270
食品、饮料及烟草制品批发	**40**	**21**	**596603**	**4333034**	**232495**	**964940**	**810246**	**1113955**	**321847**
米、面制品及食用油批发	15	8	254768	1155797	74105	502896	256870	301845	61745
糕点、糖果及糖批发	3	2	52847	296430	13828	90350	16489	25782	9293
肉、禽、蛋及水产品批发	2		45	30246	7500	20329	333	2470	2137
盐及调味品批发	5	2	27412	54330	5564	27841	33690	43332	10598
饮料及茶叶批发	7	4	30984	251019	11841	36896	1528	3620	2092
烟草制品批发	2	2	172072	2005162	76082	250112	357384	586275	229255
其他食品批发	6	3	58475	540050	43575	36516	143952	150631	6727
纺织、服装及日用品批发	**37**	**17**	**433578**	**2453843**	**396672**	**547342**	**136832**	**191125**	**61424**
纺织品、针织品及原料批发	14	9	101942	1318038	52355	159688	86784	113836	32183
服装批发	17	5	276489	831372	276963	326340	14924	29733	14809
鞋帽批发	1			17457	936	13623	449	935	486
化妆品及卫生用品批发	3	2	33438	146997	19668	25482	1315	2860	1545
其他日用品批发	2	1	21709	139979	46750	22209	33360	43761	12401
文化、体育用品及器材批发	**15**	**7**	**222807**	**1512204**	**564107**	**256489**	**492872**	**637422**	**144550**
文具用品批发	5	2	40362	558070	125240	56561	5729	8439	2710
图书批发	2	1	101122	610285	299351	105575	445351	563037	117686
音像制品及电子出版物批发	1		1678	18997	13632	3268	101	705	604
首饰、工艺品及收藏品批发	1	1	16563	34003	4207	9043	2141	5237	3096
其他文化用品批发	6	3	63082	290849	121677	82042	39550	60004	20454
医药及医疗器材批发	**42**	**18**	**1050806**	**7153424**	**3618144**	**1385944**	**235939**	**231054**	**83517**
西药批发	18	10	558241	2414962	1211871	674141	87127	136675	50357
中药材及中成药批发	18	5	309559	3437321	1565851	474164	116707	52011	22897
医疗用品及器材批发	6	3	183006	1301141	840422	237639	32105	42368	10263
矿产品、建材及化工产品批发	**214**	**131**	**3953734**	**19039783**	**1991623**	**4727085**	**1563027**	**2166664**	**715110**
煤炭及制品批发	42	21	240456	3128355	418327	424078	242983	294133	72051
石油及制品批发	19	11	2167521	6368591	194179	3127297	878507	1284316	444148
非金属矿及制品批发	19	13	83265	477841	210052	37279	41898	55681	24502
金属及金属矿批发	55	35	819856	3791658	547038	433872	227301	291125	100287
建材批发	35	25	280121	3350964	359444	409278	71445	103878	35461
化肥批发	4	1	62335	686605	194419	82236	27384	36094	9842
农药批发	2	2	42050	109082		35787	134	384	250
其他化工产品批发	38	23	258130	1126687	68164	177258	73375	101053	28569
机械设备、五金交电及电子产品批发	**131**	**61**	**2075034**	**14318940**	**1606568**	**2975177**	**336540**	**375818**	**153841**
农业机械批发	3		15850	75243	20502	20536	652	1348	696
汽车、摩托车及零配件批发	31	17	517028	1803435	123331	442634	47508	79851	35267
五金、交电批发	11	5	37490	520277	452819	37777	8748	12994	5779

11-6 续表1　　(2011 年)　　单位:千元

指标	法人企业数(个)	执行《2006年企业会计准则》	年初存货	期末资产负债					
				流动资产合计	应收帐款	存货	固定资产合计	固定资产原价	累计折旧
家用电器批发	11	6	520284	7790796	150727	1408777	122281	31919	4365
计算机、软件及辅助设备批发	22	6	172592	924509	123253	175063	4107	13142	9981
通讯及广播电视设备批发	6	3	88050	433666	53569	81380	1222	4720	3499
其他机械设备及电子产品批发	47	24	723740	2771014	682367	809010	152022	231844	94254
贸易经纪与代理	**1**	**1**	**928**	**4787**	**4520**	**78**	**211**	**382**	**171**
其他批发	**24**	**13**	**517666**	**978388**	**159449**	**541133**	**58088**	**90781**	**33300**
再生物资回收与批发	7	6	9106	69958	36224	16669	24212	34507	10295
其他未列明的批发	17	7	508560	908430	123225	524464	33876	56274	23005
按登记注册类型分									
内资企业	**530**	**284**	**9641426**	**55207193**	**9031407**	**14590456**	**3965346**	**5438472**	**1824970**
国有企业	40	30	1121129	6249657	1088930	1224774	1347168	1802117	496259
集体企业	4	3	500	10141	507	280	6	8	2
股份合作企业	2	1	556	8217	3572	2523	1230	3887	2657
联营企业	1	1	16563	34003	4207	9043	2141	5237	3096
国有与集体联营企业	1	1	16563	34003	4207	9043	2141	5237	3096
有限责任公司	265	145	4117073	28832383	5218331	5200876	1243556	1979485	819722
国有独资公司	4	3	129511	551981	46345	199568	46455	91816	45361
其他有限责任公司	261	142	3987562	28280402	5171986	5001308	1197101	1887669	774361
股份有限公司	16	11	2023392	7772985	768207	3369870	831905	1155635	338590
私营企业	197	90	2280514	11715403	1514215	4697443	532528	485822	162171
私营独资企业	13	6	119235	680125	45038	215667	29126	37441	14025
私营合伙企业	3	1	14929	60519	25787	7118	4534	10663	7390
私营有限责任公司	173	78	1947060	9990455	1416810	4344095	474366	403095	128541
私营股份有限公司	8	5	199290	984304	26580	130563	24502	34623	12215
其他企业	5	3	81699	584404	433438	85647	6812	6281	2473
港、澳、台商投资企业	**3**	**3**	**45595**	**115204**	**18858**	**54506**	**1701**	**4503**	**2802**
合资经营企业(港或澳、台资)	1	1	42326	96167	6536	49391	831	2736	1905
港、澳、台商独资经营企业	2	2	3269	19037	12322	5115	870	1767	897
外商投资企业	**3**	**3**	**41490**	**420861**	**94502**	**45493**	**1759**	**4218**	**2459**
中外合资经营企业	2	2	33401	391127	88785	38391	1330	3042	1712
中外合作经营企业	1	1	8089	29734	5717	7102	429	1176	747
按控股情况分									
国有控股	72	51	3760509	17110393	2708002	5013812	2262043	3111743	941848
集体控股	14	10	122986	980986	237896	78793	16656	35816	19166
私人控股	364	175	4691950	30606605	4273990	8242336	1374148	1639850	514309
港澳台商控股	3	3	45595	115204	18858	54506	1701	4503	2802
外商控股	2	2	33401	391127	88785	38391	1330	3042	1712
其他	81	49	1074070	6538943	1817236	1262617	312928	652239	350394
按经营形式分									
独立门店	417	206	7178798	41034827	5534749	11794237	2694350	3730367	1327558
连锁门店	8	6	371032	634530	124775	352555	546986	785879	239473
其他	111	78	2178681	14073901	3485243	2543663	727470	930947	263200
零售业	**547**	**276**	**4931405**	**23559003**	**1914248**	**6432846**	**3028276**	**4193119**	**1389927**
按零售行业小类分									
综合零售	**73**	**42**	**507120**	**2838300**	**168956**	**634339**	**1515319**	**2193896**	**729693**
百货零售	43	26	263856	1755906	121253	336387	1311548	1759601	491939

指标	法人企业数(个)	执行《2006 年企业会计准则》	年初存货	期末资产负债					
				流动资产合计	应收帐款	存货	固定资产合计	固定资产原价	累计折旧
超级市场零售	21	10	232141	1014552	34127	278502	191055	421845	232120
其他综合零售	9	6	11123	67842	13576	19450	12716	12450	5634
食品、饮料及烟草制品专门零售	**23**	**10**	**54637**	**205619**	**26761**	**89524**	**56486**	**85154**	**33224**
粮油零售	3		6106	29018	17221	2894	11540	11616	76
糕点、面包零售	1	1	1218	3860	397	2270	600	1523	923
肉、禽、蛋及水产品零售	9	4	7113	49004	1406	9181	38728	63064	28868
饮料及茶叶零售	5	1	37212	102554	2084	64912	4487	7524	3050
其他食品零售	5	4	2988	21183	5653	10267	1131	1427	307
纺织、服装及日用品专门零售	**53**	**37**	**447035**	**1183320**	**182170**	**491886**	**41717**	**70346**	**28852**
纺织品及针织品零售	8	5	38063	86750	7706	36588	1943	3239	1296
服装零售	29	21	209765	673949	123991	215126	27263	49126	22086
鞋帽零售	6	5	10854	73368	15262	12093	5781	6255	474
钟表、眼镜零售	2	1	119641	203775	11785	157990	4300	7841	3541
化妆品及卫生用品零售	1		58498	66562	2376	58498	342	587	245
其他日用品零售	7	5	10214	78916	21050	11591	2088	3298	1210
文化、体育用品及器材专门零售	**21**	**11**	**135223**	**376361**	**58926**	**117122**	**100559**	**150667**	**51038**
文具用品零售	1		585	2495	71	324	273	300	27
体育用品零售	2	2		1479		37	914	1568	661
图书零售	9	7	99510	187004	51960	91824	88074	132645	45494
珠宝首饰零售	4	1	22993	160940	292	13977	6029	9495	3466
工艺美术品及收藏品零售	3	1	10305	14953	4113	9355	5225	6605	1380
照相器材零售	2		1830	9490	2490	1605	44	54	10
医药及医疗器材专门零售	**25**	**12**	**165302**	**778527**	**290484**	**172932**	**107596**	**118626**	**23488**
药品零售	20	10	149297	690948	258053	157934	106746	117390	23102
医疗用品及器材零售	5	2	16005	87579	32431	14998	850	1236	386
汽车、摩托车、燃料及零配件专门零	**211**	**103**	**2774288**	**14242617**	**588404**	**4124857**	**1015338**	**1302316**	**423558**
汽车零售	179	91	2702780	13663344	543034	4015814	939626	1199993	393748
汽车零配件零售	4	1	25819	162612	6368	54190	3279	4552	1273
摩托车及零配件零售	5	2	11257	78073	14157	24305	3870	5111	1241
机动车燃料零售	23	9	34432	338588	24845	30548	68563	92660	27296
家用电器及电子产品专门零售	**103**	**45**	**755896**	**3392818**	**511906**	**697867**	**117571**	**161235**	**51743**
家用电器零售	38	22	565091	2455139	297077	477245	83962	119528	38355
计算机、软件及辅助设备零售	40	13	83541	354590	97768	104248	6030	10182	4775
通信设备零售	15	5	95223	480553	90197	103398	7223	9645	4181
其他电子产品零售	10	5	12041	102536	26864	12976	20356	21880	4432
五金、家具及室内装修材料专门零售	**21**	**10**	**43149**	**297948**	**56571**	**40011**	**35544**	**67168**	**36711**
五金零售	12	7	17713	75517	46149	15389	21926	23754	6915
家具零售	5	2	9475	170189	4652	16617	10082	16607	6525
其他室内装修材料零售	4	1	15961	52242	5770	8005	3536	26807	23271
无店铺及其他零售	**17**	**6**	**48755**	**243493**	**30070**	**64308**	**38146**	**43711**	**11620**
生活用燃料零售	5	2	4691	68370	5682	4779	33678	36358	8733
旧货零售	1	1	92	4199	217	106	6	30	24
其他未列明的零售	11	3	43972	170924	24171	59423	4462	7323	2863
按登记注册类型分									
内资企业	**526**	**260**	**4438196**	**21816428**	**1762588**	**5562352**	**1730584**	**2466211**	**926932**
国有企业	15	8	92019	197576	52912	83941	95079	146890	51848

指标	法人企业数（个）	执行《2006年企业会计准则》	年初存货	期末资产负债					
				流动资产合计	应收帐款	存货	固定资产合计	固定资产原价	累计折旧
集体企业	9	6	27565	44277	4444	28267	21007	17410	6825
股份合作企业	5	4	77220	331181	8827	115604	40886	58037	18047
联营企业	1	1		1286		828			
其他联营企业	1	1		1286		828			
有限责任公司	234	130	2366969	12118560	1046538	3005759	971525	1330910	466137
国有独资公司	1	1	2454	6827	1025	2357	4158	6176	2018
其他有限责任公司	233	129	2364515	12111733	1045513	3003402	967367	1324734	464119
股份有限公司	19	9	78599	689422	49927	89790	174787	307832	140568
私营企业	231	92	1653007	8067867	540388	2074931	410703	585249	237180
私营独资企业	24	11	65694	222681	22839	69155	33717	38226	7717
私营合伙企业	1	1	200	786	227	180	30	40	10
私营有限责任公司	197	76	1498187	7430877	506075	1848980	334800	490920	215545
私营股份有限公司	9	4	88926	413523	11247	156616	42156	56063	13908
其他企业	12	10	142817	366259	59552	163232	16597	19883	6327
港、澳、台商投资企业	**5**	**4**	**157418**	**729428**	**118468**	**376822**	**1098317**	**1403518**	**305201**
合资经营企业(港或澳、台资)	3	2	25319	433611	31616	189320	73404	88517	15113
港、澳、台商独资经营企业	2	2	132099	295817	86852	187502	1024913	1315001	290088
外商投资企业	**16**	**12**	**335791**	**1013147**	**33192**	**493672**	**199375**	**323390**	**157794**
中外合资经营企业	5	4	117196	205148	4711	154195	110929	232311	121496
外资企业	6	5	52599	407524	7594	127173	49057	26067	10675
外商投资股份有限公司	5	3	165996	400475	20887	212304	39389	65012	25623
按控股情况分									
国有控股	24	14	143464	497348	70620	164955	143455	252556	110035
集体控股	22	14	72392	237212	46277	66828	64747	84038	30936
私人控股	406	184	3708148	18641674	1466582	4785215	1275587	1757243	650154
港澳台商控股	4	3	132458	509418	118236	328830	1081302	1381907	300605
外商控股	14	10	305816	928360	30488	459036	180458	308661	153526
其他	77	51	569127	2744991	182045	627982	282727	408714	144671
按经营形式分									
独立门店	498	247	3916038	19525212	1412287	5471669	1882461	2610651	922075
连锁总店(总部)	20	12	843499	2948231	429941	820441	1073727	1487580	426801
连锁门店	8	4	85875	476030	24141	48864	24807	45530	29179
其他	21	13	85993	609530	47879	91872	47281	49358	11872
按零售业态分									
有店铺零售	547	276	4931405	23559003	1914248	6432846	3028276	4193119	1389927
食杂店	3	1	2564	28002	18056	7054	11570	11603	33
便利店	7	6	14098	56449	10933	23013	10583	7731	3332
超市	18	11	264229	544414	118637	325291	896234	1254178	358149
大型超市	24	12	195775	1056389	13832	253149	372847	535608	196743
百货店	40	22	88314	1315394	42507	90912	244075	427838	194718
专业店	368	172	3329515	15708838	1443785	4239244	1053610	1403124	461877
专卖店	70	42	1001522	4301048	248178	1461555	405470	505177	157632
家居建材商店	1			148513	51		9007	15442	6435
购物中心	4	3	11071	61088	8088	6732	11157	14619	4358
厂家直销中心	12	7	24317	338868	10181	25896	13723	17799	6650

指标	期末资产负债							
	本年折旧	在建工程	资产合计	流动负债合计	应付账款	非流动负债合计	负债合计	所有者权益合计
总计	**481017**	**1977614**	**111185718**	**79755061**	**18349911**	**3327377**	**83082438**	**28103280**
批发业	**280848**	**599828**	**77951640**	**53148442**	**12452268**	**2581615**	**55730057**	**22221583**
按批发行业小类分								
农畜产品批发	**24267**	**58047**	**7907338**	**6038275**	**1303959**	**447259**	**6485534**	**1421804**
谷物、豆及薯类批发	1451	549	830797	591580	94527	76721	668301	162496
种子、饲料批发	10469	43266	1696305	1012888	567017	21532	1034420	661885
棉、麻批发	10465	14232	2442360	1552358	44410	228526	1780884	661476
其他农畜产品批发	1882		2937876	2881449	598005	120480	3001929	-64053
食品、饮料及烟草制品批发	**59286**	**19860**	**5894805**	**2911104**	**261559**	**72108**	**2983212**	**2911593**
米、面制品及食用油批发	7934	6970	1822155	1116378	97794	50319	1166697	655458
糕点、糖果及糖批发	1752		335910	218115	33428		218115	117795
肉、禽、蛋及水产品批发	149		30628	27129	22406		27129	3499
盐及调味品批发	1204	400	90018	43460	16772	1769	45229	44789
饮料及茶叶批发	448		299364	222000	3526	19980	241980	57384
烟草制品批发	41745	12490	2621215	776660	69126	40	776700	1844515
其他食品批发	6054		695515	507362	18507		507362	188153
纺织、服装及日用品批发	**12785**	**52**	**2736305**	**2141603**	**608165**	**11689**	**2153292**	**583013**
纺织品、针织品及原料批发	6096	52	1508007	1114616	118126	2724	1117340	390667
服装批发	6412		872147	746305	348082	2465	748770	123377
鞋帽批发	103		17937	29057	22695		29057	-11120
化妆品及卫生用品批发	174		151864	81949	44780	500	82449	69415
其他日用品批发			186350	169676	74482	6000	175676	10674
文化、体育用品及器材批发	**23466**	**7295**	**2147293**	**1416383**	**578408**	**4365**	**1420748**	**726545**
文具用品批发	919		576677	514439	35132		514439	62238
图书批发	19191	7295	1140942	642980	446196	4365	647345	493597
音像制品及电子出版物批发	85		19303	18047	18047		18047	1256
首饰、工艺品及收藏品批发	131		36144	33791	4430		33791	2353
其他文化用品批发	3140		374227	207126	74603		207126	167101
医药及医疗器材批发	**15894**	**75417**	**7802491**	**6329014**	**2837618**	**13329**	**6342343**	**1460148**
西药批发	8483	22354	2590731	2146357	952435	5529	2151886	438845
中药材及中成药批发	3685	53063	3870552	3183001	1291929	7800	3190801	679751
医疗用品及器材批发	3726		1341208	999656	593254		999656	341552
矿产品、建材及化工产品批发	**107514**	**427480**	**34194615**	**19583469**	**5187852**	**1874347**	**21457816**	**12736799**
煤炭及制品批发	19463	25767	7347821	3011939	477370	1567570	4579509	2768312
石油及制品批发	51465	144082	14844671	6612392	2749685		6612392	8232279
非金属矿及制品批发	1200	145979	731887	549497	219681	83790	633287	98600
金属及金属矿批发	15749	60547	4763624	3974814	470445	60338	4035152	728472
建材批发	10602		4304237	3661902	762290	133361	3795263	508974
化肥批发	1331	36026	790173	702833	198117	28273	731106	59067
农药批发	56		109223	93305	55648		93305	15918
其他化工产品批发	7648	15079	1302979	976787	254616	1015	977802	325177
机械设备、五金交电及电子产品批发	**30684**	**11655**	**15781326**	**13931751**	**1546187**	**156460**	**14088211**	**1693115**
农业机械批发	21		98617	95772	26050		95772	2845
汽车、摩托车及零配件批发	4092	7922	2005959	1557273	364739	48069	1605342	400617
五金、交电批发	1255		537645	477179	55678		477179	60466

指标	期末资产负债							
	本年折旧	在建工程	资产合计	流动负债合计	应付账款	非流动负债合计	负债合计	所有者权益合计
家用电器批发	1807		8218326	7852590	86412	10000	7862590	355736
计算机、软件及辅助设备批发	961	2478	1259547	943758	79664	3489	947247	312300
通讯及广播电视设备批发	300		477781	321109	36311	77872	398981	78800
其他机械设备及电子产品批发	22248	1255	3183451	2684070	897333	17030	2701100	482351
贸易经纪与代理	**40**		**5187**	**2386**	**2386**		**2386**	**2801**
其他批发	**6912**	**22**	**1482280**	**794457**	**126134**	**2058**	**796515**	**685765**
再生物资回收与批发	2393	22	133382	96373	22559	2058	98431	34951
其他未列明的批发	4519		1348898	698084	103575		698084	650814
按登记注册类型分								
内资企业	**279846**	**590138**	**77389640**	**52739940**	**12362257**	**2581615**	**55321555**	**22068085**
国有企业	75079	175320	8889144	4939564	1161932	194522	5134086	3755058
集体企业			17854	9045	86	2796	11841	6013
股份合作企业	190		12261	13995	4659	14	14009	-1748
联营企业	131		36144	33791	4430		33791	2353
国有与集体联营企业	131		36144	33791	4430		33791	2353
有限责任公司	119299	197668	34716100	29370974	5227784	404963	29775937	4940163
国有独资公司	3520		886423	346241	31453	76721	422962	463461
其他有限责任公司	115779	197668	33829677	29024733	5196331	328242	29352975	4476702
股份有限公司	41440	197223	16134281	7506811	3897977	32514	7539325	8594956
私营企业	43179	19920	16984715	10309364	2036730	1944306	12253670	4731045
私营独资企业	1311	2000	3494169	344435	106877	1555410	1899845	1594324
私营合伙企业	50	3612	74782	65097	31171		65097	9685
私营有限责任公司	33064	14308	11826407	8982217	1845576	171896	9154113	2672294
私营股份有限公司	8754		1589357	917615	53106	217000	1134615	454742
其他企业	528	7	599141	556396	28659	2500	558896	40245
港、澳、台商投资企业	**607**	**9690**	**136716**	**93250**	**25947**		**93250**	**43466**
合资经营企业（港或澳、台资）	285		107122	70506	13073		70506	36616
港、澳、台商独资经营企业	322	9690	29594	22744	12874		22744	6850
外商投资企业	**395**		**425284**	**315252**	**64064**		**315252**	**110032**
中外合资经营企业	261		393907	313057	63442		313057	80850
中外合作经营企业	134		31377	2195	622		2195	29182
按控股情况分								
国有控股	127110	378690	29184966	15655526	6232108	288648	15944174	13240792
集体控股	3565		1025863	782576	216771	2796	785372	240491
私人控股	125312	128792	38755638	29079868	4804671	2152973	31232841	7522797
港澳台商控股	607	9690	136716	93250	25947		93250	43466
外商控股	261		393907	313057	63442		313057	80850
其他	23993	82656	8454550	7224165	1109329	137198	7361363	1093187
按经营形式分								
独立门店	191871	260353	59184450	38187772	8322952	2200975	40388747	18795703
连锁门店	28736	5429	2064229	1463923	127571		1463923	600306
其他	60241	334046	16702961	13496747	4001745	380640	13877387	2825574
零售业	**200169**	**1377786**	**33234078**	**26606619**	**5897643**	**745762**	**27352381**	**5881697**
按零售行业小类分								
综合零售	**57755**	**1176531**	**8911679**	**7578889**	**2609467**	**403511**	**7982400**	**929279**
百货零售	26607	1140770	7372959	5988521	2232593	380950	6369471	1003488

指标	期末资产负债							
	本年折旧	在建工程	资产合计	流动负债合计	应付账款	非流动负债合计	负债合计	所有者权益合计
超级市场零售	28792	22740	1447394	1536248	365474	14037	1550285	-102891
其他综合零售	2356	13021	91326	54120	11400	8524	62644	28682
食品、饮料及烟草制品专门零售	**2169**	**3418**	**400244**	**169460**	**34376**	**76741**	**246201**	**154043**
粮油零售	10		44569	24127	17382		24127	20442
糕点、面包零售	155		4573	5230	2677		5230	-657
肉、禽、蛋及水产品零售	1902	3418	209665	55366	4184	73882	129248	80417
饮料及茶叶零售	38		116311	64353	2223	2859	67212	49099
其他食品零售	64		25126	20384	7910		20384	4742
纺织、服装及日用品专门零售	**5705**	**38381**	**1373017**	**1293799**	**350637**	**33095**	**1326894**	**46123**
纺织品及针织品零售	209		124309	115467	30198	2000	117467	6842
服装零售	2732	38381	796595	891352	246194	24722	916074	-119479
鞋帽零售	219		79650	42080	7366		42080	37570
钟表、眼镜零售	2112		215991	130759	48536		130759	85232
化妆品及卫生用品零售	115		75456	73610	11		73610	1846
其他日用品零售	318		81016	40531	18332	6373	46904	34112
文化、体育用品及器材专门零售	**3547**	**48513**	**663926**	**381745**	**161725**	**12304**	**394049**	**269877**
文具用品零售			2768	2454			2454	314
体育用品零售			2599	404			404	2195
图书零售	2758	48513	332846	209376	148206	11217	220593	112253
珠宝首饰零售	663		228079	150961	613		150961	77118
工艺美术品及收藏品零售	124		87033	16149	10542	987	17136	69897
照相器材零售	2		10601	2401	2364	100	2501	8100
医药及医疗器材专门零售	**5087**		**912231**	**556534**	**266670**	**7759**	**564293**	**347938**
药品零售	4916		823419	509412	249604	7759	517171	306248
医疗用品及器材零售	171		88812	47122	17066		47122	41690
汽车、摩托车、燃料及零配件专门零	**107297**	**103993**	**16466155**	**13094396**	**1054031**	**68034**	**13162430**	**3303725**
汽车零售	103041	77826	15711523	12468166	879648	64953	12533119	3178404
汽车零配件零售	428		184429	164965	1314		164965	19464
摩托车及零配件零售	388		82702	32917	7994		32917	49785
机动车燃料零售	3440	26167	487501	428348	165075	3081	431429	56072
家用电器及电子产品专门零售	**7116**	**4479**	**3776055**	**3014378**	**1293473**	**94194**	**3108572**	**667483**
家用电器零售	4589	1573	2689446	2305523	1025056	76833	2382356	307090
计算机、软件及辅助设备零售	596		412464	177783	35806	8784	186567	225897
通信设备零售	633		533984	429457	214627	8577	438034	95950
其他电子产品零售	1298	2906	140161	101615	17984		101615	38546
五金、家具及室内装修材料专门零售	**5804**		**443905**	**319225**	**51759**	**43550**	**362775**	**81130**
五金零售	1038		116693	65816	38917	15592	81408	35285
家具零售	2688		271432	184642	3133	27958	212600	58832
其他室内装修材料零售	2078		55780	68767	9709		68767	-12987
无店铺及其他零售	**5689**	**2471**	**286866**	**198193**	**75505**	**6574**	**204767**	**82099**
生活用燃料零售	4883	2399	107154	68740	36697	2159	70899	36255
旧货零售	4		4205	3104			3104	1101
其他未列明的零售	802	72	175507	126349	38808	4415	130764	44743
按登记注册类型分								
内资企业	**145882**	**365619**	**26319403**	**21147407**	**3780216**	**725697**	**21873104**	**4446299**
国有企业	4487	48516	354470	251573	157752	13864	265437	89033

11-6 续表 7　　(2011 年)　　单位:千元

指标	期末资产负债							
	本年折旧	在建工程	资产合计	流动负债合计	应付账款	非流动负债合计	负债合计	所有者权益合计
集体企业	263	9147	69552	55235	6493	7129	62364	7188
股份合作企业	4540		374802	254941	6052	515	255456	119346
联营企业			1355	163		62	225	1130
其他联营企业			1355	163		62	225	1130
有限责任公司	79115	81997	14010351	11677493	2734170	239941	11917434	2092917
国有独资公司	259		13187	1929	1223	212	2141	11046
其他有限责任公司	78856	81997	13997164	11675564	2732947	239729	11915293	2081871
股份有限公司	12377	181198	1278652	787660	156843	357224	1144884	133768
私营企业	43380	42787	9726105	7606311	688775	106108	7712419	2013686
私营独资企业	2171		265810	176230	15864	8806	185036	80774
私营合伙企业	5		1701	448			448	1253
私营有限责任公司	36529	42574	8997581	7075754	669945	96315	7172069	1825512
私营股份有限公司	4675	213	461013	353879	2966	987	354866	106147
其他企业	1720	1974	504116	514031	30131	854	514885	-10769
港、澳、台商投资企业	**12221**	**993656**	**5603289**	**4457570**	**1871350**	**11700**	**4469270**	**1134019**
合资经营企业(港或澳、台资)	7787	38381	571459	457035	127351	11700	468735	102724
港、澳、台商独资经营企业	4434	955275	5031830	4000535	1743999		4000535	1031295
外商投资企业	**42066**	**18511**	**1311386**	**1001642**	**246077**	**8365**	**1010007**	**301379**
中外合资经营企业	27595	17647	352382	298108	116224	1719	299827	52555
外资企业	3256	729	481714	438637	122512	6646	445283	36431
外商投资股份有限公司	11215	135	477290	264897	7341		264897	212393
按控股情况分								
国有控股	9066	223420	902285	498865	226061	232970	731835	170450
集体控股	1948	17098	345402	465808	116956	30485	496293	-150891
私人控股	113462	96531	21927275	17504236	3018118	354674	17858910	4068365
港澳台商控股	9414	993656	5365529	4270135	1870156	11700	4281835	1083694
外商控股	39235	18511	1200769	897539	229634	7985	905524	295245
其他	27044	28570	3492818	2970036	436718	107948	3077984	414834
按经营形式分								
独立门店	181925	372606	23910211	19258918	2690005	634726	19893644	4016567
连锁总店(总部)	12409	998326	8018350	6562995	3028156	84157	6647152	1371198
连锁门店	3272	3	603426	316900	75949	17650	334550	268876
其他	2563	6851	702091	467806	103533	9229	477035	225056
按零售业态分								
有店铺零售	200169	1377786	33234078	26606619	5897643	745762	27352381	5881697
食杂店	10		41573	21234	9765		21234	20339
便利店	482	5691	68123	41358	11784	7680	49038	19085
超市	6049	966400	5161996	4182860	1795207	13978	4196838	965158
大型超市	30329	18942	1709734	1758572	415950	9722	1768294	-58560
百货店	22539	185498	2125852	1748789	430081	372723	2121512	4340
专业店	92010	126827	18578792	14435366	2715629	313024	14748390	3830402
专卖店	44943	74428	4948097	3992684	494812	28558	4021242	926855
家居建材商店	2643		173135	172134	3133		172134	1001
购物中心	727		72246	21080	3652	77	21157	51089
厂家直销中心	437		354530	232542	17630		232542	121988

指标		损益及分配						
	实收资本	营业收入	主营业务收入	营业成本	主营业务成本	营业税金及附加	主营业务税金及附加	其他业务利润
总计	**23297575**	**244541684**	**242694017**	**226816780**	**225405762**	**927144**	**898428**	**1644425**
批发业	**13955419**	**172817946**	**172064707**	**161931891**	**160752546**	**732516**	**718093**	**255065**
按批发行业小类分								
农畜产品批发	**1205293**	**5931812**	**5900043**	**5074089**	**4995944**	**2400**	**2397**	**4000**
谷物、豆及薯类批发	121035	710631	710112	657889	657889	201	201	1055
种子、饲料批发	321596	1442756	1442740	1174829	1110044	242	242	408
棉、麻批发	740662	743695	713251	668675	668475	1398	1395	1522
其他农畜产品批发	22000	3034730	3033940	2572696	2559536	559	559	1015
食品、饮料及烟草制品批发	**822172**	**10880311**	**10845480**	**8376712**	**8356822**	**451849**	**451791**	**6258**
米、面制品及食用油批发	623261	1488935	1462328	1413099	1399119	1311	1253	730
糕点、糖果及糖批发	16510	399017	397415	293634	293634	2056	2056	1772
肉、禽、蛋及水产品批发	2828	60623	60622	56145	56145	55	55	
盐及调味品批发	8192	229188	228639	172177	172103	783	783	571
饮料及茶叶批发	54521	272749	272749	215550	215550	627	627	
烟草制品批发	58860	7456942	7456942	5432639	5432639	445159	445159	1737
其他食品批发	58000	972857	966785	793468	787632	1858	1858	1448
纺织、服装及日用品批发	**463566**	**8333597**	**8324487**	**7755339**	**7743700**	**16349**	**16343**	**21841**
纺织品、针织品及原料批发	293606	4917418	4917409	4795226	4795226	8053	8053	18305
服装批发	54947	1724044	1724044	1596802	1595163	1604	1604	1209
鞋帽批发	10000	41151	41151	42232	42232	50	50	-12
化妆品及卫生用品批发	65654	1234415	1234314	933255	933255	6599	6599	101
其他日用品批发	39359	416569	407569	387824	377824	43	37	2238
文化、体育用品及器材批发	**282337**	**3967348**	**3939557**	**3648597**	**3648000**	**5543**	**5543**	**28056**
文具用品批发	66731	1145899	1145899	1108674	1108674	580	580	
图书批发	142000	1792801	1775367	1585894	1585894	2878	2878	17434
音像制品及电子出版物批发	5000	7986	7986	6754	6754	2	2	
首饰、工艺品及收藏品批发	2353	232721	232721	221983	221983			
其他文化用品批发	66253	787941	777584	725292	724695	2083	2083	10622
医药及医疗器材批发	**1053736**	**17651018**	**17634629**	**16946001**	**16818434**	**14708**	**14666**	**17239**
西药批发	395962	7325535	7316442	6995291	6993856	5665	5625	8058
中药材及中成药批发	533295	8056451	8053036	7835729	7709597	7108	7106	4071
医疗用品及器材批发	124479	2269032	2265151	2114981	2114981	1935	1935	5110
矿产品、建材及化工产品批发	**8868835**	**87825881**	**87713472**	**84010588**	**83919497**	**206290**	**192140**	**92086**
煤炭及制品批发	642221	19178442	19166010	18148086	18136557	83392	75553	31377
石油及制品批发	6696590	25707164	25694709	24168238	24158045	69906	69425	-5362
非金属矿及制品批发	95901	2481264	2468583	2275173	2269723	14894	14887	10896
金属及金属矿批发	654946	14151029	14111784	13697932	13687938	22656	17073	34878
建材批发	376982	18276126	18262438	17958671	17934993	9591	9479	4795
化肥批发	88000	2025053	2003585	2000105	1982729	268	268	4312
农药批发	8000	389504	389504	376250	376250			
其他化工产品批发	306195	5617299	5616859	5386133	5373262	5583	5455	11190
机械设备、五金交电及电子产品批发	**1153198**	**35920695**	**35401595**	**33932123**	**33095545**	**32967**	**32803**	**83341**
农业机械批发	5820	87517	87450	83412	83412	37	37	
汽车、摩托车及零配件批发	290332	6370165	6102571	5864063	5858016	3311	3261	44002
五金、交电批发	49322	473433	473433	439580	439580	830	830	553

指标	实收资本	损益及分配						
		营业收入	主营业务收入	营业成本	主营业务成本	营业税金及附加	主营业务税金及附加	其他业务利润
家用电器批发	85618	9166410	9154700	8730501	8715977	5896	5896	-4736
计算机、软件及辅助设备批发	229289	2059091	2039217	1926514	1921258	1440	1420	12215
通讯及广播电视设备批发	20000	1145546	1041092	1103489	1001878	487	487	
其他机械设备及电子产品批发	472817	16618533	16503132	15784564	15075424	20966	20872	31307
贸易经纪与代理	**3010**	**24660**	**24660**	**24560**	**23740**			
其他批发	**103272**	**2282624**	**2280784**	**2163882**	**2150864**	**2410**	**2410**	**2244**
再生物资回收与批发	37910	402552	402552	388572	378043	1301	1301	
其他未列明的批发	65362	1880072	1878232	1775310	1772821	1109	1109	2244
按登记注册类型分								
内资企业	**13847688**	**170877445**	**170137179**	**160349204**	**159170521**	**725567**	**711144**	**252747**
国有企业	1366650	36254420	36156591	33249081	33200476	466029	462607	66494
集体企业	3433	269168	269168	212308	212308	1099	1099	
股份合作企业	1917	63709	63709	59521	59521	51	51	398
联营企业	2353	232721	232721	221983	221983			
国有与集体联营企业	2353	232721	232721	221983	221983			
有限责任公司	3715320	87195266	86614149	83346216	82421563	92160	91397	116332
国有独资公司	175605	523447	523447	441660	441660	592	592	1060
其他有限责任公司	3539715	86671819	86090702	82904556	81979903	91568	90805	115272
股份有限公司	6651081	18807437	18803295	17372926	17201425	69020	69020	-10858
私营企业	2064934	27741594	27684416	25596951	25563027	96945	86707	80381
私营独资企业	127513	1503803	1503803	918521	912289	60319	54529	
私营合伙企业	8500	348940	348940	342563	342563	189	189	
私营有限责任公司	1399821	24834763	24777585	23325258	23297566	29227	24779	80308
私营股份有限公司	529100	1054088	1054088	1010609	1010609	7210	7210	73
其他企业	42000	313130	313130	290218	290218	263	263	
港、澳、台商投资企业	**23239**	**489499**	**476627**	**437356**	**436694**	**490**	**490**	**2208**
合资经营企业(港或澳、台资)	20000	330610	317738	298700	298038	365	365	2208
港、澳、台商独资经营企业	3239	158889	158889	138656	138656	125	125	
外商投资企业	**84492**	**1451002**	**1450901**	**1145331**	**1145331**	**6459**	**6459**	**110**
中外合资经营企业	83375	1423228	1423127	1123375	1123375	6360	6360	101
中外合作经营企业	1117	27774	27774	21956	21956	99	99	9
按控股情况分								
国有控股	8586865	85059089	84831101	80181584	79341591	553069	549186	85148
集体控股	247734	2540835	2496293	2369855	2353781	1766	1766	582
私人控股	4004329	67338138	67013272	62746508	62625032	148393	137856	145610
港澳台商控股	23239	489499	476627	437356	436694	490	490	2208
外商控股	83375	1423228	1423127	1123375	1123375	6360	6360	101
其他	1009877	15967157	15824287	15073213	14872073	22438	22435	21416
按经营形式分								
独立门店	11888621	110665894	110068683	103288570	102411096	617042	603029	207264
连锁门店	114771	11905823	11905722	10894909	10894909	19200	19200	-14214
其他	1952027	50246229	50090302	47748412	47446541	96274	95864	62015
零售业	**9342156**	**71723738**	**70629310**	**64884889**	**64653216**	**194628**	**180335**	**1389360**
按零售行业小类分								
综合零售	**1018878**	**11792441**	**11156826**	**9678703**	**9646730**	**88844**	**77930**	**988019**
百货零售	809166	9126544	8785114	7583170	7564292	76923	70229	678158

指标		损益及分配						
	实收资本	营业收入	主营业务收入	营业成本	主营业务成本	营业税金及附加	主营业务税金及附加	其他业务利润
超级市场零售	188467	2437143	2145087	1889002	1875907	10946	6726	306772
其他综合零售	21245	228754	226625	206531	206531	975	975	3089
食品、饮料及烟草制品专门零售	**75385**	**859118**	**841049**	**637867**	**636131**	**5038**	**3940**	**16379**
粮油零售	5100	204819	204373	180640	180640	2511	1511	442
糕点、面包零售	980	9317	9317	7236	7236	40	40	
肉、禽、蛋及水产品零售	58685	333015	315392	224828	223092	808	710	15888
饮料及茶叶零售	5310	253889	253889	174733	174733	1335	1335	
其他食品零售	5310	58078	58078	50430	50430	344	344	49
纺织、服装及日用品专门零售	**174741**	**3279055**	**3206744**	**2853080**	**2747366**	**19474**	**19474**	**28173**
纺织品及针织品零售	7502	200433	200433	177853	177853	257	257	
服装零售	63089	2373646	2301335	2046466	1973963	17313	17313	23814
鞋帽零售	37720	116854	116854	103182	103182	371	371	
钟表、眼镜零售	30100	341533	341533	297178	263967	1011	1011	
化妆品及卫生用品零售	1000	120968	120968	114041	114041	370	370	4348
其他日用品零售	35330	125621	125621	114360	114360	152	152	11
文化、体育用品及器材专门零售	**207173**	**599770**	**557809**	**476020**	**443531**	**4086**	**4014**	**11700**
文具用品零售	510	22592	22592	21785	21785	22	22	
体育用品零售	1500	10313	10313	9363	9363	141	141	
图书零售	31565	359596	325227	299080	268120	1098	1026	5459
珠宝首饰零售	95914	96145	90553	77724	77195	2682	2682	6017
工艺美术品及收藏品零售	69584	90711	90711	51965	51965	133	133	24
照相器材零售	8100	20413	18413	16103	15103	10	10	200
医药及医疗器材专门零售	**224778**	**1506921**	**1504969**	**1296860**	**1285439**	**7252**	**6968**	**2426**
药品零售	184238	1429726	1427774	1227693	1216272	7166	6882	2426
医疗用品及器材零售	40540	77195	77195	69167	69167	86	86	
汽车、摩托车、燃料及零配件专门零	**7016338**	**44616493**	**44500095**	**41903422**	**41888495**	**40124**	**38845**	**116989**
汽车零售	6898503	42531499	42466357	40022574	40017132	36956	35794	112426
汽车零配件零售	6010	663805	663805	615372	615372	698	698	
摩托车及零配件零售	27000	718437	676724	655911	655911	947	947	480
机动车燃料零售	84825	702752	693209	609565	600080	1523	1406	4083
家用电器及电子产品专门零售	**496343**	**7934087**	**7726773**	**7071718**	**7051599**	**21853**	**21207**	**220264**
家用电器零售	183522	5255305	5051960	4619290	4599199	13124	13113	184967
计算机、软件及辅助设备零售	216768	1094998	1094423	1014298	1014296	1683	1682	2938
通信设备零售	69110	1391806	1388428	1268207	1268181	4187	3553	32343
其他电子产品零售	26943	191978	191962	169923	169923	2859	2859	16
五金、家具及室内装修材料专门零售	**48960**	**559268**	**558888**	**435842**	**435762**	**6841**	**6841**	**4145**
五金零售	23622	309903	309523	265687	265607	2270	2270	3270
家具零售	11328	133678	133678	79416	79416	4108	4108	7
其他室内装修材料零售	14010	115687	115687	90739	90739	463	463	868
无店铺及其他零售	**79560**	**576585**	**576157**	**531377**	**518163**	**1116**	**1116**	**1265**
生活用燃料零售	32800	98211	98211	87384	87384	377	377	950
旧货零售	1020	32115	32115	30821	30821	66	66	
其他未列明的零售	45740	446259	445831	413172	399958	673	673	315
按登记注册类型分								
内资企业	**8519841**	**59859952**	**58885350**	**54449166**	**54218365**	**146044**	**134521**	**914552**
国有企业	31187	472867	437343	388820	357927	2583	1583	7246

指标	实收资本	损益及分配						
		营业收入	主营业务收入	营业成本	主营业务成本	营业税金及附加	主营业务税金及附加	其他业务利润
集体企业	5126	195841	195841	122943	122943	805	805	558
股份合作企业	11280	1193613	1193613	1060205	1060205	2689	2689	239
联营企业	1128	14402	14402	12211	12211	716	716	
其他联营企业	1128	14402	14402	12211	12211	716	716	
有限责任公司	6650465	36993890	36306005	33657044	33560255	85803	81598	698878
国有独资公司	3000	16402	15345	12066	12010	68	68	1000
其他有限责任公司	6647465	36977488	36290660	33644978	33548245	85735	81530	697878
股份有限公司	96978	1468565	1433694	1280413	1280398	9251	7022	62747
私营企业	1691777	18350818	18211531	16839515	16808914	41963	38222	158319
私营独资企业	60708	650363	647954	527085	520666	4688	4476	1271
私营合伙企业	1000	7342	7342	6977	6977	273	273	
私营有限责任公司	1591749	16447400	16313298	15203477	15179449	34144	30793	154426
私营股份有限公司	38320	1245713	1242937	1101976	1101822	2858	2680	2622
其他企业	31900	1169956	1092921	1088015	1015512	2234	1886	-13435
港、澳、台商投资企业	**478798**	**7322751**	**7303687**	**6362796**	**6362602**	**39564**	**39564**	**376740**
合资经营企业(港或澳、台资)	43450	1850583	1846039	1663115	1662921	2807	2807	5768
港、澳、台商独资经营企业	435348	5472168	5457648	4699681	4699681	36757	36757	370972
外商投资企业	**343517**	**4541035**	**4440273**	**4072927**	**4072249**	**9020**	**6250**	**98068**
中外合资经营企业	105888	1261174	1216489	1102909	1102727	728	726	44476
外资企业	192369	1345874	1291155	1140544	1140544	6726	4032	52595
外商投资股份有限公司	45260	1933987	1932629	1829474	1828978	1566	1492	997
按控股情况分								
国有控股	132999	1032244	969208	816533	780931	7212	4116	26537
集体控股	37200	1402497	1390266	1142812	1142797	13127	12513	12171
私人控股	2943783	49738575	49104170	45673514	45564549	92401	86083	683148
港澳台商控股	458348	6652581	6633517	5764551	5764357	38509	38509	375322
外商控股	315445	4163171	4062409	3730988	3730310	8317	5548	98068
其他	5454381	8734670	8469740	7756491	7670272	35062	33566	194114
按经营形式分								
独立门店	8437988	53618552	53035704	49115727	48925144	123533	116558	536012
连锁总店(总部)	645531	12283760	12033720	10482391	10458583	60523	56797	612405
连锁门店	161333	954815	706800	633911	623867	5969	2662	234732
其他	97304	4866611	4853086	4652860	4645622	4603	4318	6211
按零售业态分								
有店铺零售	9342156	71723738	70629310	64884889	64653216	194628	180335	1389360
食杂店	3500	80056	80056	64455	64455	1637	1637	49
便利店	14037	183013	181393	162154	162154	936	936	1620
超市	509562	6314992	6248127	5387841	5384775	43260	39453	422423
大型超市	223140	2464161	2195336	1904855	1888133	9580	7041	256922
百货店	300849	3144209	2845904	2488881	2476696	35926	31257	307922
专业店	2724361	42626760	42201192	39200346	39013152	77977	74978	360563
专卖店	5485005	12752279	12732139	11728481	11726818	19135	18861	37213
家居建材商店	1200	47955	47955	13521	13521	2685	2685	7
购物中心	43002	79987	79987	68483	68483	111	111	571
厂家直销中心	37500	4030326	4017221	3865872	3855029	3381	3376	2070

指标	损益及分配							
	销售费用	管理费用				财务费用		
			税金	差旅费	工会经费		利息收入	利息支出
总计	**7711390**	**4825700**	**153150**	**168574**	**29215**	**1150691**	**317511**	**720784**
批发业	**4646026**	**2738529**	**101563**	**119155**	**20054**	**850374**	**216060**	**558411**
按批发行业小类分								
农畜产品批发	**228181**	**155905**	**5674**	**4897**	**833**	**273325**	**4524**	**91775**
谷物、豆及薯类批发	13245	21450	119	297	70	14745	143	4922
种子、饲料批发	86887	105033	2709	3286	653	6664	2533	6390
棉、麻批发	9741	17500	828	936	34	50594	1832	52937
其他农畜产品批发	118308	11922	2018	378	76	201322	16	27526
食品、饮料及烟草制品批发	**351435**	**607692**	**15270**	**8418**	**6465**	**37824**	**18073**	**48225**
米、面制品及食用油批发	34493	63445	738	732	261	34096	4938	33760
糕点、糖果及糖批发	9496	15328	607	636	81	4798	590	4782
肉、禽、蛋及水产品批发	3533	1036	7		2	2		
盐及调味品批发	19642	27223	981	556	240	381	258	117
饮料及茶叶批发	23853	8294	71	749	65	–70	833	457
烟草制品批发	132419	462742	12457	4652	4586	–9093	10600	1297
其他食品批发	127999	29624	409	1093	1230	7710	854	7812
纺织、服装及日用品批发	**388856**	**92658**	**2500**	**9225**	**395**	**36556**	**6894**	**31501**
纺织品、针织品及原料批发	83477	35322	1417	5154	218	18394	6350	13521
服装批发	63866	36476	694	3594	131	16232	300	15893
鞋帽批发	3404	1116	8	30	11	–22	31	9
化妆品及卫生用品批发	222099	6298	317	74	10	600	29	606
其他日用品批发	16010	13446	64	373	25	1352	184	1472
文化、体育用品及器材批发	**101571**	**97527**	**9067**	**1027**	**680**	**12472**	**4772**	**12701**
文具用品批发	18807	9070	2221	263	129	4203	2887	3202
图书批发	58359	58784	5389	387	321	6395	365	6323
音像制品及电子出版物批发	844	380				–8	9	1
首饰、工艺品及收藏品批发	9378	1344	28	8	1	–7		–7
其他文化用品批发	14183	27949	1429	369	229	1889	1511	3182
医药及医疗器材批发	**249336**	**210841**	**5624**	**12151**	**651**	**93629**	**10129**	**63975**
西药批发	96349	93351	1659	7078	364	22866	1020	21980
中药材及中成药批发	122284	93792	1820	3478	220	63903	9139	30871
医疗用品及器材批发	30703	23698	2145	1595	67	6860	–30	11124
矿产品、建材及化工产品批发	**1446070**	**1167062**	**51240**	**43447**	**7590**	**402214**	**114231**	**271133**
煤炭及制品批发	221750	160109	14322	5062	958	22273	5305	19784
石油及制品批发	713078	593184	17230	15823	3856	235308	28482	136929
非金属矿及制品批发	61866	67644	1037	4659	609	6381	699	4716
金属及金属矿批发	167796	99228	8675	4570	720	68410	25495	75182
建材批发	71804	165719	7602	10830	1168	68673	46077	22074
化肥批发	19881	9831	1081	471	13	11830	1245	12807
农药批发	5323	2449	41	95		630	–33	597
其他化工产品批发	184572	68898	1252	1937	266	–11291	6961	–956
机械设备、五金交电及电子产品批发	**1811406**	**362017**	**11230**	**38479**	**3245**	**–15196**	**55843**	**30919**
农业机械批发	2988	1452	89	139	10	279	14	293
汽车、摩托车及零配件批发	236820	90300	1993	12412	398	–1295	9496	3689
五金、交电批发	12002	11752	167	1680	33	881	126	992

指标	损益及分配							
	销售费用	管理费用	税金	差旅费	工会经费	财务费用	利息收入	利息支出
家用电器批发	392817	25521	481	3423	43	-32613	40191	7358
计算机、软件及辅助设备批发	55176	39655	949	1342	126	4946	3008	6016
通讯及广播电视设备批发	13527	15808	267	1737	36	1032	18	500
其他机械设备及电子产品批发	1098076	177529	7284	17746	2599	11574	2990	12071
贸易经纪与代理	**151**	**633**	**66**	**64**	**1**	**36**		
其他批发	**69020**	**44194**	**892**	**1447**	**194**	**9514**	**1594**	**8182**
再生物资回收与批发	12157	12795	250	62	1	2261	23	2080
其他未列明的批发	56863	31399	642	1385	193	7253	1571	6102
按登记注册类型分								
内资企业	**4412924**	**2721218**	**100812**	**118647**	**19939**	**845559**	**215164**	**553088**
国有企业	529074	785382	31580	14703	7416	54269	18149	46326
集体企业	290	398	150			93		
股份合作企业	1779	2730	194	781	17	75	2	77
联营企业	9378	1344	28	8	1	-7		-7
国有与集体联营企业	9378	1344	28	8	1	-7		-7
有限责任公司	2452520	968386	37767	64805	7437	307156	138473	252729
国有独资公司	46414	37451	717	292	226	2879	9	588
其他有限责任公司	2406106	930935	37050	64513	7211	304277	138464	252141
股份有限公司	567455	634429	13701	15886	3542	186100	29588	130905
私营企业	849968	321279	17353	21639	1513	292197	28763	117490
私营独资企业	24558	20716	2082	340	172	4974	408	1352
私营合伙企业	1622	1466	232	52		993	4	952
私营有限责任公司	804378	284640	14539	21119	1308	251159	20688	64332
私营股份有限公司	19410	14457	500	128	33	35071	7663	50854
其他企业	2460	7270	39	825	13	5676	189	5568
港、澳、台商投资企业	**11412**	**7612**	**161**	**273**	**15**	**2518**	**68**	**2396**
合资经营企业(港或澳、台资)	5458	5136	132	44	15	2531	45	2396
港、澳、台商独资经营企业	5954	2476	29	229		-13	23	
外商投资企业	**221690**	**9699**	**590**	**235**	**100**	**2297**	**828**	**2927**
中外合资经营企业	218605	8253	568	235	76	2268	811	2927
中外合作经营企业	3085	1446	22		24	29	17	
按控股情况分								
国有控股	1826163	1644964	57180	38897	13393	266301	53907	179967
集体控股	57364	26494	581	1347	107	5441	2396	6421
私人控股	2085877	840325	34905	65572	5420	440368	105341	268827
港澳台商控股	11412	7612	161	273	15	2518	68	2396
外商控股	218605	8253	568	235	76	2268	811	2927
其他	446605	210881	8168	12831	1043	133478	53537	97873
按经营形式分								
独立门店	2901773	1866140	69442	65158	14645	597361	168047	333469
连锁门店	577430	91541	6130	4056	652	7822	434	2496
其他	1166823	780848	25991	49941	4757	245191	47579	222446
零售业	**3065364**	**2087171**	**51587**	**49419**	**9161**	**300317**	**101451**	**162373**
按零售行业小类分								
综合零售	**936128**	**883736**	**18146**	**9391**	**5236**	**17044**	**50617**	**25313**
百货零售	478995	773873	15137	7871	3934	15870	46209	22543

指标	损益及分配							
	销售费用	管理费用	税金	差旅费	工会经费	财务费用	利息收入	利息支出
超级市场零售	448149	100260	2862	1319	1258	576	4394	2659
其他综合零售	8984	9603	147	201	44	598	14	111
食品、饮料及烟草制品专门零售	**43574**	**69487**	**1214**	**1639**	**312**	**3660**	**112**	**620**
粮油零售	5378	3107	228	325	142	405	8	17
糕点、面包零售	1488	1178		29		2		2
肉、禽、蛋及水产品零售	24514	57464	877	11	157	987	42	372
饮料及茶叶零售	11236	5690	59	1202	3	2196	62	229
其他食品零售	958	2048	50	72	10	70		
纺织、服装及日用品专门零售	**260772**	**158443**	**1040**	**8684**	**774**	**17605**	**874**	**5575**
纺织品及针织品零售	11559	6310	39	172	41	571	61	276
服装零售	209996	125559	699	6243	659	13073	249	1113
鞋帽零售	7237	2041	36	17	2	16	13	5
钟表、眼镜零售	24335	10305	124	618	2	3552	70	3622
化妆品及卫生用品零售		10030	68	353		–4	10	6
其他日用品零售	7645	4198	74	1281	70	397	471	553
文化、体育用品及器材专门零售	**32478**	**44149**	**1239**	**590**	**196**	**4871**	**440**	**2542**
文具用品零售	296	354		44		64	4	55
体育用品零售	131	126	31	46	2	44		
图书零售	26578	34476	839	176	171	696	427	11
珠宝首饰零售	3378	7872	304	11	18	3735	4	2321
工艺美术品及收藏品零售	1890	872	15	113		262	4	105
照相器材零售	205	449	50	200	5	70	1	50
医药及医疗器材专门零售	**119654**	**51244**	**1278**	**1576**	**241**	**8376**	**941**	**1079**
药品零售	115646	47535	1237	933	230	8368	941	1077
医疗用品及器材零售	4008	3709	41	643	11	8		2
汽车、摩托车、燃料及零配件专门零	**1083901**	**608402**	**22274**	**18727**	**1400**	**208899**	**38003**	**113205**
汽车零售	1036971	571281	21616	16420	1204	207245	37829	113106
汽车零配件零售	18952	19303	4	137	21	444	168	37
摩托车及零配件零售	5426	7426	139	1028	36	847		105
机动车燃料零售	22552	10392	515	1142	139	363	6	–43
家用电器及电子产品专门零售	**521725**	**224086**	**5152**	**6894**	**665**	**22344**	**8692**	**11326**
家用电器零售	394712	161983	2920	4019	486	14035	7684	5194
计算机、软件及辅助设备零售	16465	25460	508	1998	79	2800	415	1340
通信设备零售	108286	27695	392	486	73	2881	561	2335
其他电子产品零售	2262	8948	1332	391	27	2628	32	2457
五金、家具及室内装修材料专门零售	**57453**	**24779**	**484**	**1225**	**151**	**2263**	**804**	**2305**
五金零售	10999	6880	278	341	17	285	1	2
家具零售	25618	13122	195	387	134	2335	59	2303
其他室内装修材料零售	20836	4777	11	497		–357	744	
无店铺及其他零售	**9679**	**22845**	**760**	**693**	**186**	**15255**	**968**	**408**
生活用燃料零售	578	6315	218	133	112	–425	11	–418
旧货零售	779	358	8	3	1			
其他未列明的零售	8322	16172	534	557	73	15680	957	826
按登记注册类型分								
内资企业	**2512287**	**1634453**	**40280**	**41047**	**6310**	**311110**	**61274**	**153205**
国有企业	31568	39892	718	338	189	2550	367	74

指标	损益及分配							
	销售费用	管理费用				财务费用		
			税金	差旅费	工会经费		利息收入	利息支出
集体企业	2011	50717	91	15	19	137		33
股份合作企业	34351	6881	885		29	2345	6	
联营企业	192	368						
其他联营企业	192	368						
有限责任公司	1667109	959065	19595	24886	3054	163765	34822	69385
国有独资公司	1498	2816	188			−41	46	
其他有限责任公司	1665611	956249	19407	24886	3054	163806	34776	69385
股份有限公司	71259	120573	2581	1203	579	15014	5950	13593
私营企业	636648	417671	15018	13985	2157	118811	19924	66864
私营独资企业	20085	9694	1506	310	38	3105	883	3521
私营合伙企业		78						
私营有限责任公司	615148	363533	12739	13621	2113	114956	16290	60797
私营股份有限公司	1415	44366	773	54	6	750	2751	2546
其他企业	69149	39286	1392	620	283	8488	205	3256
港、澳、台商投资企业	**234187**	**384896**	**9087**	**6936**	**2382**	**−18958**	**39425**	**7020**
合资经营企业(港或澳、台资)	79510	32176	430	1580		7244	1056	7020
港、澳、台商独资经营企业	154677	352720	8657	5356	2382	−26202	38369	
外商投资企业	**318890**	**67822**	**2220**	**1436**	**469**	**8165**	**752**	**2148**
中外合资经营企业	98219	28111	1709	586	323	1490	153	1217
外资企业	188138	20530	48	142	19	6092	−236	
外商投资股份有限公司	32533	19181	463	708	127	583	835	931
按控股情况分								
国有控股	60509	92611	1249	1957	281	7660	523	158
集体控股	57092	141171	1200	328	177	6904	491	164
私人控股	1985303	999977	30457	34227	4222	257648	53223	130758
港澳台商控股	209928	377141	8736	6552	2382	−21810	38865	3608
外商控股	289450	61442	2220	1436	469	7125	752	2148
其他	463082	414829	7725	4919	1630	42790	7597	25537
按经营形式分								
独立门店	1828659	1433467	36337	34069	5108	309890	51161	157714
连锁总店(总部)	910677	592148	11756	10395	3885	−15507	46595	426
连锁门店	245378	18516	340	553	8	2698	3451	2184
其他	80650	43040	3154	4402	160	3236	244	2049
按零售业态分								
有店铺零售	3065364	2087171	51587	49419	9161	300317	101451	162373
食杂店	2076	2360	203	305	126	277		
便利店	9302	8110	127	211	39	553	4	71
超市	273327	391446	10256	5625	3106	−25897	39180	410
大型超市	446648	109091	1875	1625	574	4989	4333	3131
百货店	243673	385063	6264	2161	1548	37802	7840	22300
专业店	1563462	920245	19150	29202	3132	181342	43577	87310
专卖店	450646	230950	10872	8188	558	97137	5408	45124
家居建材商店	23813	11523	46	152	40	2094	19	2113
购物中心	7018	3759	306	1756	28	1136	29	823
厂家直销中心	45399	24624	2488	194	10	884	1061	1091

指标	损益及分配							
	资产减值损失	公允价值变动收益	投资收益	营业利润	补贴收入	营业外收入	利润总额	应交所得税
总计	**38949**	**32**	**94469**	**4442029**	**79541**	**564964**	**3950716**	**1302879**
批发业	**-9355**	**32**	**41902**	**2692576**	**77645**	**500720**	**2399273**	**878691**
按批发行业小类分								
农畜产品批发	**30029**		**1328**	**219726**	**13106**	**65362**	**155566**	**25562**
谷物、豆及薯类批发			-136	3637	8005	8952	-4929	520
种子、饲料批发	3425		664	131517	1994	9770	142311	24131
棉、麻批发			800	-32132	3010	44025	14611	532
其他农畜产品批发	26604			116704	97	2615	3573	379
食品、饮料及烟草制品批发	**153**		**681**	**1046711**	**35547**	**70420**	**1108091**	**278318**
米、面制品及食用油批发			287	-69061	35547	67711	12674	3421
糕点、糖果及糖批发			228	74103		10	73944	18485
肉、禽、蛋及水产品批发				-149			-149	46
盐及调味品批发			144	9078		393	9550	2407
饮料及茶叶批发	153			24495		7	4012	1274
烟草制品批发				994813		2280	994643	248659
其他食品批发			22	13432		19	13417	4026
纺织、服装及日用品批发	**4**		**17509**	**85639**	**8806**	**234421**	**175738**	**25563**
纺织品、针织品及原料批发			17292	12464	8087	233339	109107	22012
服装批发			11	11912	103	178	10490	3420
鞋帽批发				-5641		115	-5829	
化妆品及卫生用品批发	4			65560			63300	131
其他日用品批发			206	1344	616	789	-1330	
文化、体育用品及器材批发	**35351**		**942**	**100730**		**158**	**68923**	**17173**
文具用品批发	39			4526		21	4539	739
图书批发	30075			80491		64	48785	11836
音像制品及电子出版物批发	2564			14			14	
首饰、工艺品及收藏品批发				23			23	6
其他文化用品批发	2673		942	15676		73	15562	4592
医药及医疗器材批发	**16516**			**248840**		**28835**	**230714**	**63440**
西药批发	3820			108633		4472	85155	23226
中药材及中成药批发	12696			48123		16320	45972	15297
医疗用品及器材批发				92084		8043	99587	24917
矿产品、建材及化工产品批发	**-92937**	**32**	**17223**	**781710**	**12453**	**89337**	**485807**	**398410**
煤炭及制品批发			6748	580845	6785	12875	236545	53540
石油及制品批发	-98957		4470	23734		2706	23488	285012
非金属矿及制品批发	3370		6537	62145		1361	62796	12388
金属及金属矿批发	3117		188	103288		8052	101321	23252
建材批发	-467	32	36	17100		52635	51444	12846
化肥批发			9	-16642	5222	4873	-6561	689
农药批发				4852		4	4852	1228
其他化工产品批发			-765	6388	446	6831	11922	9455
机械设备、五金交电及电子产品批发	**486**		**3266**	**201141**	**2399**	**6996**	**164144**	**64735**
农业机械批发				-718		67	-651	51
汽车、摩托车及零配件批发	236		2	-40763	32	3430	-40044	7730
五金、交电批发				8941		429	8902	1506

指标	损益及分配							
	资产减值损失	公允价值变动收益	投资收益	营业利润	补贴收入	营业外收入	利润总额	应交所得税
家用电器批发	3		513	42876		1770	33663	14540
计算机、软件及辅助设备批发	54		3267	32190		125	18829	4170
通讯及广播电视设备批发			-4212	4148		31	4179	1364
其他机械设备及电子产品批发	193		3696	154467	2367	1144	139266	35374
贸易经纪与代理				**100**	**40**	**40**	**140**	**35**
其他批发	**1043**		**953**	**7979**	**5294**	**5151**	**10150**	**5455**
再生物资回收与批发			900	-3105	5270	2311	-827	2314
其他未列明的批发	1043		53	11084	24	2840	10977	3141
按登记注册类型分								
内资企业	**-9452**	**32**	**38635**	**2603762**	**77645**	**500718**	**2310491**	**874538**
国有企业	37224		6755	1190739	44158	124444	1286691	299916
集体企业				54980			20570	573
股份合作企业				-49		1	-48	41
联营企业				23			23	6
国有与集体联营企业				23			23	6
有限责任公司	20004		554	473030	19048	74478	501042	188640
国有独资公司	2564			-4489		5826	801	908
其他有限责任公司	17440		554	477519	19048	68652	500241	187732
股份有限公司	-94377		5109	233494	816	9800	241008	315902
私营企业	27697	32	26217	644302	13623	291857	255684	68948
私营独资企业				486737	6785	5250	2497	934
私营合伙企业				2107			1992	212
私营有限责任公司	27697	32	25417	187254	6838	242592	238980	67597
私营股份有限公司			800	-31796		44015	12215	205
其他企业				7243		138	5521	512
港、澳、台商投资企业	**54**		**3267**	**23322**		**9**	**23297**	**3773**
合资经营企业（港或澳、台资）	54		3267	11631		9	11606	2142
港、澳、台商独资经营企业				11691			11691	1631
外商投资企业	**43**			**65492**		**-7**	**65485**	**380**
中外合资经营企业	43			64324		-7	64317	
中外合作经营企业				1168			1168	380
按控股情况分								
国有控股	-51986		13163	1386012	44892	144541	1497937	622289
集体控股			9	52029	3226	4070	24470	2416
私人控股	28424	32	27981	1023144	17173	342768	638505	191408
港澳台商控股	54		3267	23322		9	23297	3773
外商控股	43			64324		-7	64317	
其他	14110		-2518	143745	12354	9339	150747	58805
按经营形式分								
独立门店	-29863	32	39697	1993234	61657	442861	1634248	696529
连锁门店	4			300602		980	301582	59990
其他	20504		2205	398740	15988	56879	463443	122172
零售业	**48304**		**52567**	**1749453**	**1896**	**64244**	**1551443**	**424188**
按零售行业小类分								
综合零售	**18006**		**437**	**565641**		**17755**	**543873**	**171424**
百货零售	18005		370	542378		12715	516009	158863

指标	损益及分配							
	资产减值损失	公允价值变动收益	投资收益	营业利润	补贴收入	营业外收入	利润总额	应交所得税
超级市场零售	1		67	20240		5029	24880	12099
其他综合零售				3023		11	2984	462
食品、饮料及烟草制品专门零售	**60**		**9908**	**100576**		**3726**	**87892**	**21108**
粮油零售				13774			13774	1719
糕点、面包零售				-627			-627	11
肉、禽、蛋及水产品零售	60		9908	24453		2486	10858	3602
饮料及茶叶零售				58699		1240	59930	14997
其他食品零售				4277			3957	779
纺织、服装及日用品专门零售	**1996**			**29261**	**45**	**4407**	**29101**	**16621**
纺织品及针织品零售				3883	45		1597	122
服装零售	1992			-16747		3614	-15304	5701
鞋帽零售				4007			3933	55
钟表、眼镜零售				38363		100	38443	10220
化妆品及卫生用品零售				879			874	218
其他日用品零售	4			-1124		693	-442	305
文化、体育用品及器材专门零售	**-105**		**109**	**40680**	**50**	**693**	**2577**	**709**
文具用品零售				71			71	63
体育用品零售				508			508	131
图书零售	-105		109	4		689	-631	1
珠宝首饰零售				1708		4	1712	118
工艺美术品及收藏品零售				35613			889	385
照相器材零售				2776	50		28	11
医药及医疗器材专门零售				**35714**		**2958**	**37073**	**7721**
药品零售				35497		2958	36899	7474
医疗用品及器材零售				217			174	247
汽车、摩托车、燃料及零配件专门零	**28309**		**42038**	**825169**		**21096**	**744077**	**175659**
汽车零售	28309		42038	746987		21015	716525	167008
汽车零配件零售				9036		50	9017	4153
摩托车及零配件零售				6647		11	6658	1739
机动车燃料零售				62499		20	11877	2759
家用电器及电子产品专门零售	**38**			**106038**	**1801**	**13471**	**84965**	**25458**
家用电器零售	38			53847	1801	12821	65596	16027
计算机、软件及辅助设备零售				36658		196	7453	1410
通信设备零售				10175		445	7711	6922
其他电子产品零售				5358		9	4205	1099
五金、家具及室内装修材料专门零售			**75**	**36010**		**52**	**14066**	**3404**
五金零售			75	26827			10772	2104
家具零售				9086		28	8744	913
其他室内装修材料零售				97		24	-5450	387
无店铺及其他零售				**10364**		**86**	**7819**	**2084**
生活用燃料零售				4932			4928	1233
旧货零售				91			91	23
其他未列明的零售				5341		86	2800	828
按登记注册类型分								
内资企业	**46482**		**41171**	**996776**	**95**	**59438**	**804763**	**236880**
国有企业	49		109	11129		577	10300	612

指标	损益及分配							
	资产减值损失	公允价值变动收益	投资收益	营业利润	补贴收入	营业外收入	利润总额	应交所得税
集体企业				19786			2646	37
股份合作企业	-48			87429		1507	87788	21786
联营企业				915			915	94
其他联营企业				915			915	94
有限责任公司	45781		10002	554846	45	31708	509574	158648
国有独资公司	-106			100			100	
其他有限责任公司	45887		10002	554746	45	31708	509474	158648
股份有限公司	1		370	2544		7877	8623	2476
私营企业	841		30690	374820	50	14715	233877	48467
私营独资企业				91199		258	43164	3871
私营合伙企业				14			14	4
私营有限责任公司	841		30690	189081	50	13886	95630	24706
私营股份有限公司				94526		571	95069	19886
其他企业	-142			-54693		3054	-48960	4760
港、澳、台商投资企业				**678136**		**3293**	**669237**	**167057**
合资经营企业(港或澳、台资)				67149		854	67273	18456
港、澳、台商独资经营企业				610987		2439	601964	148601
外商投资企业	**1822**		**11396**	**74541**	**1801**	**1513**	**77443**	**20251**
中外合资经营企业	-3			29695		672	30314	4133
外资企业	1824			-17410	1801	441	-15277	3389
外商投资股份有限公司	1		11396	62256		400	62406	12729
按控股情况分								
国有控股	-101		109	50128		2025	50100	15498
集体控股	145			41815		383	23650	2343
私人控股	30150		31079	917516	95	45925	771269	191914
港澳台商控股				640714		3211	632299	157823
外商控股	961		11396	77039	1801	1440	79869	18525
其他	17149		9983	22241		11260	-5744	38085
按经营形式分								
独立门店	45497		52391	977882	95	41280	772522	235007
连锁总店(总部)	1946			641481	1801	19821	646823	173553
连锁门店	861		67	47550		1542	48976	12992
其他			109	82540		1601	83122	2636
按零售业态分								
有店铺零售	48304		52567	1749453	1896	64244	1551443	424188
食杂店				9300			9278	2109
便利店				1958			1909	452
超市	1			607445		2858	592797	149791
大型超市	1823		67	-5467		4991	-19745	12170
百货店	16182		370	-36477		9982	-35065	9919
专业店	27281		40734	833761	1851	37044	674129	177964
专卖店	3065		11396	254529		7682	242291	69851
家居建材商店				-5674		28	-5674	
购物中心	-48			99		65	59	98
厂家直销中心				89979	45	1594	91464	1834

指标	人工成本及增值税		土地和固定资产					
	应付职工薪酬	应交增值税	土地和固定资产支出	土地购置费	房屋和建筑物	机器设备	运输工具	其他费用
总计	**2774070**	**2394963**	**864189**	**204608**	**312645**	**152077**	**144008**	**50851**
批发业	**1427032**	**1370579**	**538010**	**196680**	**142051**	**104515**	**58673**	**36091**
按批发行业小类分								
农畜产品批发	**51311**	**8006**	**29808**		**4655**	**17476**	**6211**	**1466**
谷物、豆及薯类批发	8739	3649	354		59	186	86	23
种子、饲料批发	32056	1151	21504		810	16500	3542	652
棉、麻批发	4382	2697	7950		3786	790	2583	791
其他农畜产品批发	6134	509						
食品、饮料及烟草制品批发	**338616**	**386388**	**187310**	**32852**	**92086**	**55485**	**4688**	**2199**
米、面制品及食用油批发	50248	13781	15538		14615	503	384	36
糕点、糖果及糖批发	5462	13974	982			73	883	26
肉、禽、蛋及水产品批发	1843	582						
盐及调味品批发	15337	7104	168			4	164	
饮料及茶叶批发	10425	4429	84					84
烟草制品批发	220839	333963	27750		17590	9520	640	
其他食品批发	34462	12555	142788	32852	59881	45385	2617	2053
纺织、服装及日用品批发	**48437**	**74754**	**10433**		**6365**	**345**	**973**	**2750**
纺织品、针织品及原料批发	19314	11573	9205		6365	345		2495
服装批发	20946	13968	1195				973	222
鞋帽批发	1475	413	33					33
化妆品及卫生用品批发	2610	48399						
其他日用品批发	4092	401						
文化、体育用品及器材批发	**48789**	**36001**	**5687**	**916**	**791**	**1041**	**2750**	**189**
文具用品批发	7022	4908	970			78	783	109
图书批发	24163	19302	2641		198	902	1541	
音像制品及电子出版物批发	158							
首饰、工艺品及收藏品批发	1242	4703						
其他文化用品批发	16204	7088	2076	916	593	61	426	80
医药及医疗器材批发	**144035**	**105202**	**30412**	**3317**	**13709**	**6442**	**4367**	**2577**
西药批发	67411	39525	23586		13709	5181	2119	2577
中药材及中成药批发	64126	51225	1375			263	1112	
医疗用品及器材批发	12498	14452	5451	3317		998	1136	
矿产品、建材及化工产品批发	**493002**	**488498**	**236650**	**155581**	**19855**	**19617**	**19660**	**21937**
煤炭及制品批发	102428	114249	11648	38	1606	2876	6039	1089
石油及制品批发	223127	191221	164008	135637	1124	4465	3988	18794
非金属矿及制品批发	15517	30586	22915	14896	5703	62	2154	100
金属及金属矿批发	32742	58913	21920	6	9489	10263	1412	750
建材批发	86066	44923	2062			553	1445	64
化肥批发	3364	16074	8674	5004		34	2878	758
农药批发	980	1						
其他化工产品批发	28778	32531	5423		1933	1364	1744	382
机械设备、五金交电及电子产品批发	**281230**	**254857**	**27991**	**520**	**3869**	**1015**	**18494**	**4093**
农业机械批发	1338	372						
汽车、摩托车及零配件批发	53817	23730	6494		135	133	3712	2514
五金、交电批发	7569	3789						

11-6 续表21　　(2011年)　　单位:千元

指标	人工成本及增值税		土地和固定资产					
	应付职工薪酬	应交增值税	土地和固定资产支出	土地购置费	房屋和建筑物	机器设备	运输工具	其他费用
家用电器批发	41468	50693	62			45	17	
计算机、软件及辅助设备批发	23718	7549	359			101	253	5
通讯及广播电视设备批发	6706	4465	240			217		23
其他机械设备及电子产品批发	146614	164259	20836	520	3734	519	14512	1551
贸易经纪与代理	**175**	**1**						
其他批发	**21437**	**16872**	**9719**	**3494**	**721**	**3094**	**1530**	**880**
再生物资回收与批发	6831	8597	5936	3494	721	1297	178	246
其他未列明的批发	14606	8275	3783			1797	1352	634
按登记注册类型分								
内资企业	**1386609**	**1316382**	**537385**	**196680**	**142051**	**104515**	**58673**	**35466**
国有企业	419478	441469	53497		39001	11243	2949	304
集体企业	983	863						
股份合作企业	942	926	46					46
联营企业	1242	4703						
国有与集体联营企业	1242	4703						
有限责任公司	576243	510271	264108	60786	88810	68620	36738	9154
国有独资公司	5333	11826	113			4	86	23
其他有限责任公司	570910	498445	263995	60786	88810	68616	36652	9131
股份有限公司	193668	198313	181017	135374	1934	19685	5317	18707
私营企业	191141	157205	38717	520	12306	4967	13669	7255
私营独资企业	25921	13888	2550		7	2273	120	150
私营合伙企业	2602	323						
私营有限责任公司	158926	127089	29580	520	8513	2694	11515	6338
私营股份有限公司	3692	15905	6587		3786		2034	767
其他企业	2912	2632						
港、澳、台商投资企业	**33536**	**2974**	**516**					**516**
合资经营企业(港或澳、台资)	6417	1933						
港、澳、台商独资经营企业	27119	1041	516					516
外商投资企业	**6887**	**51223**	**109**					**109**
中外合资经营企业	5222	50314	109					109
中外合作经营企业	1665	909						
按控股情况分								
国有控股	780409	780134	218044	136290	41176	15628	5310	19640
集体控股	12609	27744	145			129		16
私人控股	454723	389946	279403	56852	84865	81385	44770	11531
港澳台商控股	33536	2974	516					516
外商控股	5222	50314	109					109
其他	140533	119467	39793	3538	16010	7373	8593	4279
按经营形式分								
独立门店	1008945	930392	440604	193363	111445	68199	40053	27544
连锁门店	91907	164653	11230		1256	3676	650	5648
其他	326180	275534	86176	3317	29350	32640	17970	2899
零售业	**1347038**	**1024384**	**326179**	**7928**	**170594**	**47562**	**85335**	**14760**
按零售行业小类分								
综合零售	**400335**	**396832**	**160733**	**2234**	**150480**	**7453**	**255**	**311**
百货零售	260485	364274	157270	1094	148920	7055		201

11-6 续表22 （2011年） 单位:千元

指标	人工成本及增值税		土地和固定资产					
	应付职工薪酬	应交增值税	土地和固定资产支出	土地购置费	房屋和建筑物	机器设备	运输工具	其他费用
超级市场零售	132535	29000	2846	1040	1260	181	255	110
其他综合零售	7315	3558	617	100	300	217		
食品、饮料及烟草制品专门零售	**23507**	**16725**	**6638**	**250**	**550**	**4778**	**104**	**956**
粮油零售	1523	4004	300	100	200			
糕点、面包零售	1726	240	264			264		
肉、禽、蛋及水产品零售	11027	1265	6074	150	350	4514	104	956
饮料及茶叶零售	7405	10706						
其他食品零售	1826	510						
纺织、服装及日用品专门零售	**100527**	**65941**	**3662**		**1989**	**199**	**970**	**504**
纺织品及针织品零售	7480	1774	968				834	134
服装零售	65406	52975	2009		1989			20
鞋帽零售	3834	1235	330					330
钟表、眼镜零售	12837	8915						
化妆品及卫生用品零售	5616	72	156				136	20
其他日用品零售	5354	970	199			199		
文化、体育用品及器材专门零售	**43175**	**10335**	**703**	**120**	**50**	**191**	**322**	**20**
文具用品零售	255	170						
体育用品零售	875	34						
图书零售	35923	7648	533	120		141	272	
珠宝首饰零售	2616	1773						
工艺美术品及收藏品零售	2944	537						
照相器材零售	562	173	170		50	50	50	20
医药及医疗器材专门零售	**56885**	**31209**	**1822**		**23**	**399**	**1372**	**28**
药品零售	54116	30494	1758		23	335	1372	28
医疗用品及器材零售	2769	715	64			64		
汽车、摩托车、燃料及零配件专门零	**524482**	**308838**	**145379**	**5324**	**17502**	**32889**	**78123**	**11541**
汽车零售	502182	296504	131438		17001	30959	72775	10703
汽车零配件零售	6519	4945	492			321	34	137
摩托车及零配件零售	3342	2234	47					47
机动车燃料零售	12439	5155	13402	5324	501	1609	5314	654
家用电器及电子产品专门零售	**170827**	**176701**	**3734**			**1413**	**1314**	**1007**
家用电器零售	112554	150391	3278			1413	903	962
计算机、软件及辅助设备零售	17206	6867	427				411	16
通信设备零售	37544	17165	29					29
其他电子产品零售	3523	2278						
五金、家具及室内装修材料专门零售	**17046**	**12905**	**3495**			**240**	**2875**	**380**
五金零售	5530	7967						
家具零售	5533	586	2730				2360	370
其他室内装修材料零售	5983	4352	765			240	515	10
无店铺及其他零售	**10254**	**4898**	**13**					**13**
生活用燃料零售	3145	1195						
旧货零售	36	385						
其他未列明的零售	7073	3318	13					13
按登记注册类型分								
内资企业	**1122712**	**675270**	**154633**	**7928**	**29818**	**45723**	**57219**	**13945**
国有企业	44005	9893	2052	734	1073	109	114	22

11-6 续表23 (2011年) 单位:千元

指标	人工成本及增值税		土地和固定资产					
	应付职工薪酬	应交增值税	土地和固定资产支出	土地购置费	房屋和建筑物	机器设备	运输工具	其他费用
集体企业	3773	1844	7916	380	7533	3		
股份合作企业	13441	21339	27			27		
联营企业	684	148						
其他联营企业	684	148						
有限责任公司	670036	475628	75874	5324	12692	18556	30473	8829
国有独资公司	1490	543	217			59	158	
其他有限责任公司	668546	475085	75657	5324	12692	18497	30315	8829
股份有限公司	41230	17661	873			502	214	157
私营企业	321055	141750	67875	1490	8520	26526	26418	4921
私营独资企业	13446	5810	1906	450	850		571	35
私营合伙企业	123	14						
私营有限责任公司	287482	126038	39947	750	3793	22015	8533	4856
私营股份有限公司	20004	9888	26022	290	3877	4511	17314	30
其他企业	28488	7007	16					16
港、澳、台商投资企业	**140507**	**305745**	**166357**		**140637**	**558**	**24642**	**520**
合资经营企业(港或澳、台资)	24300	22650	25720			558	24642	520
港、澳、台商独资经营企业	116207	283095	140637		140637			
外商投资企业	**83819**	**43369**	**5189**		**139**	**1281**	**3474**	**295**
中外合资经营企业	22407	15017						
外资企业	31576	15592	882			882		
外商投资股份有限公司	29836	12760	4307		139	399	3474	295
按控股情况分								
国有控股	63238	23870	2633	734	1073	342	452	32
集体控股	31144	33939	8314	380	7533	401		
私人控股	827459	506217	105738	1940	19448	32574	41564	10212
港澳台商控股	137880	296867	163257		140637	558	22026	36
外商控股	73387	41312	5187		139	1279	3474	295
其他	213930	122179	41050	4874	1764	12408	17819	4185
按经营形式分								
独立门店	895605	491081	316963	7808	170594	40963	84801	12797
连锁总店(总部)	353020	483064	8875			6384	534	1957
连锁门店	38966	7712	183			183		
其他	59447	42527	158	120		32		6
按零售业态分								
有店铺零售	1347038	1024384	326179	7928	170594	47562	85335	14760
食杂店	518	3697						
便利店	6755	3578						
超市	178003	299850	1473	150	350	638	335	
大型超市	103268	24143	144758	1340	142097	882	255	184
百货店	125405	77125	15606	894	8383	6174		155
专业店	660852	443899	86264	5544	10356	14770	47221	8373
专卖店	218757	135963	70901		9408	20651	35164	5678
家居建材商店	4192		2670				2300	370
购物中心	4898	659	27			27		
厂家直销中心	44390	35470	4480			4420	60	

11-7 限额以上住宿和餐饮业法人企业财务状况

（2011 年）

单位：千元

指标	法人企业数（个）	执行《2006 年企业会计准则》	年初存货	期末资产负债					
				流动资产合计	应收帐款	存货	固定资产合计	固定资产原价	累计折旧
总计	**365**	**167**	**431600**	**4992287**	**503677**	**358987**	**4639172**	**7604641**	**3253781**
住宿业	**171**	**82**	**194352**	**3611348**	**345165**	**225395**	**3810136**	**6418485**	**2840527**
按住宿行业小类分									
旅游饭店	99	39	110969	2985049	261617	143727	2833300	5223654	2442181
一般旅馆	66	42	79999	596034	67161	80591	952944	1168465	394889
其他住宿服务	6	1	3384	30265	16387	1077	23892	26366	3457
按登记注册类型分									
内资企业	**163**	**78**	**122871**	**2225839**	**322155**	**147528**	**3168912**	**5426768**	**2353102**
国有企业	43	26	41843	626430	76197	48157	1350445	2557702	1239185
集体企业	7	5	6769	71437	6120	17038	120259	198174	93845
股份合作企业	1		8	1282	268	8	3197	5076	1879
联营企业	2		159	3582	211	297	249	469	220
国有联营企业	1		59	732	211	178	210	412	202
其他联营企业	1		100	2850		119	39	57	18
有限责任公司	54	29	35117	582420	71988	43274	838438	1410007	581416
国有独资公司	1		937	16847	1739	1165	39173	48407	9234
其他有限责任公司	53	29	34180	565573	70249	42109	799265	1361600	572182
股份有限公司	7	2	3549	289189	10010	2617	128041	288442	161551
私营企业	43	13	33721	625974	155566	33882	699742	916489	250753
私营独资企业	7	3	2552	51445	47050	3019	86204	110905	28693
私营有限责任公司	35	10	31110	574337	108516	30699	611767	801166	219413
私营股份有限公司	1		59	192		164	1771	4418	2647
其他企业	6	3	1705	25525	1795	2255	28541	50409	24253
港、澳、台商投资企业	**7**	**3**	**71452**	**1384046**	**22938**	**77843**	**640984**	**990489**	**486437**
合资经营企业（港或澳、台资）	6	2	69331	1208571	18919	74918	603776	794412	327568
合作经营企业（港或澳、台资）	1	1	2121	175475	4019	2925	37208	196077	158869
外商投资企业	**1**	**1**	**29**	**1463**	**72**	**24**	**240**	**1228**	**988**
外资企业	1	1	29	1463	72	24	240	1228	988
按控股情况分									
国有控股	61	35	61040	1118133	96778	70552	1732273	3430310	1733784
集体控股	13	8	10936	129147	11419	19516	196296	345334	167961
私人控股	74	29	44011	1036001	206240	44055	1001485	1415493	454530
港澳台商控股	5	2	69213	1198253	18810	74800	600679	773449	309702
外商控股	1	1	29	1463	72	24	240	1228	988
其他	17	7	9123	128351	11846	16448	279163	452671	173562
按经营形式分									
独立门店	159	76	180970	3443519	305665	204105	3193881	5404091	2427117
连锁总店（总部）	1	1	622	39120	79	447	18744	79068	60324
连锁门店	4	1	2742	34174	7397	7418	32360	67571	36101
其他	7	4	10018	94535	32024	13425	565151	867755	316985

11-7 续表1 （2011年） 单位：千元

指标	法人企业数（个）	执行《2006年企业会计准则》	年初存货	期末资产负债					
				流动资产合计	应收帐款	存货	固定资产合计	固定资产原价	累计折旧
按星级分									
五星	11	5	31379	1362881	31273	38795	963184	1635330	672153
四星	30	11	78062	796783	85002	83577	1121846	1740376	769723
三星	38	15	35258	747397	63150	48436	696715	1343674	691454
二星	13	8	8175	73066	6559	7895	188255	337874	150132
其他	79	43	41478	631221	159181	46692	840136	1361231	557065
餐饮业	**194**	**85**	**237248**	**1380939**	**158512**	**133592**	**829036**	**1186156**	**413254**
按餐饮行业小类分									
正餐服务	181	81	223633	1313654	155778	111039	719285	1046862	364645
快餐服务	9	4	12472	41992		21494	94041	115715	40562
饮料及冷饮服务	1			1177			178		
其他餐饮服务	3		1143	24116	2734	1059	15532	23579	8047
按登记注册类型分									
内资企业	**185**	**82**	**211664**	**1183107**	**153641**	**92709**	**601468**	**864203**	**299836**
国有企业	1	1	41	789	186	46	4132	8526	4394
股份合作企业	1		54	148		54	5606	7810	2204
有限责任公司	63	32	173317	723117	93290	38243	335019	515912	206499
其他有限责任公司	63	32	173317	723117	93290	38243	335019	515912	206499
股份有限公司	4	3	1713	8629	835	1468	5143	6675	1532
私营企业	106	43	35312	419450	57596	49107	221024	286919	77390
私营独资企业	26	7	4052	54368	29895	8856	78077	86496	9825
私营合伙企业	1								
私营有限责任公司	73	33	29831	351418	26626	38561	120988	174636	63737
私营股份有限公司	6	3	1429	13664	1075	1690	21959	25787	3828
其他企业	10	3	1227	30974	1734	3791	30544	38361	7817
港、澳、台商投资企业	**2**		**1870**	**5709**	**12**	**4194**	**2573**	**4145**	**1572**
港、澳、台商独资经营企业	2		1870	5709	12	4194	2573	4145	1572
外商投资企业	**7**	**3**	**23714**	**192123**	**4859**	**36689**	**224995**	**317808**	**111846**
外资企业	6	2	22439	179264	3866	34879	220104	310274	109203
其他外商投资企业	1	1	1275	12859	993	1810	4891	7534	2643
按控股情况分									
国有控股	3	1	12315	48168	1060	22066	112612	144171	49848
集体控股	2		1396	5366	480	1147	2968	3285	317
私人控股	162	71	204939	1121934	145501	86872	558356	791913	270658
港澳台商控股	2		1870	5709	12	4194	2573	4145	1572
外商控股	6	3	12072	157703	4859	15251	131838	203045	71951
其他	19	10	4656	42059	6600	4062	20689	39597	18908
按经营形式分									
独立门店	165	73	206708	1110964	153723	80878	533877	785844	288797
连锁总店（总部）	3		20592	172310	1908	33325	207046	290181	101991
连锁门店	23	11	8874	92507	1779	17533	70003	91655	22100
其他	3	1	1074	5158	1102	1856	18110	18476	366

指标	期末资产负债							
	本年折旧	在建工程	资产合计	流动负债合计	应付账款	非流动负债合计	负债合计	所有者权益合计
总计	**368250**	**465674**	**11580826**	**6673437**	**746407**	**1558105**	**8231542**	**3349284**
住宿业	**303055**	**268582**	**8641715**	**4577533**	**472719**	**1405166**	**5982699**	**2659016**
按住宿行业小类分								
旅游饭店	245163	106329	6850399	3655954	299160	907811	4563765	2286634
一般旅馆	57085	161271	1693225	914770	172152	429901	1344671	348554
其他住宿服务	807	982	98091	6809	1407	67454	74263	23828
按登记注册类型分								
内资企业	**275168**	**132595**	**6461364**	**3225002**	**382936**	**809091**	**4034093**	**2427271**
国有企业	77690	68196	2222094	987859	149430	350248	1338107	883987
集体企业	6063	1549	227242	104754	690	33418	138172	89070
股份合作企业	388		13322	11651	66		11651	1671
联营企业	38		8854	5150	314	505	5655	3199
国有联营企业	35		5932	432		505	937	4995
其他联营企业	3		2922	4718	314		4718	-1796
有限责任公司	98246	33277	1785836	919247	129597	282165	1201412	584424
国有独资公司	2782		59364	5680	3729		5680	53684
其他有限责任公司	95464	33277	1726472	913567	125868	282165	1195732	530740
股份有限公司	14480	1148	482196	162426	10557	805	163231	318965
私营企业	75079	27086	1601729	980726	86063	141950	1122676	479053
私营独资企业	8188	2430	172494	102084	41071	12684	114768	57726
私营有限责任公司	66135	24656	1424707	876995	43618	126782	1003777	420930
私营股份有限公司	756		4528	1647	1374	2484	4131	397
其他企业	3184	1339	120091	53189	6219		53189	66902
港、澳、台商投资企业	**27887**	**135987**	**2177907**	**1351924**	**89304**	**596075**	**1947999**	**229908**
合资经营企业（港或澳、台资）	22445	135987	1965224	1292039	79956	381931	1673970	291254
合作经营企业（港或澳、台资）	5442		212683	59885	9348	214144	274029	-61346
外商投资企业			**2444**	**607**	**479**		**607**	**1837**
外资企业			2444	607	479		607	1837
按控股情况分								
国有控股	123405	73168	3196198	1356846	242232	699301	2056147	1140051
集体控股	12698	2745	393850	204362	10159	43322	247684	146166
私人控股	107657	54302	2637856	1422763	119916	163333	1586096	1051760
港澳台商控股	22408	135935	1951599	1290906	79535	381931	1672837	278762
外商控股			2444	607	479		607	1837
其他	36887	2432	459768	302049	20398	117279	419328	40440
按经营形式分								
独立门店	269449	216789	7684422	4263131	394603	1112243	5375374	2309048
连锁总店（总部）	11441		58929	44953	42810		44953	13976
连锁门店	4234	2432	96226	42362	619	31780	74142	22084
其他	17931	49361	802138	227087	34687	261143	488230	313908

指标	期末资产负债							
	本年折旧	在建工程	资产合计	流动负债合计	应付账款	非流动负债合计	负债合计	所有者权益合计
按星级分								
五星	74451	19352	2587757	1615420	85811	727124	2342544	245213
四星	102409	167652	2187189	901797	143599	323293	1225090	962099
三星	45869	31346	1716999	1061499	100511	183216	1244715	472284
二星	13014	457	296724	85910	11336	40110	126020	170704
其他	67312	49775	1853046	912907	131462	131423	1044330	808716
餐饮业	**65195**	**197092**	**2939111**	**2095904**	**273688**	**152939**	**2248843**	**690268**
按餐饮行业小类分								
正餐服务	62976	178414	2647639	1947813	233922	144960	2092773	554866
快餐服务		18678	249331	137305	36995	5787	143092	106239
饮料及冷饮服务			1355	787			787	568
其他餐饮服务	2219		40786	9999	2771	2192	12191	28595
按登记注册类型分								
内资企业	**54533**	**171494**	**2255633**	**1634548**	**159428**	**108751**	**1743299**	**512334**
国有企业	432		4921	1969	119	217	2186	2735
股份合作企业			8513	7971			7971	542
有限责任公司	36318	78865	1357049	1080359	105589	71305	1151664	205385
其他有限责任公司	36318	78865	1357049	1080359	105589	71305	1151664	205385
股份有限公司	1531		14008	9424	1031		9424	4584
私营企业	11825	91421	802542	504622	45005	37229	541851	260691
私营独资企业	1712	54614	173800	90051	3772	11635	101686	72114
私营合伙企业			1000					1000
私营有限责任公司	9894	20873	588181	381202	37364	25426	406628	181553
私营股份有限公司	219	15934	39561	33369	3869	168	33537	6024
其他企业	4427	1208	68600	30203	7684		30203	38397
港、澳、台商投资企业	**1572**		**30230**	**7680**	**562**		**7680**	**22550**
港、澳、台商独资经营企业	1572		30230	7680	562		7680	22550
外商投资企业	**9090**	**25598**	**653248**	**453676**	**113698**	**44188**	**497864**	**155384**
外资企业	7746	25598	617528	425643	110035	36586	462229	155299
其他外商投资企业	1344		35720	28033	3663	7602	35635	85
按控股情况分								
国有控股	2075	18289	271061	143710	39413	8156	151866	119195
集体控股	294	4188	17754	20352	1146		20352	-2598
私人控股	46414	167306	2118316	1544147	147563	105592	1649739	468577
港澳台商控股	1572		30230	7680	562		7680	22550
外商控股	9090	7309	416528	318317	76849	38441	356758	59770
其他	5750		85222	61698	8155	750	62448	22774
按经营形式分								
独立门店	48569	155694	2078811	1530683	156071	108711	1639394	439417
连锁总店（总部）	7031	25421	595134	419044	108494	38873	457917	137217
连锁门店	9532	43	238092	123617	7346	5355	128972	109120
其他	63	15934	27074	22560	1777		22560	4514

指标		损益及分配						
	实收资本	营业收入	主营业务收入	营业成本	主营业务成本	营业税金及附加	主营业务税金及附加	其他业务利润
总计	**3499195**	**7023131**	**6974172**	**3772871**	**2835946**	**384592**	**367537**	**87906**
住宿业	**2871353**	**3773896**	**3732525**	**1222377**	**1212339**	**212855**	**198609**	**32055**
按住宿行业小类分								
旅游饭店	2367112	2940650	2900669	968964	958927	166979	154240	11663
一般旅馆	484409	785055	783665	234039	234038	43129	41622	20392
其他住宿服务	19832	48191	48191	19374	19374	2747	2747	
按登记注册类型分								
内资企业	**2183615**	**3265342**	**3225343**	**1133442**	**1123663**	**184934**	**170688**	**29034**
国有企业	1163767	1087299	1055059	401368	393990	57751	49300	6029
集体企业	91476	78855	78855	19008	19008	8543	5337	
股份合作企业	1670	2573	2573	2498	2498	144	144	
联营企业	1532	22778	22778	13322	13322	1218	1218	
国有联营企业	532	17699	17699	12390	12390	932	932	
其他联营企业	1000	5079	5079	932	932	286	286	
有限责任公司	525702	1165003	1158481	426692	425034	66918	64902	3741
国有独资公司	50000	30224	30224	7503	7503	1672	1672	
其他有限责任公司	475702	1134779	1128257	419189	417531	65246	63230	3741
股份有限公司	80496	239907	239907	60063	60063	12791	12791	1454
私营企业	302762	601027	599790	185291	184548	34072	33756	17810
私营独资企业	59832	69699	69686	27478	27478	2876	2871	161
私营有限责任公司	242830	526540	525316	156223	155561	30929	30618	17649
私营股份有限公司	100	4788	4788	1590	1509	267	267	
其他企业	16210	67900	67900	25200	25200	3497	3240	
港、澳、台商投资企业	**682837**	**505510**	**504138**	**85613**	**85613**	**27749**	**27749**	**3021**
合资经营企业（港或澳、台资）	549166	381894	380522	72473	72473	21005	21005	3021
合作经营企业（港或澳、台资）	133671	123616	123616	13140	13140	6744	6744	
外商投资企业	**4901**	**3044**	**3044**	**3322**	**3063**	**172**	**172**	
外资企业	4901	3044	3044	3322	3063	172	172	
按控股情况分								
国有控股	1559857	1782845	1745767	603704	595017	97514	88580	9150
集体控股	115239	174883	174539	61428	61229	13084	9840	145
私人控股	631120	1109579	1107002	339582	338689	62226	61544	19616
港澳台商控股	514039	376877	375505	71037	71037	20727	20727	3021
外商控股	4901	3044	3044	3322	3063	172	172	
其他	46197	326668	326668	143304	143304	19132	17746	123
按经营形式分								
独立门店	2479850	3400730	3382014	1148807	1138769	190762	179722	28638
连锁总店（总部）	5000	77034	77034	4100	4100	4314	4314	
连锁门店	20746	65417	65417	23757	23757	7209	4003	
其他	365757	230715	208060	45713	45713	10570	10570	3417

11-7　续表 5　　（2011 年）　　单位:千元

指标	实收资本	损益及分配						
		营业收入	主营业务收入	营业成本	主营业务成本	营业税金及附加	主营业务税金及附加	其他业务利润
按星级分								
五星	735119	786474	785200	168229	167900	42728	37393	1855
四星	665786	1112931	1111386	426546	426465	61377	61351	18825
三星	529536	748063	733682	274870	265736	45164	38166	5344
二星	213838	122330	122221	44707	44645	7762	7745	1501
其他	727074	1004098	980036	308025	307593	55824	53954	4530
餐饮业	**627842**	**3249235**	**3241647**	**2550494**	**1623607**	**171737**	**168928**	**55851**
按餐饮行业小类分								
正餐服务	571852	2574674	2567086	2214775	1287888	135098	132900	55851
快餐服务	27345	626465	626465	309955	309955	35135	34524	
饮料及冷饮服务	300	2070	2070	1151	1151	125	125	
其他餐饮服务	28345	46026	46026	24613	24613	1379	1379	
按登记注册类型分								
内资企业	**533998**	**2212576**	**2204997**	**2097656**	**1170769**	**113814**	**111005**	**3842**
国有企业	6100	2001	2001	1187	1187	50	50	
股份合作企业	780	8801	8801	7558	7558	83	83	39
有限责任公司	235500	915880	913757	463407	461482	44475	44299	1585
其他有限责任公司	235500	915880	913757	463407	461482	44475	44299	1585
股份有限公司	2613	36273	36273	17329	17329	2206	2206	
私营企业	264996	1141565	1140190	1545483	624397	61017	58589	2218
私营独资企业	67915	205355	204668	1030996	110448	10263	8868	1100
私营合伙企业	1000	4520	4520	1400	1400	100	100	
私营有限责任公司	191617	881037	880449	489973	489535	47945	47012	1118
私营股份有限公司	4464	50653	50553	23114	23014	2709	2609	
其他企业	24009	108056	103975	62692	58816	5983	5778	
港、澳、台商投资企业	**22550**	**32227**	**32227**	**17088**	**17088**	**1910**	**1910**	
港、澳、台商独资经营企业	22550	32227	32227	17088	17088	1910	1910	
外商投资企业	**71294**	**1004432**	**1004423**	**435750**	**435750**	**56013**	**56013**	**52009**
外资企业	71293	961803	961794	419806	419806	53639	53639	52009
其他外商投资企业	1	42629	42629	15944	15944	2374	2374	
按控股情况分								
国有控股	43819	614375	614375	305071	305071	33187	33187	
集体控股	5000	7798	7798	4557	4557	435	435	
私人控股	467471	2010520	2003044	1973326	1046447	105752	102955	3648
港澳台商控股	22550	32227	32227	17088	17088	1910	1910	
外商控股	53910	413302	413293	146574	146574	22893	22893	52009
其他	35092	171013	170910	103878	103870	7560	7548	194
按经营形式分								
独立门店	502232	2045212	2037836	2005524	1078745	105637	102940	3759
连锁总店(总部)	44714	933406	933397	410020	410020	52050	52050	51997
连锁门店	79086	243180	242977	116576	116468	13701	13589	95
其他	1810	27437	27437	18374	18374	349	349	

指标	损益及分配							
	销售费用	管理费用	税金	差旅费	工会经费	财务费用	利息收入	利息支出
总计	**2101770**	**1372803**	**52551**	**13981**	**6036**	**131992**	**7889**	**78091**
住宿业	**1192549**	**1028719**	**42281**	**5001**	**4048**	**82579**	**5329**	**63446**
按住宿行业小类分								
旅游饭店	928868	834489	35826	3857	3037	58363	3433	47309
一般旅馆	250070	186289	6078	1116	1008	21021	1891	13750
其他住宿服务	13611	7941	377	28	3	3195	5	2387
按登记注册类型分								
内资企业	**1018225**	**829698**	**35222**	**4907**	**4048**	**67818**	**5081**	**46936**
国有企业	331198	301807	11236	1631	1708	22273	2794	21863
集体企业	23831	24676	1775	21	29	1699	6	1653
股份合作企业	38	1140	27	11				
联营企业	4361	1254	358		9	595		
国有联营企业	351	473	280			573		
其他联营企业	4010	781	78		9	22		
有限责任公司	322648	297052	10584	2341	1626	17050	1734	12178
国有独资公司	8033	9784	420	62		65	157	
其他有限责任公司	314615	287268	10164	2279	1626	16985	1577	12178
股份有限公司	80325	63713	8799	141	189	-91		-255
私营企业	238346	128799	2203	747	402	23764	545	9212
私营独资企业	21364	13922	276	30	90	4245	433	
私营有限责任公司	215458	113576	1927	717	312	19496	112	9212
私营股份有限公司	1524	1301				23		
其他企业	17478	11257	240	15	85	2528	2	2285
港、澳、台商投资企业	**174255**	**199021**	**7059**	**94**		**14743**	**248**	**16510**
合资经营企业（港或澳、台资）	133645	156733	5991	29		4631	175	6325
合作经营企业（港或澳、台资）	40610	42288	1068	65		10112	73	10185
外商投资企业	**69**					**18**		
外资企业	69					18		
按控股情况分								
国有控股	534453	489501	16174	2679	2283	44485	4294	41779
集体控股	52261	44536	2419	316	181	1925	21	1676
私人控股	385092	266030	14321	1429	952	29489	726	13037
港澳台商控股	132463	154175	5853	29		4633	173	6325
外商控股	69					18		
其他	88211	74477	3514	548	632	2029	115	629
按经营形式分								
独立门店	1059065	917608	39098	4577	3778	62611	4361	44041
连锁总店（总部）	52417	3324		117		3056	537	3593
连锁门店	19867	14659	287	40	67	377		
其他	61200	93128	2896	267	203	16535	431	15812

指标	损益及分配							
	销售费用	管理费用	税金	差旅费	工会经费	财务费用	利息收入	利息支出
按星级分								
五星	263137	291122	9950	634	373	27820	760	27960
四星	308762	299748	15657	1161	1101	22358	2211	16253
三星	241417	214457	7326	1329	1377	8213	945	6833
二星	43963	25415	1131	546	142	296	60	229
其他	335270	197977	8217	1331	1055	23892	1353	12171
餐饮业	**909221**	**344084**	**10270**	**8980**	**1988**	**49413**	**2560**	**14645**
按餐饮行业小类分								
正餐服务	745282	281544	9815	8978	1987	46666	2556	14645
快餐服务	161372	50319	399	2	1	1907		
饮料及冷饮服务		508				17		
其他餐饮服务	2567	11713	56			823	4	
按登记注册类型分								
内资企业	**531644**	**252540**	**9955**	**5532**	**1376**	**42265**	**419**	**12887**
国有企业	457	649	51	4				
股份合作企业	32	1202	67	2	8	–3	3	
有限责任公司	253624	115552	2884	1769	275	21649	148	6025
其他有限责任公司	253624	115552	2884	1769	275	21649	148	6025
股份有限公司	10228	5547	885	38	7	380	1	104
私营企业	244122	123567	6059	3678	1049	18069	265	6758
私营独资企业	20463	23745	2192	164	155	4950	128	246
私营合伙企业		10	6			8		
私营有限责任公司	209319	91880	3840	3464	881	12556	136	6298
私营股份有限公司	14340	7932	21	50	13	555	1	214
其他企业	23181	6023	9	41	37	2170	2	
港、澳、台商投资企业	**5799**	**3174**		**30**		**59**		
港、澳、台商独资经营企业	5799	3174		30		59		
外商投资企业	**371778**	**88370**	**315**	**3418**	**612**	**7089**	**2141**	**1758**
外资企业	350269	88024	315	3386	612	6578	2100	1206
其他外商投资企业	21509	346		32		511	41	552
按控股情况分								
国有控股	159349	50410	107	4		2624		
集体控股	6064	833	21		10	71	1	
私人控股	491194	233746	9043	5378	1351	40775	382	12887
港澳台商控股	5799	3174		30		59		
外商控股	213859	39477	315	3418	612	5197	2141	1758
其他	32956	16444	784	150	15	687	36	
按经营形式分								
独立门店	487433	231877	9700	5072	1357	40831	412	12673
连锁总店（总部）	338364	85747	196	3369	612	6399	2099	1206
连锁门店	78274	23853	207	519	18	1910	49	552
其他	5150	2607	167	20	1	273		214

指标	损益及分配						
	资产减值损失	投资收益	营业利润	补贴收入	营业外收入	利润总额	应交所得税
总计	**4688**	**3537**	**249498**	**69**	**32996**	**194107**	**90895**
住宿业	**3203**	**3537**	**47253**	**69**	**26476**	**49065**	**37946**
按住宿行业小类分							
旅游饭店	176	3537	-22060	69	25282	-11926	28371
一般旅馆	3027		67990		1183	59657	9012
其他住宿服务			1323		11	1334	563
按登记注册类型分							
内资企业	**3203**	**3537**	**41753**	**69**	**25881**	**48241**	**34137**
国有企业	-79	1992	-37401	69	19629	-30936	5807
集体企业			4304			4297	127
股份合作企业			-1247			-1331	84
联营企业			2028			2028	
国有联营企业			2980			2980	
其他联营企业			-952			-952	
有限责任公司	2582		33205		2413	33429	10774
国有独资公司			3167		18	3185	796
其他有限责任公司	2582		30038		2395	30244	9978
股份有限公司		420	24980		2714	27389	7326
私营企业	700		7687		700	3628	9451
私营独资企业			-33		207	-258	617
私营有限责任公司	700		7556		493	3722	8793
私营股份有限公司			164			164	41
其他企业		1125	8197		425	9737	568
港、澳、台商投资企业			**5778**		**595**	**1102**	**3809**
合资经营企业(港或澳、台资)			-4944		595	-6843	1823
合作经营企业(港或澳、台资)			10722			7945	1986
外商投资企业			**-278**			**-278**	
外资企业			-278			-278	
按控股情况分							
国有控股	2252	1992	629	69	21055	4601	13308
集体控股			4893		106	4860	235
私人控股	700	1545	45494		3830	45187	22003
港澳台商控股			-4509		578	-6425	1751
外商控股			-278			-278	
其他	251		1024		907	1120	649
按经营形式分							
独立门店	3203	3537	50345	69	8268	35412	34168
连锁总店(总部)			9823		13	9805	1873
连锁门店			2754		25	2510	251
其他			-15669		18170	1338	1654

指标	损益及分配						
	资产减值损失	投资收益	营业利润	补贴收入	营业外收入	利润总额	应交所得税
按星级分							
五星			-317	69	15940	4669	6150
四星	2483		9295		5580	11178	12641
三星	4	3117	-28967		1122	-27620	1391
二星	16	420	2062		99	1514	1410
其他	700		65180		3735	59324	16354
餐饮业	**1485**		**202245**		**6520**	**145042**	**52949**
按餐饮行业小类分							
正餐服务	1485		128657		4376	74868	36197
快餐服务			68388		2140	65531	15374
饮料及冷饮服务			269			269	26
其他餐饮服务			4931		4	4374	1352
按登记注册类型分							
内资企业	**1485**		**100616**		**3924**	**46100**	**29281**
国有企业			-342			-365	50
股份合作企业			-32			-32	
有限责任公司			18736		693	-9885	9090
其他有限责任公司			18736		693	-9885	9090
股份有限公司			583			397	324
私营企业	1485		73664		3206	49296	16669
私营独资企业			37294		4	30008	1886
私营合伙企业			3002			2992	24
私营有限责任公司	1485		31265		3172	14749	13954
私营股份有限公司			2103		30	1547	805
其他企业			8007		25	6689	3148
港、澳、台商投资企业			**4197**			**2969**	**745**
港、澳、台商独资经营企业			4197			2969	745
外商投资企业			**97432**		**2596**	**95973**	**22923**
外资企业			95487		2486	93973	22923
其他外商投资企业			1945		110	2000	
按控股情况分							
国有控股			63734		2140	62441	15612
集体控股			-4162			-4166	107
私人控股	1485		91575		3848	44685	25330
港澳台商控股			4197			2969	745
外商控股			37302		456	37113	8160
其他			9599		76	2000	2995
按经营形式分							
独立门店	1485		99769		4007	51650	25635
连锁总店(总部)			92814		2288	91102	22922
连锁门店			8978		225	1721	4169
其他			684			569	223

指标	人工成本及增值税		土地和固定资产					
	应付职工薪酬	应交增值税	土地和固定资产支出	土地购置费	房屋和建筑物	机器设备	运输工具	其他费用
总计	**1076243**	**2224**	**134402**	**700**	**34615**	**35134**	**4569**	**59384**
住宿业	**653358**	**739**	**85302**	**500**	**29434**	**19589**	**3837**	**31942**
按住宿行业小类分								
旅游饭店	514521	676	57249	200	25219	15687	3415	12728
一般旅馆	130235	27	27806	300	4215	3902	422	18967
其他住宿服务	8602	36	247					247
按登记注册类型分								
内资企业	**568922**	**739**	**83379**	**500**	**29434**	**19589**	**3282**	**30574**
国有企业	192593	543	42356		22377	11177	2184	6618
集体企业	20218	8	2919	300	1935	141	405	138
股份合作企业	410							
联营企业	2120		247					247
国有联营企业	1140		247					247
其他联营企业	980							
有限责任公司	209467	103	33954		4822	5603	676	22853
国有独资公司	7910		1814		1445	369		
其他有限责任公司	201557	103	32140		3377	5234	676	22853
股份有限公司	37091		608			608		
私营企业	97223	85	2795			2060	17	718
私营独资企业	13524		156			139	17	
私营有限责任公司	82981	85	2639			1921		718
私营股份有限公司	718							
其他企业	9800		500	200	300			
港、澳、台商投资企业	**84015**		**1923**				**555**	**1368**
合资经营企业(港或澳、台资)	70737		132					132
合作经营企业(港或澳、台资)	13278		1791				555	1236
外商投资企业	**421**							
外资企业	421							
按控股情况分								
国有控股	314539	561	56464		26831	13705	3104	12824
集体控股	39710	8	2933	300	1935	155	405	138
私人控股	169759	127	23155	200	668	3479	197	18611
港澳台商控股	69613		132					132
外商控股	421							
其他	59316	43	2618			2250	131	237
按经营形式分								
独立门店	588210	659	69923	500	19673	17518	3793	28439
连锁总店(总部)	10580		107					107
连锁门店	10733	23						
其他	43835	57	15272		9761	2071	44	3396

指标	人工成本及增值税		土地和固定资产					
	应付职工薪酬	应交增值税	土地和固定资产支出	土地购置费	房屋和建筑物	机器设备	运输工具	其他费用
按星级分								
五星	120951	60	12361		7469	1599	617	2676
四星	197857	69	20875		6189	7861	2444	4381
三星	155342	427	9400		927	5351	270	2852
二星	23097	36	7119		4488	2007	135	489
其他	156111	147	35547	500	10361	2771	371	21544
餐饮业	**422885**	**1485**	**49100**	**200**	**5181**	**15545**	**732**	**27442**
按餐饮行业小类分								
正餐服务	343876	1485	49045	200	5126	15545	732	27442
快餐服务	70160		55		55			
饮料及冷饮服务	300							
其他餐饮服务	8549							
按登记注册类型分								
内资企业	**316192**	**1473**	**17815**	**200**	**5181**	**3422**	**732**	**8280**
国有企业	407							
股份合作企业	1454							
有限责任公司	131115	46	1692			1050	480	162
其他有限责任公司	131115	46	1692			1050	480	162
股份有限公司	6083		1201		883	10	20	288
私营企业	161131	1427	13687	200	4298	2362	232	6595
私营独资企业	22626	25	6385	200	300			5885
私营合伙企业	420							
私营有限责任公司	128069	1402	7302		3998	2362	232	710
私营股份有限公司	10016							
其他企业	16002		1235					1235
港、澳、台商投资企业	**872**	**5**						
港、澳、台商独资经营企业	872	5						
外商投资企业	**105821**	**7**	**31285**			**12123**		**19162**
外资企业	99904		31285			12123		19162
其他外商投资企业	5917	7						
按控股情况分								
国有控股	69204							
集体控股	2969		150			150		
私人控股	281199	1438	16331	200	5181	3140	732	7078
港澳台商控股	872	5						
外商控股	40204	7	31285			12123		19162
其他	28437	35	1334			132		1202
按经营形式分								
独立门店	287248	1427	17647	200	5174	3311	682	8280
连锁总店(总部)	94910		31263			12101		19162
连锁门店	38498	58	140		7	133		
其他	2229		50				50	

11-8 限额以上住宿和餐饮业

（2011年）

指　标	法人企业（个）	同行业附营产业活动单位（个）	外行业附营产业活动单位（个）	大个体（个）	年末从业人员（人）
总计	**373**	**463**	**9**	**606**	**69519**
住宿业	**172**	**192**	**8**	**59**	**27497**
#国有及国有控股	61	72			11947
按登记注册类型分				**59**	**1269**
内资企业	**164**	**184**	**8**		**23361**
国有企业	43	46	4		7647
集体企业	7	7			903
股份合作企业	1	1			49
联营企业	2	2			91
国有联营企业	1	1			45
其他联营企业	1	1			46
有限责任公司	54	62	2		8051
国有独资公司	1	1			165
其他有限责任公司	53	61	2		7886
股份有限公司	7	15	1		1304
私营企业	43	44			4641
私营独资企业	7	7			678
私营有限责任公司	35	36			3918
私营股份有限公司	1	1			45
其他企业	7	7	1		675
港、澳、台商投资企业	**7**	**7**			**2843**
合资经营企业（港或澳、台资）	6	6			2392
合作经营企业（港或澳、台资）	1	1			451
外商投资企业	**1**	**1**			**24**
外资企业	1	1			24
按国民经济行业分组					
住宿业	**172**	**192**	**8**	**59**	**27497**

经营情况

单位:万元

营业额					年末餐饮营业面积（万平方米）	年末床位数（万个）	年末餐位数（万个）
	客房收入	餐费收入	商品销售收入	其他收入			
1042412	**222449**	**698568**	**58839**	**62556**	**48.19**	**1.32**	**14.24**
405921	**200745**	**133526**	**27607**	**44043**	**2.22**	**0.98**	**0.42**
175125	82403	57352	14386	20984			
22975	**18393**	**3399**	**398**	**786**	**0.86**	**0.85**	**0.22**
331755	**160898**	**109923**	**24272**	**36663**	**1.36**	**0.13**	**0.19**
107199	47881	35470	9976	13873	0.38	0.06	0.06
8692	3616	1960	181	2935			
257	195	62					
2285	2199	86					
1770	1770						
515	429	86					
118878	59618	38779	9707	10773	0.83	0.04	0.11
3022	1185	1546	112	180			
115855	58433	37233	9596	10593	0.83	0.04	0.11
26278	10778	9868	1979	3653	0.13	0.01	0.01
59798	32474	19895	2236	5193			
6689	3085	2970	249	386			
52630	28945	16925	1970	4790			
479	445		17	17			
8369	4137	3803	193	236	0.03	0.02	0.01
50886	**21150**	**20205**	**2937**	**6594**			
38524	14816	15519	2459	5730			
12362	6334	4686	478	864			
304	**304**						
304	304						
405921	**200745**	**133526**	**27607**	**44043**	**2.22**	**0.98**	**0.42**

11-8 续表 (2011 年)

指　　标	法人企业(个)	同行业附营产业活动单位(个)	外行业附营产业活动单位(个)	大个体(个)	年末从业人员(人)
旅游饭店	100	111	2	20	20470
一般旅馆	66	75	6	38	6643
其他住宿服务	6	6		1	384
餐饮业	**201**	**271**	**1**	**547**	**42022**
#国有及国有控股	3	39			5416
按登记注册类型分				**547**	**19757**
内资企业	**192**	**195**	**1**		**15687**
国有企业	1	1	1		188
股份合作企业	1	1			124
有限责任公司	64	65			6139
其他有限责任公司	64	65			6139
股份有限公司	4	4			257
私营企业	112	114			8113
私营独资企业	30	30			1522
私营合伙企业	2	2			76
私营有限责任公司	74	75			6028
私营股份有限公司	6	7			487
其他企业	10	10			866
港、澳、台商投资企业	**2**	**3**			**75**
港、澳、台商独资经营企业	2	3			75
外商投资企业	**7**	**73**			**6503**
外资企业	6	72			6290
其他外商投资	1	1			213
按国民经济行业分					
餐饮业	**201**	**271**	**1**	**547**	**42022**
正餐服务	188	222		520	35358
快餐服务	9	45		13	5810
饮料及冷饮服务	1	1		1	34
其他餐饮服务	3	3	1	13	820

单位:万元

营业额	客房收入	餐费收入	商品销售收入	其他收入	年末餐饮营业面积（万平方米）	年末床位数（万个）	年末餐位数（万个）
304505	131111	109764	26051	37579	1.17	0.40	0.19
96269	65365	23231	1548	6125	1.04	0.58	0.22
5147	4269	531	8	340	0.01		0.01
636491	**21704**	**565042**	**31232**	**18513**	**45.97**	**0.34**	**13.82**
61438	120	61178	139				
297108	**4839**	**272856**	**17043**	**2370**	**45.89**	**0.34**	**13.78**
228551	**16865**	**188784**	**14106**	**8796**	**0.08**		**0.03**
2116	120	1914	82		0.08		0.03
880		29	732	119			
92657	9947	70075	5976	6659			
92657	9947	70075	5976	6659			
3656	10	2922	268	457			
118276	6094	105115	5505	1562			
23697	1636	21414	623	25			
1007		999	8				
88480	4349	78040	4554	1537			
5092	110	4662	320				
10967	694	8730	1543				
3223		**3223**					
3223		3223					
107609		**100180**	**83**	**7347**			
103346		95917	83	7347			
4263		4263					
636491	**21704**	**565042**	**31232**	**18513**	**45.97**	**0.34**	**13.82**
554176	21441	484156	30069	18511	43.39	0.34	13.36
66911		66504	407		1.02		0.19
457		317	138	3	0.09		0.01
14947	263	14066	619		1.47		0.26

11-9 分县(市)区限额以上住宿和餐饮业法人财务状况

(2011 年)　　单位:千元

县(市)区	流动资产合计	#存货	固定资产原价	资产总计	所有者权益	#实收资本	主营业务收入
中原区	1013806	34964	672969	1542390	432539	460581	510354
二七区	504932	73150	1109127	1627077	185449	542296	927281
管城区	78878	6635	216160	318155	182245	157461	287761
金水区	2510121	161617	3061450	4925423	1240017	1412308	3770390
上街区	11578	1803	22499	28068	16248	19353	55619
惠济区	288316	16899	759003	828948	406296	311217	248622
中牟县	14325	1444	72041	100519	-26170	5688	47735
巩义市	35256	10177	203109	226268	76211	77563	112583
荥阳市	54981	2473	246195	362939	262912	16006	72282
新密市	24997	4119	256967	204128	-30832	24475	81997
新郑市	8357	3394	48034	101745	69393	7900	44425
登封市	201171	25370	466889	668828	289598	250624	283429
经济开发区	22804	1717	54842	80863	66301	66000	51937
高新开发区	34437	2157	104283	95657	37930	50000	54422
郑东新区	125871	7503	47809	177811	90574	44778	279760
航空港区	62457	5565	263264	292007	50573	52945	145575

11-9 续表　　(2011 年)　　单位:千元

县(市)区	主营业务成本	主营业务税金及附加	营业费用	管理费用	#税金	营业利润	利润总额
中原区	174871	29420	163633	148388	3011	-5151	-5281
二七区	449930	40740	233467	168057	7118	20067	7552
管城区	144722	13002	44011	36355	3550	44320	33366
金水区	1446067	207248	1238479	751917	28748	133504	124865
上街区	30207	2812	11134	11836	209	-884	-788
惠济区	76787	13028	94381	75329	1103	-12975	-10604
中牟县	18073	3116	16637	8817	1104	-784	-784
巩义市	56344	4741	23683	17125	657	11083	10950
荥阳市	19551	3418	41364	15477	219	-10451	-10393
新密市	36613	4648	46274	17014	789	-23021	-22830
新郑市	21538	2738	11284	4180	242	360	1850
登封市	131311	13351	53584	39557	2057	37540	9942
经济开发区	13949	3103	20736	13840	420	-187	-169
高新开发区	17464	3261	11632	11510	1023	3980	4481
郑东新区	135089	17053	68911	23475	1285	32127	32225
航空港区	63430	5858	22560	29926	1016	19970	19725

11-10 分县(市)区限额以上住宿和餐饮业经营情况

(2011 年)

单位:万元

县(市)区	营业额	客房收入	餐费收入	商品销售额	其他收入
中原区	74674	16606	45776	7706	4586
二七区	144171	32689	88967	11304	11211
管城区	53636	11052	41726	188	669
金水区	441693	100607	289254	18482	33351
上街区	15855	1758	13506	443	148
惠济区	45436	7401	28900	4828	4306
中牟县	16415	2011	12177	1836	391
巩义市	26660	4445	19154	1273	1789
荥阳市	25817	5824	17775	1394	823
新密市	32909	6468	22814	3040	587
新郑市	50259	2369	43733	3977	180
登封市	47356	16032	27721	1485	2118
经济开发区	6594	2542	3157	537	358
高新开发区	5442	1638	2094	347	1364
郑东新区	36756	5345	29974	1143	294
航空港区	18740	5663	11842	855	381

11-11　限额以上批发、零售贸易业商品销售类值

（2011 年）

单位：万元

指　　标	批发业				零售业			
	销售额		零售额		销售额		零售额	
	2010 年	2011 年	2010 年	2011 年	2010 年	2011 年	2010 年	2011 年
总计	**15279206**	**19819288**	**830955**	**1106670**	**6852720**	**8308919**	**6546172**	**8053013**
粮油食品、饮料、烟酒类	1222469	1489872	57325	89296	522078	657366	494212	627776
食品类	378707	421911	19878	26633	368110	459277	352904	442222
#粮油类	222766	214410	128	37	59590	77200	46945	61508
肉禽蛋类	71740	111842	86	175	69185	79550	68924	79178
水产品类	4899	5020		5	7033	6072	7033	6072
蔬菜类	8	55	8	5	14900	19554	14900	19552
干鲜果品类	326	416	2		21697	29614	21431	28825
饮料类	22617	45362	9092	20961	65765	85835	64391	84425
烟酒类	821145	1022599	28355	41702	88203	112254	76917	101128
服装、鞋帽、针纺织品类	331955	416255	4149	7800	779070	1007798	771431	993539
服装类	203929	256235	2738	5781	571480	727415	567417	719996
鞋帽类	31782	37151	1290	1912	146122	205653	144355	200665
针、纺织品类	96244	122868	122	107	61468	74729	59659	72878
化妆品类	5398	6530	233	214	128038	155520	128008	155056
金银珠宝类					115680	157183	114258	155306
日用品类	159515	200696	8865	17157	259584	353488	258590	352162
#洗涤用品类	23380	39630	10	22	44900	50319	44858	50315
儿童玩具类	1629	857	6		7705	9800	7699	9799
五金、电料类	90819	98885	5802	7188	63315	77815	60167	77087
体育、娱乐用品类	13569	14233	679	712	31291	30720	31245	30709
书报杂志类	200652	220604	3879	4025	43245	43914	41899	41751
电子出版物及音像制品类	7767	1142	396	343	4520	5576	4431	5489
家用电器和音像器材类	977460	1471795	77777	105266	524670	653373	520580	652064
中西药品类	1511756	1920100	7997	7305	176034	226121	175671	225626
#西药类	848932	1079886	99	396	86566	96142	86386	96004
中草药及中成药类	104285	154069	72	54	11777	14635	11624	14510
文化办公用品类	353344	426338	13592	14634	135993	182696	112300	166615
家具类	7198	10916			30976	36200	30842	36103
通讯器材类	102108	119140			165840	212845	165369	212195
煤炭及制品类	1961579	2201712	4246	9269	10668	8749	5832	4982
木材及制品类	19873	28091						
石油及制品类	2099438	2764693	554554	708013	59018	84148	55975	78983
化工材料及制品类	680174	999500			47257	56751		
#化肥类	156655	316031			40236	48108		
金属材料类	1740986	2223978			914	1009		
建筑及装潢材料类	101503	99382			17432	27502	14229	25580
机电产品及设备类	757314	1048962	34881	43797	47637	53303	46012	51655
#农机类	7697	8916			785	747		
汽车类	1407078	1538670	47145	65916	3655994	4244528	3488175	4136671
种子饲料类	358065	514238			4114	6688		
棉麻类	216572	318007	630		3997	3515	3997	3515
其他类	952614	1685551	8806	25735	25356	22113	22951	20152

11-12 限额以上批发、零售贸易业商品销售量

（2011 年）

指标	计量单位	2010 年	2011 年
食用植物油	千克	35607274	36885140
猪肉	千克	12399293	12695488
牛肉	千克	249279	309444
羊肉	千克	134132	185287
禽肉	千克	1105953	1619683
鲜蛋	千克	5762251	6693737
彩色电视机	台	456564	820448
家用电冰箱	台	1334797	1317049
房间空调器	台	2080329	4490458
电脑微型计算机	台	831116	930651
汽车	辆	382582	381160
其中：轿车	辆	205283	208945
煤炭	吨	34617027	33954592
汽油	吨	1042055	1204130
柴油	吨	2114136	2407344
钢材	吨	2783443	3747896
铜	吨	46483	32540
铝	吨	258401	506053
水泥	吨	7392	263006
化学肥料	吨	938601	1247262
化学农药	吨	3111	2902

11-13　全市批发、零售贸易企业年销售额前50名排序

（2011年）

单位：万元

序号	批发企业		零售企业	
	单位名称	销售额	单位名称	销售额
1	郑州煤电物资供销有限公司	1483238	郑州丹尼斯百货有限公司	639171
2	郑州日产汽车销售有限公司	1118481	大商集团郑州新玛特购物广场有限公司	228494
3	中国石油化工股份有限公司河南郑州石油分公司	1080179	河南永乐生活电器有限公司	192153
4	大唐河南电力燃料有限公司	899334	郑州之星汽车销售服务有限公司	190242
5	河南省烟草公司郑州市公司	847877	河南省国美电器有限公司	186597
6	河南诚信格力电器市场营销有限公司	757184	河南中德宝汽车销售服务有限公司	147546
7	郑州煤炭工业（集团）正运煤炭销售有限公司	678908	河南丰之元汽车销售服务有限公司	128191
8	中国石油天然气股份有限公司河南郑州销售分公司	543546	河南豫海汽车销售有限公司	125152
9	中国石油天然气股份有限公司河南销售分公司	475687	郑州利星汽车有限公司	120101
10	郑州海永蓝工贸有限公司	449808	河南世纪联华超市有限公司	115978
11	河南中油高速公路油品股份有限公司	386745	河南国际汽车贸易有限公司	106692
12	河南阳光国际贸易有限公司	344459	大商集团（郑州）商贸有限公司	98202
13	河南九州通医药有限公司	316715	河南得佳汽车销售服务有限公司	89677
14	河南同舟棉业有限公司	301603	河南新纪元汽车销售服务有限公司	87040
15	国药控股（郑州）九瑞股份有限公司	249478	郑州保福利汽车销售有限公司	78410
16	华润河南医药有限公司	225101	河南苏宁电器有限公司	78045
17	郑州市华丰钢铁有限公司	218851	河南华通实业有限公司	77285
18	郑州煤矿机械集团物资供销有限公司	214824	河南裕华江南汽车销售有限公司	76995
19	河南省新华书店	200729	河南泰菱实业有限公司	76828
20	河南裕隆金属材料有限公司	190400	郑州郑德宝汽车销售服务有限公司	72347
21	河南省医药有限公司	172477	上海大众汽车河南豫港销售服务有限公司	71810
22	郑州美的空调销售有限公司	165212	河南现代普汇实业有限公司	69983
23	海马汽车销售有限公司	164061	河南长江汽车销售服务有限公司	66139
24	郑州通茂实业有限公司	160957	郑州远达雷克萨斯汽车销售服务有限公司	63180
25	河南康信医药有限公司	158582	河南新大洲摩托车销售有限公司	61896
26	河南鑫川实业有限公司	155954	河南五星电器有限公司	61301
27	河南小松工程机械有限公司	135973	河南旭龙汽车销售服务有限公司	58752
28	郑州铁路华东实业总公司	135225	河南思达连锁商业有限公司	58110
29	河南省永联民爆器材股份有限公司	127114	郑州裕华丰田汽车销售服务有限公司	56758
30	河南现代农业生产资料有限公司	114690	河南裕华金阳光汽车销售服务有限公司	56740
31	郑州市钢联商贸有限公司	112848	郑州市易初莲花连锁超市有限公司	55227
32	郑州TCL电器销售有限公司	110736	河南威佳实业有限公司	55058
33	河南威佳汽车贸易有限公司	109908	河南骏驰实业有限公司	54714
34	河南省普众康医药有限公司	104214	河南迪信通电子通信技术有限公司	53005
35	河南中原铁道能源有限公司	102876	郑州世纪鸿图丰田汽车销售服务有限公司	52811
36	中铝河南国际贸易有限公司	97423	郑州富达诚诚汽车销售服务有限公司	51387
37	郑州兴亚贸易有限公司	95994	河南裕华上联汽车销售有限公司	51221
38	河南新亚实业有限公司	94608	河南新凯迪汽车销售有限公司	51172
39	河南千里马工程机械有限公司	91392	河南华联商厦有限公司	49997
40	河南省国药医药开发有限公司	88356	郑州悦家商业有限公司北环店	49874
41	完美（中国）用品有限公司河南分公司	88221	郑州正道花园百货股份有限公司	49555
42	河南沃通建筑设备有限公司	85749	河南万通一汽贸易有限公司	49400
43	郑州湘元三一工程机械有限公司	81720	河南昌河汽车实业有限责任公司	48665
44	河南省万隆医药有限公司	78345	河南天泓汽车销售服务有限公司	48576
45	河南亚立石油化工有限公司	76881	郑州聚龙实业发展有限公司	48487
46	河南陕汽重卡汽车销售有限公司	74001	郑州豫中丰田汽车销售有限公司	48309
47	河南华益药业有限公司	73549	郑州市豫北机电设备有限公司	47544
48	河南中石化高速公路有限公司	72569	河南张仲景大药房股份有限公司	47433
49	郑州发展贸易有限公司	69996	河南豫港华翔汽车销售服务有限公司	46946
50	河南嘉拓煤炭运销有限公司	68894	郑州富达丰田汽车销售服务有限公司	45978

主要统计指标解释

社会消费品零售总额 指企业(单位、个体户)通过交易直接售给个人、社会集团非生产、非经营用的实物商品金额,以及提供餐饮服务所取得的收入金额。个人包括城乡居民和入境人员,社会集团包括机关、社会团体、部队、学校、企事业单位、居委会或村委会等。

商品购进额 指从本企业以外的单位和个人购进(包括从国外直接进口)作为转卖或加工后转卖的商品金额(含增值税)。本指标反映批发和零售业从国内外市场上购进商品的总价。

商品购进包括:(1)从工农业生产者、批发和零售业企业、住宿和餐饮业企业、出版社或报社的出版发行部门和其他服务业企业购进的商品;(2)从机关团体、事业单位购进的商品;(3)从海关、市场管理部门购进的缉私和没收的商品;(4)从居民收购的废旧商品等。

不包括:(1)企业为本单位自身经营用,不是作为转卖而购进的商品,如材料物资、包装物、低值易耗品、办公用品等;(2)未通过买卖行为而收入的商品,如接受其他部门移交的商品、借入的商品、收入代其他单位保管的商品、其他单位赠送的样品、加工回收的成品等;(3)经本单位介绍,由买卖双方直接结算,本单位只收取手续费的业务;(4)销售退回和买方拒付货款的商品;(5)商品溢余。

商品销售额 指对本单位以外的单位和个人出售的商品金额(包括售给本单位消费用的商品,含增值税),本指标反映批发和零售业在国内市场上销售商品以及出口商品的总量。

商品销售包括:(1)售给城乡居民和社会集团消费用的商品;(2)售给农业、工业、建筑业、运输邮电业、服务业、公用事业等国民经济各行业用于生产、经营用的商品,包括售予批发和零售业作为转卖或加工后转卖的商品;(3)对国(境)外直接出口的商品。

商品销售不包括:(1)未通过买卖行为付出的商品,如随机构变动移交给其他企业单位的商品、借出的商品、归还受其他单位委托代保管的商品、付出的加工原料和赠送给其他单位的样品等;(2)经本单位介绍,由买卖双方直接结算,本单位只收取手续费的业务;(3)购货退回的商品;(4)商品损耗和损失;(5)出售本单位自用的废旧物资。

期末商品库存额 对于批发和零售业法人单位和个体经营户,是指取得所有权的全部商品金额(含增值税);对于批发和零售业产业活动单位,是指期末实际在库且归属法人具有所有权的全部商品金额(含增值税)。这个指标反映批发和零售业的商品库存情况,以及对市场商品供应的保证程度。

库存商品包括:(1)存放在本单位(如门市部、批发站、采购站、经营处)的仓库、货场、货柜和货架中的商品;(2)挑选、整理、包装中的商品;(3)已记入购进而尚未运到本单位的商品,即发货单或银行承兑凭证已到而货未到的商品;(4)寄放他处的商品,如因购货方拒绝付款而暂时存在购货方的商品;(5)委托其他单位代销(未作销售或调出)尚未售出的商品;(6)代其他单位购进尚未交付的商品。

库存商品不包括:(1)所有权不属于本单位的商品,如商品已作销售但买方尚未取走的商品,代替他人保管、运输、加工的商品,代其他单位销售(未做购进或调入)而未售出的商品;(2)委托外单位加工的商品(包括本单位所属加工厂和其他生产单位加工生产尚未收回成品的商品);(3)外贸企业代理其他单位从国外进口,尚未付给订货单位的商品;(4)代国家储备部门保管的商品。

连锁总店(总部) 负责连锁企业资源(商号、商誉、经营模式、服务标准、管理模式等等)的开发、配置、控制或使用等功能的企业核心管理机构。连锁经营是指经营同类商品或服务,使用统一商号的若干店铺,在同一总店(总部)的管理下,采取统一采购或特许经营等方式,实现规模效益的组织形式,包括直营连锁、特许连锁和自愿连锁三种形式。

直营连锁是指连锁店铺由连锁公司全资或控股开设,在总部的直接控制下,开展统一经营的连锁经营形式;特许连锁是指拥有注册商标、企业标志、专利、专有技术等经营资源的企业(特许人),以合同形式将其拥有的经营资源许可其他经营者(被特许人)使用,被特许人按合同约定在统一的经营模式下开展经营,并向特许人支付特许经营费用的连锁经营形式;自愿连锁是指若干个店铺或企业自愿组合起来,在不改变各自资产所有权关系的情况下,以同一个品牌形象面对消费者,以共同进货为纽带开展的连锁经营形式。

特许连锁指各连锁门店通过合同形式,取得使用总部商标、商号、经营技术和销售总部开发的商品的特许权,各加盟连锁门店为独立法人,在总部指导下统一经营。

自由连锁也称自愿连锁。指连锁公司的门店均为独立法人,各自的资产所有权关系不变,在公司总部的指导下共同经营。各成员店使用共同的店名,与总部订阅有关购、销、宣传等方面的合同,并按合同展开经营活动。在合同规定的范围之外,各成员店可以自由活动。根据自愿原则,各成员店可自由加入连锁体系,也可自由退出。

十二、对外经济贸易和旅游

12-1 对外经济贸易

单位:万美元

项　　目	2010 年	2011 年	2011 年比 2010 年±%
全市直接进出口总值(含省直公司)	**515743**	**1599559**	**210.1**
#全市直接进口总值(含省直公司)	170086	635773	273.8
全市直接出口总值(含省直公司)	345657	963786	178.8
市属及以下直接进出口总值	**452442**	**1535929**	**239.5**
#直接进口总值	121170	594529	388.0
直接出口总值	331272	941400	182.9
#国内企业	287126	372916	29.9
外资企业	44146	568484	1187.8
新批外资企业	91	102	12.1
合同外资额	191632	238133	24.3
实际利用外商直接投资	190015	310000	63.1
国外经济合作合同金额	67022	112871	65.4
国外经济合作营业额	79941	102609	28.4
派出人员(人次)	10178	12143	19.3

12-2 分县(市)、区直接出口总值

单位:万美元

县(市)区	2010 年	2011 年	2011 年比 2010 年±%
合　计	**331272**	**941400**	**182.9**
中原区	23336	30748	31.8
二七区	8900	12923	45.2
管城区	23387	29994	28.3
金水区	102302	133814	30.8
上街区	20827	23612	13.4
惠济区	5868	6989	19.1
中牟县	10419	14202	36.3
巩义市	20622	20802	0.9
荥阳市	5905	7544	27.8
新密市	5362	12707	137.0
新郑市	2077	2760	32.9
登封市	3665	4509	23.0
经济开发区	30600	60314	97.1
高新开发区	25856	55952	116.4
郑东新区	38961	61375	57.5
航空港区	1041	497183	47660.2

12-3　分县（市）、区实际使用外资

单位：万美元

县（市）区	2010 年	2011 年	2011 年比 2010 年±%
合　计	**190015**	**310000**	**63.1**
中原区	10370	14090	35.9
二七区	12247	16269	32.8
管城区	11134	15408	38.4
金水区	21880	27220	24.4
上街区	5208	6130	17.7
惠济区	12830	16842	31.3
中牟县	7240	10785	49.0
巩义市	10398	16013	54.0
荥阳市	8611	11219	30.3
新密市	8890	13402	50.8
新郑市	11632	17710	52.3
登封市	9734	14399	47.9
经济开发区	28264	34557	22.3
高新开发区	11548	20056	73.7
郑东新区	10029	29900	198.1
航空港区	10000	46000	360.0

12-4　向各大洲出口总额

单位：万美元

地　区	2010 年	2011 年	2011 年比 2010 年±%
直接出口总值	**331272**	**941400**	**182.9**
亚洲	139046	218548	56.4
非洲	32269	39714	22.8
欧洲	72617	419614	475.8
拉丁美洲	30463	48681	59.1
北美洲	46396	203877	336.2
大洋洲	10482	10965	4.2

注：本表不含省直公司。

12-5 出口总额分类

单位:万美元

类　别	2010 年	2011 年	2011 年比 2010 年±%
总计	**331272**	**941400**	**182.9**
动物类	638	10143	1489.4
植物类	510	313	-38.6
食品、饮料、烟草及制品	9966	7265	-27.1
矿产品	5066	6487	28.1
化学工业及相关工业的产品	41698	48064	15.3
塑料、橡胶及其制品	553	952	72.2
皮革制品	457	1278	179.5
木及木制品	2308	5918	156.4
木浆及其制品	1222	1242	1.7
纺织原料及纺织制品	25880	45237	74.8
鞋、帽、羽毛及其制品	44848	54588	21.7
贱金属及其制品	80982	122384	51.1
机械、电气、图象、声音录放设备	49099	572051	1065.1
交通运输设备	31445	43620	38.7
光学、计量、医疗设备、精密仪器	3099	2630	-15.1
杂制品	18673	19201	2.8

注:本表不含省直公司。

12-6 与郑州市建立友好关系的城市

国　家	城　市	建立时间
日本	浦和市	1981.10
美国	里士满市	1994.9
罗马尼亚	克鲁日-纳波卡市	1995.5
韩国	晋州市	2000.7
俄罗斯	萨马拉市	2000.8
纳米比亚	马林塔尔市	2001.8
约旦	伊尔比德市	2002.2
巴西	若茵维莱市	2003.11
德国	什未林市	2006.4
保加利亚	舒门市	2007.4
意大利	那不勒斯市	2007.11

12-7 旅　　游

指　　标	单位	2010 年	2011 年	2011 年比 2010 年±%
海内外游客	**万人次**	**4832.2**	**5464.1**	**13.1**
#国际旅游人数	万人次	34.9	38.4	10.0
#港澳台同胞	万人次	15.0	16.9	12.9
#香港同胞	万人次	6.2	7.1	14.2
澳门同胞	万人次	2.0	2.3	13.0
台湾同胞	万人次	6.8	7.6	11.8
国内旅游人数	万人次	4797.3	5425.7	13.1
旅游外汇收入	亿美元	1.3	1.5	10.3
国内旅游收入	亿元	500.5	580.3	15.9
旅游总收入	亿元	509.9	589.9	15.7
国际国内旅行社	家	215	220	2.3
星级宾馆	个	111	99	-10.8

12-8 郑州市出口企业30强

（2011年）

单位:万美元

序号	企业名称	出口额	比上年±%
1	鸿富锦精密电子(郑州)有限公司	473258	
2	鸿富锦精密电子郑州有限公司	23925	
3	中平能化国际贸易有限公司	22081	167.8
4	郑州明泰实业有限公司	21493	424.2
5	郑州宇通客车股份有限公司	21491	49.4
6	河南明泰铝业股份有限公司	14316	-5.7
7	中铝河南国际贸易有限公司	13761	-5.8
8	河南方正博研实业有限公司	10091	223.6
9	河南浩丰化工有限公司	9926	83.9
10	新密市万力实业发展有限公司	9282	454.5
11	河南五丰粮油食品有限公司	8829	22.7
12	中国磨料磨具进出口公司	7571	23.6
13	郑州日产汽车有限公司	7222	62.2
14	河南中艺进出口有限公司	6303	29.6
15	河南当代国际贸易有限公司	5921	69.3
16	河南省通用机械进出口有限公司	5438	16
17	白鸽集团进出口有限公司	4896	-6.4
18	河南省光大纺织进出口有限责任公司	4835	85.6
19	河南东方丝绸进出口有限公司	4833	-18.3
20	郑州宇通集团有限公司	4804	32.7
21	河南益隆进出口有限公司	4585	21.4
22	河南粮油食品进出口集团国际经济合作有限公司	3775	43094.9
23	郑州硕达钻石有限公司	3560	4.3
24	河南悦源贸易有限公司	3546	29.9
25	河南省新异进出口贸易有限公司	3434	16.3
26	郑州煤矿机械集团股份有限公司	3150	156.7
27	郑州铝业股份有限公司	2959	153.4
28	郑州拓洋生物工程有限公司	2864	-5.7
29	河南雅顺商贸有限公司	2784	24.3
30	圣戈班陶瓷材料(郑州)有限公司	2573	17.4

主要统计指标解释

进出口总额　海关进出口总额指实际进出我国国境的货物总金额。包括对外贸易实际进出口货物，来料加工装配进出口货物，国家间、联合国及国际组织无偿援助的物资和赠送品，华侨、港澳台同胞、外籍华人的捐赠品的金额。租赁期满归承租人所有的租赁货物，进料加工进出口货物，边境地方贸易及边境地区小额贸易进出口货物（边民互市贸易除外），中外合资企业、中外合作经营企业、外商独资经营企业进出口货物和公用物品，到、离岸价格在规定限额以上的进出口货样和广告品（无商业价值、无使用价值和免费提供出口的除外），从保税仓库提取在中国境内销售的进口货物，以及其他进出口货物。进出口总额用以观察一个国家在对外贸易方面的总规模。我国规定出口货物按离岸价格统计，进口货物按到岸价格统计。

出口总值　指在对外贸易中实际离开我国口岸或边境直接出口或转口的商品，包括来料加工装配（工缴费）和补偿贸易出口。

进口总值　指在对外贸易中实际到达我国口岸或边境的进口商品。

利用外资　是指我国各级政府、部门、企业、中国银行和其他单位通过对外借款、吸收外商直接投资和外商其他投资方式，从国外和港澳台地区筹措的资金。

利用外资协议金额　是指在一定时期内，经主管部门批准的与境外政府、部门、银行、企业和国际组织新签订的借款或投资协议（合同）资金总额。包括大陆与港、澳、台同胞及华侨签订的协议金额。它是反映全国及各地区、各部门同境外发生借贷关系和利用外资规模、方式、来源、用途及其效益的重要统计指标。利用外资金额包括我国各级政府、部门、企业和其他经济组织的对外借款（政府贷款、国际金融组织贷款、出口信贷、外国银行商业贷款、对外发行债券股票），吸收外商直接投资（合资、合作、外商独资经营和合作开发），以及外商补偿贸易、加工装配、国际租赁等其他境外现汇、设备、技术投资。其计量单位都折算成美元统计。

外商直接投资　是指外国企业和经济组织或个人（包括华侨、港澳台胞以及我国在境外注册的企业）按我国有关政策、法规，用现汇、实物、技术等在我国境内开办外商独资企业、与我国境内的企业或经济组织共同举办中外合资经营企业、合作经营企业或合作开发资源的投资（包括外商投资收益的再投资）以及经政府有关部门批准的项目投资总额内，企业从境外借入的资金。

对外承包工程　指各对外承包公司以招标议标承包方式承揽的下列业务：1. 承包国外工程建设项目；2. 承包我国对外经援项目；3. 承包我国驻外机构的工程建设项目；4. 承包我国境内利用外资进行建设的工程项目；5. 与外国承包公司合营或联合承包工程项目时我国公司分包部分；6. 对外承包兼营的房屋开发业务。对外承包工程的营业额是以货币表现的本期内完成的对外承包工程的工作量，包括以前年度签订的合同和本年度新签订的合同在报告期内完成的工作量。

旅游人数　包括入境国际旅游者人数、出境居民人数和国内旅游者人数。1. 入境国际旅游者人数：指来我国参观、访问、旅行、探亲、访友、休养、考察、参加会议和从事经济、科技、文化、教育、体育、宗教等活动的外国人、华侨、港澳和台湾同胞的人数。不包括外国在我国的常驻机构，如使领馆、通讯社、企业办事处的工作人员；来我国常住的外国专家、留学生以及在岸逗留不过夜人员。2. 出境居民人数：指大陆居民因公务活动或私人事务短期出境的人数。公务活动出境居民人数包括在国际交通工具上的中国服务员工，因私出境居民人数不包括在国际交通工具上的中国服务员工，因私出境居民人数不包括在国际交通工具上的中国服务员工。3. 国内旅游者人数：指我国大陆居民和在我国常住 1 年以上的外国人、华侨、港澳台同胞离开常住地在境内其他地方的旅游设施内至少停留一夜，最长不超过 6 个月的人数。

旅游外汇收入　指国内各部门为来我国旅游的外国人、华侨、港澳和台湾同胞提供商品和劳务而获得的外汇收入。包括供应商品、饮食和提供住宿、交通、邮电文化娱乐、导游等各项服务所得到的全部外汇收入。

对外借款　指通过对外正式签订借款协议，从境外筹措的资金，包括外国政府贷款、国际金融组织贷款、外国银行商业贷款、出口信贷以及对外发行债券等。1996 年及以前还包括对外发行股票。该指标是我国利用外资的重要部分。

十三、财政金融

13-1 金融机构信贷收支

（2011 年底）

单位：万元

项　　目	合计	2011 年比年初	2011年比年初±%	市　区	中牟县	巩义市	荥阳市	新密市	新郑市	登封市	上街区
各项存款	**89648657**	**10715208**	**13.6**	**78708567**	**1446648**	**2288969**	**1462279**	**2184782**	**1662955**	**1894456**	**734767**
单位存款	50915191	5463911	12.0	47731930	534102	769095	434493	356076	590702	498793	229638
#活期存款	23295858	1722717	8.0	21018214	460167	375354	350613	284777	459918	346815	165891
定期存款	10893797	2324045	27.1	10454391	26632	156163	49954	40738	75796	90122	41365
通知存款	1327406	-230192	-14.8	1297806		2500			12000	15100	
保证金存款	10535301	1903564	22.1	10224638	26174	187539	25457	19211	14808	37474	16377
个人存款	33160155	4048595	13.9	25557535	900445	1471042	1013381	1800088	1037204	1380459	504216
储蓄存款	32521450	3607994	12.5	24934225	900445	1469678	1012390	1787061	1037191	1380459	503049
保证金存款	6054	4542	300.2	5718		334	1	1			40
结构性存款	632651	436059	221.8	617592		1030	990	13026	13		1127
财政性存款	2782790	460139	19.8	2698247	7824	42571	7336	8595	15370	2847	640
临时性存款	313733	79145	33.7	276604	4248	1138	5004	4784	19638	2317	240
委托存款	552307	-16358	-2.9	552197		82	28				
其他存款	1924482	679776	54.6	1892055	28	5041	2038	15239	40	10041	33
各项贷款	**61127813**	**4992605**	**8.9**	**55405319**	**813348**	**1351245**	**901581**	**932929**	**981956**	**741435**	**141405**
境内贷款	61122800	4991825	8.9	55400321	813348	1351229	901581	932929	981956	741435	141405
短期贷款	22302977	4614146	26.1	18671485	511070	871597	503034	510084	694256	541452	69167
个人贷款及透支	3818052	1003541	35.7	2776765	262391	70747	172802	179009	193722	162615	13837
#个人消费贷款	1178602	247444	26.6	1133701	3726	2265	3202	7292	19026	9390	803
单位贷款及透支	17543719	3503024	25.0	14987922	248679	779870	328533	325245	498734	374737	51550
#经营贷款	17133314	3499110	25.7	14656259	248679	724895	328533	317677	498734	358537	46600
固定资产贷款	370046	859	0.2	291303		54975		7568		16200	4950
银团贷款	44000	-978	-2.2	44000							
贸易融资	897206	108559	13.8	862798		20980	1698	5830	1800	4100	3780
中长期贷款	36674562	3014070	9.0	34688754	256920	421247	398033	422845	287700	199063	72238
个人贷款	10406076	1237608	13.5	9857812	123829	75708	143626	63548	103387	38166	59279
#个人消费贷款	9041246	1034069	12.9	8566603	108470	63494	125659	49272	93830	33917	56788
单位贷款	24190116	1160702	5.0	22875473	133091	329539	254406	252397	184313	160897	12959
#经营贷款	10397037	268584	2.7	10171239	31911	61409	11457	51655	34653	34713	4059
固定资产贷款	13793080	892118	6.9	12704235	101180	268130	242949	200742	149660	126184	8900
普通并购贷款	87020	55000	171.8	87020							
银团贷款	1988739	568332	40.0	1865839		16000		106900			
贸易融资	2610	-7572	-74.4	2610							
融资租赁	16300	16300		16300							
票据融资	2109289	-2652437	-55.7	2005380	45358	57116	515			920	
#贴现	2109289	-2652437	-55.7	2005380	45358	57116	515			920	
各项垫款	19672	-254	-1.3	18402		1270					
境外贷款	5013	779	18.4	4998		15					

13-2 中资全国性四家行信贷收支

（2011 年底）

单位:万元

项　　目	合　计	市　区	中牟县	巩义市	荥阳市	新密市	新郑市	登封市	上街区
各项存款	**30075783**	**24720609**	**519578**	**1246303**	**700363**	**1201712**	**700343**	**986875**	**463572**
单位存款	13809360	12228961	219989	419255	184763	205805	270392	280195	130402
#活期存款	6635948	5613526	176907	174402	146598	160299	172985	191231	101721
定期存款	3842615	3581647	10586	97106	28795	27208	49114	48159	18006
通知存款	163300	137300					11000	15000	
保证金存款	636246	484286	11367	100208	7802	6949	9113	16523	4671
个人存款	15394717	11686483	295422	821673	508831	977341	410553	694414	332897
储蓄存款	15373406	11666229	295422	820643	508830	977328	410540	694414	332630
保证金存款	155	154			1				39
结构性存款	21156	20100		1030		13	13		227
临时性存款	167253	133139	4139	334	4731	3327	19358	2226	240
其他存款	704453	672026	28	5041	2038	15239	40	10041	33
各项贷款	**21066677**	**18990892**	**159358**	**644986**	**398497**	**412322**	**275586**	**185036**	**49276**
境内贷款	21064578	18988808	159358	644971	398497	412322	275586	185036	49276
短期贷款	3299545	2644871	23004	329301	85308	53120	94811	69131	19758
个人贷款及透支	678579	580856	16574	14085	14170	18017	20945	13932	3538
#个人消费贷款	415970	395978	2943	2225	2478	3777	6961	1608	708
单位普通贷款及透支	2182248	1659507	6430	294235	69638	29273	72066	51099	14220
#经营贷款	2039923	1520182	6430	294235	69638	29273	72066	48099	14220
固定资产贷款	142324	139324						3000	
银团贷款	33000	33000							
贸易融资	405717	371507		20980	1500	5830	1800	4100	2000
中长期贷款	17389700	16002748	136354	282961	312674	359202	180775	114986	29518
个人贷款	4807130	4434440	88854	61561	78804	31614	88575	23282	25618
#个人消费贷款	4614297	4251045	88009	55603	77815	30794	87750	23282	24624
单位普通贷款	11207662	10310301	47500	211400	233869	220688	92200	91704	3900
#经营贷款	3293077	3213107	8500	28100	3110	37440	2600	220	2900
固定资产贷款	7914585	7097194	39000	183300	230759	183248	89600	91484	1000
普通并购贷款	32020	32020							
银团贷款	1342736	1225836		10000		106900			
贸易融资	151	151							
票据融资	369670	335526		32709	515			920	
#贴现	369670	335526		32709	515			920	
各项垫款	5664	5664							
境外贷款	2099	2084		15					

13-3　农村信用社信贷收支

（2011 年底）

单位：万元

项　　目	合　计	市　区	中牟县	巩义市	荥阳市	新密市	新郑市	登封市	上街区
各项存款	**5211494**	**2517555**	**609197**	**531525**	**422917**	**503655**	**702082**	**626645**	**39143**
单位存款	1160404	659413	159551	106481	91777	72713	197312	70469	14197
#活期存款	996715	557128	157119	79269	81558	66014	194762	55627	7426
定期存款	151721	101889	1020	27212	10219	5821	314	5560	6743
保证金存款	11968	396	1412			878	2236	9282	28
储蓄存款	4045332	1854108	449602	424605	331135	429785	504570	556097	24946
保证金存款	334			334					
临时性存款	5424	4034	44	105	5	1157	200	79	
各项贷款	**3095819**	**1227109**	**390438**	**390756**	**290039**	**370995**	**400022**	**426482**	**28624**
境内贷款	3095819	1227109	390438	390756	290039	370995	400022	426482	28624
短期贷款	2886364	1182852	347456	355412	270801	345270	359972	384573	27769
个人贷款及透支	1055456	395886	191143	35093	144066	144303	142709	144965	3324
#个人消费贷款	27010	19298						7712	
单位普通贷款及透支	1830908	786966	156313	320319	126735	200967	217263	239608	24445
中长期贷款	207385	43457	42982	34074	19238	25725	40050	41909	855
个人贷款	62394	10741	19571	2265	10891	11510	8112	7416	495
#个人消费贷款	21770	4962	9288	5	952			6563	
单位普通贷款	135991	29716	23411	25809	8347	14215	31938	34493	360
银团贷款	9000	3000		6000					
各项垫款	2070	800		1270					

注：新郑市为农村合作银行。

(2011 年)

指　　标	郑州市	市本级	中原区	二七区	管城区	金水区	上街区
一般预算收入	**5023175**	**2088362**	**186002**	**187159**	**168981**	**350509**	**75585**
税收收入	**3895780**	**1466831**	**179235**	**172341**	**134587**	**330284**	**64959**
增值税	385658	119268	17532	9722	15589	20523	9785
国内增值税	385658	119268	17532	9722	15589	20523	9785
国有企业增值税	41233	12950	6259	344	163	1067	226
集体企业增值税	6045	1073	172	179	340	238	130
股份制企业增值税	253769	66005	9278	5312	11784	13544	6574
联营企业增值税	34	5			2	3	
港澳台和外商投资企业增值税	45034	24024	1168	2014	747	2345	802
私营企业增值税	6687	505	15	54	24	40	1025
其他增值税	38960	14755	717	2136	1700	4577	980
增值税税款滞纳金、罚款收入	519	84	4	14	12	26	16
福利企业增值税退税	-9202	-1636	-150	-272	-79	-1084	-133
营业税	1446841	657676	61951	64853	34133	130574	16537
金融保险业营业税(地方)	338273	175132	27	25		108	531
一般营业税	1105915	481466	61903	64702	34109	130183	15827
企业所得税	590617	311773	23950	16268	14500	42685	8819
个人所得税(款)	191317	90920	9394	8089	5955	12646	1982
个人所得税(项)	191051	90824	9387	8080	5954	12639	1978
储蓄存款利息所得税	416	316					5
其他个人所得税	190635	90508	9387	8080	5954	12639	1973
资源税	33294			235	1	3	551
城市维护建设税	234756	46610	17795	14437	15096	29552	5316
房产税	85102	10456	5820	14806	9276	19790	2509
印花税	63062	10784	5423	3456	3391	9962	1360
城镇土地使用税	117159	5013	6778	7228	11695	11994	5524
土地增值税	239718	2735	30066	25815	21211	52119	2194
车船税(款)	28250	22474					373
耕地占用税(款)	118690		526	7432	3740	436	4564
契税(款)	360800	189122					5445
烟叶税(款)	516						
非税收入	**1127395**	**621531**	**6767**	**14818**	**34394**	**20225**	**10626**
专项收入	128165	65167		15			3720
排污费收入(项)	9042	2096					360
水资源费收入	6957	2007					951
教育费附加收入(项)	106171	60903					2333
矿产资源专项收入	5809	51		15			

收　入

单位:万元

惠济区	经济开发区	高新开发区	郑东新区	航空港区	中牟县	巩义市	荥阳市	新密市	新郑市	登封市
89748	99332	120215	277745	38966	192177	223216	140843	201294	215666	202267
68640	90239	100404	274462	37108	136011	171636	105819	127270	137589	133313
3623	12110	14567	3059	1347	7970	38958	14643	39215	21060	36687
3623	12110	14567	3059	1347	7970	38958	14643	39215	21060	36687
110	2407	597	4		646	4039	2533	6759	1221	1908
72	24	42	6		21	1055	596	815	362	920
1516	4965	11078	676	311	5597	27000	8764	32821	18437	30107
							8	4		12
1210	1688	2162	383	918	417	2711	1187	563	821	1874
67		10	295		187	4036	123	155	26	125
694	2557	313	1727	118	513	1780	1535	1328	1470	2060
6	3	15	1		8	160	12	63	54	41
-52					-35	-1394	-112	-3091	-804	-360
20252	15994	18788	68950	13632	47165	35817	27554	29274	32589	20441
			190		1297	3700	1992	2037	1616	1591
20221	15991	18787	68731	13632	45747	31999	25534	27234	30880	18580
6575	9431	18149	21200	2207	10924	21595	11394	16051	20407	34689
2160	2490	7292	3665	1282	3507	7783	2759	5286	4854	6862
2146	2489	7289	3663	1282	3485	7755	2757	5282	4840	6862
					9	11	13	30	12	20
2146	2489	7289	3663	1282	3476	7744	2744	5252	4828	6842
			1		909	10472	2824	4467	1832	11999
4774	13093	10937	11200	2521		12699	5020	8601	23046	8413
1897	2037	4013	4852	1268		2090	1127	1513	1852	771
2449	3263	2389	4315	1981		6525	1209	1691	1645	1090
5280	4055	5199	6156	1442		18305	7551	5517	6513	2190
8394	7188	6245	59730	437		4070	4074	2878	5039	1635
						1261	775	1396	483	497
13236	9544	3717	7066	7048		3997	16371	5367	8914	2199
	11034	9108	84268	3943		8064	10518	6014	9355	5324
										516
21108	9093	19811	3283	1858	56166	51580	35024	74024	78077	68954
	4691	4528		1088	4375	9839	3722	9909	12086	9025
					554	1203	701	1794	493	1841
					385	1697	158	769	678	312
	4691	4528		1088	3436	5673	2561	5527	10032	5399
						1266	302	1819	883	1473

指　　标	郑州市	市本级	中原区	二七区	管城区	金水区	上街区
行政事业性收费收入	269099	112829	4754	2188	2500	10506	5367
公安行政事业性收费收入	24982	23576					60
法院行政事业性收费收入	11301	4743	47	851	72	1558	73
司法行政事业性收费收入	2337	1032	486		9	185	
财政行政事业性收费收入	1895	1463	47	3	26	84	7
人口和计划生育行政事业性收费收入	11530		231	263	33	1406	4
安全生产行政事业性收费收入	1718						1
档案行政事业性收费收入	458	14		2	370	7	
人防办行政事业性收费收入	46082	36232		17		28	738
文化行政事业性收费收入	42						
教育行政事业性收费收入	30863	6644	1214	328	227	2246	
发展与改革(物价)行政事业性收费收入	15265	3567	6			11	1257
统计行政事业性收费收入	59	46				1	
国土资源行政事业性收费收入	49444	5742		30	1000	50	2016
建设行政事业性收费收入	33413	20226	1348	45	279	1795	911
环保行政事业性收费收入	1115	303					30
交通运输行政事业性收费收入	1168	110				21	5
工业和信息产业行政事业性收费收入	994	399				7	
农业行政事业性收费收入	1106	95		6	28	79	102
林业行政事业性收费收入	1258	796			22		
水利行政事业性收费收入	443						
卫生行政事业性收费收入	17495	610	1053	134	126	684	147
民政行政事业性收费收入	944	224		9	3	113	4
人力资源和社会保障行政事业性收费收入	6849	5947		56	2	130	12
其他行政事业性收费收入	6991		322	430	280	2069	
罚没收入	90859	43456	1783	757	1121	300	804
公安罚没收入	46056	27570					378
检察院罚没收入	3178	150	616	259	700		108
法院罚没收入	1581	33		94	200	36	65
新闻出版罚没收入	21					17	4
海关罚没收入	52	52					
卫生罚没收入	128	30		4	2		
检验检疫罚没收入	24						
交通罚没收入	3423	487				1	40
审计罚没收入	776	1		4			
其他一般罚没收入	33587	13299	1167	365	219	241	208

单位:万元

惠济区	经济开发区	高新开发区	郑东新区	航空港区	中牟县	巩义市	荥阳市	新密市	新郑市	登封市
5012	4015	1262	1015	202	36920	23153	18582	13829	17927	9038
					104	177	77	640	112	236
311	447	862			400	388	252	676	291	330
369					77	67	35	9	43	25
1		1			123	35	12	29	37	27
1180	619	145	552	192	3800	496	498	706	824	581
					3	76	1101	495	42	
8		46				10			1	
	2571	47			1701	359	1677	265	2260	187
							5	35	2	
59			54		2105	6040	4452	4363	1638	1493
					1656	2760	729	1728	2090	1461
									2	10
2899					21992	1676	6260	1077	4237	2465
70	377	146	407	10	970	1079	904	728	3488	630
					125	162	31	261	23	180
					52	709	10	139	51	71
						588				
2					277	77	102	78	174	86
32					105	22	43	150	36	52
					53	5	134	142		109
43					2251	7957	1850	177	2298	165
3	1	1			10	264	121	69	105	17
35			2		86	206	246	24	81	22
		14			993			2038	3	842
925	149	565	1134		4813	4644	10914	7607	6121	5766
					2931	1450	6936	2689	1261	2841
203	3					50	3	796	101	189
40	2	47			25	226	128	290	143	252
6					11	2	49		22	2
							18			6
4					187	1002	144	427	611	520
5					50	36	290	284		106
662	144	518	1134		1548	1878	3346	3026	3982	1850

指　　标	郑州市	市本级	中原区	二七区	管城区	金水区	上街区
国有资本经营收入	443135	376929	14	240		8132	
利润收入	24054					8000	
其他企业利润收入	24054					8000	
股利、股息收入	3423	700					
其他股利、股息收入	3423	700					
产权转让收入	381900	376229					
其他产权转让收入	381900	376229					
其他国有资本经营收入	33758		14	240		132	
国有资源（资产）有偿使用收入	125587	13740	215	9541	30743	987	624
利息收入	9071	1247	215	34	56	84	63
国库存款利息收入	2460	517	62	34	56	79	23
财政专户存款利息收入	2485		58			5	35
其他利息收入	4126	730	95				5
非经营性国有资产收入	26987	6439		7507		903	558
其他国有资源（资产）有偿使用收入	88952	5477		2000	30687		3
其他收入（款）	70550	9410	1	2077	30	300	111
捐赠收入	10176	1817		1046	30	38	
国内捐赠收入	10176	1817		1046	30	38	
其他收入（项）	48082	7593	1	1031		262	111
政府性基金收入	**2160303**	**595968**	**416**	**169**	**172**	**1684**	**42005**
文化事业建设费收入	3871	817	416	167	160	1625	24
残疾人就业保障金收入	7009	4019					199
政府住房基金收入	17465	15047				59	
上缴管理费用	4644	4644					
计提廉租住房资金	12283	10098					
其他政府住房基金收入	537	305				59	
国有土地使用权出让收入	1742921	384736					41216
土地出让价款收入	1496984	399245					45532
补缴的土地价款	184250	64488					
划拨土地收入	116427	6761					
其他土地出让收入	46047	2351					
城市公用事业附加收入	19802	15838					
国有土地收益基金收入	51401	7868					
农业土地开发资金收入	19583						
城市基础设施配套费收入	263000	147921					
育林基金收入	899	28		2	12		
森林植被恢复费	212						
散装水泥专项资金收入	1082	507					27
新型墙体材料专项基金收入	4566	1569					216
其他政府性基金收入	2123						

单位:万元

惠济区	经济开发区	高新开发区	郑东新区	航空港区	中牟县	巩义市	荥阳市	新密市	新郑市	登封市
10710		2473			5	8624	802	4130	14843	16233
										16054
										16054
		2473						250		
		2473						250		
					5	810	797	3880		179
					5	810	797	3880		179
10710						7814	5		14843	
3300	128	10983	1003	568	8439	5083	435	516	20520	18706
90	63	1546	1003	228	2562	736	144	344	197	403
45	63	20	804	69	211	268	32	26	27	68
		16		159	1379	458		75	161	139
45		1510	199		972	10	112	243	9	196
227	65	6237		340				172	4397	142
2983		3200			5877	4347	291		15926	18161
1161	110		131		1614	237	569	38033	6580	10186
524	80				10	237		2499	221	3674
524	80				10	237		2499	221	3674
527	30		131		1604		569	26144	6359	3720
55	**110552**	**73777**	**681356**	**63509**	**278502**	**77208**	**77756**	**50178**	**65622**	**41374**
52	116	104	139		55	49	31	16	35	65
					232	862	190	579	449	479
	100	2085				1		173		
	100	2085								
								173		
	108258	66092	555360	61247	265093	66536	60796	39699	59037	34851
	108058	66092	533849	63314	104479	16219	58809	5561	62926	32900
			5028		67901	46605				228
			15477		86033	551		1278	382	5945
					1564	6053	527	33856	1635	61
						1058	510	860	335	1201
	100		26388	1114	2201	1080	9210	658	2053	729
	100		6917	1003	6940	629	2022	1234		738
	1878	5496	92417	145	1765	4868	3770	3257		1483
3					351	56	112	132	66	137
							27	116	31	38
					132	80	74	103	129	30
			135		422	497	366	420	727	214
					624			1499		

13-5 财 政

（2011 年）

指　　标	郑州市	市本级	中原区	二七区	管城区	金水区	上街区
一般预算支出	5665806	2310173	163544	178212	165223	301356	88602
一般公共服务	682961	111474	35207	37914	31781	79140	18377
人大事务	11009	3046	578	555	733	973	492
政协事务	9607	3248	376	773	663	574	513
政府办公厅（室）及相关机构事务	288161	23841	18865	23573	16343	34098	8428
发展与改革事务	14627	6036	184	267	485	222	535
统计信息事务	8472	1977	745	425	458	522	84
财政事务	34665	4130	1538	1328	1562	1981	2366
税收事务	4897	824					394
审计事务	7053	2022	192	588	189	368	132
人力资源事务	13234	4579	566	753	374	1017	46
纪检监察事务	12094	2728	408	694	1120	746	68
人口与计划生育事务	48254	2461	3028	2261	2041	5044	861
商贸事务	25522	5313	323	760	917	495	1835
知识产权事务	251	209					3
工商行政管理事务	2932	1871					15
质量技术监督与检验检疫事务	1242	942					9
民族事务	908	600	55	15	65		19
宗教事务	822	18		103	79	134	8
港澳台侨事务	255	143					28
档案事务	3593	2082	69	124	115	135	73
民主党派及工商联事务	1666	873		73	67	84	57
群众团体事务	11064	4854	324	371	357	1005	233
国防	5534	1942	370		209		
预备役部队（款）	1378	320	45				
民兵（款）	644		209				
国防动员	1236	140	116				
其他国防支出（款）	2276	1482			209		
公共安全	279883	151482	4531	4856	6230	7601	5385
武装警察	11854	7844	178			466	266
公安	171424	106709				1185	3651
国家安全	750	722					28
检察	32562	11480	1416	1524	2401	1721	572
法院	38653	11344	1864	2805	3028	3381	509
司法	15557	4969	1073	527	801	848	344
监狱	3294	3286					
劳教	5128	5128					
其他公共安全支出（款）	661						15

支　出

单位:万元

惠济区	经济开发区	高新开发区	郑东新区	航空港区	中牟县	巩义市	荥阳市	新密市	新郑市	登封市
99831	102599	128964	284019	58023	303832	336199	224610	292135	299665	289029
20335	21181	21368	21932	12267	55537	42990	27841	45430	41225	51308
540					504	677	655	932	764	560
391					512	624	480	519	452	482
8512	15820	8643	17221	3078	27460	16441	11228	18496	13092	18057
134	97	374		411	590	445	715	1149	2091	892
427	694	53	115	75	250	678	560	411	575	423
684	616	664	165	1976	2533	2133	2931	5902	2298	1858
53	537		497	582		15		1995		
186				8	436	288	849	758	639	398
201	92	489	8	528	837	888	155	122	1738	252
652	229	248		145	895	456	1401	678	1056	570
2267	605	888	1428	329	6427	3706	4280	4020	4450	4158
1110	1981	7270	100	117	300	1033	446	449	634	439
						39				
	220		220				290	20		296
15	94						82	10		90
35						10	109			
42		3	6		120	7		55	68	179
						5	54	24	1	
91					110	120	201	146	172	155
64					26	73	51	95	172	31
411	35	57	188	48	878	297	221	562	580	643
384	252		5		265	328	335	627	562	255
202	252				15	78	96	124	151	95
89					155		27	70		94
93			5		85	55	212	433	62	35
					10	195			349	31
3723	4642	2421	2423	1225	13886	14540	13739	12468	16054	14677
105	341		300	407		445	360	359	458	325
182	2082		2103	791	9938	9392	8723	7862	9213	9593
1043	800	958			1365	1234	1730	1637	3166	1515
1390	1336	1463			1710	2120	1815	1859	1935	2094
1003	83			27	820	913	966	751	1282	1150
					8					
			20		45	436	145			

13-5 续表 1 （2011 年）

指　　标	郑州市	市本级	中原区	二七区	管城区	金水区	上街区
教育	919539	288160	30311	34719	28240	55564	16888
教育管理事务	10488	3047	216	128	599	479	511
普通教育	643737	155505	27232	21680	24564	49387	8925
学前教育	24656	1644	2867	333	1046	2527	169
小学教育	227364	1658	10974	13736	20191	37213	4422
初中教育	168609	20935	4243	4820	2786	7142	2548
高中教育	106663	56082	678	1594	531	585	1711
高等教育	73970	73466					6
其他普通教育支出	42475	1720	8470	1197	10	1920	69
职业教育	89404	69868		96	367		344
中专教育	39626	32880					198
技校教育	26819	26538					4
职业高中教育	9674	6		96	367		
高等职业教育	9276	8979					
其他职业教育支出	4009	1465					142
成人教育	957	83					
广播电视教育	1032	674					
特殊教育	3717	1465	2	303	263	366	
教师进修及干部继续教育	12954	3779	148	105	20	173	78
教育费附加安排的支出	105806	43168	2617	2407	2427	5060	2433
其他教育支出(款)	51444	10571	96	10000		99	4597
科学技术	101605	36185	2701	3227	3467	6908	1625
科学技术管理事务	3973	946	94	125	254	150	108
基础研究	3551	998					100
应用研究	250	250					
技术研究与开发	55291	15501	2574	3022	3188	6238	340
应用技术研究与开发	12736	6302		456		139	
产业技术研究与开发	13207	3096		230	3178		
科技成果转化与扩散	2623	1815		204			2
其他技术研究与开发支出	26725	4288	2574	2132	10	6099	338
科技条件与服务	933	300					
科技条件专项	878	300					
其他科技条件与服务支出	55						
社会科学	87	80					
科学技术普及	2335	1135	33	78	20	111	7
机构运行	524	171	18	54		48	
科普活动	633	176	5	24		15	7
青少年科技活动	11	10	1				
学术交流活动	30	30					
科技馆站	700	653					
其他科学技术普及支出	437	95	9		20	48	

单位:万元

惠济区	经济开发区	高新开发区	郑东新区	航空港区	中牟县	巩义市	荥阳市	新密市	新郑市	登封市
22171	12005	20318	35564	6445	60903	67834	51374	56948	67006	65089
447	96	350	10		420	311	530	929	988	1427
18700	7219	11077	33050	5227	48755	57881	42385	45338	39861	46951
274	121	20	29	156	2291	3856	1423	1748	1526	4626
10855	4510	5674	10451	1377	21126	20930	16100	13632	15902	18613
5859	2401	5130	21142	3076	15800	22844	12655	12846	11935	12447
1355					8575	8913	8170	4607	6676	7186
			491			7				
357	187	253	937	618	963	1331	4037	12505	3822	4079
591			297		3050	2738	3461	3374	2533	2685
48					20	2736	732		1266	1746
					60				217	
531					2887	2	2233	2165	657	730
			297							
12					83		496	1209	393	209
313						202			359	
							358			
					324	299	153	188	300	54
316		28			4176	545	869	1548	654	515
1602	4690	4573	2137	1218	3896	5713	2811	5541	10032	5481
202		4290	70		282	145	807	30	12279	7976
1586	5315	16978	55	903	3291	5427	2989	3019	4775	3154
121	17	112		61	118	196	181	343	1147	
					30				2423	
1377	4640	2835	55	791	3015	3103	2385	2503	1143	2581
1160	1000				544	10	1886			1239
		2625			1810	1299	290	679		
					160	390		52		
217	3640	210	55	791	501	1404	209	1772	1143	1342
	598				10	10			15	
	578									
	20				10	10			15	
					2			5		
71	13	47		6	104	128	175	137	38	232
					28	68	60	9		68
66	13			6	45	46	90	18	8	114
		47								
5					31	14	25	110	30	50

指　　标	郑州市	市本级	中原区	二七区	管城区	金水区	上街区
其他科学技术支出(款)	35139	16975		2	5	409	1070
其他科学技术支出(项)	34860	16741		2	5	409	1070
文化体育与传媒	86299	39906	576	1056	679	1031	575
文化	44508	20237	230	849	415	743	212
图书馆	11822	11310	16		70	102	23
文化展示及纪念机构	5963	937					
艺术表演场所	834	599					
艺术表演团体	3361	2621					
文化活动	2996	2616			5		11
群众文化	2237	568	113	122	6	4	51
文化创作与保护	644	406					
文化市场管理	1973	1058	1	71		7	118
其他文化支出	11609	122	97	14	67	133	
文物	17830	5749			204		136
文物保护	6892	2039			45		88
博物馆	2924	2574					
体育	4017	2473				20	
体育场馆	1551	962					
群众体育	704	562					
广播影视	7665	2703	85	6	5	170	197
广播	2158	983	68				
电视	2794	1450					2
电影	489		17	6	5	10	6
新闻出版	1871	473	223	20	16	21	4
其他文化体育与传媒支出(款)	10408	8271	38	181	39	77	26
社会保障和就业	491668	233736	16204	21703	13609	21632	7877
人力资源和社会保障管理事务	32303	18376	474	748	2143	1182	1289
综合业务管理	196			26			
劳动保障监察	1696	916		179	371		63
就业管理事务	2475	2321	3	10			61
社会保险业务管理事务	697	688					1
金保工程	370	358					1
社会保险经办机构	8533	3882	348	530	512	519	236
劳动关系和维权	189	174					15
公共就业服务和职业技能鉴定机构	467	427		3			14
其他人力资源和社会保障管理事务支出	7202	3980	81		922	186	646
民政管理事务	19761	5533	1028	1924	1739	2044	583
行政运行	5064	1538	249	87	929	674	123
一般行政管理事务	715	113					100
机关服务	796			221			
拥军优属	1474	582	83	103	76	100	47

单位:万元

惠济区	经济开发区	高新开发区	郑东新区	航空港区	中牟县	巩义市	荥阳市	新密市	新郑市	登封市
17	47	13938		45	12	1990	248	31	9	341
17	47	13938			12	1990	248	31	9	341
624	583	182	5122	60	1513	12733	2935	1819	7707	9198
483	231	102	5064	39	688	7913	1023	498	1679	4102
40					40	51	10	5	114	41
		26	5000							
									235	
					26	95	20	94	420	85
35			11			140	53			125
102		36	20	15	289	419	98	52	172	170
						40	85	1		112
					14	146	162		246	150
45	221	40	33	24	218	6958	98	247	122	3170
	300				143	2921	225	116	4241	3795
	300				116	1915	110	21	864	1394
						188	21		141	
41	18	17			30	120	804	52	218	224
						72	517			
	18	17			15	22	60			10
9	8	9	8	8	353	989	553	857	1129	576
						196	136		664	111
					235	575	168			364
9	8	9	8	8		70	59	131	71	72
8	20	11	50	3	118	348	120	108	120	208
83	6	43		10	181	442	210	188	320	293
10553	851	3728	3195	2666	25743	23182	25683	27457	26575	27274
1128	97	101		175	656	624	1819	1418	729	1344
				170						
26	11				100		18	12		
	30						50			
1							5		2	
										11
141					553	619	104	638	20	431
						5	18			
							316	543	326	202
987	67		733	1	1449	426	1050	681	1001	515
366					312	91	159	86	197	253
452	32							3	15	
							524	51		
98					76	105	60		83	61

13-5 续表3 （2011年）

指　　标	郑州市	市本级	中原区	二七区	管城区	金水区	上街区
老龄事务	449	200		28	27	33	1
民间组织管理	377	344	12		7	14	
行政区划和地名管理	134	24	5	12	18	40	
基层政权和社区建设	4257	40	573	1413	489	944	18
部队供应	1152	1152					
其他民政管理事务支出	5343	1540	106	60	193	239	294
财政对社会保险基金的补助	103208	43676	1077	1549	2889	3784	683
财政对基本养老保险基金的补助	45993	39575	1077		2658	271	683
财政对失业保险基金的补助	270	1					
财政对基本医疗保险基金的补助	984						
财政对生育保险基金的补助	419						
财政对其他社会保险基金的补助	12640	1902		1549	231	3513	
行政事业单位离退休	149013	70868	10205	12668	2185	7696	4308
企业改革补助	14803	14597					
就业补助	33739	20950	254	219	460	1460	330
扶持公共就业服务	399		60		273		
职业培训补贴	450			219			
职业介绍补贴	23						
社会保险补贴	367	42				110	
公益性岗位补贴	252						
小额担保贷款贴息	10009	8814					
补充小额贷款担保基金	3858						240
其他就业补助支出	18271	12094	194		187	1350	90
抚恤	17022	1702	1063	741	623	1916	278
退役安置	36148	29245	268	648	337	1468	16
社会福利	19903	13851	90	159	49	52	30
残疾人事业	2197	498	138	155	168	172	34
城市居民最低生活保障(款)	11995	317	1314	2325	1020	1017	252
其他城镇社会救济	2538	1474	124	166	168	83	35
自然灾害生活救助	1429	80	8		11	5	
红十字事业	1737	1401		48	93	37	
农村最低生活保障(款)	19017						
其他农村社会救济	8774	485	48	137	111	96	28
其他社会保障和就业支出(款)	17932	10683	113	216	1613	620	11
医疗卫生	350431	134284	8075	10907	8129	14049	3746
医疗卫生管理事务	8993	1091	311	359	1454	645	147
公立医院	46430	36501	15	53	370	40	70
基层医疗卫生机构	27726	4270	1038	1370	288	686	178
公共卫生	57888	19952	1075	2519	1706	4589	773
疾病预防控制机构	12005	5954	170	544	183	674	300
妇幼保健机构	4744	280	208	263	339	441	96

单位:万元

惠济区	经济开发区	高新开发区	郑东新区	航空港区	中牟县	巩义市	荥阳市	新密市	新郑市	登封市
2				1	13	13	26	30		75
					13				10	12
18	11		582			23	68	17	61	
51	24		151		1035	194	213	494	635	114
1484	315	645	1303	1561	7696	6326	7412	6427	7391	8990
44			899	783	3					
77			72		110			10		
14			315	299				356		
54							78	137		150
1295	315	645	17		75		29	3022		47
5876		743	144	263	2851	4233	6206	10447	5428	4892
		103						103		
24	197		213	29	2214	1561	1264	878	2010	1676
15					51					
9	172			16	10			15		9
	5			8				10		
					200			15		
				5	237			10		
					708	437			50	
					948	70		500	1100	1000
	20		213		50	1054	1264	328	760	667
230	31	136	167	143	2208	1839	1140	858	2517	1430
12					160	696	1090	466	1171	571
24				44	1317	641	1116	603	990	937
103	23	19			96	212	103	91	323	62
474		343	166	15	1019	1065	184	659	798	1027
34		3		1	46	47	25	45	177	110
12				33	99	158	278	119	294	332
34	12				11	11	20	32	38	
33	6			258	4188	3730	2577	2757	2172	3296
98	43	114	7	139	1450	662	1173	1252	1440	1491
	60	1521	462	4	134	951	226	621	96	601
9681	1239	3883	998	355	25325	28875	22813	25709	26872	25491
363	15	277	2		705	351	504	179	2100	490
2187					671	197	175	4208	1656	287
584	141	428		38	3864	6094	3318	1585	2734	1110
984	134	276	71	88	4048	7472	2951	3257	3591	4402
168					312	2233	228	609	277	353
183					305	1660	284	5	210	470

13-5　续表 4　（2011 年）

指　　标	郑州市	市本级	中原区	二七区	管城区	金水区	上街区
医疗保障	198830	64459	5461	6500	4261	7814	2506
新型农村合作医疗	87918		1635	2382	1653	1848	1133
农村医疗救助	1329		1	1	1		13
中医药	489		18		50	15	40
食品和药品监督管理事务	6267	4874	74	106		185	32
其他医疗卫生支出（款）	3808	3137	83			75	
节能环保	132478	59212	378	1730	543	1198	551
环境保护管理事务	13099	4435	313	198	313	723	210
环境监测与监察	2755	683	52				
污染防治	42909	19018		360	219	261	306
自然生态保护	6815		11	67		96	
退耕还林	6194						35
能源节约利用（款）	34911	26599	2	916			
污染减排	11097	841		183		59	
可再生能源（款）	7083	2206					
资源综合利用（款）	7460	5380					
城乡社区事务	749933	209161	22241	20254	14810	85356	14700
城乡社区管理事务	83610	25988	3846	6742	8161	6285	3862
城乡社区规划与管理（款）	9883	747	523	90	240		251
城乡社区公共设施	410421	21106	937	4442	4180	64254	3262
城乡社区环境卫生（款）	87081	22234	10170	8867	2094	13232	2922
建设市场管理与监督（款）	554			35		280	
其他城乡社区事务支出（款）	158384	139086	6765	78	135	1305	4403
农林水事务	401184	137914	4480	8967	3770	4465	2336
农业	133384	24006	978	3103	1990	2333	1282
技术推广与培训	6321	2082	3	131	8	96	105
病虫害控制	1825	366	14	15	13	34	11
农产品质量安全	2822	1775	12	5	3	137	17
农业结构调整补贴	5422	200		22			120
农业生产资料与技术补贴	10001	1505	50	38	44	32	63
农业生产保险补贴	472	16					
农业组织化与产业化经营	2251	18	10	10	275	230	10
农产品加工与促销	166						
农村公益事业	3986	185		9			240
农业资源保护与利用	438	136					
农村道路建设	8141			1149	238		
对高校毕业生到基层任职补助	3248	132	230		25	36	7
其他农业支出	65634	12456	285	1415	595	344	290
林业	77675	53097	67	187	176	718	43
森林培育	9110	481	12	39	22	18	39
林业技术推广	143	66				7	

单位:万元

惠济区	经济开发区	高新开发区	郑东新区	航空港区	中牟县	巩义市	荥阳市	新密市	新郑市	登封市
5490	944	2677	793	229	15865	14668	15692	16317	16440	18714
3193	944	2251	778	165	13023	12617	10525	12679	10673	12419
		42		64	210	127	117	232	263	258
15					58		97	30	58	108
58	5	149	6		76	58	75	101	283	185
		76	126		38	35	1	32	10	195
773	153	741		8096	5761	11198	11695	13009	7098	10342
223	82	92		109	132	1165	1438	1535	1017	1114
15	23			2	458	344	170	460	448	100
102	24	142		1505	3307	7274	923	2631	2678	4159
175					240	248	3998	551	435	994
30					622	890	232	1833	1224	1328
224	24	80			541	1051	599	3448	206	1221
				2216	461	201	3365	1441	1090	1240
		427		4264						186
							970	1110		
6921	26912	22088	184689	2527	23003	30450	9282	35917	24368	5370
3351	611	4618	40	610	1868	2386	4144	2077	6701	2320
776	1774			17	751	1394	1767	1048		505
981	21323	14450	182900	492	13325	21349	2058	26430	15212	1836
1803	3143	1364	1749	1408	3599	4921	1297	5729	2105	444
10						159				70
	61	1656			3460	241	16	633	350	195
8956	1185	3106	3587	3909	46454	30281	29244	37319	44374	30837
5150	214	1555	621	1211	17697	14175	12888	17072	19544	9565
306	20			65	886	239	943	436	611	390
104	12	15	108	29	213	159	134	123	278	197
84		3	7		295	56	118	41	86	183
970					1580		300	800	1300	130
152	73	152	11	233	2108	812	1340	508	1765	1115
					100	35	68	153	29	71
313					383	171	205	21	515	90
16					150					
25	88				1963	381	458	63	279	295
5					166	38	20	13	19	41
		865			250	5369	270			
221			37	99		521	574	477	250	639
935	3	520	458	782	7578	4425	6420	11735	12267	5126
1366	108	155	2686	8	3605	3614	1606	1986	2303	5950
551		5		1	840	2301	679	41	330	3751
50										20

13-5　续表 5　　　　（2011 年）

指　　标	郑州市	市本级	中原区	二七区	管城区	金水区	上街区
森林生态效益补偿	938	35					
林业自然保护区	46	46					
森林防火	481	116					4
林业有害生物防治	302	134			6		
林业工程与项目管理	170	170					
其他林业支出	54543	48868	54	117	147	428	
水利	82754	17880	1234	993	630	379	687
水利行业业务管理	532	84		10		110	
水利工程建设	13896	1347					9
水利工程运行与维护	5915	4857					
防汛	1841	499	6	92	31	11	20
抗旱	4818	530	30	40	40	90	30
农田水利	23543	1401	21	510	440		35
水资源费安排的支出	4518	2227	30	170	11	2	577
南水北调	47909	34875	442	3166	257		70
扶贫	3941	906		68			30
农业综合开发	5405	134		69	255	234	73
农村综合改革	40650	5	766	907	462	801	151
其他农林水事务支出(款)	9466	7011	993	474			
交通运输	218251	165275	432	1537	1213	1445	1440
公路水路运输	66977	33237	432	1537	1168	1138	983
公路新建	1510			887		359	206
公路改建	11818	7743			50	281	22
公路养护	13172	7749	85	263	81	181	72
公路运输管理	1464	77	102	210		151	
其他公路水路运输支出	28330	12750	81	37	604	64	260
石油价格改革对交通运输的补贴	70552	58702					457
对城市公交的补贴	40142	37847					131
对农村道路客运的补贴	6341	91					77
对出租车的补贴	23853	20752					218
石油价格改革补贴其他支出	216	12					31
其他交通运输支出(款)	47435	46269			45	307	
资源勘探电力信息等事务	541611	376117	25419	3816	977	2696	3143
资源勘探开发和服务支出	12233	1834					
制造业	39632	3837	2855				
建筑业	165	165					
工业和信息产业监管支出	29142	18859	437	504	381	897	311
安全生产监管	12821	3571	543	797	566	654	152

单位:万元

惠济区	经济开发区	高新开发区	郑东新区	航空港区	中牟县	巩义市	荥阳市	新密市	新郑市	登封市
17					14	315	97		39	421
10						115	6	62	55	113
30					27	17	2	5	10	71
121	33	150			2152	177	70	757	1313	156
1095	625	256	203	210	14070	7385	7180	8792	12844	8291
						6		247		75
30					4575	2217	399	2550	1742	1027
50	5					45	65	455	378	60
78	16	1	86	76	53	132	336	13	92	299
62	20	20	20		637	237	715	565	979	803
398	462			5	5150	910	2663	2618	6512	2418
45		20		30	298		248		678	182
				1459	3005		252		4383	
			30		188	274	936	292	133	1084
481	95				351	318	1253	624	1518	
664	143	1140	47	1021	6978	4415	5059	8553	3591	5947
200					560	100	70		58	
806	1016	16			7143	8555	6335	7077	8781	7180
698	16	16			5677	5010	3208	4178	5238	4441
					48	10				
					2413	580	46		204	479
310	16	16			1622	405	887	414	716	355
29					311	221		43		320
27					770	3190	1848	3093	4028	1578
					1287	1993	1628	2531	2229	1725
					379	532	441	481		331
					520	744	767	1538	1663	941
					382	711	414	506	428	442
					6	6	6	6	138	11
					74	282	40		87	331
3548	25564	15908	1694	758	7620	29480	4579	5724	2150	20326
5						1438	1174	4140		3642
	17830					15110				
120	301	1825	358	250	160	2090	1371	230	442	606
499	95	123	20	19	310	1285	1017	401	724	2045

13-5 续表6 （2011年）

指 标	郑州市	市本级	中原区	二七区	管城区	金水区	上街区
国有资产监管	8465	7586					
支持中小企业发展和管理支出	44268	7590	636	134		627	1955
其他资源勘探电力信息等事务支出(款)	394845	332645	20948	2381	30	518	725
商业服务业等事务	128855	53157	3403	3406	4302	7448	995
商业流通事务	58886	16812	3292	3371	4282	7103	995
其他商业流通事务支出	57466	16464	3292	3371	4240	7103	995
旅游业管理与服务支出	14162	6074	7	20	20	60	
涉外发展服务支出	7451	6717	13	15		85	
其他商业服务业等事务支出(款)	48356	23554	91			200	
金融监管等事务支出	23912	19428					
粮油物资管理事务	12419	8493	98	143	427	161	90
粮油事务	12278	8491	98	143	382	161	90
物资事务	141	2			45		
国债还本付息支出	203811	176323		33	33	33	152
国内债务付息	191428	172870					
国外债务付息	564	509					
补充还贷准备金	7947						
其他支出(类)	116467	9485	2318	5774	41489	4986	3410
政府性基金支出	**2233237**	**512253**	**4304**	**85180**	**1769**	**99456**	**42753**
文化体育与传媒	3127	583	146	388	208	1495	1
文化事业建设费安排的支出	3127	583	146	388	208	1495	1
社会保障和就业	10209	1896	146	46	74	114	16
残疾人就业保障金支出	4759	1500	89	46	71	114	8
城乡社区事务	2177298	486463	3761	84567	826	97188	42234
政府住房基金支出	12844	12843					
国有土地使用权出让收入安排的支出	1875478	277186	3761	84290	648	97188	42234
城市公用事业附加安排的支出	14634	7120					
国有土地收益基金支出	13163						
农业土地开发资金支出	19405	5040		277	178		
新增建设用地有偿使用费安排的支出	5162	1903					
城市基础设施配套费安排的支出	236612	182371					
农林水事务	14796	8241	21		656	405	
育林基金支出	679	72			2		
中央水利建设基金支出	60						
地方水利建设基金支出	1239	650					
资源勘探电力信息等事务	3028	1248					
散装水泥专项资金支出	692	354					
新型墙体材料专项基金支出	2336	894					
其他支出	15938	9862	230	179	5	254	211
彩票公益金安排的支出	13546	9862	230	179	5	254	211
其他政府性基金支出	2392						

单位:万元

惠济区	经济开发区	高新开发区	郑东新区	航空港区	中牟县	巩义市	荥阳市	新密市	新郑市	登封市
	29				9		182	556		103
2418	610	2172	1226	252	6473	8601	257	237	380	700
506	6699	11788	90	237	668	956	568	160	604	13230
1989	1164	141	23535	980	5424	6532	3006	4037	5409	3127
1050	730	11	600	230	5115	2601	2186	3600	3954	2154
1050	730	11	600	230	5066	2244	1946	3527	3807	1990
574	100		160		70	3908	820		1445	904
15	334				239	23			10	
350		130	22775	750				437		69
					1252	1685	174	70	1036	267
51					547	180	213	536	994	486
51					547	180	213	536	915	471
									79	15
3598		15340			157	230	433	78	7347	54
3509		7393					382		7274	
55										
		7947								
496	141	167	289	6913	9430	12125	7621	4100	292	71
11994	**109215**	**69039**	**614367**	**70469**	**269574**	**86785**	**85612**	**53248**	**69312**	**47907**
55	1		40		2	47	36	40	55	30
55	1		40		2	47	36	40	55	30
35	2		2	2	389	626	1128	1350	947	3436
35	2		2	2	178	231	174	870	490	947
11002	109207	69039	614323	70461	266566	84001	81249	51203	63079	42129
						1				
10300	108057	63543	576995	69202	257585	78289	64309	44190	59463	38238
						4919	500	860	335	900
				1114		138	9206	589	2053	63
702					6498	208	2721	2307	337	1137
					1128	446	784		891	10
	1150	5496	37328	145	1355		3729	3257		1781
758	5				663	82	2034	306	1073	552
3					236		28	136	66	136
							30			30
					271	82	150	6	60	20
					416			37	856	471
					103				129	106
					313			37	727	365
131			2	2	355	844	324	302	2602	635
131			2	2	355	694	324	80	607	610
						150		222	1995	25

主要统计指标解释

财政收入　国家财政参与社会产品分配所取得的收入，是实现国家职能的财力保证。财政收入所包括的内容几经变化，目前主要包括：增值税、营业税、企业所得税、企业所得税退税、外商投资企业和外国企业所得税、个人所得税、资源税、固定资产投资方向调节税、城市维护建设税、房产税、印花税、城镇土地使用税、土地增值税、车船使用税、屠宰税、筵席税、农业税、农业特产税、牧业税、耕地占用税、契税、国有资产经营收益、国有企业计划亏损补贴、行政性收费收入、罚没收入、土地和海域有偿使用收入、专项收入、其他收入。

财政支出　国家财政将筹集起来的资金进行分配使用，以满足经济建设和各项事业的需要，主要包括：基本建设支出、企业挖潜改造资金、简易建筑费、地质勘探费、科技三项费用、流动资金、支援农村生产支出、农业综合开发支出、农林水利气象等部门的事业费、工业交通等部门的事业费、流通部门事业费、文体广播事业费、教育事业费、科学事业费、卫生经费、税务统计财政审计等部门的事业费、抚恤和社会福利救济费、行政事业单位离退休经费、社会保障补助支出、国防支出、行政管理费、外交外事支出、武装警察部队支出、公检法司支出、城市维护费、政策性补贴支出、支援不发达地区支出、土地和海域开发建设支出、专项支出、其他支出、总预备费。

中央财政收入和地方财政收入　按财政体制划分的中央本级收入和地方本级收入。1994 年分税制财政体制以后，属于中央财政的收入包括关税、海关代征消费税和增值税，消费税，中央企业所得税，地方银行和外资银行及非银行金融企业所得税，铁道、银行总行、保险总公司等集中缴纳的营业税、所得税、利润和城市维护建设税，增值税的 75% 部分，海洋石油资源税和证券（印花）税 50% 部分。属于地方财政的收入包括营业税，地方企业所得税，个人所得税，城镇土地使用税，固定资产投资方向调节税，城镇维护建设税，房产税，车船使用税，印花税，屠宰税，农牧业税，农业特产税，耕地占用税，契税，增值税 25% 部分，证券交易税（印花税）的 50% 部分和除海洋石油资源税以外的其他资源税。

中央财政支出和地方财政支出　根据政府在经济和社会活动中的不同职责，划分中央和地方政府的责权，按照政府的责权划分确定的支出。中央财政支出包括国防支出，武装警察部队支出，中央级行政管理费和各项事业费，重点建设支出以及中央政府调整国民经济结构、协调地区发展，实施宏观调控的支出。地方财政支出主要包括地方行政管理和各项事业费，地方统筹的基本建设、技术改造支出，支援农村生产支出，城市维护和建设经费，价格补贴支出等。

信贷资金　国家银行用于发放贷款的资金叫信贷资金。中国人民银行信贷资金的来源有各项存款、对国际金融机构负债、流通中货币、银行自有资金及当年结益等。信贷资金的运用有各项贷款、黄金占款、外汇占款、财政借款及在国际金融机构中的资产等。

各项存款　企业、机关、团体或居民根据可以收回的原则，把货币资金存入银行或其他信用机构保管并取得一定利息的一种信用活动形式。根据存款对象的不同可划分为企业存款、财政存款、机关团体存款、基本建设存款，城镇储蓄存款、农村存款等科目。它是银行信贷资金的主要来源。

贷款　银行或其他信用机构根据必须归还的原则，按一定利率，为企业、个人等提供资金的一种信用活动形式。我国银行贷款分为流动资金贷款、固定资产贷款、城乡个体工商户贷款以及农业贷款等科目。

十四、教育、文化、卫生、体育和科技

14-1 教育事业主要综合指标

（2011 年）

单位：所、人

指标	数值	指标	数值
平均每万人拥有各类学校数（个）	**1.83**	**小学五年巩固率（%）**	**99.32**
高等学校	0.07	**小学学生辍学率（%）**	**-0.79**
中等职业学校	0.15	**初中学生毛入学率（%）**	**115.43**
技工学校	0.03	**初中三年巩固率（%）**	**94.1**
普通中学	0.42	**初中学生辍学率（%）**	**0.99**
普通小学	1.16	**初中毕业生升学率（%）**	**156.11**
平均每万人各类学校在校生数（人）	**2596.35**	**平均每万人各类学校教职工数（人）**	**196.71**
高等学校	935.30	#专任教师	147.77
中等职业学校	338.61	#高等学校	41.77
技工学校	85.22	中等职业学校	13.07
普通中学	503.13	技工学校	2.32
普通小学	732.58	普通中学	2.48
小学适龄儿童净入学率（%）	**100.00**	普通小学	35.37

14-2　学校教育基本情况

(2011 年)

单位:所、人

项　　目	全市	市区	县(市)	中牟县	巩义市	荥阳市	新密市	新郑市	登封市
各类学校教育合计数									
学校数	1605	620	985	237	128	88	179	181	172
毕业生数	622994	457006	165988	30335	24183	25844	28710	32781	24135
招生数	694254	515179	179075	30194	24435	27446	32038	34542	30420
在校学生数	2274145	1611197	662948	119175	94824	96385	121332	119973	111259
教职工数	172298	111139	61159	9139	10596	9192	12113	9024	11122
#专任教师	129430	79422	50008	7498	9286	7514	9677	7125	8908
高等学校									
学校数	57	57							
#普通本专科学校	51	51							
成人本专科学校	6	6							
毕业生数	260473	260473							
#普通本专科学校	202731	202731							
成人本专科学校	32364	32364							
招生数	276603	276603							
#普通本专科学校	211918	211918							
成人本专科学校	36758	36758							
在校学生数	819228	819228							
#普通本专科学校	665096	665096							
成人本专科学校	83647	83647							
教职工数	53637	53637							
#专任教师	36583	36583							
中等职业学校									
学校数	128	84	44	8	4	6	9	6	11
毕业生数	102893	77752	25141	5007	1567	4475	2448	9081	2563
招生数	112165	87842	24323	2640	1526	3066	2148	7724	7219
在校学生数	296589	227795	68794	9306	4392	11448	6589	22382	14677
教职工数	16276	11983	4293	986	363	995	559	439	951
#专任教师	11445	8006	3439	716	313	775	466	387	782
技工学校									
学校数	27	21	6	1	1	1		3	
毕业生数	18427	11871	6556	58	132	4223		2143	
招生数	31600	20558	11042	16	237	6718		4071	
在校学生数	74642	47049	27593	68	849	16568		10108	
教职工数	2984	1780	1204	14	152	712		326	

14-2 续表　　　　（2011 年）　　　　单位：所、人

项　目	全市								
		市区	县（市）	中牟县	巩义市	荥阳市	新密市	新郑市	登封市
#专任教师	2172	1204	968	9	137	534		288	
普通中学									
学校数	365	151	214	31	41	23	44	37	38
#高中	104	64	40	3	9	4	7	8	9
初中	261	87	174	28	32	19	37	29	29
毕业生数	146640	61316	85324	16290	14074	10803	16408	14822	12927
#高中	58311	25455	32856	5518	4408	4274	5803	7398	5455
初中	88329	35861	52468	10772	9666	6529	10605	7424	7472
招生数	152263	74122	78141	12753	13817	10193	15953	13203	12222
#高中	56325	25481	30844	4233	6094	3927	6494	5473	4623
初中	95938	48641	47297	8520	7723	6266	9459	7730	7599
在校学生数	440691	208878	231813	38769	39171	30811	46648	40670	35744
#高中	166878	76297	90581	13476	15667	11801	17991	17929	13717
#初中	273813	132581	141232	25293	23504	19010	28657	22741	22027
教职工数	36938	15716	21222	3186	3575	2921	4158	3872	3510
#专任教师	30978	12811	18167	2640	3276	2658	3652	2919	3022
小学									
学校数	1016	301	715	196	81	57	125	134	122
毕业生数	94417	45504	48913	8980	8383	6343	9846	6718	8643
招生数	121385	55911	65474	14780	8831	7453	13915	9529	10966
在校学生数	641669	307529	334140	70928	50323	37468	67930	46749	60742
教职工数	35715	14402	21313	3506	4632	2597	4103	2754	3721
#专任教师	33200	13074	20126	3351	4530	2476	3776	2615	3378
特殊教育学校									
学校数	11	5	6	1	1	1	1	1	1
毕业生数	109	55	54		27		8	17	2
招生数	210	115	95	5	24	16	22	15	13
在校学生数	1175	567	608	104	89	90	165	64	96
教职工数	361	167	194	26	22	28	50	37	31
#专任教师	309	147	162	20	15	28	40	30	29
工读学校									
学校数	1	1							
毕业生数	35	35							
招生数	28	28							
在校学生数	151	151							
教职工数	23	23							
#专任教师	20	20							
幼儿园									
幼儿园数	（1005）	（429）	（576）	（74）	（74）	（72）	（151）	（81）	（124）
入园幼儿数	（114205）	（40054）	（74151）	（15680）	（12657）	（5296）	（13150）	（11140）	（16228）
在园幼儿数	（264834）	（107833）	（157001）	（26863）	（24209）	（18406）	（31163）	（23440）	（32920）
教职工数	26364	13431	12933	1421	1852	1939	3243	1569	2909
#专任教师	14723	7577	7146	762	1015	1043	1743	886	1697

注：1. 标注“（）”为不计合计数中

2. 高等教育为省教育厅反馈数据，只有合计数。

14-3　全市教育部门教育经费总收入

（2011 年）

单位：千元

类　别	总计	预算内教育经费			各级政府征收用于教育的税费		事业收入		捐赠收入	其他收入
			教育事业费拨款	其他拨款		教育费附加		#学杂费		
总　计	**8818126**	**7247142**	**5949268**	**981974**	**1120610**	**1037797**	**354299**	**283366**	**1063**	**95012**
普通高等学校	**190274**	**89837**	**62893**	**12864**	**42023**	**41543**	**58414**	**57231**		
中等职业学校	**713962**	**536624**	**388546**	**59508**	**137825**	**129096**	**36181**	**34778**	**3**	**3329**
中等专业学校	479293	362690	243212	31508	93389	84680	22723	22507		491
职业高中	188065	134306	111595	22111	41388	41368	10582	9445	3	1786
成人中等专业学校	46604	39628	33739	5889	3048	3048	2876	2826		1052
普通中学	**4123643**	**3358028**	**2836858**	**390724**	**554503**	**504870**	**176779**	**145053**	**67**	**34266**
普通高中	1687512	1219959	982422	142951	282203	258969	169590	145053	19	15741
普通初中	2436131	2138069	1854436	247773	272300	245901	7189		48	18525
普通小学	**3054127**	**2655514**	**2128776**	**458629**	**346638**	**332856**	**4337**		**472**	**47166**
特殊教育学校	**67733**	**64211**	**54425**	**7786**	**2578**	**2528**	**474**		**104**	**366**
幼儿园	**279284**	**189385**	**157719**	**18971**	**37043**	**26904**	**48516**	**46304**	**417**	**3923**
教育行政单位	**92498**	**89103**	**76396**	**12707**			**2923**			**472**
教育事业单位	**296605**	**264440**	**243655**	**20785**			**26675**			**5490**

14-4　分县(市、区)教育部门教育经费收入

(2011 年)

单位:千元

类　　别	总计	预算内教育经费	教育事业费拨款	其他拨款	各级政府征收用于教育的税费	教育费附加	事业收入	#学杂费	捐赠收入	其他收入
总　　计	**8818126**	**7247142**	**5949268**	**981974**	**1120610**	**1037797**	**354299**	**283366**	**1063**	**95012**
市本级	2138388	1462081	1070665	250765	462891	423326	201911	154049		11505
中原区	392126	362365	281199	81166	26170	26170	2230	776		1361
二七区	432477	405065	321937	83128	24070	24070	1873	1143		1469
管城区	286969	258128	166268	45860	24272	24272	4199	4199		370
金水区	576134	501252	376508	124744	50600	50600	1055	320		23227
上街区	212336	180195	99749	37306	24330	24330	6741	3439		1070
惠济区	252089	233283	204414	28869	16015	16015	2791	2515		
中牟县	646521	508908	454867	52041	56769	38958	29920	25771	687	50237
巩义市	692015	618362	618362		70460	57130	3093	2864		100
荥阳市	494767	427513	356685	41563	28110	28110	39144	30428		
新密市	653309	569396	466687	102709	55408	55408	28505	28455		
新郑市	668383	549485	474182	64463	106882	100315	6177	6177	303	5536
登封市	663383	578632	498676	64626	60354	54814	24294	20864		103
经济开发区	118844	71945	63271		46899	46899				
高新开发区	168545	133992	129258	4734	33830	33830	680	680	43	
郑东新区	357035	334270	334270		21370	21370	1331	1331	30	34
航空港区	64805	52270	32270		12180	12180	355	355		

14-5 全市教育部门

（2011 年）

类　别	总计	事业性经费支出	个人部分	工资福利支出	对个人和家庭的补助支出
总　计	**8643489**	**8327393**	**4522903**	**3506491**	**1016412**
普通高等学校	**190274**	**176194**	**76780**	**52653**	**24127**
中等职业学校	**668555**	**579985**	**326829**	**200156**	**126673**
中等专业学校	436876	348906	182254	103619	78635
职业高中	184412	183812	117342	77980	39362
成人中等专业学校	47267	47267	27233	18557	8676
普通中学	**4080781**	**3950335**	**1969996**	**1553510**	**416486**
普通高中	1678070	1583484	696283	523044	173239
普通初中	2402711	2366851	1273713	1030466	243247
普通小学	**2942718**	**2874413**	**1899660**	**1506801**	**392859**
特殊教育学校	**67551**	**65551**	**28725**	**21596**	**7129**
幼儿园	**260798**	**248103**	**101576**	**85350**	**16226**
教育行政单位	**143326**	**143326**	**33523**	**23286**	**10237**
教育事业单位	**289486**	**289486**	**85814**	**63139**	**22675**

教育经费支出

单位:千元

公用部分	商品和服务支出	其他资本性支出	专项公用支出	专项项目支出	基本建设支出
3804490	**1673150**	**2131340**	**811142**	**1320198**	**316096**
99414	**47765**	**51649**	**35237**	**16412**	**14080**
253156	**142340**	**110816**	**40283**	**70533**	**88570**
166652	100606	66046	33398	32648	87970
66470	25542	40928	5393	35535	600
20034	16192	3842	1492	2350	
1980339	**755233**	**1225106**	**427752**	**797354**	**130446**
887201	328292	558909	212496	346413	94586
1093138	426941	666197	215256	450941	35860
974753	**468643**	**506110**	**173321**	**332789**	**68305**
36826	**9311**	**27515**	**4909**	**22606**	**2000**
146527	**55236**	**91291**	**12339**	**78952**	**12695**
109803	**104679**	**5124**	**4769**	**355**	
203672	**89943**	**113729**	**112532**	**1197**	

14-6　分县(市、区)教育部门

(2011 年)

类　别	总计	事业性经费支出	个人部分	工资福利支出	对个人和家庭的补助支出
总　计	**8643849**	**8327393**	**4522903**	**3506491**	**1016412**
市本级	2151557	2010906	879645	631784	247861
中原区	390220	390220	248613	206592	42021
二七区	434394	434394	253135	182612	70523
管城区	273396	227396	138237	113055	25182
金水区	426540	426540	320690	293072	27618
上街区	210751	167611	132254	91568	40686
惠济区	252089	252089	115914	90224	25690
中牟县	637506	635506	419458	323837	95621
巩义市	692015	692015	311331	292003	19328
荥阳市	494637	465372	306558	249038	57520
新密市	652981	652981	453246	306402	146844
新郑市	668383	657543	340311	255877	84434
登封市	664517	648827	402512	297541	104971
经济开发区	115153	106283	37830	28247	9583
高新开发区	164516	164516	80157	73019	7138
郑东新区	350389	350389	60755	51373	9382
航空港区	64805	44805	22257	20247	2010

教育经费支出

单位:千元

公用部分	商品和服务支出	其他资本性支出	专项公用支出	专项项目支出	基本建设支出
3804490	**1673150**	**2131340**	**811142**	**1320198**	**316096**
1131261	520271	610990	440596	170394	140651
141607	64553	77054	54640	22414	
181259	48316	132943	7706	125237	
89159	34842	54317	15751	38566	46000
105850	73588	32262	12706	19556	
35357	21031	14326	6691	7635	43140
136175	64272	71903	2310	69593	
216048	82534	133514	47504	86010	2000
380684	351156	29528	248	29280	
158814	67993	90821	36519	54302	29265
199735	77757	121978	17666	104312	
317232	101478	215754	47774	167980	10840
246315	97174	149141	71658	77483	15330
68453	15711	52742	3399	49343	8870
84359	20679	63680	21171	42509	
289634	28727	260907	16126	244781	
22548	3068	19480	8677	10803	20000

14-7　艺术表演团体情况

（2011 年）

县（市）区	机构数（个）	从业人员（人）	#高级职称	#中级职称	国内演出场次（场）	#到农村演出	国内演出观众人次（千人次）
总　计	**18**	**1545**	**270**	**347**	**4301**	**3350**	**6123**
市区	11	1276	242	307	2015	1167	4088
县（市）	7	269	28	40	2286	2183	2035
中牟县	1	44	3		365	365	183
巩义市	1	46	1	6	256	228	512
荥阳市	1	38	1	22	310	290	
新密市	2	36	18	4	400	400	400
新郑市	1	65	5	7	405	350	500
登封市	1	40		1	550	550	440

14-8　艺术表演场馆基本情况

（2011 年）

县（市）区	机构数（个）	从业人员（个）	#高级职称	#中级职称	座席数（个）	演（映）出场次（场）	艺术演出场次	观众人次（千人次）	艺术演出观众人次	实际使用建筑面积（平方米）	演（映）出业务用房
总　计	**11**	**367**	**1**	**30**	**8992**	**656**	**362**	**351**	**281**	**50135**	**17849**
市区	8	282	1	27	4604	355	270	250	250	34169	12421
县（市）	3	85		3	4388	301	92	101	31	15966	5428
巩义市	1	20			1488	80	70			5149	1300
新密市	1	19			1700	220	21	100	30	2428	2428
新郑市	1	46		3	1200	1	1	1	1	8389	1700

14-9 公共图书馆情况

（2011 年）

县(市)区	机构数（个）	从业人员（个）	#高级职称	#中级职称	年末总藏量（千册）	图书	书刊文献外借（千册次）	总流通人次（千人次）	为读者举办各种活动(次) 举办展览	组织各各讲座	举办训练班次	实际使用公用房屋建筑面积（平方米）	阅览室面积	阅览室坐席数（个）
总　计	**14**	**416**	**54**	**96**	**6101**	**4653**	**2429**	**9917**	**59**	**135**	**65**	**64510**	**12725**	**3676**
市区	8	321	52	88	4773	3531	2072	9482	44	117	54	54176	9643	2552
县（市）	**6**	**95**	**2**	**8**	**1328**	**1122**	**357**	**435**	**15**	**18**	**11**	**10334**	**3082**	**1124**
中牟县	1	10		1	75	59		79		3		1670	520	260
巩义市	1	14		1	450	405			2	3	2			
荥阳市	1	30	1		103	58	40	92	3		1	2100	300	300
新密市	1	12	1	1	210	150	120	100	6	8	3	2500	360	180
新郑市	1	21		4	424	403	167	134	4	4	4	3258	1758	300
登封市	1	8		1	66	47	30	30			1	806	144	84

14-10 群众艺术馆、文化馆（站）情况

（2011 年）

县（市）区	机构数（个）	从业人员（个）	#高级职称	#中级职称	举办展览个数（个）	举办训练班次（次）	参加人次（千人次）	组织文艺活动（次）	培训人次（千人次）
群众艺术馆	**2**	**113**	**28**	**35**	**31**	**58**	**4**	**117**	**193**
市区	2	113	28	35	31	58	4	117	193
文化馆	**12**	**218**	**10**	**35**	**79**	**171**	**14**	**477**	**252**
市区	6	106	3	10	48	102	10	390	236
县（市）	6	112	7	25	31	69	4	87	16
中牟县	1	15		2		3	2	8	4
巩义市	1	26	2	7	5	12		10	
荥阳市	1	32		3	10	20	1	2	3
新密市	1	11	1	5	4	6		12	6
新郑市	1	19	4	6	6	22	1	35	
登封市	1	9		2	6	6		20	3
文化站	**140**	**579**	**75**	**45**	**248**	**1022**	**81**	**2097**	**248**

14-11　文物事业基本情况

（2011 年底）

县(市)区	机构数（个）	从业人员（个）	藏品数（件）	#一级品	展览（次）	参观人次（千人次）
总　　计	**22**	**1229**	**249571**	**742**	**82**	**3909**
博物馆	12	834	241864	738	73	2709
#市区	8	741	166554	681	57	2397
文物保护管理单位	10	395	7707	4	9	1200
#各县(市)合计	8	363	7596	4		
中牟县	1	4	427	2		
巩义市	4	306	5867	1		
荥阳市	1	29	1200	1		
新密市	2	24	102			

注:2011 年博物馆统计包含民办博物馆。

14-12　等级运动员、裁判员人数

（2011 年底）

单位:人

人员分类	2010 年	#女	2011 年	#女
等级运动员				
二级运动员	603	190	861	257
等级裁判员				
二级裁判员	16	5	27	10

14-13　体育彩票发行情况

（2011 年底）

项　　目	单位	2010 年	2011 年
体育彩票销售点	个	984	1086
体育彩票销售收入	万元	69318	93257

14-14 卫生事业基本情况

（2011 年）

指　　标	机构数（个）	实有床位数（个）	人员数（人）	卫生技术人员	执业（助理）医师	执业医师	注册护士	药师（士）	技师（士）	其他	其他技术人员	管理人员	工勤人员
总　计	**4044**	**52750**	**74813**	**56891**	**21566**	**18672**	**24205**	**2728**	**3188**	**5204**	**2637**	**3396**	**5266**
市区	1217	38852	49398	40203	15196	14154	17990	1804	2195	3018	2015	2579	3843
六县（市）	2827	13898	25415	16688	6370	4518	6215	924	993	2186	622	817	1423
中牟县	781	2000	3954	2384	1042	697	748	140	159	295	116	98	195
巩义市	438	2402	4573	3346	1160	856	1394	183	185	424	64	91	346
荥阳市	375	1664	3866	2548	882	582	916	133	133	484	102	120	264
新密市	377	3352	5060	3409	1340	1054	1290	191	201	387	72	221	196
新郑市	324	1742	3224	1978	854	534	684	134	114	192	110	99	237
登封市	532	2738	4738	3023	1092	795	1183	143	201	404	158	188	185
医　院	**162**	**45081**	**49154**	**40669**	**14409**	**13363**	**19171**	**2001**	**2208**	**2880**	**1801**	**2582**	**4102**
综合医院	94	29372	32120	26842	9363	8747	12944	1178	1439	1918	1080	1658	2540
中医医院	31	7903	8759	7175	2864	2594	2813	547	387	564	304	377	903
中西医结合医院	1	65	89	74	39	30	24	6	5		6	6	3
专科医院	36	7741	8186	6578	2143	1992	3390	270	377	398	411	541	656
口腔医院	1	25	171	126	78	69	32	3	2	11	26	9	10
眼科医院	2	140	164	100	31	23	46	9	6	8	27	12	25
肿瘤医院	2	1969	1837	1613	425	425	996	49	62	81	90	59	75
心血管病医院	3	865	1078	878	239	231	483	32	53	71	38	83	79
胸科医院	1	700	860	728	190	190	445	28	28	37	52	34	46
妇产（科）医院	3	97	255	198	70	62	101	10	12	5	16	19	22
儿童医院	2	1345	1103	867	377	369	387	27	76		40	107	89
精神病医院	2	556	316	218	80	61	104	17	17		13	38	47
传染病医院	2	561	633	501	155	151	232	30	51	33	15	74	43
皮肤病医院	1	20	13	10	1	1		1	1	7	1	1	1
骨科医院	6	945	1029	793	310	272	329	36	31	87	51	39	146
康复医院	2	204	262	204	67	45	82	9	12	34	9	15	34
整形外科医院	1	45	80	43	12	10	22	2	3	4	9	14	14
其他专科医院	8	269	385	299	108	83	131	17	23	20	24	37	25
基层医疗卫生机构	**3822**	**5285**	**18718**	**10791**	**5296**	**3671**	**3469**	**526**	**461**	**1039**	**369**	**330**	**605**
社区卫生服务中心（站）	166	720	2459	2129	911	756	882	120	103	113	69	114	147
卫生院	103	4156	4862	4164	1594	783	1238	272	266	794	257	135	306
村卫生室	2707		7698	1075	871	393	204						
门诊部	31	409	927	731	363	338	239	37	61	31	43	81	72
诊所、卫生所、医务室	815		2772	2692	1557	1401	906	97	31	101			80
专业公共卫生机构	**47**	**2384**	**6110**	**4845**	**1673**	**1473**	**1505**	**180**	**499**	**988**	**335**	**436**	**494**
疾病预防控制中心	16		1759	1304	615	516	105	35	279	270	120	176	159
专科疾病防治院（所、站）	2	87	211	149	46	46	9	1	27	66	22	9	31
健康教育所（站、中心）	3		25	10	3	2	3	2		2	2	5	8
妇幼保健院（所、站）	14	2297	3448	2973	1006	908	1355	142	160	310	122	137	216
采供血机构	1		223	111	3	1	33		33	42	29	45	38
卫生监督所（中心）	11		444	298						298	40	64	42
其他卫生机构	**13**		**831**	**586**	**188**	**165**	**60**	**21**	**20**	**297**	**132**	**48**	**65**
医学科学研究机构	5		553	422	124	123		12	13	273	94	14	23
医学在职培训机构	5		179	92	46	33	19	7	6	14	37	19	31
其他卫生机构	3		99	72	18	9	41	2	1	10	1	15	11

注：卫生事业基本情况包含村卫生室。

14-15 诊所、卫生所、

(2011 年)

类别	总计	按管理类别分		按经济类型分				
		非营利性	营利性	国有	集体	联营	私营	其他
机构总数(个)	**815**	**166**	**649**	**109**	**37**	**3**	**617**	**49**
总人员数(人)	**2772**	**740**	**2032**	**431**	**232**	**8**	**1944**	**157**
卫生技术人员	2692	696	1996	405	218	8	1907	154
执业医师	1401	372	1029	231	108	5	972	85
#中医执业医师	239	63	176	44	14	4	159	18
执业助理医师	156	35	121	13	17		119	7
#中医执业助理医师	20	3	17	3			17	
注册护士	906	215	691	125	65	2	659	55
药剂师(士)	97	35	62	21	8	1	65	2
技师(士)	31	16	15	4	8		18	1
#检验师(士)	25	12	13	3	7		14	1
其他	101	23	78	11	12		74	4
工勤技能人员	80	44	36	26	14		37	3
房屋建筑面积(平方米)	**92646**	**24770**	**67876**	**12752**	**7784**	**165**	**65220**	**6725**
总收入(万元)	**8692**	**1284**	**7408**	**658**	**365**	**36**	**6664**	**969**
#上级补助收入	153	102	51	80	4		12	58
医疗收入	3648	458	3190	229	146	13	2827	432
药品收入	4271	676	3595	315	206	17	3286	447
总支出(万元)	**7036**	**1073**	**5963**	**533**	**304**	**14**	**5364**	**821**
#人员经费	2770	437	2334	216	126	6	2119	303
医疗支出	1383	158	1225	93	41	4	1043	203
药品支出	2359	412	1948	186	117	4	1754	299
诊疗人次数(人次)	**6628943**	**948213**	**5680730**	**534820**	**287078**	**40000**	**5482016**	**285029**
#出诊人次数	46392	6467	39925	3470	1593		35547	5782

医务室基本情况

按设置/主办单位分			按诊所类别分				
政府办	社会办	私人办	普通	中医	中西医结合	口腔	其他
8	**155**	**652**	**442**	**97**	**24**	**74**	**178**
37	**694**	**2041**	**1357**	**277**	**81**	**290**	**767**
37	652	2003	1333	274	81	279	725
20	355	1026	696	149	43	132	381
5	64	170	81	77	14	3	64
1	33	122	60	14	6	39	37
	3	17	6	6	2	3	3
14	198	694	485	76	25	94	226
2	30	65	26	28	6	1	36
	13	18	10	3		1	17
	11	14	9	2		1	13
	23	78	56	4	1	12	28
	42	38	24	3		11	42
1290	**21999**	**69357**	**44954**	**8741**	**2935**	**7324**	**28692**
70	**1171**	**7451**	**4581**	**1105**	**272**	**968**	**1768**
0	118	34	30		1		122
27	436	3185	1914	385	92	588	668
42	568	3661	2381	574	144	315	858
55	**958**	**6022**	**3778**	**816**	**209**	**734**	**1498**
15	397	2358	1466	270	87	343	604
11	138	1234	770	197	32	161	223
26	348	1985	1335	325	63	130	506
42936	**885971**	**5700036**	**3340753**	**1157773**	**319821**	**606167**	**1204429**
154	5135	41103	31990	5976	875	343	7208

14-16　医疗卫生机构门诊服务情况

（2011 年）

类　别	机构数（个）	总诊疗人次数（人次）	门、急诊人次	门诊人次	急诊人次	死亡人数	门急诊人次占总诊疗人次（%）	观察室		健康检查人数（人）	急诊抢救成功率（%）	急诊病死率（%）
								留观人数（人）	死亡人数			
总　计	**4031**	**55248975**	**51184830**	**49461655**	**1723175**	**1411**	**92.64**	**695821**	**57**	**2824661**	**98.31**	**0.08**
医　院	**162**	**23664519**	**21891845**	**20660062**	**1231783**	**1376**	**92.51**	**588514**	**57**	**1255442**	**98.13**	**0.11**
综合医院	94	16366233	15249054	14465103	783951	1129	93.17	300542	8	815957	98.43	0.14
中医医院	31	4547146	4474265	4237741	236524	243	98.40	52251	49	273390	96.12	0.10
中西医结合医院	1	12123	12123	12123			100.00					
专科医院	36	2739017	2156403	1945095	211308	4	78.73	235721		166095	98.26	
口腔医院	1	99025	99025	99025			100.00					
眼科医院	2	37114	37114	36901	213		100.00					
肿瘤医院	2	130996	125961	125961			96.16			4209		
心血管病医院	3	298055	213385	168809	44576	1	71.59	197		20589	97.61	
胸科医院	1	57394	57394	57394			100.00					
妇产（科）医院	3	42232	42084	42084			99.65	32		4789		
儿童医院	2	1268933	784458	663017	121441	3	61.82	222587			99.67	
精神病医院	2	166594	163438	155396	8042		98.11					
传染病医院	2	163846	163768	155383	8385		99.95	11192		99041	100	
皮肤病医院	1	14250	14250	14250			100.00					
骨科医院	6	318464	317231	293422	23809		99.61	1344		536	100	
康复医院	2	62877	61732	61732			98.18			25134		
整形外科医院	1	7152	6785	6785			94.87	98				
其他专科医院	8	72085	69778	64936	4842		96.80	271		11797	100	
基层医疗卫生机构	**3822**	**29215381**	**27206137**	**26818836**	**387301**	**15**	**471.35**	**98477**		**1451203**	**100**	
社区卫生服务中心（站）	166	2534196	2126591	2064883	61708	2	83.92	19106		463213		
卫生院	103	5357361	5229796	4932289	297507	13	97.62	75661		906638		
村卫生室	2707	14042589	12615027	12615027			89.83					
门诊部	31	652292	652172	624086	28086		99.98	3710		81352	100	
诊所、卫生所、医务室	815	6628943	6582551	6582551			100.00					
专业公共卫生机构	**47**	**2369075**	**2086848**	**1982757**	**104091**	**20**	**95.01**	**8830**		**118016**	**99.48**	**0.02**
专科疾病防治院（所、站）	2	60264	14416	14416			100.00			47617		
妇幼保健院（所、站）	14	2308811	2072432	1968341	104091	20	94.98	8830		70399	99.48	0.02

14-17　医疗卫生机构住院服务情况

（2011 年）

类　别	入院人数（人）	出院人数（人）	治愈	好转	未愈	死亡	其他	治愈率 %	好转率 %	死亡率 %	住院病人手术人次（人次）	住院危重病人抢救人次数	抢救成功人次	住院危重病人抢救成功率(%)	每百门急诊的入院人数
总　计	**1541855**	**1534848**	**920268**	**451057**	**23807**	**6482**	**133234**	**68.64**	**29.39**	**0.42**	**364387**	**109716**	**101303**	**92.33**	**4.82**
医　院	**1275440**	**1269566**	**710265**	**416867**	**21991**	**6337**	**114106**	**64.93**	**32.84**	**0.50**	**333814**	**108038**	**99725**	**92.31**	**5.83**
综合医院	917212	913174	518953	274096	14874	5073	100178	67.80	30.02	0.56	245601	85047	77920	91.62	6.01
中医医院	182539	181743	78073	89054	2839	937	10840	48.92	49.00	0.52	33270	11665	10737	92.04	4.08
中西医结合医院	1354	1342	1334	8				99.40	0.60		1338				11.17
专科医院	174335	173307	111905	53709	4278	327	3088	66.35	30.99	0.19	53605	11326	11068	97.72	8.08
口腔医院	61	61	61					100.00			61				0.06
眼科医院	2641	2621	2621					100.00			2233				7.12
肿瘤医院	59155	58923	24922	29656	1583	143	2619	46.74	50.33	0.24	13490	389	303	77.89	46.96
心血管病医院	13133	12777	9006	3377	178	36	180	71.89	26.43	0.28	7417	3941	3915	99.34	6.15
胸科医院	12403	12300	5265	6306	601	57	71	43.38	51.27	0.46	4181	982	925	94.20	21.61
妇产(科)医院	739	722	700	17	5			96.95	2.35		730				1.76
儿童医院	42428	42417	39457	2181	740	39		93.02	5.14	0.09	7497	1357	1320	97.27	5.41
精神病医院	6902	7016	3997	2771	246	2		56.97	39.50	0.03		4	2	50.00	4.22
传染病医院	10584	10588	4924	5056	560	46	2	46.52	47.75	0.43	356	4529	4483	98.98	6.46
骨科医院	20861	20699	17283	2864	332	4	216	84.54	13.84	0.02	14848	99	95	95.96	6.58
康复医院	1478	1474	187	1254	33			12.69	85.07		186	2	2	100.00	2.39
整形外科医院	422	422	422					100.00			422				6.22
其他专科医院	3528	3287	3060	227				93.09	6.91		2184	23	23	100.00	5.06
基层医疗卫生机构	**146262**	**145504**	**125359**	**17968**	**831**	**25**	**1321**	**87.06**	**12.35**	**0.02**		**12**	**11**	**91.67**	**1.83**
社区卫生服务中心(站)	9548	9412	7451	1915	45	1		79.16	20.35	0.01					0.45
卫生院	132272	132089	116094	13885	765	24	1321	88.89	10.51	0.02					2.53
门诊部	4442	4003	1814	2168	21			45.32	54.16			12	11	91.67	0.68
专业公共卫生机构	**120153**	**119778**	**84644**	**16222**	**985**	**120**	**17807**	**85.53**	**13.54**	**0.10**	**30573**	**1666**	**1567**	**94.06**	**5.76**
专科疾病防治院(所、站)	453	440	115	312	13			26.14	70.91		33				3.14
妇幼保健院(所、站)	119700	119338	84529	15910	972	120	17807	85.75	13.33	0.10	30540	1666	1567	94.06	5.78

14-18　医疗卫生机构病床使用情况

（2011 年）

类　别	实有床位数（张）	实际开放总床位（床日）	平均开放病床（张）	实际占用总床日数（床日）	出院者占用总床日数	病床周转次数	病床工作日（日）	病床使用率（%）	出院者平均住院日（日）
总　计	**52750**	**18646713**	**51087**	**17217718**	**17353577**	**30.04**	**337.03**	**92.34**	**11.31**
医　院	**45081**	**15925461**	**43631**	**15409823**	**15627778**	**29.10**	**353.18**	**96.76**	**12.31**
综合医院	29372	10348163	28351	10318026	10378027	32.21	363.94	99.71	11.36
中医医院	7903	2774859	7602	2461257	2421178	23.91	323.75	88.70	13.32
中西医结合医院	65	23725	65	9613	9528	20.65	147.89	40.52	7.10
专科医院	7741	2778714	7613	2620927	2819045	22.76	344.27	94.32	16.27
口腔医院	25	9125	25	910	910	2.44	36.40	9.97	14.92
眼科医院	140	50800	139	15995	15995	18.83	114.92	31.49	6.10
肿瘤医院	1969	711045	1948	808676	1008102	30.25	415.12	113.73	17.11
心血管病医院	865	313995	860	185746	184240	14.85	215.92	59.16	14.42
胸科医院	700	249185	683	317784	315584	18.02	465.48	127.53	25.66
妇产(科)医院	97	35405	97	8658	5427	7.44	89.26	24.45	7.52
儿童医院	1345	469075	1285	435675	449027	33.01	339.01	92.88	10.59
精神病医院	556	202244	554	221131	221580	12.66	399.09	109.34	31.58
传染病医院	561	204730	561	177572	175795	18.88	316.58	86.73	16.60
骨科医院	945	341995	937	323171	317828	22.09	344.91	94.50	15.35
康复医院	204	71175	195	66832	56466	7.56	342.73	93.90	38.31
整形外科医院	45	16425	45	10056	10056	9.38	223.47	61.22	23.83
其他专科医院	269	96215	264	48721	58035	12.47	184.83	50.64	17.66
基层医疗卫生机构	**5285**	**1867585**	**5117**	**1000914**	**932334**	**28.44**	**195.62**	**53.59**	**6.41**
社区卫生服务中心(站)	720	245995	674	95803	86049	13.97	142.15	38.95	9.14
卫生院	4156	1479505	4053	856545	801585	32.59	211.31	57.89	6.07
门诊部	409	142085	389	48566	44700	10.28	124.76	34.18	11.17
专业公共卫生机构	**2384**	**853667**	**2339**	**806981**	**793465**	**51.21**	**345.04**	**94.53**	**6.62**
专科疾病防治院(所、站)	87	27590	76	18983	19621	5.82	251.13	68.80	44.59
妇幼保健院(所、站)	2297	826077	2263	787998	773844	52.73	348.17	95.39	6.48

14-19 医疗卫生机构收入与支出

（2011 年）

单位:万元

类　别	总收入	财政补助收入	上级补助收入	业务事业收入	总支出	业务事业支出	财政专项支出	总支出中:人员经费支出
总　计	**1979375**	**179319**	**16932**	**1772836**	**1840373**	**1764107**	**61841**	**420611**
医　院	**1671705**	**103233**	**11380**	**1557092**	**1563265**	**1527806**	**35458**	**344315**
综合医院	1168732	65591	10453	1092689	1089969	1070219	19749	238577
中医医院	224294	19781	53	204460	208155	200814	7341	47807
中西医结合医院	132			132	133	133		63
专科医院	278547	17861	874	259812	265008	256640	8368	57867
口腔医院	2286			2286	2667	2667		1311
眼科医院	3053			3053	3078	3078		740
肿瘤医院	103460	4648	1	98811	92073	90402	1671	18930
心血管病医院	27081	2344		24738	31451	29782	1669	5773
胸科医院	30851	2579	2	28270	28558	27893	665	6139
妇产(科)医院	2192			2192	2275	2275		497
儿童医院	41090	1863		39227	39795	38939	855	10506
精神病医院	10120	1498	855	7767	9994	9101	893	2627
传染病医院	15692	2997		12695	15267	13120	2147	4198
皮肤病医院	102		1	101	124	124		43
骨科医院	34436	1617		32818	32715	32367	347	5052
康复医院	4134	314	15	3804	3047	2927	120	850

14-19 续表 （2011 年）

类别	总收入	财政补助收入	上级补助收入	业务事业收入	总支出	业务事业支出	财政专项支出	总支出中：人员经费支出
整形外科医院	890			890	913	913		385
其他专科医院	3160			3160	3052	3052		818
基层医疗卫生机构	**125168**	**26203**	**3627**	**93800**	**120395**	**105561**	**4390**	**34627**
社区卫生服务中心（站）	16928	3684	551	12693	16489	15360	1129	5313
卫生院	63915	19608	1322	42985	64130	61543	2587	17136
村卫生室	21840		1260	19662	20017	12866		6046
门诊部	13792	2911	341	10540	12724	12050	674	3362
诊所、卫生所、医务室	8692		153	7919	7036	3742		2770
专业公共卫生机构	**165023**	**43253**	**1800**	**111315**	**139420**	**115772**	**19842**	**36747**
疾病预防控制中心	51838	29369	845	13015	45988	27654	15633	10037
专科疾病防治院（所、站）	5806	3359		2448	4515	3321	1195	1535
健康教育所（站、中心）	151	136	12		140	113		71
妇幼保健院（所、站）	91370	6422	747	84200	75231	73069	2162	20448
采供血机构	12096	457		11604	9998	9998		2544
卫生监督所（中心）	3763	3510	196	48	3548	1618	852	2112
其他卫生机构	**17479**	**6631**	**125**	**10628**	**17293**	**14969**	**2152**	**4922**
医学科学研究机构	15437	5161	41	10236	15226	13031	2101	3975
医学在职培训机构	957	555	24	284	983	876	51	507
其他卫生机构	1084	916	60	108	1084	1062		440

14-20　村卫生室基本情况

（2011 年）

类　别	合计	按设置/主办单位分					按行医方式分		
		村办	乡医院设点	联合办	私人办	其他	中医为主	西医为主	中西医结合
机构数（个）	2707	1960	134	253	264	96	99	1860	748
执业（助理）医师（人）	871	651		100	97	23	16	545	310
注册护士（人）	204	131		32	30	11	4	133	67
乡村医生和卫生员（人）	6623	4988	200	607	579	249	200	4302	2121
乡村医生数	6407	4847	181	592	538	249	190	4180	2037
#大专及以上学历	396	268	12	35	72	9	16	215	165
中专学历及中专水平	5732	4373	164	521	442	232	162	3787	1783
在职培训合格者	173	120	2	32	19		5	118	50
卫生员	216	141	19	15	41		10	122	84
年总收入（万元）	21840	17474	408	1955	1602	402	426	14355	7059
#上级补助收入	1260	879	4	220	154	3	25	876	359
村或集体补助收入	54	25	6	4	7	13	4	33	18
医疗收入	4439	3478	234	381	262	84	107	2854	1478
药品收入	15223	12286	151	1343	1152	292	280	9956	4987
年总支出（万元）	20017	15928	323	1966	1428	372	383	13174	6460
#人员支出	6046	4751	112	557	463	163	125	3906	2014
药品支出	12866	10410	200	1163	887	206	255	8399	4211
诊疗人次数（人次）	14042589	11124936	330893	1277177	951100	358483	417068	9219095	4406426
#出诊人次数	1427562	1103581	37273	154657	103627	28424	97076	901995	428491

14-21　分县(市、区)医疗机构收入与支出

(2011 年)

单位:万元

类　别	总收入	财政补助收入	上级补助收入	业务事业收入	总支出	业务事业支出	财政专项支出	总支出中:人员经费支出
总　计	**1979375**	**179319**	**16932**	**1772836**	**1840373**	**1764107**	**61841**	**420611**
中原区	147147	12033	473	133195	145940	139260	3912	34252
二七区	559511	33256	9601	513864	514274	504351	8476	118772
管城区	93616	6530	810	86227	91797	88808	1427	21923
金水区	865412	94863	1927	763553	783295	743313	38849	164085
上街区	13137	611	122	12395	12799	12208	88	4780
惠济区	19883	2078	877	16897	22368	21249	962	6315
中牟县	39666	4837	639	33667	38516	36100	1469	10150
巩义市	53133	7280	170	45628	51912	47035	3814	14116
荥阳市	36106	3502	379	32197	34849	32872	599	15136
新密市	66959	5165	373	61313	64478	62744	293	12692
新郑市	45168	5196	626	39330	43934	41593	1453	8441
登封市	39638	3968	935	34569	36212	34573	500	9950

14-22 规模以上工业企业 R&D 人员情况

（2011 年）

单位：人、人年

类　别	有 R&D 活动企业个数(个)	有科技机构企业个数(个)	R&D 人员合计(人)				
				#参加项目人员	管理和服务人员	#女性	#研究人员
总计	**339**	**314**	**25012**	**22710**	**2302**	**4379**	**8146**
按企业规模分							
大型	42	41	12161	11106	1055	1750	4072
中型	120	116	7664	6906	758	1670	2464
小型	176	155	5178	4689	489	953	1605
微型	1	2	9	9		6	5
按隶属关系分							
中央	13	14	2245	2014	231	462	1037
省(自治区、直辖市)	12	11	3994	3827	167	437	1937
地(区、市、州、盟)	33	32	3457	3095	362	760	799
县(区、市、旗)	32	28	2286	2084	202	313	486
街道	2	2	43	38	5	3	19
镇	11	8	662	616	46	81	120
乡	2	1	60	51	9	32	15
村委会	6	6	198	185	13	16	52
其他	228	212	12067	10800	1267	2275	3681
按登记注册类型分							
内资企业	313	290	22068	20105	1963	3914	7521
国有企业	15	15	4692	4396	296	528	2283
集体企业	5	3	179	168	11	42	56
股份合作企业	2	2	69	66	3	5	44
联营企业	1	1	31	28	3	15	7
国有与集体联营企业	1	1	31	28	3	15	7
有限责任公司	137	129	6087	5582	505	1273	1868
国有独资公司	3	2	165	143	22	39	112
其他有限责任公司	134	127	5922	5439	483	1234	1756

类　　别	有R&D活动企业个数(个)	有科技机构企业个数（个）	R&D人员合计（人）	#参加项目人员	管理和服务人员	#女性	#研究人员
股份有限公司	34	33	4647	4162	485	897	1614
私营企业	82	71	4029	3725	304	737	1082
私营独资企业	24	18	715	668	47	112	207
私营合伙企业	1	1	45	43	2	8	23
私营有限责任公司	52	47	2461	2272	189	531	725
私营股份有限公司	5	5	808	742	66	86	127
其他企业	37	36	2334	1978	356	417	567
港、澳、台商投资企业	10	10	514	472	42	116	163
合资经营企业(港或澳、台资)	6	4	255	239	16	81	119
港、澳、台商独资经营企业	4	6	259	233	26	35	44
外商投资企业	16	14	2430	2133	297	349	462
中外合资经营企业	11	9	1701	1559	142	191	390
外资企业	3	3	449	325	124	65	42
外商投资股份有限公司	2	2	280	249	31	93	30
按国民经济行业大类分							
采矿业	3	1	2273	2191	82	12	1067
煤炭开采和洗选业	3	1	2273	2191	82	12	1067
制造业	332	310	21736	19572	2164	4235	6552
农副食品加工业	13	16	581	490	91	84	146
食品制造业	16	18	1385	1190	195	421	243
饮料制造业	4	1	271	246	25	97	197
烟草制品业	2	1	256	249	7	24	56
纺织业	3	2	61	61		20	24
纺织服装、鞋、帽制造业	2	13	19	18	1	4	5
皮革、毛皮、羽毛(绒)及其制品业		1					
家具制造业	1	1	18	16	2	4	1
造纸及纸制品业	4	4	135	118	17	5	22

14-22　续表 2　　（2011 年）

类　　别	有 R&D 活动企业个数(个)	有科技机构企业个数(个)	R&D 人员合计(人)	#参加项目人员	管理和服务人员	#女性	#研究人员
印刷业和记录媒介的复制	8	6	278	263	15	42	86
化学原料及化学制品制造业	14	14	514	457	57	179	224
医药制造业	25	25	1094	1031	63	392	239
橡胶制品业	2	2	71	68	3	5	37
塑料制品业	6	6	232	221	11	49	42
非金属矿物制品业	73	60	3067	2850	217	507	1020
黑色金属冶炼及压延加工业	6	4	381	353	28	56	85
有色金属冶炼及压延加工业	13	12	2143	1952	191	312	356
金属制品业	10	9	478	390	88	112	196
通用设备制造业	18	18	1137	1039	98	176	573
专用设备制造业	39	30	3273	2991	282	628	927
交通运输设备制造业	17	16	3219	2821	398	397	1007
电气机械及器材制造业	22	19	1221	1128	93	276	450
通信设备、计算机及其他电子设备制造业	14	13	683	573	110	168	295
仪器仪表及文化、办公用机械制造业	15	16	1024	890	134	230	305
工艺品及其他制造业	5	3	195	157	38	47	16
电力、燃气及水的生产和供应业	4	3	1003	947	56	132	527
电力、热力的生产和供应业	3	2	993	940	53	130	518
燃气生产和供应业	1		10	7	3	2	9
水的生产和供应业		1					
按企业控股情况分							
国有控股	38	37	7774	7193	581	1093	3366
集体控股	9	7	484	449	35	141	290
私人控股	214	193	9773	8942	831	1767	2757
港澳台商控股	7	7	387	347	40	94	108
外商控股	11	10	1778	1520	258	224	171
其他	60	60	4816	4259	557	1060	1454

14-22 续表3 （2011 年）

类别			R&D 人员折合全时当量合计			
	#全时人员	非全时人员		#研究人员	应用研究人员	试验发展人员
总计	**12638**	**12374**	**18787.2**	**6109.5**	**23.4**	**18763.8**
按企业规模分						
大型	5606	6555	8923	2966.2	6.6	8916.4
中型	4100	3564	5992.1	1960.8	10.8	5981.3
小型	2923	2255	3869.7	1181.2	6	3863.7
微型	9		2.4	1.3		2.4
按隶属关系分						
中央	1805	440	1969.7	945.3	10.8	1958.9
省（自治区、直辖市）	792	3202	2403.6	1170.1		2403.6
地（区、市、州、盟）	1613	1844	2601.6	602.3		2601.6
县（区、市、旗）	1136	1150	1910.7	369.8		1910.7
街道	11	32	30.4	13		30.4
镇	464	198	243.2	73		243.2
乡	44	16	38	4.7		38
村委会	79	119	157.1	42.1		157.1
其他	6694	5373	9432.9	2889.2	12.6	9420.3
按登记注册类型分						
内资企业	11171	10897	16106.5	5550	16.8	16089.7
国有企业	1419	3273	3176	1582		3176
集体企业	100	79	133.8	45.7		133.8
股份合作企业	69		35	22		35
联营企业	16	15	24.8	5.6		24.8
国有与集体联营企业	16	15	24.8	5.6		24.8
有限责任公司	2616	3471	4350	1312.8		4350
国有独资公司	115	50	144.9	94.3		144.9
其他有限责任公司	2501	3421	4205.1	1218.5		4205.1
股份有限公司	3157	1490	3416.1	1276.6	10.8	3405.3
私营企业	1934	2095	3074.9	844.5		3074.9
私营独资企业	264	451	554.6	151.3		554.6
私营合伙企业	37	8	23	11.8		23
私营有限责任公司	1303	1158	1952.3	580.1		1952.3
私营股份有限公司	330	478	545	101.3		545
其他企业	1860	474	1896	460.8	6	1890
港、澳、台商投资企业	223	291	461.1	149.3		461.1
合资经营企业（港或澳、台资）	186	69	244.2	114.5		244.2
港、澳、台商独资经营企业	37	222	216.9	34.8		216.9
外商投资企业	1244	1186	2219.6	410.2	6.6	2213
中外合资经营企业	862	839	1562.1	354.1		1562.1
外资企业	186	263	396.1	31.3	6.6	389.5

14-22 续表4　　　　　　　　　　　　　　　　　　　　　　　（2011年）

类　　别	#全时人员	非全时人员	R&D人员折合全时当量合计	#研究人员	应用研究人员	试验发展人员
外商投资股份有限公司	196	84	261.4	24.8		261.4
按国民经济行业大类分						
采矿业	193	2080	1355	616.3		1355
煤炭开采和洗选业	193	2080	1355	616.3		1355
制造业	12290	9446	16705.2	5119.3	23.4	16681.8
农副食品加工业	222	359	414.4	100.7		414.4
食品制造业	828	557	1196	190.4	6.6	1189.4
饮料制造业	56	215	130.8	81.3		130.8
烟草制品业	62	194	104.2	22.8		104.2
纺织业		61	26.2	9.9		26.2
纺织服装、鞋、帽制造业		19	7.7	2.1		7.7
家具制造业	14	4	1.8	0.1		1.8
造纸及纸制品业		135	56.6	9.9		56.6
印刷业和记录媒介的复制	151	127	190.4	71.4		190.4
化学原料及化学制品制造业	298	216	412.7	184.2		412.7
医药制造业	548	546	808.5	180.8		808.5
橡胶制品业	37	34	59.1	31.9		59.1
塑料制品业	159	73	147.5	28.1		147.5
非金属矿物制品业	1143	1924	2448.2	766.9		2448.2
黑色金属冶炼及压延加工业	88	293	229.8	54.5		229.8
有色金属冶炼及压延加工业	703	1440	1758.2	282.1	10.8	1747.4
金属制品业	316	162	424.3	167.8		424.3
通用设备制造业	727	410	808.9	453.7		808.9
专用设备制造业	2199	1074	2299.5	662.4		2299.5
交通运输设备制造业	2580	639	2579.1	925.8	6	2573.1
电气机械及器材制造业	639	582	978.4	366.8		978.4
通信设备、计算机及其他电子设备制造业	574	109	568.6	243.4		568.6
仪器仪表及文化、办公用机械制造业	822	202	866.3	267.4		866.3
工艺品及其他制造业	124	71	188.2	14.9		188.2
电力、燃气及水的生产和供应业	155	848	727	373.9		727
电力、热力的生产和供应业	152	841	717	364.9		717
燃气生产和供应业	3	7	10	9		10
按企业控股情况分						
国有控股	3454	4320	5661.8	2440.4	10.8	5651
集体控股	219	265	309.2	167.4		309.2
私人控股	4900	4873	7042.1	2061.3		7042.1
港澳台商控股	142	245	334.1	94.3		334.1
外商控股	824	954	1603.7	137.8	6.6	1597.1
其他	3099	1717	3836.3	1208.2	6	3830.3

14-23 规模以上工业企业

（2011 年）

类　别	R&D经费内部支出合计	按活动类型分组		按支出用途分组			
		应用研究支出	试验发展支出	经常费支出	#人员劳务费	资产性支出	土建工程支出
总计	**485324.6**	**267.6**	**485057**	**390680.9**	**111748.9**	**94643.7**	**1316.8**
按企业规模分							
大型	294581.7	74.2	294507.5	235678.4	68577	58903.3	560.9
中型	117638.1	39.7	117598.4	96894.1	26424.2	20744	421.3
小型	72925.5	153.7	72771.8	57929.1	16689.1	14996.4	334.6
微型	179.3		179.3	179.3	58.6		
按隶属关系分							
中央	40364	39.7	40324.3	37319.3	9011.6	3044.7	167
省(自治区、直辖市)	116106		116106	84477.5	31323	31628.5	238.6
地(区、市、州、盟)	76923.4		76923.4	71894.6	20073.7	5028.8	98.4
县(区、市、旗)	39591.4		39591.4	25306.4	4654.7	14285	131.4
街道	226.5		226.5	125	53.6	101.5	0.3
镇	10115.1		10115.1	7141.3	1006.9	2973.8	88.1
乡	508.8		508.8	505.2	137.8	3.6	
村委会	3329.1		3329.1	2303.6	853.7	1025.5	4.6
其他	198160.3	227.9	197932.4	161608	44633.9	36552.3	588.4
按登记注册类型分							
内资企业	419461.3	193.4	419267.9	337971.1	98841.8	81490.2	1146.5
国有企业	118274.6		118274.6	85267.1	32379.5	33007.5	235.4
集体企业	3179.1		3179.1	1812.8	434.1	1366.3	24.7
股份合作企业	418.8		418.8	373.6	178.2	45.2	
联营企业	157		157	117	84.1	40	
国有与集体联营企业	157		157	117	84.1	40	
有限责任公司	94509.1		94509.1	72833.2	21823.9	21675.9	369
国有独资公司	2213.1		2213.1	2099.1	711.5	114	
其他有限责任公司	92296		92296	70734.1	21112.4	21561.9	369
股份有限公司	111935.2	39.7	111895.5	103581.7	23138.4	8353.5	333.8
私营企业	57126.1		57126.1	42782.3	11534.6	14343.8	105.6
私营独资企业	9426.4		9426.4	6995.1	2106.7	2431.3	29.1
私营合伙企业	708.7		708.7	440.5	65.2	268.2	2.4
私营有限责任公司	33213.3		33213.3	25554.2	6702.4	7659.1	73.7
私营股份有限公司	13777.7		13777.7	9792.5	2660.3	3985.2	0.4
其他企业	33861.4	153.7	33707.7	31203.4	9269	2658	78
港、澳、台商投资企业	7039.5		7039.5	4518.9	1128.4	2520.6	52
合资经营企业(港或澳、台资)	2560.1		2560.1	1761.5	514.4	798.6	
港、澳、台商独资经营企业	4479.4		4479.4	2757.4	614	1722	52
外商投资企业	58823.8	74.2	58749.6	48190.9	11778.7	10632.9	118.3
中外合资经营企业	42002.8		42002.8	34338.5	9232.8	7664.3	86.9
外资企业	13249.5	74.2	13175.3	10486.6	2044.7	2762.9	

R&D 经费情况

单位:万元

	按资金来源分组				R&D 经费外部支出合计			
仪器设备	政府资金	企业资金	境外资金	其他资金		对国内研究机构的支出	对境内高等学校支出	对境外支出
93326.9	**14947.9**	**469069.5**	**114.1**	**1193.1**	**27913.3**	**22374.3**	**4570.6**	**763**
58342.4	6053.2	288528.5			23778.1	20343.5	3346.7	87.9
20322.7	5334.3	111686.3	9.5	608	1797.4	1336.8	430.1	25
14661.8	3560.4	68675.4	104.6	585.1	2337.8	694	793.8	650.1
		179.3						
2877.7	2555.7	37789.2		19.1	1383.1	793.4	589.7	
31389.9	991.8	115114.2			4648.7	2424.8	2188.9	
4930.4	936	75761.8		225.6	985.4	573.7	323.7	
14153.6	1523.2	38068.2			4720.3	4506.8	108.5	105
101.2	1.4	225.1			5	3.2	0.5	1.3
2885.7	648.7	9466.4			83		83	
3.6	10.4	498.4						
1020.9	68.3	3156.2	104.6		100.4	83.1	6.6	
35963.9	8212.4	188990	9.5	948.4	15987.4	13989.3	1269.7	656.7
80343.7	12768.2	405385.9	114.1	1193.1	13550.7	8153.2	4487.9	704.2
32772.1	961	117294.5		19.1	4842.4	2532.4	2285	25
1341.6	12	3167.1			83.5	0.5	83	
45.2	3.4	415.4						
40		157						
40		157						
21306.9	3547.2	90299.1	104.6	558.2	3461	2467.2	456.8	402.8
114	41.4	1946.1		225.6				
21192.9	3505.8	88353	104.6	332.6	3461	2467.2	456.8	402.8
8019.7	5096.2	106776.4		62.6	2724	1690	1034	
14238.2	1817.5	54755.4		553.2	1548.3	1158.9	317.2	1
2402.2	370.6	8949.3		106.5	163.9	62.4	97	
265.8	12	696.7						
7585.4	795.9	31970.7		446.7	733.6	466.2	199.7	1
3984.8	639	13138.7			650.8	630.3	20.5	
2580	1330.9	32521	9.5		891.5	304.2	311.9	275.4
2468.6	454.7	6584.8			110	20	50	40
798.6	106	2454.1						
1670	348.7	4130.7			110	20	50	40
10514.6	1725	57098.8			14252.6	14201.1	32.7	18.8
7577.4	1388.1	40614.7			14195.5	14190.5	5	
2762.9	293.4	12956.1			47	10.6	17.6	18.8

类　别	R&D 经费内部支出合计	按活动类型分组		按支出用途分组			
		应用研究支出	试验发展支出	经常费支出	#人员劳务费	资产性支出	土建工程支出
外商投资股份有限公司	3571.5		3571.5	3365.8	501.2	205.7	31.4
按国民经济行业大类分组							
采矿业	84573.2		84573.2	58764.7	26009.4	25808.5	213.3
煤炭开采和洗选业	84573.2		84573.2	58764.7	26009.4	25808.5	213.3
制造业	387638.1	267.6	387370.5	323828.2	83723.4	63809.9	1091.2
农副食品加工业	9910.3		9910.3	8937.2	1760.3	973.1	7
食品制造业	19005.1	74.2	18930.9	14990	4422.2	4015.1	64
饮料制造业	4822.4		4822.4	4070.3	1659.9	752.1	29.9
烟草制品业	3723.9		3723.9	3231.5	892.7	492.4	
纺织业	1654.8		1654.8	654.8	66.3	1000	
纺织服装、鞋、帽制造业	123.6		123.6	85.6	23.7	38	
家具制造业	227.7		227.7	163.2	20	64.5	
造纸及纸制品业	2450.8		2450.8	1027	300.6	1423.8	0.2
印刷业和记录媒介的复制	4019.1		4019.1	2989.2	622.3	1029.9	60
化学原料及化学制品制造业	7033		7033	5987.8	1537.1	1045.2	10.3
医药制造业	12043.2		12043.2	9906.8	3480	2136.4	58.2
橡胶制品业	770.8		770.8	577.8	228.6	193	3
塑料制品业	2476.9		2476.9	1912.4	432.7	564.5	2.6
非金属矿物制品业	38398.9		38398.9	27736.9	7464	10662	211.7
黑色金属冶炼及压延加工业	13165.5		13165.5	11044.4	785.2	2121.1	21
有色金属冶炼及压延加工业	52058.5	39.7	52018.8	38652.1	7551.8	13406.4	251.8
金属制品业	8124.3		8124.3	7050.2	1771.4	1074.1	41.9
通用设备制造业	15351.4		15351.4	12322.2	3374.3	3029.2	10.2
专用设备制造业	52511.6		52511.6	48898.5	13492.9	3613.1	57.5
交通运输设备制造业	94685.9	153.7	94532.2	90673.6	23030	4012.3	140.7
电气机械及器材制造业	21288.5		21288.5	13600	3176.8	7688.5	50.9
通信设备、计算机及其他电子设备制造业	12650.6		12650.6	9515.4	3269.9	3135.2	51.9
仪器仪表及文化、办公用机械制造业	9537.8		9537.8	8353.8	3923.1	1184	18.3
工艺品及其他制造业	1603.5		1603.5	1447.5	437.6	156	0.1
电力、燃气及水的生产和供应业	13113.3		13113.3	8088	2016.1	5025.3	12.3
电力、热力的生产和供应业	13016.3		13016.3	7991	1976.1	5025.3	12.3
燃气生产和供应业	97		97	97	40		
按企业控股情况分							
国有控股	204887.9	39.7	204848.2	168312.5	51091.3	36575.4	471.7
集体控股	8675		8675	6608.3	2253.6	2066.7	38.2
私人控股	144509.2		144509.2	107372	26685.5	37137.2	468.2
港澳台商控股	6460.4		6460.4	3979.4	926	2481	52
外商控股	33482.9	74.2	33408.7	23823.7	4293	9659.2	117.1
其他	87309.2	153.7	87155.5	80585	26499.5	6724.2	169.6

单位:万元

仪器设备	按资金来源分组				R&D经费外部支出合计	对国内研究机构的支出	对境内高等学校支出	对境外支出
	政府资金	企业资金	境外资金	其他资金				
174.3	43.5	3528			10.1		10.1	
25595.2		84573.2			1710.6	639.9	1070.7	
25595.2		84573.2			1710.6	639.9	1070.7	
62718.7	14662.2	371668.7	114.1	1193.1	24557.8	20665.3	2924.1	763
966.1	313.8	9596.5			251.6	30	221.6	
3951.1	621.7	18383.4			382	270.8	91.4	19.8
722.2	60.7	4761.7			253.1	177.2	75.9	
492.4	32.8	3691.1			1032	590.3	441.7	
1000		1654.8						
38		123.6						
64.5	30	197.7						
1423.6		2450.8						
969.9	252.9	3703.6		62.6	66.7	8.8	57.9	
1034.9	83.2	6949.8			254.2	100.5	93.7	
2078.2	772.9	11270.3			328	282.2	17.8	
190	50	720.8			80	20	60	
561.9	14.6	2462.3			297.4		5	292.4
10450.3	2073.6	35899		426.3	1126.1	782.1	272.2	66.3
2100.1	381	12784.5						
13154.6	818.7	51239.8			4616.7	4462.5	125.1	29.1
1032.2	185.9	7938.4						
3019	722.2	14629.2			490.8	284.3	206.5	
3555.6	2470.2	49904.9	104.6	31.9	1507.3	736.8	479.9	275.4
3871.6	2923.1	91462.1		300.7	12834.8	12485.2	349.6	
7637.6	286.3	20630.6		371.6	732.2	357.2	200	80
3083.3	1781.6	10869			185.3		183.6	
1165.7	748	8789.8			112.3	77.4	34.9	
155.9	39	1555	9.5		7.3		7.3	
5013	285.7	12827.6			1644.9	1069.1	575.8	
5013	235.7	12780.6			1644.9	1069.1	575.8	
	50	47						
36103.7	4725.7	199917.5		244.7	6573	3637.8	2910.2	25
2028.5	37	8638			366.6	207.7	158.9	
36669	6293.4	137162.8	104.6	948.4	5639.4	3992.4	1066.9	374.7
2429	454.7	6005.7			110	20	50	40
9542.1	615	32867.9			4524.6	4473.1	32.7	18.8
6554.6	2822.1	84477.6	9.5		10699.7	10043.3	351.9	304.5

14-24 规模以上工业企业全部 R&D 项目情况

（2011 年）

单位:个、人、人年、万元

类别	全部科技项目数	参加科技项目人员	参加项目人员折合全时当量	本年度项目经费内部支出
总计	**1982**	**22710**	**16959**	**431633**
按企业规模分				
大型	738	11106	8066.6	266866.5
中型	711	6906	5396.9	99767
小型	521	4689	3493.1	64820.2
微型	12	9	2.4	179.3
按隶属关系分				
中央	153	2014	1750	32635.8
省(自治区、直辖市)	292	3827	2303.6	101120.2
地(区、市、州、盟)	221	3095	2335.3	73533.6
县(区、市、旗)	142	2084	1738.6	29720.7
街道	10	38	28.3	212.8
镇	40	616	220.7	8369.7
乡	3	51	31.9	466.1
村委会	23	185	148.3	3036.6
其他	1098	10800	8402.3	182537.5
按登记注册类型分				
内资企业	1813	20105	14587.6	372337.2
国有企业	304	4396	2948	101737.7
集体企业	11	168	124.7	3066
股份合作企业	2	66	33	393.1
联营企业	1	28	22.4	110.4
国有与集体联营企业	1	28	22.4	110.4
有限责任公司	553	5582	3988.3	80089.2
国有独资公司	41	143	126.2	2019.2
其他有限责任公司	512	5439	3862	78070
股份有限公司	463	4162	3016.5	102192.7
私营企业	260	3725	2841.5	53548.4
私营独资企业	65	668	520	9019.2
私营合伙企业	3	43	22	695.5
私营有限责任公司	176	2272	1806	31401.8
私营股份有限公司	16	742	493.4	12431.9
其他企业	219	1978	1613.2	31199.7
港、澳、台商投资企业	21	472	423.6	5540.5
合资经营企业(港或澳、台资)	11	239	229.1	2241.1
港、澳、台商独资经营企业	10	233	194.5	3299.4
外商投资企业	148	2133	1947.8	53755.3
中外合资经营企业	69	1559	1436.9	38185.5
外资企业	59	325	279.5	12105.6

类　　别	全部科技项目数	参加科技项目人员	参加项目人员折合全时当量	本年度项目经费内部支出
外商投资股份有限公司	20	249	231.4	3464.2
按国民经济行业大类分				
采矿业	66	2191	1308.6	70467.4
煤炭开采和洗选业	66	2191	1308.6	70467.4
制造业	1775	19572	14966	348116.4
农副食品加工业	56	490	367.5	7094.2
食品制造业	146	1190	1019.3	17255.1
饮料制造业	48	246	120.7	4392.1
烟草制品业	47	249	101.4	3429.9
纺织业	3	61	26.2	1654.8
纺织服装、鞋、帽制造业	2	18	7.4	120
家具制造业	3	16	1.6	103.2
造纸及纸制品业	5	118	47.7	2376.1
印刷业和记录媒介的复制	20	263	177.5	3247.8
化学原料及化学制品制造业	54	457	363.4	6506
医药制造业	153	1031	763.7	10208.7
橡胶制品业	6	68	56.4	767.8
塑料制品业	25	221	140.3	2354.6
非金属矿物制品业	197	2850	2275.5	34228.7
黑色金属冶炼及压延加工业	17	353	214	13075.1
有色金属冶炼及压延加工业	78	1952	1598.8	46758.6
金属制品业	61	390	342.5	7449.7
通用设备制造业	85	1039	730.8	13550.7
专用设备制造业	309	2991	2094.7	49333.9
交通运输设备制造业	182	2821	2237.4	90474.7
电气机械及器材制造业	96	1128	908.3	14430.6
通信设备、计算机及其他电子设备制造业	50	573	475.2	10071.1
仪器仪表及文化、办公用机械制造业	117	890	744.4	7661.6
工艺品及其他制造业	15	157	151.3	1571.4
电力、燃气及水的生产和供应业	141	947	684.4	13049.2
电力、热力的生产和供应业	140	940	677.4	12952.2
燃气生产和供应业	1	7	7	97
按企业控股情况分				
国有控股	587	7193	5191.8	181104.8
集体控股	61	449	289.6	8084.4
私人控股	807	8942	6421.9	126375.6
港澳台商控股	15	347	298.6	4961.4
外商控股	93	1520	1366.3	29366.1
其他	419	4259	3390.7	81740.7

14-25 规模以上工业企业自主知识产权保护情况

（2011 年）

单位:个、篇

类　别	专利申请数	发明专利	有效发明专利数	境外授权	专利所有权转让及许可数	专利所有权转让与许可收入	发表科技论文	拥有注册商标数	境外注册	形成国家或行业标准数
总计	**3729**	**942**	**1198**	**7**	**2**	**45**	**2815**	**2228**	**862**	**101**
按企业规模分										
大型	1854	501	407	2			2454	1629	855	45
中型	911	196	476	2	1	30	248	308	4	34
小型	964	245	315	3	1	15	110	291	3	22
微型							3			
按隶属关系分										
中央	330	105	402	2			344	21	4	21
省（自治区、直辖市）	799	363	66	2			2031	47		2
地（区、市、州、盟）	316	49	99	1			56	1318	836	42
县（区、市、旗）	413	73	149	1			48	44		
街道	13	1	8					7		
镇	39	4	7				3	14		
乡	5	4	47				2	11		
（社区）居委会								1		
村委会	21	2	6				2	6		
其他	1793	341	414	1	2	45	329	759	22	36
按登记注册类型分										
内资企业	3460	875	1124	7	2	45	2703	1975	860	96
国有企业	923	379	94				2283	26	4	12
集体企业	13	2	8				3	6		
股份合作企业	2	2						1		
有限责任公司	911	143	283	2			161	262	2	12
国有独资公司	9	4	5				15	3		1
其他有限责任公司	902	139	278	2			146	259	2	11
股份有限公司	575	143	539	4			162	1161	837	50
私营企业	633	121	87		1	30	50	425	16	6
私营独资企业	58	15	22				9	54		1
私营合伙企业	2	1	1				2	1		
私营有限责任公司	364	90	49		1	30	31	341	16	5
私营股份有限公司	209	15	15				8	29		
其他企业	403	85	113	1	1	15	44	94	1	16
港、澳、台商投资企业	53	26	32				19	11		2
合资经营企业(港或澳、台资)	9	6	8				10	9		2
港、澳、台商独资经营企业	44	20	24				9	2		
外商投资企业	216	41	42				93	242	2	3
中外合资经营企业	136	28	30				88	32	1	1
外资企业	34	4	7				2	4		1
外商投资股份有限公司	46	9	5				3	206	1	1

14-25 续表 （2011 年） 单位：个、篇

类别	专利申请数	发明专利	有效发明专利数	境外授权	专利所有权转让及许可数	专利所有权转让与许可收入	发表科技论文	拥有注册商标数	境外注册	形成国家或行业标准数
按国民经济行业大类分										
采矿业	7		1				162	1		
煤炭开采和洗选业	7		1				162	1		
制造业	3048	622	1153	7	2	45	717	2223	862	100
农副食品加工业	53	28	27		1	15	12	88		
食品制造业	266	21	34				20	498	17	3
饮料制造业	10		1				91	48		
烟草制品业	118	12	13				51	16	4	4
纺织业								1		
纺织服装、鞋、帽制造业	45							11		3
家具制造业	72							3		
造纸及纸制品业								1		
印刷业和记录媒介的复制	22	3	5				5	3		1
石油加工、炼焦及核燃料加工业								1		
化学原料及化学制品制造业	30	14	19					17		1
医药制造业	167	110	104	1			36	136		
橡胶制品业							2	2		
塑料制品业	41	12	19				1	11	1	
非金属矿物制品业	398	58	115		1	30	47	89	3	6
黑色金属冶炼及压延加工业	7	2	2					3		
有色金属冶炼及压延加工业	126	59	359	2			91	4		13
金属制品业	127	23	25				11	24		1
通用设备制造业	147	45	90				142	37		9
专用设备制造业	334	79	145	2			74	49		3
交通运输设备制造业	353	52	38				102	1064	834	35
电气机械及器材制造业	183	19	70	2			4	21		4
通信设备、计算机及其他电子设备制造业	204	48	29				8	66	2	11
仪器仪表及文化、办公用机械制造业	171	31	50				20	29	1	6
工艺品及其他制造业	174	6	8					1		
电力、燃气及水的生产和供应业	674	320	44				1936	4		1
电力、热力的生产和供应业	669	318	44				1927	2		1
燃气生产和供应业	2	2						2		
水的生产和供应业	3						9			
按企业控股情况分										
国有控股	1286	487	491	4			2422	1084	838	59
集体控股	25	4	12				95	48		
私人控股	1600	298	455	2	1	30	136	729	20	19
港澳台商控股	49	25	27				11	9		1
外商控股	120	27	25				25	219	2	2
其他	649	101	188	1	1	15	126	139	2	20

14-26 规模以上工业企业新产品开发、生产及销售

(2011 年)

单位:万元

类　别	新产品开发项目数	新产品开发经费支出	新产品产值	新产品销售收入	出口
总计	**1951**	**405478.1**	**6228915.9**	**6150707.2**	**422012.2**
按企业规模分					
大型	513	191860.8	4575296.7	4503086.7	248126.5
中型	778	131799.1	1205687.6	1109205.4	39702.4
小型	647	81614.9	447478.2	537621.6	134183.3
微型	13	203.3	453.4	793.5	
按隶属关系分					
中央	120	35362.9	850123	809808.6	3523
省(自治区、直辖市)	136	26369.4	671009.6	587422.9	21692
地(区、市、州、盟)	263	92500.8	1503168.2	1494711.1	138399.4
县(区、市、旗)	139	21372.2	369634.9	363054	6350.8
街道	10	226.5	7792.1	7131	320
镇	54	10620.5	209287.5	207667.5	3010
乡	3	508.8	927.2	853	
村委会	27	5161.1	45597.5	39085.6	2317.2
其他	1199	213355.9	2571375.9	2640973.5	246399.8
按登记注册类型分					
内资企业	1773	345765.6	5017465.1	4978246.4	374994.4
国有企业	115	28239.6	1032946.4	993913.6	4860
集体企业	10	3305.5	10871	10493	1300
股份合作企业	2	569.2	1110	765	
联营企业	1	157			
国有与集体联营企业	1	157			
有限责任公司	548	95560.8	978365.8	939079.3	30501.5
国有独资公司	42	2373.2	5719	6104	
其他有限责任公司	506	93187.6	972646.8	932975.3	30501.5
股份有限公司	490	117982.1	2083233.3	2035335.8	199390.9
私营企业	297	61189.9	451485.2	441776.7	16293.2
私营独资企业	66	9481.4	87184.8	84906	12254.9
私营合伙企业	3	708.7	4200	3980	300
私营有限责任公司	205	37421	164854.4	159220.4	3338.3
私营股份有限公司	23	13578.8	195246	193670.3	400
其他企业	310	38761.5	459453.4	556883	122648.8
港、澳、台商投资企业	29	14119.2	81409.1	83073	10855.8
合资经营企业(港或澳、台资)	12	2064.1	44108	43802.9	8999.2
港、澳、台商独资经营企业	17	12055.1	37301.1	39270.1	1856.6
外商投资企业	149	45593.3	1130041.7	1089387.8	36162
中外合资经营企业	70	26427.8	715313.6	712278.3	35063
外资企业	40	10171.9	271166.9	266278.6	1099

类　　别	新产品开发项目数	新产品开发经费支出	新产品产值	新产品销售收入	出口
外商投资股份有限公司	39	8993.6	143561.2	110830.9	
按国民经济行业大类分					
采矿业	2	610.5	83057	81466	
煤炭开采和洗选业	2	610.5	83057	81466	
制造业	1920	401380.8	5988858.9	5912241.2	422012.2
农副食品加工业	64	12589.3	145755.3	138351.1	
食品制造业	138	22816.1	373137.3	342614.2	1306.7
饮料制造业	7	917	4194.1	9210.2	4500
烟草制品业	18	1273.3	531886	531886	3523
纺织业	3	1654.8	643.2	597.3	
纺织服装、鞋、帽制造业	25	3752.1	25013.5	25434.4	
皮革、毛皮、羽毛(绒)及其制品业	1	47	22293.9	15402	
家具制造业			8250	7425	
印刷业和记录媒介的复制	31	5554	41689.5	39019.4	
化学原料及化学制品制造业	62	7876.4	55951.7	52341.3	968
医药制造业	158	11661.7	56337.2	45660.7	1300
橡胶制品业	2	723	4780	4360	60
塑料制品业	30	2181.6	23495.8	24437	99.2
非金属矿物制品业	196	35415.1	313163.1	302302.7	53700.4
黑色金属冶炼及压延加工业	15	11858.3	103993.3	103741.3	85.2
有色金属冶炼及压延加工业	48	30553.8	475533.8	468792	5190.7
金属制品业	93	11353.7	80421.5	77987.4	230
通用设备制造业	107	19461.8	306565.7	288522.3	48664.6
专用设备制造业	354	68341.3	1096122.2	1016642.5	38154.8
交通运输设备制造业	220	106172.3	2019157	2129898.5	253083
电气机械及器材制造业	92	16754.5	120191.1	118452.7	3004.7
通信设备、计算机及其他电子设备制造业	90	17642.8	108605.2	100676	4706.6
仪器仪表及文化、办公用机械制造业	153	11465.3	63867	59968	776.9
工艺品及其他制造业	13	1315.6	7811.5	8519.2	2658.4
电力、燃气及水的生产和供应业	29	3486.8	157000	157000	
电力、热力的生产和供应业	25	3151	157000	157000	
燃气生产和供应业	1	97			
水的生产和供应业	3	238.8			
按企业控股情况分					
国有控股	399	118877.1	2657876.2	2584907.8	150707
集体控股	23	6122.1	75957.6	75259.8	1332.9
私人控股	897	152603.8	1405872.7	1365341.1	90289.9
港澳台商控股	21	13356.1	67161.1	67230.1	10756.6
外商控股	93	21844.2	487347.2	448418.6	8029
其他	518	92674.8	1534701.1	1609549.8	160896.8

14-27 规模以上工业企业政府相关政策落实情况

（2011 年）

单位:万元

类　别	来自政府部门的科技活动资金	研究开发费用加计扣除减免税	高新技术企业减免税
总计	**20283.1**	**21290.6**	**56507**
按企业规模分			
大型	7729.8	15210.1	38445
中型	7932.8	4359.5	10196.7
小型	4620.5	1721	7865.3
按隶属关系分			
中央	3447	1796.2	1995.2
省（自治区、直辖市）	1606.2	534.1	12720.2
地（区、市、州、盟）	1826.7	9206	18970.7
县（区、市、旗）	1914.6	106.6	724.4
街道	40		
镇	735		256
乡	43	40.1	90.1
村委会	70	7.4	
其他	10600.6	9600.2	21750.4
按登记注册类型分			
内资企业	17574.7	15080.9	52437.9
国有企业	2049.5	1141.8	1995.2
集体企业	12		56
股份合作企业	60		
有限责任公司	5014.9	4812.5	4842.1
国有独资公司	60	291	
其他有限责任公司	4954.9	4521.5	4842.1
股份有限公司	6344.7	6624.2	33048.4
私营企业	2476.8	1147.5	4107.7
私营独资企业	506.3	8	
私营合伙企业	12		
私营有限责任公司	1175.5	980.7	2506.6
私营股份有限公司	783	158.8	1601.1
其他企业	1616.8	1354.9	8388.5
港、澳、台商投资企业	482.9	848.2	1069.1
合资经营企业（港或澳、台资）	106	182.8	980
港、澳、台商独资经营企业	376.9	665.4	89.1
外商投资企业	2225.5	5361.5	3000
中外合资经营企业	1596.5	5131.5	3000
外资企业	500		
外商投资股份有限公司	129	230	

类　别	来自政府部门的科技活动资金	研究开发费用加计扣除减免税	高新技术企业减免税
按国民经济行业大类分			
采矿业		140	
煤炭开采和洗选业		140	
制造业	19714.1	21129	56507
农副食品加工业	477.5	2.1	80
食品制造业	1199	870.4	909.2
饮料制造业	92		
烟草制品业	50		
纺织服装、鞋、帽制造业	172.7		
皮革、毛皮、羽毛(绒)及其制品业	20		
家具制造业	30		
印刷业和记录媒介的复制	391	132.7	497.1
化学原料及化学制品制造业	215	45	820
医药制造业	831.6	196.9	1406.1
橡胶制品业	50	50	
塑料制品业	22.5	375	230
非金属矿物制品业	2213.3	1493	3717.4
黑色金属冶炼及压延加工业	405		
有色金属冶炼及压延加工业	1023.5	460	56
金属制品业	292.5	769.9	871.1
通用设备制造业	1597	1017.6	1597.6
专用设备制造业	3214.8	4662.5	17039.5
交通运输设备制造业	3851.6	9950.2	24520.2
电气机械及器材制造业	416.2	42.6	460.3
通信设备、计算机及其他电子设备制造业	2235.2	236.6	2085.1
仪器仪表及文化、办公用机械制造业	874.7	824.5	2166.9
工艺品及其他制造业	39		50.5
电力、燃气及水的生产和供应业	569	21.6	
电力、热力的生产和供应业	376	21.6	
燃气生产和供应业	50		
水的生产和供应业	143		
按企业控股情况分			
国有控股	6743.6	7230	31628.6
集体控股	37	127.4	1005.1
私人控股	8532.9	2892.8	9200.7
港澳台商控股	482.9	821.4	1069.1
外商控股	984	230	
其他	3502.7	9989	13603.5

14-28 规模以上工业企业技术获取和技术改造情况

（2011 年）

单位:万元

类　别	引进技术经费支出	消化吸收经费支出	购买国内技术经费支出	技术改造经费支出
总计	**4507.7**	**10592.9**	**11636.9**	**262524.9**
按企业规模分				
大型	3902	9511.6	5980	238610.8
中型	452	771.8	5370	16177.3
小型	153.7	309.5	286.9	7736.8
按隶属关系分				
中央			915	53797.7
省(自治区、直辖市)	2601.3	9436.2	861.2	154944.1
地(区、市、州、盟)		15.3	10	5629.2
县(区、市、旗)	108.7	191		6887.6
街道	35	40	180	470
镇		371	159.5	2844.9
乡				771
村委会		81	62	1423.6
其他	1762.7	458.4	9449.2	35756.8
按登记注册类型分				
内资企业	4092.5	10448	10899.1	240097.5
国有企业	26	9112	915	164356.1
集体企业		371	159.5	1202.5
有限责任公司	1270.5	353.8	8512	13700.3
国有独资公司				52.5
其他有限责任公司	1270.5	353.8	8512	13647.8
股份有限公司	2601.3	330.2	801.2	54792.3
私营企业	189.3	281	154.9	4941.7
私营独资企业			10	665
私营合伙企业				2980
私营有限责任公司	180	263	131	1253.7
私营股份有限公司	9.3	18	13.9	43
其他企业	5.4		356.5	1104.6
港、澳、台商投资企业		39.5	400	4196.5
合资经营企业(港或澳、台资)		5.5		4114.5
港、澳、台商独资经营企业		34	400	82
外商投资企业	415.2	105.4	337.8	18230.9
中外合资经营企业	30		337.8	7057.5
外资企业	385.2	105.4		10793.2

14-28 续表 （2011 年） 单位:万元

类　别	引进技术经费支出	消化吸收经费支出	购买国内技术经费支出	技术改造经费支出
外商投资股份有限公司				380.2
按国民经济行业大类分				
采矿业		8956		62860
煤炭开采和洗选业		8956		62860
制造业	4507.7	1636.9	11636.9	101775.9
农副食品加工业				759.2
食品制造业	385.2	108.4	3	9046
饮料制造业				164
烟草制品业				4276.9
纺织服装、鞋、帽制造业				615.9
家具制造业				35
造纸及纸制品业				22
印刷业和记录媒介的复制		80	30	1100
化学原料及化学制品制造业		20		51.5
医药制造业		285	110	1654
塑料制品业		5.5		300.8
非金属矿物制品业	170.4	275	610	11975.9
黑色金属冶炼及压延加工业				4559
有色金属冶炼及压延加工业		86	49.5	46776.9
金属制品业				805
通用设备制造业	180	188	68	790.7
专用设备制造业	2610.6	429.2	1243.6	6409
交通运输设备制造业	1152.8		9452.8	9811.2
电气机械及器材制造业	8.7	159.8	70	526.7
通信设备、计算机及其他电子设备制造业				350
仪器仪表及文化、办公用机械制造业				1179
工艺品及其他制造业				567.2
电力、燃气及水的生产和供应业				97889
电力、热力的生产和供应业				97789
水的生产和供应业				100
按企业控股情况分				
国有控股	2627.3	9447.7	1716.2	216029.8
集体控股		371	159.5	1346.5
私人控股	1459.8	625	8656.9	16595.7
港澳台商控股		34	400	3022
外商控股	415.2	105.4		12451.4
其他	5.4	9.8	704.3	13079.5

14-29 规模以上工业企业限额以上 R&D 项目情况

（2011 年）

类　别	项目数合计(个)	参加科技项目人员(人)	本年度项目经费内部支出(万元)
总计	**1552**	**21264**	**427989.9**
按项目来源分			
国家科技项目	37	1235	25142.3
地方科技项目	75	957	24496.8
其他企业委托科技项目	30	236	2551.4
本企业自选科技项目	1387	18608	373670
来自境外的科技项目	3	10	162.7
其他科技项目	20	218	1966.7
按项目合作形式分			
与境外机构合作	12	393	9385.4
与境内高校合作	223	3749	109147.1
与境内独立研究院所合作	63	730	11883.8
与境内注册的外商独资企业合作	6	39	843
与境内注册的其他企业合作	57	856	13218.4
独立研究	1184	15101	278353.2
其他	7	396	5159
按项目活动类型分			
应用研究	4	25	241.6
试验发展	1548	21239	427748.3
按项目成果形式分			
论文或专著	23	217	4849.5
自主研制的新产品原型或样机、样件、样品、配方、新装置	773	9110	169617.7
自主开发的新技术或新工艺、新工法	703	11156	241173.9
发明专利	48	745	12121.6
基础软件	5	36	227.2
按项目技术经济目标分			
科学原理的探索、发现	1	10	21.2
技术原理的研究	42	313	6985.7
开发全新产品	735	10123	190425.8
增加产品功能或提高性能	389	4578	87003.5
提高劳动生产率	177	3197	87224.1
减少能源消耗或提高能源使用效率	107	1957	37465.8
节约原材料	26	281	6136.6
减少环境污染	42	517	7775.4
其他	33	288	4951.8
企业规模分			
大型	572	10584	265225.9

14-29 续表 （2011 年）

类　　别	项目数合计(个)	参加科技项目人员(人)	本年度项目经费内部支出(万元)
中型	510	6321	98111.6
小型	468	4350	64549.8
微型	2	9	102.6
隶属关系分			
中央	129	1974	32470.8
省(自治区、直辖市)	263	3706	100867.7
地(区、市、州、盟)	190	2903	73016.3
县(区、市、旗)	118	2000	28944.8
街道	8	35	211.4
镇	16	452	8094.2
乡	3	40	466.1
村委会	17	183	2993.2
其他	808	9971	180925.4
登记注册类型分			
内资企业	1395	18752	369470.3
国有企业	272	4258	101483.4
集体企业	10	155	3059
股份合作企业	2	66	393.1
联营企业	1	28	110.4
国有与集体联营企业	1	28	110.4
有限责任公司	441	5402	79277.9
国有独资公司	36	138	1984.5
其他有限责任公司	405	5264	77293.4
股份有限公司	284	3715	100954.1
私营企业	206	3460	53239.5
私营独资企业	55	615	8975.6
私营合伙企业	3	43	695.5
私营有限责任公司	135	2173	31174
私营股份有限公司	13	629	12394.4
其他企业	179	1668	30952.9
港、澳、台商投资企业	21	472	5540.5
合资经营企业(港或澳、台资)	11	239	2241.1
港、澳、台商独资经营企业	10	233	3299.4
外商投资企业	136	2040	52979.1
中外合资经营企业	68	1487	37815.7
外资企业	59	325	12105.6
外商投资股份有限公司	9	228	3057.8
按国民经济行业大类分			

（2011 年）

类　别	项目数合计（个）	参加科技项目人员（人）	本年度项目经费内部支出（万元）
采矿业	60	2130	70407
煤炭开采和洗选业	60	2130	70407
制造业	1362	18196	344642.7
农副食品加工业	38	424	6646.2
食品制造业	95	1141	16639.5
饮料制造业	10	246	4311.9
烟草制品业	40	249	3370.6
纺织业	3	61	1654.8
纺织服装、鞋、帽制造业	2	18	120
家具制造业	1	16	86
造纸及纸制品业	5	118	2376.1
印刷业和记录媒介的复制	20	249	3247.8
化学原料及化学制品制造业	38	381	6428
医药制造业	97	911	10033
橡胶制品业	3	68	739.8
塑料制品业	15	168	2267.2
非金属矿物制品业	186	2799	34188.8
黑色金属冶炼及压延加工业	17	353	13075.1
有色金属冶炼及压延加工业	69	1902	46707.4
金属制品业	61	379	7449.7
通用设备制造业	64	912	13385.4
专用设备制造业	210	2684	48572.2
交通运输设备制造业	156	2643	90099.7
电气机械及器材制造业	83	1116	14186.2
通信设备、计算机及其他电子设备制造业	39	390	9967.6
仪器仪表及文化、办公用机械制造业	95	811	7518.3
工艺品及其他制造业	15	157	1571.4
电力、燃气及水的生产和供应业	130	938	12940.2
电力、热力的生产和供应业	129	931	12843.2
燃气生产和供应业	1	7	97
企业控股情况分			
国有控股	516	6975	180540.6
集体控股	22	436	7997.2
私人控股	588	8233	124706.9
港澳台商控股	15	347	4961.4
外商控股	81	1485	28589.9
其他	330	3788	81193.9

主要统计指标解释

普通高等学校 指按照国家规定的设置标准和审批程序批准举办的，通过全国普通高等学校统一招生考试，招收高中毕业生为主要培养对象，实施高等教育的全日制大学、独立设置的学院和高等专科学校、高等职业学校和其他机构。

中等职业学校 指实施中等职业教育的学校，招生对象是初中毕业生和具有初中同等学历的人员，基本学制为三年制。

成人高等学校 指按照国家有关规定审批，招收通过全国成人高教统一招生考试的具有高中毕业或同等学历的在职从业人员，利用脱产、半脱产、业余或函授等多种形式对其实施高等学历教育，培养高等教育专科或本科毕业水平的专门人才，修业年限、课程设置和总学时数均按高等学历教育要求付诸实施的学校。

等级运动员人数 指经考核正式批准授予等级运动员称号的人数。运动员等级分为国际级运动健将、运动健将、一级运动员、二级运动员、三级运动员、少年级运动员。

等级裁判员人数 指经考核正式批准授予等级裁判员称号的人数。裁判员等级分为国际裁判、国家级裁判、一级裁判、二级裁判、三级裁判。

文化事业机构 指从事专业文化工作和专业文化工作服务的独立建制的单位。不包括这些单位另外举办独立核算的其他机构和各部门的业余文化组织。

研究与试验发展(R&D) 指在科学技术领域，为增加知识总量，以及运用这些知识去创造新的应用进行的系统的创造性的活动，包括基础研究、应用研究、试验发展三类活动。国际上通常采用 R&D 活动的规模和强度指标反映一国的科技实力和核心竞争力。

R&D 人员 指参与研究与试验发展项目研究、管理和辅助工作的人员，包括项目(课题)组人员，企业科技行政管理人员和直接为项目(课题)活动提供服务的辅助人员。反映投入从事拥有自主知识产权的研究开发活动的人力规模。

R&D 经费内部支出合计 指调查单位用于内部开展 R&D 活动(基础研究、应用研究和试验发展)的实际支出。包括用于 R&D 项目(课题)活动的直接支出，以及间接用于 R&D 活动的管理费、服务费、与 R&D 有关的基本建设支出以及外协加工费等。不包括生产性活动支出、归还贷款支出以及外单位合作或委托外单位进行 R&D 活动而转拨给对方的经费支出。

小学五年巩固率 指小学五年级在校学生中，能够从一年级连续学习五年的学生占入学时本年级学生数比重。计算方法：

$$\text{小学五年巩固率}=\frac{\text{五年级在校学生数}}{\text{该年级入小学一年级时学生数}}\times 100\%$$

艺术表演团体 指从事戏曲、音乐、舞蹈、杂技等专业艺术表演，有独立帐户，实行单独核算的团体，不包括半工半艺、半农半艺和民间职业剧团。

艺术表演场馆 指由各级文化主管部门、文化单位和其他部门(除部队系统处)举力的，具有观众厅设备，经常供专业艺术表演团体演出，并在工商、税务部门登记，公开售票的营业场所。

卫生机构 指从卫生、民政、工商行政、机构编制管理部门取得《医疗机构执业许可证》或法人单位登记证书，为社会提供医疗保健、疾病控制、卫生监督服务或从事医学科研和医学在职培训等工作的单位。

实有床位数 指年底固定实有床位数，包括正规床、简易床、监护床、超过半年加床、正在消毒和修理床位、因扩建或大修而停用床位。不包括产科新生儿床、接产室待产床、库存床、观察床、临时加床和病人家属陪侍床。

卫生技术人员 包括执业医师、执业助理医师、注册护士、药师(士)、检验及影像技师(士)、卫生监督员和见习医(药、护、技)师(士)等卫生专业人员。不包括从事管理工作的卫生技术人员(如院长、副院长、党委书记等)。

医院 包括综合医院、中医医院、中西医结合医院、民族医院、各类专科医院和护理院，不包括专科疾病防治院、妇幼保健院和疗养院。

R&D 经费内部支出中政府资金 指 R&D 经费内容支出中来自政府部门的各类资金,包括财政科学技术拨款、科学基金、教育等部门事业费及政府部门预算外资金的实际支出。

R&D 经费内部支出中企业资金 指 R&D 经费内部支出中来自本企业的自有资金和接受其他企业委托而获得的经费,以及科研院所、高校等事业单位从企业获得的资金的实际支出。

十五、企业景气

15-1 按不同类型分的企业家信心状况

（2011 年一季度）

分类	本期实际				下期预计			
	乐观	一般	不乐观	景气指数	乐观	一般	不乐观	景气指数
总 体 状 况	**51.60**	**43.17**	**5.23**	**146.36**	**51.69**	**42.77**	**5.53**	**146.16**
按行业门类分								
工业	58.76	37.77	3.47	155.29	60.45	35.47	4.07	156.38
建筑业	61.45	38.55		161.45	42.42	57.09	0.49	141.93
交通运输、仓储和邮政业	37.02	55.73	7.25	129.76	42.02	50.73	7.25	134.76
批发和零售业	38.36	57.72	3.92	134.43	48.86	45.26	5.88	142.98
房地产业	38.41	51.06	10.53	127.89	38.41	45.80	15.79	122.62
社会服务业	35.71	53.57	10.71	125.00	32.14	60.71	7.14	125.00
信息传输、计算机服务和软件	58.33	33.33	8.33	150.00	62.50	29.17	8.33	154.17
住宿和餐饮业	48.48	39.39	12.12	136.36	46.97	40.91	12.12	134.85
按企业登记注册类型分								
国有企业	47.93	49.19	2.88	145.05	49.65	45.56	4.78	144.87
集体企业	27.27	63.64	9.09	118.18	27.27	63.64	9.09	118.18
股份合作企业	100.00			200.00	100.00			200.00
联营企业		100.00		100.00		100.00		100.00
有限责任公司	50.26	45.19	4.55	145.72	49.68	45.13	5.19	144.48
股份有限公司	50.96	43.56	5.48	145.48	61.60	34.73	3.67	157.94
私营企业	21.43	57.14	21.43	100.00	28.57	50.00	21.43	107.14
港、澳、台投资企业	46.26	36.36	17.38	128.89	36.36	37.17	26.47	109.90
外商投资企业	66.88	17.65	15.47	151.41	61.00	33.12	5.88	155.11
按企业规模分								
大型	65.53	28.75	5.72	159.81	67.86	29.76	2.38	165.48
中型	57.85	39.67	2.48	155.37	59.50	37.19	3.31	156.20
小型	35.11	55.73	9.16	125.95	35.88	53.44	10.69	125.19

15-2 按不同类型分的企业综合经营状况

（2011 年一季度）

分类	本期实际				下期预计			
	乐观	一般	不乐观	景气指数	乐观	一般	不乐观	景气指数
总 体 状 况	**49.25**	**42.42**	**8.33**	**140.92**	**53.45**	**41.81**	**4.74**	**148.70**
按行业门类分								
工业	56.03	34.30	9.66	146.37	60.12	35.81	4.07	156.04
建筑业	62.38	37.62		162.38	66.58	33.42		166.58
交通运输、仓储和邮政业	32.39	62.61	5.00	127.39	42.39	57.61		142.39
批发和零售业	32.59	53.68	13.73	118.87	41.33	42.98	15.69	125.65
房地产业	33.15	61.59	5.26	127.89	38.41	51.06	10.53	127.89
社会服务业	39.29	53.57	7.14	132.14	39.29	57.14	3.57	135.71
信息传输、计算机服务和软件	45.83	41.67	12.50	133.33	58.33	33.33	8.33	150.00
住宿和餐饮业	43.94	46.97	9.09	134.85	37.88	53.03	9.09	128.79
按企业登记注册类型分								
国有企业	40.81	52.30	6.90	133.91	51.65	41.46	6.90	144.75
集体企业	36.36	54.55	9.09	127.27	45.45	54.55		145.45
股份合作企业	100.00			200.00	100.00			200.00
联营企业		100.00		100.00		100.00		100.00
有限责任公司	46.45	45.75	7.79	138.66	45.83	47.67	6.49	139.34
股份有限公司	52.02	38.65	9.33	142.69	71.89	22.52	5.59	166.30
私营企业	14.29	64.29	21.43	92.86	21.43	64.29	14.29	107.14
港、澳、台投资企业	45.57	27.97	26.47	119.10	36.36	46.26	17.38	118.99
外商投资企业	66.88	17.65	15.47	151.41	55.11	39.00	5.88	149.23
按企业规模分								
大型	71.91	23.08	5.01	166.90	84.45	13.98	1.57	182.89
中型	53.72	39.67	6.61	147.11	56.20	38.02	5.79	150.41
小型	29.01	57.25	13.74	115.27	31.30	58.78	9.92	121.37

15-3 按不同类型分的企业生产情况

（2011 年一季度）

分类	本期实际				下期预计			
	乐观	一般	不乐观	景气指数	乐观	一般	不乐观	景气指数
总 体 状 况	**29.80**	**38.47**	**31.73**	**98.07**	**53.14**	**34.90**	**11.96**	**141.18**
按行业门类分								
工业	31.53	32.27	36.20	95.33	55.47	33.77	10.75	144.72
建筑业	14.27	39.90	45.82	68.45	79.10	20.90		179.10
交通运输、仓储和邮政业	30.60	54.40	15.00	115.60	49.16	42.25	8.59	140.57
批发和零售业	27.06	44.50	28.44	98.63	47.16	31.27	21.57	125.59
房地产业	30.01	36.84	33.15	96.86	40.54	31.58	27.89	112.65
社会服务业	32.14	57.14	10.71	121.43	42.86	46.43	10.71	132.14
信息传输、计算机服务和软件	31.83	43.17	25.00	106.83	58.33	33.33	8.33	150.00
住宿和餐饮业	28.79	15.15	56.06	72.73	33.33	36.36	30.30	103.03
按企业登记注册类型分								
国有企业	23.09	40.61	36.29	86.80	66.56	23.10	10.34	156.21
集体企业	9.09	45.45	45.45	63.64	18.18	72.73	9.09	109.09
股份合作企业		100.00		100.00	100.00			200.00
联营企业	100.00			200.00			100.00	
有限责任公司	26.89	35.25	37.86	89.03	46.54	38.17	15.29	131.25
股份有限公司	37.66	33.83	28.50	109.16	66.94	27.29	5.77	161.17
私营企业	21.43	42.86	35.71	85.71	21.43	35.71	42.86	78.57
港、澳、台投资企业	53.85	27.27	18.88	134.97	18.18	55.35	26.47	91.72
外商投资企业	45.30	35.29	19.40	125.90	64.29	23.95	11.76	152.52
按企业规模分								
大型	26.96	27.20	45.84	81.13	81.13	12.73	6.13	175.00
中型	31.40	38.84	29.75	101.65	53.72	35.54	10.74	142.98
小型	25.19	38.17	36.64	88.55	35.88	42.75	21.37	114.50

15-4 按不同类型分的企业赢利（亏损）状况

（2011 年一季度）

分类	本期实际				下期预计			
	乐观	一般	不乐观	景气指数	乐观	一般	不乐观	景气指数
总 体 状 况	**28.37**	**45.39**	**26.24**	**102.12**	**42.83**	**40.43**	**16.74**	**126.09**
按行业门类分								
工业	35.64	44.60	19.76	115.88	57.22	34.57	8.22	149.00
建筑业	19.94	55.41	24.65	95.29	22.79	62.36	14.85	107.94
交通运输、仓储和邮政业	9.97	47.14	42.89	67.08	26.38	40.00	33.62	92.76
批发和零售业	31.29	23.36	45.35	85.93	32.72	41.53	25.75	106.97
房地产业	10.53	56.33	33.15	77.38	10.53	51.06	38.41	72.11
社会服务业	21.43	50.00	28.57	92.86	25.00	46.43	28.57	96.43
信息传输、计算机服务和软件	27.74	43.09	29.17	98.58	40.24	47.26	12.50	127.74
住宿和餐饮业	18.18	39.39	42.42	75.76	30.30	40.91	28.79	101.52
按企业登记注册类型分								
国有企业	29.99	35.69	34.32	95.68	37.80	35.61	26.59	111.21
国体企业	9.09	45.45	45.45	63.64	27.27	45.45	27.27	100.00
股份合作企业	100.00			200.00	100.00			200.00
联营企业	100.00			200.00			100.00	
有限责任公司	22.47	49.47	28.06	94.42	38.12	49.36	12.52	125.60
股份有限公司	27.14	37.77	35.09	92.05	53.09	27.44	19.46	133.63
私营企业	14.29	42.86	42.86	71.43	21.43	35.71	42.86	78.57
港、澳、台投资企业	45.57	0.69	53.74	91.83	36.36	35.67	27.97	108.40
外商投资企业	48.82	35.71	15.47	133.34	46.64	41.59	11.76	134.88
按企业规模分								
大型	21.92	53.33	24.75	97.17	59.20	22.46	18.34	140.86
中型	35.54	42.15	22.31	113.22	46.28	36.36	17.36	128.93
小型	18.32	41.22	40.46	77.86	26.72	55.73	17.56	109.16

15-5　按不同类型分的企业流动资金状况

（2011 年一季度）

分类	本期实际				下期预计			
	充足	一般	紧张	景气指数	充足	一般	紧张	景气指数
总　体　状　况	**28.06**	**48.10**	**23.85**	**104.21**	**27.13**	**48.18**	**24.69**	**102.45**
按行业门类分								
工业	34.30	43.88	21.82	112.48	33.28	44.99	21.73	111.55
建筑业	10.94	44.93	44.13	66.81	10.45	44.17	45.37	65.08
交通运输、仓储和邮政业		80.36	19.64	80.36		80.36	19.64	80.36
批发和零售业	20.58	43.78	35.65	84.93	20.58	49.01	30.41	90.16
房地产业	12.10	66.85	21.05	91.04	17.36	56.33	26.32	91.04
社会服务业	35.71	46.43	17.86	117.86	32.14	42.86	25.00	107.14
信息传输、计算机服务和软件	31.83	43.17	25.00	106.83	21.08	49.76	29.17	91.91
住宿和餐饮业	31.82	42.42	25.76	106.07	34.85	45.45	19.69	115.16
按企业登记注册类型分								
国有企业	9.16	59.78	31.06	78.10	10.34	57.42	32.23	78.11
国体企业	9.09	63.64	27.27	81.82	9.09	81.82	9.09	100.00
股份合作企业		100.00		100.00		100.00		100.00
联营企业		100.00		100.00		100.00		100.00
有限责任公司	30.23	39.79	29.98	100.25	27.63	43.80	28.57	99.07
股份有限公司	33.27	51.28	15.45	117.82	37.12	45.51	17.38	119.74
私营企业	7.14	71.43	21.43	85.71	7.14	64.29	28.57	78.57
港、澳、台投资企业	36.36	27.27	36.36	100.00	18.18	54.66	27.16	91.02
外商投资企业	37.47	62.53		137.47	47.06	47.06	5.88	141.18
按企业规模分								
大型	46.79	37.54	15.67	131.12	48.67	37.21	14.12	134.55
中型	28.10	49.59	22.31	105.79	29.75	46.28	23.97	105.79
小型	16.79	50.38	32.82	83.97	12.98	54.96	32.06	80.92

15-6　按不同类型分的企业货款拖欠状况

（2011 年一季度）

分类	本期实际				下期预计			
	良好	一般	不佳	景气指数	良好	一般	不佳	景气指数
总　体　状　况	**29.25**	**55.64**	**15.11**	**114.14**	**24.41**	**61.74**	**13.85**	**110.56**
按行业门类分								
工业	35.73	49.45	14.83	120.90	29.09	56.84	14.07	115.01
建筑业	31.17	67.28	1.55	129.61	8.05	80.19	11.76	96.29
交通运输、仓储和邮政业	6.38	73.62	20.00	86.38	11.38	83.62	5.00	106.38
批发和零售业	27.45	44.67	27.88	99.57	23.28	68.31	8.40	114.88
房地产业	12.10	72.11	15.79	96.31	22.62	56.33	21.05	101.57
社会服务业	21.43	67.86	10.71	110.71	21.43	60.71	17.86	103.57
信息传输、计算机服务和软件	44.65	41.34	14.01	130.65	27.99	55.35	16.67	111.32
住宿和餐饮业	19.69	46.97	33.33	86.36	27.27	57.58	15.15	112.12
按企业登记注册类型分								
国有企业	12.56	75.37	12.07	100.50	12.07	80.45	7.49	104.58
国体企业	9.09	54.55	36.36	72.73	9.09	63.64	27.27	81.82
股份合作企业	100.00			200.00	100.00			200.00
联营企业		100.00		100.00		100.00		100.00
有限责任公司	37.23	47.60	15.17	122.05	29.39	54.67	15.94	113.44
股份有限公司	34.65	40.58	24.77	109.89	28.61	62.15	9.24	119.36
私营企业	14.29	71.43	14.29	100.00		78.57	21.43	78.57
港、澳、台投资企业	28.08	36.36	35.56	92.52	44.76	46.15	9.09	135.67
外商投资企业	17.65	62.95	19.40	98.24	13.52	74.71	11.76	101.76
按企业规模分								
大型	49.65	35.83	14.52	135.13	38.24	57.88	3.88	134.36
中型	25.62	57.02	17.36	108.26	24.79	59.50	15.70	109.09
小型	24.43	57.25	18.32	106.11	18.32	65.65	16.03	102.29

15-7　按不同类型分的企业用工状况

（2011 年一季度）

分类	本期实际				下期预计			
	增加	持平	减少	景气指数	增加	持平	减少	景气指数
总　体　状　况	**32.19**	**57.35**	**10.46**	**121.74**	**41.85**	**52.72**	**5.43**	**136.41**
按行业门类分								
工业	33.36	57.58	9.06	124.30	45.92	50.54	3.54	142.38
建筑业	49.15	19.07	31.78	117.37	69.45	27.32	3.23	166.22
交通运输、仓储和邮政业	17.02	82.98		117.02	27.02	64.40	8.59	118.43
批发和零售业	24.29	58.01	17.70	106.59	16.73	64.25	19.02	97.71
房地产业	26.32	57.89	15.79	110.53	31.58	47.37	21.05	110.53
社会服务业	28.57	67.86	3.57	125.00	35.71	64.29		135.71
信息传输、计算机服务和软件	28.27	55.07	16.67	111.60	28.27	71.73		128.27
住宿和餐饮业	50.00	40.91	9.09	140.91	42.42	48.48	9.09	133.33
按企业登记注册类型分								
国有企业	23.12	59.64	17.24	105.87	35.77	57.33	6.90	128.88
国体企业	36.36	54.55	9.09	127.27	27.27	63.64	9.09	118.18
股份合作企业	100.00			200.00	100.00			200.00
联营企业		100.00		100.00			100.00	
有限责任公司	30.42	55.21	14.37	116.06	42.13	50.07	7.79	134.34
股份有限公司	33.40	58.62	7.99	125.41	33.73	62.38	3.90	129.83
私营企业	28.57	64.29	7.14	121.43	21.43	64.29	14.29	107.14
港、澳、台投资企业	27.97	62.94	9.09	118.88	18.18	63.52	18.29	99.89
外商投资企业	41.18	45.30	13.52	127.66	48.82	45.30	5.88	142.93
按企业规模分								
大型	14.32	76.61	9.07	105.25	48.80	49.97	1.23	147.57
中型	41.32	45.45	13.22	128.10	46.28	47.93	5.79	140.50
小型	29.01	55.73	15.27	113.74	30.53	58.02	11.45	119.08

15-8　按不同类型分的企业固定资产投资状况

（2011 年一季度）

分类	本期实际				下期预计			
	增加	持平	减少	景气指数	增加	持平	减少	景气指数
总　体　状　况	**22.86**	**58.96**	**18.18**	**104.68**	**30.77**	**59.82**	**9.41**	**121.36**
按行业门类分								
工业	20.82	59.67	19.52	101.30	37.00	57.63	5.37	131.63
建筑业	12.26	74.32	13.43	98.83	27.41	66.14	6.45	120.96
交通运输、仓储和邮政业	20.36	64.64	15.00	105.36	26.77	68.23	5.00	121.77
批发和零售业	19.95	62.18	17.87	102.08	12.36	71.96	15.69	96.67
房地产业	36.84	40.54	22.62	114.22	31.58	35.27	33.15	98.43
社会服务业	35.71	50.00	14.29	121.43	25.00	60.71	14.29	110.71
信息传输、计算机服务和软件	17.19	61.98	20.83	96.36	17.19	70.31	12.50	104.69
住宿和餐饮业	21.21	57.58	21.21	100.00	9.09	69.70	21.21	87.88
按企业登记注册类型分								
国有企业	27.36	56.63	16.01	111.35	33.75	55.90	10.34	123.41
国体企业	9.09	72.73	18.18	90.91	18.18	72.73	9.09	109.09
股份合作企业	100.00			200.00		100.00		100.00
联营企业	100.00			200.00		100.00		100.00
有限责任公司	20.66	52.02	27.32	93.33	26.96	58.66	14.39	112.57
股份有限公司	20.40	69.10	10.50	109.90	29.02	67.13	3.85	125.17
私营企业	21.43	64.29	14.29	107.14	7.14	71.43	21.43	85.71
港、澳、台投资企业	9.09	81.82	9.09	100.00	9.09	81.82	9.09	100.00
外商投资企业	23.53	59.24	17.23	106.30	37.05	57.07	5.88	131.17
按企业规模分								
大型	14.27	39.96	45.77	68.50	60.58	39.09	0.33	160.25
中型	21.49	66.94	11.57	109.92	22.31	68.60	9.09	113.22
小型	23.66	56.49	19.85	103.82	17.56	63.36	19.08	98.47

15-9 按不同类型分的企业产品订货状况

（2011 年一季度）

分类	本期实际				下期预计			
	良好	一般	不佳	景气指数	良好	一般	不佳	景气指数
总 体 状 况	**33.88**	**47.13**	**18.99**	**114.88**	**42.12**	**47.11**	**10.77**	**131.35**
按行业门类分								
工业	38.22	45.17	16.62	121.60	48.90	41.74	9.36	139.55
建筑业	34.68	28.75	36.57	98.11	36.49	50.61	12.90	123.59
交通运输、仓储和邮政业	25.60	64.40	10.00	115.60	49.16	47.25	3.59	145.57
批发和零售业	27.51	52.50	19.99	107.52	37.24	45.11	17.65	119.59
房地产业	5.26	56.33	38.41	66.85	10.53	56.33	33.15	77.38
社会服务业	39.29	53.57	7.14	132.14	28.57	67.86	3.57	125.00
信息传输、计算机服务和软件	21.08	49.76	29.17	91.91	46.08	37.26	16.67	129.41
住宿和餐饮业	22.73	30.30	46.97	75.76	39.39	39.39	21.21	118.18
按企业登记注册类型分								
国有企业	25.49	48.48	26.02	99.47	50.70	38.58	10.71	139.99
国体企业	27.27	36.36	36.36	90.91	18.18	81.82		118.18
股份合作企业	100.00			200.00	100.00			200.00
联营企业	100.00			200.00			100.00	
有限责任公司	33.37	42.74	23.89	109.49	35.94	47.96	16.10	119.84
股份有限公司	28.41	53.14	18.45	109.96	61.76	32.47	5.77	155.99
私营企业	28.57	42.86	28.57	100.00	28.57	35.71	35.71	92.86
港、澳、台投资企业	53.85	36.36	9.79	144.07	18.18	64.44	17.38	100.81
外商投资企业	31.59	52.94	15.47	116.11	46.64	47.48	5.88	140.76
按企业规模分								
大型	64.54	18.25	17.21	147.32	68.56	24.83	6.61	161.95
中型	28.33	51.67	20.00	108.33	40.83	45.83	13.33	127.50
小型	21.54	50.77	27.69	93.85	30.00	53.08	16.92	113.08

15-10 按不同类型分的企业融资状况

（2011 年一季度）

分类	本期实际				下期预计			
	良好	一般	不佳	景气指数	良好	一般	不佳	景气指数
总 体 状 况	**16.48**	**59.99**	**23.52**	**92.96**	**15.81**	**60.23**	**23.96**	**91.85**
按行业门类分								
工业	21.38	54.42	24.19	97.19	20.73	56.89	22.37	98.36
建筑业	2.78	81.30	15.91	86.87	2.78	76.55	20.66	82.12
交通运输、仓储和邮政业		72.11	27.89	72.11		72.11	27.89	72.11
批发和零售业	10.28	59.31	30.41	79.87	10.46	59.13	30.41	80.05
房地产业		63.16	36.84	63.16		52.63	47.37	52.63
社会服务业	23.08	57.69	19.23	103.85	19.23	57.69	23.08	96.15
信息传输、计算机服务和软件	19.65	72.01	8.33	111.32	23.82	67.85	8.33	115.49
住宿和餐饮业	12.12	75.76	12.12	100.00	15.15	72.73	12.12	103.03
按企业登记注册类型分								
国有企业	6.90	78.05	15.05	91.85	6.90	75.16	17.94	88.95
国体企业	10.00	40.00	50.00	60.00	10.00	40.00	50.00	60.00
股份合作企业			100.00				100.00	
联营企业		100.00		100.00		100.00		100.00
有限责任公司	18.12	54.09	27.79	90.33	18.78	56.33	24.89	93.90
股份有限公司	17.52	69.95	12.53	104.99	16.79	68.68	14.53	102.26
私营企业	7.14	71.43	21.43	85.71	7.14	64.29	28.57	78.57
港、澳、台投资企业	18.18	46.26	35.56	82.62	9.09	55.35	35.56	73.53
外商投资企业	23.11	71.01	5.88	117.23	23.11	59.24	17.65	105.46
按企业规模分								
大型	48.97	43.51	7.52	141.46	47.15	48.57	4.28	142.87
中型	9.24	68.07	22.69	86.55	8.40	68.91	22.69	85.71
小型	7.87	62.20	29.92	77.95	9.45	58.27	32.28	77.17

15-11　按不同类型分的企业家信心状况

（2011 年二季度）

分类	本期实际				下期预计			
	乐观	一般	不乐观	景气指数	乐观	一般	不乐观	景气指数
总　体　状　况	**47.14**	**45.60**	**7.26**	**139.89**	**49.10**	**41.72**	**9.18**	**139.92**
按行业门类分								
工业	51.83	40.84	7.33	144.51	53.80	39.79	6.41	147.39
建筑业	34.12	65.88		134.12	36.69	44.50	18.80	117.89
交通运输、仓储和邮政业	44.16	50.84	5.00	139.16	54.16	45.84		154.16
批发和零售业	41.81	50.19	8.00	133.81	42.34	49.66	8.00	134.34
房地产业	44.44	42.79	12.77	131.68	50.00	27.78	22.22	127.78
社会服务业	40.74	48.15	11.11	129.63	37.04	48.15	14.81	122.22
信息传输、计算机服务和软件	43.42	56.58		143.42	55.92	35.75	8.33	147.58
住宿和餐饮业	48.44	45.31	6.25	142.19	43.75	43.75	12.50	131.25
按企业登记注册类型分								
国有企业	49.56	43.42	7.02	142.54	48.36	48.13	3.51	144.85
国体企业	27.27	54.55	18.18	109.09	36.36	63.64		136.36
股份合作企业	100.00			200.00	100.00			200.00
联营企业		100.00		100.00		100.00		100.00
有限责任公司	43.91	50.74	5.35	138.55	47.41	42.56	10.03	137.38
股份有限公司	50.11	44.54	5.35	144.76	52.67	41.98	5.35	147.32
私营企业	28.57	64.29	7.14	121.43	35.71	35.71	28.57	107.14
港、澳、台投资企业	45.57	27.97	26.47	119.10	28.08	45.45	26.47	101.61
外商投资企业	50.44	49.56		150.44	50.44	37.06	12.50	137.94
按企业规模分								
大型	60.26	37.04	2.71	157.55	61.61	31.43	6.96	154.65
中型	52.94	42.86	4.20	148.74	54.62	37.82	7.56	147.06
小型	32.54	57.14	10.32	122.22	34.92	53.17	11.90	123.02

15-12　按不同类型分的企业综合经营状况

（2011 年二季度）

分类	本期实际				下期预计			
	乐观	一般	不乐观	景气指数	乐观	一般	不乐观	景气指数
总　体　状　况	**44.87**	**46.19**	**8.95**	**135.92**	**46.95**	**45.15**	**7.9**	**139.05**
按行业门类分								
工业	52.41	37.65	9.94	142.47	53.53	38.58	7.89	145.64
建筑业	36.11	60.77	3.13	132.98	46.37	53.63		146.37
交通运输、仓储和邮政业	22.39	72.61	5.00	117.39	22.39	72.61	5.00	117.39
批发和零售业	41.10	52.90	6.00	135.10	43.64	44.36	12.00	131.64
房地产业	27.78	66.67	5.56	122.22	38.89	55.56	5.56	133.33
社会服务业	40.74	48.15	11.11	129.63	37.04	51.85	11.11	125.93
信息传输、计算机服务和软件	41.67	33.33	25.00	116.67	45.83	41.67	12.50	133.33
住宿和餐饮业	42.19	51.56	6.25	135.94	53.13	34.38	12.50	140.63
按企业登记注册类型分								
国有企业	35.67	53.80	10.53	125.15	38.49	50.99	10.53	127.96
国体企业	18.18	72.73	9.09	109.09	27.27	63.64	9.09	118.18
股份合作企业	100.00			200.00	100.00			200.00
联营企业		100.00		100.00		100.00		100.00
有限责任公司	42.92	49.80	7.28	135.63	44.93	47.12	7.95	136.99
股份有限公司	62.04	30.61	7.35	154.68	61.11	35.08	3.81	157.29
私营企业	7.14	71.43	21.43	85.71	21.43	50.00	28.57	92.86
港、澳、台投资企业	45.57	27.97	26.47	119.10	46.26	27.27	26.47	119.79
外商投资企业	44.19	39.37	16.44	127.75	58.56	41.44		158.56
按企业规模分								
大型	67.98	27.29	4.73	163.25	66.57	31.88	1.55	165.02
中型	47.06	44.54	8.40	138.66	54.62	39.50	5.88	148.74
小型	26.98	60.32	12.70	114.29	28.57	56.35	15.08	113.49

15-13 按不同类型分的企业生产状况

（2011 年二季度）

分类	本期实际				下期预计			
	乐观	一般	不乐观	景气指数	乐观	一般	不乐观	景气指数
总　体　状　况	**46.01**	**34.96**	**19.03**	**126.97**	**40.93**	**41.96**	**17.11**	**123.82**
按行业门类分								
工业	49.83	32.05	18.12	131.71	47.02	37.32	15.65	131.37
建筑业	43.67	34.40	21.93	121.75	41.52	58.48		141.52
交通运输、仓储和邮政业	46.74	38.26	15.00	131.74	33.15	48.26	18.59	114.56
批发和零售业	41.33	30.10	28.57	112.76	27.92	53.71	18.37	109.55
房地产业	22.22	53.90	23.88	98.34	40.55	31.68	27.78	112.77
社会服务业	48.15	37.04	14.81	133.33	29.63	44.44	25.93	103.70
信息传输、计算机服务和软件	33.33	41.67	25.00	108.33	54.17	33.33	12.50	141.67
住宿和餐饮业	32.82	43.75	23.43	109.38	17.18	57.82	25.00	92.18
按企业登记注册类型分								
国有企业	49.06	34.87	16.07	132.99	33.46	54.04	12.50	120.96
国体企业	9.09	54.55	36.36	72.73	9.09	72.73	18.18	90.91
股份合作企业		100.00		100.00	100.00			200.00
联营企业	100.00			200.00			100.00	
有限责任公司	41.38	38.26	20.36	121.02	39.62	43.11	17.27	122.35
股份有限公司	59.19	28.81	12.00	147.19	43.42	48.58	8.00	135.42
私营企业	7.14	57.14	35.71	71.43	21.43	35.71	42.86	78.57
港、澳、台投资企业	45.57	18.18	36.25	109.31	18.88	53.85	27.27	91.60
外商投资企业	41.88	39.37	18.75	123.13	43.75	31.25	25.00	118.75
按企业规模分								
大型	68.29	17.42	14.30	153.99	53.51	45.99	0.51	153.00
中型	44.92	38.14	16.95	127.97	40.68	43.22	16.10	124.58
小型	28.57	44.44	26.98	101.59	28.57	45.24	26.19	102.38

15-14 按不同类型分的企业赢利(亏损)状况

（2011 年二季度）

分类	本期实际				下期预计			
	乐观	一般	不乐观	景气指数	乐观	一般	不乐观	景气指数
总　体　状　况	**34.10**	**43.09**	**22.81**	**111.30**	**37.65**	**46.26**	**16.09**	**121.56**
按行业门类分								
工业	38.18	47.32	14.50	123.68	47.77	43.53	8.70	139.07
建筑业	28.46	34.31	37.23	91.23	27.92	62.71	9.38	118.54
交通运输、仓储和邮政业	24.97	30.00	45.03	79.93	16.38	45.00	38.62	77.76
批发和零售业	29.42	33.17	37.40	92.02	35.40	37.31	27.29	108.11
房地产业	20.57	51.66	27.78	92.79	31.68	46.10	22.22	109.45
社会服务业	33.33	40.74	25.93	107.41	18.52	51.85	29.63	88.89
信息传输、计算机服务和软件	41.67	29.17	29.17	112.50	52.66	26.51	20.83	131.83
住宿和餐饮业	28.13	45.32	26.56	101.57	18.75	65.63	15.63	103.13
按企业登记注册类型分								
国有企业	33.07	37.91	29.02	104.05	22.54	60.22	17.24	105.30
国体企业	18.18	45.45	36.36	81.82	18.18	63.64	18.18	100.00
股份合作企业	100.00			200.00	100.00			200.00
联营企业	100.00			200.00			100.00	
有限责任公司	28.64	50.50	20.86	107.78	39.67	45.76	14.57	125.10
股份有限公司	46.03	27.73	26.24	119.80	51.25	28.51	20.24	131.02
私营企业	14.29	35.71	50.00	64.29	21.43	42.86	35.71	85.71
港、澳、台投资企业	45.57	27.27	27.16	118.41	27.38	54.43	18.18	109.20
外商投资企业	37.06	44.19	18.75	118.31	43.31	44.19	12.50	130.81
按企业规模分								
大型	28.85	50.03	21.12	107.73	54.80	32.32	12.87	141.93
中型	40.34	41.18	18.49	121.85	39.50	49.58	10.92	128.57
小型	25.40	42.86	31.75	93.65	26.98	49.21	23.81	103.17

15-15 按不同类型分的企业流动资金状况

（2011 年二季度）

分类	本期实际				下期预计			
	充足	一般	紧张	景气指数	充足	一般	紧张	景气指数
总 体 状 况	**26.74**	**44.91**	**28.35**	**98.39**	**25.79**	**47.13**	**27.08**	**98.70**
按行业门类分								
工业	32.36	37.70	29.94	102.42	32.36	40.45	27.19	105.17
建筑业	14.93	29.06	56.01	58.93	18.46	27.70	53.84	64.63
交通运输、仓储和邮政业	5.00	70.36	24.64	80.36		75.36	24.64	75.36
批发和零售业	16.48	63.68	19.84	96.64	18.48	57.68	23.84	94.64
房地产业	16.67	66.67	16.67	100.00	16.67	55.56	27.78	88.89
社会服务业	29.63	55.56	14.81	114.81	22.22	62.96	14.81	107.41
信息传输、计算机服务和软件	30.92	31.58	37.50	93.42	30.92	52.42	16.67	114.25
住宿和餐饮业	29.69	39.06	31.25	98.44	29.69	39.06	31.25	98.44
按企业登记注册类型分								
国有企业	12.28	46.49	41.23	71.05	14.04	41.22	44.74	69.30
国体企业	9.09	63.64	27.27	81.82	9.09	72.73	18.18	90.91
股份合作企业		100.00		100.00		100.00		100.00
联营企业		100.00		100.00		100.00		100.00
有限责任公司	30.20	37.12	32.69	97.51	28.24	41.89	29.88	98.36
股份有限公司	32.76	55.00	12.25	120.51	34.76	53.00	12.25	122.51
私营企业		57.14	42.86	57.14		57.14	42.86	57.14
港、澳、台投资企业	18.18	37.06	44.76	73.42	18.18	37.06	44.76	73.42
外商投资企业	33.56	60.19	6.25	127.31	33.56	66.44		133.56
按企业规模分								
大型	51.45	25.18	23.37	128.08	51.55	25.60	22.86	128.69
中型	25.21	47.06	27.73	97.48	25.21	47.90	26.89	98.32
小型	14.29	52.38	33.33	80.95	13.49	55.56	30.95	82.54

15-16 按不同类型分的企业货款拖欠状况

（2011 年二季度）

分类	本期实际				下期预计			
	良好	一般	不佳	景气指数	良好	一般	不佳	景气指数
总 体 状 况	**23.81**	**57.89**	**18.30**	**105.51**	**25.55**	**65.69**	**8.76**	**116.79**
按行业门类分								
工业	29.18	52.64	18.18	111.00	33.33	57.56	9.11	124.23
建筑业	9.57	47.08	43.35	66.22	7.40	72.61	20.00	87.40
交通运输、仓储和邮政业	11.38	70.03	18.59	92.79	14.97	85.03		114.97
批发和零售业	28.31	63.69	8.00	120.31	21.84	68.38	9.79	112.05
房地产业	29.43	59.45	11.11	118.32	29.43	59.45	11.11	118.32
社会服务业	14.81	74.07	11.11	103.70	11.11	85.19	3.70	107.41
信息传输、计算机服务和软件	27.99	47.01	25.00	102.99	40.49	38.68	20.83	119.65
住宿和餐饮业	9.38	71.88	18.75	90.63	9.38	87.50	3.13	106.25
按企业登记注册类型分								
国有企业	12.28	69.42	18.30	93.98	16.02	71.14	12.84	103.18
国体企业	18.18	63.64	18.18	100.00	18.18	63.64	18.18	100.00
股份合作企业	100.00			200.00	100.00			200.00
联营企业			100.00		100.00			200.00
有限责任公司	23.12	54.51	22.37	100.75	22.95	67.44	9.60	113.35
股份有限公司	36.03	48.85	15.13	120.90	35.65	54.66	9.69	125.96
私营企业	7.14	85.71	7.14	100.00	21.43	71.43	7.14	114.29
港、澳、台投资企业	18.18	81.82		118.18	27.27	54.43	18.29	108.98
外商投资企业	28.94	64.81	6.25	122.69	12.50	81.25	6.25	106.25
按企业规模分								
大型	47.33	39.29	13.38	133.94	39.13	53.69	7.18	131.95
中型	20.17	58.82	21.01	99.16	21.85	67.23	10.92	110.92
小型	15.87	66.67	17.46	98.41	19.84	69.84	10.32	109.52

15-17　按不同类型分的企业用工状况

（2011 年二季度）

分类	本期实际				下期预计			
	增加	持平	减少	景气指数	增加	持平	减少	景气指数
总　体　状　况	**31.72**	**58.88**	**9.40**	**122.31**	**30.74**	**62.97**	**6.29**	**124.45**
按行业门类分								
工业	28.37	61.61	10.02	118.35	33.29	61.20	5.50	127.79
建筑业	49.29	47.10	3.61	145.68	38.71	61.29		138.71
交通运输、仓储和邮政业	34.16	50.84	15.00	119.16	29.16	55.84	15.00	114.16
批发和零售业	20.53	71.47	8.00	112.53	8.19	83.60	8.21	99.98
房地产业	27.78	59.45	12.77	115.01	33.33	50.00	16.67	116.67
社会服务业	37.04	55.56	7.41	129.63	25.93	70.37	3.70	122.22
信息传输、计算机服务和软件	25.85	61.65	12.50	113.35	13.92	77.74	8.33	105.59
住宿和餐饮业	53.13	43.75	3.13	150.00	43.75	53.13	3.13	140.63
按企业登记注册类型分								
国有企业	36.58	52.90	10.53	126.05	33.76	55.71	10.53	123.24
国体企业	18.18	63.64	18.18	100.00	36.36	45.45	18.18	118.18
股份合作企业	100.00			200.00		100.00		100.00
联营企业		100.00		100.00		100.00		100.00
有限责任公司	29.76	63.56	6.68	123.08	25.17	70.15	4.68	120.49
股份有限公司	37.46	56.48	6.06	131.39	30.42	65.58	4.00	126.42
私营企业	28.57	50.00	21.43	107.14	14.29	71.43	14.29	100.00
港、澳、台投资企业	9.79	81.12	9.09	100.69	0.69	90.21	9.09	91.60
外商投资企业	25.44	58.12	16.44	109.00	37.94	62.06		137.94
按企业规模分								
大型	14.88	77.31	7.81	107.06	17.25	82.61	0.14	117.11
中型	42.02	50.42	7.56	134.45	37.82	55.46	6.72	131.09
小型	28.57	60.32	11.11	117.46	22.22	68.25	9.52	112.70

15-18　按不同类型分的企业固定资产投资状况

（2011 年二季度）

分类	本期实际				下期预计			
	增加	持平	减少	景气指数	增加	持平	减少	景气指数
总　体　状　况	**26.24**	**63.15**	**10.60**	**115.64**	**22.28**	**67.32**	**10.40**	**111.89**
按行业门类分								
工业	28.25	60.45	11.30	116.95	28.44	61.47	10.09	118.35
建筑业	25.97	54.78	19.25	106.71	20.21	60.99	18.80	101.40
交通运输、仓储和邮政业	21.77	73.23	5.00	116.77	21.77	73.23	5.00	116.77
批发和零售业	16.18	73.82	10.00	106.18	5.81	84.19	10.00	95.81
房地产业	29.43	42.79	27.78	101.66	22.22	50.00	27.78	94.44
社会服务业	25.93	74.07		125.93	7.41	88.89	3.70	103.70
信息传输、计算机服务和软件	21.36	66.14	12.50	108.86	20.50	67.00	12.50	108.00
住宿和餐饮业	21.88	71.88	6.25	115.63	18.75	75.00	6.25	112.50
按企业登记注册类型分								
国有企业	23.09	71.48	5.43	117.66	14.61	78.38	7.02	107.59
国体企业	9.09	81.82	9.09	100.00	9.09	81.82	9.09	100.00
股份合作企业		100.00		100.00		100.00		100.00
联营企业		100.00		100.00		100.00		100.00
有限责任公司	29.31	58.67	12.02	117.29	23.31	66.66	10.03	113.27
股份有限公司	22.77	69.34	7.89	114.88	29.69	64.31	6.00	123.69
私营企业	14.29	64.29	21.43	92.86	7.14	57.14	35.71	71.43
港、澳、台投资企业	9.09	90.91		109.09		100.00		100.00
外商投资企业	26.87	56.69	16.44	110.43	24.56	62.94	12.50	112.06
按企业规模分								
大型	48.26	43.81	7.93	140.33	52.98	42.60	4.42	148.56
中型	20.17	71.43	8.40	111.76	17.65	72.27	10.08	107.56
小型	19.05	67.46	13.49	105.56	9.52	77.78	12.70	96.83

15-19 按不同类型分的企业产品订货状况

（2011 年二季度）

分类	本期实际				下期预计			
	良好	一般	不佳	景气指数	良好	一般	不佳	景气指数
总　体　状　况	**38.55**	**42.77**	**18.68**	**119.86**	**36.67**	**46.57**	**16.76**	**119.90**
按行业门类分								
工业	40.97	44.01	15.01	125.96	41.90	44.96	13.14	128.76
建筑业	35.27	29.41	35.32	99.95	36.89	38.06	25.05	111.83
交通运输、仓储和邮政业	41.74	43.26	15.00	126.74	28.15	53.26	18.59	109.56
批发和零售业	21.52	62.12	16.36	105.15	21.89	55.75	22.36	99.53
房地产业	15.01	44.44	40.55	74.46	23.88	53.90	22.22	101.66
社会服务业	51.85	33.33	14.81	137.04	33.33	48.15	18.52	114.81
信息传输、计算机服务和软件	30.92	39.92	29.17	101.75	46.73	32.43	20.83	125.90
住宿和餐饮业	20.32	51.56	28.13	92.19	23.44	51.56	25.00	98.44
按企业登记注册类型分								
国有企业	35.94	49.38	14.67	121.27	33.11	52.22	14.67	118.44
国体企业	9.09	36.36	54.55	54.55	27.27	54.55	18.18	109.09
股份合作企业	100.00			200.00	100.00			200.00
联营企业	100.00			200.00			100.00	
有限责任公司	35.44	43.46	21.10	114.34	32.59	47.39	20.02	112.57
股份有限公司	34.91	54.91	10.18	124.74	39.63	48.12	12.24	127.39
私营企业	14.29	57.14	28.57	85.71	7.14	57.14	35.71	71.43
港、澳、台投资企业	36.48	27.97	35.56	100.92	36.48	45.34	18.18	118.29
外商投资企业	25.44	55.81	18.75	106.69	37.94	55.81	6.25	131.69
按企业规模分								
大型	59.55	29.70	10.75	148.80	50.30	44.48	5.22	145.08
中型	32.77	47.06	20.17	112.61	35.29	48.74	15.97	119.33
小型	22.40	52.00	25.60	96.80	24.00	49.60	26.40	97.60

15-20 按不同类型分的企业融资状况

（2011 年二季度）

分类	本期实际				下期预计			
	良好	一般	不佳	景气指数	良好	一般	不佳	景气指数
总　体　状　况	**13.50**	**55.65**	**30.85**	**82.65**	**14.00**	**55.19**	**30.81**	**83.18**
按行业门类分								
工业	19.74	51.08	29.17	90.57	21.60	49.13	29.27	92.32
建筑业	7.64	43.65	48.71	58.93	7.64	44.07	48.29	59.34
交通运输、仓储和邮政业		65.38	34.62	65.38		65.38	34.62	65.38
批发和零售业	9.91	65.39	24.69	85.22	10.12	67.29	22.59	87.54
房地产业		48.34	51.66	48.34		23.53	76.47	23.53
社会服务业	8.00	72.00	20.00	88.00	4.00	84.00	12.00	92.00
信息传输、计算机服务和软件	13.46	51.76	34.78	78.68	13.46	60.45	26.09	87.37
住宿和餐饮业	3.23	67.74	29.03	74.19	3.23	67.74	29.03	74.19
按企业登记注册类型分								
国有企业	3.51	68.09	28.41	75.10	3.51	69.84	26.65	76.86
国体企业		36.36	63.64	36.36	9.09	27.27	63.64	45.45
股份合作企业			100.00				100.00	
联营企业		100.00		100.00		100.00		100.00
有限责任公司	16.79	51.18	32.03	84.76	15.80	51.29	32.91	82.89
股份有限公司	15.01	66.37	18.62	96.39	17.05	66.37	16.58	100.47
私营企业		50.00	50.00	50.00		57.14	42.86	57.14
港、澳、台投资企业	9.09	55.35	35.56	73.53	9.09	55.35	35.56	73.53
外商投资企业	8.12	85.63	6.25	101.87	8.12	79.38	12.50	95.62
按企业规模分								
大型	44.96	44.05	10.98	133.98	45.14	43.76	11.10	134.04
中型	6.78	62.71	30.51	76.27	7.63	61.86	30.51	77.12
小型	3.31	57.02	39.67	63.64	3.31	57.85	38.84	64.46

15-21 按不同类型分的企业家信心状况

（2011 年三季度）

分类	本期实际				下期预计			
	乐观	一般	不乐观	景气指数	乐观	一般	不乐观	景气指数
总　体　状　况	**41.55**	**50.47**	**7.98**	**133.56**	**43.30**	**47.39**	**9.31**	**133.99**
按行业门类分								
工业	53.75	39.84	6.41	147.34	61.09	32.86	6.06	155.03
建筑业	29.47	70.53		129.47	24.17	75.38	0.45	123.72
交通运输、仓储和邮政业	26.01	68.99	5.00	121.01	26.01	73.99		126.01
批发和零售业	54.78	34.59	10.64	144.14	57.73	33.76	8.51	149.22
房地产业	31.17	57.07	11.76	119.40	35.29	35.29	29.41	105.88
社会服务业	37.04	51.85	11.11	125.93	40.74	48.15	11.11	129.63
信息传输、计算机服务和软件	51.75	35.75	12.50	139.25	64.25	23.25	12.50	151.75
住宿和餐饮业	48.39	45.16	6.45	141.94	37.10	56.45	6.45	130.65
按企业登记注册类型分								
国有企业	43.29	56.71		143.29	49.26	50.56	0.18	149.08
国体企业	9.09	72.73	18.18	90.91	27.27	45.45	27.27	100.00
股份合作企业	100.00			200.00	100.00			200.00
联营企业		100.00		100.00		100.00		100.00
有限责任公司	46.96	44.20	8.84	138.11	48.82	45.06	6.12	142.69
股份有限公司	68.35	26.30	5.35	163.00	74.35	19.84	5.81	168.54
私营企业	28.57	57.14	14.29	114.29	28.57	42.86	28.57	100.00
港、澳、台投资企业	9.79	54.66	35.56	74.23	9.09	55.35	35.56	73.53
外商投资企业	46.06	47.69	6.25	139.81	46.06	41.44	12.50	133.56
按企业规模分								
大型	70.93	26.53	2.54	168.39	70.70	27.64	1.65	169.05
中型	54.24	40.68	5.08	149.15	57.63	35.59	6.78	150.85
小型	28.10	58.68	13.22	114.88	33.88	53.72	12.40	121.49

15-22 按不同类型分的企业综合经营状况

（2011 年三季度）

分类	本期实际				下期预计			
	乐观	一般	不乐观	景气指数	乐观	一般	不乐观	景气指数
总　体　状　况	**41.56**	**48.16**	**10.28**	**131.28**	**43.39**	**49.15**	**7.47**	**135.92**
按行业门类分								
工业	56.68	34.51	8.81	147.87	62.18	32.68	5.14	157.05
建筑业	47.81	49.07	3.13	144.68	43.30	56.70		143.30
交通运输、仓储和邮政业	26.01	73.99		126.01	21.01	78.99		121.01
批发和零售业	53.62	33.61	12.77	140.86	50.32	36.91	12.77	137.56
房地产业	31.17	57.07	11.76	119.40	54.70	33.54	11.76	142.93
社会服务业	33.33	55.56	11.11	122.22	33.33	55.56	11.11	122.22
信息传输、计算机服务和软件	50.00	25.00	25.00	125.00	50.00	37.50	12.50	137.50
住宿和餐饮业	33.87	56.45	9.68	124.20	32.26	61.29	6.45	125.81
按企业登记注册类型分								
国有企业	38.65	52.42	8.93	129.72	41.05	51.81	7.14	133.91
国体企业	9.09	72.73	18.18	90.91	9.09	90.91		109.09
股份合作企业	100.00			200.00	100.00			200.00
联营企业		100.00		100.00		100.00		100.00
有限责任公司	47.39	44.45	8.16	139.22	49.39	44.49	6.12	143.26
股份有限公司	73.66	18.53	7.81	165.84	73.66	22.53	3.81	169.84
私营企业	21.43	57.14	21.43	100.00	35.71	57.14	7.14	128.57
港、澳、台投资企业	36.48	37.06	26.47	110.01	36.48	27.97	35.56	100.92
外商投资企业	46.06	35.19	18.75	127.31	51.87	29.38	18.75	133.12
按企业规模分								
大型	74.29	24.16	1.55	172.74	74.43	24.03	1.55	172.88
中型	54.24	38.14	7.63	146.61	59.32	36.44	4.24	155.08
小型	27.27	55.37	17.36	109.92	28.10	58.68	13.22	114.88

15-23 按不同类型分的企业生产状况

（2011 年三季度）

分类	本期实际				下期预计			
	乐观	一般	不乐观	景气指数	乐观	一般	不乐观	景气指数
总　体　状　况	**40.17**	**37.82**	**22.01**	**118.16**	**33.65**	**49.90**	**16.45**	**117.20**
按行业门类分								
工业	50.52	35.13	14.34	136.18	55.51	37.89	6.61	148.90
建筑业	39.29	32.53	28.18	111.11	32.96	57.67	9.38	123.58
交通运输、仓储和邮政业	41.74	43.26	15.00	126.74	31.77	54.64	13.59	118.18
批发和零售业	34.53	37.45	28.02	106.52	30.89	49.91	19.20	111.69
房地产业	35.29	33.54	31.17	104.13	35.29	47.06	17.65	117.65
社会服务业	37.04	51.85	11.11	125.93	18.52	48.15	33.33	85.19
信息传输、计算机服务和软件	45.83	33.33	20.83	125.00	41.67	45.83	12.50	129.17
住宿和餐饮业	37.10	35.48	27.42	109.68	22.58	58.06	19.35	103.23
按企业登记注册类型分								
国有企业	48.55	38.95	12.50	136.05	36.23	52.94	10.84	125.39
国体企业	18.18	18.18	63.64	54.55	18.18	81.82		118.18
股份合作企业		100.00		100.00		100.00		100.00
联营企业	100.00			200.00			100.00	
有限责任公司	43.87	38.74	17.39	126.48	42.28	42.78	14.94	127.33
股份有限公司	43.40	38.94	17.67	125.73	42.22	45.95	11.83	130.39
私营企业	21.43	50.00	28.57	92.86	28.57	57.14	14.29	114.29
港、澳、台投资企业	62.94	27.27	9.79	153.16	44.76	27.97	27.27	117.49
外商投资企业	33.56	41.44	25.00	108.56	39.37	35.63	25.00	114.37
按企业规模分								
大型	51.57	38.33	10.10	141.47	52.40	39.52	8.08	144.32
中型	50.00	34.75	15.25	134.75	50.85	38.14	11.02	139.83
小型	32.23	40.50	27.27	104.96	23.14	56.20	20.66	102.48

15-24 按不同类型分的企业赢利（亏损）状况

（2011 年三季度）

分类	本期实际				下期预计			
	乐观	一般	不乐观	景气指数	乐观	一般	不乐观	景气指数
总　体　状　况	**28.68**	**41.07**	**30.25**	**98.43**	**30.53**	**43.90**	**25.57**	**104.95**
按行业门类分								
工业	51.36	35.09	13.55	137.81	55.03	35.22	9.75	145.28
建筑业	23.46	45.96	30.58	92.89	32.29	45.78	21.93	110.36
交通运输、仓储和邮政业	29.97	20.00	50.03	79.93	11.38	30.00	58.62	52.76
批发和零售业	46.41	24.93	28.67	117.74	38.63	35.56	25.81	112.82
房地产业	11.76	57.07	31.17	80.60	11.76	57.07	31.17	80.60
社会服务业	18.52	55.56	25.93	92.59	25.93	51.85	22.22	103.70
信息传输、计算机服务和软件	31.83	43.17	25.00	106.83	40.16	47.34	12.50	127.66
住宿和餐饮业	16.13	46.78	37.09	79.03	29.03	48.39	22.58	106.45
按企业登记注册类型分								
国有企业	28.04	57.13	14.82	113.22	32.23	51.78	16.00	116.23
国体企业	18.18	27.27	54.55	63.64	36.36	27.27	36.36	100.00
股份合作企业		100.00		100.00		100.00		100.00
联营企业	100.00			200.00			100.00	
有限责任公司	38.23	38.46	23.31	114.92	40.03	46.17	13.80	126.22
股份有限公司	57.08	24.01	18.90	138.18	61.07	22.60	16.34	144.73
私营企业	7.14	42.86	50.00	57.14	21.43	42.86	35.71	85.71
港、澳、台投资企业	54.66	18.18	27.16	127.50	27.38	27.97	44.65	82.74
外商投资企业	37.06	44.19	18.75	118.31	43.31	31.69	25.00	118.31
按企业规模分								
大型	61.02	21.66	17.32	143.70	64.39	22.76	12.85	151.54
中型	43.22	41.53	15.25	127.97	44.92	41.53	13.56	131.36
小型	21.49	44.63	33.88	87.60	25.62	49.59	24.79	100.83

15-25 按不同类型分的企业流动资金状况

（2011 年三季度）

分类	本期实际				下期预计			
	充足	一般	紧张	景气指数	充足	一般	紧张	景气指数
总　体　状　况	**16.54**	**53.80**	**29.66**	**86.88**	**15.76**	**56.32**	**27.92**	**87.85**
按行业门类分								
工业	35.83	36.16	28.01	107.82	34.43	45.06	20.51	113.92
建筑业	10.69	31.90	57.41	53.28	12.18	36.37	51.46	60.72
交通运输、仓储和邮政业	5.00	65.73	29.27	75.73	5.00	67.14	27.86	77.14
批发和零售业	17.73	60.11	22.16	95.57	15.60	62.12	22.28	93.32
房地产业	4.13	60.58	35.29	68.83	4.13	54.70	41.18	62.95
社会服务业	18.52	62.96	18.52	100.00	11.11	70.37	18.52	92.59
信息传输、计算机服务和软件	21.08	58.09	20.83	100.24	21.08	66.42	12.50	108.58
住宿和餐饮业	19.35	54.84	25.81	93.55	22.58	48.39	29.03	93.55
按企业登记注册类型分								
国有企业	7.14	51.32	41.53	65.61	8.93	58.31	32.76	76.17
国体企业	18.18	45.45	36.36	81.82	18.18	72.73	9.09	109.09
股份合作企业			100.00			100.00		100.00
联营企业		100.00		100.00			100.00	
有限责任公司	27.91	43.22	28.88	99.03	27.10	46.26	26.64	100.46
股份有限公司	33.08	45.98	20.94	112.14	34.97	48.09	16.94	118.03
私营企业		71.43	28.57	71.43		71.43	28.57	71.43
港、澳、台投资企业	18.18	55.35	26.47	91.72		64.44	35.56	64.44
外商投资企业	26.87	60.63	12.50	114.37	20.62	60.63	18.75	101.87
按企业规模分								
大型	46.49	30.37	23.15	123.34	47.32	32.81	19.87	127.45
中型	23.73	53.39	22.88	100.85	22.03	56.78	21.19	100.85
小型	13.22	49.59	37.19	76.03	12.40	56.20	31.40	80.99

15-26 按不同类型分的企业货款拖欠状况

（2011 年三季度）

分类	本期实际				下期预计			
	良好	一般	不佳	景气指数	良好	一般	不佳	景气指数
总　体　状　况	**16.91**	**63.74**	**19.35**	**97.56**	**21.57**	**65.96**	**12.47**	**109.10**
按行业门类分								
工业	27.67	48.31	24.02	103.65	34.40	51.54	14.06	120.34
建筑业	11.42	49.09	39.49	71.93	20.47	70.43	9.10	111.37
交通运输、仓储和邮政业	25.00	63.62	11.38	113.62	20.00	78.62	1.38	118.62
批发和零售业	17.54	68.87	13.59	103.95	19.67	68.87	11.46	108.21
房地产业	10.01	78.22	11.76	98.25	15.89	60.58	23.53	92.36
社会服务业	3.70	77.78	18.52	85.19	7.41	77.78	14.81	92.59
信息传输、计算机服务和软件	23.82	59.51	16.67	107.15	32.15	55.35	12.50	119.65
住宿和餐饮业	16.13	64.52	19.35	96.77	22.58	64.52	12.90	109.68
按企业登记注册类型分								
国有企业	10.71	72.03	17.25	93.46	25.51	60.80	13.68	111.83
国体企业	45.45	18.18	36.36	109.09	27.27	54.55	18.18	109.09
股份合作企业		100.00		100.00		100.00		100.00
联营企业		100.00		100.00		100.00		100.00
有限责任公司	15.27	57.10	27.63	87.64	26.12	62.84	11.04	115.09
股份有限公司	40.47	48.11	11.42	129.05	32.60	55.90	11.50	121.11
私营企业	21.43	71.43	7.14	114.29	21.43	57.14	21.43	100.00
港、澳、台投资企业	18.18	81.82		118.18	18.18	81.82		118.18
外商投资企业	16.44	77.31	6.25	110.19	16.44	52.31	31.25	85.19
按企业规模分								
大型	17.61	46.61	35.78	81.83	44.90	50.40	4.70	140.21
中型	22.03	61.02	16.95	105.08	24.58	61.86	13.56	111.02
小型	18.18	61.98	19.83	98.35	19.83	63.64	16.53	103.31

15-27　按不同类型分的企业用工状况

（2011 年三季度）

分类	本期实际				下期预计			
	增加	持平	减少	景气指数	增加	持平	减少	景气指数
总　体　状　况	**29.47**	**63.50**	**7.03**	**122.44**	**26.78**	**67.11**	**6.12**	**120.66**
按行业门类分								
工业	30.85	61.64	7.50	123.35	39.84	54.49	5.67	134.18
建筑业	30.73	66.15	3.13	127.60	31.52	62.23	6.25	125.27
交通运输、仓储和邮政业	16.01	78.99	5.00	111.01	11.01	83.99	5.00	106.01
批发和零售业	29.15	64.35	6.51	122.64	23.50	70.12	6.38	117.11
房地产业	23.53	62.95	13.52	110.01	23.53	64.71	11.76	111.76
社会服务业	29.63	62.96	7.41	122.22	22.22	70.37	7.41	114.81
信息传输、计算机服务和软件	25.85	65.81	8.33	117.52	22.26	77.74		122.26
住宿和餐饮业	50.00	45.16	4.84	145.17	40.33	53.22	6.45	133.87
按企业登记注册类型分								
国有企业	34.51	61.92	3.57	130.94	19.21	73.65	7.14	112.06
国体企业	27.27	45.45	27.27	100.00	27.27	54.55	18.18	109.09
股份合作企业	100.00			200.00	100.00			200.00
联营企业		100.00		100.00		100.00		100.00
有限责任公司	25.64	68.69	5.67	119.97	38.23	56.86	4.91	133.32
股份有限公司	34.44	59.56	6.00	128.44	32.49	65.51	2.00	130.49
私营企业	42.86	42.86	14.29	128.57	14.29	85.71		114.29
港、澳、台投资企业	45.57	53.74	0.69	144.87	18.29	72.62	9.09	109.20
外商投资企业	46.06	47.69	6.25	139.81	33.56	47.69	18.75	114.81
按企业规模分								
大型	15.57	83.70	0.72	114.85	49.70	49.84	0.45	149.25
中型	38.14	54.24	7.63	130.51	35.59	55.08	9.32	126.27
小型	31.40	60.33	8.26	123.14	21.49	72.73	5.79	115.70

15-28　按不同类型分的企业固定资产投资状况

（2011 年三季度）

分类	本期实际				下期预计			
	增加	持平	减少	景气指数	增加	持平	减少	景气指数
总　体　状　况	**24.14**	**61.59**	**14.27**	**109.87**	**19.21**	**71.07**	**9.73**	**109.48**
按行业门类分								
工业	29.34	62.05	8.61	120.73	26.57	65.74	7.69	118.87
建筑业	5.34	63.35	31.30	74.04	16.49	80.38	3.13	113.37
交通运输、仓储和邮政业	28.15	54.60	17.25	110.90	23.15	59.60	17.25	105.90
批发和零售业	12.56	74.22	13.22	99.33	12.44	78.59	8.97	103.47
房地产业	39.42	35.29	25.28	114.14	27.66	54.70	17.65	110.01
社会服务业	22.22	74.07	3.70	118.52	11.11	88.89		111.11
信息传输、计算机服务和软件	27.03	64.64	8.33	118.70	13.68	69.65	16.67	97.01
住宿和餐饮业	29.03	64.52	6.45	122.58	22.58	70.97	6.45	116.13
按企业登记注册类型分								
国有企业	16.64	75.02	8.34	108.30	10.23	83.22	6.56	103.67
国体企业	9.09	54.55	36.36	72.73	9.09	63.64	27.27	81.82
股份合作企业	100.00			200.00		100.00		100.00
联营企业		100.00		100.00		100.00		100.00
有限责任公司	26.22	64.79	9.00	117.22	22.36	70.16	7.48	114.87
股份有限公司	22.96	65.16	11.88	111.08	16.96	73.16	9.88	107.08
私营企业	35.71	42.86	21.43	114.29	28.57	64.29	7.14	121.43
港、澳、台投资企业	28.08	71.92		128.08	28.08	71.92		128.08
外商投资企业	25.00	62.50	12.50	112.50	27.31	60.19	12.50	114.81
按企业规模分								
大型	45.06	47.15	7.78	137.28	40.85	55.95	3.20	137.64
中型	18.64	69.49	11.86	106.78	18.64	72.03	9.32	109.32
小型	19.01	69.42	11.57	107.44	10.74	79.34	9.92	100.83

15-29 按不同类型分的企业产品订货状况

（2011 年三季度）

分类	本期实际				下期预计			
	良好	一般	不佳	景气指数	良好	一般	不佳	景气指数
总 体 状 况	**32.40**	**46.57**	**21.03**	**111.36**	**33.70**	**49.90**	**16.41**	**117.29**
按行业门类分								
工业	47.24	39.63	13.13	134.12	52.64	36.05	11.31	141.33
建筑业	26.34	35.65	38.00	88.34	39.48	57.39	3.13	136.36
交通运输、仓储和邮政业	47.11	42.89	10.00	137.11	31.77	49.64	18.59	113.18
批发和零售业	15.41	71.82	12.77	102.64	20.25	62.73	17.02	103.23
房地产业	23.53	47.06	29.41	94.12	23.53	47.06	29.41	94.12
社会服务业	29.63	55.56	14.81	114.81	29.63	48.15	22.22	107.41
信息传输、计算机服务和软件	39.25	31.58	29.17	110.08	38.40	44.93	16.67	121.73
住宿和餐饮业	30.65	48.39	20.97	109.68	33.87	53.22	12.90	120.97
按企业登记注册类型分								
国有企业	35.43	55.29	9.28	126.16	34.27	61.96	3.76	130.51
国体企业	18.18	18.18	63.64	54.55	18.18	54.55	27.27	90.91
股份合作企业		100.00		100.00		100.00		100.00
联营企业	100.00			200.00			100.00	
有限责任公司	36.19	44.51	19.30	116.89	41.12	41.59	17.28	123.84
股份有限公司	46.59	45.41	8.00	138.59	45.26	44.74	10.00	135.26
私营企业	7.14	57.14	35.71	71.43	7.14	71.43	21.43	85.71
港、澳、台投资企业	53.74	36.48	9.79	143.95	44.76	27.97	27.27	117.49
外商投资企业	21.06	66.44	12.50	108.56	39.81	41.44	18.75	121.06
按企业规模分								
大型	56.14	38.86	5.01	151.13	50.72	39.81	9.47	141.24
中型	39.32	43.59	17.09	122.22	48.72	39.32	11.97	136.75
小型	23.97	51.24	24.79	99.17	23.14	55.37	21.49	101.65

15-30 按不同类型分的企业融资状况

（2011 年三季度）

分类	本期实际				下期预计			
	良好	一般	不佳	景气指数	良好	一般	不佳	景气指数
总 体 状 况	**9.25**	**58.02**	**32.73**	**76.52**	**9.17**	**60.28**	**30.55**	**78.62**
按行业门类分								
工业	26.29	46.54	27.17	99.12	27.23	51.41	21.36	105.87
建筑业	2.44	47.49	50.07	52.37		69.05	30.95	69.05
交通运输、仓储和邮政业		75.73	24.27	75.73		77.14	22.86	77.14
批发和零售业	13.57	65.96	20.47	93.11	18.32	60.76	20.92	97.40
房地产业		45.30	54.70	45.30		33.54	66.46	33.54
社会服务业	11.54	65.38	23.08	88.46	7.69	69.23	23.08	84.62
信息传输、计算机服务和软件	13.46	56.11	30.43	83.03	13.46	56.11	30.43	83.03
住宿和餐饮业	6.67	61.67	31.66	75.00	6.67	65.00	28.33	78.34
按企业登记注册类型分								
国有企业	3.85	66.95	29.21	74.64	3.85	74.47	21.69	82.16
国体企业		30.00	70.00	30.00		50.00	50.00	50.00
股份合作企业		100.00		100.00				100.00
联营企业		100.00		100.00			100.00	
有限责任公司	19.04	49.41	31.55	87.48	19.56	51.68	28.76	90.80
股份有限公司	16.87	69.61	13.52	103.35	18.87	65.53	15.60	103.27
私营企业	14.29	50.00	35.71	78.57	14.29	64.29	21.43	92.86
港、澳、台投资企业	27.27	27.38	45.34	81.93	27.27	27.38	45.34	81.93
外商投资企业	8.12	75.44	16.44	91.68	8.12	62.94	28.94	79.18
按企业规模分								
大型	42.70	43.31	13.99	128.71	42.13	48.36	9.50	132.63
中型	11.21	61.21	27.59	83.62	13.04	61.74	25.22	87.83
小型	7.76	54.31	37.93	69.83	7.76	56.90	35.34	72.41

15-31 按不同类型分的企业家信心状况

（2011 年四季度）

分类	本期实际				下期预计			
	乐观	一般	不乐观	景气指数	乐观	一般	不乐观	景气指数
总 体 状 况	**37.44**	**52.68**	**9.88**	**127.56**	**42.37**	**41.40**	**16.23**	**126.14**
按行业门类分								
工业	53.69	36.73	9.58	144.11	56.70	36.04	7.27	149.43
建筑业	23.77	72.70	3.53	120.24	26.41	45.01	28.58	97.82
交通运输、仓储和邮政业	26.01	73.99		126.01	31.01	63.99	5.00	126.01
批发和零售业	47.93	41.43	10.64	137.30	60.92	26.32	12.77	148.15
房地产业	11.76	58.82	29.41	82.35	23.53	33.54	42.93	80.60
社会服务业	37.04	51.85	11.11	125.93	37.04	51.85	11.11	125.93
信息传输、计算机服务和软件	54.17	37.50	8.33	145.83	51.75	35.75	12.50	139.25
住宿和餐饮业	45.16	48.39	6.45	138.71	51.61	38.71	9.68	141.94
按企业登记注册类型分								
国有企业	45.34	52.88	1.79	143.55	46.74	47.90	5.36	141.39
国体企业	36.36	45.45	18.18	118.18	54.55	18.18	27.27	127.27
股份合作企业		100.00		100.00	100.00			200.00
联营企业		100.00		100.00		100.00		100.00
有限责任公司	41.21	49.24	9.56	131.65	47.28	41.65	11.07	136.21
股份有限公司	60.80	30.03	9.18	151.62	66.16	26.14	7.70	158.46
私营企业	21.43	50.00	28.57	92.86	21.43	50.00	28.57	92.86
港、澳、台投资企业	37.06	36.48	26.47	110.59	37.06	27.38	35.56	101.50
外商投资企业	37.94	49.56	12.50	125.44	37.94	39.37	22.69	115.25
按企业规模分								
大型	66.11	30.08	3.81	162.30	66.62	23.75	9.63	157.00
中型	44.07	49.15	6.78	137.29	50.00	43.22	6.78	143.22
小型	33.88	50.41	15.70	118.18	40.50	40.50	19.01	121.49

15-32 按不同类型分的企业综合经营状况

（2011 年四季度）

分类	本期实际				下期预计			
	乐观	一般	不乐观	景气指数	乐观	一般	不乐观	景气指数
总 体 状 况	**39**	**48.14**	**12.86**	**126.15**	**39.14**	**50.62**	**10.25**	**128.89**
按行业门类分								
工业	46.19	46.69	7.13	139.06	56.77	35.64	7.59	149.19
建筑业	45.13	35.66	19.21	125.92	38.9	61.1		138.9
交通运输、仓储和邮政业	26.01	73.99		126.01	26.01	73.99		126.01
批发和零售业	54.57	34.79	10.64	143.93	51.38	33.73	14.89	136.48
房地产业	11.76	57.07	31.17	80.6	17.65	57.07	25.28	92.36
社会服务业	25.93	59.26	14.81	111.11	29.63	59.26	11.11	118.52
信息传输、计算机服务和软件	47.58	35.75	16.67	130.92	47.58	35.75	16.67	130.92
住宿和餐饮业	54.84	41.94	3.23	151.61	45.16	48.39	6.45	138.71
按企业登记注册类型分								
国有企业	37.56	58.87	3.57	133.99	34.98	53.48	11.54	123.44
国体企业	36.36	63.64		136.36	27.27	45.45	27.27	100
股份合作企业	100			200	100			200
联营企业		100		100		100		100
有限责任公司	36.76	51.49	11.75	125.01	45.87	44.55	9.58	136.29
股份有限公司	70.72	20.18	9.1	161.62	70.84	25.27	3.89	166.96
私营企业	14.29	78.57	7.14	107.14	21.43	71.43	7.14	114.29
港、澳、台投资企业	28.08	45.45	26.47	101.61	28.08	45.45	26.47	101.61
外商投资企业	50.44	33.12	16.44	134	44.19	39.37	16.44	127.75
按企业规模分								
大型	39.95	50.81	9.24	130.71	67.11	24.3	8.59	158.51
中型	51.69	40.68	7.63	144.07	52.54	44.07	3.39	149.15
小型	32.23	55.37	12.4	119.83	29.75	53.72	16.53	113.22

15-33 按不同类型分的企业生产状况

（2011 年四季度）

分类	本期实际				下期预计			
	乐观	一般	不乐观	景气指数	乐观	一般	不乐观	景气指数
总　体　状　况	**47.31**	**25.01**	**27.69**	**119.62**	**30.25**	**42.11**	**27.65**	**102.6**
按行业门类分								
工业	45.12	27.77	27.11	118.01	43.7	37.03	19.28	124.42
建筑业	39.81	17.82	42.37	97.43	20.43	30.48	49.1	71.33
交通运输、仓储和邮政业	31.77	44.64	23.59	108.18	23.22	49.64	27.14	96.07
批发和零售业	60.05	20.33	19.63	140.42	37.12	35.64	27.24	109.89
房地产业	47.06	21.78	31.17	115.89	35.29	21.78	42.93	92.36
社会服务业	44.44	25.93	29.63	114.81	22.22	59.26	18.52	103.7
信息传输、计算机服务和软件	66.67	20.83	12.5	154.17	30.97	48.19	20.83	110.14
住宿和餐饮业	43.55	20.97	35.48	108.07	29.03	54.84	16.13	112.9
按企业登记注册类型分								
国有企业	43.23	35.38	21.39	121.84	21.65	57.87	20.48	101.17
国体企业	27.27	45.45	27.27	100	18.18	54.55	27.27	90.91
股份合作企业	100			200	100			200
联营企业			100		100			200
有限责任公司	42.56	25.25	32.19	110.37	36.46	38.32	25.23	111.23
股份有限公司	67.35	13.04	19.61	147.74	44.87	32.32	22.82	122.05
私营企业	50	21.43	28.57	121.43	35.71	50	14.29	121.43
港、澳、台投资企业	45.57	36.25	18.18	127.38	45.45	27.27	27.27	118.18
外商投资企业	37.94	33.12	28.94	109	19.19	58.12	22.69	96.5
按企业规模分								
大型	36.36	18.15	45.49	90.87	55.89	26.3	17.81	138.08
中型	49.15	28.81	22.03	127.12	35.59	44.07	20.34	115.25
小型	47.5	26.67	25.83	121.67	22.5	48.33	29.17	93.33

15-34 按不同类型分的企业赢利（亏损）状况

（2011 年四季度）

分类	本期实际				下期预计			
	乐观	一般	不乐观	景气指数	乐观	一般	不乐观	景气指数
总　体　状　况	**33.04**	**35.27**	**31.69**	**101.35**	**25.89**	**47.23**	**26.88**	**99.02**
按行业门类分								
工业	37.85	35.26	26.89	110.96	36.45	38.60	24.95	111.49
建筑业	28.27	41.72	30.01	98.25	15.97	66.01	18.02	97.95
交通运输、仓储和邮政业	26.38	15.00	58.62	67.76	18.59	26.38	55.03	63.56
批发和零售业	29.93	40.10	29.97	99.96	31.73	54.90	13.38	118.35
房地产业	17.65	33.54	48.81	68.83	23.53	39.42	37.05	86.48
社会服务业	29.63	40.74	29.63	100.00	22.22	55.56	22.22	100.00
信息传输、计算机服务和软件	52.66	30.67	16.67	135.99	39.31	35.69	25.00	114.31
住宿和餐饮业	41.94	45.16	12.90	129.03	19.35	61.29	19.35	100.00
按企业登记注册类型分								
国有企业	37.76	48.15	14.09	123.67	23.90	57.83	18.27	105.63
国体企业	18.18	45.45	36.36	81.82	9.09	36.36	54.55	54.55
股份合作企业			100.00		100.00			200.00
联营企业			100.00		100.00			200.00
有限责任公司	37.21	34.14	28.64	108.57	29.52	43.27	27.20	102.32
股份有限公司	39.65	33.52	26.83	112.82	41.29	46.13	12.58	128.71
私营企业	14.29	35.71	50.00	64.29	7.14	57.14	35.71	71.43
港、澳、台投资企业	36.36	27.27	36.36	100.00	28.08	44.65	27.27	100.81
外商投资企业	6.69	58.12	35.19	71.50	19.19	58.12	22.69	96.50
按企业规模分								
大型	17.42	36.67	45.91	71.52	18.31	46.74	34.95	83.36
中型	44.07	33.05	22.88	121.19	38.98	41.53	19.49	119.49
小型	32.23	41.32	26.45	105.79	22.31	51.24	26.45	95.87

15-35　按不同类型分的企业流动资金状况

（2011 年四季度）

分类	本期实际				下期预计			
	充足	一般	紧张	景气指数	充足	一般	紧张	景气指数
总　体　状　况	**21.91**	**47.94**	**30.15**	**91.76**	**22.29**	**47.02**	**30.69**	**91.60**
按行业门类分								
工业	34.76	36.79	28.46	106.30	32.40	35.37	32.22	100.18
建筑业	11.77	34.90	53.33	58.44	8.65	38.92	52.43	56.21
交通运输、仓储和邮政业	15.00	57.11	27.89	87.11	15.00	62.11	22.89	92.11
批发和零售业	18.82	57.11	24.07	94.74	20.94	61.37	17.69	103.25
房地产业	5.88	41.18	52.94	52.94	11.76	29.41	58.82	52.94
社会服务业	33.33	55.56	11.11	122.22	29.63	55.56	14.81	114.81
信息传输、计算机服务和软件	23.49	55.67	20.83	102.66	27.66	51.51	20.83	106.83
住宿和餐饮业	32.26	45.16	22.58	109.68	32.26	41.94	25.81	106.45
按企业登记注册类型分								
国有企业	24.01	39.82	36.18	87.83	25.80	36.42	37.78	88.01
国体企业	27.27	45.45	27.27	100.00	9.09	63.64	27.27	81.82
股份合作企业		100.00		100.00	100.00			200.00
联营企业		100.00		100.00		100.00		100.00
有限责任公司	27.26	44.19	28.55	98.71	25.81	45.83	28.36	97.45
股份有限公司	35.99	38.73	25.28	110.71	30.15	44.57	25.28	104.87
私营企业		64.29	35.71	64.29	14.29	57.14	28.57	85.71
港、澳、台投资企业	9.79	54.66	35.56	74.23	9.79	36.48	53.74	56.05
外商投资企业	21.06	50.00	28.94	92.12	27.31	31.25	41.44	85.87
按企业规模分								
大型	46.46	27.16	26.38	120.09	45.01	29.29	25.71	119.30
中型	28.81	44.92	26.27	102.54	29.66	38.98	31.36	98.31
小型	15.70	52.07	32.23	83.47	14.05	55.37	30.58	83.47

15-36　按不同类型分的企业货款拖欠状况

（2011 年四季度）

分类	本期实际				下期预计			
	良好	一般	不佳	景气指数	良好	一般	不佳	景气指数
总　体　状　况	**19.45**	**63.08**	**17.47**	**101.99**	**18.87**	**66.63**	**14.50**	**104.38**
按行业门类分								
工业	29.24	52.90	17.86	111.38	27.83	62.88	9.29	118.54
建筑业	11.77	48.73	39.50	72.28	16.18	47.01	36.81	79.37
交通运输、仓储和邮政业	10.00	73.99	16.01	93.99	10.00	78.99	11.01	98.99
批发和零售业	21.74	67.02	11.25	110.49	17.02	75.53	7.45	109.57
房地产业	11.76	70.59	17.65	94.12	17.65	64.71	17.65	100.00
社会服务业	14.81	74.07	11.11	103.70	11.11	81.48	7.41	103.70
信息传输、计算机服务和软件	33.72	49.62	16.67	117.05	25.38	57.95	16.67	108.72
住宿和餐饮业	22.58	67.74	9.68	112.90	25.81	64.52	9.68	116.13
按企业登记注册类型分								
国有企业	18.08	71.51	10.41	107.66	21.65	68.24	10.11	111.54
国体企业	27.27	45.45	27.27	100.00	36.36	27.27	36.36	100.00
股份合作企业		100.00		100.00	100.00			200.00
联营企业		100.00		100.00		100.00		100.00
有限责任公司	31.42	49.90	18.68	112.74	27.49	61.25	11.26	116.23
股份有限公司	13.83	74.05	12.12	101.71	9.49	79.30	11.21	98.28
私营企业	14.29	71.43	14.29	100.00	7.14	92.86		107.14
港、澳、台投资企业	18.18	72.73	9.09	109.09	18.18	81.82		118.18
外商投资企业	6.25	66.88	26.87	79.38	12.50	66.88	20.62	91.88
按企业规模分								
大型	39.02	50.66	10.32	128.70	33.85	55.10	11.05	122.79
中型	22.03	60.17	17.80	104.24	23.73	64.41	11.86	111.86
小型	19.83	61.98	18.18	101.65	17.36	71.07	11.57	105.79

15-37　按不同类型分的企业用工状况

（2011 年四季度）

分类	本期实际				下期预计			
	增加	持平	减少	景气指数	增加	持平	减少	景气指数
总　体　状　况	**28.71**	**56.12**	**15.17**	**113.54**	**25.44**	**60.4**	**14.16**	**111.28**
按行业门类分								
工业	39.4	51.68	8.92	130.48	34.8	54.17	11.03	123.77
建筑业	30.19	38.51	31.3	98.89	30.88	46.32	22.8	108.08
交通运输、仓储和邮政业	20.64	69.36	10	110.64	15.64	74.36	10	105.64
批发和零售业	25.72	67.84	6.44	119.27	23.1	68.33	8.57	114.53
房地产业	29.41	47.06	23.53	105.88	29.41	41.18	29.41	100
社会服务业	14.81	70.37	14.81	100	11.11	81.48	7.41	103.7
信息传输、计算机服务和软件	29.17	54.17	16.67	112.5	23.11	56.06	20.83	102.28
住宿和餐饮业	40.33	50	9.68	130.65	35.48	61.29	3.23	132.26
按企业登记注册类型分								
国有企业	30.98	60.1	8.93	122.05	16.24	69.3	14.47	101.77
国体企业	27.27	54.55	18.18	109.09	27.27	45.45	27.27	100
股份合作企业	100			200		100		100
联营企业		100		100		100		100
有限责任公司	32.83	53.22	13.95	118.89	30.81	58.7	10.48	120.33
股份有限公司	39.15	55.02	5.83	133.32	31.79	56.08	12.13	119.66
私营企业	28.57	57.14	14.29	114.29	14.29	78.57	7.14	107.14
港、澳、台投资企业	36.48	54.43	9.09	127.38	28.08	53.74	18.18	109.9
外商投资企业	33.56	47.69	18.75	114.81	46.06	35.19	18.75	127.31
按企业规模分								
大型	52.2	41.47	6.32	145.88	39.29	57.1	3.62	135.67
中型	37.29	50	12.71	124.58	30.51	52.54	16.95	113.56
小型	22.31	62.81	14.88	107.44	22.31	64.46	13.22	109.09

15-38　按不同类型分的企业固定资产投资状况

（2011 年四季度）

分类	本期实际				下期预计			
	增加	持平	减少	景气指数	增加	持平	减少	景气指数
总　体　状　况	**23.26**	**61.92**	**14.83**	**108.43**	**16.78**	**63.98**	**19.23**	**97.55**
按行业门类分								
工业	33.79	56.35	9.86	123.93	15.71	73.02	11.27	104.44
建筑业	16.89	51.40	31.71	85.18	15.43	52.86	31.71	83.72
交通运输、仓储和邮政业	28.52	60.64	10.84	117.68	16.01	64.60	19.40	96.61
批发和零售业	22.89	70.73	6.38	116.51	20.64	68.27	11.10	109.54
房地产业	11.76	57.07	31.17	80.60	17.65	39.42	42.93	74.72
社会服务业	25.93	66.67	7.41	118.52	14.81	74.07	11.11	103.70
信息传输、计算机服务和软件	20.45	71.22	8.33	112.12	16.28	67.05	16.67	99.62
住宿和餐饮业	25.81	61.29	12.90	112.90	17.74	72.58	9.68	108.07
按企业登记注册类型分								
国有企业	18.04	73.61	8.34	109.70	6.23	78.06	15.71	90.52
国体企业	18.18	45.45	36.36	81.82		54.55	45.45	54.55
股份合作企业	100.00			200.00		100.00		100.00
联营企业			100.00			100.00		100.00
有限责任公司	33.09	55.16	11.75	121.33	15.96	70.25	13.79	102.17
股份有限公司	22.71	68.31	8.98	113.73	27.23	65.28	7.49	119.75
私营企业	28.57	64.29	7.14	121.43	21.43	78.57		121.43
港、澳、台投资企业	28.08	62.83	9.09	118.99	45.57	45.34	9.09	136.48
外商投资企业	14.81	78.94	6.25	108.56	12.94	68.31	18.75	94.19
按企业规模分								
大型	49.39	42.96	7.65	141.75	16.33	74.88	8.80	107.53
中型	21.19	66.95	11.86	109.32	16.10	67.80	16.10	100.00
小型	22.31	65.29	12.40	109.92	15.70	70.25	14.05	101.65

15-39　按不同类型分的企业产品订货状况

（2011 年四季度）

分类	本期实际				下期预计			
	良好	一般	不佳	景气指数	良好	一般	不佳	景气指数
总　体　状　况	**32.56**	**40.99**	**26.46**	**106.10**	**30.66**	**46.74**	**22.60**	**108.06**
按行业门类分								
工业	45.02	42.02	12.96	132.06	32.62	51.19	16.19	116.43
建筑业	29.15	28.66	42.19	86.95	46.71	36.78	16.51	130.21
交通运输、仓储和邮政业	26.77	49.64	23.59	103.18	23.22	49.64	27.14	96.07
批发和零售业	17.59	69.64	12.77	104.82	19.82	61.03	19.15	100.67
房地产业	33.54	23.53	42.93	90.61	39.42	23.53	37.05	102.37
社会服务业	37.04	33.33	29.63	107.41	25.93	55.56	18.52	107.41
信息传输、计算机服务和软件	29.41	45.59	25.00	104.41	28.56	38.11	33.33	95.22
住宿和餐饮业	41.94	35.48	22.58	119.35	29.03	58.06	12.90	116.13
按企业登记注册类型分								
国有企业	22.52	52.64	24.84	97.68	33.88	51.61	14.51	119.37
国体企业	36.36	45.45	18.18	118.18	36.36	27.27	36.36	100.00
股份合作企业		100.00		100.00	100.00			200.00
联营企业			100.00		100.00			200.00
有限责任公司	38.53	41.41	20.06	118.46	26.41	55.54	18.05	108.36
股份有限公司	44.29	44.05	11.66	132.62	25.98	53.08	20.95	105.03
私营企业	28.57	35.71	35.71	92.86	7.14	64.29	28.57	78.57
港、澳、台投资企业	18.88	53.85	27.27	91.60	63.64	9.09	27.27	136.36
外商投资企业	25.44	45.62	28.94	96.50	37.94	39.37	22.69	115.25
按企业规模分								
大型	48.05	32.72	19.22	128.83	19.52	71.81	8.68	110.84
中型	33.90	47.46	18.64	115.25	37.61	45.30	17.09	120.51
小型	32.23	42.98	24.79	107.44	25.62	47.11	27.27	98.35

15-40　按不同类型分的企业融资状况

（2011 年四季度）

分类	本期实际				下期预计			
	良好	一般	不佳	景气指数	良好	一般	不佳	景气指数
总　体　状　况	**10.01**	**57.09**	**32.9**	**77.12**	**11.44**	**56.49**	**32.06**	**79.38**
按行业门类分								
工业	25.14	50.81	24.06	101.08	24.34	47.64	28.02	96.32
建筑业	2.47	55.55	41.97	60.5	2.47	55.74	41.79	60.69
交通运输、仓储和邮政业		72.11	27.89	72.11		72.11	27.89	72.11
批发和零售业	9.49	66.44	24.07	85.42	15.87	62.18	21.95	93.93
房地产业		39.42	60.58	39.42	5.88	33.54	60.58	45.3
社会服务业	14.81	62.96	22.22	92.59	14.81	70.37	14.81	100
信息传输、计算机服务和软件	10.92	54.29	34.78	76.14	10.92	58.64	30.43	80.49
住宿和餐饮业	17.24	55.17	27.59	89.66	17.24	51.72	31.03	86.21
按企业登记注册类型分								
国有企业	3.7	80.97	15.33	88.38	5.56	80.97	13.48	92.08
国体企业	9.09	45.45	45.45	63.64	9.09	27.27	63.64	45.45
股份合作企业		100		100	100			200
联营企业		100		100		100		100
有限责任公司	20.77	45.8	33.43	87.34	21.37	44.27	34.36	87.01
股份有限公司	14.87	62.99	22.14	92.74	17.22	62.23	20.55	96.67
私营企业		57.14	42.86	57.14		64.29	35.71	64.29
港、澳、台投资企业	9.79	45.57	44.65	65.14	9.79	54.66	35.56	74.23
外商投资企业	14.81	78.94	6.25	108.56	8.56	78.94	12.5	96.06
按企业规模分								
大型	43.66	40.86	15.48	128.18	43.39	40.44	16.17	127.21
中型	11.86	61.02	27.12	84.75	11.97	62.39	25.64	86.32
小型	5.17	58.62	36.21	68.97	7.76	54.31	37.93	69.83

十六、统计大事记

一月

1 日　郑州市统计局干部职工参加了由郑州市委宣传部主办的元旦长跑活动。

10 日　郑州市第一次月度统计联席会议在政府综合楼第三会议室召开，市长助理、市政府秘书长张学军，副秘书长郑灏东和市统计局长李德耀，以及成员单位的负责同志参加了会议。

11 日　郑州市统计局组织召开了全市部门社会科技统计工作会议，市人大、市政协、市教育局、市卫生局、市人力资源和社会保障局、市公安局等 38 个部门的综合统计业务人员参加了会议。

17 日　局党组成员、纪检书记王停军，受局长李德耀的委托，到登封市唐庄乡向阳村慰问困难群众。

21 日　在人大楼 713 会议室召开全体人员会议，各部门负责同志在会上进行了述职述廉述学总结。

一月，郑州市统计局积极开展了一系列春节“送温暖”慰问活动，为贫困户送去了党和政府的关怀和温暖。

在困难党员和困难职工慰问活动中，局党组书记、局长李德耀代表党组向局困难党员和困难职工送上了节日的问候和慰问金及物品。

在驻村帮扶活动中，我局为 20 户困难村民和 5 户计划生育贫困户分别送去了慰问品。

在全市开展的公务员“一对一”帮扶困难职工活动中，为 67 户贫困户送去了现金和物品。

二月

15 日　郑州市委、市政府对第二届中国绿化博览会先进集体和先进个人进行了表彰。郑州市统计局被评为先进集体，李德耀局长被授予先进工作者称号，韩彦北副局长被评为先进个人。

15 日　省地方经济调查队服务业处处长李贵峰一行四人来郑调研服务业统计情况。郑州市统计局总统计师张庆华详细汇报了郑州市统计工作开展情况，并就有关问题与调研组进行了深入的交流研讨。

23 日　郑州市统计局荣获了由市人力资源和社会保障局、市财政局联合表彰的“2010 年度市直行政事业财务管理先进单位”称号。

25 日　郑州市统计局下发方案，决定在全市统计系统开展“弘扬雷锋精神，推动文明城市建设”活动。

26 日　国家统计局对 2010 年全国地方综合性统计年鉴进行了评比。《郑州统计年鉴——2010》荣获市(县)级年鉴组二等奖。

三月

3 日　郑州市统计局发出学习雷锋精神倡议书。举行了“弘扬雷锋精神 争当文明统计人”签名活动，倡议全市统计系统学习雷锋精神，争做雷锋精神的传承者。

4 日　郑州市召开全市统计工作会议，总结了 2010 年全市统计工作取得的成绩，分析了当前面临的形势，安排部署了 2011 年统计工作任务，表彰了全市统计工作先进集体和个人。市委常委、常务副市长胡荃出席会议并做重要讲话。市政府副秘书长郑灏东主持会议。市统计局局长李德耀做了题为《锐意进取，服务大局，为全市经济社会跨越式发展提供统计保障》的工作报告。

4 日　郑州市统计局召开会议，各县(市)区统计局长与李德耀局长现场签订了统计政风行风建设责任书。

4 日　郑州市统计局在郑州市第五届百万妇女健身活动展示大赛的 24 式简化太极拳(集体)比赛中荣获了市直一等奖和优秀组织奖。展示了全局女职工健康、文明、积极向上的精神风貌。

10 日　郑州市统计局荣获市委组织部和市委市直机关工委表彰的 2010 年度“服务城乡，联点共建”活动先进单位。

18 日　在市直机关工委组织开展的“共产党员示范岗”创建活动中，郑州市统计局工业处被命名为市直机关“共产党员示范岗”。

18 日　《2010 年郑州市国民经济和社会发展统计公报》在《郑州日报》第三版全文刊发。

18 日　郑州市统计局组织 12 名业务骨干参加了全市行政执法人员行政执法资格认证培训班。截至目前，全局持有《河南省行政执法证》的人员达 37 名，为深入持久地开展统计执法工作奠定了队伍基础。

23 日　河南省统计局普查中心主任孙斌育一行三人莅临登封市统计局调研指导名录库核查工作，实地查看了登封市产业集聚区三上工业企业。

24 日　郑州市总工会和市直机关工委联合下文表彰 2010 年度郑州市机关工会系统先进集体和先

进个人,郑州市统计局机关工会委员会被评为先进工会。

30 日　郑州市统计局成立了以局长李德耀为组长的“三上企业”基本情况和主要数据质量检查领导小组及办公室,制定了检查方案,安排布置全市数据质量检查工作。

31 日　市政府机构改革评估小组一行到郑州市统计局检查验收“三定”规定落实情况。李德耀局长出席。

四月

7 日　郑州市档案局与郑州市人力资源和社会保障局联合印发《关于表彰全市档案工作先进集体和个人的决定》(郑人社奖〔2011〕61 号)文件,郑州市统计局荣获“2009-2010 年度郑州市档案工作先进单位”。

8 日　郑州市统计局对 2010 年度郑州市统计科研成果进行评选,评出一等奖 3 项、二等奖 5 项、三等奖 8 项。

11 日　郑州市政府召开了各县(市)区政府、郑州市各涉农单位部门等共计 48 家单位参加的“2011 年郑州农村发展报告编辑工作会议”。下发《关于编辑 2011 年郑州农村发展报告的通知》。

13 日　国家统计局人口司就业处处长胡英、副处长杨建春在省统计局人口就业处副处长王静,郑州市统计局副局长江滨的陪同下到金水区调研劳动力调查工作。

16—17 日　郑州市统计局组织参加了市直机关迎“五一”羽毛球比赛,荣获羽毛球比赛优秀组织奖。

26 日　河南省统计局核算处赵德友处长一行三人莅临郑州,对郑州“三区”统计工作及省直管县统计工作进行座谈,郑州市统计局总统计师张庆华陪同座谈。

27—29 日　省统计局正处级调研员岳胜堂一行来到上街区,对上街区“三上企业”统计数据质量进行实地检查。市统计局总经济师芦珊等陪同检查。

4 月,郑州市 2011 年统计从业资格认定报名及考前培训工作正式开始。

五月

4 日下午　郑州市统计局召开纪念五四运动 92 周年座谈会。

9 日　郑州市月度统计联席例会在政府综合楼第五会议室召开。全市统计月度联席会议副召集人市政府副秘书长郑灏东主持会议,市统计局长李德耀以及 15 个成员单位的负责人参加会议。

10 日　郑州市人民政府办公厅印发了《郑州市 2010 年度依法行政工作社会评议结果的通报》,在对 52 个市本级行政执法部门 2010 年度依法行政工作责任目标完成情况的评议考核中,郑州市统计局位列第二名。

13 日下午　郑州市统计局在二楼会议室召开全市视频会议。认真贯彻落实河南省统计局《关于进一步加强“三区”调查单位统计和管理工作的通知》,并研究部署全市“三区”调查单位核实及“三区”单位名录管理维护工作。

16 日　郑州市常务副市长胡荃对《一季度郑州市产业集聚区发展情况报告》作出批示:“请市发改委牵头,市政府督察办协助,对一季度主要指标、关键指标排队靠后的产业集聚区会诊一下,提出加快发展的意见,上报”。

18 日　省统计局副局长安建军带领投资处一行到我市调研郑州市建筑业经营地统计和企业联网直报试点工作。

19—20 日　河南省统计局设计管理处处长司曼珈、副处长黄党恩在郑州市统计局总经济师芦珊的陪同下,先后对荥阳市、中牟县部分乡镇调研,探求破解城乡划分中,一些村的城镇化率高并且出现农业人口超过总人口的 70% 的问题。

20 日　省委常委、郑州市委书记连维良同志在《郑州市统计局关于固定资产投资增速低于全省的分析报告》上作出批示:“印发相关县市区书记、县市区长阅研”。

23 日—24 日　郑州市统计局党组书记、局长李德耀,副局长韩彦北,副调研员郭莉等一行前往中国人民大学,看望了正在参加培训的郑州市统计系统干部高端培训班的学员们。

26 日　郑州市统计局副局长江滨、总统计师张庆华在中国人民大学统计学院院长赵彦云的陪同下,带领郑州市统计干部高端培训班学员到北京市海淀区统计局进行交流学习。

28—29 日　郑州市统计局组织参加了市直机关工委、市体育局在郑州市体育馆联合举办的郑州市市直机关乒乓球比赛，荣获优秀组织奖。

11—30 日　郑州市统计系统干部高端培训班在中国人民大学开班，此次培训是郑州市统计局继自2002 年以来第二次在人民大学举办的统计业务高端培训班。郑州市统计局部分副县级领导、部门负责同志、县市区统计局长和业务骨干等共 54 人参加了本期培训班。

5 月，按照《河南省统计信息工程扩建实施意见》要求，郑州市购买了专用设备，利用 vpn 技术实现了全市乡级联网。

六月

10 日上午，郑州市召开月度统计联席例会。全市统计月度联席会议副召集人郑州市政府副秘书长翟晓宾、市统计局长李德耀以及 15 个成员单位的负责人参加了会议，市统计局副局长赵广程主持会议。

16 日上午，河南省统计局贸易外经处处长方国根、副处长王予荷一行三人莅临郑东新区调研贸易住餐统计基础工作，郑州市统计局副局长江滨陪同调研和座谈。

16 日　郑州市统计局组织 50 名干部职工到国际会展中心观看“在灿烂的阳光下——庆祝建党 90 周年红色经典演唱会”。

21—22 日　我局组织全体党员、干部职工观看红色影片《建党伟业》。

23 日　郑州市统计局荣获第六次全国人口普查工作先进集体。

24 日上午，河南省统计局贸易处处长方国根在郑州市统计局副局长江滨陪同下到金水区调研，金水区发展改革统计局副局长刘士棒陪同。

26 日　郑州市统计局获得全市机关先进基层党组织，杜丽同志荣获郑州市先进党务工作者。

28 日　郑州市人民政府下发《郑州市人民政府关于表彰郑州市第二轮志书编纂工作先进集体的通报》（郑政文〔2011〕41 号）文件，郑州市统计局荣获“全市第二轮志书编纂工作先进集体”。

28 日上午，河南省统计局和郑州市统计局在嵩山饭店联合召开了重点贸易企业商品市场运行情况座谈会。河南省统计局贸易外经处处长方国根、郑州市统计局局长李德耀参加会议并讲话。会议由郑州市统计局副局长江滨主持。

29 日下午，郑州市统计局举办了主题为“颂歌献给党” 庆祝建党 90 周年文艺演出暨表彰大会。会议对 2010 年度文明处室、文明职工、文明家庭、优秀党员进行了表彰并现场颁奖，全体干部职工分别以诗朗诵、三句半、独唱、小合唱等形式共庆中国共产党九十华诞。

30 日　郑州市统计局中层以上领导干部集中观看了河南省庆祝中国共产党成立 90 周年大会，学习了省委书记、省人大常委会主任卢展工的重要讲话。

七月

1 日　郑州市统计局组织了中层以上干部职工集中在六楼会议室收听收看胡锦涛同志重要讲话。

4 日上午，郑州市统计局组织副县级以上干部到河南省艺术中心观看“光辉历程浩然正气—河南省纪念中国共产党建党 90 周年反腐倡廉建设”展览。

12 日下午，郑州市统计局召集全局中层以上领导干部集中收看河南省 2011 年企业一套表试点工作部署视频会议。

13 日　省统计局纪检监察室主任朱光建等一行三人在郑州市统计局纪检组长王停军的陪同下到登封市统计局调研督导统计政风行风建设工作。登封市统计局局长张健和副局长李凤稚分别向朱主任一行汇报了近年来登封市的统计工作开展情况和统计政风行风建设工作。

18 日　郑州市统计局撰写的《关于建筑业营业税与固定资产投资的分析报告》文章受到常务副市长胡荃批示：“同意所提建议，请市财政局、地税部门研处。”

18 日　郑州市下发文件，“企业一套表”试点工作启动，成立郑州市“企业一套表”试点工作领导小组，统一组织和协调试点工作，领导小组下设办公室，具体负责试点工作的组织实施。

21 日上午，郑州市统计局党组书记、局长李德耀，党组成员、纪检组长王停军、总统计师张庆华等领导做客由市政府纠风办组织的郑州市 2011 年民主评议政风行风在线访谈活动，围绕“求真务实 爱岗敬业 忠诚统计 服务社会”主题，现场耐心细致地解答了网民提出的问题。

27 日上午，郑州市统计局在市纪委 7 楼会议室成功举办郑州市第五期“公务员培训大讲堂”活动。邀请河南省财经政法大学胡国强教授做“调查设计与调研报告撰写”的专题讲座。全市 140 多名公务员聆听了胡国强教授精彩报告。

27 日　郑州市常务副市长胡荃在《郑州市统计局关于企业一套表工作情况的报告》上批示:“请市统计局切实抓好试点工作。”

26—27 日　由河南省统计局政策法规处副处长李跃苏带队,洛阳、平顶山、三门峡市统计局法规科科长组成的调研组,先后到到巩义市、新密市统计局,就国家统计局《县级统计机构工作规范及县级统计局考核办法》的可操作性以及《河南省县级政府统计部门统计业务规范化建设指导意见》与国家局工作标准的对接情况开展了调研。

八月

1 日　郑州市统计局隆重召开庆祝“八一”建军节座谈会,局领导参加会议并与参会复转军人亲切交流,副局长祝遵刚同志主持会议。

7 日上午,我局组织干部职工积极参加了由郑州市体育局、郑州市市直机关工委等联合主办的“郑州市全民健身日”活动。

9 日　省统计局局长刘永奇到郑州市统计局就“企业一套表”试点工作和政风行风建设情况进行调研。座谈结束之后,在郑州市统计局长李德耀的陪同下,河南省委常委、郑州市委书记连维良,郑州市代市长吴天君,常务副市长胡荃,副市长、郑州新区管委会主任赵瑞东,市长助理、市政府秘书长张学军等领导分别会见了刘永奇局长,就郑州市统计工作及企业一套表的推行、统计政风行风建设和三产服务业统计等进行了沟通,交换了意见。

10 日上午,市直机关文明办主任师发林一行到市统计局进行省级文明单位年度复查验收。通过书面汇报、查阅资料等检查形式,顺利通过了省级文明单位年度复查验收。

12 日　国务院第六次全国人口普查领导小组在北京召开人口普查总结暨先进集体和先进个人表彰会。郑州市统计局荣获国家级先进集体,作为河南省 9 个先进集体之一,受到了国务院第六次全国人口普查领导小组的表彰。

17 日　郑州市统计局在中心酒店会议室成功举办了《郑州市经济社会发展形势分析》主题讲座培训,郑州市各局委部分公务员及市统计局科以下全体干部职工 200 余人参加了听课。本次培训由郑州市统计局总统计师张庆华主讲。

19 日　郑州市统计局在黄河饭店召开了上半年统计局长会,会议的议题是传达贯彻市委市政府有关指示和省局各项工作部署精神,总结上半年工作,部署下半年重点任务。市局处长以上领导干部、各县市区统计局长参加了会议。

20 日　在河南省统计局召开的第二次全国 R&D 资源清查表彰大会上,郑州市统计局荣获国家级先进集体。

8 月底,郑州市统计局对已持有《河南省行政执法证》、《统计执法检查证》的人员和统计业务骨干进行了执法知识培训。

8 月,郑州市统计局编印了《领导干部统计知识读本》,并及时发到市四大班子领导、市直各机关、各县(市、区)及各乡镇主要领导手中。

九月

1 日上午,在中共郑州市第十次代表大会上,郑州市统计局长李德耀再次当选为市委候补委员。

4 日上午,省统计局政策法规处副处长梁景予一行,在郑州市统计局副局长祝遵刚等的陪同下莅临新密调研指导统计信息化建设工作。

8 日　2009—2010 年度郑州市哲学社会科学优秀成果奖颁奖仪式在郑举行,郑州市统计局局长李德耀主持研发撰写的《郑州市区域自主创新能力评价与监测体系研究报告》一文获郑州市哲学社会科学优秀成果奖一等奖。《金融危机背景下的郑州消费市场发展状况》和《郑州农民创业问题对策研究》荣获二等奖。

18 日　全国统计从业资格考试在全国范围内同时举行。郑州市考区有 2095 人参加考试。分别在郑州市中原区伊河路小学、中牟、登封、新密、巩义、新郑、荥阳等 9 个考点的 55 个考场参加了考试。

16 日　“河南省统计局媒体基层行”在省统计局巡视员黄长林的带领下,来到郑州。新密市作为郑州站的采访点,通过记者见面会和实地采访等形式,重点介绍和展示了郑州市县、乡两级统计基础建设中信息化建设的成果。

20 日　郑州市直机关第二十三届老年人运动会开幕式在绿城广场隆重举行，郑州市局离退休干部参赛运动员参加了开幕式。

21 日　郑州市副市长马健到郑州市统计局调研指导工作，听取了统计工作情况汇报。郑州市统计局局长李德耀带领中层以上领导参加了汇报会。

13—21 日　市人普办组织市人普办人员和部分县（市）区人普办人员，分别赴乌鲁木齐、厦门、南昌市人普办，学习交流人口普查工作。

24 日　李德耀局长陪同国家统计局顾问、联合国统计司司长张保罗（Paul Cheung）一行四人到登封考察。

29 日　针对今年以来商品交易所统计报表部分统计指标的特殊变化，河南省统计局核算处副处长张喜峥、郑州市统计局总统计师张庆华等同志一起到郑州商品交易所进行调研。

9 月中国统计出版社出版、郑州市统计局和国家统计局郑州调查队联合编辑的《2011 郑州统计年鉴》正式出版。

9 月，由中国统计出版社出版发行，郑州市统计局负责主办，涉及 48 各部门编辑的《郑州农村发展报告 2011》正式出版发行。

十月

5 日　郑州市统计局党组书记、局长李德耀及分包养老机构工作组一行，出席登封市中岳养老院举办的“九九重阳节，浓浓献真情”活动，并为老人们送去节日的祝福。

9 日下午，由市委市直机关工委牵头，会同市公务员局、市总工会、市财政局、市统计局等第一联合调研组，在市直机关工委委员蒋维亚带领下，到郑州市局就公务人员工作情况进行了调研。

11 日　在公布百家宾馆饭店民主评议政风行风的结果通报中，郑州市统计局满意率达到 100%。

11 日　市档案局对市直机关 93 个单位 2010 年度各门类档案立案归档工作进行了检查验收。我局在本次年度立卷归档中，荣获了市直机关 2010 年度工作先进单位。

15 日下午，郑州市统计局参加了在绿城广场举行的 2011 年“郑州慈善日”活动仪式。共计捐款壹万陆仟陆佰元整。

14 日　郑州市组织收看了全省 2011 年度统计区划代码和城乡划分代码库更新维护视频会议。

10 月，郑州市妇联举办的市直机关“百万家庭创文明、百万家庭扬美德”知晓答题活动中，市统计局荣获了优秀组织奖。

20 日　市统计局荣获市委、市政府季度特别贡献奖通报表彰（郑办文〔2011〕116 号）。通报指出“郑州市统计局按照全国和省统计会议部署，紧紧围绕市委、市政府中心工作认真开展各项统计，被国家统计局、全国人口普查领导小组表彰为第六次全国人口普查先进集体，荣获第二次全国 R&D 资源清查先进集体，被中共郑州市委表彰为先进基层党组织”。

26 日　中国共产党河南省第九次代表大会在郑州召开，按照中共郑州市委的统一部署，郑州市统计局集中组织局领导和各部门负责人在会议室认真收听收看了大会开幕式盛况。

26 日　郑州市局举办了办公自动化（OA）系统培训。

十一月

1 日　市委书记连维良对郑州市统计局提交的《前三季度全市第三产业发展情况分析》进行批示：“胡荃、薛云伟、马健市长牵头组建第三产业提速发展联席会，每月至少开一次研判会、对策研究会、工作部署会。要下大力气抓一下此事。”

4 日　郑州市统计学会第五届会员代表大会在嵩阳饭店举行。郑州市党组书记、局长李德耀当选为新一届统计学会会长。省统计学会秘书长、省统计科研所所长、高级统计师金美江，市社科联学会部部长杨发聚，市民政局民间组织管理办公室法规科科长邵海成等出席了会议。市统计局总经济师芦珊主持会议。

8 日下午，郑州市依法行政工作责任目标考核现场检查组到郑州市统计局进行监督检查。

10 日　郑州市纪委在市统计局六楼会议室进行反腐倡廉建设廉政知识测试，30 名干部职工参加了测试。

9—11 日　由省局政策法规处牵头，工业、地调队有关人员组成的抽查组，对郑州市统计基础建设考核监测情况进行了重点抽查。本年度抽查对象包括郑州市、县、乡三级。

14 日　河南省统计局第十二届省情研究报告、优秀论文评选结果揭晓（豫情研字\[2011\]02 号），郑州市统计局申报参评的统计科研课题有 8 篇获奖。

18—19 日　在郑州市丰乐农庄进行了网站系统与办公自动化（OA）系统应用封闭式培训。市局领导班子成员和各处、室、队、中心的负责同志参加了培训。会议由调研员张向明主持。

24 日　省公务员局绩效考核工作检查组一行到郑州市检查指导工作，并随即抽查了郑州市统计局等 5 家单位进行座谈观摩。

25 日　郑州市统计局局长李德耀撰写的《改善民生福利　建设幸福郑州》一文，被郑州日报全文刊发。

十二月

1 日　由郑州市环保局副局长李春德带领的市政府环保目标考核组前来我局，对 2011 年统计局承担的环境保护责任目标完成情况进行考核。郑州市统计局副局长韩彦北、赵广程及社会科技处、能源处的同志参加了会议。

2 日　郑州市统计局在嵩山饭店成功举办了《我国周边环境安全形势分析》公务员大讲堂（44 期）培训，本次培训由中国人民解放军信息工程大学濮小金教授主讲。郑州市各委局有关公务员及市统计局科以下干部职工 360 余人参加培训并取得良好效果。

5 日　郑州市老龄委办公室主任崔光瑞一行在郑州市统计局分包养老机构工作组组长王停军的陪同下，赴登封市中岳养老院检查指导工作。

6 日　从省局统计培训中心获悉，郑州市在 2011 年统计人员从业资格考试中取得好成绩，参加统计从业资格考试人员共 2095 名，有 1921 名取得合格成绩，合格率达 91.7%。

6 日上午，省统计局能源处处长常冬梅等一行到郑州上街区调研基层年报安排和“企业一套表”工作。

10 日　郑州市局荣获由市人力资源和社会保障局、市财政局联合表彰的“2010 年度市直行政事业财务管理先进单位”称号。

15 日上午，省统计局工业处处长朱启明一行到郑州新郑综合保税区调研工业统计工作。

16 日，郑州市政府电子政务办公室王新胜一行莅临郑州市局对政府信息公开情况进行了考核评分。

16 日，国家统计局印发了《关于表彰 2006—2010 年全国统计法制宣传教育先进单位和先进个人的决定》（国统字〔2011〕115 号），郑州市统计局荣获 2006—2010 年全国统计法制宣传教育先进单位称号。

23 日　市统计局组织召开了市直机关妇女工作第五协作组会议。郑州市妇联刘宇副主席到会。市国资委、市公安局、市旅游局、市计生委、市纪委、市发改委、市红十字会等单位参加了会议并各自进行了总结汇报，市统计局高票当选先进妇委会。

24 日　郑州市局组织 8 名队员参加了郑州市“快乐健康杯”羽毛球比赛。取得了小组赛的第一名，荣获优秀组织奖。

27 日　省局办公室副主任王玉珍一行莅临郑州局检查指导政务信息暨档案工作。郑州市局韩彦北副局长陪同。

中国统计出版社最新图书简目
（仅供参考，以最后出书为准）

统计资料

中国统计年鉴-2011

2011 中国发展报告

中国劳动统计年鉴-2011

中国建筑业统计年鉴-2011

中国商品交易市场统计年鉴-2011

中国民政统计年鉴-2011

中国科技统计年鉴-2011

中国高技术产业统计年鉴-2011

全国农产品成本收益资料汇编-2011

大中型批发零售和住宿餐饮企业统计年鉴-2011

中国县（市）社会经济统计年鉴-2011

第二次全国 R&D 资源清查资料汇编–综合卷

中国统计摘要-2011

中国第三产业统计年鉴-2011

中国社会统计年鉴-2011

中国人口和就业统计年鉴-2011

中国房地产统计年鉴-2011

中国贸易外经统计年鉴-2011

中国农村统计年鉴-2011

中国教育经费统计年鉴-2010

中国科学技术协会统计年鉴-2011

中国农村住户调查年鉴-2011（中、英文）

第二次全国 R&D 资源清查资料汇编–工业企业卷

国际统计年鉴-2011

中国区域经济统计年鉴-2011

中国城市统计年鉴-2009

中国工业经济统计年鉴-2011

中国能源统计年鉴-2011

2011 中国地区经济监测报告

中国农产品价格调查年鉴-2011

中国农村贫困监测报告-2011

工业企业科技活动资料-2011

中国城市（镇）生活与价格年鉴-2011

中国农村全面建设小康监测报告-2011

中国零售和餐饮连锁企业统计年鉴-2011

2011 年中国第六次人口普查公报

2011 年省级综合统计年鉴系列

北京 天津 河北 山西 内蒙古

河南 湖北 湖南 广东 广西

新疆 新疆生产建设兵团

辽宁 吉林 黑龙江 上海 江苏

海南 重庆 四川 贵州 云南

浙江 安徽 福建 江西 山东

西藏 陕西 甘肃 青海 宁夏

2011 年市(县)级综合统计年鉴系列

天津滨海新区

运城 忻州 临汾 呼和浩特

上海浦东新区

杭州 宁波 绍兴 台州 温州

厦门经济特区 南昌 上饶

十堰 荆州 咸宁 长沙 广州

贵阳 昆明 庆阳 西安

石家庄 唐山 邯郸 太原 大同

包头 沈阳 大连 长春 吉林市

苏州 无锡 常州 徐州 南通

金华 嘉兴 衢州

济南 青岛 潍坊 郑州

东莞 惠州 深圳 桂林 南宁

兰州 银川 乌鲁木齐

长治 阳泉 晋城 朔州 晋中

四平 哈尔滨 黑龙江垦区

盐城 镇江 江阴 丹阳

福州 福州经济技术开发区

洛阳 三门峡 南阳 武汉 宜昌

柳州 来宾 河池 海口 成都 绵阳

“十一五”规划教材

非参数统计 医学统计学

多元统计分析 经济计量学教程

统计数据处理概论

企业经营管理统计

统计学:从数据到结论

概率论与数理统计 统计学

应用时间序列分析

质量管理统计方法 社会统计学

市场调查与预测

国民经济核算教程(国民经济统计学)

现代金融投资统计分析

统计指数理论及应用

多元统计分析实验

统计学原理(非统计专业使用)

概率论与数理统计(经济、管理类专业使用)

重点图书

挑大学选专业 2011—高考志愿填报指南

挑大学选专业 2011—考研择校指南